Open Java

Springer
*Berlin
Heidelberg
New York
Barcelona
Hongkong
London
Mailand
Paris
Singapur
Tokio*

Stephan Fischer Abdulmotaleb El Saddik

Open Java

Von den Grundlagen zu den Anwendungen

Mit 184 Abbildungen und 59 Tabellen

 Springer

Stephan Fischer
Abdulmotaleb El Saddik

Technische Universität Darmstadt
Industrielle Prozess- und Systemkommunikation KOM
Merckstraße 25
D-64283 Darmstadt
{Stephan.Fischer, abed}@kom.tu-darmstadt.de
http://www.kom.e-technik.tu-darmstadt.de/

ISBN 3-540-65446-1 Springer-Verlag Berlin Heidelberg New York

Die Deutsche Bibliothek – CIP-Einheitsaufnahme
Open Java [Medienkombination]: von den Grundlagen zu den Anwendungen
Stephan Fischer; Abdulmotaleb El Saddik
Berlin; Heidelberg; New York; Barcelona; Hongkong; London; Mailand;
Paris; Singapur; Tokio: Springer
ISBN 3-540-65446-1
Buch. 1999 Gb.   CD-Rom. 1999

Dieses Werk ist urheberrechtlich geschützt. Die dadurch begründeten Rechte, insbesondere die der Übersetzung, des Nachdrucks, des Vortrags, der Entnahme von Abbildungen und Tabellen, der Funksendung, der Mikroverfilmung oder der Vervielfältigung auf anderen Wegen und der Speicherung in Datenverarbeitungsanlagen, bleiben, auch bei nur auszugsweiser Verwertung, vorbehalten. Eine Vervielfältigung dieses Werkes oder von Teilen dieses Werkes ist auch im Einzelfall nur in den Grenzen der gesetzlichen Bestimmungen des Urheberrechtsgesetzes der Bundesrepublik Deutschland vom 9. September 1965 in der jeweils geltenden Fassung zulässig. Sie ist grundsätzlich vergütungspflichtig. Zuwiderhandlungen unterliegen den Strafbestimmungen des Urheberrechtsgesetzes.

© Springer-Verlag Berlin Heidelberg 1999
Printed in Germany

Die Wiedergabe von Gebrauchsnamen, Handelsnamen, Warenbezeichnungen usw. in diesem Werk berechtigt auch ohne besondere Kennzeichnung nicht zu der Annahme, daß solche Namen im Sinne der Warenzeichen- und Markenschutz-Gesetzgebung als frei zu betrachten wären und daher von jedermann benutzt werden dürften.

Umschlaggestaltung: Künkel + Lopka, Heidelberg
Satz: Reproduktionsfertige Vorlage von den Autoren
Satztechnische Überarbeitung: MEDIO Berlin
SPIN: 10697972   33/3142 – 5 4 3 2 1 0 – Gedruckt auf säurefreiem Papier

Vorwort

Die Programmiertechnologie JAVA von Sun hat sich in den letzten Jahren nicht zuletzt durch das enorme Wachstum des World Wide Web überaus rasch verbreitet. Die Gründe für die breite Beachtung von JAVA in der Öffentlichkeit liegen vor allem in der Plattformunabhängigkeit dieser Sprache wie auch in der Möglichkeit, interaktive Komponenten in Webseiten einzubringen. JAVA wird vor allem dadurch besonders attraktiv, dass eine Vielzahl von Entwicklern durch die enge Anlehnung an die Programmiersprache C++ kein neues Konzept von Grund auf erlernen müssen und dadurch, dass mittlerweile eine Vielzahl von Entwicklungsumgebungen existieren, die es auch dem Programmierlaien erlauben, in kurzer Zeit mächtige interaktive Anwendungen zu erstellen. Durch die Einbindung von Text, Bildern, Audio und Video in den neueren Versionen von JAVA sowie durch die Verfügbarkeit von Schnittstellen zur Verarbeitung von virtuellen Welten stellt sich JAVA derzeit als wohl wichtigstes Konzept zur Entwicklung multimedialer Anwendungen auf der Basis des World Wide Web dar.

Neben der eigentlichen Programmiersprache JAVA wurden zudem weitere Technologien entwickelt, zu denen bspw. JavaBeans, das Swing-Konzept, Servlets, die Remote Method Invocation (RMI) sowie Schnittstellen zu CORBA und Datenbanken zählen. JAVA ist daher nicht mehr nur eine funktionale Sprache, sondern eher ein Technologiekonzept.

Um die zugrunde liegenden Techniken richtig einsetzen zu können, ist ein Grundverständnis notwendig, das sowohl die Programmiersprache und die einzelnen dabei beteiligten Technologien als auch das Zusammenspiel dieser Komponenten betrifft. Ziel des Buchs ist es deshalb, einen nach heutigen Gesichtspunkten möglichst vollständigen Rahmen zu beschreiben, der die Verwendung und das Zusammenspiel der Komponenten erfasst. Damit wendet sich dieses Buch nicht nur an Experten, sondern ebenso an *Einsteiger* und *Interessierte*. Wir verstehen das Buch daher auch nicht als Referenzhandbuch der JAVA-Programmierung, sondern eher als konzeptionellen Rahmen, der ein Verständnis der Funktionsweise der JAVA-Technologie erlaubt und mit dessen Hilfe eine Vielzahl von Problemen in Anwendungen gelöst werden können.

Worin unterscheidet sich dieses Buch von anderen JAVA-Büchern?

In den wenigen Jahren, in denen JAVA nun verfügbar ist, wurde eine Vielzahl unterschiedlicher Lehrbücher zu diesem Thema verfasst. Diese fallen jedoch meist in die folgenden zwei Kategorien:

- Bücher, die JAVA oder eine der hiermit verwandten Technologien im Detail beschreiben und die es Anfängern ermöglichen sollen, das jeweilige Thema zu erlernen.
- Bücher, die in der Art eines Referenzwerkes der Programmierung gehalten sind, und die es Experten ermöglichen, bei schwierigen Detailfragen eine Lösung zu finden.

Im Gegensatz zu den oben genannten beiden Typen verfolgt dieses Buch das Ziel, eine integrierte Vorstellung des Themenkreises JAVA vorzunehmen, die insbesondere das Zusammenspiel der verschiedenen Komponenten nachdrücklich verdeutlicht.

Für wen ist dieses Buch?

Dieses Buch wendet sich an alle Interessierten, die einen umfassenden Überblick über JAVA und die damit verbundenen Komponenten gewinnen wollen. Es versteht sich hierbei von selbst, dass das Buch mit diesem Anspruch kein Referenzwerk der Programmierung sein kann. Erfahrene JAVA-Anwender, die bei Bedarf ein komplexes Detail nachschlagen wollen, sind daher nicht der Zielkreis dieses Buches.

Darmstadt, im Juni 1999

Stephan Fischer
Abdulmotaleb El Saddik

Inhaltsverzeichnis

Einleitung		**1**
1.1	Entwicklungsprozess von Java	1
1.2	Eigenschaften von Java	3
1.3	Sicherheitskonzept von Java	11
1.4	JavaScript	18
1.5	Konzeption des Buches	27
1.6	Zusammenfassung	31
Software Engineering		**33**
2.1	Objektorientierte Programmierung (OOP)	33
2.2	Unsystematischer Ansatz der Wiederverwendung	38
2.3	Design Patterns	39
2.4	Software-Architektur	41
2.5	Frameworks	42
2.6	Komponenten-Software	45
2.7	Zusammenfassung	47
Java-Basics		**49**
3.1	Basiswerkzeuge	49
3.2	Aufbau des Java Development Kits	55
3.3	Java als Programmiersprache	58
3.4	Ausnahmebehandlung	136
3.5	Einbindung von native Code in Java mittels JNI	142
3.6	Anwendungsbeispiel	160
3.7	Zusammenfassung	173
Java-GUIs		**175**
4.1	Applets und Applications	175
4.2	Applet-Programmierung mit Threads	184
4.3	Java-Archive	205

4.4	Java Abstract Windowing Toolkit (AWT)		206
4.5	Event-Handling in Java		268
4.6	Anwendungsbeispiel		292
4.7	Zusammenfassung		318

Streams, Sicherheit und Networking 319

5.1	Streaming		320
5.2	Sicherheit		345
5.3	Networking in Java		370
5.4	Anwendungsbeispiel		392
5.5	Zusammenfassung		394

Java-Internationalisierung 397

6.1	Einleitung		397
6.2	Setzen der Localen		402
6.3	Isolierung Locale-spezifischer Daten		406
6.4	Formatierung von Daten		413
6.5	Anwendungsbeispiel		427
6.6	Zusammenfassung		431

Java-Ships 433

7.1	Netzwerkfunktionalität		433
7.2	Server-Komponente		438
7.3	Client-Komponente		442
7.4	Zusammenfassung		448

Java-Swing 451

8.1	Architektur der Swing-Komponenten		453
8.2	Eigenschaften von Swing		460
8.3	Swing-Komponenten		465
8.4	Layout-Manager		493
8.5	Bidirektionale Swing-Elemente		495
8.6	Event Handling		496
8.7	Kompatibilität mit dem AWT		501
8.8	Anwendungsbeispiel		506
8.9	Zusammenfassung		513

JavaBeans **515**

9.1	Einleitung	515
9.2	Design Patterns für JavaBeans	526
9.3	Event-Modell von JavaBeans	530
9.4	Properties (Eigenschaften)	538
9.5	Introspektion	548
9.6	Customization	555
9.7	Persistenz	560
9.8	JavaBeans Development Kit (BDK)	571
9.9	Standarderweiterungen von Beans	575
9.10	Anwendungsbeispiel	577
9.11	Zusammenfassung	589

Java und Datenbanken **593**

10.1	Einleitung	593
10.2	JDBC-Architektur	597
10.3	Package SQL	604
10.4	Erzeugen und Löschen von Tabellen	608
10.5	Tabellenmanipulation	610
10.6	Stapeloperationen	618
10.7	JDBC-Erweiterungen	621
10.8	Anwendungsbeispiel	624
10.9	Zusammenfassung	638

Remote Java **641**

11.1	Einleitung	641
11.2	RMI-Architektur	642
11.3	Eigenschaften von RMI	645
11.4	Realisierung verteilter Anwendungen mit RMI	649
11.5	Design Patterns	656
11.6	Socket Factory	658
11.7	Anwendungsbeispiel	666
11.8	Zusammenfassung	673

Java und CORBA **675**

12.1	Einleitung	675
12.2	CORBA	676
12.3	Java-IDL	688

12.4	Anwendungsbeispiel	694
12.5	Zusammenfassung	703

Java-Servlets ... 705

13.1	Einleitung	705
13.2	Servlets und CGI-Skripte	712
13.3	Servlet-Architektur	714
13.4	HTTP-spezifische Servlets	724
13.5	Anwendungsbeispiel	736
13.6	Zusammenfassung	748

Java-Register ... 749

14.1	Einleitung	749
14.2	Anwendungsbeispiel	750
14.3	Zusammenfassung	769

Wem gebührt Dank? ... 771

Literaturverzeichnis ... 773

Index ... 777

Einleitung

Ziel des ersten Kapitels ist es, dem Leser den Hintergrund der Sprache Java zu erläutern und den Aufbau dieses Buches, also den „roten Faden" zu verdeutlichen. Nach der Betrachtung des Entwicklungsprozesses von Java werden daher die Eigenschaften von Java und die zugrunde liegende Sicherheitstechnik dargestellt. Nach einer vergleichenden Gegenüberstellung mit JavaScript und der Darstellung des Zusammenspiels zwischen Java und JavaScript wird anschließend der Aufbau dieses Buches erläutert.

1.1 Entwicklungsprozess von Java

Java ist eine seit 1991 von der Firma SUN Microsystems entwickelte Programmiersprache, die syntaktisch an C bzw. C++ angelehnt ist. Ursprünglich wurde Java von einem kleinen Team um James Gosling (Autor von UNIX-emacs) dazu entworfen, um Software für elektronische Konsumgüter, wie Fernseher, Videorecorder oder Stereoanlagen, zu entwickeln. Die Gruppe von Gosling stellte allerdings schnell fest, dass Hochsprachen wie C oder C++ für eine derartige Aufgabe ungeeignet sind.

Programme, die in einer Programmierhochsprache geschrieben sind, sind von der Hardware abhängig, auf der sie übersetzt werden. Ändert sich die Maschinenausstattung oder wird die Software auf eine andere Architektur portiert, so muss die Software neu übersetzt (compiliert) werden, um die Eigenschaften der veränderten Architektur ausnutzen zu können. Hieraus ergibt sich das weitere Problem, dass Programme auch dann vollständig neu übersetzt werden müssen, wenn neue Software-Bibliotheken verwendet werden sollen. Üblicherweise erfolgen derartige Aktualisierungen häufig.

Betrachtet man den Massenmarkt der Konsumgüterelektronik näher, so stellt man fest, dass die Hersteller dieser Geräte einem großen Kostendruck ausgesetzt sind. Einsparungspotentiale, die sich durch den Einsatz neuer billigerer Hardware-Bauteile ergeben, müssen daher schnellstmöglich ausgenutzt werden. Ein weiteres Problem dieses Marktes ist, dass bei einer Fehlfunktion eines einzelnen Bauteils meist das gesamte Gerät getauscht werden muss. Die Hersteller müssen daher auf eine besondere Zuverlässigkeit einzelner Baugruppen achten. Offensichtlich kann eine starre Hochsprache wie C oder C++ die Anforderungen eines derart flexiblen Marktes nicht erfüllen. Aus diesem Grund begann SUN Microsystems 1990 die Entwicklung von Java, einer Sprache, die speziell auf den flexiblen Markt der Konsumgüterelektronik zugeschnitten sein sollte.

Erste Anwendungen

Um die Verwendbarkeit der neuen Sprache testen zu können, wurde Java in einer Reihe von Versuchsprojekten eingesetzt. Das erste derartige Projekt war das *Green Project*, dessen Ziel die Entwicklung neuer Benutzerschnittstellen zur Kontrolle von elektrischen Geräten in Privathaushalten (bspw. Fernseher, Videorecorder oder Stereoanlage) war. Hierzu entwickelten die Projektmitarbeiter einen portablen Minicomputer, den *Star Seven*. Star Seven stellte die Umgebung eines Privathaltes dar, dessen Geräte durch Berührung des Bildschirms benutzt werden konnten. Dazu wurden animierte Figuren verwendet, von denen das heutige Java-Maskottchen, *Duke*, eine war. Die hierfür notwendige Software wurde in Java programmiert. Das Star-Seven-Projekt erreichte zwar niemals Produktstatus, gab jedoch bei der Verbesserung der ersten Java-Versionen maßgebliche Impulse.

HotJava und WebRunner

Als Netzwerk für Forschungs- und Regierungsaufgaben war das Internet anfangs auf den Datenaustausch von Dokumenten und Dateien ausgelegt, nicht jedoch auf den von Grafiken und komplexen Benutzerschnittstellen. 1989 schlug Tim Berners-Lee, ein Physiker am CERN, das Konzept des *World Wide Web* (WWW) als eine grafische Benutzerschnittstelle vor, die den Austausch von Informationen erleichtern sollte. 1992 begann das CERN, das World Wide Web (WWW) international bekannt zu machen. In der Folgezeit wurden bis Juli 1993 ungefähr 100 Webserver eingerichtet [Kla97]. Nach der Entwicklung des ersten *Web-Browser* (Mosaic) durch das *National Center for Supercomputing Applications* (NCSA) bzw. den davon abgeleiteten Produkten Netscape Navigator und Microsoft Internet Explorer erfuhr das World Wide Web ein rapides Wachstum. Heute sind mehr als 16 Millionen Webserver registriert.

Das Java-Team stellte schnell fest, dass eine plattformunabhängige Programmiersprache wie Java eine ideale Sprache dafür darstellt, interaktive Anwendungen für das World Wide Web zu programmieren, da Java als plattformunabhängige Sprache auf den vielen heterogenen Rechnerarchitekturen, die an das Internet angeschlossen sind, lauffähig ist. Aus diesem Grund wurde ein Web-Browser, *WebRunner*, entwickelt, der vollständig in Java geschrieben wurde. Aufgrund von Urheberrechten wurde dieser später in *HotJava* umbenannt. In der Entwicklung von HotJava ist die starke Ausbreitung von Java begründet, da hiermit anschaulich demonstriert werden konnte, welche Bedeutung Java für das World Wide Web haben kann.

Die Java-Technologie wurde im Mai 1995 auf der SunWorld-Konferenz in San Francisco publiziert. Auf derselben Konferenz kündigte Netscape an, dass auch Navigator 2.0, ein damals weit verbreiteter Web-Browser, Java unterstützen würde. Diese Ankündigung vervielfachte das Interesse an der neuen Sprache. Auch die Firma Microsoft erkannte schnell die Stärke von Java und baute sie in die damals neueste Version des Internet Explorers ein, obwohl ActiveX als eigene Entwicklung vorangetrieben werden sollte.

Von Oak zu Java

Zu Anfang wählte James Gosling den Namen *Oak* (dt. Eiche) für die neu zu entwikkelnde Sprache, da er aus seinem Fenster bei der Firma Sun Microsystems eine große Eiche sehen konnte. Es stellte sich aber heraus, dass bereits eine Sprache namens Oak existierte. Das Team um Gosling erfand den Namen Java interessanterweise in einem Café – Java steht in der amerikanischen Umgangssprache für Kaffee. Das Logo der neuen Sprache ergab sich fast zwangsläufig als eine Kaffeetasse.

1.2 Eigenschaften von Java

In diesem Abschnitt werden zunächst die Konzepte der Sprache Java sowie Sicherheitsprobleme, die sich bei ihrem Einsatz ergeben, vorgestellt.

1.2.1 Java

Java ist eine objektorientierte, plattformunabhängige Programmiersprache, die von der Tochterfirma von Sun Microsystems, JavaSoft, entwickelt und vertrieben wird. Auch wenn Java eine vollständige Programmiersprache ist, ist sie insbesondere zur Erstellung interaktiver Webseiten interessant, da sie eine Einbettung von in *Java* programmierten Komponenten in Webseiten erlaubt (sog. *Applets*). Im Unterschied dazu bezeichnet man eine Java-Anwendung, die ohne Verwendung eines Browsers ausgeführt werden kann, und die daher ein eigenständiges Programm darstellt, als *Application*. Die genauen Unterschiede zwischen Applets und Applications hinsichtlich der Programmierung werden in Kapitel 4.1 noch detailliert erklärt.

Plattformunabhängigkeit: Java VM und Java API

Eine der bereits angesprochenen Besonderheiten von Java ist die *Plattformunabhängigkeit*. Unter einer *Plattform* versteht man hierbei die Hardware- oder Software-Umgebung, in der ein Programm abläuft. Typischerweise wird ein in einer Programmiersprache wie z. B. C++ erstelltes Programm von einem Compiler übersetzt und so aus der Form einer vom Menschen verständlichen Hochsprache in eine maschinenausführbare Sprache transferiert. Diese Übersetzung (Kompilierung) ist eng gekoppelt an die jeweilige Hardware, auf der der Compiler ausgeführt wird. Programme, die z. B. auf einem PC unter Windows 98 übersetzt wurden, sind auf einer UNIX-Workstation nicht ausführbar und müssen dort neu übersetzt werden, um lauffähig zu sein. Die Java-Plattform unterscheidet sich weiterhin von anderen Betriebssystemen, die meist in einer Kombination aus Hardware- und Software-spezifischen Funktionen bestehen. Java ist ausschließlich Software-basiert und läuft daher auf anderen, Hardware-basierten Plattformen.

Die Java-Plattform besteht aus zwei Komponenten (siehe auch Abb. 1-1):

- der *Java Virtual Machine* (Java-VM) und
- dem *Java Application Programming Interface* (Java-API).

Im Gegensatz zu Programmiersprachen wie C oder C++ verwendet *Java* bei der Übersetzung *Bytecode*, der vor der Ausführung auf einem speziellen Rechner von der sog. *Java Virtual Machine* in die jeweilige Maschinenrepräsentation überführt wird. Java-Bytecode kann hierbei als Instruktionsfolge von Maschinencodes für die Java Virtual Machine (Java-VM) angesehen werden. Jeder Java-Interpreter, der Java-Applets ausführen kann (bspw. Web-Browser oder Java-Entwicklungsumgebungen) muss daher eine Implementierung der Java VM sein. Die Java-VM kann hierbei auch in Hardware implementiert sein.

Java-Bytecode wird in der Regel einmal geschrieben und auf vielen verschiedenen Plattformen, die einen Java-Compiler zur Verfügung stellen, ausgeführt. Dies stellt einen erheblichen Gegensatz zu anderen Sprachen wie C oder C++ dar, deren Code meist angepasst (portiert) werden muss, bevor er auf anderen Hardware-Plattformen übersetzt werden kann. Eine weitere wichtige Eigenschaft ist hierbei, dass der Bytecode auch auf jeglicher Implementierung der Java-VM ausgeführt werden kann. Dasselbe Java-Programm kann daher bspw. auf Windows 98, Windows NT oder auch unter Sun Solaris betrieben werden.

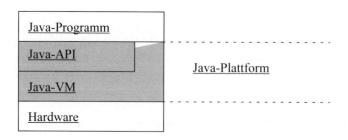

Abb. 1-1 Java-Programm, Java-VM und Java-API.

Werden Java-Applets auf einem kompatiblen Browser ausgeführt, so fungiert dieser als virtuelles Betriebssystem und stellt wiederum den Kontakt zum tatsächlichen Betriebssystem her. Dies garantiert, dass Bytecode auf beliebigen Maschinen ausgeführt werden kann. Manchmal jedoch verwenden Programmierer spezielle, z. B. nur unter Windows 98 verfügbare Kommandos zur Grafikprogrammierung. Diese werden zwar auch in Bytecode übersetzt, finden aber auf anderen Betriebssystemen kein Gegenstück. Daher ist das Konzept der Plattformunabhängigkeit durch die immer wieder vorkommenden Standardabweichungen nur teilweise realisiert.

Das *Java Application Programming Interface* (API) ist eine umfassende Sammlung von vorgefertigten Software-Komponenten, die nützliche Eigenschaften, wie bspw. Teilbausteine für Graphical User Interfaces (GUIs, dt. grafische Benutzerschnittstellen) zur Verfügung stellen. Die Java-API ist zur besseren Strukturierung in Bibliotheken (sog. *Libraries* bzw. *Packages*) eingeteilt. Eine ausführliche Darstellung der Java-Packages findet sich in Kapitel 3.2.

In Abb. 1-1 ist ein Java-Programm dargestellt (Java-Applet oder Java-Application), das in der Java-Plattform ausgeführt wird. Hierbei wird das Programm von der Java-API und von der Java-VM von der jeweiligen Hardware abgeschirmt.

Die Entwicklung eines in *Java* programmierten Applets und die Einbettung in eine Webseite kann sehr einfach erfolgen. Man übersetzt dazu mit einem Compiler den Quellcode des Applets. Dadurch wird eine sog. Class-Datei erzeugt. Diese wird dann, wie in Abb. 1-2 gezeigt, in eine in HTML geschriebene Webseite integriert.

```
<HTML>
<HEAD>
   <TITLE>Java-Beispiel</TITLE>
</HEAD>
<BODY>
   <APPLET CODE="Beispiel.class" WIDTH=240 HEIGHT=240>
   </APPLET>
</BODY>
</HTML>
```

Abb. 1-2 Einbindung von Applets in Webseiten

In diesem Beispiel wurde ein Applet mit Namen Beispiel erzeugt, in die Datei Beispiel.class übersetzt und in der Größe 240 sowie in der Breite 240 in eine Webseite integriert.

Objektorientierung

Java ist als modulare Programmiersprache aus Einheiten, sog. *Klassen*, aufgebaut. Eine Klasse legt hierbei fest, welche Konstanten, Variablen und Methoden hierin verwendet werden dürfen. Mit einer Klasse kann man Objekte der Klasse bilden, die über instantiierte Variablen und Konstanten der Klasse verfügen. Die in der Klasse beschriebenen Methoden (Funktionen) bestimmen, wie die Daten verarbeitet werden und regeln weiterhin die Kommunikation mit anderen Objekten.

Beispiel: Man betrachte das Beispiel der Klasse *Fahrzeuge*. Variablen sind hier bspw. die *Anzahl der Räder*, die *PS-Leistung*, die *Farbe* oder der *Hubraum*. Methoden sind u. a. *fahren*, *anhalten* oder *bremsen*. Ein Objekt der Klasse *Fahrzeug* ist bspw. ein *Mercedes*. Hier sind die Variablen nun mit konkreten Werten belegt (bspw. Farbe *rot*, PS-Leistung *133 PS*).

Ein weiteres wichtiges Merkmal der Objektorientierung ist die Vererbung. Hierbei erbt eine Klasse, die von einer Vaterklasse abgeleitet ist, deren Attribute (Variablen und Prozeduren), verfügt aber meist über weitere Eigenschaften, die die Vaterklasse nicht hat. Betrachtet man das Beispiel der Klasse *Fahrrad*, die von der Klasse *Fahrzeug* abgeleitet ist, so wäre eine dieser weiteren Funktionen *schieben*, eine Funktion, die wiederum bei der Vererbung auf eine Klasse *Auto* (in den meisten Fällen) nicht erforderlich ist.

Die zum Verständnis der Objektorientierung notwendigen Kenntnisse werden in Kapitel 2 noch detailliert beschrieben. Es ist aber unmittelbar einsichtig, dass dieses Konzept ein wertvolles Werkzeug bei der modularen Planung von Programmen darstellt.

Einfachheit von Java

Im Gegensatz zu C++ verzichtet man in Java auf eine Reihe von Funktionen, die häufig Ursachen von Fehlern sind, bspw. auf Zeigervariablen (*Pointer*) und auf Mehrfachvererbungen (*Polymorphismen*). *Zeiger* sind Konstrukte, die auf Speicherbereiche zeigen. Man kann sich leicht vorstellen, dass ein Programm abstürzen muss, wenn man einen Zeiger aus Versehen auf den Programmbereich im Speicher umsetzt und diesen dann modifiziert. Unter einer *Mehrfachvererbung* versteht man, dass eine Klasse Eigenschaften von mehreren Elternklassen erben kann. Dies kann unter Umständen zu einer erheblichen Verwirrung und damit zu Fehlern in der Programmierung führen.

Typisierung

Java arbeitet äußerst präzise mit Variablen und wird daher auch als streng typisierte Sprache bezeichnet. Techniken wie die automatische Typenumwandlung (*Type Casting*) sind in Java ausdrücklich verboten. Bei der Typenumwandlung weist man bspw. in C oder C++ einem Speicherbereich einen neuen Typ zu. Man betrachte hierzu folgendes Beispiel: Das Einlesen einer Datei in den Hauptspeicher ist dann ein langsamer Vorgang, wenn man in kleinen Einheiten, bspw. in Zeichen liest. Ist nun bekannt, dass in einer derartigen Datei nur Zahlen à 4 Ziffern stehen und weiß man, wie lang diese Datei ist, so kann man den gesamten Text in einem Schritt in einen Speicherbereich kopieren. Anschließend weist man diesem Bereich einen neuen Typ, bspw. einen benutzerdefinierten Typ *Zahl*, zu. Dies klingt zwar äußerst verlokkend, birgt aber das Risiko von Programmierfehlern. Ein Programm, das dieses Vorgehen anwendet, ist bei einer anschließenden Verarbeitung der Zahlen dann zum Scheitern verurteilt, wenn aus Versehen keine Zahlen, sondern Buchstaben oder Steuerzeichen eingelesen wurden.

Organisation des Arbeitsspeichers

Möchte man in einer Programmiersprache neue Objekte erzeugen und mit diesen arbeiten, so muss hierfür Arbeitsspeicher reserviert werden. Eine häufige Fehlerquelle, die man bspw. in C oder in C++ findet, liegt darin begründet, dass entweder der Speicherplatz dieser Objekte zu früh freigegeben wird und ein anschließender Zugriff „im Nichts" endet oder dass vergessen wird, den Bereich wieder freizugeben. Das Vergessen der Freigabe ist ein häufig anzutreffender Fehler, der sich mit der Zeit aufsummiert. Dies führt dazu, dass ein Programm bei einer Neuanforderung eines Objekts in Ermangelung an freiem Speicherplatz abbricht. Im Gegensatz hierzu verfügt Java über die *Garbage Collection*, eine Funktion, die nicht mehr benötigten Arbeitsspeicher selbstständig wieder freigibt.

Schnelligkeit

Java wurde ursprünglich für den Einsatz in elektronischen Konsumgeräten konzipiert. Das Laufzeitsystem, der zur Ausführung von Java-Programmen benötigte *Interpreter*, geht deshalb sehr sparsam mit den zur Verfügung stehenden Ressourcen um. Java-Applets sind aus diesem Grund im Verhältnis zu Programmen, die in einer anderen Programmierhochsprache geschrieben wurden, relativ klein. Dies ist vor allem darin begründet, dass Java-Programme Klassenbibliotheken erst bei der Ausführung temporär zum eigentlichen Programm binden, wohingegen Sprachen wie C oder C++ solche Bibliotheken bereits bei der Übersetzung fest einbinden. Ein weiterer Grund für die Schnelligkeit von Java besteht darin, dass Basisklassen als Bestandteile des Browsers verfügbar sind und nicht beim Aufruf über das Internet geladen werden müssen.

Multithreading

In Java wird das Konzept der *Threads* verwendet. Ein *Thread* ist eine Art von Prozess, der eine einzelne Handlungsabfolge ausführen kann. Ein Entwickler kann zumindest theoretisch eine unbegrenzte Zahl von Threads definieren. Bei der Ausführung verwendet man eine Interrupt-Steuerung, um den Zugriff der Threads auf den Prozessor zu regeln. Eine parallele Ausführung der Threads (*Multitasking*) kann daher simuliert werden, wenn die Maschine, auf der ein Applet ausgeführt wird, schnell genug ist.

Offenheit

Java unterstützt die Einbindung anderer Sprachen durch die Integration von Fremdmodulen. Hierdurch können auch die Schwerpunkte anderer Sprachen gut ausgenutzt werden. Hinsichtlich der Plattformunabhängigkeit und bezüglich der Sicherheitsaspekte stellt diese Technik jedoch ein Problem dar.

Nachdem bisher die grundlegenden Eigenschaften von Java vorgestellt wurden, wird nun die Entwicklung der Sprache betrachtet, die mittlerweile in der Version 1.2 verfügbar ist.

1.2.2 Java Development Kit 1.0

Von den Anfängen einer Programmiersprache mit besonderen Grafikfähigkeiten und Sicherheitsrestriktionen hat sich Java zu einer umfassenden Menge von Anwendungsgebieten weiterentwickelt, die bspw. die Anbindung an CORBA oder Datenbanken mit einschließt. Diese Entwicklung manifestiert sich in den Java Development Kits (JDKs). Im Unterschied zu anderen Entwicklungsumgebungen kann das JDK unter der URL http://www.java.sun.com stets kostenlos bezogen werden. Andere Entwicklungswerkzeuge sind neben vielen weiteren bspw.

- Visual Café der Firma Symantec
- Visual Age der Firma IBM
- JBuilder der Firma Borland oder
- Java WorkShop der Firma SunSoft.

In der Grundversion des Java Development Kit 1.0 (JDK 1.0) wurde die folgende Funktionalität realisiert, die vor allem in Kapitel 3 vorgestellt wird:

- *Grundlegende Objekte*:
  Objekte, Strings, Threads, Zahlen, Ein- und Ausgabe, Datenstrukturen, Systemeigenschaften.
- *Grafikprogrammierung*:
  Einfache Programmierung von Benutzerschnittstellen bzw. Verknüpfung mit auszuführenden Programmbausteinen durch das Event-Konzept.
- *Netzwerkbetrieb*:
  URLs, TCP- und UDP-Sockets sowie IP-Adressen.

Die umfangreichen Sicherheitsgarantien, die in Java zur Verfügung stehen, werden gesondert in Kapitel 1.3 betrachtet.

1.2.3 Java Development Kit 1.1

Nach der schnellen Verbreitung von Java 1.0 stellte sich heraus, dass einige wichtige Erweiterungen vorgenommen werden mussten, um den Anforderungen einer sich schnell ändernden technischen Umwelt gerecht zu werden. In der Folge wurde daher das Java Development Kit 1.1 und anschließend das Java Development Kit 1.2 veröffentlicht. Wichtige Neuerungen in Java 1.1 sind unter anderem:

- *Erweiterungen*:
  Die Architektur wurde dahingehend erweitert, dass die Entwicklung von grafischen Benutzerschnittstellen (GUIs) vereinfacht wurde. Hierzu wurde bspw. die Konsistenz von Methodennamen, Argumenten und Funktionalitäten neu konzi-

piert. Weiterhin wurden eine Reihe von Qualitätsverbesserungen von Java vorgenommen und neue Merkmale integriert. Zusätzlich wurden die Netzwerkklassen sowie die Eingabe- und Ausgabemöglichkeiten erweitert.

- *Internationalisierung*:
Eine wichtige Neuerung in Java 1.1. ist die Unterstützung von Programmen, die unabhängig von der Kultur und Sprache eines Programmierers entwickelt werden (sog. *globale* Programme). Wird ein solches Programm in einer kulturspezifischen Umgebung ausgeführt, so wird bspw. die Sprache des jeweiligen Benutzers eingesetzt. Die Besonderheiten der Internationalisierung werden in Kapitel 6 vorgestellt.

- *Sicherheit*:
Die Sicherheits-API in Java wurde derart gestaltet, dass Entwickler Java-Anwendungen in verschiedenen Sicherheitsabstufungen entwickeln können. Eine detaillierte Beschreibung hierzu findet sich in Kapitel 1.3 und in Kapitel 5.2.

- *JavaBeans*:
Die JavaBeans-Architektur definiert das Software-Modell wiederverwendbarer Komponenten in Java. Eine detaillierte Beschreibung hierzu findet sich in Kapitel 9.

- *JAR-Format*:
Das Java-ARchive-Format (JAR) ist ein plattformunabhängiges Dateiformat, das die Sammlung der Komponenten eines Applets in einer Datei gestattet. Wesentlicher Vorteil dieser Technologie ist, dass ein Applet anschließend in einem einzigen Zugriff über das Internet geladen werden kann. Die Verwendung von JAR wird in Kapitel 4.3 erläutert.

- *Remote Method Invocation*:
Die Remote Method Invocation (RMI) ermöglicht es Programmierern, verteilte Java-Anwendungen zu implementieren, in denen entfernte Java-Objekte von anderen Java-VMs aufgerufen werden können, die auch auf anderen Hosts eines Netzwerks oder des Internets ablaufen können.

- *Reflection*:
Die Reflection (dt. Reflexion) ermöglicht es Java-Code, Informationen über geladene Klassen zu sammeln und mittels diesen unter strengen Sicherheitsrestriktionen Informationen aus einzelnen Klassen abzurufen. Durch das *Reflection Application Programming Interface* (API) werden daher die Klassen, Schnittstellen und Objekte der derzeit verwendeten Java Virtual Machine sichtbar. Dies kann für Anwendungen wie Debugger oder GUI-Programmierwerkzeuge sehr wichtig sein.

- *Datenbankanbindung*:
Die Java Database Connectivity (JDBC) ist eine Schnittstelle zu Standard-SQL-Datenbanken, die in Kapitel 10 erläutert wird.

- *Java Native Interface (JNI)*:
Bereits in Java 1.0 konnte der Code anderer Programmiersprachen eingebunden werden. In Java 1.1. wurde hierzu eine einheitliche Schnittstelle definiert, das *Java Native Interface* (JNI), das in Kapitel 3.5 betrachtet wird.

- *Integration einer Mathematikklasse*:
  Mit der Klasse `java.math` wurden die Klassen `BigDecimal` und `BigInteger` realisiert. `BigInteger` erlaubt die effiziente Verarbeitung großer ganzzahliger Werte, während `BigDecimal` auch monetäre Rechnungen gestattet.

1.2.4 Java Development Kit 1.2

Im Java Development Kit 1.2 (JDK 1.2) wurden folgende Neuerungen vorgenommen:

- *Erweiterung des Sicherheitskonzepts*:
  In JDK 1.2 wurden unter anderem verschiedene Sicherheitsstufen für einzelne Klassen sowie die Zertifizierung realisiert.
- *Java Foundation Classes* (JFC):
  Teil von Java 1.2 sind die *Java Foundation Classes* (JFC), die eine leichtere Interaktion von Java-Programmen mit der Außenwelt realisieren. Hierzu zählen *Java Swing*, das zur effizienten Programmierung von Benutzerschnittstellen eingesetzt wird, *Java 2D*, womit erweiterte Verarbeitungsmöglichkeiten von Grafik und Bildern ermöglicht werden, *Drag and Drop*, wodurch ein einfacher Datenaustausch zwischen plattformabhängigen Programmen und Java-Programmen möglich wird, sowie erleichterte Zugriffsoptionen, die bspw. die Integration von Java-Programmen und Spracherkennungs-Software gestatten.
- *Collections-API*:
  Das *Java Collections Application Programming Interface* (API) ist eine Umgebung, in der Collections unabhängig von Details ihrer Repräsentation manipuliert und repräsentiert werden können. *Collections*, die manchmal auch als Container bezeichnet werden, sind Objekte, die mehrere Objekte in einer Einheit gruppieren können, bspw. APIs, die nicht zueinander in Beziehung stehen müssen. Man verwendet Collections, um Daten zu speichern, diese abzurufen oder sie zu manipulieren, oder um Daten von einer Methode an eine andere zu übergeben. In dieser Form stellen Collections meist Datencontainer dar. Beispiele für Collections sind Mail-Folder, die Mails nach verschiedenen Gesichtspunkten gruppieren oder auch Adressbücher. Das Collections-API beinhaltet Schnittstellen, abstrakte und konkrete Implementierungen und einige polymorphe Algorithmen. Hierdurch wird die Wiederverwendbarkeit von Software entscheidend verbessert, da bspw. eine bereits bestehende Schnittstelle mit einem anderen Programmteil verbunden werden kann, ohne eine neue Schnittstelle implementieren zu müssen.
- *Java Interface Definition Language* (IDL):
  Die Java-IDL fügt Java die CORBA-Funktionalität (Common Object Request Broker Architecture) zu. Hierzu kann die OMG-IDL (Object Management Group Interface Definition Language) sowie das IIOP (Internet Inter-ORB Protocol) verwendet werden. JAVA-IDL wird in Kapitel 12.3 beleuchtet.
- *Diverse Erweiterungen*:
  In JDK 1.2 wurde eine Reihe von Erweiterungen vorgenommen, bspw. bei

JavaBeans, bei der Remote Method Invocation, bei der Verarbeitung von Audio und bei der Verbesserung der Leistung von Java.
- *Schwache Referenzen*:
  Programme können Referenzen zu Objekten aufbauen, die bei einem Speichermangel trotzdem von der Garbage Collection gelöscht werden. Hierdurch können bspw. Web-Caches realisiert werden. Im Regelfall werden Referenzen zu bestehenden Objekten niemals gelöscht. Dies kann nur durch die Verwendung von schwachen Referenzen erreicht werden.
- *Versionsidentifikation*:
  Die Versionsidentifikation ermöglicht die Identifikation einer spezifischen Java-Laufzeitumgebung, wenn ein Programm ausgeführt wird (zur Laufzeit).

Der Leser sollte an dieser Stelle einen Überblick über die grundsätzliche Entwicklung der Java Development Kits (JDKs) gewonnen haben. Im Folgenden werden die besonderen Sicherheitsrestriktionen von Java mit Bezug auf die jeweiligen JDKs vorgestellt.

1.3 Sicherheitskonzept von Java

Ein grundsätzliches Ziel der Entwickler von Java war die sichere Ausführbarkeit von Java-Applets. Dazu werden die Rechte, die ein Applet bei der Ausführung erhält, streng limitiert. Java verwendet dazu das Konzept der *Sandbox*. Eine Sandbox ist eine gesicherte Umgebung, in der ein Applet läuft, und die unter anderem verbietet,
- auf die Festplatte des Benutzers zuzugreifen oder zusätzliche Übertragungskanäle eines Netzwerks zu öffnen und
- spezifische Benutzerinformation preiszugeben.

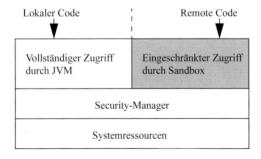

Abb. 1-3 Sandbox-Modell in JDK 1.0.

Im Gegensatz dazu wird aber lokaler Code (Application) als vertrauenswürdig betrachtet und darf daher auf alle Systemressourcen zugreifen. Man erkennt an dieser Stelle erneut den wichtigen Unterschied zwischen Application und Applet. Die Entscheidung, welche Art von Code auf welche Daten zugreifen darf, wird hierbei von einem Security-Manager getroffen. Das Sandbox-Modell ist in Abb. 1-3 dargestellt.

Systemsicherheit

Besondere Beachtung schenkten die Entwickler von Java der möglichen Gefährdung des Betriebssystems, insbesondere der Reglementierung des zur Verfügung stehenden Arbeitsspeichers. Zum einen ist ein direkter Speicherzugriff unter Java nicht möglich, da die Verwendung von Zeigern (Pointern) nicht möglich ist, zum anderen benutzt Java keine Speicherbereiche, die vom Betriebssystem oder von anderen wichtigen Systemressourcen genutzt werden.

1.3.1 Sicherheit in JDK 1.1

Es zeigte sich schnell, dass die Forderungen der Sandbox in JDK 1.0 zu restriktiv sind, da Applets keinerlei Zugriffe auf Systemressourcen erhalten können, selbst wenn dies gewünscht wird. Aus diesem Grund wurde in JDK 1.1 das Konzept des *signed Java-Applets* eingeführt. Dieses hat Zugriff auf alle Systemressourcen und arbeitet außerhalb der Sandbox, wenn der öffentliche Schlüssel, der zur Verifikation der Signatur verwendet wird, vertrauenswürdig ist (zur Theorie der Verschlüsselung siehe [FSBS98]). Meist sind diese Applets solche, die von einem Unternehmen entwickelt und über ein Intranet verwendet werden oder solche, die ein Autor digital signiert, bevor sie über ein Netzwerk übertragen werden.

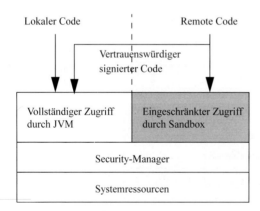

Abb. 1-4 Sicherheitsmodell in JDK 1.1.

Signierte Applets werden meist mit der jeweiligen Signatur in signierten Java-ARchives (JARs) übertragen (zu JAR siehe Kapitel 4.3). Signed Applets verhalten sich wie reguläre Programme, was insbesondere bedeutet, dass für die Ausführung keinerlei Sicherheitsgarantien gegeben werden können, da sämtliche Einschränkungen, die die Sandbox anbietet, außer Kraft gesetzt sind. Unsignierte Applets werden aber weiterhin in der Sandbox ausgeführt. Das in JDK 1.1 verfolgte Konzept ist in Abb. 1-4 dargestellt.

Das *Java Security Application Programming Interface* (API) wurde erstmals in JDK 1.1 zur Verfügung gestellt. Es enthält eine grundlegende Kryptographiefunktionalität, einschließlich der APIs für digitale Signaturen und Hash-Funktionen sowie abstrakten Schnittstellen zur Schlüssel- und zur Zertifikatsverwaltung. Eine einführende Darstellung der theoretischen Grundlagen der Sicherheit findet sich bspw. in [FSBS98].

Es sollte deutlich betont werden, dass die Arbeit am Java-Security-API in JDK 1.1 längst noch nicht abgeschlossen ist und sich in zukünftigen Versionen daher grundlegende Änderungen ergeben können. Es ist derzeit in JDK 1.1 noch nicht möglich, öffentliche oder private Schlüssel zu importieren oder diese zu exportieren, sowie digitale Signaturen zu überprüfen.

1.3.2 Sicherheit in JDK 1.2

In JDK 1.2 wurde das Sicherheitskonzept von Java weiter verbessert. Obwohl die Einführung von signed Applets in JDK 1.1 einen wesentlichen Fortschritt darstellte, beinhaltet sie doch einen Nachteil: Wenn ein Applet vertrauenswürdig ist, kann dieses gleichzeitig auf alle Systemressourcen zugreifen. Eine Möglichkeit, ein Applet gesichert in der Sandbox auszuführen und diesem gleichzeitig zu vertrauen, existierte bis zur Entwicklung von JDK 1.2 nicht.

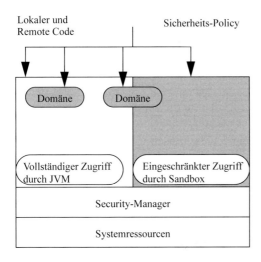

Abb. 1-5 Sicherheitsmodell in JDK 1.2

Eine wesentliche Neuerung von JDK 1.2 ist daher die Einführung von *Security Policies*, die die Berechtigungen angeben, die Code von verschiedenen Entwicklern eingeräumt werden. Diese Rechte können einerseits von Benutzern, aber auch von Systemadministratoren gesetzt werden und spezifizieren den Zugriff auf genau eine Ressource (bspw. Lese- oder Schreibzugriffe auf Verzeichnisse).

Um die Vergabe von Rechten effizient handhaben zu können, wird der Code in JDK 1.2 in individuelle Bereiche (sog. Domains) eingeteilt, wobei jede Domäne eine Menge von Klassen enthält, denen dieselben Rechte zugeteilt werden. Das Sicherheitsmodell in JDK 1.2 ist derart eine Obermenge der früheren Java-Versionen, da eine der Domänen problemlos so eingerichtet werden kann, dass sie wie die Sandbox in JDK 1.0 oder JDK 1.1 funktioniert. Wie vorher auch sind Applications auch in JDK 1.2 keinerlei Einschränkungen unterworfen. Die Sicherheitsarchitektur von JDK 1.2 ist in Abb. 1-5 abgebildet. In der Abbildung sind vier Domänen zu sehen, von denen zwei die bereits aus JDK 1.1 bekannten Konzepte des vollständigen Zugriffs und der Sandbox darstellen. Um die sicherheitsrelevanten Erweiterungen in JDK 1.2 verstehen zu können, werden zunächst die Grundlagen der Verschlüsselung von Datenübertragungen erläutert. Eine ausführliche Darstellung findet sich bspw. in [FSBS98].

Verschlüsselungsverfahren

Die Entwicklung von Verschlüsselungsverfahren, die keinen sicheren Kanal zur Übertragung des Schlüssels benötigen, wurde Mitte der 70er Jahre begonnen. Zusammengefasst werden diese Methoden unter dem Begriff der *asymmetrischen Verschlüsselung* oder *Public-Key-Verfahren*. Im Gegensatz zur symmetrischen Verschlüsselung basiert die Idee der asymmetrischen Verschlüsselung auf der Erkenntnis, dass man Schlüsselpaare verwenden kann, die sich nicht voneinander ableiten lassen. Ein Teilnehmer hat demzufolge einen *öffentlichen* und einen *privaten* Schlüssel. Der private Schlüssel wird geheimgehalten, während der öffentliche Schlüssel jedem bekannt sein kann. Die Berechnung der Schlüssel gewährleistet dabei, dass die beiden Schlüssel eindeutig voneinander abhängig sind, das heißt, zu jedem öffentlichen Schlüssel existiert ein privater Schlüssel. Es ist aber bei geeigneter Schlüssellänge mit vertretbarem Aufwand nicht möglich, einen Schlüssel mit Hilfe des anderen zu berechnen. Eine Nachricht, die mit dem öffentlichen Schlüssel verschlüsselt wurde, kann nur mit dem dazugehörenden privaten Schlüssel wieder entschlüsselt werden. (Die Bedeutung liegt dabei auf „nur".) Mit dem öffentlichen Schlüssel kann die Nachricht nicht wieder entschlüsselt werden; nur mit dem dazugehörigen privaten Schlüssel kann die Nachricht wieder in Klartext umgewandelt werden. Durch diese Eigenschaft kann eine vertrauliche Datenübermittlung folgendermaßen ablaufen:

- Beide Parteien erzeugen jeweils einen öffentlichen und einen privaten Schlüssel.
- *A* sendet seinen öffentlichen Schlüssel an *B*.
- *B* verwendet diesen Schlüssel zur Chiffrierung der Nachricht und sendet die verschlüsselte Nachricht an *A*.

- *A* entschlüsselt die Nachricht mit seinem privaten Schlüssel.
- *B* behält den öffentlichen Schlüssel von *A* für weitere Nachrichten.
- Will *A* eine Nachricht an *B* senden, so benötigt er analog zuerst dessen öffentlichen Schlüssel.

Eine Nachricht, die mit dem privaten Schlüssel verschlüsselt wurde, kann nur mit dem dazugehörenden öffentlichen Schlüssel wieder entschlüsselt werden. Vertraulichkeit der übertragenen Daten kann mit dieser Eigenschaft nicht erreicht werden. Da der öffentliche Schlüssel jedermann bekannt sein kann, kann auch jeder, der Zugriff auf Daten hat, die mit dem privaten Schlüssel verschlüsselt wurden, diese Daten entschlüsseln. Ausnutzen kann man hingegen wieder die Eigenschaft, dass es nur einen eindeutigen Schlüssel, nämlich den dazugehörenden öffentlichen gibt, mit dem die Daten wieder entschlüsselt werden können. Erhält man eine Nachricht, die man mit dem öffentlichen Schlüssel von *A* entschlüsseln kann, weiß man sicher, dass nur *A* diese Nachricht versendet hat, denn nur er hat den privaten Schlüssel. Gewährleistet werden kann durch dieses Verfahren also die Authentizität der Nachricht. Niemand anders als *A* kann eine Nachricht so verschlüsseln, dass man sie mit dem öffentlichen Schlüssel von A wieder entschlüsseln kann. Das Verschlüsseln einer Nachricht mit dem privaten Schlüssel wird auch als *digitale Signatur* einer Nachricht bezeichnet. Die Kombination beider Eigenschaften kann also verwendet werden, um die Daten sicher zu übertragen und gleichzeitig den Absender zweifelsfrei festzustellen.

Analog zur Unterzeichnung von Nachrichten können zur Garantie der Echtheit auch öffentliche Schlüssel unterzeichnet werden. Sind an der Kommunikation allerdings nur zwei Parteien beteiligt, ergibt sich ein Problem: *A* signiert seinen öffentlichen Schlüssel mit seinem privaten Schlüssel und versendet ihn. Um diesen Schlüssel auf Echtheit zu prüfen, muss man den öffentlichen Schlüssel allerdings schon haben. Es muss daher zumindest zur ersten Prüfung eines Schlüssels eine weitere Instanz hinzugezogen werden. Hierzu dienen *Zertifizierungsinstanzen*.

Für jeden bei einer zentralen Instanz registrierten Benutzer wird jeweils ein öffentliches und privates Schlüsselpaar erzeugt. Der private Schlüssel muss hier allerdings persönlich vom Benutzer abgeholt werden. Der öffentliche Schlüssel wird mit Informationen versehen, die den Benutzer eindeutig identifizieren und von einer Zertifizierungsinstanz mit deren öffentlichem Schlüssel unterschrieben (*Zertifikat*). Daher wird diese Instanz auch *Certification Authority* (CA) genannt. Der öffentliche Schlüssel der CA wird an alle registrierten Benutzer verteilt. Die CA stellt damit für alle Benutzer eine vertrauenswürdige Instanz dar. Erhält man einen öffentlichen Schlüssel, der von der CA unterschrieben wurde, so kann man sicher sein, dass die betreffende Person sich vor der CA ausgewiesen hat und der Schlüssel echt ist. Vertraut man also der CA, so kann man auch Schlüsseln trauen, bei denen man durch Prüfung mit dem öffentlichen Schlüssel der CA feststellen kann, dass sie von ihr signiert wurden. Zudem muss der Schlüssel für einen ersten Nachrichtenaustausch nicht zwischen den Partnern versendet werden. Vielmehr kann ein Sender sich den benötigten öffentlichen Schlüssel des Partners bei der CA besorgen. Zusätzlich kann die CA weitere Aufgaben übernehmen. Eine dieser Aufgaben ist es z. B., alle Benutzer darüber zu informieren, dass ein öffentlicher Schlüssel nicht mehr gültig ist. Dieser Fall kann eintreten, wenn der private Schlüssel eines Benutzers in fremde Hände fällt. Wird dies der CA gemeldet, so trägt sie den ungültigen Schlüssel in eine *Certification Revocation List* (CRL) ein, erzeugt für den Benutzer ein neues Schlüsselpaar und erklärt den alten öffentlichen Schlüssel für ungültig.

Verschlüsselung in JDK 1.2

Bereits JDK 1.1 enthält eine Schnittstelle zu Sicherheitsfunktionen, die sog. *Java Cryptography Architecture* (JCA), mittels derer die Verwendung und Weiterentwicklung einer kryptographischen Funktionalität in Java ermöglicht wird. In seiner ursprünglichen Form beinhaltet die JCA eine Architektur, die mehrfache und interoperable Implementierungen derselben Funktionen ermöglicht. Erscheint es also vorteilhaft, ein Verschlüsselungsverfahren neu zu implementieren, so ist dies – auch unter Rückgriff auf bereits existierende andere Module – leicht möglich. In diesem Zusammenhang spielt der Begriff des *Cryptographic Service Provider* (CSP) eine große Rolle, der ein Java-Paket bezeichnet, das die konkrete Implementierung einer Untermenge der kryptographischen Aspekte des JDK-Security-API unterstützt.

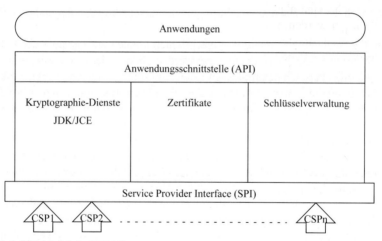

Abb. 1-6 JCA-Module in JDK 1.2.

In JDK 1.1 kann ein derartiger Provider bspw. eine Implementierung einer oder auch mehrerer digitaler Signaturalgorithmen enthalten. JDK 1.2 ergänzt dieses Modell um die folgenden Dienste:

- Erzeugung und Management einer Schlüsselverwaltung (Keystore),
- Generierung und Verwaltung der Parameter, die die Algorithmen benötigen,
- Unterstützung von Konvertierungsroutinen zwischen verschiedenen Schlüsseldarstellungen,

- Verwaltung von Zertifikaten (Generierung von Zertifikaten und von Zertifikats-Widerrufslisten (Certificate Revocation Lists, CRLs) und
- Zufallszahlengenerator zur Erzeugung von Schlüsseln.

Die in JDK 1.2 angebotenen Kryptographie-Erweiterungen (*Java Cryptography Extensions*, JCE) ergänzen das JDK um Anwendungsschnittstellen (APIs) zur Verschlüsselung, zum Schlüsselaustausch und zur Nachrichtenauthentifizierung (*Message Authentication Code*, MAC). Betrachtet man die Gesamtheit der JCE und der kryptographischen Aspekte des JDK, so hat der Anwender eine vollständige, plattformunabhängige Kryptographie-Schnittstelle zur Verfügung. Eine Besonderheit der JCE liegt darin, dass sie nicht Bestandteil des eigentlichen JDK ist. Kryptographische Verfahren unterliegen in den USA einer strengen Exportkontrolle, weshalb die JCE unabhängig vom JDK als Erweiterung angeboten werden.

In Abb. 1-6 ist der Aufbau der JCA dargestellt. Das *Service Provider Interface* (SPI) repräsentiert die Methoden, die von kryptographischen Dienstanbietern (*Cryptographic Service Providers*, CSPs) implementiert werden müssen. Zur Realisierung des SPI wurde JDK 1.2 um sog. *Engine Classes* erweitert, die einen kryptographischen Dienst in einer abstrakten Art und Weise definieren. Dazu werden bspw. die Methoden des APIs definiert, die es den Anwendungen erlauben, auf spezielle Typen kryptographischer Dienste zuzugreifen. Als abstrakte Notation existiert hierzu jedoch keine algorithmische Implementierung; diese muss vom Provider dann generiert werden, wenn der Dienst tatsächlich angeboten werden soll. Man kann daher die abstrakte Notation durchaus mit einem Katalog vergleichen, der verschiedene Varianten und Details eines Produkts enthält. Bestellt nun ein Kunde dieses Produkt in einer speziellen Ausführung, so wird dieses aus der abstrakten Notation der Katalogsbeschreibung in ein konkretes Produkt der realen Welt überführt.

Die Anwendungsschnittstellen, die durch die Engine Class angeboten werden, werden als *Service Provider Interface* (SPI) implementiert. Dies impliziert, dass für jede Engine Class eine dazugehörige abstrakte SPI-Klasse existieren muss, die die SPI-Methoden definiert, die ein Provider implementieren muss. Möchte bspw. ein Anwender eine Instanz der *Signature Engine Class* verwenden, um auf die Funktionalität zuzugreifen, die zur digitalen Signatur einer Datei notwendig ist, so müsste eine tatsächliche Implementierung einer Signatur-SPI-Subklasse vorliegen, die einen speziellen Signaturalgorithmus realisiert (bspw. SHA1 in DSA).

SUN-Provider

In JDK 1.2 ist bereits ein Standard-Provider enthalten, der *SUN-Provider*. Dieser beinhaltet:

- eine Implementierung des Digital Signature Algorithmus (DSA).
- eine Implementierung der Hash-Funktionen MD5 (RFC 1321) und SHA-1.
- einen Generator für DSA-Schlüsselpaare, der gemäß des DSA-Algorithmus ein Paar erzeugt, das einen öffentlichen und einen privaten Schlüssel enthält.

- einen Generator, der Parameter für den DSA-Algorithmus erzeugt. Dies beinhaltet auch ein Verwaltungswerkzeug für die Algorithmusparameter.
- eine DSA-Key Factory, die bidirektionale Konversionen zwischen privaten und öffentlichen DSA-Schlüsselobjekten und dem zugrunde liegenden Schlüsselmaterial vornimmt.
- einen Pseudo-Zufallszahlengenerator für das proprietäre „SHA1PRNG"-Format.
- eine Certificate Factory für X.509-Zertifikate und Widerrufslisten für Zertifikate (Certificate Revocation Lists, CRLs).
- eine Schlüsselverwaltung (Keystore) für den proprietären Keystore-Typ JKS.

Sicherheitswerkzeuge in JDK 1.2

JDK 1.2 stellt ergänzend die folgenden drei Werkzeuge zur Verfügung:

- das Werkzeug *keytool* kann zur Erzeugung von Paaren von öffentlichen und privaten Schlüsseln verwendet werden. Weiterhin können mit keytool Zertifikatsketten importiert, exportiert, dargestellt und erzeugt werden. Zertifikate werden hierbei mit X.509 v1 signiert. Außerdem können auch Zertifikate angefordert werden.
- das Werkzeug *jarsigner* signiert Dateien im JAR-Format (Java Archive Format) und verifiziert die Authentizität der Signatur(en) unterzeichneter JAR-Dateien. Die Verwendung von JAR wird in Kapitel 4.3 detailliert erläutert.
- das Werkzeug *policytool* erzeugt und modifiziert die Dateien, in denen die Sicherheitsaspekte der lokalen Installation festgelegt sind (Policy Configuration).

1.4 JavaScript

Nachdem bisher die grundlegende Funktionalität der Sprache Java erläutert wurde, ist eine Abgrenzung zur Sprache *JavaScript* sinnvoll. Häufig findet man das Missverständnis, dass JavaScript eine Art vereinfachtes Java wäre. Dies ist ein grundlegender Irrtum. JavaScript ist eine Entwicklung der Firma Netscape Corporation, die der Schließung der Lücke zwischen Designern von Webseiten und Programmierern dient. Im Gegensatz zu Java handelt es sich bei JavaScript bezüglich der Syntax um eine Untermenge von Java. Im Gegensatz zur Erstellung von Java-Applets muss ein Entwickler hierbei nur eingeschränkte Programmiererfahrung aufweisen.

JavaScript ist eine Makroprogrammiersprache. Ein JavaScript-Programm wird daher nicht übersetzt, sondern im Klartext in ein HTML-Dokument eingefügt. Der Quellcode eines JavaScript-Programms ist somit für den Benutzer einsehbar. Ein Beispiel hierfür ist in Abb. 1-7 angegeben. Man erkennt, dass das JavaScript zwischen den Anweisungen `<SCRIPT>` und `</SCRIPT>` angegeben wird. Die Anweisung `<BR>` erzeugt eine neue Zeile. Zweck des obigen Scripts ist die Ausgabe der Zeichenkette `Hallo`, die in Anführungszeichen steht.

```
<HTML>
   <HEAD><TITLE>JavaScript-Beispiel</TITLE>
</HEAD>
<BODY>
   <SCRIPT LANGUAGE="JavaScript">
      <!- Anzeige des Scripts ausschalten
      document.write(<BR>");
      // Anzeige wieder einschalten ->

   </SCRIPT>
</BODY>
</HTML>
```

Abb. 1-7 Beispiel für JavaScript

Ist ein Java-Applet mit der dazugehörigen Laufzeitumgebung einmal gestartet, so laufen JavaScript-Anwendungen langsamer ab als Java-Applets. Dies ist darin begründet, dass zur Ausführung eines JavaScripts der Interpreter den Code Anweisung für Anweisung übersetzen muss. Dies wiederholt sich bei jeder Ausführung eines derartigen Programms. Java-Applets hingegen werden einmal in Bytecode übersetzt (compiliert) und sind daher in der Ausführung erheblich schneller. Man sollte jedoch bedenken, dass das Laden der Laufzeitumgebung von Java eine erhebliche Zeit benötigt, wodurch in der Regel JavaScript-Programme insgesamt schneller arbeiten als Java-Applets.

Als Scriptsprache ist JavaScript weiterhin objektbasiert, jedoch nicht objektorientiert wie Java. JavaScript verwendet weder Vererbungsstrukturen, noch findet eine strenge Typenkontrolle bzw. eine Deklaration von Typen statt.

Sicherheitsprobleme in JavaScript

JavaScript weist einige weit ernstere Sicherheitsproblematiken auf als Java:

- JavaScript-Programme können die History-Datei des Browsers und Cookies lesen. In der History-Datei stehen die zuletzt vom Benutzer aufgerufenen Webseiten. Unter Ausnutzung dieser Information ist es eventuell möglich, den Benutzer zu kompromittieren.
- URL-Caches können gelesen werden. Ein URL-Cache wird verwendet, um die letzten aufgerufenen Webseiten entweder im Speicher oder in einem schnell zugänglichen Festplattenbereich vorzuhalten, um die Zugriffszeiten bei einem erneuten Zugriff zu verringern. Analog zum ersten Beispiel können diese Daten kompromittierend sein.
- In JavaScript kann ein Fenster geöffnet werden, das lediglich ein Quadratpixel groß ist. Dadurch hat der Benutzer den Eindruck, das Script hätte längst terminiert, während dieses immer noch läuft und z. B. alle Web-Zugriffe protokolliert. Schlimmer ist sogar, dass das Script auch Daten überwachen kann, die in Formulare eingegeben werden. Zu diesen zählen z. B. auch Login-Namen und Passwörter.

- JavaScript-Programme können in heute erhältlichen Browsern nicht abgebrochen werden. Belegt ein möglicherweise feindliches Programm die Ressourcen eines Rechners zu einem großen Teil, so kann die Ausführung nur durch Beenden des Browsers bzw. durch Ausschalten des Rechners abgebrochen werden.

Einige der angesprochenen Mängel wurden mittlerweile von den Browser-Herstellern beseitigt, längst aber nicht alle. Ein weiteres sehr ernstes Problem ist, dass JavaScript im Gegensatz zu Java im regulären Betrieb Daten auf die Festplatte schreiben darf. Dies ist allerdings nicht transparent, der Benutzer muss also um Erlaubnis gefragt werden. Koppelt man dies aber mit einer harmlosen Anfrage, so steht einem Missbrauch nichts mehr im Wege. Beispielsweise könnte ein Benutzer darauf aufmerksam gemacht werden, dass zum Herunterladen einer Seite ein *Plug-In* nötig ist, das auf der Festplatte gespeichert werden muss. Plug-Ins dienen dazu, die Ausführung spezieller Programme auf Anwenderseite zu ermöglichen. Ein Beispiel hierfür ist ein Plug-In, das das Abspielen eines speziellen Videoformats ermöglicht. Gibt der Benutzer seine Zustimmung zu einem derartigen Plattenzugriff, so wird die Festplatte freigegeben und das Script kann nicht daran gehindert werden, nach dem Herunterladen einer Datei sämtliche vorhandene Daten im Zugriff dieses Benutzers auszuspähen, diese zu modifizieren oder gar zu löschen.

1.4.1 Anwendungsfelder

JavaScript dient maßgeblich der grafischen Aufwertung und der Steuerung von HTML-Seiten. Für umfangreiche Projekte ist JavaScript dagegen aufgrund der mäßigen Modularisierbarkeit ungeeignet. Ein großer Vorteil der JavaScript-Programme ist, dass sie bereits auf 16-Bit-Betriebssystemen eingesetzt und mit einem 16-Bit-Browser angezeigt werden können.

1.4.2 Kombinationen von Java und JavaScript

Zur Kommunikation von Java und JavaScript kann das von der Firma Netscape Corporation entwickelte *LiveConnect* verwendet werden. LiveConnect ermöglicht unter anderem

- den Zugriff auf Java-Variablen, -Methoden, -Klassen und -Packages aus JavaScript heraus,
- die Kontrolle von Plug-Ins und Java-Applets durch JavaScript und
- den Zugriff auf JavaScript-Methoden und -Eigenschaften durch Java.

Zur Darstellung von LiveConnect ist es unumgänglich, einige Code-Beispiele anzuführen, auch wenn die Sprache Java erst später erläutert wird. Der insbesondere an JavaScript interessierte Leser sollte daher zunächst versuchen, das hinter LiveConnect stehende Konzept zu verstehen. Zum Verständnis der Code-Beispiele sollte anschließend das Kapitel 3 gelesen werden, in dem die Sprache Java erläutert wird.

Kontrolle von Java durch JavaScript

In LiveConnect stehen drei Möglichkeiten zu Verfügung, um mit Java-Anwendungen zu kommunizieren:

- der direkte Aufruf von Java-Methoden,
- die Kontrolle von Java-Applets und
- die Kontrolle von Java-Plug-Ins.

Wenn LiveConnect verwendet wird, kann JavaScript dazu verwendet werden, um *Java-Methoden aufzurufen*. Sowohl in Java als auch in JavaScript werden sog. *Packages* verwendet, die die verschiedenen Teile der jeweiligen Sprache in inhaltlich zusammengehörige Gruppen unterteilen. In der Java-Klasse `java.lang.system` sind bspw. unter anderem Ausgaberoutinen von Text zusammengefasst (eine ausführliche Darstellung der Java-Packages findet sich in Kapitel 3.2). In JavaScript sind die Java-Packages und -Klassen Eigenschaften des Objektes *Packages*. Die Java-Syntax kann nun verwendet werden, um Java-Objekte in JavaScript zu referenzieren, wobei der Name des Packages-Objekts folgendermaßen vorangestellt wird:

Code

```
[Packages.]packageName.Klassenname.Methodenname
```

Der Name *Packages* steht optional für `java`, `sun` oder auch `netscape`-Packages. Im eigentlichen Programm-Code sind `java`, `sun` und auch `netscape` Stellvertreter für `Packages.java`, `Packages.sun` bzw. `Packages.netscape`.

Betrachtet man die bereits angesprochene Java-Klasse `java.lang.System`, so kann diese im Code entweder als `Packages.java.lang.System` oder als `java.lang.System` angesprochen werden.

Angenehmerweise erfolgt der Zugriff auf Felder und Methoden einer Klasse in JavaScript in derselben Syntax wie Java. Der folgende JavaScript-Code kann bspw. dazu verwendet werden, eine Nachricht auf der Java-Konsole auszugeben:

Code

```
var System = java.lang.System;
System.err.println("Aufruf von JavaScript");
```

In der ersten Zeile des Beispiels wird der Bezug der JavaScript-Variablen `System` zur Java-Klasse `java.lang.System` hergestellt. In der zweiten Zeile wird die `println`-Methode der statischen Variablen `err` der Java-Systemklasse aufgerufen, die die Ausgabe einer Zeichenkette vornimmt. Es ist hierbei zu beachten, dass `println` als Java-Methode als Argument eine Zeichenkette der Form `java.lang.String` erwartet. Hierzu wird die JavaScript-Zeichenkette automatisch in einen String der Form `java.lang.String` umgewandelt.

Mittels JavaScript kann weiterhin das Verhalten eines Java-Applets kontrolliert werden, ohne ein explizites Wissen über die interne Struktur des jeweiligen Applets verwenden zu müssen. JavaScript kann auf alle öffentlichen Variablen, Methoden und Eigenschaften eines Applets zugreifen. In JavaScript wird ein in einem Dokument verankertes Applet mittels `dokument.appletName` angesprochen, wobei `appletName` den Wert des NAME-Attributs bezeichnet, der in einem HTML-Dokument innerhalb des Ausdrucks `<APPLET>...</APPLET>` gesetzt wird. Kommen in einem Dokument mehrere Applets vor, so können diese mittels `document.applets[i]` angesprochen werden (*i* steht hier als Platzhalter für die Nummer des Applets im Dokument). `document.applets[0]` würde bspw. das erste auf einer Seite vorkommende Applet bezeichnen.

Code

```
import java.applet.Applet;
import java.awt.Graphics;
public class HelloWorld extends Applet {
   public void paint(Graphics g) {
      g.drawString("Hello world!", 50, 25);
   }
}
```

Abb. 1-8 „Hello World"-Applet

Ein häufig verwendetes Beispiel, mit dem einfache Vorgänge in Programmiersprachen verdeutlicht werden können, sind die „Hello World"-Anwendungen, in denen jeweils die Ausgabe „Hello World" erzeugt wird. Ein Java-Applet, das eine derartige Ausgabe vornimmt, ist in Abb. 1-8 dargestellt. In den ersten zwei Zeilen werden zuerst die notwendigen Packages `java.applet.Applet` und `java.awt.Graphics` importiert, mit deren Hilfe unter anderem die notwendige Funktionalität zur Erzeugung eines Fensters zur Verfügung gestellt wird. In der dritten Zeile wird die öffentliche Klasse `HelloWorld` von der Applet-Klasse abgeleitet, in der in Zeile vier die Ausgabe mittels `g.drawString` einschließlich der notwendigen Anzeigekoordinaten realisiert wird. Zur Ausführung dieses Applets und damit zur Anzeige der Zeichenkette kann die folgende HTML-Zeile verwendet werden:

Code

```
<APPLET CODE="HelloWorld.class" NAME="HelloWorld" WIDTH=150
   HEIGHT=25></APPLET>
```

Mittels des NAME-Attributs wird hier das Applet als „HelloWorld" bezeichnet. Eine Referenzierung dieses Applets kann in einem JavaScript-Programm mittels der Anweisungen `document.HelloWorld` oder auch `document.applets["HelloWorld"]` erfolgen. Kennt man zusätzlich die Anzahl der Applets in einer HTML-Seite, so kann das Applet auch mittels `document.applets[0]` referenziert werden, wenn es das erste ist, das in einer HTML-Seite enthalten ist. Die Anzahl der in einer HTML-

Seite enthaltenen Applets kann zudem leicht mit der Variablen `document.applets.length` festgestellt werden.

Ein großer Vorteil von LiveConnect ist, dass alle als öffentlich (public) deklarierten Variablen eines Applets, die Elternklassen und -Packages in JavaScript verwendet werden können. Statische Methoden und Eigenschaften sind in JavaScript als Methoden und Eigenschaften des Applet-Objekts verfügbar.

Plug-Ins eines Dokuments können in JavaScript als Element des `embeds`-Arrays angesprochen werden. Die folgende HTML-Zeile beinhaltet bspw. eine Audiodatei:

Code

```
<EMBED SRC=audiodatei.wav NAME="audiodatei" WIDTH=100
HEIGHT=100>
```

Analog zur Referenzierung von Java-Applets kann dieses Plug-In aus JavaScript mittels der Anweisungen `document.embeds[0]`, `document.embeds["audiodatei"]` oder `document.audiodatei` angesprochen werden, wenn wiederum `audiodatei` das erste Plug-In ist, das in einer Webseite vorkommt. Wie auch bei Applets existiert eine Variable `document.embeds.length`, die die Anzahl der Plug-Ins einer Webseite reflektiert.

Kontrolle von Java durch JavaScript

Um aus einem Java-Applet heraus JavaScript-Methoden, -Eigenschaften und -Datenstrukturen anzusprechen, muss in einem Applet das von der Firma Netscape entwickelte Package `javascript` folgendermaßen importiert werden:

Code

```
import netscape.javascript.*;
```

In `netscape.javascript` werden die Klasse `JSObject` (JavaScript Objekt) bzw. das `JSException exception`-Objekt definiert. Mittels des Objekts `JSException exception` wird hierbei eine Ausnahmebehandlung angeboten, auf die im Fehlerfall zurückgegriffen werden kann.

Um die Kommunikation von Java-Applets mit JavaScript zu ermöglichen, muss in einer HTML-Seite innerhalb des APPLET-Tags das MAYSCRIPT-Attribut gesetzt werden. MAYSCRIPT verhindert, dass ein Applet ein JavaScript-Programm aufruft, ohne dass der Autor der jeweiligen Seite bekannt ist. Die Kenntnis des Autors ist aber aufgrund der Sicherheitsrestriktionen von Java zwingend erforderlich, da sonst ein Fehler ausgelöst werden würde. Es ist daher selbsterklärend, dass das MAYSCRIPT-Tag nur verwendet werden muss, wenn von Java-Applets aus JavaScript-Code aufgerufen wird. Die umgekehrte Kommunikationsrichtung verlangt diesen Mechanismus hingegen nicht.

Bevor auf JavaScript zugegriffen werden kann, muss ein sog. *Handle* eingerichtet werden, mit Hilfe dessen auf ein Browser-Fenster zugegriffen werden kann. Hierzu wird die `getWindow`-Methode verwendet, die Bestandteil der Klasse `netscape.javascript.JSObject` ist. Das folgende Beispiel illustriert, wie Java-Code einer Variablen `fenster`, die bereits als Variable vom Typ `JSObject` vereinbart wurde, ein Handle zugewiesen wird:

Code

```
public class fensterBeispiel extends Applet {
   public void init() {
      JSObject fenster = JSObject.getWindow(this);
   }
}
```

In der Initialisierungsroutine `init()` wird hierzu der Variablen `fenster` ein Handle zugewiesen.

Zum Zugriff auf Objekte und Eigenschaften von JavaScript steht die `getMember`-Methode der Klasse `netscape.javascript.JSObject` zur Verfügung. Nachdem man mit der `getWindow`-Methode ein Handle für ein JavaScript-Fenster erhalten hat, verwendet man `getMember`, um auf JavaScript-Objekte zuzugreifen. Der folgende Java-Code erlaubt es bspw., mittels der Variablen `formular` auf ein JavaScript-Objekt `document.testFormular` zuzugreifen:

Code

```
public void init() {
   JSObject fenster = JSObject.getWindow(this);
   formular=fenster.eval("document.testFormular");
}
```

Hierzu kann die Methode `eval` verwendet werden, die Teil der Klasse `fenster` ist. `eval` dient an dieser Stelle lediglich als Abkürzung. Eine äquivalente Funktionalität erreicht man mit den folgenden zwei Zeilen, die dann die Zeile

Code

```
formular=fenster.eval("document.testFormular");
```

ersetzen:

Code

```
JSObject doc = (JSObject) fenster.getMember("document");
JSObject formular = (JSObject) doc.getMember("testFormular");
```

Die `eval`-Methode der Klasse `netscape.javascript.JSObject` dient also dazu, einen JavaScript-Ausdruck aufzurufen. Die allgemeine Notation dieses Aufrufs ist `JSObject.getWindow().eval("ausdruck")`, wobei `ausdruck` einen JavaScript-

Ausdruck bezeichnet, der hinsichtlich eines JavaScript-Methodenaufrufs ausgewertet wird. Zur Veranschaulichung dieser Funktionalität dient das folgende Beispiel, mit Hilfe dessen ein JavaScript-Alarm ausgelöst wird, wenn eine Mausbewegung in Aufwärtsrichtung festgestellt wird:

Code

```
public void init() {
   JSObject fenster = JSObject.getWindow(this);
}
public boolean mouseUp(Event e, int x, int y) {
   win.eval("alert(\"Hello world!\");");
   return true;
}
```

Hierzu wird zunächst ein Fenster-Handle erzeugt und anschließend die JavaScript-Methode alert mit dem Parameter „Hello World!" aufgerufen, wenn eine derartige Mausbewegung in Java festgestellt wird.

Code

```
public void paint(Graphics g) {
   g.drawString(zeichenkette, 25, 20);
   JSObject fenster = JSObject.getWindow(this);
   String args[] = {"Male"};
   win.call("alert", args);
}
```

Abb. 1-9 Mögliches Zusammenspiel von Java und JavaScript

Eine andere Möglichkeit, JavaScript-Methoden aufzurufen, steht durch die call-Methode des JSObject-Objekts zur Verfügung. Das folgende Kommando ruft eine JavaScript-Methode aus Java auf und übergibt zusätzlich Java-Objekte als Argumente:

Code

```
JSObject.call(methodenName, argumentArray);
```

Hierbei bezeichnet methodenName die aufzurufende JavaScript-Methode und argumentArray eine Liste von Java-Objekten, die an die JavaScript-Methode übergeben werden. Sollen lediglich einfache Werte (bspw. Ganzzahlen) übergeben werden, so muss eine Liste dieser Werte in Java erzeugt werden, die anschließend mittels argumentArray an JavaScript übergeben wird. Ein Beispiel hierzu ist in Abb. 1-9 angegeben. Hierzu wird das „Hello World"-Beispiel derart modifiziert, dass in JavaScript die Ausgabe Male erzeugt wird, wenn in Java eine Zeichenkette in einem Fenster angezeigt wird. In diesem Beispiel sollte nicht vergessen werden, das MAYS-

CRIPT-Attribut innerhalb des <APPLET>-Tags der HTML-Seite zu setzen. Jedes Mal, wenn das Applet initialisiert und damit aufgerufen wird, wird nun eine JavaScript-Box angezeigt, in der der Text Male erscheint. Dieselbe Funktionalität kann mit der eval-Methode erzielt werden (siehe Abb. 1-10).

Code

```
public void paint(Graphics g) {
    g.drawString(zeichenkette, 25, 20);
    JSObject fenster = JSObject.getWindow(this);
    win.eval("alert('Male')");
}
```

Abb. 1-10 Mögliches Zusammenspiel von Java und JavaScript (2)

Die bisher verwendete JavaScript-Funktion alert, mittels derer Mitteilungen in Fenstern angezeigt werden, steht als Standardfunktion zur Verfügung, wenn mit JavaScript programmiert wird. Aus einem Applet heraus können aber auch benutzerdefinierte JavaScript-Funktionen aufgerufen werden. Mittels der in Abb. 1-11 dargestellten JavaScript-Funktion kann bspw. angezeigt werden, welche Software in welcher Version gerade verwendet wird. Hierbei ist darauf zu achten, dass das in Abb. 1-11 angegebene Script innerhalb des <HEAD>-Tags einer HTML-Seite definiert wird. In Abb. 1-12 ist das modifizierte Java-Applet angegeben, das das JavaScript-Programm aus Abb. 1-11 anzeigt.

Code

```
<SCRIPT>
function softwareversion() {
    alert("Sie verwenden gerade " + navigator.appName +
    " " + navigator.appVersion);
}
</SCRIPT>
```

Abb. 1-11 Benutzerdefinierte JavaScript-Funktion

Code

```
public void init() {
    String zeichenkette = new String("Hello World!");
    JSObject fenster = JSObject.getWindow(this);
    String arguments[] = {""};
    fenster.call("softwareversion", arguments);
}
```

Abb. 1-12 Java-Programm zum Aufruf der Script-Funktion aus Abb. 1-11

Es ist zu beachten, dass die Variable `arguments` als leere Liste definiert wurde. Obwohl die JavaScript-Funktion keine Argumente verwertet, muss dennoch die Syntax in der angegebenen Form verwendet werden, in diesem Fall also als leere Liste.

Nachdem im ersten Teil dieses Kapitels die Geschichte und die Konzepte von Java vorgestellt wurden bzw. die Abgrenzung und das Zusammenspiel mit JavaScript eingeführt wurden, beschäftigen sich die folgenden Teilkapitel mit dem Aufbau des Buches.

1.5 Konzeption des Buches

Die Konzepte, die im Folgenden beschrieben werden, sind teilweise umfangreich und erstrecken sich über eine Vielzahl von Gebieten der Informatik, bspw. Datenbanken, Verteilte Systeme, multimediale Datenverarbeitung und Netzwerke. An dieser Stelle soll daher zunächst der dem Buch zugrunde liegende „rote Faden" erläutert werden, anhand dessen sich der Leser orientieren kann.

1.5.1 Zielkreis

Zum Zielkreis des Buches zählen wir alle Interessierten, die zum einen die Sprache Java, aber auch die hiermit verwandten Technologien kennenlernen wollen. Es versteht sich von selbst, dass man im eingeschränkten Rahmen eines derartigen Buches nicht jede verwendete Technik bis ins letzte Detail beschreiben kann. Der erfahrene Programmierer, der von Zeit zu Zeit ein selten auftretendes technisches Detail nachschlagen will, und der das Buch als Referenzwerk verwenden möchte, gehört daher eher weniger zu dem Zielkreis, den wir Autoren mit diesem Werk ansprechen wollen.

Es ist unser besonderes Anliegen, die Funktionsweisen der einzelnen der in diesem Buch vorgestellten Themen detailliert zu erklären und darüber hinaus, das Zusammenspiel dieser Komponenten zu beleuchten. Von daher ist unser erklärter Zielkreis in all denen zu sehen, die Einblicke in das hinter Java stehende Konzept gewinnen wollen. Wir richten uns damit speziell auch an Studenten, die durch dieses Buch die Java-Technologie erlernen wollen.

1.5.2 Besonderheit des Buches

Die bisher über Java verfügbare Literatur behandelt entweder einzelne Themen, wie die Sprache Java selbst oder das Zusammenspiel mit Datenbanken und CORBA oder ist als Referenzwerk der Programmierung geschrieben. Mit diesem Buch möchten wir einen Rahmen aufspannen, der die derzeit verfügbaren wichtigen Einzelaspekte der Java-Technologie beinhaltet. Diese sollen weder zu oberflächlich oder nur konzeptionell erläutert werden, noch in einer derartigen epischen Breite, dass der Zusammenhang mit den anderen Teilen des Buches in Vergessenheit gerät. Wir werden daher an vielen Stellen der folgenden Kapitel auf die Zusammenhänge bzw. auf interne Wechselwirkungen der Komponenten dediziert aufmerksam machen.

Einen großen Nachteil vieler am Markt etablierter Werke sehen wir insbesondere darin, dass eine Vielzahl von Beispielen verwendet wird, um Programmierkonstrukte anschaulich zu erklären. Dies erfolgt zwar oftmals in guter Absicht; die jeweiligen Autoren stellen allerdings selten einen Zusammenhang zwischen den Beispielen her. In vielen Büchern findet man daher zwar zu jeder grafischen Realisierung einer Benutzerschnittstelle ein anschauliches Beispiel, es wird aber oftmals versäumt, die verschiedenen Layout-Möglichkeiten anhand desselben Beispiels darzustellen. Dies hat aber den großen Nachteil, dass der Leser keine Vergleiche anstellen kann und so im Grunde genommen die tatsächlichen Unterschiede nicht erfasst.

Eine wesentliche Besonderheit dieses Buches liegt daher darin, dass ein einziges Beispiel konsistent in allen Kapiteln verwendet wird. Offensichtlich ist es keine triviale Aufgabe, eine Anwendung zu finden, die auf derart unterschiedlichen Konzepten wie Java, Datenbanken, grafischer Gestaltung und CORBA einsetzbar ist. In diesem Buch soll für diese Aufgabe das Spiel „Schiffe versenken" realisiert werden. Anhand dieser Anwendung können sowohl verschiedene Layout-Strategien erklärt werden, als auch eine Anbindung an Datenbanken erreicht werden, in denen die Spielergebnisse abgelegt werden. Auch die Verwendung von JavaBeans, Swing und Servlets lässt sich hier gut einordnen. Sicherlich mögen einige Realisierungen, wie bspw. die CORBA-Anwendung, etwas konstruiert erscheinen. Durch die explizite Verwendung einer einzigen Anwendung ist jedoch das Zusammenspiel der Komponenten und die Vergleichbarkeit verschiedener alternativ einsetzbarer Konzepte am besten zu zeigen. Der grundsätzliche Aufbau dieses Buches ist daher an diesem zentralen Beispiel orientiert.

1.5.3 Aufbau des Buches

Es liegt auf der Hand, dass ein in der Programmierung von Java unerfahrener Anwender nicht in der Lage ist, die Sprache zu erlernen, ohne die notwendige Theorie zu beherrschen. Die folgenden Kapitel sind daher derart strukturiert, dass zunächst theoretische Grundlagen vermittelt werden, die anschließend anhand eines Bausteins des Spiels „Schiffe versenken" trainiert werden. Die im Folgenden erläuterten Bausteine lassen sich aus Abb. 1-13 entnehmen. Zentrale Idee der Konzeption ist es, ein Programmpaket zu verwenden, bei dem von Kapitel zu Kapitel einzelne Komponenten ausgetauscht werden, um die Funktion der im jeweiligen Kapitel beschriebenen Theorie zu verdeutlichen.

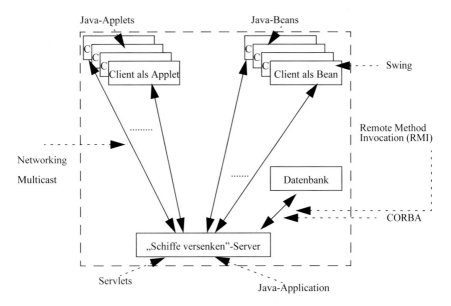

Abb. 1-13 Anwendungskomponenten des Buches

Nach einer einführenden Betrachtung objektorientierter Programmierkonzepte bzw. der Darstellung von Aspekten des Software-Engineering und der Software-Wiederverwendbarkeit in Kapitel 2 wird in Kapitel 3 zunächst die grundlegende Funktionsweise der Sprache Java erläutert, einschließlich der Betrachtung von Ausnahmeroutinen und der Einbindung von native Code in Java-Programme. Die hierzu notwendige Verwendung von Konstanten, Variablen und Programmkonstrukten wird daher anhand des „Schiffe-versenken"-Servers erklärt, gegen den eine beliebige Anzahl von Spielern simultan spielen können. In Kapitel 4 werden die Aspekte der grafischen Programmierung in Java behandelt, hierbei vor allem die Gestaltung des Layouts einer Benutzeroberfläche, der Einbezug multimedialer Elemente wie Ton und Video bzw. Java-2D und die Verwendung und Verarbeitung von Events, sowie die JAR-Technologie. Hierbei liegt eine besondere Betonung auf der Vergleichbarkeit der verschiedenen Layout-Strategien, die zur Entwicklung der Oberfläche der Clients verwendet werden kann. Die wichtigen Aspekte der Sicherheitsfunktionalität, der Netzwerkfunktionen von Java und des Streamings werden anhand einer Client-Server-Implementierung in Kapitel 5 erläutert. Das Konzept der Internationalisierung von Java-Anwendungen ist Thema von Kapitel 6. Im darauf folgenden Anwendungsteil wird in Kapitel 7 die Entwicklung einer ersten Version des Spiels „Schiffe versenken" vorgestellt, also der als Java-Application implementierte Server und die als Java-Applets realisierten Clients. Die Anwendung aus Kapitel 7 wird im Folgenden als Basis für Programm-Modifikationen verwendet.

Anschließend wird in Kapitel 8 Java-Swing erläutert, mit dessen Hilfe Benutzeroberflächen auf eine elegante Art und Weise gestaltet werden können. Nach einer Betrachtung der Möglichkeiten von Swing wird die Benutzeroberfläche der Clients derart verändert, dass das in Kapitel 8 „von Hand" entwickelte Design nun mittels Swing realisiert wird. Das restliche Programmpaket bleibt hierbei vollkommen unverändert.

Kapitel 9 beschäftigt sich mit der detaillierten Darstellung des *JavaBeans*-Konzepts, mittels dessen Programme als Komponenten realisiert werden können. In diesem Kapitel werden zunächst die Eigenschaften der Beans vorgestellt. Hierzu gehört das Beans-Konzept sowie die Entwicklung von Beans in der *BeanBox*. Anschließend wird die Verarbeitung von Beans mittels deren Eigenschaften und mittels Events näher betrachtet. Weitere Themen von Kapitel 9 sind der Eigenschaften-Editor, der sog. Property-Editor und die Persistenz von Beans, worunter das konsistente Speichern und Laden von Beans verstanden wird. Im praktischen Teil dieses Kapitels wird die Client-Komponente des Spiels derart modifiziert, dass sie nicht länger als Java-Applet, sondern als Bean funktioniert. Auch hierbei bleiben die restlichen Programmpakete unverändert.

Mit dem Ende von Kapitel 9 ist die eigentliche Darstellung der Kernbereiche von Java abgeschlossen, wenn man darunter die Entwicklung von Programmen versteht, die als Client oder als Server fungieren und zu deren Realisierung verschiedene Konzepte eingesetzt werden können. Die nun folgenden Kapitel 10, Kapitel 11, Kapitel 12 und Kapitel 13 behandeln mit Datenbanken, der Remote Method Invocation (RMI), CORBA und Servlets weitergehende Konzepte.

In Kapitel 10 wird erklärt, wie mittels Java auf Datenbanken zugegriffen werden kann. Nach einer einführenden Betrachtung der grundlegenden Funktionsweise werden hier Funktionen wie das Erzeugen und Löschen von Tabellen, deren Abfrage und Modifikation sowie die Navigation auf Ergebnissen und der Stapelbetrieb behandelt. Das Spielmodell wird im anschließenden praktischen Teil derart erweitert, dass Spielstände in einer Datenbank gesichert werden können.

In Kapitel 11 wird die *Remote Method Invocation* (RMI) in Java behandelt, eine Technik, mit der Funktionen auf entfernten Rechnern ausgeführt werden können. Zur Thematik dieses Teils des Buches zählt neben der eigentlichen RMI-Technik auch die sog. *Objektserialisierung*. Im praktischen Teil dieses Kapitels wird die Verwendbarkeit von RMI für die Kommunikationsprozesse zwischen Client und Server von „Schiffe versenken" näher betrachtet, indem Methodenaufrufe über RMI implementiert werden. Diese Methoden sind Teil eines Moduls zur Aktualisierung der Datenbankeinträge (Spielstände) auf dem Server.

Kapitel 12 behandelt die Anbindung von Java an CORBA. CORBA ist eine Architektur, mittels derer verteilte Objekte für den Anwender transparent verwaltet werden können. Hierzu wird die Java Interface Description Language (Java-IDL) detailliert betrachtet, die anschließend mit RMI verglichen wird. Im Anwendungsbeispiel wird das mittels RMI implementierte Programm derart modifiziert, dass nun anstelle von RMI CORBA zum Einsatz kommt.

Kapitel 13 widmet sich der Darstellung von *Servlets*, also Programmen, die im Gegensatz zu Applets auf dem Server ausgeführt werden. Hierbei wird neben dem

Grundkonzept der Servlets auf die Unterschiede zur *Common-Gateway-Interface*-Technik (CGI) eingegangen, die heute zur Verarbeitung von Formulareingaben im World Wide Web eine weite Verbreitung gefunden hat. Im Anwendungsbeispiel wird anschließend eine Komponente entwickelt, die die Aktualisierung der Spielstände einer Datenbank vornimmt. Dies ist ein typisches Einsatzgebiet von Servlets. In diesem Kapitel wird auch das Zusammenspiel mit Komponenten verteilter Systeme erkennbar, da Servlets über RMI kommunizieren können.

In Kapitel 14 wird ein zweites Anwendungsbeispiel vorgestellt, das die Beispiele zu Datenbanken, RMI und Servlets kombiniert. Im praktischen Einsatz wird so demonstriert, wie Spielstände, die in einer Datenbank auf dem Server gehalten werden, vom Client aktualisiert werden können. Die eigentliche Datenbankmodifikation wird hierbei über Servlets gesteuert.

1.6 Zusammenfassung

Ziel dieses Kapitels ist es, dem Leser die grundlegenden Eigenschaften von Java zu vermitteln und ihm den „roten Faden" dieses Buches aufzuzeigen. Hierzu wurden nach einer Darstellung des Entwicklungsprozesses von Java die wichtigsten Funktionen und insbesondere die Konzeption der Sicherheitsarchitektur betrachtet. Im Anschluss daran wurde der grundlegende Unterschied dieser Sprache zu JavaScript erläutert.

Nach der Schilderung des Aufbaus dieses Buches sollte der Leser verstanden haben, welche Techniken in der Folge erklärt werden, wie diese zusammenspielen und in welchen Anwendungsrahmen die folgenden Programmbeispiele eingebettet sind.

Software Engineering

Unter *Wiederverwendung* versteht man den wiederholten Einsatz vorhandener Komponenten und das Zusammensetzen von Software aus diesen Komponenten. Durch Wiederverwendung kann die Anzahl neu zu erstellender Programmsegmente verringert werden, was zur Verringerung der Entwicklungskosten, zur Verkürzung der Entwicklungszeit und zur Steigerung der Produktivität und der Software-Qualität führen kann. Techniken der Software-Wiederverwendung sind Thema dieses Kapitels.

Heutzutage werden zur Realisierung der Wiederverwendung oftmals objektorientierte Techniken eingesetzt, die nicht nur in der Programmierphase auf den Plan treten, wo sie sich auf Objekte, Klassen und Komponenten beschränken, sondern in allen beteiligten Schritten des Software-Entwicklungsprozesses, bspw. im Design und Entwurf des Software-Systems in Form von Frameworks, Modellen und Mustern.

In diesem Kapitel werden verschiedene Techniken vorgestellt, die dazu dienen, Software flexibel und wiederverwendbar zu gestalten. Als erstes wird das Prinzip der objektorientierten Programmierung vorgestellt. Anschließend werden verschiedene Aspekte der Software-Wiederverwendung erläutert. Dabei wird zuerst der sog. unsystematische Ansatz erklärt, anschließend werden Entwurfsmuster (sog. *Design Patterns*) und Frameworks dargestellt. Den Abschluss des Kapitels bilden das Konzept der Software-Komponenten sowie eine Zusammenfassung.

2.1 Objektorientierte Programmierung (OOP)

Moderne Programmiersprachen sind gegenwärtig meist objektorientiert. Beispiele hierfür sind u. a. Smalltalk, Eiffel, Delphi und C++. Java kann hierbei als Ableitung aus C++ verstanden werden. Im Folgenden werden die Konzepte der objektorientierten Programmierung (OOP) vorgestellt. Booch definiert die OOP in [Booch94] folgendermaßen:

> „Objektorientierte Programmierung ist eine Implementierungsmethode, bei der Programme als kooperierende Ansammlungen von Objekten angeordnet sind. Jedes dieser Objekte stellt eine

Instanz einer Klasse dar, und alle Klassen sind Elemente einer Klassenhierarchie, die durch Vererbungsbeziehungen gekennzeichnet ist."

Eine Programmiersprache, die als objektorientiert klassifiziert werden soll, muss die in dieser Definition enthaltenen Bedingungen erfüllen. Betrachtet man als Beispiel für eine objektorientierte Programmiersprache Java, so stellt man fest, dass die Bedingungen erfüllt sind.

- Java verwendet Objekte als fundamentale Bausteine.
- Diese Objekte sind in Java Instanzen von Klassen.
- In Java können Klassen erweitert werden (Schlüsselwort `extends`), d. h. Subklassen erstellt werden, die von einer Superklasse erben.

Diese Kennzeichen beschreiben allerdings im Wesentlichen die Eigenschaften der Programmiersprache, nicht die Konzepte der OOP, d. h. die Vorgehensweise bei der Erstellung eines Programms. Hierzu dient das Objektmodell, dessen Hauptelemente die folgenden sind [Booch94]:

Objekt und Klasse

Der Grundbegriff der Objektorientierung ist das *Objekt*. Ein Objekt ist ein abgeschlossenes Element eines Programms, das darauf ausgelegt ist, bestimmte Aufgaben zu erfüllen. Ein Objekt hat eine eindeutige Identität, die es von allen anderen Objekten unterscheidet, und ein bestimmtes Verhalten, das vom Zustand des Objekts abhängen kann. Objekte mit gleichem Verhalten werden in *Klassen* gruppiert. Eine Klasse beschreibt also statisch das Verhalten und die Struktur von Objekten. Klassen werden dazu verwendet, Objekte (Instanzen) zu erzeugen (diese zu instantiieren). Klassen werden in Java durch das Schlüsselwort *class* beschrieben.

Attribute und Verhaltensweisen

Im Allgemeinen besteht jede Klasse aus zwei Komponenten: *Attributen* und *Verhaltensweise*n, die durch Methoden definiert werden. *Attribute*, die durch Variablen definiert werden, legen die Erscheinung, den Zustand und andere Merkmale der Klasse fest. Das *Verhalten* einer Klasse wird durch Methoden definiert.
Objekte kommunizieren miteinander, indem sie *Nachrichten* an andere Objekte senden. Empfängt ein Objekt eine Nachricht, so führt es daraufhin eine entsprechende *Methode* aus, die angibt, wie auf das Empfangen der Nachricht reagiert werden soll. Das Senden von Nachrichten kann mit dem Funktions- oder Prozeduraufruf in funktionalen bzw. prozeduralen Sprachen verglichen werden.

Aggregation

Wenn Objekte unter Verwendung anderer Objekte aufgebaut sind, nennt man dies *Aggregation*. Über Aggregation lässt sich also eine „*Ist-Teil-von-Beziehung*" zwischen Objekten beschreiben. Ein Beispiel hierfür wäre ein Auto, das (u. a.) vier Räder besitzt. Der durch die Aggregation beschriebene interne statische Aufbau von Objekten einer Klasse ist normalerweise nicht in der Schnittstelle einer Klasse sichtbar, sondern wird in der Implementierung dieser Klasse spezifiziert.

Vererbung

Vererbung ist ein Mechanismus, der es einer Klasse ermöglicht, ihre gesamten Eigenschaften von einer anderen Klasse zu erben. Vererbung wird in der OOP benutzt, um zwei Konzepte zu beschreiben, die häufig zusammen verwendet werden: die Spezialisierung von Klassenschnittstellen und den Import von Implementierungen.

Spezialisierung dient dazu, ein System von Klassen nach einer Teilmengenbeziehung zu strukturieren. Eine Klasse *A* ist dann eine Spezialisierung einer anderen Klasse *B*, wenn alle Objekte von *A* die von *B* definierte Schnittstelle ebenfalls erfüllen, *A* also die Schnittstelle von *B erweitert* (extends). Zu beachten ist, dass eine Klasse mit erweiterter Schnittstelle jedoch eine Untermenge von Objekten beschreibt, da die erweiterte Beschreibung spezieller ist. Dies darf nicht verwechselt werden.

Import beschreibt hingegen die Wiederverwendung existierender Implementierungen (oder Teile davon). Wenn eine Klasse *A* eine Klasse *B* erweitert, so kann sich dies also nicht nur auf deren Schnittstelle beziehen, sondern auch auf deren Implementierung, zu der weitere Funktionen hinzugefügt oder vorhandene an den neuen Kontext angepasst werden können.

Diese beiden Konzepte werden in der Regel zusammen verwendet, da im Allgemeinen auch die Implementierung einer Klasse weiter verwendet werden soll, wenn diese spezialisiert wird. Genauso wird die Implementierung auch dann importiert, wenn ebenfalls eine Spezialisierung vorliegt. Da dies aber nicht in jedem Spezialfall garantiert werden kann, unterstützen moderne objektorientierte Programmiersprachen auch die Möglichkeit, beide Konzepte getrennt voneinander benutzen zu können. Bei der Programmierung von Benutzeroberflächen in Java wird z. B. die Klassenbibliothek *Abstract Windowing Toolkit* (AWT) importiert.

Polymorphie

Der Begriff *Polymorphie* (griech. Vielgestaltigkeit) besagt, dass eine Variable eines bestimmten Typs in die eines abgeleiteten Untertyps umgewandelt werden kann. Eine Variable vom (allgemeineren) Typ *Fahrzeug* könnte bspw. in den (spezielleren) Typ *Auto* umgewandelt werden, da sie dadurch lediglich um einige Eigenschaften erweitert (Konzept der Vererbung) wird. Objektorientierte Programmiersprachen unterstützen gewöhnlich das Konzept der Polymorphie.

Bei Java erben bspw. alle Klassen automatisch von der Klasse `Object`. Ein Objekt vom Typ `Object` kann somit in jeden beliebigen Typ umgewandelt werden. Die Polymorphie stellt daher ein wichtiges Konzept zur Wiederverwendung und Erweiterbarkeit vorhandener Programme dar, was sowohl den Implementierungsaufwand als auch die Fehlerwahrscheinlichkeit der Programme verringert.

Dynamisches Binden

Die durch die Polymorphie eingeführten Möglichkeiten der Wiederverwendung und Erweiterbarkeit werden erst dann richtig ausgenutzt, wenn das Binden von den Methoden einer Klasse an die verschickten Nachrichten dynamisch zur Laufzeit erfolgt – im Unterschied zur statischen Bindung, die schon bei der Übersetzungszeit des Programms vorgenommen wird und die immer noch in vielen Programmiersprachen eingesetzt wird.

Im Zusammenhang mit Komponenten, die eigenständige Programmteile sind, spricht man auch von *Late Linking*, da die Komponente nicht eingebunden, sondern nur benutzt wird. Dieses Konzept ist für ein erweiterbares System, worum es sich im Falle der Komponenten-Software handelt, eine Grundvoraussetzung.

2.1.1 Eigenschaften des Objektmodells

Aus den oben erwähnten Elementen des Objektmodells lassen sich folgende Eigenschaften ableiten, die ein Objektmodell aufweisen muss:

- Abstraktion
- Kapselung
- Modularität
- Hierarchie
- Nebenläufigkeit
- Verteilung und
- Persistenz.

Abstraktion

Abstraktion dient allgemein zur strukturierten Erfassung von komplexen Zusammenhängen. Im täglichen Leben macht man von Abstraktionen Gebrauch, indem komplizierte Sachverhalte auf das Wesentliche beschränkt werden. So kann ein Baum einfach durch Wurzeln, Stamm, Äste und Blätter beschrieben werden, wobei Details, wie z. B. die Zellstruktur der Blätter, vernachlässigt werden. Ob diese Abstraktion brauchbar ist, hängt jeweils vom Anwendungszweck ab. Der Begriff Abstraktion ist also subjektiv und zweckorientiert. Für den Programmierer bedeutet dies, selbst entscheiden zu müssen, ob ein Detail zur Objektmodellierung wichtig ist oder vernachlässigt werden kann.

Kapselung

Durch Kapselung erreicht man, Eigenschaften, die zur korrekten Funktionsweise eines Modells notwendig sind, von denen zu trennen, die zum Verstehen oder Verwenden des Modells unerlässlich sind. Um ein Objekt in einem Programm korrekt verwenden zu können, ist es nicht notwendig, eine genaue Kenntnis der inneren Vorgänge zu haben. Es genügt zu wissen, welche Eigenschaften das Objekt besitzt und welche Operationen darauf angewendet werden können. In Java erreicht man, ähnlich wie in anderen Programmiersprachen, eine Kapselung durch Vergabe sog. *Modifier* [OAV97]. Dazu gehören z.B. die Schlüsselwörter `public`, `protected` und `private`, durch die der Zugriff auf eine Eigenschaft oder Methode für Instanzen anderer Klassen kontrolliert werden kann. Dabei bedeutet `public`, dass der Zugriff allen Objekten erlaubt wird, `protected`, dass lediglich die Instanzen der Klasse selbst, die der Subklassen, sowie Klassen desselben Packages Zugriff haben und `private`, dass allein der Klasse selbst der Zugriff erlaubt ist. Allgemein kann man die Kapselung auch wie folgt [Booch94] beschreiben:

„Die Kapselung dient dazu, die Schnittstelle einer Abstraktion und ihre Implementierung voneinander zu trennen."

Modularität

Eng mit der Kapselung verbunden ist der Begriff *Modularität*. Unter einem Modul versteht man die Zusammenfassung von Klassen, die einen logischen Bezug zueinander besitzen. In Java wird dies durch ein sog. *Package* realisiert. So stellt schon die Sprache verschiedene Packages bereit, z.B. das Package `java.io.*`, in dem häufig verwendete Ein- und Ausgabeaufgaben in vorgefertigten Klassen zur Verfügung stehen. Ähnlich wie bei der Kapselung muss festgelegt werden, welche Objekte von außen Zugriff auf Methoden und Attribute haben. Es muss folglich auch für Module eine Schnittstelle bereitgestellt werden, die Objekten anderer Module den kontrollierten Zugriff gestattet und gleichzeitig Teile, die nur für das Modul selbst wichtig sind, verbirgt.

Hierarchie

Auch das Konzept der Hierarchie ist lediglich eine Nachbildung der realen Welt. Objekte in der realen Welt sind häufig hierarchisch angeordnet. So ist z. B. ein Baum eine Pflanze und ein Auto ein Fahrzeug. Das Gegenstück hierzu in der OOP heißt Vererbung. Eigenschaften der Klasse Pflanze würden an die Klasse Baum, die eine Subklasse von Pflanze ist, vererbt werden. Diese Eigenart der Hierarchie nennt man auch „*is a*"-Hierarchie (ein Baum ist eine Pflanze).

Verbundbeziehungen werden hingegen als sog. „*part of*"-Hierarchien bezeichnet. Ist bspw. die Wagenfarbe lediglich ein Attribut eines Autos, so ist der Motor sicherlich ein komplexer Bestandteil, der in einer eigenen Klasse beschrieben werden sollte.

Nebenläufigkeit

Nebenläufigkeit (Multithreading) bezeichnet die Eigenschaft einen Systems, mehrere Kontrollflüsse (Prozesse) gleichzeitig (oder quasi-gleichzeitig) ausführen zu können. In einem Objektmodell ist Nebenläufigkeit gut zu modellieren, indem verschiedenen Objekten parallele Kontrollflüsse zugeordnet werden. Diese Objekte nennt man in diesem Zusammenhang auch *aktive Objekte*.

Verteilung

Von *Verteilung* spricht man, wenn Objekte eines Systems auf verschiedene Rechner verteilt sind. Da Objekte in sich geschlossene Einheiten bilden (Modularität), eignen sie sich gut zur Verteilung. Weil die Kommunikation zwischen Objekten über einen Nachrichtenaustausch stattfindet, ist es leicht möglich, diese Nachrichten nicht nur innerhalb eines Rechners, sondern auch über ein Netzwerk zu verschicken. Verteilung ist in Java einer der wichtigsten Aspekte, der sowohl direkt mittels Java-RMI (Remote Method Invocation) realisierbar ist oder indirekt durch die Unterstützung von CORBA.

Persistenz

Unter *Persistenz* versteht man die Eigenschaft eines Objekts, einen Zustand zeitlich und/oder räumlich beizubehalten. Dies beinhaltet einerseits ein zeitliches Überdauern des Erzeugers des Objekts, indem das Objekt bspw. gespeichert und in einer anderen Anwendung weiterverwendet wird. Andererseits kann ein persistentes Objekt auf einen anderen Rechner verlagert werden, ohne dass sich seine Identität, sein Verhalten oder sein Zustand ändert. Persistenz spielt in Java besonders bei der Entwicklung von Java-Komponenten (JavaBeans) eine große Rolle.

2.2 Unsystematischer Ansatz der Wiederverwendung

Bezüglich wiederverwendbarer Software unterscheidet man den unsystematischen Ansatz und die Verwendung von Design Patterns. Die unsystematische Wiederverwendung, bspw. das „*Cut and Paste*"-Prinzip, ist durch die folgenden zwei Aspekte charakterisiert:

- Wiederverwendung von Code: Code-Blöcke eines bestehenden Software-Systems werden in ein neues System kopiert.
- Wiederverwendung eines Designs: Große Code-Blöcke eines bestehenden Software-Systems werden in ein neues System kopiert. Hierbei werden viele interne Details gelöscht, wodurch die Schablone des alten Systems erhalten bleibt.

Bei der unsystematischen Wiederverwendung ist der Software-Entwickler dazu gezwungen, viele Implementierungsdetails des wiederverwendeten Codes zu verstehen. Diese Variante ist daher stets aufwendig und nicht zu empfehlen.

2.3 Design Patterns

Design Patterns (Entwurfsmuster) identifizieren, benennen und abstrahieren die Hauptaspekte wiederkehrender Verhaltensweisen oder Strukturen von Software. Somit beinhaltet die Definition eines Musters, eines sog. *Patterns,* die Beschreibung der Problemstellung, in deren Rahmen das Muster identifiziert wurde und zu deren Lösung es beitragen soll. Da bei Entwurfsmustern abstrakte Lösungen inklusive der Beschreibung der beteiligten Elemente und deren Beitrag zur Problemlösung angegeben werden, sind sie bei der Steigerung der Produktivität eines Programmierers hilfreich, weil sie angeben, wie ein Software-Problem zu lösen ist.

Entwurfsmuster verkürzen den Weg des Software-Entwicklungsprozesses vom anfänglichen Designkonzept bis zur Implementierung. Entwurfsmuster sind durch folgende Elemente charakterisiert [GHJV95]:

- *Name des Entwurfsmusters:*
  Der Name des Entwurfsmusters wird zur intuitiven Beschreibung eines Musters benutzt. Aus der Beschreibung sollte die Aufgabe und der Anwendungsbereich des Musters hervorgehen. Ein Problem, das hierbei entsteht, ist die intuitive Namensgebung und die Suche nach passenden Mustern aus einer größeren Anzahl.
- *Problem*:
  Beschreibung des Problems, zu dessen Lösung ein Entwurfsmuster beitragen kann.
- *Lösung*:
  Die Lösung des beschriebenen Problems wird durch Klassendiagramme definiert. Ein Klassendiagramm zeigt die logische Struktur eines objektorientiertes Systems auf, also Klassen, die jeweilige Funktionalität einer Klasse und die Beziehungen zwischen den Klassen. Die Lösung wird sehr allgemein gehalten, damit sie auf möglichst viele variierende Problemstellungen anzuwenden ist. Zur Lösung gehören auch Beispielprogramme in einer objektorientierten Programmiersprache.
- *Konsequenzen*:
  Hier werden verschiedene Vor- und Nachteile des Entwurfsmusters dargestellt.

Durch diese einheitliche Struktur sind Entwurfsmuster einfach zu erlernen, zu verstehen und zu verwenden. Zur Vereinfachung der Handhabung und Identifizierung von Entwurfsmustern werden diese auf verschiedene Arten gruppiert. Eine Möglichkeit einer Gruppierung ist die Strukturierung nach dem gemeinsamen Zweck der Entwurfsmuster. Diese können dabei in drei Kategorien eingeordnet werden: Erzeugende Muster, strukturelle Muster und verhaltensbezogene Muster.

Erzeugende Muster (Creational Pattern)

Erzeugende Muster abstrahieren den Instantiierungsprozess von Objekten. Es wird auf hart-kodierte Instanzen verzichtet, was zur Steigerung der Flexibilität bei der Erzeugung der Objekte zur Laufzeit führt:

- *Factory* (Variation der Erzeugungsart):
  erlaubt die Erzeugung zusätzlicher Komponenten.

Strukturelle Muster (Structural Pattern)

Strukturelle Muster beschreiben, wie Klassen und Objekte bei der Erstellung und Realisierung größerer Strukturen benutzt werden können:

- *Adapter* (Variation der Schnittstelle):
  Die Anpassung der Systemkomponenten wird durch einen Adapter gewährleistet.
- *Composite* (Variation der Granularität):
  Erlaubt die Aggregation mehrerer Komponenten zu einer neuen.
- *Decorator* (Variation des Verhaltens):
  Die Erweiterung des Verhaltens bzw. die Zuweisung einer neuen Rolle wird durch eine Ummantelung mit zusätzlichen Funktionen erlaubt.
- *Bridge* (Variation der Implementation):
  Erlaubt den Zugang zu verschiedenen Realisierungen ähnlicher Funktionalität unabhängig von der Schnittstelle.

Verhaltensbezogene Muster (Behavioral Pattern)

Verhaltensbezogene Muster beschreiben die Kommunikation zwischen den verschiedenen Objekten als eigenständiges Objekt.

- *Chain of Responsability* (Variation der Zuständigkeit):
  Erlaubt das Weiterreichen von Informationen in der Klassenhierarchie.
- *Observer* (Variation des Veränderungsverhaltens):
  Erlaubt die Überwachung und die Reaktion auf Veränderungen.
- *Strategy* (Variation der Funktionsweise):
  Ausgehend von einer allgemeinen Schnittstelle wird der Zugang zu mehreren Funktionsweisen erlaubt.

Sommerlad [BMRS+96] fasst die wichtigsten Aspekte der Wiederverwendung bei Entwurfsmustern wie folgt zusammen:

- Ein Entwurfsmuster stellt die Lösung von stets wiederkehrenden Designproblemen dar, die in bestimmten Entwurfssituationen auftreten.
- Entwurfsmuster dokumentieren existierende und erprobte Designerfahrungen.
- Ein Entwurfsmuster identifiziert und beschreibt eine Abstraktionsweise, die über dem Niveau einzelner Klassen und Instanzen liegt.
- Eine Sammlung von Mustern bietet ein gemeinsames Designvokabular und Verständnis für eine Gruppe von Entwicklern.
- Entwurfsmuster helfen bei der Konstruktion und Dokumentation einer spezifischen Architektur mit wohldefinierten Eigenschaften.

Bedingt durch die Art der Entwurfsmuster findet die Wiederverwendung hauptsächlich auf kognitiver Ebene statt. Es handelt sich lediglich um semi-formale Beschreibungen bestimmter Probleme, die in Software-Projekten auftreten können. Dem Katalog von Entwurfsmustern können mögliche Entwurfslösungen entnommen werden. Wird ein passendes Muster gefunden, so kann dies auf die Problemstellung angewendet werden. Mit Hilfe der Klassendiagramme eines Entwurfsmusters kann die Struktur der Lösung in die Analyse- und Designdiagramme der objektorientierten Modellierung übernommen werden. Anhand des Programmbeispiels kann die zugrunde liegende Implementierung nachvollzogen werden.

Damit sind Entwurfsmuster in der Wiederverwendungshierarchie unter den Quellcode-Komponenten mit objektorientierten Programmiersprachen, aber über den Software-Architekturen und Frameworks angesiedelt.

2.4 Software-Architektur

Das bekannteste Software-Architekturmodell ist das *Model-View-Controller*-Modell (M-V-C-Modell), das zuerst in der Programmiersprache Smalltalk Verwendung fand, und das mittlerweile zur Standardarchitektur für Software-Systeme geworden ist, die eine grafische Benutzeroberfläche benötigen. Das Prinzip des M-V-C-Modells, das in Abb. 2-1 dargestellt ist, ist die Trennung von Verantwortlichkeiten. Die Darstellung der Information (*View*) wird hierbei von der Funktionalität der Anwendung (*Modell*) und der Verarbeitung (*Controller*) der Benutzereingaben getrennt. Nachfolgend werden die Aufgaben der Teilsysteme erläutert:

- Das *Model* (Datenbasis) besteht aus einer oder mehreren Klassen, die darauf spezialisiert sind, Daten zu bearbeiten. Es stellt die eigentliche Funktionalität dar und stellt errechnete Inhalte zur Verfügung. Das *Modell* hat keinerlei Kenntnisse über eine bestimmte Darstellungsart und ist somit unabhängig von etwaigen Visualisierungsmöglichkeiten. Ein *Modell* sendet ausschließlich Nachrichten an den *Controller* und empfängt auch nur Nachrichten von diesem.
- Die *View* (Präsentationsschicht) stellt eine oder mehrere Komponenten dar, deren Aufgabe es ist, Aspekte des *Modells* zu visualisieren. Idealerweise sollte die View auch unabhängig von einem spezifischen *Modell* arbeiten können, damit sie auch für andere Aufgaben eingesetzt werden kann. Eine *View* sendet Nachrichten an den *Controller* und empfängt Nachrichten von außen nur vom *Controller*.
- Der *Controller* stellt eine Abstraktion des Steuerungsablaufs dar und hat die Aufgabe, die Kommunikation zwischen *Modell* und der Darstellung zu steuern. Er stellt das Kernstück der Anwendung dar, bei dem sämtliche Fäden zusammenablaufen. Der *Controller*, der auch aus mehreren Klassen bestehen kann, sendet Nachrichten sowohl an das *Modell* als auch an die *View* und empfängt Nachrichten von beiden.

Diese Trennung erlaubt es, die View eines Applets oder einer Anwendung entsprechend den Anwenderwünsche zu ändern. Änderungen an einem der drei Teilsysteme können unabhängig voneinander vollzogen werden. Das Hinzufügen weiterer Views auf die Daten im Modell oder die Reaktion auf weitere Benutzereingaben können nach der Bereitstellung der Software realisiert werden. Das Modell ist prinzipiell unabhängig von den anderen Komponenten und kann somit für verschiedene Plattformen identisch sein, was zur besseren Portierbarkeit von Programmen führt.

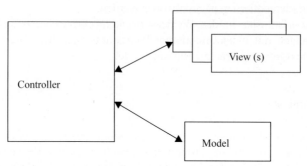

Abb. 2-1 Das Model-View-Controller-Modell

2.5 Frameworks

Ähnlich wie Entwurfsmuster ist ein *Framework* ein Begriff, der insbesondere in den letzten Jahren im Kontext von Java-Programmen oft verwendet wurde. In der Fachliteratur stößt man häufig auf den Begriff *Framework*. Genau wie bei Entwurfsmustern sind die Vorstellungen, was eigentlich ein Framework ist, häufig unklar. Nachfolgend werden einige wesentliche Züge von Framework dargestellt.

In der Literatur existieren verschiedene Definitionen des Begriffs *Framework*, die sich oft überschneiden. Michael Mattson definiert in [Matt96] das objektorientierte Framework folgendermaßen:

> „A (generative) architecture designed for maximum reuse, represented as a collective set of abstract and concrete classes; encapsulated potential behaviour for subclassed specializations."

Die grundlegenden Ziele, die durch die Verwendung von Frameworks angestrebt werden, sind in dieser Definition enthalten. Mit Frameworks soll eine maximale Wiederverwendbarkeit von Software erreicht werden. Da bereits ein „Rahmen" vorgegeben ist, der die Verwendung vordefinierter Klassen ermöglicht (bzw. erzwingt), kann tatsächlich auf bereits erstellten Code zurückgegriffen werden. Für die Implementierung einer Anwendung müssen nur noch (Sub-)Klassen erstellt werden, die für das Problem relevant sind. Ein Großteil der Lösung ist bereits im Framework enthalten, das sich somit prägend auf die Realisierung der Implementierung auswirkt. In einem Framework wird also nicht alleine Programm-Code wiederverwendet, sondern auch dessen Design. Daraus ergibt sich, dass ein Framework auch einschränkend wirkt, da es immer auf bestimmte Problembereiche ausgelegt ist. Hier liegt eine grundlegende Schwierigkeit bei der Entwicklung eines Frameworks. Sind die Einschränkungen zu groß, so ist es womöglich nur für wenige (schlimmstenfalls für gar keine) Problemlösungen geeignet. Andererseits ist ein Framework, das fast alles zulässt, keine Unterstützung bei konkreten Problemstellungen.

Eine übliche Vorgehensweise [Matt96] bei der Entwicklung von Frameworks besteht darin, zunächst einige Anwendungen aus einem zuvor festgelegten Problembereich zu erstellen. Anschließend überprüft man die Anwendungen auf Gemeinsamkeiten, die dann den ersten Ansatz für das Framework darstellen. Mit Hilfe dieses Frameworks werden die Anwendungen erneut erstellt, was unter Umständen eine Korrektur des Frameworks nach sich zieht. Anschließend werden weitere Anwendungen auf Grundlage des Frameworks erstellt, so dass dieses durch die damit gewonnenen Erfahrungen noch erweitert und verbessert werden kann. Diese Entwicklungsmethode ist schematisch in Abb. 2-2 dargestellt. Folgende Anwendungen werden auf der Grundlage des Frameworks erstellt, wobei dieses durch die damit gewonnenen Erfahrungen noch erweitert und verbessert werden kann.

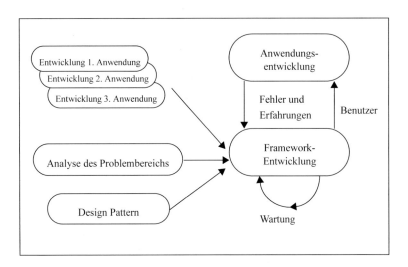

Abb. 2-2 Entwicklungsprozess eines Frameworks

Eine andere Betrachtungsweise der Entwicklung von Frameworks beinhaltet zusätzlich die Analyse des Problembereichs und die Festlegung von Design-Patterns (siehe Abb. 2-2). Vor dem Erstellen der ersten Anwendung wird bereits versucht, wichtige Aspekte zu formulieren, die im Framework integriert werden sollen. Wichtige Eigenschaften, die Anwendungen enthalten sollen, die mit dem Framework entwickelt wurden, werden als Design-Patterns formuliert. Diese Vorgaben unterstützen den Entwickler bei der Implementierung. Im Gegensatz zu Schnittstellen, die für die Implementierung verbindlich sind, handelt es sich dabei um Empfehlungen, die eingehalten werden sollten, aber nicht eingehalten werden müssen.

Im Folgenden wird eine Framework-Definition verwendet, die eine Ergänzung der obigen Definition darstellt:

> „Ein Framework ist eine Sammlung von Regeln, Schnittstellen und Klassen. Es vereinfacht die Entwicklung durch die Unterstützung der Code-Wiederverwendung, die Vorgabe von Patterns (Mustern) und durch die bereits eingeflossene Fachkenntnis."

Frameworks können in sog. *White-Box-* und *Black-Box*-Frameworks unterschieden werden, wobei die Begriffe *White-Box* und *Black-Box* auch in der OOP verwendet werden. Die Bezeichnungen repräsentieren eine unterschiedliche Transparenz.

Ein White-Box-Framework gewährt Einblicke in die Implementierung, wodurch ein Benutzer durch besseres Verstehen des Frameworks seine Anwendungen unter Umständen effizienter implementieren kann. Ist aber außer der Kenntnis der Schnittstellen (Interfaces) dieses Verständnis zur Implementierung zwingend erforderlich, so wird die Arbeit dadurch eher erschwert. Basieren Anwendungen auf sichtbaren inneren Details, so wird eine Weiterentwicklung des Frameworks trotz unveränderter Schnittstellen problematisch [Szyp97]. White-Box-Frameworks werden deswegen lediglich als Zwischenstufe in der Entwicklung eines Frameworks betrachtet [Matt96].

Black-Box-Frameworks verbergen hingegen ihr Inneres. Lediglich die Schnittstelle ist nach außen sichtbar. Eine Anwendung stützt sich folglich auf diese Schnittstelle, was eine Veränderung der Implementierung des Frameworks erleichtert. Da nach außen hin immer noch die gleiche Schnittstelle sichtbar ist, „spürt" die auf dem Framework basierende Anwendungen nichts von der Veränderung. Black-Box-Frameworks sind deshalb bezüglich einer Wiederverwendbarkeit von Vorteil. Ein Beispiel für eine Black-Box-Abstraktion in der OOP sind die Application Programming Interfaces (APIs) vieler Programmiersprachen. Ein Programmierer kann ein API verwenden, ohne eine exakte Kenntnis über die Implementierung der Klassen zu haben. Auch das API von Java verbirgt sein Innenleben. Lediglich die Methoden und Variablen sind sichtbar, die für die Programmierung wichtig sind.

Das Beispiel der APIs zeigt, wie komplex Frameworks werden können. In vielen Fällen, z. B. bei Einzelanwendungen, wird sich deshalb die Entwicklung eines Frameworks kaum lohnen. Bei größeren Projekten, in die viele Entwickler involviert sind, kann sich ein Framework durch schnellere und stabilere Entwicklung auszahlen. Zur Abwägung sollte man Vor- und Nachteile von Frameworks gegenüberstellen. Als Vorteile von Frameworks gelten [Matt96]:

- Deutliche Verringerung des zu schreibenden Programm-Codes, sofern die Funktionalität der zu entwickelnden Anwendung mit dem Problembereich weitgehend konform ist, der durch das Framework abgedeckt wird.

- Die Implementierung des Frameworks ist bereits abgeschlossen und getestet, so dass die Fehleranfälligkeit von neu entwickelten Programmen reduziert wird.
- Da nicht nur Programm-Code, sondern auch das Design wiederverwendet wird, werden auch Wissen und Erfahrung der Framework-Entwickler an den Framework-Benutzer weitergegeben.
- Der Programmierer kann sich auf die eigentliche Problematik konzentrieren, ohne sich Gedanken über das zugrunde liegende Betriebssystem machen zu müssen. Als Paradebeispiel sei hier das Abstract Windowing Toolkit des Java-APIs zu nennen, das dem Programmierer die Realisierung von fensterähnlichen grafischen Oberflächen abnimmt.
- Die Wartung wird erleichtert, da ein Fehler, der im Framework korrigiert wird, automatisch auch in Anwendungen, die auf dem Framework basieren, verbessert wird.

Demgegenüber stehen die folgenden Nachteile [Matt96]:

- Es ist prinzipiell schwierig, ein Framework zu entwickeln. Grundvoraussetzung ist hierbei Erfahrung auf dem Gebiet der Entwicklung von Anwendungen.
- Die Dokumentation des Frameworks muss ausführlich sein, da sie für den Framework-Benutzer entscheidend ist. Fehlt eine Dokumentation, die dem Benutzer zeigt, wie das Framework verwendet werden soll, so ist es unwahrscheinlich, dass es eine weite Verbreitung findet.
- Es kann schwierig sein, die Abwärts-Kompatibilität zu bewahren. Wie oben dargelegt, entwickelt sich ein Framework mit der Zeit. Die darauf basierenden Anwendungen müssen sich folglich der Entwicklung anschließen.
- Die Fehlersuche (Debugging) kann sich kompliziert gestalten, da es schwierig ist, zu entscheiden, ob der Fehler im Framework oder in der damit entwickelten Anwendung liegt. Bei Fehlern im Framework kann es für den Benutzer schwierig sein, diesen zu beheben.
- Die Flexibilität eines Frameworks kann bei speziellen Anwendungen die Effizienz negativ beeinflussen.

Trotz der möglichen Nachteile bieten Frameworks gerade in größeren Projekten große Vorteile, bspw. die effiziente und vereinfachte Erstellung von Anwendungen.

2.6 Komponenten-Software

Komponenten spielen in vielen Bereichen der Technik eine bedeutende Rolle. Die modulare Bauweise ermöglicht ein individuelles Zusammenstellen und Erweitern verschiedenster Systeme. Es liegt deshalb nahe, dieses Konzept auch auf die Software-Entwicklung anzuwenden. Einige Ziele, die damit erreicht werden sollen, sind:

- Wiederverwendbarkeit von Software.

- Bessere Wartbarkeit der Applikationen durch vereinfachte Analyse und Erweiterbarkeit.
- Die Entwicklung verteilter Anwendungen, die durch den Boom des Internets an Bedeutung gewonnen haben, soll durch Software-Komponenten noch attraktiver werden.
- Vereinfachung der Programmierung durch Verwendung von Komponenten. Programme können aus einer beliebigen Anordnung von Komponenten erstellt werden. Die weitere Ausbreitung der visuellen Programmierung, bei der kaum eine Programmzeile mehr per Hand geschrieben werden müsste, könnte eine mögliche Konsequenz sein.

Betriebssysteme können als komponentenunterstützende Umgebungen aufgefasst werden [Szyper97]. Sie dienen als gemeinsame Grundlage für alle Komponenten z. B. des Dateisystems. Die Komponenten eines Betriebssystems sind die Anwendungen. Von ähnlichem Charakter ist das Plug-In-Konzept. Mit Plug-Ins lassen sich bspw. Internet-Browser wie Netscape um neue Eigenschaften erweitern.

An diesen beiden Beispielen lässt sich bereits ein Unterschied zwischen Software-Komponenten und Klassen, wie sie in der OOP verwendet werden, erkennen. Während Klassen in den seltensten Fällen eigenständige Programmteile sind, trifft dies für Komponenten zu. Die Integration von Klassen in bestehende oder entstehende Programme ist, sofern überhaupt möglich, Programmierern vorbehalten. Die Integration von Komponenten (wenn bspw. ein Plug-In als Komponente aufgefasst wird) kann dagegen sogar von Endbenutzern vorgenommen werden. Allgemein setzt die sinnvolle Verwendung von Klassen aber ein Fachwissen voraus.

Aus den technischen Vorteilen, die sich durch Komponenten ergeben, entstehen darüber hinaus auch wirtschaftliche Vorteile. Das Konzept erlaubt eine schnellere Entwicklung von Software, da kommerzielle und selbst erstellte Komponenten zu Programmen zusammengefügt werden können. Anstatt neue komplette Versionen der Software zu erstellen, können einzelne Komponenten durch verbesserte ersetzt werden („Evolution ersetzt Revolution" [Szyper97]).

Wirtschaftliche Aspekte spielen bei der Einführung von Komponenten-Software allgemein eine wichtige Rolle, da sie der Vereinfachung dienen und unter Kostenaspekten von Nutzen sind.

Um zu gewährleisten, dass Komponenten nebeneinander und miteinander funktionieren und interagieren, ist die Entwicklung und Einhaltung gewisser Standards notwendig. Werden diese Standards eingehalten, so können Komponenten verschiedener Hersteller austauschbar verwendet werden. Dazu können die Konzepte der OOP passend ergänzt werden.

Eines der wesentlichen Konzepte der OOP, das für die Komponenten-orientierte Programmierung (*Component Oriented Programming*, COP) unabdingbar ist, ist die Polymorphie, die eng mit der Vererbung verknüpft ist (Siehe *Polymorphie* auf Seite 35.).

Auch die oben betrachtete Kapselung (Siehe *Kapselung* auf Seite 36.) ist für Software-Komponenten bedeutsam. Ebenso wie in der OOP spielen nach außen hin sichtbare Schnittstellen in der COP eine entscheidende Rolle. Allerdings wird es sich bei Software-Komponenten üblicherweise um Subsysteme handeln, die ein bestehendes System erweitern, das als Grundlage dient. Unterstützt die Sprache lediglich die Kapselung von Objekten, so kann es bei der Verwendung vieler Objekte für eine Komponente sehr schwierig werden, diese sauber von anderen abzugrenzen. Durch das Zusammenfassen der für eine Komponente benötigten Objekte können die Vorbedingungen, welche Objekte und Komponenten vorhanden sein müssen, besser formuliert und überprüft werden. Bezüglich der Kapselung haben Software-Komponenten deswegen Black-Box-Charakter.

Verschiedene Firmen haben in den letzten Jahren Produkte zur Entwicklung von Software-Komponenten auf den Markt gebracht, u. a. Microsoft mit DCOM [Chap96], OLE [Chap96] und ActiveX [Chap96], die Object Management Group (OMG) mit CORBA und OMA [Omg99] und Sun mit Java und JavaBeans [Java99]. Hierzu sei auf Kapitel 9 verwiesen, in dem die Konzepte und die Ansatzmöglichkeiten von JavaBeans erläutert werden.

2.7 Zusammenfassung

Die Wiederverwendung von Software trägt dazu bei, Anwendungen effizient und in kurzer Zeit zu entwickeln. Dies steigert nicht nur die Produktivität, sondern auch die Qualität von Software.

In diesem Kapitel wurden verschiedene Techniken und Aspekte vorgestellt, die dazu dienen, Software flexibel und wiederverwendbar zu gestalten. Es wurde die objektorientierte Programmierung erläutert, indem auf das Objektmodell eingegangen wurde.

Weiterhin wurden verschiedene Ansätze der Wiederverwendung von Software betrachtet. Der Darstellung des unsystematischen Ansatzes folgte die Erläuterung von Entwurfsmustern und Frameworks. Schließlich wurde das Konzept der Software-Komponenten kurz erläutert.

Eine ausführliche Darstellung der hier betrachteten Konzepte würde den Rahmen dieses Buches sicherlich sprengen. Der Leser sei aber nachdrücklich dazu aufgefordert, zu entwickelnde Anwendungen speziell in den Rahmen der Entwurfsmuster einzuordnen, um diese wiederverwendbar zu gestalten. Die hierzu notwendigen Literaturhinweise sind in Anhang angegeben.

Java-Basics

3.1 Basiswerkzeuge

Bevor die eigentliche Erläuterung der Programmiersprache Java beginnen kann, muss eine Java-Programmierumgebung, bspw. das Java Development Kit (JDK), installiert werden bzw. die Verwendung des Compilers und die Anzeige der programmierten und übersetzten Elemente vorgestellt werden.

3.1.1 Installation des Java Development Kits

Das Java Development Kit (JDK) ist derzeit in der Version 2 (Code-Name JDK 1.2) für die folgenden Plattformen verfügbar:

- Windows 95 bzw. Windows 98,
- Windows NT und
- Sun Solaris (SPARC bzw. x86).

Die derzeit aktuelle JDK-Version kann unter den URLs `http://java.sun.com` oder `http://www.javasoft.com` kostenlos bezogen werden. Unter diesen URLs findet der Benutzer auch Hinweise, wie die plattformspezifische Installation des JDKs zu erfolgen hat.

Nach erfolgreicher Installation sind die folgenden drei Komponenten vorhanden:

- *Programmdateien*
  Dies sind die ausführbaren Dateien, die zur Erzeugung, Übersetzung und zum Testen der späteren Java-Implementierungen nötig sind.
- *Bibliotheken und Header-Dateien*
  Dateien, die zur Erzeugung von native Code nötig sind. Die Verwendung von native Code wird in Kapitel 3.5 erläutert.
- *Demonstrationsdateien*
  Bereits fertige Java-Programme, die zum einen aus dem Source-Code und zum anderen aus dem übersetzten (compilierten) Code bestehen. Mit Hilfe dieser Pro-

gramme kann ein erster Versuch in den Einstieg in die noch unbekannte Sprache versucht werden.

In Java steht ein einfaches Werkzeug zur Verfügung, mit dem der Erfolg der Installationsprozedur überprüft werden kann: die *Versionsüberprüfung* des JDKs. Mittels der Anweisung

Syntax

```
java -version
```

erhält man als Ausgabe und damit als Beweis für die Lauffähigkeit von Java

Ausgabe

```
java version "1.2".
```

3.1.2 Setzen von Pfaden

Um Java-Applets bzw. Applications ausführen zu können, müssen zwei Pfade gesetzt sein:

- die Variable CLASSPATH und
- die Variable PATH.

In der Variablen CLASSPATH wird festgelegt, in welcher Datei sich die Basisklassen befinden. Wenn das JDK bspw. im Verzeichnis C:\jdk1.2 installiert ist, muss diese Variable den Inhalt C:\jdk1.2\jre\lib\rt.jar haben, den man sich bspw. unter Windows mit dem Befehl ECHO %CLASSPATH% anschauen kann. Die Abkürzung jre steht hierbei für *Java Runtime Environment*. Sollte hier ein anderer Wert eingetragen sein, so setzt man die Variable mit dem Befehl SET CLASSPATH=.;C:\jdk1.2\jre\lib\rt.jar um. Unter Windows 98 muss dies in der Datei autoexec.bat eingetragen werden, unter Windows NT kann der Inhalt in der Systemsteuerung im Menü System in den Umgebungsvariablen gesetzt werden. Hierbei darf der Teilausdruck ".;" nicht vergessen werden. Er legt fest, dass zunächst im Verzeichnis, in dem sich der Benutzer gerade findet, nach einer Klasse gesucht wird. Wird diese Kombination nicht verwendet, so kann bei einem Kommandoaufruf zwar die Datei, die die Basisklassen enthält, lokalisiert werden, nicht aber die Datei, die gerade übersetzt oder interpretiert werden soll.

Die Variable PATH legt fest, wo die aufzurufenden Kommandos, bspw. java oder javac zu suchen sind. In diesem Beispiel sollte in der Variablen der Wert C:\jdk1.2\bin eingetragen sein, den man mit ECHO %PATH% unter Windows erfragen kann. Ist dies nicht der Fall, so kann der Wert analog zum Setzen der Variablen CLASSPATH mit dem Kommando SET PATH=C:\jdk1.2\bin;%PATH% geändert werden. Dies erfolgt analog für Windows 98 in der Datei autoexec.bat bzw. unter Windows NT in der Systemsteuerung. Die Verwendung des Teilausdrucks %PATH% bewirkt, dass der bisherige Inhalt der Variablen an den neuen Inhalt angehängt wird.

3.1.3 Übersetzen von Java-Programmen

Java-Programme werden üblicherweise in einem Text-Editor geschrieben. Hierzu können die auf den verschiedenen Betriebssystemen zur Verfügung stehenden Editoren, wie bspw. WordPad oder NotePad unter Windows bzw. emacs oder vi unter UNIX, verwendet werden. JDK umfasst daher auch keinen speziellen Editor zur Java-Programmierung. Es ist allerdings darauf zu achten, dass die Programmdateien das Suffix `*.java` erhalten, da nur dieses bei der Übersetzung vom Java-Compiler akzeptiert wird. Eine häufig auftretende Fehlerquelle ergibt sich hierbei unter Windows, da viele Editoren bei der Generierung von Textdateien automatisch das Suffix `*.txt` an den Dateinamen anhängen, das der Java-Compiler nicht versteht. Man muss weiterhin beachten, dass der Name der zu definierenden Klasse dem Dateinamen entspricht. In der folgenden Abbildung muss daher der Dateiname `Beispiel1.java` lauten.

Ein Beispielprogramm, das mit Hilfe eines Editors erstellt werden kann, ist in Abb. 3-1 dargestellt. Die Funktionalität des Applets wurde bereits in Kapitel 1.4.2 auf Seite 20 erklärt.

Code

```java
import java.applet.Applet;
import java.awt.Graphics;
public class Beispiel1 extends Applet {
   public void paint(Graphics g) {
      g.drawString("Beispiel", 50, 25);
   }
}
```

Abb. 3-1 Beispiel-Applet

Code

```
<HTML>
   <HEAD>
      <TITLE>Beispiel3.1</TITLE>
   </HEAD>
   <BODY>
      <H3>Beispiel 3.1</H3>
      <APPLET CODE="Beispiel1.class" height=100 width=200>
      </APPLET>
   </BODY>
</HTML>
```

Abb. 3-2 Beispiel-Applet eingebettet in eine HTML-Seite

Zur Anzeige muss das Applet übersetzt werden und in eine HTML-Datei eingebettet werden. Eine einfache HTML-Seite, die diese Funktion erfüllt, ist in Abb. 3-2 dargestellt. Man erkennt, dass der Compiler aus der Programmdatei `Beispiel1.java` eine Datei `Beispiel1.class` erzeugt hat und wie diese mit einer ergänzenden Größenangabe in eine HTML-Seite einzubetten ist.

Aufgabe des Compilers ist die Übersetzung von Java-Quelltext in Java-Bytecode. Der Aufruf erfolgt nach der Syntax:

Syntax

```
javac { Optionen } Dateiname .java
```

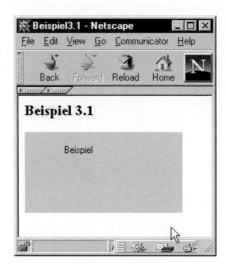

Abb. 3-3 Screenshot des Beispiel-Applets

Nach dem Aufruf wird jede in der Quelldatei enthaltene Klasse und Schnittstelle in eine separate Datei mit dem Namen der Klasse bzw. der Schnittstelle und mit der bereits angesprochenen Erweiterung `*.class` übersetzt. Eine weitere Möglichkeit besteht in folgendem Compiler-Aufruf:

Syntax

```
javacg { Optionen } Dateiname .java
```

`javacg` ist ein weiterer Compiler, der speziell für die Zusammenarbeit mit einem Debugger (`jdb`) vorgesehen ist. Ein Debugger ist ein spezielles Werkzeug, das die Problemsuche bei der Programmierung stark erleichtert, da hiermit bei der Ausführung an beliebigen Stellen im Code angehalten werden kann und der Inhalt der verwendeten Variablen analysiert werden kann. Dies ist insbesondere dann hilfreich, wenn Fehler vorliegen, die man durch bloßes Ansehen des Quellcodes nicht findet. Die Optionen, die bei der Übersetzung verwendet werden können, sind in Tab. 3-1 wiedergegeben.

Option	Funktion
`-debug`	Erzeugung von Debug-Mitschrift bei der Übersetzung.
`-classpath Pfad`	Mittels `-classpath` kann eine Liste von Pfadnamen angegeben werden, die durch Semikolon getrennt werden, in denen nach den Klassendateien gesucht wird. Hierdurch wird aber die Variable `CLASSPATH` verdeckt, die diese Information normalerweise bereits enthält.
`-d Verzeichnisname`	Hierdurch wird angegeben, wo die übersetzten Dateien abgelegt werden sollen. Ohne diese Angabe erfolgt die Ablage im Verzeichnis der Quelldateien.
`-g`	Erzeugung von Informationen zur Fehlersuche.
`-nowarn`	Unterdrückung der Warnmeldungen des Compilers.
`-nowrite`	Fehlerprüfung der Quelldatei ohne Erzeugung einer `.class`-Datei.
`-O`	Erzeugung von optimierten `.class`-Dateien.
`-verbose`	Ausgabe der Namen der übersetzten Klassen.

Tab. 3-1 Optionen des Java-Compilers

Nach der Übersetzung des Beispielprogramms ergibt sich das in Abb. 3-3 dargestellt Bild.

3.1.4 Java-Interpreter

Wie bereits dargestellt, können Java-Programme auch außerhalb eines Browsers ausgeführt werden. Sie werden dann nicht als *Applets*, sondern als *Applications* bezeichnet und müssen eine statische Methode, die mittels `void main (String[] arg)` definiert wird, enthalten. Der Parameter `arg` enthält hierbei die an die Application zu übergebenden Argumente in Form einer Liste von Zeichenketten. Der Interpreter-Aufruf erfolgt nach folgender Syntax:

Syntax

```
java { Optionen } Klassentyp { Argumente }
```

Der Klassentyp gibt hierbei an, welche Klasse auszuführen ist. Analog zur Übersetzung von Applets existiert auch hier ein Aufruf

Syntax

```
javag { Optionen } Klassentyp { Argumente }
```

mit dessen Hilfe ein Debugger verwendet werden kann. Wurde die Klasse in einem Paket definiert, so muss sie vollständig mit dem Paketnamen bezeichnet werden. Der Interpreter verwendet dann eine Datei `Klassentyp.class` des Verzeichnisses, in dem das Paket abgelegt ist. Der Pfadname ergibt sich aus der Zusammensetzung eines der Verzeichnisse, die in der Variablen `CLASSPATH` angegeben sind und dem in einen Verzeichnisnamen umgewandelten Paketnamen. Wird kein Paket verwendet, so muss sich die `*.class`-Datei direkt in einem Verzeichnis befinden, das in CLASSPATH angegeben ist. Beim Aufruf von `java` können die in Tab. 3-2 angegeben Optionen verwendet werden.

Option	Funktion
`-cs, -checksource`	Übersetzung der angegebenen Quelldatei nur, wenn zwischen der Quellversion und der übersetzten Datei Unterschiede festgestellt werden.
`-classpath Pfad`	Mittels `-classpath` kann eine Liste von Pfadnamen angegeben werden, die durch Semikolon getrennt werden, in denen nach den Klassendateien gesucht wird. Hierdurch wird aber die Variable CLASSPATH verdeckt, die diese Information normalerweise bereits enthält.
`-D Ressource=Wert`	Änderung der voreingestellten Werte von Ressourcen, bspw. der Farben von Buttons.
`-debug`	Ausgabe eines Passworts durch den Interpreter, mit Hilfe dessen die Kommunikation mit dem Debugger (`jdb`) ermöglicht wird.
`-help`	Auflistung aller Optionen durch den Interpreter.
`-ms Grösse`	Angabe der maximal möglichen Speicher-Anfangsgröße zur Allokation von Objekten. Voreinstellung ist 1MB.

`-mx Grösse`
`-mx Grössek`
`-mx Grössem`
	Angabe der maximalen Größe, die durch Objekte allokiert werden kann. Größe kann hierbei in Byte (siehe erste Zeile), mit nachfolgendem k in Kilobyte (siehe zweite Zeile) oder mit nachfolgendem m in Megabyte (siehe dritte Zeile) angegeben werden. Voreinstellung ist hierbei 16 MB.

`-noasyncgc`	Ausschaltung der asynchronen Speicherbereinigung.
`-noverify`	Keine Überprüfung durch den Interpreter.
`-oss Grösse`	Angabe der maximalen Größe des Stacks, den Java-Code eines Threads verwenden kann.
`-prof`	Erzeugung von Profiling-Information durch den Interpreter, die in der Datei java.prof abgelegt wird.
`-ss Grösse`	Angabe der maximalen Größe des Stacks, den native Code eines Threads verwenden kann.
`-t`	Ausschließlich in `javag`: Anzeige jeder ausgeführten Anweisung.
`-v, verbose`	Ausgabe der Namen der geladenen Klassen.
`-verbosegc`	Anzeige des freigegebenen Speichers durch den Interpreter.
`-verify`	Überprüfung des gesamten Codes durch den Bytecode-Verifier.
`-verifyremote`	Überprüfung des Codes durch den Bytecode-Verifier, der durch den Class-Loader geladen wird (Default).
`-version`	Anzeige der aktuell verwendeten Java-Version.

Tab. 3-2 Optionen des Java-Interpreters java

Ein Beispielprogramm einer Application, das mit Hilfe eines Editors erstellt werden kann, ist in Abb. 3-4 dargestellt.

Code

```
class Beispiel2 {
   public static void main (String [] arguments) {
      System.out.println("Dies ist die Ausgabe des Beispiels!");
   }
}
```

Abb. 3-4 Beispiel-Application

Zur Anzeige muss die Application übersetzt werden. Nach der Übersetzung mittels `javac` wird das Programm folgendermaßen ausgeführt:

Code

```
java Beispiel2
```

Als Ausgabe ergibt sich der Satz `Dies ist die Ausgabe des Beispiels!`. Dies wird durch Verwendung der Methode `System.out.println` erreicht, deren Aufgabe die Ausgabe von Text im Kommandozeilenfenster ist.

3.2 Aufbau des Java Development Kits

Vor der Erläuterung der Programmiersprache Java wird in diesem Teilkapitel zunächst vorgestellt, wie das Java Development Kit aufgebaut ist. Die Kenntnis des Aufbaus ist vonnöten, um das Zusammenspiel der verschiedenen Komponenten des JDKs und damit auch die korrekte Verwendung der verschiedenen Klassen verstehen zu können.

Einer der großen Vorteile der objektorientierten Programmierung ist das Konzept der Wiederverwendbarkeit, wodurch Programmierer Zeit, Aufwand und damit auch Kosten sparen können, indem sie Objekte verwenden, die von anderen bereits entwickelt wurden. Typischerweise werden Gruppen von Objekten, die zueinander in Beziehung stehen, in Klassenbibliotheken gebündelt. Diese Objekte können dann leichter wiedergefunden werden und Namenskonflikte können vermieden werden. In Java werden derartige Bibliotheken als *Packages* bezeichnet.

In Java stehen eine Reihe wiederverwendbarer Klassen zur Verfügung. Viele Packages beinhalten Definitionen für Interfaces und Ausnahmebehandlungen. Die Basisklassen, die von der Klasse `java` abgeleitet sind, sind in Abb. 3-5 dargestellt. Es ist hierbei selbstverständlich, dass die vollständige Klassenhierarchie von Java im Rahmen dieses Kapitels nicht angegeben werden kann, da sie Dutzende von Klassen enthält. Diese sind allerdings ausschließlich von den Basisklassen abgeleitet. Der Leser, der die Aufgaben der Basisklassen verstanden hat, ist daher ohne

Schwierigkeiten in der Lage, das Zusammenspiel der Subklassen und deren spezielle Aufgabe einordnen und verstehen zu können.

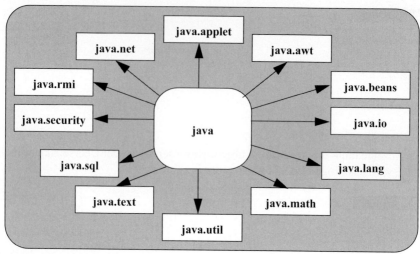

Abb. 3-5 Basisklassen in Java

Die Klasse java.applet

Das Package java.applet enthält die Applet-Klasse, mit deren Hilfe Java-Programme als Teil von Webseiten ablaufen können. java.applet wird weiterhin dazu verwendet, Klangdateien abzuspielen. Ab Java 2 (JDK 1.2) werden die folgenden Eigenschaften von Klangdateien unterstützt: 8 bit- oder 16 bit-Dateien und Sample-Raten von 8 kHz bis 48 kHz. Die folgenden Dateiformate können hierbei zum Einsatz kommen: AIFF, AU, RMF, WAV und MIDI (Typ 0 und Typ 1).

Die Klasse java.awt

Das *Abstract Windowing Toolkit* (AWT), das durch das Package java.awt realisiert wird, wird zur Verarbeitung von Grafikoperationen sowie zur Entwicklung grafischer Benutzeroberflächen verwendet. Hierdurch können neben der Entwicklung geeigneter Primitive (bspw. Fenster, Buttons, Scrollbars und Text) Eingaben entgegengenommen werden und Ausgaben grafisch dargestellt werden.

Die Klasse java.beans

Das Package java.beans enthält die notwendige Funktionalität zur Erzeugung von wiederverwendbaren Software-Komponenten, den JavaBeans, die ausführlich in Kapitel 9 erläutert werden.

Die Klasse java.io

Das Package `java.io` stellt die Funktionalität bereit, mittels Eingabe- und Ausgabeströmen Daten aus Dateien oder anderen Eingabequellen zu lesen bzw. Daten in Dateien oder andere Ausgabequellen zu schreiben.

Die Klasse java.lang

Das Package `java.lang` stellt den eigentlichen Kern der Programmiersprache Java dar. Mittels dieser Klasse können bereits eigenständige Java-Applications entwickelt werden, wenn auch bspw. zur Entwicklung von Applets zusätzlich die Klassen `java.applet` bzw. `java.awt` verwendet werden müssen.

Die Klasse java.math

Das Package `java.math` wird zur Umsetzung von Zahlen mit unterschiedlichen Präzisionswerten verwendet. `java.math` spielt daher im Vergleich zu Klassen wie `java.lang` oder `java.awt` eine eher untergeordnete Rolle.

Die Klasse java.net

Das Package `java.net` beinhaltet verschiedene Netzwerkklassen wie bspw. solche, die URLs oder eine URL-Verwendung repräsentieren, solche, die eine Socket-Verbindung realisieren oder solche, die eine Internet-Adresse repräsentieren. *Uniform Resource Locators* (URLs) werden verwendet, um eine HTML-Seite auf einem bestimmten Server zu spezifizieren. Sockets verwendet man, um einen Ausgangspunkt für die Übertragung von Daten zu generieren.

Die Klasse java.rmi

Das Package `java.rmi` wird zur Entwicklung von verteilt arbeitenden Java-zu-Java-Anwendungen verwendet. Die Verwendung der *Remote Method Invocation* (RMI) wird gesondert in Kapitel 11 erklärt.

Die Klasse java.security

Das Package `java.security`, das seit Java 1.1 zur Verfügung steht, wird zur Implementierung von Zertifikaten und digitalen Signaturen verwendet. Eine genaue Erläuterung dieser Funktionalität findet sich in Kapitel 5.2.

Die Klasse java.sql

Mittels des Packages `java.sql` können Anwendungen an Datenbanken angebunden werden und Daten mittels der *Structured Query Language* (SQL) verarbeitet werden. Java und Datenbanken sind Thema von Kapitel 10.

Die Klasse java.text

Das Package `java.text` wird dazu verwendet, aus anderen Objekten Zeichenketten zu generieren bzw. Zeichenketten in andere Objekte zu konvertieren.

Die Klasse java.util

Das Package `java.util` stellt eine Sammlung von Hilfsroutinen dar. Hierunter fallen bspw. die Erzeugung von Zufallszahlen, generische Datenstrukturen (Wörterbuch, Stack, Vektor, Hash-Tabelle) oder Routinen zur Verwaltung von Kalenderdaten. Die Klasse `java.util` enthält auch die Observer-Schnittstelle und die sog. `Observable`-Klasse, die es Objekten erlaubt, Benachrichtigungen zu versenden, wenn eine Änderung auftritt. Observables wurden bereits in Kapitel 2.3 eingeführt.

3.3 Java als Programmiersprache

Ziel dieses Teilkapitels ist es, dem Leser die Grundfunktionalität der Programmiersprache zu erläutern. Nach Lektüre dieses Teils des Buches sollte der Leser daher in der Lage sein, Java-Programme in einer beliebigen Komplexität zu entwickeln. Dies umfasst nicht die Grafikprogrammierung sowie erweiterte Funktionen, wie bspw. Sicherheitsroutinen oder Netzwerkprogrammierung. Insofern stellt dieser Teil des Buches eine Zusammenfassung der Funktionen bereit, die von den meisten prozeduralen Programmiersprachen, bspw. auch C oder Pascal, angeboten werden.

3.3.1 Bezeichner

Die Namen von Variablen, Methoden, Klassen, Packages und Interfaces werden im Folgenden *Bezeichner* genannt. Bezeichner bestehen in Java aus frei wählbaren Folgen von Unicode-Buchstaben und Unicode-Ziffern, die aber kein Schlüsselwort sein dürfen. Schlüsselworte sind alle die Namen, die bspw. Programmanweisungen (bspw. if, then oder else) sind, die also in der Programmiersprache Java eine besondere Bedeutung haben. *Unicode* ist ein Zwei-byte-Code, mit dem eine Vielzahl an länderspezifischen Zeichen repräsentiert werden können (bspw. auch griechische Zeichen). Die ersten 128 Unicode-Zeichen (`0x0000` bis `0x007F`) entsprechen genau den ASCII-Zeichen.

3.3.2 Datentypen und Variablen

Um in Java programmieren zu können, müssen zunächst Variablen und deren Datentypen definiert werden. *Variablen* sind abstrakte Platzhalter für konkrete Inhalte, die im Programmablauf variieren können. Ein Beispiel hierfür ist die Variable `adresse`, in der der Programmierer bspw. Namen und Anschriften seiner Bekannten speichern kann. An diesem Beispiel wird klar, dass Variablen verschiedene Typen haben können. Während Namen und Anschriften meist vom Typ `Zeichenkette` sind, sind auch numerische Variablen denkbar. Weiterhin kann man zwischen *Basistypen* und *komplexen Typen* unterscheiden. Zeichenkette ist ein Beispiel für einen Basistyp, während der komplexe Typ adresse_typ ein Konglomerat von Basistypen darstellt. Die in Java verfügbaren Basistypen sind in Tab. 3-3 definiert.

Typ	Wertemenge
byte	-128 bis 127
short	-32.768 bis 32.767
int	-2^{32} bis $2^{32}-1$
long	-2^{64} bis $2^{64}-1$
float	+/-1,4E-45 bis +/-3,4E+38 (positive und negative Zahlen)
double	+/-4,9E-324 bis +/-1,7E+308 (positive und negative Zahlen)
boolean	false oder true
char	Zeichen
string	Zeichenketten

Tab. 3-3 Basistypen in Java

Aus der Tabelle wird ersichtlich, dass eine Reihe von Datentypen zur Verarbeitung von Zahlen (byte, short, int, long, float und double) zur Verfügung stehen. Es ist zu beachten, dass diese Datentypen nur in der Kleinschreibung verwendbar sind. Die Verwendung eines Datentyps Short führt daher zu einem Fehler. Alle numerischen Datentypen werden vom System mit dem Wert 0 initialisiert, wenn der Programmierer keine gesonderte Zuweisung vornimmt. Der boole'sche Datentyp boolean wird dazu benutzt, Aussagen auf ihren Wahrheitsgehalt zu überprüfen (true oder false). Die korrekte Antwort auf die Überprüfung (1 == 2) wäre daher false.

Zusammengesetzte Typen und Variablen

Oftmals ist es wünschenswert, Typen zu verwenden, die erheblich komplexer sind, als die einfachen Basistypen. Ein Beispiel hierfür ist ein Typ, mit dem die Koordinaten eines Punktes im dreidimensionalen Raum verwaltet werden können. Es ist einleuchtend, dass die getrennte Verwaltung der x-, y- und der z-Koordinaten einen unnötigen Aufwand verursachen würde. Bedenkt man aber, dass Java eine objektorientierte Sprache ist, so bietet sich die Modellierung von komplexen Typen in Objekten an, sog. *Klassen*. Klassen können daher nicht nur wie bisher erläutert, eine Menge von Variablen- und Methodendefinitionen enthalten, sondern auch lediglich eine Sammlung von Variablen darstellen. Eine Klasse ist daher allgemeiner als eine Vorlage anzusehen, mit der verschiedene Objekte mit ähnlichen Eigenschaften geeignet modelliert werden können. An dieser Stelle muss deutlich darauf hingewiesen werden, dass sich hier die Definition von Typ und Variable nicht mehr trennen lässt. Während die Koordinaten eines Punktes vom Typ Integer sind, sind die

Bezeichnungen x, y und z bereits Variablen. Die Klassendefinition selber stellt allerdings wieder eine Typbezeichnung dar. Die Definition des Typs `Punkt` könnte dann wie folgt aussehen:

Code

```
class Punkt {
   int x,y,z;
}
```

Um die Definition von Typ und Variable klarer abzugrenzen, ist folgende Notation hilfreich: unter einem *Typ* versteht man ein eigenständiges Element eines Computerprogramms, das eine Gruppe von Eigenschaften und Funktionen repräsentiert, die zueinander in einer inhaltlichen Beziehung stehen. Eine *Variable* bezeichnet dann eine *Instanz* eines Typs, die mit konkreten Werten belegt werden kann und deren Name vom Anwender frei gewählt werden kann. Als Beispiel betrachte man den Typ `Punkt`. `Punkt` kann beliebige Werte der drei Koordinaten annehmen und auch mehrfach verwendet werden, da bspw. die drei Variablen `punkt 1`, `punkt 2` und `punkt 3` den Typ `Punkt` verwenden. In `punkt 1`, `punkt 2` und `punkt 3` können den Variablen x, y und z jeweils unterschiedliche Werte zugewiesen werden.

Bevor eine Klasse bzw. ein Basistyp verwendet werden kann, muss sie zunächst definiert werden. Dies erfolgt immer in der Notation

Syntax

```
Typname Variablenname;
```

Variablendefinitionen stehen in Java immer zu Beginn einer Klassen- bzw. Methodendefinition. Die in manchen Programmiersprachen vorzufindende Unsitte, Variablen dann zu definieren, wenn sie benötigt werden, ist hierbei (zu Recht) unzulässig. Es ist einleuchtend, dass ein Durchsuchen eines Code-Stücks nach Variablen nicht besonders zweckmäßig ist. Eine Ausnahme hierzu sind allerdings die später erläuterten lokalen Variablen, die nur in einem Programmblock gültig sind.

Betrachtet man nun die bereits eingeführten Java-Applications, so findet man in diesen immer eine `main`-Methode vor, die in eine Klassendefinition eingebettet ist. Eine Beispielklasse mit Variablendefinitionen ist in Abb. 3-6 dargestellt. Die Funktion dieser Klasse wurde bereits im Kontext von Abb. 3-4 erläutert.

Code

```
class Beispiel2 {
   int zahlen;
   public static void main (String [] arguments) {
      zahlen = 1234;
      System.out.println("Dies ist die Ausgabe des Beispiels!");
   }
}
```

Abb. 3-6 Beispiel-Application

Neu ist nun allerdings, dass einer Variablen ein Wert zugewiesen wurde, in diesem Fall der Variablen `zahlen` der Wert `1234`. Allgemein können Variablen immer dann Werte zugewiesen werden, wenn diese bereits mit einer Typangabe definiert sind. Selbsterklärende Beispiele hierfür sind:

Code

```
int zahlen = 4;
zahlen = 4;
float bruchzahl = 1.4;
String zeichenkette = "Hallo";
zeichenkette = "Hallo";
punkt punkt 1, punkt 2, punkt 3;
```

Man erkennt, dass die Zuweisung auch direkt nach der Definition der Variablen erfolgen kann, um Platz zu sparen. Nach der Notation des Typs können auch mehrere Variablennamen folgen. Auch die Zuweisung von Klassen zu Variablennamen erfolgt analog zur Zuweisung zu Basistypen, was man am Beispiel der Klasse Punkt erkennt. Bei der Initialisierung der Variablen sind die folgenden Besonderheiten zu beachten:

- Bei Ganzzahlen kann das Kürzel L an die Zahl angehängt werden, um den genauen Basistyp anzugeben. Betrachtet man die Zahl 4, die normalerweise in einer Variablen vom Typ int gespeichert werden könnte, so führt die Angabe `long long_zahl = 4L;` zur expliziten Erzeugung einer Zahl vom Typ long.
- Analog führt das Anhängen des Kürzels F bei Bruchzahlen zur Erzeugung einer Zahl vom Typ float. Dies ist vor allem dann notwendig, wenn explizit mit diesem Typ gearbeitet werden soll, da Java normalerweise immer mit Bruchzahlen vom Typ double arbeitet. Die Zuweisung `double bruchzahl = 2.2;` erzeugt daher automatisch eine Zahl vom Typ double, die Zuweisung `float bruchzahl 2 = 2.2F;` hingegen eine Zahl vom Typ float. Bruchzahlen können auch in der Exponentialnotation zugewiesen werden, bspw. als `double x = 2.2E10;`
- Bei der Zuweisung von Buchstaben und Zeichenketten sind teilweise Sonderzeichen notwendig, die in Tab. 3-4 angegeben sind. Die Zuweisung `String zeichenkette = "Hallo\n";` speichert daher das Wort Hallo in der Variablen zei-

chenkette, aber auch einen Zeilenvorschub auf eine neue Zeile. Zeichenketten werden immer eingeschlossen durch Anführungszeichen zugewiesen.

Sequenz	Bedeutung
\\	Backslash
\'	Einzelnes Anführungszeichen
\"	Anführungszeichen
\b	Backspace
\d	Oktal
\f	Formfeed
\n	Zeilenvorschub und neue Zeile
\r	Zeilenvorschub ohne neue Zeile
\t	Tabulator
\ud	Unicode-Zeichen
\xd	Hexadezimal

Tab. 3-4 Sonderzeichen in Zeichenketten

3.3.3 Ausdrücke und Operatoren

Unter einem *Ausdruck* versteht man eine Anweisung, die zu einer Auswertung führt. Einige Beispiele für Ausdrücke wurden bereits vorgestellt, bspw.

`Code`

```
int a = 1;
int b = 2;
double y = 1.2;
int c = a * b;
```

Das letzte Beispiel stellt eine Multiplikationsausdruck dar, da sich der Wert der Variablen c durch eine Multiplikation der Variablen a und b (die vorab definiert werden müssen) ergibt.

Ausdrücke resultieren aus Wertezuweisungen. Neben der bereits angegebenen Form der Zuweisung werden in Java die folgenden speziellen Arten der Wertezuweisung verwendet:

- Mehrfachzuweisungen: Verschiedene Variablen können aus Effizienzgründen simultan auf einen Wert gesetzt werden, bspw. in der Form a = b = c = 1;
- Ebenfalls aus Effizienzgründen hat sich, wie auch in den Sprachen C oder C++, für arithmetische Operationen eine abgekürzte Schreibweise eingebürgert:
  – Anstelle von a = a +b der Ausdruck a += b
  – Anstelle von a = a - b der Ausdruck a -= b

- Anstelle von `a = a * b` der Ausdruck `a *= b`
- Anstelle von `a = a / b` der Ausdruck `a /= b`

Es ist zu beachten, dass insbesondere die Additionsregel auch für Zeichenketten gilt. Die Anweisung `zeichenkette += " plus Anhang";` führt daher dazu, dass die Zeichenkette `" plus Anhang"` an die Variable `zeichenkette` angehängt wird.

- Inkrement und Dekrement, die insbesondere in Zählschleifen von Bedeutung sind. Anstelle der Anweisung `a += 1` kann hier `a++` verwendet werden. Hier wird weiterhin zwischen *Präfix* und *Postfix* unterschieden. Die auch als *Postfix* bezeichnete Inkrement-Operation `b = a++` unterscheidet sich von der *Präfix*-Inkrement-Operation `b = ++a` dadurch, dass im ersteren Fall das Inkrement erst durchgeführt wird, nachdem `b` der Wert von `a` zugewiesen wurde. Bei einem Präfix wird umgekehrt erst der Wert von `a` um eins erhöht und dieser anschließend `b` zugewiesen.

In Java werden die in Tab. 3-5 angegebenen Operatoren verwendet.

Operator	Bedeutung	Beispiel
+	Addition	1 + 2 = 3
-	Subtraktion	2 - 1 = 1
*	Multiplikation	2 * 1 = 2
/	Division	2 / 1 = 2
%	Modulo-Operation	3 % 2 = 1
==	Vergleich auf Gleichheit	a == 3
!=	Vergleich auf Ungleichheit	a != 3
<	Vergleich auf "kleiner als"	a < 3
>	Vergleich auf "größer als"	a > 3
<=	Vergleich auf "kleiner oder gleich"	a <= 3
>=	Vergleich auf "größer oder gleich"	a >= 3
&	Logischer Operator "und". Auswertung beider Operanden in jedem Fall.	(a < 3) & (b < 3)
&&	Logischer Operator "und". Auswertung beider Operanden nur, wenn linker Operand nicht bereits "false".	(a < 3) && (b < 3)
|	Logischer Operator "oder". Auswertung beider Operanden in jedem Fall.	(a < 3) | (b < 3)
||	Logischer Operator "und". Auswertung beider Operanden nur, wenn linker Operand nicht bereits "true".	(a < 3) || (b < 3)

Tab. 3-5 Operatoren in Java

Operator	Bedeutung	Beispiel
^	Logischer Operator "XOR". Ergebnis dann "true", wenn beide Operanden nicht den gleichen Wert (true oder false) haben	(a < 3) ^ (b < 3)
!	Logischer Operator "not", der einem Operanden vorangestellt wird.	! (a < 3)

Tab. 3-5 *Operatoren in Java*

Es ist zu beachten, dass einige der Operatoren typabhängig verwendet werden. Das Ergebnis des Ausdrucks 3/2 ist daher dann 1 (und nicht 1.5), wenn das Ergebnis einer Variablen vom Typ int zugewiesen wird.

Wird in einem Ausdruck mehr als ein Operator verwendet, so muss man die Auswertungsreihenfolge der Operatoren kennen. Grundsätzlich können die Operatoren abgestuft nach ihrer Wichtigkeit wie folgt eingeordnet werden:

- Inkrement- und Dekrement-Operationen
- Arithmetische Operationen (Addition, Subtraktion, Multiplikation, Division, Modulo-Operation)
- Vergleiche
- Logische Operationen
- Zuweisungsausdrücke

Arithmetische Operatoren binden daher zwei Operanden stärker als bspw. Vergleiche. Im Ausdruck a + b < c + d werden daher zuerst die Additionen ausgeführt und anschließend der Vergleich. Haben zwei Operatoren die gleiche Wichtigkeit, so werden sie in einem Ausdruck von links nach rechts ausgewertet. In Tab. 3-6 ist die Wichtigkeit aller Operatoren angegeben. Die in der Tabelle zuerst aufgeführten Operatoren werden zuerst ausgewertet. An dieser Stelle ist es unvermeidbar, einige Operatoren einzuführen, die erst später erklärt werden. Die notwendige Erläuterung erfolgt aber ebenfalls im Rahmen dieses Teilkapitels.

Operator	Bemerkung
. [ ] ( )	Der Punkt wird zum Zugriff auf Methoden und Variablen in Objekten und Klassen verwendet, Klammern zur Gruppierung von Ausdrücken, eckige Klammern zum Zugriff auf Listenelemente (Arrays).
++ -- ! instanceof	Der instanceof-Operator wird dazu verwendet, festzustellen, ob ein Objekt eine Instanz einer Klasse oder einer ihrer Subklassen ist (Antwort true oder false).
new (Typ) Ausdruck	Der new-Operator wird zur Erzeugung neuer Instanzen von Klassen verwendet, die auf einen Typ gesetzt werden können (sog. *Casting*).

Tab. 3-6 *Auswertungsreihenfolge von Operatoren*

Operator	Bemerkung
* / %	Multiplikation, Division, Modulo-Operation
+ -	Addition, Subtraktion
<< >> >>>	Bitweise Verschiebung nach links und rechts
< > <= >=	Größenvergleiche
== !=	Test auf Gleichheit bzw. Ungleichheit
&	AND
^	XOR
|	OR
&&	Logisches AND
||	Logisches OR
(Ausdruck) ? (Anweisung) : (Anweisung)	Kurzform für if (Ausdruck) then (Anweisung) else (Anweisung)
= += -= *= /= %= ^=	Zuweisungen
&= |= <<= >>= >>>=	Weitere Zuweisungen

Tab. 3-6 Auswertungsreihenfolge von Operatoren

Wertet man mit Hilfe der Tabelle den Ausdruck `a = 1 + 2 / 2` aus, so muss zuerst die Division und anschließend die Addition durchgeführt werden, wodurch man als Resultat 2 erhält.

3.3.4 Arbeiten mit Klassen

Klassendefinitionen

Wie bereits in Abb. 3-4 gezeigt, ist eine *Klasse* ein Container für Variablen und Methoden, die in einem inhaltlichen Bezug zueinander stehen. Zunächst ist zu unterscheiden, ob eine Klasse als Basisklasse definiert wird, oder ob sie von einer weiteren Klasse abgeleitet wird. Basisklassen werden immer nach der folgenden Syntax

Syntax

```
class Basisklasse {
   // Inhalt der Basisklasse
}
```

definiert. Hierbei können durch die vorangestellten beiden Schrägstriche Kommentare eingebracht werden, die die Funktion der Klasse erläutern. Eine ausführliche Kommentierung ist in jedem Fall ratsam, um die angedachte Funktion der Klasse ausreichend zu dokumentieren. Abgeleitete Klassen gehorchen der Syntax

Syntax

```
class Subklasse extends Elternklasse {
  // Inhalt der Subklasse
}
```

Eine wichtige abgeleitete Klasse hat der Leser bereits im Zusammenhang mit Applets kennengelernt, die grundsätzlich von der Klasse `Applet` abgeleitet werden.

Nach der Definition des Klassenrumpfes folgt meist eine Liste der verwendeten Variablen. Dies hat in der Art und Weise zu erfolgen, wie bereits oben beschrieben wurde. Eine Besonderheit stellt aber die Definition von Konstanten dar. *Konstanten* sind eine besondere Art von Variablen, die im Programmablauf niemals ihren Wert ändern. Ein Beispiel hierfür ist die Zahl Pi. Die Definition einer Konstanten erfolgt mittels des Schlüsselworts `final`, das der Variablendefinition vorangestellt wird. Definiert man also die Zahl Pi, so ist bspw. die Syntax

Syntax

```
final float pi = 3.141592;
```

zu verwenden. Eine weitere Besonderheit der Variablendeklaration ist, dass zwischen *lokalen* und *globalen* Variablen unterschieden wird. Globale Klassenvariablen werden zur Kommunikation zwischen verschiedenen Objekten der Klasse verwendet bzw., um Informationen zu verwalten, die für die gesamte Klasse Gültigkeit besitzen. Im Gegensatz dazu erfüllen lokale Variable eingegrenzte Aufgaben, wie z. B. Zählfunktionen. Lokale Variablen bezeichnet man häufig auch als *Instanzvariablen*, da sie nur einen eingeschränkten Gültigkeitsbereich besitzen. Globale Variablen, die man auch als *Klassenvariablen* bezeichnet, werden generiert, indem der Definition das Schlüsselwort `static` vorangestellt wird. Ein Beispiel hierfür ist eine Summenvariable, die folgendermaßen definiert wird:

Syntax

```
static int summe;
```

Nachdem der Klassenrumpf und die Konstanten bzw. Variablen spezifiziert sind, müssen Methoden entwickelt werden, die die eigentliche Funktionalität der Klasse darstellen. Eine Methodendefinition besteht immer aus den folgenden vier Teilen:

- dem Objekttyp oder dem Basistyp, den die Methode als Ergebnis zurückgibt,
- dem Namen der Methode
- einer Liste von Parametern, die an die Methode übergeben werden und
- dem Rumpf der Methode, der die Funktionalität der Methode enthält.

Die ersten drei Bestandteile bezeichnet man auch als *Signatur* einer Methode. Weiterhin können optional die Kennzeichner `public` oder `private` vorangestellt werden bzw. kann auf den dritten Bestandteil das Schlüsselwort `throws` folgen, das die Ausnahmebehandlung angibt, die eine Methode im Fehlerfall auslösen kann (siehe Kapitel 3.4). Die optionalen Bestandteile werden im Folgenden noch detailliert behandelt. Die Basisbestandteile einer Methode haben daher folgendes Aussehen:

Syntax

```
Rückgabetyp Methodenname (Typ_1 Argument_1,..., Typ_n
Argument_n) {
   // Rumpf der Methode
}
```

Ein Sonderfall tritt immer dann ein, wenn kein Rückgabewert erforderlich ist, bspw. wenn in einer Methode lediglich eine Ausgabe getätigt werden soll. In diesem Fall wird das Schlüsselwort `void` verwendet, das dann die Angabe des Rückgabetyps ersetzt. Eine mögliche Methodendefinition zur Ausgabe einer Zeichenkette sieht dann wie folgt aus:

Code

```
void ausgabe () {
   System.out.println("Vorsicht, in Ihrem Programm ist ein
     Fehler!!! \n");
}
```

Bei der Entwicklung von Methoden muss besonderer Wert auf die Überprüfung von Gültigkeitsbereichen von Variablen gelegt werden. Eine Variable hat immer einen begrenzten Gültigkeitsbereich. Wird in Java auf eine Variable zugegriffen, so prüft Java zuerst, ob die Variable in dem Funktionsblock (bspw. in einer Zählschleife) gültig ist, in der sie aufgerufen wird. Ist dies nicht der Fall, so wird der nächstgrößere Funktionsblock überprüft (bspw. eine Methode), anschließend die Klasse und deren Superklassen. Unter einer Superklasse versteht man in diesem Zusammenhang eine Klasse, die ihre Eigenschaften auf die momentan verwendete Klasse vererbt hat. In diesem Vorgehen liegt aber eine große Gefahr: Das Verbergen von Variablen. Als ein Beispiel dient bspw. das folgende Programmsegment:

Code

```
class gueltigkeit {
   int g = 1;
   void test_g () {
      int g = 2;
      System.out.println("g = "+ g);
   }
   //.....
}
```

Man erkennt, dass in der Methode `test_g` die Instanzvariable `g` durch die lokale Variable `g` maskiert wird, wodurch in der Ausgabe eine 2 erscheint. Dies kann jedoch unbeabsichtigt erfolgt sein. Eine Möglichkeit, dieses Problem zu vermeiden, ist die

Verwendung des Schlüsselworts `this`. Das `this`-Schlüsselwort bezieht sich immer auf das derzeit aktuelle Objekt, also dasjenige, aus der die Methode aufgerufen wurde. Um auf die Instanzvariable g zuzugreifen, verwendet man also besser den Ausdruck `this.g`, wohingegen die lokale Variable g auch weiterhin nur mit g bezeichnet wird. Problematisch ist nun aber weiterhin, dass eine Variablendeklaration des gleichen Namens in einer Subklasse und in der Elternklasse zu merkwürdigen und schwer erkennbaren Fehlern führt. Dieses Problem ist nur dann zu umgehen, wenn auf eine saubere Namensgebung bei Variablen geachtet wird. Grundsätzlich sollten in einem Programm niemals Variablen gleichen Namens in einer Klassenhierarchie vorkommen, es sei denn, sie haben ausschließlich lokale Bedeutung (bspw. Zählervariablen).

Übergibt man Argumente an eine Methode, so ist zu beachten, dass diese entweder *by-Value* oder *by-Reference* übergeben werden können. Ein sog. *Call-by-Value* bedeutet, dass Werte an eine Methode übergeben werden, mit denen diese rechnet. Die Originalbelegungen der Variablen an der aufrufenden Stelle des Programms bleiben aber unverändert. Anders ist dies bei einem *Call-by-Reference*. Hier werden komplexe Objekte übergeben (bspw. Listen). Die Methode arbeitet in diesem Fall nicht mit lokalen Kopien der Daten, sondern mit den Originaldaten. Dies kann dazu führen, dass unbeabsichtigt Originale verändert werden. Bei Call-by-Reference ist immer Vorsicht geboten, da Java alle die Argumentübergaben an Methoden als Call-by-Reference auffasst, die keine Basisdatentypen sind.

Wie auch bei Variablen unterscheidet man bei Methoden zwischen Klassen- und Instanzmethoden. Klassenmethoden, die durch das vorangestellte Schlüsselwort `static` gekennzeichnet werden, sind für jede Instanz einer Klasse verfügbar bzw. auch für andere Klassen, die diese Methoden verwenden wollen. Zusätzlich muss keine Instanz einer Klasse zur Verfügung stehen, um mit einer derartigen Methode arbeiten zu können. Es wird nun auch ersichtlich, warum die bereits häufig verwendete Methode `main` als `static` deklariert sein muss: Wäre dies nicht der Fall, so müsste die Klasse, die die `main`-Methode enthält, initiiert werden, bevor `main` aufgerufen wird. Dies ist aber nicht möglich, da `main` die erste auszuführende Methode ist.

Fehlt das Schlüsselwort `static`, so ist eine Methode lediglich eine Instanz, die auf einem speziellen Objekt operiert, anstatt auf einer Klasse von Objekten.

Eine Besonderheit des Methodenaufrufs in Java ist die Möglichkeit, dieselbe Methode mit verschiedenen Parametern aufzurufen. Hierbei kann sowohl die Anzahl der Parameter variieren, als auch der Datentyp jedes Arguments. Diese Möglichkeit verwendet zwar jeweils denselben Methodennamen, aber verschiedene Signaturen und wird als *Überladen* bezeichnet. Ein Überladen einer Methode ist immer dann sinnvoll, wenn Methoden benötigt werden, die eine unterschiedliche Parameterzahl und dementsprechende Typen benötigen. Überladene Methoden realisieren also in Abhängigkeit von den Argumenten, die sie als Eingabe erhalten, eine bestimmte Funktionalität.

Um eine Methode zu überladen, entwickelt man Methoden, die jeweils denselben Namen haben, die sich aber in der Anzahl und im Typ der Argumente unterscheiden können. Hierbei ist zu beachten, dass zwar die Argumentliste der überladenen Methode variieren kann (einschließlich der Namen der Argumente), nicht aber der Rückgabewert der Methode.

Um die Funktionsweise des Überladens zu verdeutlichen, sollen als Beispiel die Koordinaten eines Quadrats programmiert werden. Hierzu kann die folgende Klassendefinition verwendet werden:

Code

```
class Quadrat {
    int x1 = 0;
    int x2 = 0;
    int y1 = 0;
    int y2 = 0;
}
```

Um nun die korrekten Koordinaten des Quadrats einzurichten, kann die folgende Methode verwendet werden:

Code

```
Quadrat initialisiereQuadrat (int x1, int x2, int y1, int y2) {
    this.x1 = x1;
    this.x2 = x2;
    this.y1 = y1;
    this.y2 = y2;
    return this;
}
```

Hierbei ist zu beachten, dass `this` verwendet werden muss, um auf die entsprechenden Koordinaten der Klasse zugreifen zu können. Diese werden mit einem Punkt an `this` angehängt.

Eine weitere und sicherlich elegantere Möglichkeit, ein Quadrat zu programmieren, ist die Verwendung des `Point`-Objekts, das in Java bereits standardmäßig zur Verfügung steht. Hierzu muss nun die Methode `initialisiereQuadrat` folgendermaßen überladen werden:

Code

```
Quadrat initialisiereQuadrat (Point obenlinks, Point untenrechts) {
    x1 = obenlinks.x;
    x2 = untenrechts.x;
    y1 = obenlinks.y;
    y2 = untenrechts.y;
    return this;
}
```

Hierbei ist zu beachten, dass das Paket `java.awt.Point` importiert werden muss, das das `Point`-Objekt enthält. Nur so erhält Java Kenntnis über den Aufbau des Objekts. Neben der Möglichkeit, die linke obere und die rechte untere Ecke des Quadrats anzugeben, kann auch nur die linke obere Ecke und die Seitenlänge des Quadrats spezifiziert werden. Hierzu muss die Methode `initialisiereQuadrat` folgendermaßen überladen werden:

Code

```
Quadrat initialisiereQuadrat (Point obenlinks, int laenge) {
   x1 = obenlinks.x;
   x2 = x1 + laenge;
   y1 = obenlinks.y;
   y2 = y1 + laenge;
   return this;
}
```

Zur Ausgabe der Koordinaten wird die folgende Methode verwendet:

Code

```
void ausgabeQuadrat () {
   System.out.print("<" + x1 + ", " + x2 + ", " + y1 + ", " + y2
      + ">");
}
```

Die folgende `main`-Methode wird zum Aufbau und zur Ausgabe des Quadrats eingesetzt. Hierbei wird der `new`-Operator verwendet, der anschließend erklärt wird.

Code

```
public static void main (String arguments []) {
   Quadrat q = new Quadrat();
   q.initialisiereQuadrat(0,10,0,10);
   q.ausgabeQuadrat();
   System.out.println();
   q.initialisiereQuadrat(new Point(0,0), new Point(10, 10));
   q.ausgabeQuadrat();
   System.out.println();
   q.initialisiereQuadrat(new Point(0,0), 10);
   q.ausgabeQuadrat();
   System.out.println();
}
```

Das gesamte Programm sieht dann wie folgt aus:

Code

```
import java.awt.Point;
class Quadrat {
   int x1 = 0;
   int x2 = 0;
   int y1 = 0;
   int y2 = 0;
```

```
    Quadrat initialisiereQuadrat (int x1, int x2, int y1, int y2)
      {
        this.x1 = x1;
        this.x2 = x2;
        this.y1 = y1;
        this.y2 = y2;
        return this;
      }
    Quadrat initialisiereQuadrat (Point obenlinks, Point
      untenrechts) {
        x1 = obenlinks.x;
        x2 = untenrechts.x;
        y1 = obenlinks.y;
        y2 = untenrechts.y;
        return this;
      }
    Quadrat initialisiereQuadrat (Point obenlinks, int laenge) {
        x1 = obenlinks.x;
        x2 = x1 + laenge;
        y1 = obenlinks.y;
        y2 = y1 + laenge;
        return this;
      }
    void ausgabeQuadrat () {
        System.out.print("<" + x1 + ", " + x2 + ", " + y1 + ", " +
          y2 + ">");
        System.out.println();
      }
    public static void main (String arguments []) {
        Quadrat q = new Quadrat();
        q.initialisiereQuadrat(0,10,0,10);
        q.ausgabeQuadrat();
        System.out.println();
        q.initialisiereQuadrat(new Point(0,0), new Point(10,
          10));
        q.ausgabeQuadrat();
        System.out.println();
        q.initialisiereQuadrat(new Point(0,0), 10);
        q.ausgabeQuadrat();
        System.out.println();
      }
}
```

Nachdem das Programm übersetzt und ausgeführt wurde, ergibt sich die folgende Ausgabe:

```
<0, 0, 10, 10>
<0, 0, 10, 10>
<0, 0, 10, 10>
```

Klasseninitialisierung

Neben dem allgemeinen Aufbau einer Klasse aus Signatur, Variablen und Methoden muss der Java-Entwickler ebenfalls wissen, wie eine Klasse initialisiert wird und wie er auf die in der Klasse enthaltenen Objekte zugreifen kann.

Zum Anlegen einer Klasse dient der new-Operator, der wie folgt verwendet wird:

Code

```
Random zufallszahl = new Random ();
```

In diesem Beispiel wurde eine Zufallszahl erzeugt, die der Klassendefinition der Klasse `Random` genügt. `Random` ist eine in Java bereits vordefinierte Funktionalität. Es ist darauf zu achten, dass die Klammern hinter dem Klassennamen nicht vergessen werden, selbst wenn sie leer sind. In den Klammern werden üblicherweise Argumente übergeben, mit denen eine Klasse initialisiert wird. Im Falle der Klasse `Random` sind keine Argumente nötig, weshalb lediglich die beiden Klammern angegeben werden. Betrachtet man die bereits vorgestellte Definition der Klasse `Punkt`

Code

```
class Punkt {
   int x,y,z;
}
```

so könnte die Initialisierung dieser Klasse mittels der Anweisung

Code

```
Punkt pt = new Punkt (0,0,0);
```

erfolgen, wozu allerdings die Klasse erweitert werden muss. Offensichtlich muss eine Methode vorhanden sein, in der die Initialisierung stattfindet. Diese wird auch als *Konstruktor* der Klasse bezeichnet und muss ebenso heißen wie die Klasse selbst. Weiterhin darf eine Konstruktormethode niemals einen Rückgabewert erzeugen. Wird eine Konstruktormethode nicht selbstständig aufgerufen, so ruft Java den Konstruktor automatisch auf, wenn eine Klasse angelegt wird. Bei der Benutzung des `new`-Operators werden die folgenden drei Aufgaben erfüllt:

- Speicherbelegung für das zu erzeugende Objekt.
- Initialisierung der Instanzvariablen eines Objekts. Hier werden entweder die an den Konstruktor übergebenen Werte verwendet oder Default-Werte (bspw. 0 für Zahlen).
- Aufruf der Konstruktormethode einer Klasse.

Verfügt eine Klassendefinition nicht über eine Konstruktormethode, so wird bei Verwendung des `new`-Operators eine Klasse erzeugt, in der der Anwender eventuell vorhandene Instanzvariablen selbst setzen muss. Eine mögliche Abwandlung der Klasse `Punkt` könnte dann wie folgt aussehen:

Code

```
class Punkt {
   int x,y,z;
```

```
   Punkt (int a, int b, int c) {
      x = a;
      y = b;
      z = c;
   }
   public static void main () {
      punkt p;
      p = new punkt (0,0,0);
      System.out.println("x-Koordinate: " + x);
      System.out.println("y-Koordinate: " + y);
      System.out.println("z-Koordinate: " + z);
   }
}
```

Hier wird in der Methode `main` eine Instanz der Klasse `Punkt` erzeugt, die mit dem Tripel (0,0,0) initialisiert wird.

3.3.5 Speicherverwaltung

Anders als in anderen Programmiersprachen muss sich der Entwickler in Java weder darum kümmern, wie viel Speicherplatz für ein Objekt belegt wird noch, wie dieser wieder freigegeben wird. Dies ist äußerst angenehm, da eine häufig vorzufindende Fehlerquelle in Programmiersprachen, wie C, C++ oder Pascal, darin besteht, dass vergessen wird, Speicherplatz wieder freizugeben. Dies kann sich im Programmablauf akkumulieren, was nach einiger Zeit zum Programmabsturz führt. Die Speicherverwaltung in Java ist hingegen dynamisch und automatisch. Wenn ein neues Objekt mittels `new` angelegt wird, belegt Java automatisch einen ausreichenden Speicherplatz für dieses Objekt. Durch die *Garbage Collection* gewährleistet Java weiterhin, dass nicht mehr verwendete Objekte wieder freigegeben werden. An dieser Stelle soll die Erklärung der Garbage Collection nicht weiter vertieft werden, um den Rahmen des Buchs nicht zu sprengen. Der interessierte Leser sei hierzu auf die Fachliteratur verwiesen.

3.3.6 Überladen und Überschreiben von Methoden

Wie andere Methoden können auch Konstruktoren überladen werden. Ein gutes Beispiel, das das Überladen von Konstruktoren veranschaulichen kann, ist das Quadratprogramm, das bereits beschrieben wurde. Verwendet man die Methode `initialisiereQuadrat`, die mehrfach überladen wurde, (nach einer Umbenennung in `Quadrat`) als Konstruktor, so kann je nach Anforderung des Benutzers ein Quadrat auf verschiedene Art und Weise initialisiert werden.

Eine Funktionalität von Java, die in enger Beziehung zum Überladen von Methoden steht, ist das *Überschreiben von Methoden*. Wird in einer Klasse eine Methode aufgerufen, so prüft Java, ob die Methode in der Klasse definiert ist. Ist dies nicht der Fall, so wird der Methodenaufruf an die nächsthöhere Stufe der Klassenhierarchie (also an die nächste Superklasse) übergeben und die Prüfung wiederholt. Dieser Vorgang wird fortgesetzt, bis die Methodendefinition lokalisiert ist. Hierdurch wird garantiert, dass Objekt-Code nicht in jeder Subklasse wiederholt definiert werden muss. Es kann nun erforderlich sein, dass in einer Subklasse zwar dieselbe Methodendefinition verwendet wird, dass aber die Funktionalität der Methode geändert werden soll. Hierzu wird eine Methode mit derselben Signatur wie der der Superklasse erzeugt, die aber eine andere Funktionalität hat. Dieser Vorgang wird als *Überschreiben* einer Methode bezeichnet. Wenn nun die Methode aufgerufen wird, wird zuerst die Subklasse überprüft und so die überschriebene Methode ausgeführt. Das Überschreiben von Methoden kann aus folgenden Gründen sinnvoll sein:

- die Originaldefinition der Methode soll vollständig ersetzt werden oder
- die Funktionalität der Originaldefinition der Methode soll erweitert werden.

Die Ersetzung der Originaldefinition wurde bereits erläutert – hier findet eine Definition der Methode mit der gleichen Signatur, aber mit einer neuen Funktionalität statt. Der zweite Fall, also die Erweiterung der Funktionalität der Methode, ist aufwendiger. Wenn die ursprüngliche Funktion der Methode erweitert werden soll, muss eine Möglichkeit existieren, auf die ursprüngliche Definition der Methode zuzugreifen und zugleich in der Subklasse mittels desselben Namens auf die überschriebene Methode zurückgreifen zu können. Zum Zugriff auf eine Methodendefinition, die außerhalb einer Klasse liegt, wird in Java das Schlüsselwort super verwendet. Hierdurch wird der Aufruf der mit super gekennzeichneten Methode in der Klassenhierarchie in Aufwärtsrichtung weitergereicht.

In einer allgemeinen Notation sieht die Erweiterung einer überschriebenen Methode dann wie folgt aus:

Code

```
void neueMethode (Typ 1 Variable 1, ..., Typ n Variable n) {
  // Neue Funktionalität
  super.neueMethode(Variable 1, ..., Variable n);
  // Weitere neue Funktionalität
}
```

Hierbei sei die Originaldefinition der überschriebenen Methode mit neueMethode bezeichnet. super ist in seiner Funktion daher ähnlich wie das Schlüsselwort this und daher ein Platzhalter für den Namen der Superklasse einer Klasse.

In Analogie zur Erläuterung des Überladens von Konstruktoren muss in diesem Kontext auch betrachtet werden, wie Konstruktoren von Klassen überschrieben werden können. Aus technischer Sicht ist dies zunächst nicht möglich. Da Konstruktoren immer denselben Namen wie eine Klasse haben, werden Konstruktormethoden immer neu generiert und nicht von Elternklassen geerbt. Dieses Vorgehen ist meist das, was der Programmierer auch beabsichtigt: Wenn eine Konstruktormethode aufgerufen wird, erfolgt dies mit derselben Signatur für alle Superklassen. Die Initialisierung wird daher für alle Teile einer Klassenhierarchie ausgeführt, die vererbend zur jeweiligen Klasse beitragen. Werden jedoch Konstruktormethoden für eigene Klassen entwickelt, so ist es wünschenswert, nicht nur die Initialisierung neuer Variablen zu beeinflussen, die zur Elternklasse hinzugefügt werden, sondern auch die Inhalte der Variablen zu verändern, die aufgrund der Vererbungsstruktur durch die Elternklasse bereits vorgegeben sind. Es wurde bereits erklärt, dass für den Aufruf einer Methode einer Superklasse die Syntax `super.methodenName (Argumente)` verwendet werden muss. Da Konstruktormethoden keinen eigenen Namen haben, wird die Form `super (Argumente)` verwendet.

In Java ist zu beachten, dass der Aufruf von `super` immer die erste Anweisung in einer Konstruktormethode sein muss. Wird dieser Aufruf nicht vom Entwickler angegeben, so wird er von Java implizit durch den Aufruf `super()` ausgeführt. Ähnlich wie auch bei `this` ruft `super(Argumente)` den Konstruktor der Elternklasse auf, die in der Hierarchie unmittelbar oberhalb der Klasse steht, aus der der Aufruf erfolgt. Es ist offensichtlich, dass ein Konstruktor mit einer entsprechenden Signatur auch in der Elternklasse existieren muss. Dies wird durch den Java-Compiler aber bereits zur Übersetzungszeit überprüft.

Als Beispiel soll das Objekt `Point`, das in Java standardmäßig bereitsteht und das zweidimensionale Koordinaten erfassen kann, auf dreidimensionale Werte erweitert werden. Dies erfolgt mit folgendem Programmausschnitt:

Code

```
import java.awt.Point;
class 3Dpunkt extends Point {
   int z;
   3Dpunkt (int x, int y, int z) {
      super (x,y);
      this.z = z;
   }
}
```

`3Dpunkt` erweitert also das Objekt `Point` um eine dritte Dimension. Die Initialisierung der Elternklasse erfolgt hier mittels der Anweisung `super(x,y)`.

Trotz der Garbage Collection existiert auch in Java eine Möglichkeit, das Löschen einmal belegter Objekte zu optimieren – die `finalizer`-Methode. In der durch Java vorgegebenen `Object`-Klasse wird eine Standardmethode vorgegeben, die allerdings keine Funktion hat. Zur Verwendung muss diese Methode folgendermaßen überschrieben werden:

Code

```
protected void finalize () throws Throwable {
   super.finalize ();
}
```

`throws Throwable` löst im Fehlerfall eine Ausnahmebehandlung aus. Ausnahmebehandlungen werden in Kapitel 3.4 noch detailliert erklärt. In der überschriebenen Methode können nun jegliche Objektfreigaben enthalten sein (auch der Aufruf `super.finalize()`), die die Superklassen ermächtigen, das Objekt zu beenden, falls nötig. Der Aufruf von `finalize` kann nun jederzeit erfolgen, führt aber nicht zu einer unmittelbaren Garbage Collection, da ein Objekt erst dann zum Löschen freigegeben wird, wenn alle Verbindungen zu diesem gelöst worden sind. In den meisten Fällen ist die Verwendung dieser Methode daher überflüssig.

3.3.7 Casting

Gegenstand der vorangegangenen Abschnitte waren im Wesentlichen Variablen und Datentypen. Typen können entweder einfach (bspw. Ganzzahl) oder komplex (bspw. Klasse) sein. Werden Argumente an eine Methode übergeben oder Variablen in Ausdrücken verwendet, so ist darauf zu achten, dass die entsprechenden Datentypen verwendet werden. Wenn eine Methode als Argument eine Ganzzahl vom Typ `int` verlangt, resultiert bspw. aus der Übergabe einer Fließkommazahl vom Typ `float` ein Fehler. Ebenso müssen zwei Variablen, die gleichgesetzt werden, vom selben Typ sein. Eine Ausnahme hierzu wurde bereits mehrfach verwendet: die Zuweisung zu Zeichenketten, in denen sowohl Zeichenketten als auch Zahlvariablen mittels einer String-Verkettung miteinander verbunden werden können.

Unter dem Begriff *Casting* versteht man die Umwandlung eines Datentyps in einen anderen. Dies ist immer dann nötig, wenn eine Variable zugewiesen werden soll, die vor dem Casting einen anderen Datentyp hat als die Zielvariable. Bei Casting verändert sich der Wert einer Variablen, im Gegensatz zum Datentyp, nicht. Der Wert einer Variablen eines Datentyps wird lediglich einer weiteren Variablen eines anderen Typs zugewiesen. Man unterscheidet in diesem Zusammenhang drei Möglichkeiten des Castings:

- Casting zwischen einfachen Datentypen, bspw. `int` nach `double` oder `float` nach `double`.
- Casting von einer Instanz einer Klasse zur Instanz einer weiteren Klasse.
- Umwandlung einfacher Typen in Objekte und die anschließende Extraktion einfacher Werte aus diesen Objekten.

Beim Casting einfacher Datentypen wird der Wert einer Variablen eines einfachen Typs einer anderen Variablen eines anderen Typs zugewiesen. Dies ist für alle einfachen Typen mit Ausnahme des Typs `boolean` möglich. Boole'sche Werte können entweder `true` oder `false` sein und sind vom Casting ausgenommen. Oft findet ein Casting dann statt, wenn der Datentyp, auf den gecastet wird, größere Werte aufnehmen kann als der Originaldatentyp. Ein Beispiel hierfür ist ein Casting vom Datentyp `byte` zum Datentyp `int`, wenn man feststellt, dass Zahlenwerte außerhalb des Intervalls von -128 bis 127 liegen, da der Datentyp `int` weit größere Werte speichern kann. Im Regelfall findet also ein Casting immer auf Datentypen statt, die mehr Information speichern können, als der Originaldatentyp dies vermag. Hieraus resultiert folglich kein Informationsverlust. Eine Ausnahme findet sich beim Casting von `int` oder `long` auf `float` bzw. von `long` nach `double`. Während diese Form des Castings bereits dann implizit stattfindet, wenn eine entsprechende Variable einer anderen zugewiesen wird, muss ein Casting von einem Datentyp, der mehr Information speichert als der Zieldatentyp, stets explizit in der Form

Syntax

```
(Typname) Wert
```

erfolgen. Ein Beispiel hierfür ist der Ausdruck `(int) (a/b)`, wobei `a` und `b` Ganzzahlen seien. Im Regelfall ist das Ergebnis dieser Division nicht ganzzahlig. Eine Zuweisung zu einer Variablen vom Typ `int`, die hier durch das Casting erzielt wird, verursacht daher fast immer einen Präzisionsverlust. Betrachtet man zudem erneut die Tabelle, in der die Reihenfolge der Operatoren angegeben ist (Tabelle 3-6 auf Seite 64), so stellt man fest, dass das Casting eine größere Wichtigkeit besitzt, als die Division. Die Klammerung des arithmetischen Ausdrucks ist daher an dieser Stelle zwingend erforderlich, um dem Ergebnis den Typ `int` zuzuweisen.

Der zweite Anwendungsfall des Castings ist die Umwandlung einer Klasseninstanz in eine andere. Hierbei gilt die Einschränkung, dass Original- und Zielklasse zueinander in einem Vererbungsverhältnis stehen müssen, eine Klasse muss also eine Subklasse einer anderen sein. Wie auch bei einfachen Datentypen kann ein solches Casting implizit erfolgen. Da Subklassen mindestens die Information beinhalten, die auch die Superklasse hat, kann immer eine Instanz einer Subklasse verwendet werden, wenn normalerweise eine Superklasse eingesetzt worden wäre. Analog zu einfachen Typen ist der umgekehrte Weg problematischer. Da Subklassen normalerweise eine größere Funktionalität haben als Superklassen, kann die Zuweisung einer Subklasseninstanz zu einer Superklasseninstanz dazu führen, dass bspw. Methodenaufrufe verwendet werden, die in der Superklasse nicht enthalten sind. Dies führt zu Fehlern und ist daher im Regelfall nicht ratsam. Um deutlich zu machen, dass die Zuweisung beabsichtigt ist und nicht lediglich aus Unachtsamkeit resultiert, muss das Casting explizit erfolgen. Hierzu wird die Syntax

Syntax

```
(Klassenname) Objekt
```

verwendet, wobei `Klassenname` den Namen der Zielklasse und `Objekt` eine Referenz auf das Quellobjekt angibt. Gibt man also den Namen einer Superklasse an, wenn normalerweise eine Subklasse verwendet worden wäre, so verliert man keine Information, sondern gewinnt die Methoden und Variablen, um die die Subklasse die Superklasse erweitert.

Die dritte Möglichkeit des Castings ist die Umwandlung eines einfachen Typs in ein Objekt und umgekehrt. Hierzu verfügt Java neben den einfachen Datentypen (bspw. `int`, `float` oder `boolean`) über Objekte (die dann in diesem Fall mit `Integer`, `Float` und `Boolean` bezeichnet sind), die Teil der Klasse `java.lang.package` sind. Den Unterschied zwischen einfachem Typ und Objekt verdeutlicht hierbei der Großbuchstabe zu Beginn der Objektnamen bzw. der Kleinbuchstabe bei einfachen Datentypen. Die Umwandlung von einfachem Typ zu Objekt erfolgt mittels der Methoden, die Teil der Objekte sind. Hat bspw. eine ganzzahlige Variable `a` den Wert `20`, so wandelt die Anweisung

Code

```
Integer a_obj = new Integer (a);
```

die Variable in ein entsprechendes `Integer`-Objekt um. Die Umwandlung von Objekt zu einfachem Datentyp erfolgt wiederum mit einer Methode, die Teil des Objekts ist, im Falle dieses Beispiels mit

Code

```
int b = a_obj.intValue();
```

Ein weiteres Beispiel, das häufig verwendet wird, ist die Umwandlung von Zeichenketten in Zahlen. Da Benutzereingaben häufig als Zeichenketten abgefragt werden, Berechnungen aber nur mit Zahlen funktionieren, findet sich hier ein weites Anwendungsfeld. Das folgende Beispiel verdeutlicht die Umwandlung, die mit Hilfe der Methode `parseInt (Argument)` arbeitet.

Code

```
String postleitzahl = "68163";
int plz = Integer.parseInt(postleitzahl);
```

3.3.8 Objekte und Klassen

Java stellt einige Methoden zur Verfügung, die die Arbeit mit Klassen und Objekten erheblich erleichtern. Hierzu zählen der Operator `instanceof` und die Methoden `getClass()` bzw. `getName()`. `instanceof` stellt fest, ob ein Objekt Instanz einer Klasse oder einer ihrer Subklassen ist. Die Syntax von `instanceof` verdeutlicht das folgende Beispiel:

Code

```
"Beispiel" instanceof String //true
4 instanceof String //false
```

Während die Zeichenkette "Beispiel" eine Instanz des Typs `String` ist und die Antwort daher `true` lautet, ist dies für die Zahl `4` nicht der Fall (Antwortwert `false`). Mittels der Methoden `getClass()` und `getName()`, die in der Klasse `Object` definiert sind und daher Teil jedes Objekts sind, kann festgestellt werden, zu welcher Klasse ein Objekt gehört. Während `getClass()` ein Klassenobjekt als Antwortwert zurückgibt, repräsentiert `getName()` den Namen der Klasse als Zeichenkette. Folgendes Beispiel illustriert die Verwendung von `getName()` und `getClass()`. Die Ausgabe erzeugt hier den String `Point`:

Code

```
Point punkt = new Point (0,0);
String name = punkt.getClass().getName();
```

3.3.9 Reflection

Eine der wesentlichen Neuerungen, die ab Java 1.1 zur Verfügung stand, war die Einführung der *Reflection*, die in Java auch als *Introspektion* bezeichnet wird. Mittels Introspection kann eine Klasse Details über andere Klassen in Erfahrung bringen, indem eine vorab unbekannte Klasse geladen wird und im Anschluss daran deren Variablen, Methoden und Konstruktoren strukturiert werden. Hierzu wird die Klassengruppe `java.lang.reflect.*` verwendet, mit deren Hilfe Informationen über die Attribute, Methoden und über den Konstruktor der unbekannten Klasse gesammelt werden. Die folgende Application verdeutlicht die Funktionsweise der Introspection, die Ausgabe ist in Abb. 3-7 angegeben:

Code

```
import java.lang.reflect.*;
import java.awt.Point;
class PruefeMethoden {
   public static void main(String[] arguments) {
      Point punkt = new Point(0,0);
      Class klassenname = punkt.getClass();
      Method[] methoden = klassenname.getMethods();
      for (int i = 0; i < methoden.length; i++) {
         System.out.println("Methode: " + methoden[i]);
      }
   }
}
```

In dieser Application werden zwei Konstrukte verwendet, die bisher noch nicht eingeführt wurden: *Listen* und *Zählschleifen*. Der Term `Methods[]` erzeugt eine Liste, in der die anzuzeigenden Methoden gespeichert werden können. Mit der Anweisung `for (i=0; i < methoden.length; i++)` wird diese Liste durchlaufen und deren Elemente mit der bereits bekannten Methode `System.out.println()` ausgegeben. Zählschleifen und Listen werden in der Folge dieses Kapitels noch detaillierter betrachtet. Die Ausgabe, die die Methode `pruefeMethoden` erzeugt, zeigt die folgenden Informationen an:

- die `public`-Eigenschaft einer Methode (zu `public` oder `private` siehe die folgenden Abschnitte),
- den Objekt- oder Variablentyp, den eine Methode zurückgibt,
- die Zugehörigkeit der Methode zur aktuell verwendeten Klasse oder zu einer Superklasse,
- den Namen der Methode und
- den Objekt- oder Variablentyp der Argumente, die beim Aufruf an eine Methode übergeben werden.

Die Introspection kann mit jeder Objektklasse durchgeführt werden, da die hierzu notwendigen Methoden in allen Objekten zur Verfügung stehen. Das Package `java.lang.reflect` beinhaltet hierzu die in Tab. 3-7 angegebenen Klassen.

Klasse	Beschreibung
`Array`	Verwaltung von Listen
`Constructor`	Verwaltung spezieller Methoden zur Erzeugung von Klassen
`Field`	Verwaltung und Lokalisierung von Klassen- und Instanzvariablen
`Method`	Verwaltung von Klassen- und Instanzmethoden
`Modifier`	Dekodierung von Modifier-Informationen von Klassen, Variablen und Methoden (zu Modifiern siehe folgende Abschnitte)

Tab. 3-7 Klassen in java.lang.reflect

Das Konzept der Reflection wird meist in Klassen-Browsern und Debuggern eingesetzt, um vorab unbekannte Klassenstrukturen in Erfahrung zu bringen. Ein weiteres wichtiges Einsatzgebiet sind neben der Objektserialisierung JavaBeans, die in Kapitel 9 behandelt werden. In JavaBeans spielt es eine große Rolle, dass ein Objekt sich bei einem weiteren nach dessen Fähigkeiten erkundigen kann. Dies kann nur mit dem Konzept der Reflection realisiert werden.

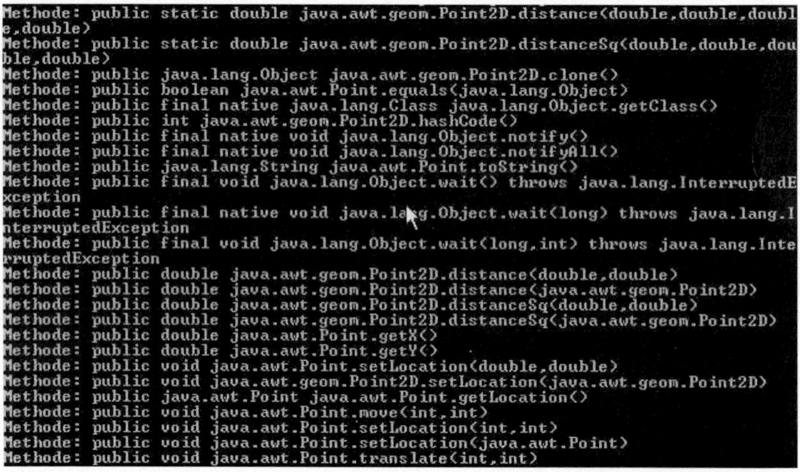

Abb. 3-7 Ausgabe der Introspection-Application

3.3.10 Listen und „Zeiger"

Nach der bisherigen Lektüre dieses Kapitels sollte dem Leser die Verwendung von Klassen, Variablen und Typen in allen Feinheiten bekannt sein. Ein Detail, das bisher noch nicht beschrieben wurde, sind Listen und Zeiger.

Oftmals muss eine große Anzahl ähnlicher Daten geeignet gespeichert werden, bspw. Adressen. Dabei ist zwar die maximale Anzahl zu speichernder Adressen leicht abzuschätzen, eine derartige Zahl ist aber meist auch sehr groß, wodurch die Verwendung von bspw. 10.000 verschiedenen Variablen, die die Adressen speichern könnten, ineffizient wäre. In vielen Programmiersprachen werden daher Listen verwendet, die in der Lage sind, eine bestimmte Anzahl von Elementen desselben Datentyps (auch derselben Klasse) zu speichern. Hierbei ist zu unterscheiden, ob die Länge der Liste vorab bekannt ist oder nicht. Im Folgenden werden solche Listen, deren Länge bekannt ist, als *Liste* bezeichnet, wohingegen Listen, deren Länge unbekannt ist, als *Vektor* bezeichnet werden.

Zur Deklaration einer Liste sind alternativ die zwei folgenden Schreibweisen möglich:

Syntax

```
Datentyp[] Variablenname;
Datentyp Variablenname[];
```

Beide Schreibweisen sind äquivalent. Nach der Definition der Listenvariable muss für das Objekt Speicherplatz angelegt werden. Alternativ kann dies mit dem `new`-Operator oder durch eine direkte Zuweisung von Inhalten erfolgen. Möchte man bspw. eine Liste aus 10 Zeichenketten erzeugen, so lautet der hierzu notwendige Programmausdruck

Code

```
String[] zeichenketten = new String[10];
```

Ein Beispiel für eine direkte Zuweisung an eine Liste von 5 Elementen wäre bspw.
```
String[] zeichenketten = {"Abed","Stephan","Ines",
   "Anja","Thomas"};
```

Im Falle der direkten Zuweisung belegt Java automatisch den hierzu notwendigen Speicherplatz. Hierbei ist zu beachten, dass die zugewiesenen Objekte alle denselben Datentyp haben müssen.

Zum Zugriff und auch zur Änderung ist das jeweilige Listenelement als `listenelement[i]` geeignet zu indizieren. Hierbei muss beachtet werden, dass der Index in diesem Fall von `0` bis `(n-1)` läuft, wenn `n` die Anzahl der zu speichernden Objekte angibt. Möchte man daher im obigen Beispiel auf die erste Zeichenkette zugreifen („Abed"), so ist die hierzu notwendige Adressierung `zeichenketten[0]`. Da der Index von `0` bis `(n-1)` läuft, darf logischerweise auf das Element mit dem Index `n` nicht zugegriffen werden. Ist man sich nicht sicher, wie groß eine Liste ist, so kann man die vordefinierte Funktion `length` verwenden, die für alle Listenobjekte standardmäßig zur Verfügung steht. Die Länge der Liste `zeichenketten` erfährt man also bspw. mittels der Anweisung

Code

```
int laenge = zeichenketten.length;
```

Änderungen von Einträgen in Arrays sind sehr einfach, bspw:

Code

```
zeichenketten[0] = "Peter";
zahlen[3] = 2001;
```

Auch in Java kann eine Zeigervariante verwendet werden, um Listen zu manipulieren – wenn auch in einer wesentlich eingeschränkteren Form als dies in Sprachen, wie bspw. C oder C++, möglich ist. Ein *Zeiger* ist prinzipiell eine Referenz auf ein Objekt. Fasst man nun eine Liste als Liste von Referenzen auf Objekte auf, so ist auch die folgende Zuweisung möglich, die den ersten Eintrag der Liste zeichenketten mit dem zweiten Eintrag überschreibt:

Code

```
zeichenketten[0] = zeichenketten [1];
```

Im Unterschied zu einer reinen Referenzierung wird hier der erste Eintrag der Liste physikalisch überschrieben. Es ist aber genauso denkbar, ausschließlich mit Referenzen zu arbeiten. Dies soll anhand des folgenden Beispiels verdeutlicht werden:

Code

```
String[] zeichenkette1, zeichenkette2;
zeichenkette1 = new String[10];
zeichenkette1[0] = "Hallo";
zeichenkette2 = zeichenkette1;
```

Nach Ausführung dieser Anweisungen stehen zwei Variablen zur Verfügung, die mit derselben Liste arbeiten. Abb. 3-8 verdeutlicht das Vorgehen grafisch.

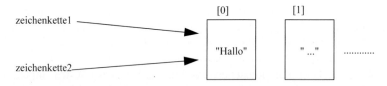

Abb. 3-8 Referenzen in Java

Manchmal ist es notwendig, mit mehrdimensionalen Listen zu arbeiten, bspw. wenn Elemente einer Matrix verwaltet werden sollen. Hierzu ist in Java eine Liste aus Listen anzulegen. Möchte man bspw. eine Matrix anlegen, die aus 10x10 Elementen besteht und auf deren Werte zugreifen, so kann dies mit dem folgenden Code erreicht werden:

Code

```
int [] [] matrix = new int [10][10];
matrix [0][0] = 10;
matrix[9][9] = 10;
```

Eine Anwendung, die hiermit realisiert werden kann, sind die Spielfelder der Beispielanwendung „Schiffe versenken", die in diesem Buch eine zentrale Rolle spielt. Die Erweiterung auf Listen, die eine noch größere Anzahl an Dimensionen speichern, ist in ähnlicher Art sehr einfach möglich.

Vektoren

Ein unangenehmer Nachteil von Listen besteht darin, dass deren Länge vor der Verwendung bekannt sein muss. In vielen Anwendungen kann dies nicht realisiert werden. Mittels der Klasse Vector kann aber ein Vektor generiert werden, dessen Länge variabel ist. Es liegt auf der Hand, dass das Arbeiten mit Vektoren komplexer ist als die Verwendung von Listen.

Im Gegensatz zu Listen können in Vektoren nur Objekte gespeichert werden. Ein Vektor, der int-Elemente enthält, ist daher unzulässig. Zur Verwendung eines Vector-Objekts sind die folgenden Schritte zu durchlaufen:

1. Anlegen des Vektors durch Aufruf des Konstruktors Vector()

2. Verwendung einer der Methoden, die in Tab. 3-8 angegeben sind.

Methode	Erläuterung
addElement(Object)	Hinzufügen eines Elements am Ende des Vektors
capacity()	Feststellen der Kapazität des Vektors
contains(Object)	Prüft, ob das als Argument übergebene Objekt Teil des Vektors ist
elementAt(int)	Gibt das Objekt an der durch das Argument festgelegten Position zurück
elements()	Erzeugt ein Enumeration-Objekt, das zur Iteration verwendet wird
firstElement()	Rückgabe des ersten Elements des Vektors
indexOf(Objekt)	Suche nach dem ersten Vorkommen des Arguments
getSize()	Größe des Vektors feststellen

Tab. 3-8 Methoden der Klasse Vector

Methode	Erläuterung
`insertElement(Object, int)`	Fügt ein Objekt an einer bestimmten Position ein und verschiebt die nachfolgenden um eins
`isEmpty()`	Feststellen, ob Vektor leer ist
`lastElement()`	Rückgabe des letzten Elements des Vektors
`removeAllElements()`	Löschen des Vektors
`removeElement(Object)`	Löschen des ersten Vorkommens des Objekts, das als Argument übergeben wird
`removeElementAt(int)`	Löschen des Elements an einer bestimmten Position
`trimToSize()`	Anpassen der Kapazität an aktuelle Größe

Tab. 3-8 Methoden der Klasse Vector

Soll ein Vektor angelegt werden, so können die folgenden Konstruktoren verwendet werden:

- `Vector()` legt einen leeren Vektor an.
- `Vector(int)` legt einen Vektor mit einer bestimmten Kapazität an.
- `Vector(int, int)` legt einen Vektor mit einer bestimmten Kapazität an. Der zweite Parameter bestimmt, in welchen Schritten die Kapazität eines Vektors erhöht wird, wenn neue Elemente hinzugefügt werden.

Zum Anlegen eines Vektors, der aus einer Zahl besteht, kann dann das folgende Programmstück verwendet werden:

Code

```
Vector v = new Vector();
v.addElement(new Integer(20));
```

An dieser Stelle soll bereits die Verwendung von Aufzählungen definiert werden, auch wenn die hierzu notwendige `while`-Schleife erst im Anschluss erläutert wird. Um alle Objekte eines Vektors nacheinander zu durchlaufen, erzeugt man zuerst eine Aufzählung und durchläuft diese anschließend in einer `while`-Schleife, wobei in jedem Durchlauf geprüft wird, ob noch ein weiteres Element enthalten ist. Dieses Vorgehen ist notwendig, da a priori unbekannt ist, wie viele Objekte ein Vektor enthält. Das folgende Programmsegment realisiert diese Funktionalität:

Code

```
Vector v = new Vector();
v.addElement(new Integer(20));
Enumeration e = v.elements();
```

```
while (e.hasMoreElements())
  System.out.println("Naechstes Element:
    "+(Integer)e.nextElement());
```

Hash-Tabellen

Um die Aufzählung von Feldobjekten zu vervollständigen, wird im Folgenden die Funktionsweise von *Hash-Tabellen* betrachtet. Hash-Tabellen verwalten Paare aus Schlüssel und Wert, bspw. eine Farbe, der eine Kombination aus Rot-, Grün- und Blauwert zugeordnet ist. Hash-Tabellen arbeiten mit Wertepaaren wesentlich effizienter als Vektoren. Eine wichtige Anwendung derartiger Objekte ist der Kryptographie-Bereich.

Zur Verwendung einer Hash-Tabelle ist zuerst mittels `new HashTable()` ein geeignetes Objekt anzulegen. Mittels `HashTable(int)` kann eine Tabelle einer bestimmten Kapazität angelegt werden, mittels `HashTable(int, float)` eine Tabelle einer bestimmten Kapazität, wobei der zweite Parameter einen Auslastungsfaktor zwischen 0 und 1 angibt. Falls die Anzahl der Tabelleneinträge das Produkt aus momentaner Kapazität und Auslastungsfaktor überschreitet, wird die Tabelle vergrößert und anschließend optimiert (sog. *Rehashing*). Hierdurch wird der Speicher zwar effizienter genutzt, gleichzeitig wird aber auch die Zugriffszeit länger. Anschließend kann mit den Operationen `put` und `get` ein neues Wertepaar gespeichert bzw. abgerufen werden. Mittels der Methode `remove` kann ein Wertepaar wieder gelöscht werden, mittels der Methode `containsKey` festgestellt werden, ob ein Schlüssel eines bestimmten Werts in einer Hash-Tabelle enthalten ist.

Wie auch bei Vektoren kann mit einem `Enumeration`-Objekt auf alle Elemente einer Hash-Tabelle zugegriffen werden. Das folgende Beispiel demonstriert den Einsatz der verschiedenen Methoden.

Code

```
//Anlegen einer Tabelle mit 5 Eintraegen
HashTable h= new HashTable(5);
//Einfuegen zweier Farben
h.put("weiss", new Color(255,255,255));
h.put("schwarz", new Color(0,0,0));
//Abfragen einer Farbe
Color c = (Color)h.get("schwarz");
//Loeschen einer Farbe
h.remove("schwarz");
//Feststellen des Schluessels einer Farbe
boolean s = h.containsKey("schwarz");
//Durchlaufen der Tabelle
Enumeration e = h.elements();
while (e.hasMoreElements())
   Color c = (Color) e.nextElement();
```

3.3.11 Programmanweisungen

Mit dem jetzigen Wissen können zwar bereits rudimentäre Java-Programme entwickelt werden, eine wichtige Komponente wurde allerdings bisher nicht vorgestellt: Programmanweisungen, mit deren Hilfe Bedingungsabfragen und oft wiederkehrende Programmabläufe implementiert werden können. Die im Folgenden vorgestellten Abläufe sind *Blockausdrücke*, *Bedingungsabläufe* und *Schleifen*.

Programmblöcke

Anweisungsfolgen werden in Java immer zu Blöcken gruppiert, die in geschweifte Klammern eingeschlossen werden. Dies wurde bereits mehrfach demonstriert, ohne explizit genannt zu werden. Betrachtet man bspw. den Aufbau einer Klasse, so ist der Klassenrumpf immer in Klammern einzuschließen. Ein weiteres Beispiel für Blöcke sind die Anweisungsfolgen, die im Rumpf einer Methode enthalten sind. Auch diese sind stets von Klammern umgeben. Blöcke werden in Java auch als *Blockanweisungen* bezeichnet, da immer dort, wo eine Anweisung verwendet wird, auch ein vollständiger Anweisungsblock benutzt werden kann. Hieraus folgt in logischer Konsequenz, dass Blöcke auch geschachtelt werden können. Betrachtet man die in einem Block deklarierten Variablen, so haben diese nur im Block selbst eine Bedeutung. Außerhalb eines Blockes kann daher auf derart lokal definierte Variablen nicht zugegriffen werden. Ein gutes Beispiel hierfür ist die bereits dargestellte Zählschleife, in der die Zählervariable lokal im Block definiert wird:

Syntax

```
for (int i = 0; i < max; i++) {
   // Anweisungen
}
```

Bedingungsabfragen

Bedingungsabfragen verzweigen in Abhängigkeit von der Erfüllung einer oder mehrerer Bedingungen zur Ausführung verschiedener alternativer Anweisungen oder Anweisungsblöcke. In Java können `if...then...else`, der Konditionaloperator oder `switch`-Abläufe verwendet werden.

Das Konstrukt `if...then...else` kommt immer dann zum Einsatz, wenn lediglich *eine* Bedingung überprüft werden soll. Ein Beispiel hierfür ist die Bedingung „Wenn es regnet, nimm einen Schirm mit, sonst nicht." Hierbei wird ein boole'scher Ausdruck ausgewertet (*es regnet*). Ist das Ergebnis der Abfrage wahr (`true`), so wird eine Anweisung ausgeführt, anderenfalls (`false`) eine andere. Soll eine Anweisung lediglich ausgeführt werden, wenn eine Bedingung erfüllt ist, so kann der `else`-Teil auch entfallen. Das folgende Beispiel illustriert die Verwendung von `if ... then ... else`.

Code

```
if (kontostand < 0 ) {
   System.out.println("Ihr Konto ist im Minus!");
   System.out.println("Bitte gleichen Sie aus!");
} else
   System.out.println("Ihr Konto ist im Plus!");
```

Eine Alternative zur Verwendung von `if...then...else` ist die Verwendung des Bedingungsoperators (sog. *Konditionaloperator*), dessen Schreibweise kürzer ist als `if...then...else`. Die Syntax des Bedingungsoperators ist

Syntax

```
Bedingung ? Resultat_true : Resultat_false;
```

Ist also die Bedingung erfüllt, so wird die Anweisung oder der Anweisungsblock nach dem Fragezeichen ausgeführt, anderenfalls die Anweisung oder der Anweisungsblock nach dem Doppelpunkt. In dieser Notation lautet das Beispiel:

Code

```
String ausgabe = (kontostand < 0) ? "Ihr Konto ist im Minus!" +
   "Bitte gleichen Sie aus!" : "Ihr Konto ist im Plus!";
```

Hierbei ist anzumerken, dass die Klammerung der Bedingung entfallen kann. Da der Bedingungsoperator eine geringe Wichtigkeit hat, bindet das Kleinerzeichen die Operanden stärker als es dies das Fragezeichen erreicht.

Mehrfachbedingungen

`if...then...else` wird immer dann eingesetzt, wenn eine Bedingung überprüft werden soll. Oftmals sollen aber mehrere Bedingungen validiert werden. Eine Möglichkeit zur Lösung dieses Problems besteht in der Schachtelung von `if...then...else`-Anweisungsfolgen. Eine elegantere Variante ist die Verwendung der `switch`-Bedingung. `switch` wertet einen Test aus und wählt in Abhängigkeit von der Antwort eine zu bearbeitende Alternative aus. Trifft keine der Antworten zu, so wird in die Alternative `default` verzweigt, wenn diese vorhanden ist. Anderenfalls wird der `switch`-Block verlassen. In allgemeiner Notation ist die Syntax des `switch`-Blocks:

Syntax

```
switch(Variable) {
   case Antwort1:
      Anweisungsblock1;
      break;
   ...
```

```
      case Anwort n;
         Anweisungsblock n;
         break;
      default:
         Anweisungsblock default;
}
```

Das nachfolgende Beispiel illustriert die Verwendung eines switch-Blocks:

Code

```
char abfrage;
//Abfrageroutine
switch (abfrage) {
   case 'J':
   case 'j':
      System.out.println("Sie haben die Frage bejaht");
      break;
   case 'N':
   case 'n':
      System.out.println("Sie haben die Frage verneint");
      break;
   default:
      System.out.println("Sie haben einen falschen Buchstaben
         eingegeben");
}
```

Sollen mehrere Antworten zur Bearbeitung derselben Alternative führen, so sind die entsprechenden case-Anweisungen direkt hintereinander aufzuführen. Um zu verhindern, dass die Abarbeitung der Schleife nach der Bearbeitung einer Alternative mit einer weiteren fortfährt, setzt man jeweils am Ende einer Alternative die break-Anweisung. Anstelle der im Beispiel verwendeten Anweisungen können auch Anweisungsblöcke verwendet werden. Im Folgenden wird vorausgesetzt, dass einzelne Anweisungen bzw. Anweisungsblöcke stets als äquivalent angesehen werden.

Schleifen

Neben der Verwendung von Bedingungsabfragen gibt es in Java ein weiteres wichtiges Konzept von Programmanweisungen: *Schleifen*. Schleifen werden immer dann eingesetzt, wenn Programmabläufe wiederholt abgearbeitet werden sollen. Dabei kann vorab bekannt sein, wie oft die Wiederholung erfolgen soll (for-Schleifen) oder auch nicht (while-, do-Schleifen).

for-Schleifen werden dazu eingesetzt, Anweisungen wiederholt abzuarbeiten, bis eine Bedingung erfüllt ist. Das Hauptanwendungsgebiet dieser Schleifen sind daher Zählschleifen. Die allgemeine Notation der for-Schleife erfolgt nach der Syntax:

Syntax

```
for (Initialisierung einer Variable; Test;Inkrement/Dekrement)
   {
      Anweisung(en);
   }
```

In der Initialisierung der Zählvariablen wird der Startpunkt der Schleife festgelegt. Als Zählvariable wird meist die ganzzahlige Variable `int i` verwendet, die nur im Bereich dieses Blocks definiert ist. Hierbei können auch mehrere Variablen definiert werden, die dann durch Semikolons zu trennen sind. Die zweite Komponente der Definition ist ein boole'scher *Test*, der zur Beendigung der Schleife führt, wenn als Resultat `false` errechnet wird. Ist das Ergebnis hingegen `true`, so wird ein weiterer Schleifendurchlauf ausgeführt. In der Inkrement/Dekrement-Komponente wird die Zählvariable erhöht/verringert. Die Erhöhung/Verringerung der Zählvariablen geschieht üblicherweise in Einserschritten, wobei aber auch Werte größer als eins zugelassen sind. Auch in diesem Teil kann mehr als eine Variable verwendet werden, wobei die verschiedenen Teilausdrücke wiederum mit Semikolons zu trennen sind. Der Anweisungsblock wird in jedem Schleifendurchlauf ausgeführt, solange das Ergebnis des Tests `true` ist. Auch ein leerer Anweisungsblock ist zulässig. Diese Variante wird meist zur Verzögerung der Programmausführung verwendet. Die Programmzeile

Code

```
for (int i = 0; i < 100000; i++) ;
```

führt bspw. dazu, dass die Ausführung des Programms scheinbar für eine gewisse Zeit pausiert. An dieser Stelle soll auf einen schwer zu lokalisierenden Programmierfehler hingewiesen werden: Setzt man irrtümlich am Ende der Zählschleifendefinition ein Semikolon, so ist die Funktionalität eine grundsätzlich andere als wenn kein Semikolon verwendet worden wäre. Ein Beispiel hierfür ist das Code-Segment

Code

```
int x = 0;
for (int i = 0; i < 10; i++);
x++;
```

dessen Resultat bei korrekter Ausführung `10` wäre. In diesem Fall aber erhält man für `x` das Ergebnis `1`. Die folgenden Beispiele sind zur weiteren Verdeutlichung der Funktion der `for`-Schleife gedacht:

Code

```
for (int i = 0; int j = 0; i < 10; j < 16; i++; j+=2)
   System.out.println("Berechnung");
```

```
for (int i = 20; i > 0; i--)
   System.out.println("Schleife mit Dekrement");
```

while-Schleifen

`for`-Schleifen werden immer dann verwendet, wenn genau bekannt ist, wie viele Schleifendurchläufe abgearbeitet werden sollen. Eine Erweiterung hierzu sind `while`-Schleifen, die sowohl dann eingesetzt werden können, wenn die Anzahl der Schleifendurchläufe bekannt ist, als auch dann, wenn diese Anzahl a priori unbekannt ist. Die Syntax für eine `while`-Schleife sieht wie folgt aus:

Syntax

```
while (Bedingung) {
   // Programm-Code
}
```

Bei der Abarbeitung der `while`-Schleife wird in jedem Durchlauf die Erfüllung der Bedingung (Resultat `true`) geprüft und dann der Programm-Code abgearbeitet. Ist das Resultat der Bedingungsauswertung `false`, so wird die Abarbeitung der Schleife abgebrochen. Die folgende `while`-Schleife realisiert die bereits zu Anfang vorgestellte `for`-Schleife:

Code

```
int i = 0;
while (i < 100000)
   i++;
```

Während mit einer `while`-Schleife immer auch die Funktionalität einer `for`-Schleife realisiert werden kann, ist dies umgekehrt nicht der Fall. Ein Beispiel hierfür findet sich häufig in `main`-Methoden, die auf Servern aufgerufen werden. Sollen bspw. ohne zeitliche Begrenzung Anfragen aus dem Netz beantwortet werden, so kann dies folgendermaßen implementiert werden:

Code

```
while (true) {
   // erwarte Anfrage
   // bearbeite Anfrage
   //beantworte Anfrage
}
```

Eine derartige Funktionalität kann mit einer `for`-Schleife nur sehr umständlich realisiert werden.

do...while-Schleifen

Betrachtet man nun die `while`-Schleife unter dem Aspekt, dass vor der Ausführung des Programm-Codes eine Bedingungsprüfung steht, so wird ein Nachteil leicht erkennbar: Die `while`-Schleife wird nur dann komplett durchlaufen, wenn die Bedingung mindestens einmal `true` ist. Es sind aber auch Anwendungen denkbar, in denen der Programm-Code genau einmal ausgeführt werden soll, obwohl die Bedingung niemals erfüllt wird. Dies ist gleichbedeutend mit einer Überprüfung der Bedingung am Ende der Schleife. Der hierzu notwendige Programmausdruck ist die `do...while`-Schleife. Die hierzu notwendige Syntax ist

Syntax

```
do {
   // Programm-Code
} while (Bedingung);
```

Ein Beispiel für eine `do...while`-Schleife ist

Code

```
int i = 0;
do {
   i++;
} while (i < 100000);
```

Alle bisher betrachteten Schleifen haben gemeinsam, dass die Schleife genau dann verlassen wird, wenn die Auswertung einer Bedingung `false` als Resultat liefert. Es können nun aber Fälle eintreten, in denen die Schleife bereits vorher verlassen werden soll. Hierzu wird – wie schon bei der `switch`-Anweisung – das `break`-Kommando verwendet. `break` beendet unmittelbar die Ausführung eines Schleifendurchlaufs und setzt die Abarbeitung eines Programms außerhalb einer Schleife fort. Werden verschachtelte Schleifen verwendet, so wird die momentan bearbeitete Schleife verlassen und mit der nächstäußeren fortgefahren. Anderenfalls wird das Programm mit der nächsten Anweisung außerhalb der Schleife fortgesetzt. Während `break` zur sofortigen Beendigung einer Schleife führt, kann es aber durchaus wünschenswert sein, lediglich den momentanen Schleifendurchlauf zu beenden und mit dem nächsten regulär fortzufahren. Hierzu verwendet man das `continue`-Kommando. `continue` wertet in `for`-Schleifen den Inkrement/Dekrement-Ausdruck aus und führt dann den Anweisungsblock aus. In `do`- und `while`-Schleifen wird die Ausführung des Anweisungsblocks von Beginn an neu abgearbeitet. Das folgende Beispiel illustriert die Verwendung von `continue`:

Code

```
for(int i = 0; i < 100; i++) {
   if ((i%2) != 0)
      continue;
   System.out.println("Gerade Zahl: " + i);
}
```

In diesem Beispiel wird geprüft, ob der Zähler modulo 2 ungleich 0 ist (ungerade Zahl). Ist dies erfüllt, so wird mit dem nächsten Schleifendurchlauf fortgefahren, anderenfalls wird eine gerade Zahl ausgegeben.

Labels

Betrachtet man `break` und `continue` näher, so stellt man fest, dass offensichtlich implizit im Programm gewisse Stellen markiert worden sind, an denen die Programmausführung fortgesetzt wird. Derartige Stellen bezeichnet man auch als *Labels*. Labels können in Java auch explizit vereinbart werden, wodurch die Zielpunkte von `break`- als auch von `continue`-Anweisungen genau spezifizierbar sind. Hierzu benennt man ein Label an einer beliebigen Stelle und setzt anschließend einen Doppelpunkt:

Syntax

```
Label:
   Anweisungsblock
```

Mittels `break Labelname` kann nun zu einem Label gesprungen werden, mittels `continue Labelname` kann eine Schleife, die außen um die momentan verwendete liegt, fortgesetzt werden. Das folgende Beispiel illustriert die Verwendung eines Labels mit `break`:

Code

```
schleifenanfang:
   for (int i = 0; i<10; i++)
      if (i == 8) {
         System.out.Println("Vor letztem Durchlauf Sprung zu
            Label");
         break schleifenanfang;
      }
```

Es muss allerdings deutlich darauf hingewiesen werden, dass bei der Verwendung von Labels äußerste Vorsicht ratsam ist. Liegen Label und Sprungaufruf im Code weit auseinander, so wird der Code schwer lesbar und Fehler sind eine häufige Konsequenz. Die Verwendung von Sprüngen kann zudem bei einer sorgfältigen Programmierung meist vermieden werden, wodurch man auf die Benutzung von Labels leicht verzichten kann.

3.3.12 Parameter in Applications

Zum jetzigen Zeitpunkt hat der Leser alle Verfahren kennengelernt, die die Grundfunktionalität der Sprache Java darstellen und die die Programmierung von Anwendungen erlauben, deren Ausgabe in der Kommandozeile angezeigt werden. Zum Abschluss dieses Teilkapitels muss nun aber noch erläutert werden, wie Parameter an Applications übergeben werden können. Die eigentliche Parameterübergabe ist sehr einfach, da die Parameter in String-Form lediglich an den Aufruf des Interpreters mit dem Programmnamen angehängt werden. Möchte man bspw. die Application `beispiel.java` mit Parametern aufrufen, so übersetzt man diese zuerst mittels `javac` und ruft dann bspw. folgendermaßen auf:

Code

```
java beispiel 1 Hallo "Universitaet Darmstadt"
```

Hierbei wurden drei Parameter übergeben: `1`, `Hallo` und `"Universitaet Darmstadt"`. Es ist wichtig, Parameterkomponenten von Strings in Anführungszeichen zu setzen. Hätte man im obigen Beispiel die Anführungszeichen weggelassen, so hätte Java 4 Parameter verarbeitet.

Die Verarbeitung der Parameter im Programm selbst erfolgt mit Hilfe des Parameters, der in der Signatur der Methode `main` verwendet wird. Diese Signatur hat immer dann, wenn Parameter verwendet werden, folgendes Aussehen:

Syntax

```
public static void main (String argumente[]) {
   //Rumpf
}
```

Mit Ausnahme des Schlüsselwortes `public` wurden alle Konzepte, die zum Verständnis der Signatur nötig sind, bereits erklärt. Bei der Parameterübergabe werden die Parameter einzeln in die Zeichenkettenliste `argumente[]` eingetragen. Hier kann man sie leicht in der folgenden Form abrufen:

Code

```
for (int i = 0; i < argumente.length; i++)
   System.out.println(i + ". Argument: " + argumente[i]);
```

Hierbei ist zu beachten, dass Argumente, die anschließend im Programm nicht in Form von Zeichenketten verarbeitet werden sollen, vor der Weiterverarbeitung geeignet konvertiert werden müssen (siehe bspw. Casting). Ein wichtiger Unterschied zu Sprachen wie C oder C++ ist weiterhin, dass das erste Argument bereits als erstes Argument der Zeichenkettenliste steht (in diesem Fall in `argumente[0]`).

Die Parameterübergabe an Applets ist grundsätzlich verschieden von der Übergabe an Applications. Hierzu siehe Kapitel 4.1.3.

3.3.13 Objektorientiertes Programmieren mit Java

Obwohl bis zu diesem Teil des Buches bereits die Verwendung von Klassen und Objekten erläutert worden ist, kann man nicht von einer objektorientierten Java-Programmierung sprechen, da die dargestellten Konzepte auch in den meisten anderen prozeduralen Programmiersprachen bekannt sind. Zum Schluss dieses Teilkapitels wird daher detailliert beleuchtet, welche Konzepte Java anbietet, um objektorientierte Programme zu entwickeln. Hierzu werden die folgenden Punkte erläutert:

- Entwurf einer Klassenhierarchie
- Zugriffe auf Variablen und Methoden innerhalb der Klassenhierarchie
- Abstrakte Klassen und Methoden
- Entwicklung von Packages und
- Collections/Interfaces

Entwurf einer Klassenhierarchie

Der Begriff der *Klassenhierarchie*, der bereits mehrfach verwendet wurde, bezeichnet einen Verbund von Klassen, die in Vererbungsbeziehungen zueinander stehen. Subklassen, die Eigenschaften von Superklassen erben, werden hierbei durch das Schlüsselwort `extends` gekennzeichnet. Es wurde bspw. bereits darauf hingewiesen, dass jedes Applet die Eigenschaften der Applet-Klasse erbt, weshalb auch jede Definition eines Applets nach der Klassendefinition ... `extends Applet` als Teil der Signatur aufweist. Neben diesem Schlüsselwort existieren aber eine Reihe weiterer Schlüsselworte, die den Zugriff auf Klassen und Methoden einer Klassenhierarchie regeln und die im nächsten Abschnitt erläutert werden.

Zugriff auf Variablen und Methoden innerhalb der Klassenhierarchie

In Java beginnen Klassen und Methoden standardmäßig mit den Schlüsselworten `class` bzw. Typ der Methode. Der Zugriff auf Klassen und Methoden und damit auch deren Verwendbarkeit kann aber durch sog. *Modifier* verändert werden. In Java können folgende Modifier verwendet werden:

- Zugriffskontrolle auf Klassen und Methoden durch die Modifier `public`, `protected` und `private`.
- Bezeichnung als Klassenmethode bzw. Klassenvariable durch den Modifier `static`.
- Kennzeichnung der Unveränderbarkeit der Implementierung von Klassen, Methoden und Variablen durch den Modifier `final`.
- Bezeichnung von abstrakten Klassen und Methoden durch den Modifier `abstract`.
- Modifier `synchronized` und `volatile` für Threads.

Modifier werden der Deklaration einer Variablen, Methode oder Klasse immer einzeln oder in Kombination vorangestellt. Ein Beispiel hierfür ist die bereits mehrfach verwendete Signatur der Methode `main`:

Code

```
public static void main (String argumente[]) {}
```

Im Folgenden werden die verfügbaren Modifier detailliert erläutert. Betrachtet man die Arbeitsweise mit einer Klassenhierarchie näher, so erscheint es einleuchtend, dass gewisse Teile dieser Hierarchie nach außen hin sichtbar sind, während andere verborgen sind und damit lokal arbeiten. Es muss daher eine Möglichkeit geben, die Zugriffsart auf Klassen, Methoden und Variablen aus dieser Hierarchie heraus spezifizieren zu können bzw. auch, diese – falls notwendig – einzuschränken. Sicherlich wäre es eher verwirrend, wenn jede Variable, die an einer beliebigen Stelle des Programms verwendet wird, allen anderen Klassen bekannt wäre. Die Kontrolle, die ein Objekt darüber hat, welche Information an die Außenwelt vermittelt wird, und in welcher Art und Weise die Außenwelt mit ihm interagieren kann, bezeichnet man auch als *Kapselungskonzept*. Unter Kapselung von Variablen versteht man dann bspw., dass die Variablen einer Klasse von außerhalb der Klasse nicht gelesen oder verändert werden können. Dies kann nur unter Verwendung der Methoden derselben Klasse erfolgen und auch nur dann, wenn wiederum diese Methoden von außen sichtbar sind. Zur Angabe der Zugriffsrechte von Klassen, Methoden und Variablen werden die Modifier `public`, `protected` und `private` verwendet.

Grundsätzlich kann jede Variable oder Methode, die ohne einen dieser Modifier angegeben wird, von allen anderen Klassen eines Packages gelesen und auch verändert werden. Klassen anderer Packages sind dazu allerdings nicht in der Lage. Es ist offensichtlich, dass diese Art des Zugriffsschutzes nicht besonders effektiv arbeitet. Zur genaueren Angabe der Zugriffsrechte ist daher die Verwendung der drei Modifier empfehlenswert.

Wird der Modifier `public` verwendet, so steht eine Methode oder Variable allen anderen Klassen zur Verfügung. Deshalb ist bspw. auch die `main`-Methode als `public` deklariert, da diese ansonsten nicht durch den Java-Interpreter aufgerufen werden könnte. Es ist weiterhin auch logisch, dass innerhalb der Vererbungsstruktur der Klassen alle als `public` deklarierten Methoden und Variablen insbesondere auch allen Subklassen dieser Klasse bekannt sind. Oftmals werden vor allem Klassenvariablen als `public` deklariert, um deren Verfügbarkeitsgrad einerseits zu dokumentieren und andererseits auch für den Klassenverbund bekannt zu machen.

Das genaue Gegenteil des `public`-Modifiers ist das Schlüsselwort `private`. `private` verbirgt eine Methode oder Variable vollständig vor anderen Klassen. Hierdurch sind derart spezifizierte Methoden oder Variablen nur innerhalb der Klasse sichtbar, in der sie deklariert sind. Instanzvariablen, die als `private` deklariert sind, können also von anderen Methoden der eigenen Klasse verwendet werden; Methoden, die als `private` gekennzeichnet sind, nur von anderen Methoden der eigenen Klasse aufgerufen werden. Diese Regel betrifft auch die Vererbung: Als `private` deklarierte Methoden und Variablen können nicht an Subklassen vererbt werden. Die folgenden zwei Gründe zeigen die Nützlichkeit von als `private` deklarierten Variablen:

- andere Klassen, für die keine Notwendigkeit besteht, eine Variable zu verwenden, können auf diese auch nicht zugreifen.
- andere Klassen können daran gehindert werden, durch Veränderung dieser Variablen ein unvorhergesehenes Verhalten auszulösen.

Der `private`-Modifier ist aufgrund dieser Funktionalität das wichtigste Instrument zur Realisierung des Kapselungskonzepts.

Eine Mischform aus `private` und `public` ist der Modifier `protected`. Es liegt auf der Hand, dass in manchen Fällen eine Variable zwar vor unbegrenztem Zugriff geschützt werden soll, dass aber eventuell Subklassen auf diese Variable zugreifen sollen, da diese in unmittelbarem Zusammenhang zur Elternklasse stehen. `protected` erlaubt daher den Zugriff auf derart deklarierte Variablen und Methoden für die Subklassen einer Klasse und für andere Klassen desselben Packages.

Tab. 3-9 stellt eine Zusammenfassung der Eigenschaften der Modifier `public`, `private` und `protected` dar. Während die Verwendung von `public`, `private` und `protected` einfach zu verstehen ist, ist die Verwendung im Zusammenspiel mit Subklassen komplexer, da hier auch ein Überschreiben von Methoden in einer Subklasse zur Anwendung kommen kann. Folgende Regeln können angewandt werden, um die Zugriffsrechte von Subklassen zu setzen bzw. um diese festzustellen:

- Methoden, die in einer Superklasse als `public` vereinbart werden, sind dies (trotz Überschreibens) auch in allen Subklassen.
- Methoden, die in einer Superklasse als `protected` vereinbart werden, sind (trotz Überschreibens) in allen Subklassen entweder `protected` oder `public`, nicht aber `private`.

Sichtbarkeit	Ohne Modifier	public	private	protected
Aus derselben Klasse	Ja	Ja	Ja	Ja
Aus einer Klasse desselben Packages	Ja	Ja	Nein	Ja
Aus einer Klasse außerhalb des Packages	Nein	Ja	Nein	Nein
Aus einer Subklasse desselben Packages	Ja	Ja	Nein	Ja
Aus einer Subklasse außerhalb desselben Packages	Nein	Ja	Nein	Ja

Tab. 3-9 Zugriffskontrolle durch Modifier public, private und protected

- Methoden, die ohne Zugriffskontrolle deklariert werden, können in ihren Zugriffsrechten in Subklassen eingeschränkt werden (bspw. als `private`).
- Methoden, die als `private` deklariert sind, können nicht vererbt werden, weshalb das Regelwerk in diesem Fall sowieso nicht anwendbar ist.

Anhand dieses Regelwerks ist das korrekte Setzen und Abfragen von Zugriffsrechten einfach. Ein Problem ist aber hierbei nicht abgedeckt: Es kann nötig werden, dass eine Klasse, die von außerhalb einer anderen Klasse auf eine Variable zugreift, diese aber nur auf bestimmte Werte setzen darf. Ein Beispiel hierfür wäre eine Routine, die an einem Geldautomaten abzuhebende Beträge setzt. Sicherlich ist hier ein gewisser Wertebereich einzuhalten, der die abzuhebenden Beträge wiedergibt. Man kann daher eine derartige Variable nicht für jeglichen Zugriff freigeben. Andererseits kann die Variable aber auch nicht als `private` deklariert werden, da dann jeder Zugriff unmöglich wäre. Zur Lösung dieses Problems muss ein Trick angewendet werden: *Zugriffsmethoden*. Hierzu definiert man die Variable als `private`, wodurch jegliche Zugriffe von außen unmöglich werden, definiert aber gleichzeitig eine Methode innerhalb der Klasse (die per definitionem auf die Variable zugreifen darf und die das Setzen der korrekten Werte kontrolliert). Oft findet man zur Erfüllung dieser Aufgabe auch verschiedene Methoden, die das Setzen und das Abfragen von Variablen ermöglichen. In Java wird es mehr und mehr Standard, hierzu die Präfixe `set` und `get` zu setzen, bspw. `getSize()`, um eine Größe abzufragen. Die Verwendung von Methoden zum Zugriff auf Instanzvariablen ist eine oft verwendete Technik der objektorientierten Programmierung. Klassen werden hierdurch besser wiederverwendbar, da unrechtmäßige Zugriffe elegant verhindert werden können.

Innere Klassen

Die Klassen, die bisher beschrieben wurden, sind immer Teil eines Packages, also entweder eines vom Benutzer angelegten Packages oder des Standard-Packages. Derartige Klassen bezeichnet man auch als *Top-Level-Klassen*. Ab Java 1.1 wurde erweiternd erlaubt, auch Klassen innerhalb von Klassen zu definieren, die als *innere Klassen* bezeichnet werden. Vergleicht man die Funktion innerer Klassen mit der von Top-Level-Klassen, so weist die Verwendung innerer Klassen die folgenden Vorteile auf:

- Innere Klassen sind für alle anderen Klassen unsichtbar. Namenskonflikte können hier also keinesfalls auftreten.
- Im Gegensatz zu Top-Level-Klassen haben innere Klassen Zugriff auf Variablen und Methoden im Bereich der Top-Level-Klasse, den sie als separate Klasse nicht hätten.

Das Einsatzgebiet innerer Klassen kann leicht aus den Vorteilen abgeleitet werden: Innere Klassen werden immer dann verwendet, wenn eine Klasse eine sehr eingeschränkte Funktionalität bieten soll, bspw. als Hilfsklasse. Der Gültigkeitsbereich dieser Klassenart ist ähnlich wie der von Variablen. Innere Klassen sind nur innerhalb einer Klasse sichtbar, jedoch nicht in den jeweiligen Superklassen, es sei denn, der vollständige Name wird angegeben. Innerhalb der inneren Klasse können einfache Namen der umgebenden Klasse und deren Superklassen verwendet werden. Ist die Klassendefinition Bestandteil eines Programmblocks, so kann auch auf die dort lokal definierten Variablen zugegriffen werden.

Bei der Übersetzung von inneren Klassen ist zu beachten, dass der Compiler für jede innere Klasse eine weitere .class-Datei anlegt, die den Namen Klassenname$Name-der-inneren-Klasse.class bekommt. Bei der Verwendung des Programm-Codes ist deshalb darauf zu achten, dass alle erzeugten .class-Dateien zur Verfügung stehen.

Im Unterschied zu inneren Klassen können auch Top-Level-Klassen als Teil anderer Top-Level-Klassen definiert werden, indem sie als static-Komponente einer anderen Top-Level-Klasse beigefügt werden (die Erläuterung des Modifiers static erfolgt im nächsten Abschnitt). In diesem Fall bezeichnet man eine Klasse, die Teil einer anderen wird, auch als *sekundäre Top-Level-Klasse*. Es ist aber zu beachten, dass Top-Level-Klassen niemals auf die Instanzvariablen einer anderen Klasse zugreifen dürfen. Die Verschachtelung von Top-Level-Klassen dient daher eher zur Organisation von Klassen in Top-Level-Klassen und in untergeordnete sekundäre Top-Level-Klassen und erfolgt ähnlich wie bei Packages (siehe unten).

Statische Methoden und Variablen

static ist ein Modifier, dessen Funktionalität bereits erläutert wurde. Im Kontext objektorientierten Programmierens soll diese Erläuterung wiederholt und dadurch vertieft werden. static wird immer dann verwendet, wenn Klassenmethoden oder Klassenvariablen erzeugt werden sollen, Methoden oder Variablen also, die nicht nur für spezielle Instanzen eine Bedeutung haben, sondern für die Klasse allgemein. Auf Klassenmethoden und Klassenvariablen kann zugegriffen werden, indem der Klassenname gefolgt von einem Punkt und dem Namen der Methode oder Variable verwendet wird. Soll bspw. eine Zufallszahl erzeugt werden, so kann die Methode random(), die Teil der Klasse Math ist, folgendermaßen verwendet werden:

Code

```
float zufallszahl = Math.random();
```

Im Gegensatz hierzu kann auf Instanzvariablen bzw. auf Instanzmethoden nicht unter Verwendung des Klassennamens zugegriffen werden. Eine Gemeinsamkeit von Klassenmethoden bzw. Klassenvariablen und Instanzmethoden bzw. Instanzvariablen ist, dass beide in einer Klasse als private gekennzeichnet werden können und ein Zugriff nur durch eine spezielle Zugriffsmethode erfolgen kann. Das folgende Programm verdeutlicht die wichtigsten Unterschiede zwischen Klassen- und Instanzobjekten:

Code

```
public class zaehleInstanzen {
   static int anzahlInstanzen = 0;
   void erfrageAnzahlInstanzen (){
      System.out.println("Erzeugte " + anzahlInstanzen + "
         Instanzen");
      return;
   }
   zaehleInstanzen2 () {
      addiereInstanz();
   }
   public void addiereInstanz () {
      anzahlInstanzen++;
      erfrageAnzahlInstanzen();
   }
   public static void main (String argumente []) {
      for (int i = 0; i < 100; i++)
         new zaehleInstanzen2();
   }
}
```

Übersetzt man das Programm und führt es aus, so wird in jeder Anweisung der `for`-Zählschleife die als `static` deklarierte Variable `anzahlInstanzen` um eins hochgezählt. Die letzte Ausgabe ist daher „Erzeugte 100 Instanzen". Obwohl also 100 verschiedene Instanzen derselben Klasse erzeugt werden, verwenden alle Klassen dieselbe Variable. Dies ist grundlegend anders, wenn der Modifier nicht verwendet wird. In diesem Fall wird für jede neu erzeugte Klasse die Zeichenkette „Erzeugte 1 Instanz" ausgegeben. Für jede Klasse wird dann eine Instanzvariable erzeugt, die von den anderen Instanzen nicht verändert wird.

Finale Klassen, Methoden und Variablen

Der `final`-Modifier wird immer dann verwendet, wenn eine Klasse, Methode oder Variable nicht weiter verändert werden soll. Ein Beispiel für die Anwendung dieses Modifiers wurde bereits bei der Definition von Konstanten erläutert – in diesem Fall wird der Variablendeklaration der Modifier vorangestellt. Sicherlich macht es wenig Sinn, den Wert einer Konstanten im Programmablauf zu verändern, weshalb die entsprechende Variable bereits bei der Deklaration als `final` gekennzeichnet wird. `final` hat allerdings für Klassen, Methoden und Variablen jeweils eine unterschiedliche Bedeutung:

- als `final` gekennzeichnete Klassen können ihre Funktionalität nicht an Subklassen vererben.
- als `final` gekennzeichnete Methoden können nicht von Subklassen überschrieben werden.
- die Werte von Variablen, die als `final` gekennzeichnet sind, können nicht verändert werden.

Variablen, die als `final` gekennzeichnet sind, werden oft zusätzlich als `static` vereinbart, da es wenig Sinn macht, für jede Instanz einer Klasse eine eigene Kopie einer Konstanten zu erzeugen. Ein Beispiel für eine derart vereinbarte Konstante ist

Code

```
public static final int pi = 3.14;
```

Eine Änderung, die ab Java 1.2 gilt, ist, dass jede Art von Variable – also Klassenvariable, Instanzvariable oder lokale Variable – als `final` vereinbart werden darf.

Methoden, die als `final` deklariert sind, können nicht von Subklassen überschrieben werden. Der Grund der Verwendung von `final` bei Methoden liegt in der Ausführungsgeschwindigkeit von Java-Programmen. Normalerweise lokalisiert die Java-Laufzeitumgebung (bspw. der Interpreter) eine Methode zuerst in der momentan abgearbeiteten Klasse und anschließend in allen Superklassen, die in der Klassenhierarchie implementiert sind. Wird eine Methode aber als `final` deklariert, so fügt der Java-Compiler den ausführbaren Bytecode direkt in das Programm ein, das die Methode aufruft. Dies ist möglich, da die Funktionalität dieser Methode sich aufgrund der fehlenden Überschreibungsmöglichkeit von Subklassen nicht mehr ändern kann. Dies erhöht die Ausführungsgeschwindigkeit wesentlich. Hierbei ist sorgfältig zu beachten, dass auch tatsächlich später keine weiteren Subklassen implementiert werden, die die als `final` vereinbarte Methode überschreiben. Betrachtet man unter diesem Aspekt nochmals den Modifier `private`, so folgt hieraus, dass als `private` vereinbarte Methoden auch automatisch implizit `final` sind, da diese nicht an Subklassen vererbt werden können.

Ebenfalls aus Geschwindigkeitsgründen können Klassen als `final` deklariert werden. Eine derart vereinbarte Klasse kann dann aber ihre Funktionalität nicht mehr an Subklassen vererben. Ist eine Klasse als `final` deklariert, so sind auch automatisch alle Methoden der Klasse `final`. Viele der in der Java-Klassenbibliothek definierten Klassen sind als `final` deklariert. Problematisch hierbei ist, dass derartige Klassen vom Benutzer nicht durch Vererbung erweitert werden können. Soll also eine Standardklasse dieser Art erweitert werden, so muss sie vollständig neu implementiert werden. Aufgrund der erzielbaren Geschwindigkeitszuwächse bei der Ausführung von Java-Programmen ist dies aber meist gerechtfertigt.

Abstrakte Klassen und Methoden

Grundlegende Eigenschaft einer Klassenhierarchie ist, dass die Funktionalität immer weiter verfeinert und ergänzt wird, je tiefer eine Klasse in der Hierarchie angesiedelt ist. Umgekehrt beschreiben die Klassen auf den höheren Ebenen der Hierarchie in abstrakter Art und Weise die Funktionalität, die tiefer angeordnete Klassen dann erfüllen. Es kann daher vorkommen, dass beim Entwurf einer Hierarchie Klassen generiert werden, die niemals instantiiert werden. Die Funktionalität derartiger Klassen ist es daher, Eigenschaften und Funktionen zu sammeln, die alle Subklassen gebrauchen können. Ein Beispiel für eine derartige Klasse ist die Klasse `ja-`

va.awt.Component, die Komponenten für grafische Benutzeroberflächen bereitstellt. Alle Subklassen dieser Klasse, die Benutzeroberflächen realisieren, erben diese Funktionalität von dieser Superklasse. In den seltensten Fällen wird es aber notwendig sein, diese Klasse zu instantiieren.

Derart abstrakte Klassen verwalten daher generische Komponenten, die anschließend in Teilen von Subklassen verwendet werden. Zur Kennzeichnung dieser Eigenschaft wird der Modifier abstract verwendet.

Als abstract gekennzeichnete Klassen können alle Komponenten beinhalten, die eine normale Klasse aufweist, also bspw. Konstruktoren oder Methoden. Konstruktormethoden werden dann an die jeweilige Subklasse vererbt und dort auch tatsächlich durch Instantiierung verwendet. Abstrakte Methoden bestehen lediglich aus einer Signatur, haben also keine Implementierung. Nach der Vererbung auf eine Subklasse wird die jeweilige Methode dort implementiert. Ein Beispiel hierfür findet sich in vielen Methoden, die Sicherheitsfunktionen implementieren. Auch abstrakte Methoden werden dazu mit dem Modifier abstract gekennzeichnet. Es versteht sich hierbei von selbst, dass abstrakte Methoden nicht in Klassen deklariert werden können, die selbst nicht abstrakt sind. Die Verwendung von abstrakten Klassen, die ausschließlich abstrakte Methoden enthalten, ist nicht ratsam. Eine derartige Funktion ist erheblich leichter mit den im Folgenden beschriebenen Interfaces zu erstellen.

Collections

Unter einer *Collection* bzw. einem *Container* versteht man ein Objekt, dessen Aufgabe es ist, andere Elemente in einer Einheit zu gruppieren. Der Zweck einer derartigen Sammlung kann in der Speicherung, in der Abfrage und Modifikation, aber auch in der Übertragung von Daten von einer Methode zu einer anderen liegen. Collections repräsentieren daher typischerweise Daten, die in einer bestimmten logischen Beziehung zueinander stehen. Ein gutes Beispiel hierfür sind Listen einer vorab unbekannten Länge, die Dateneinträge desselben Typs aufnehmen können. Im Unterschied zu Listen mit einer fest definierten Größe, die bereits vorgestellt wurden, können mit Collections elegant Daten gruppiert werden, deren Anzahl nicht unmittelbar bekannt ist. Bei Verwendung einer Datenbank dürfte bspw. vorab unbekannt sein, wie viele Daten einmal in der Datenbank gespeichert sein werden.

Frühe Versionen von Java implementierten ausschließlich die Collections Vector, HashTable und Array. In Java 1.2 steht nun aber auch ein *Collections Framework* zur Verfügung. In der Literatur finden sich verschiedene Definitionen des Begriffs *Framework*. Johnson [Joh91] definiert bspw. ein Framework als eine Menge von Objekten, die zusammenarbeiten, um eine Menge von Diensten für eine Anwendung oder für einen Subsystembereich zu erbringen. Mattson [Mat96] verwendet die Definition einer (generativen) Architektur, die zur maximalen Wiederverwendbarkeit entwickelt wird, und die als kollektive Menge von abstrakten und konkreten Klassen repräsentiert wird, wodurch das potentielle Verhalten der als Subklassen entwickelten Spezifikationen gekapselt wird. Im Folgenden verwenden wir eine eigene Definition des Begriffs, die spezifisch für die Entwicklung von Animationen ist: "Ein Framework wird als eine Menge von Regeln, Schnittstellen und Klassen verstanden. Es erleichtert die Entwicklung von Animationen dadurch, dass die Wiederverwendung von Code, Patterns und Klassenwissen gefördert wird."

Als Framework stellt auch das Collections Framework eine einheitliche Umgebung zur Repräsentation und Manipulation von Collections zur Verfügung. Diese Architektur enthält:

- die anschließend beschriebenen *Interfaces*, die in Form von abstrakten Datentypen Collections darstellen. Interfaces erlauben es, Collections unabhängig von Implementierungsdetails der zugrunde liegenden Daten zu manipulieren. In Java formen Interfaces, ebenso wie Klassen, eine Vererbungshierarchie.
- *Implementierungen*, die das abstrakt definierte Collections Interface üblicherweise als wiederverwendbare Datenstrukturen implementieren.
- Methoden, die eine bestimmte Datenverarbeitung durchführen. Derartige Methoden werden auch als *polymorph* bezeichnet, da dieselbe Methode in vielen verschiedenen Implementierungen des geeigneten Collections Interfaces verwendet werden kann. Algorithmen sind daher eine Art von wiederverwendbarer Funktionalität.

Das Collections Framework bietet eine große Anzahl von Vorteilen:

- Der Umfang der zur Umsetzung einer Aufgabe notwendigen Programmierung wird verringert. Durch geeignete Datenstrukturen und Algorithmen wird der Entwickler so in die Lage versetzt, sich auf wichtige Bereiche eines Programms zu konzentrieren, anstatt Programmteile auf niedriger Ebene zu entwickeln.
- Da das Collections Framework hochgradig optimiert implementiert ist, gewinnen Anwendungen, die das Framework verwenden, deutlich an Geschwindigkeit. Da die verschiedenen Implementierungen eines Interfaces austauschbar sind, können Programme leicht verändert werden, wenn die Collection-Implementierung ausgetauscht wird.
- Durch Collections können Application Programming Interfaces (APIs), die in keinerlei Beziehung zueinander stehen, miteinander verbunden werden, ohne sich um die genaue Anpassung oder Konversion von Code-Teilen kümmern zu müssen. Liefert bspw. eine Datenbankanfrage eine Collection von Tabellenattributen als Ergebnis und erwartet parallel dazu die grafische Benutzeroberfläche eine Collection von Spaltenbezeichnern, so können beide Anwendungen mittels des Collections Frameworks zusammenarbeiten, obwohl beide unabhängig voneinander entwickelt wurden.
- Die Benutzung neuartiger APIs wird vereinfacht, da viele APIs bereits Collections als Eingabe erwarten bzw. eine derartige Ausgabe erzeugen.
- Die Entwicklung neuer APIs wird vereinfacht, da APIs, die ausschließlich mit Collections entwickelt werden, nach einer Standardprozedur implementiert werden können.
- Die Wiederverwendbarkeit von Software wird erleichtert. Neuentwickelte Datenstrukturen, die mit den Interfaces der Standard-Collection konform sind, sind

auch wiederverwendbar. Dies gilt auch für neue Algorithmen, die auf Objekten operieren, die diese Interfaces implementieren.

Im Folgenden werden zunächst Interfaces vorgestellt. Hieran schließt sich die Erläuterung von Implementierungen und Methoden im Kontext der Collections an.

Interfaces

Interfaces stellen Programm-Muster zur Verfügung, die andere Klassen implementieren können. Die Funktionalität von Interfaces ist daher der von abstrakten Klassen und Methoden sehr ähnlich, erweitert diese aber erheblich. Das Hierarchiekonzept von Klassen einschließlich der Vererbung stellt sicherlich eine umfangreiche Funktionalität zur Verfügung, ist aber zu unflexibel, um ähnliche Verhaltensmuster effizient zu handhaben, die in verschiedenen Ästen des Hierarchiebaums verwendet werden sollen. Dieses Problem ist äquivalent mit dem Problem der Mehrfachvererbung, die in Java verboten ist. Eine Subklasse kann per Definition eben nur eine Superklasse haben, auch wenn die Verwendung mehrer Superklassen vielleicht sehr sinnvoll wäre. Das Verbot der Mehrfachvererbung wurde allerdings nach reiflicher Überlegung eingeführt. Bedenkt man, welche Komplexität die Verwendung einer beliebigen Mehrfachvererbung von Klassen bedeuten würde, so wird verständlich, dass diese potentielle Fehlerquelle ausgeschaltet werden sollte. Gleichwohl war den Entwicklern der Sprache Java sehr wohl bewusst, dass das Verbot der Mehrfachvererbung eine erhebliche Redundanz des Programm-Codes erzeugt, die letztendlich das Programm unübersichtlich und schwer lesbar macht. Um hier einen Kompromiss zu finden, können in Java zwei verschiedene Hierarchiebäume verwendet werden. Den ersten Baum, die Verwendung einer Vererbungshierarchie, hat der Leser bereits detailliert kennengelernt. Die zweite Hierarchie ist die sog. *Interface-Hierarchie*. Ein Interface stellt eine Sammlung von abstrakten Verhaltensmustern dar, die einer Klasse hinzugefügt werden können, um Funktionen zu erzeugen, die in keiner der Superklassen enthalten sind und die daher auch nicht geerbt werden können. Ein Interface enthält ausschließlich abstrakte Methodendefinitionen und Konstanten, aber keine Implementierungen oder Instanzvariablen. Legt man nun eine neue Klasse an, so erbt diese wie bisher auch Verhaltensmuster von ihrer Superklasse. Zusätzlich können aber beliebige Funktionen der Interface-Hierarchie hinzugefügt werden. Diese müssen dann in der Klasse implementiert werden. Es sollte nun auch verständlich werden, warum die Verwendung einer abstrakten Klasse, die ausschließlich abstrakt definierte Methoden enthält, nicht besonders sinnvoll ist. Eine derartige Klasse stellt nichts weiter als eine Teilmenge einer Interface-Definition dar und ein Programmierer, der die abstrakte Klasse anstelle des Interfaces verwendet, verzichtet auf die zusätzliche Funktionalität, die Interfaces anbieten.

Ein großer Vorteil von Interfaces ist weiterhin, dass Konstanten zentral definiert werden können, die dann in verschiedenen Klassen der Hierarchie zum Einsatz kommen. Wird es notwendig, den Wert einer Konstanten zu ändern, so reicht die Modifikation der Interface-Definition aus und ein Durchforsten der Klassenhierarchie auf eventuelle Vorkommen der Konstantendefinition kann entfallen.

Ähnlich wie auch Klassen werden Interfaces in Quelldateien definiert, wobei genau ein Interface pro Datei zulässig ist. Auch Interfaces werden nach dem Übersetzen in `.class`-Dateien abgelegt und auch die Zuweisung ist ähnlich wie bei Klassen, da stets dann, wenn eine Klasse verwendet wird, auch ein Interface anwendbar wäre. Der Begriff *Klasse* bekommt in diesem Zusammenhang eine neue Bedeutung, da er nun als Sammelbegriff für Klasse *oder* Interface verstanden wird. Interfaces und Klassen sind von daher fast identisch mit dem einen Unterschied, dass Interfaces nicht mittels des `new`-Operators instantiiert werden dürfen. Die Hauptaufgabe der Interfaces ist daher die Ergänzung und Erweiterung von Klassen.

Um ein Interface zu erzeugen, muss eine Syntax wie im folgenden Beispiel verwendet werden:

Syntax

```
public interface Interface-Name {
   // Konstantendefinitionen, bspw. public static final int
   //zahl = 1;
   public abstract void Methodenname();
   //weitere Methoden
}
```

Der Modifier `public` kann bei Methoden zwar entfallen, implizit wird dann aber angenommen, dass alle im Interface definierten abstrakten Methoden `public` und `abstract` sind. Da Interfaces in anderen Klassen implementiert werden, ist die Verwendung der Modifier `protected` oder `private` ohnehin nicht zulässig. Konstanten sind immer `public`, `static` und `final`. Werden diese Modifier weggelassen, so wird die Konstante automatisch auf diese Modifier gesetzt.

Betrachtet man den Zugriffsschutz des Interfaces, so kann dieser entweder als `public` oder als Package-Schutz definiert werden. Während Interfaces, die als `public` deklariert sind, automatisch alle Konstanten und Methoden als `public` betrachten, ist dies für Interfaces, die nicht derart vereinbart sind, nicht der Fall. Dann können die Methoden und Konstanten des Interfaces nur von anderen Klassen und Interfaces desselben Packages verwendet werden. Um ein Interface in ein Package zu integrieren, ist dasselbe Vorgehen wie bei Klassen nötig; zu Beginn der Klassendatei wird also die `package`-Anweisung verwendet (siehe unten).

Die Ähnlichkeit von Klassen und Interfaces wurde bereits mehrfach deutlich gemacht, auch, dass Interfaces neben dem Vererbungsbaum einen zweiten Hierarchiebaum realisieren. Es ist daher kaum verwunderlich, dass die Vererbungsmechanismen auch bei Interfaces verwendet werden. Ein Sub-Interface erbt daher alle abstrakten Methoden und Konstanten des Super-Interfaces. Analog zur Definition von Klassen lautet die hierzu notwendige Syntax:

Syntax

```
public interface Sub-Interface-Name extends Super-Interface-
   Name
```

Ein wesentlicher Unterschied zwischen Klassen und Interfaces wird hier jedoch offensichtlich: Es ist immer möglich, eine Klasse in der in Java verwendeten Klassenhierarchie zu lokalisieren. Dies gilt für Interfaces nicht, da Interfaces sowohl einzeln als auch als Sub-Interface eines anderen Interfaces existieren können. Ein Ausgangspunkt wie die Klasse `Object`, die die Wurzel der Klassenhierarchie darstellt, existiert bei Interfaces nicht. Während also alle in einem Java-Programm verwendeten Klassen letztendlich Eigenschaften der Klasse `Object` erben, findet man einen solchen Ausgangspunkt bei Interfaces nicht.

Ein weiterer gravierender Unterschied zwischen Klasse und Interface ist, dass Klassen genau eine Superklasse haben, bei Interfaces jedoch die Mehrfachvererbung zugelassen ist. Soll bspw. ein Interface Methoden und Konstanten von zwei anderen Interfaces erben, so muss folgende Syntax verwendet werden:

Syntax

```
public interface Sub-Interface-Name extends Super-Interface-
Name 1,Super-Interface-Name 2
```

Arbeiten mit Interfaces

Soll mit Interfaces gearbeitet werden, so können entweder vordefinierte (externe) Interfaces verwendet werden oder neue Interfaces in derselben Klasse angelegt werden. Die Einbindung eines Interfaces erfolgt nach folgender Syntax:

Syntax

```
Modifier class Klassenname extends Superklasse implements
   Interface-Name
```

Die Teilausdrücke `Modifier` und `extends Superklasse` sind hierbei optional. Wird die vollständige Syntax verwendet, so erbt die jeweilige Klasse Eigenschaften von einer Superklasse, die zusätzlich durch das Interface erweitert werden. Da Interfaces ausschließlich abstrakte Methodendefinitionen beinhalten, muss jede dieser Methoden in der Klasse implementiert werden, wobei dieselbe Methodensignatur wie im Interface verwendet werden muss. Hierbei sei ausdrücklich darauf hingewiesen, dass *jede* Methode implementiert werden muss. Eine Auswahl der Methoden, die wirklich benutzt werden sollen, darf also nicht stattfinden. Implementiert man ein Interface, so wird den Benutzern einer Klasse automatisch mitgeteilt, dass das gesamte Interface unterstützt wird. Diese Regel stellt einen weiteren Unterschied zu abstrakten Klassen dar, da es Subklassen von abstrakten Klassen freisteht, welche Methoden der Superklasse implementiert oder überschrieben werden sollen. Nach der Implementierung des Interfaces erben alle Subklassen der Klasse, die das Interface implementiert, die neuen Methoden. Das `implements`-Schlüsselwort muss daher in den Subklassen nicht weiter verwendet werden.

Mit dem folgenden Beispiel soll die Arbeit mit Interfaces verdeutlicht werden. Hierzu sollen geometrische Objekte, bspw. Dreiecke und Quadrate, verarbeitet werden, die in der Klasse `class GeoObjekt` spezifiziert werden. Zusätzlich wird ein Interface `interface GeoObjektArt` definiert, das angibt, wie grundsätzlich mit geometrischen Objekten gearbeitet wird. Mit Hilfe von `GeoObjekt` und `GeoObjektArt` kann durch Vererbung leicht eine Klasse `class Dreieck` erzeugt werden. Weiterhin sollen neben geometrischen Operationen die Dreiecke auch dreidimensional im Raum darstellbar sein. Hierzu wird ein weiteres Interface `interface RaumOperation` entworfen, das von der Klasse `Dreieck` implementiert wird:

Code

```
interface GeoObjektArt {
   void verschieben();
   void strecken();
}
class GeoObjekt implements geoObjektArt {
   private Point koordinaten[];
   private int verschiebungsvektor, dehnungsfaktor;
   //....
}
interface RaumOperation {
   void x_drehen();
   void y_drehen();
   void z_drehen();
}
class Dreieck extends GeoObjekt implements RaumOperation {
   // ....
}
```

Hierbei muss die Klasse `Dreieck` keine Implementierung des Interfaces `GeoObjektArt` vornehmen, da dieses bereits durch die Superklasse `geoObjekt` implementiert wird.

Es sei darauf hingewiesen, dass eine Klasse auch mehrere Interfaces implementieren kann, wobei die Namen der Interfaces durch Kommata getrennt werden müssen, bspw. nach der Syntax

Syntax

```
Modifier class Klassenname extends Superklasse implements
Interface-Name 1, Interface-Name 2, Interface-Name 3 {
   //...
}
```

Werden von einer Klasse mehrere Interfaces implementiert, so können Namenskonflikte auftreten, wenn in den verschiedenen Interfaces dieselben Methodennamen verwendet werden. Diese Konflikte können auf die folgenden Arten gelöst werden:

- Haben die Methoden, die den Namenskonflikt verursachen, denselben Namen und dieselbe Parameterliste, aber einen unterschiedlichen Rückgabewert, so wird der Compiler mit einer Fehlermeldung abbrechen. Es ist zwar gestattet, eine Methode durch eine andere zu überschreiben, nicht aber, zwei Methoden zu verwen-

den, die bis auf den Rückgabewert die gleiche Signatur haben. In diesem Fall muss einer der Methodennamen in einem der beiden Interfaces geändert werden.
- Haben beide Methoden verschiedene Parameterlisten, so reicht es aus, beide Methoden mit ihren Parameterlisten und damit mit den Anforderungen der Interfaces zu implementieren. Es wurde bereits dargestellt, dass im Falle gleicher Methodennamen mit unterschiedlichen Parameterlisten ein Überladen stattfindet, also je nach Übergabeparametern der korrekte Aufruf der jeweiligen Methode erfolgt.
- Wenn die Methoden, die den Namenskonflikt verursachen, die gleiche Signatur haben, reicht es aus, eine dieser Methoden in der Klasse zu implementieren. Diese *eine* Implementierung gilt dann für *beide* Interfaces.

Dieselben Regeln gelten auch, wenn Namenskonflikte auftreten, weil ein Sub-Interface Methoden gleichen Namens von mehreren Super-Interfaces erbt.

Es wurde bereits mehrfach darauf hingewiesen, dass immer dann auch ein Interface verwendet werden kann, wenn eine Klasse zum Einsatz kommen würde. Anstelle der Deklaration einer Variablen, deren Typ eine Klasse ist, kann also ebenfalls eine Variable deklariert werden, die vom Typ *Interface* ist, bspw.

Code

```
GeoObjektArt einDreieck = new Dreieck();
```

Eine Variable, deren Typ Interface ist, impliziert folglich, dass jedes Objekt, auf das sich die Variable bezieht, dieses Interface implementiert haben muss. Im obigen Beispiel folgt hieraus, dass die Methode `einDreieck.verschieben()` referenzierbar sein muss. Interfaces bieten also eine elegante Möglichkeit, Verhaltensweisen in Form von Methoden zu spezifizieren, bevor eine Klasse erzeugt wird, die diese Methode überhaupt nutzt. Eigenschaft der traditionellen objektorientierten Programmierung ist im Gegensatz hierzu, dass sog. *Stub-Routinen* erzeugt werden müssen, die dadurch gekennzeichnet sind, dass der Methodenrumpf leer ist.

Ebenso wie ein Casting auf Klassen stattfinden kann, ist auch ein Casting auf Interfaces möglich. Das folgende Beispiel, das wiederum das Dreiecksbeispiel aufgreift, macht dies deutlich:

Code

```
Dreieck einDreieck = new Dreieck();

// Casting auf eine Klasse
GeoObjekt einGeoObjekt = (GeoObjekt) einDreieck;
// Casting auf Interfaces
GeoObjektArt eineGeoObjektArt = (GeoObjektArt) einDreieck;
RaumOperation eineRaumOperation = (Raumoperation) einDreieck;
```

```
//Methodenaufrufe
einGeoObjekt.verschieben();
eineGeoObjektArt.strecken();
einDreieck.verschieben();
einDreieck.strecken();
```

In diesen Beispielen wird das Casting hauptsächlich dazu eingesetzt, ein Dreieck eher als geometrische Form oder als Objekt für dreidimensionale Operationen anzusehen. Eine weitere Einsatzmöglichkeit besteht in der Definition geeigneter Parameter für Methodendeklarationen. Hierbei tritt oft das Problem auf, dass die Auswahl geeigneter Parameter außerordentlich schwierig ist. Da vorab unbekannt ist, welche Klasse das Interface einmal einsetzen wird und da weiterhin auch die genaue Funktionalität der Methode unbekannt ist, da sie abstrakt definiert wird, muss ein Weg gefunden werden, generische Parameter anlegen zu können, die je nach Einsatzzweck veränderbar sind. Hierzu legt man die notwendigen Parameter so an, dass sie vom Typ *Interface* sind. Dies ist deshalb möglich, da immer dort, wo eine Klasse einsetzbar wäre, auch ein Interface anwendbar ist. Der große Vorteil dieses Vorgehens liegt darin, dass die generisch vereinbarten Parameter im tatsächlichen Einsatzfall durch ein Casting auf die geeigneten Objekte abgebildet werden können. Das folgende Beispiel, das die Dreiecksanwendung aufgreift, verdeutlicht die prinzipielle Idee. Hierzu wird zunächst die Interface-Definition von `GeoObjektArt` folgendermaßen erweitert:

Code

```
public interface GeoObjektArt {
   void verschieben();
   void strecken();
   public abstract float flaecheninhalt (GeoObjektArt
     einObjekt);
}
```

An diesem Beispiel ist genau erkennbar, warum das beschriebene Vorgehen so sinnvoll ist: Hätte man den Klassennamen `GeoObjekt` verwendet, so wäre das Interface für andere Klassen, die es zu implementieren versuchten, nicht mehr einsetzbar gewesen. Ein weiteres Problem ist, dass die Klasse `GeoObjekt` geometrische Objekte in abstrakter Art und Weise definiert. Die Flächenberechnung geometrischer Objekte variiert aber in Abhängigkeit vom gewählten Objekt stark, da der Flächeninhalt von Dreiecken bspw. mit einer vollständig anderen Formel berechnet werden muss als der von Kreisausschnitten. In der tatsächlichen Implementierung der Methode dieser Klasse wird dann der generische Parameter vom Typ `GeoObjektArt` aufgegriffen und dieser durch ein Casting auf das geeignete Objekt abgebildet:

Code

```
public class Dreieck extends GeoObjekt {
   public float flaecheninhalt (GeoObjektArt einObjekt) {
```

```
        float flaeche;
        Dreieck einDreieck = (Dreieck) einObjekt;
        // ....
        return (flaeche);
    }
}
```

3.3.14 Interfaces und Collections

Nach der einführenden Betrachtung der Interfaces soll der besondere Zusammenhang mit dem Collections Framework verdeutlicht werden. Die in Collections verwendeten Interfaces manipulieren Collections, wenn sie implementiert werden. Besonders attraktiv ist hierbei, dass Collections außerordentlich flexibel sind. Als Menge von Interfaces kann praktisch jede Menge beliebiger Objekte in der Art eines Vektorfeldes (Collection) bzw. einer Hash-Tabelle (Map) bearbeitet werden.

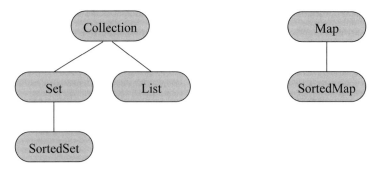

Abb. 3-9 Core-Interfaces des Collections Frameworks

Zusätzlich stehen in Collections eine Reihe weiterer Funktionen zur Verfügung. Ist man daher bei der Verwendung von Vektoren bezüglich der an Methoden übergebenen Argumenttypen eingeschränkt, so gewinnt man durch die Verwendung von Collections eine weitgehende Freiheit. Durch diese Vorzüge können Collections unabhängig von Details ihrer Repräsentation verändert werden. Die auch als *Core Collection Interfaces* bezeichneten Interfaces stehen daher im Collections Framework an zentraler Stelle. Hat der Leser einmal deren Funktion genau verstanden, so sollte auch das Verständnis des Collections Framework keine großen Schwierigkeiten bereiten. Die Struktur der im Folgenden betrachteten Interfaces ist in Abb. 3-9 dargestellt.

Ähnlich wie Subklassen formen auch die Core Collection Interfaces eine Hierarchie, die aber aus zwei voneinander unabhängigen Bäumen besteht: Dem collection-Baum und dem Map-Baum. Hierbei ist zu bemerken, dass Maps keine Collections im eigentlichen Sinne darstellen (sonst wären sie Teil des ersten Baums). Eine Collection stellt grundsätzlich eine Gruppierung beliebiger Objekte dar. Ein davon abgeleitetes Set verhält sich wie eine Menge im mathematischen Sinne (bspw. keine doppelt vorkommenden Elemente), während auf einer Liste stets eine Reihenfolge definiert ist (vergleichbar zur Klasse `Vector`). Eine Map wird immer dann verwendet, wenn mit Wertepaaren aus Schlüssel und Wert gearbeitet werden soll (vergleichbar mit der Klasse `HashTable`). Die davon abgeleiteten Interfaces `SortedMap` und `SortedSet` ermöglichen es, die Elemente einer Collection bzw. einer Map geordnet zu durchlaufen.

Um die Anzahl der Core Collection Interfaces in einem verwaltbaren Rahmen zu halten, wurden im JDK keine separaten Interfaces für jede Variante eines Collection-Typs (bspw. `List` oder `Set`) eingerichtet. Anstelle dessen sind die Modifikationsoperationen in jedem Interface optional. Dies impliziert, dass zur Entwicklungszeit einer Anwendung sichergestellt werden muss, dass die notwendigen Methoden implementiert werden. Wird eine Methode aufgerufen, die nicht unterstützt wird, so wird eine Exception (siehe Kapitel 3.4) ausgelöst. Im Folgenden werden die verschiedenen Komponenten, die in Abb. 3-9 aufgezählt sind, näher betrachtet.

Das *Collection Interface* ist die Wurzel der Collection-Hierarchie. Das JDK bietet keine direkte Implementierung dieses Interfaces an, lediglich in Form spezifischer Sub-Interfaces, wie bspw. `Set`. Das Collection Interface ist daher sozusagen der kleinste gemeinsame Nenner, den alle Collections implementieren. Nach Konvention verwenden alle allgemeinen Implementierungen von Collections (bspw. Implementierungen der Sub-Interfaces `Set` oder `List`) einen Konstruktor, der ein Argument vom Typ `Collection` erwartet, und der eine neue Collection derart initialisiert, dass alle Elemente geeignet vorhanden sind. Das Collection-Interface hat folgende Syntax:

Syntax

```
public interface Collection {
    // Basisoperationen
    int getSize();
    boolean isEmpty();
    boolean contains(Object element);
    boolean add(Object element);      // Optional
    boolean remove(Object element);   // Optional
    Iterator iterator();
    // Sammeloperationen
    boolean containsAll(Collection c);
    boolean addAll(Collection c);     // Optional
    boolean removeAll(Collection c);  // Optional
    boolean retainAll(Collection c);  // Optional
    void clear();  // Optional
    // Listenoperationen
    Object[] toArray();
    Object[] toArray(Object a[]);
}
```

Das derart definierte Interface beinhaltet

- Methoden, die die Anzahl der Elemente zurückgeben (`getSize`, `isEmpty`),
- Methoden, die prüfen, ob ein gewisses Objekt in einer Collection ist (`contains`),
- Methoden, die Elemente einer Collection hinzufügen oder löschen (`add`, `remove`) und

- Methoden, die in einer Schleife auf die Elemente der Collection zugreifen (iterator).

Das von der iterator-Methode als Ergebniswert zurückgelieferte Objekt ist einer Aufzählung (Enumeration), die bereits bei Vektoren und Hash-Tabellen verwendet wurde, sehr ähnlich, unterscheidet sich aber in den folgenden zwei Aspekten:

- Mittels des iterator-Objekts kann derjenige, der die Methode aufruft, Elemente der zugrunde liegenden Collection während der Iteration nicht nur abfragen, sondern auch in einer eindeutig vorgegebenen Semantik löschen.
- Methodennamen wurden eindeutiger gewählt.

Das Iterator-Interface sieht wie folgt aus:

Syntax

```
public interface Iterator {
   boolean hasNext();
   Object next();
   void remove();     // Optional
}
```

Die Methode remove entfernt das letzte Element einer Collection, das von next zurückgeliefert wurde. Es ist daher offensichtlich, dass pro Aufruf von next nur *ein* remove-Aufruf erfolgen darf. Iterator.remove sollte immer zur Modifikation einer Collection während einer Iteration eingesetzt werden, da es die einzige Methode ist, mit der eine sauber definierte Veränderung einer Collection in diesem Zusammenhang durchgeführt werden kann. Das folgende Code-Stück macht deutlich, wie remove in einem iterator funktioniert. Hierbei wird zusätzlich eine Bedingung geprüft, bei deren Nicht-Erfüllung das jeweilige Element gelöscht wird:

Code

```
static void beispiel (Collection c) {
   for (Iterator i = c.iterator(); i.hasNext(); )
   if (! Bedingung (i.next()))
      i.remove();
}
```

Das Beispiel ist polymorph: Es funktioniert unabhängig von der Implementierung für jede Collection, die das Löschen von Elementen unterstützt.

Die in den Collections anschließend definierten *Sammeloperationen* führen in einer einzigen Operation Verarbeitungsschritte durch, die sich auf die gesamte Collection auswirken. Java stellt die folgenden Sammeloperationen zur Verfügung:

- containsAll:
  Diese Funktion überprüft, ob die Ziel-Collection alle Elemente enthält, die auch die als Argument übergebene Collection enthält.

- `addAll`:
  Diese Funktion fügt alle Elemente der im Argument spezifizierten Collection der Ziel-Collection hinzu.
- `removeAll`:
  Diese Funktion löscht aus der Ziel-Collection alle Elemente, die auch in der als Argument angegebenen Collection enthalten sind.
- `retainAll`:
  Diese Funktion löscht aus der Ziel-Collection alle Elemente, die nicht ebenfalls in der als Argument angegebenen Collection enthalten sind.
- `clear`:
  Löscht alle Elemente einer Collection.

Die Methoden `addAll`, `removeAll` und `retainAll` liefern den Wert `true` zurück, wenn die Ziel-Collection während der Ausführung der Operation verändert wurde.

Der Aufbau der Collections wurde bis hierher sehr detailliert erläutert. Weiterer Inhalt von Abb. 3-9 sind aber auch Sets, Listen und Maps.

Sets

Ein *Set* ist eine spezielle Collection, die kein Elemente doppelt enthalten kann. Die Liste der Karten eines Kartenspiels könnte daher bspw. als Set gespeichert werden, da in einem Kartenspiel eine Karte nur dann doppelt vorkommt, wenn Betrug im Spiel ist. Das hier verwendete Modell entspricht daher dem Begriff der *Menge* im mathematischen Sinne.

Betrachtet man die im Folgenden angegebene Interface-Definition eines Sets, so ist es kaum überraschend, dass alle Methoden vom Eltern-Interface `Collection` geerbt werden. Ein Set fügt hier die Einschränkung hinzu, dass alle Elemente nur einmal vorkommen dürfen.

Code

```
public interface Set {
    // Basisoperationen
    int getSize();
    boolean isEmpty();
    boolean contains(Object element);
    boolean add(Object element);    // Optional
    boolean remove(Object element); // Optional
    Iterator iterator();
    // Sammeloperationen
    boolean containsAll(Collection c);
    boolean addAll(Collection c);      // Optional
    boolean removeAll(Collection c);   // Optional
    boolean retainAll(Collection c);   // Optional
    void clear(); // Optional
```

```
    // Listenoperationen
    Object[] toArray();
    Object[] toArray(Object a[]);
}
```

List

Im Gegensatz zu einem Set ist eine *Liste* eine geordnete Collection, in der Elemente durchaus doppelt vorkommen können, bspw. Artikel in einer alphabetisch geordneten Inventurliste. Der Benutzer einer Liste hat im Allgemeinen auch eine präzise Kontrolle darüber, wo jedes Element in eine Liste eingefügt wird. Auf Listenelemente wird dann mit einem Positionsindex, wie auch bei Arrays, zugegriffen.

Es ist offensichtlich, dass der Interface-Typ `List` neben den Methoden, die er vom Typ `Collection` erbt, noch weitere enthalten muss, beispielsweise:

- Positionszugriffe, die Listenelemente aufgrund einer numerischen Position verändern können.
- Suche nach beliebigen Objekten, die in der Liste enthalten sein können und Rückgabe der numerischer Position eines Objekts.
- Listeniteration, die zusätzlich zur bisher verwendeten Iteration auch die sequentielle Natur einer Liste ausnutzt.
- Ausschnittbildung von Listen unter Angabe einer Start- und einer Endposition.

Die Interface-Definition des Objekts `List` sieht wie folgt aus:

Syntax

```
public interface List extends Collection {
    // Positionszugriffe
    Object get(int index);
    Object set(int index, Object element);           // Optional
    void add(int index, Object element);             // Optional
    Object remove(int index);                        // Optional
    abstract boolean addAll(int index, Collection c); //Optional

    // Suche
    int indexOf(Object o);
    int lastIndexOf(Object o);

    // Iteration
    ListIterator listIterator();
    ListIterator listIterator(int index);

    // Sublisten
    List subList(int from, int to);
}
```

Eine Besonderheit dieser Definition findet sich im `ListIterator`-Objekt, das neben der Standardaufgabe der Iteratoren, die Elemente einer Liste in der richtigen Reihenfolge zu durchlaufen, noch weitergehende Operationen ermöglicht, beispielsweise:

- das Durchlaufen der Liste vorwärts oder rückwärts,
- Listenmodifikation während einer Iteration bzw.
- Abfrage der momentanen Position der Zählvariablen der Iteration.

Die drei Methoden, die ListIterator von Iterator erbt (hasNext, next und remove), werden in beiden Interfaces analog verwendet. Zusätzlich sind die Operationen hasPrevious und previous exakt analog zu hasNext und next. Während sich die ersteren Operationen auf das Element vor der aktuellen Listenposition beziehen, bezeichnen die letzteren zwei Operationen das Element nach der aktuellen Position. Die Operation previous bewegt die Listenposition rückwärts, im Gegensatz dazu die Operation next vorwärts. Eine Standardroutine zum rückwärtigen Durchlaufen einer Liste sieht dann wie folgt aus:

Code

```
for (ListIterator i=l.listIterator(l.getSize()); 
    i.hasPrevious(); ) {
    ...
}
```

Im obigen Code-Beispiel ist insbesondere die Argumentübergabe an das listIterator-Objekt interessant, da innerhalb des List-Interfaces zwei Arten der listIterator-Methode definiert sind. Werden keine Argumente angegeben, so liefert die Methode ein ListIterator-Objekt zurück, das an den Anfang der Liste positioniert wurde. Die Positionierung bezeichnet man in diesem Kontext auch als *Cursor-Positionierung*. Wird aber ein Index als Argument übergeben, so wird ein ListIterator zurückgegeben, der auf diesen Index positioniert wurde. Dieser Index bezieht sich wiederum auf das Element, das zurückgegeben werden müsste, wenn ein erster Aufruf der next-Methode erfolgen würde. Es ist leicht verständlich, dass ein Aufruf der next-Methode genau dann Null zurückliefert, wenn dieser Index auf n gesetzt wurde, also der listIterator bereits auf das Ende der Liste zeigen würde. Ebenso würde ein Aufruf der previous-Methode -1 zurückgeben, wenn der Index auf 0 und damit auf den Listenanfang gesetzt wurde.

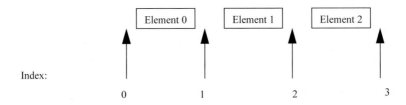

Abb. 3-10 Cursor-Positionen in Listen

Die beschriebene Methodik der *Cursor-Positionierung* kann nun auch so aufgefasst werden, als ob der Cursor immer zwischen zwei Elementen stehen würde: Dem Element, auf das durch die `previous`-Methode zugegriffen werden kann und dem, das durch die `next`-Methode referenziert würde. Die (n+1) Indexwerte (von 0 bis n) entsprechen daher den (n+1) Lücken zwischen den Elementen (siehe Abb. 3-10).

Aufrufe von `next` und `previous` können auch gemischt verwendet werden, wenn die nötige Vorsicht angewendet wird. Der erste Aufruf von `previous` nach einer Folge von `next`-Aufrufen liefert so dasselbe Element zurück wie der letzte Aufruf von `next`. Analog liefert der erste `next`-Aufruf nach einer Sequenz von `previous`-Aufrufen dasselbe Element zurück wie der letzte `previous`-Aufruf.

Um die gemischte Verwendung von `next` und `previous` zu erleichtern, können auch `nextIndex` (liefert den Index des Elements zurück, auf das im nächsten `next`-Aufruf zugegriffen werden soll) und `previousIndex` (analog den Index des Elements, auf das im nächsten `previous`-Aufruf zugegriffen werden soll) verwendet werden. Man wendet diese beiden Methoden meist an, um entweder die Position, an der ein Element gefunden wurde, zu dokumentieren, oder um die Position des `ListIterator` darzustellen, so dass ein weiterer `ListIterator` mit identischer Position erzeugt werden kann. In diesem Zusammenhang überrascht auch nicht, dass der Wert, der von `nextIndex` als Ergebnis zurückgeliefert wird, immer um eins größer ist als der von `previousIndex` zurückgelieferte. Betrachtet man die beiden Grenzindizes 0 und n, so versteht man dieses Verhalten besser: Ein Aufruf von `previousIndex` liefert dann den Wert (-1) zurück, wenn der Cursor vor dem ersten Element steht, ein Aufruf von `nextIndex` aber `list.getSize()+1`, wenn der Cursor hinter dem letzten Element steht. Die folgende Beispielimplementierung verdeutlicht diesen Sachverhalt:

Code

```
public int indexOf(Object o) {
   for (ListIterator i = listIterator(); i.hasNext(); )
      if (o==null ? i.next()==null : o.equals(i.next()))
         return i.previousIndex();
   return -1; // Object not found
}
```

Anhand dieses Beispiels erkennt der Leser sehr schnell, wie beliebig komplex selbst kleinste Java-Programme werden können. Deshalb soll hier nochmals Zeile für Zeile erläutert werden. Aus der Signaturdefinition in Zeile 1 geht hervor, dass die Methode `indefOf` den Index herausfinden soll, an dem das Objekt o, das als Argument übergeben wird, steht. Hierzu wird in einer Iteration die Liste der Objekte ab Zeile 2 durchlaufen. Es ist hierbei zu beachten, dass die Zählschleife nicht selber für das Erhöhen der Zählervariablen verantwortlich ist. In der Definition in Zeile 2 wird daher nur geprüft, ob noch weitere Elemente vorhanden sind. Das eigentliche Weiterschalten erfolgt in Zeile 3, die in Pseudo-Code folgendermaßen aussehen würde:

Code

```
Wenn (Objekt == Null)
   Wenn (i.next() == Null)
      // Schleife beendet
      return i.previousIndex();
   Sonst Wenn o.equals (i.next())
      // Gleiches Objekt folgt
      return i.previousIndex();
Sonst nächster Schleifendurchlauf
```

Es ist weiterhin zu beachten, dass die Methode `indexOf` das Ergebnis `i.previousIndex()` zurückliefert, obwohl die Liste in Vorwärts-Richtung durchlaufen wird. Dies liegt daran, dass `i.nextIndex()` den Index des Elements, das gerade untersucht wird, zurückliefern würde, nicht aber den gewünschten Index desjenigen Elements, das bereits untersucht wurde.

Während das `Iterator`-Interface die `remove`-Methode anbietet, um aus einer Collection das Element zu löschen, das die `next`-Methode zurückliefert, werden im `ListIterator`-Interface zwei weitere Operationen zur Modifikation von Listen angeboten: `set` und `add`. Die `set`-Methode überschreibt das letzte Element, das von `next` oder `previous` geliefert wurde, mit einem angegebenen Element. Möchte man bspw. alle Vorkommen eines bestimmten Wertes in einer Liste durch einen anderen ersetzen, so kann folgender (polymorpher) Code verwendet werden:

Code

```
public static void ersetze (List l, Object wert, Object neuerWert) {
   for (ListIterator i = l.listIterator(); i.hasNext(); )
      if (wert==null ? i.next()==null : wert.equals(i.next()))
         i.set(neuerWert);
}
```

Mittels der `add`-Methode wird ein neues Element in die Liste unmittelbar vor der aktuellen Position des Cursors eingefügt. Im folgenden Beispiel werden alle Vorkommen eines bestimmten Wertes mit einer Wertefolge aus einer Liste ersetzt:

Code

```
public static void ersetze (List l, Object wert, List neueWerte) {
   for (ListIterator i = l.listIterator(); i.hasNext(); ) {
      if (wert==null ? i.next()==null : wert.equals(i.next()))
      {
         i.remove();
         for (Iterator j = neueWerte.iterator(); j.hasNext(); )
            i.add(j.next());
      }
   }
}
```

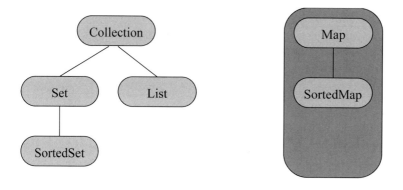

Abb. 3-11 Core-Interfaces des Collections Frameworks

Maps

Zur besseren Übersicht sei nun nochmals Abb. 3-9 dargestellt. Während der linke Baum, die Collections, bereits detailliert erklärt wurden, folgt nun die notwendige Erläuterung der *Maps* (siehe Abb. 3-11).

Eine *Map* ist ein Objekt aus Wertepaaren (Schlüssel, Wert), ähnlich einer *Hash-Tabelle*. Die Schlüssel in einer Map müssen eindeutig sein, da jeder Schlüssel auf höchstens einen Wert abgebildet werden soll. Derartige Abbildungen werden häufig im Security-Bereich verwendet, bspw. im Zusammenhang mit Hash-Tabellen [FBSS98]. Das Map-Interface hat folgendes Aussehen:

Syntax

```
public interface Map {
  // Basisoperationen
  Object put(Object key, Object value);
  Object get(Object key);
  Object remove(Object key);
  boolean containsKey(Object key);
  boolean containsValue(Object value);
  int getSize();
  boolean isEmpty();
  // Sammeloperationen
  void putAll(Map t);
  void clear();
  // Sammelansichten
  public Set keySet();
  public Collection values();
  public Set entrySet();
```

```
   // Interface für Eintragselemente
   public interface Entry {
      Object getKey();
      Object getValue();
      Object setValue(Object value);
   }
}
```

Zum Verständnis der Funktionsweise von Maps sei folgendes Beispiel angegeben, das die Häufigkeit der Worte zählt, die auf der Kommandozeilenebene als Argumente übergeben werden. Hierbei sei insbesondere auf die Ähnlichkeit mit Hash-Tabellen hingewiesen.

Code

```
import java.util.*;
public class Frequenz {
   private static final Integer EINS = new Integer(1);
   public static void main(String args[]) {
      Map m = new HashMap();
      // Initialisiere Haeufigkeitstabelle aus Kommandozeile
      for (int i=0; i<args.length; i++) {
         Integer frequenz = (Integer) m.get(args[i]);
         m.put(args[i], (frequenz==null ? EINS:
            new Integer(frequenz.intValue() + 1)));
      }
      System.out.println(m.getSize()+" unterschiedliche Worte
         entdeckt:");
      System.out.println(m);
   }
}
```

In diesem Beispiel wird eine *HashMap* erzeugt. Die eigentliche Funktion wird in der for-Schleife geleistet, in deren put-Ausdruck ein Bedingungsausdruck verwendet wird. Wenn ein Wort noch nicht erfasst wurde, wird hier die Frequenz auf eins gesetzt, anderenfalls um eins erhöht. Ruft man das Programm mit der Anweisung

Code

```
java Frequenz es ist wie es ist weil es ist
```

auf, so wird die Ausgabe

Code

```
4 worte entdeckt:
   {es=3, ist=3, wie=1, weil=1}
```

erzeugt. Möchte man zusätzlich die Häufigkeiten in alphabetischer Reihenfolge sehen, so muss der Implementierungstyp von HashMap auf TreeMap geändert werden. Das JDK enthält hierzu zwei neue allgemeine Map-Implementierungen:

- `HashMap`, die Einträge in einer Hash-Tabelle speichert und
- `TreeMap`, die Einträge in einem Baum speichert und hierbei deren Iterationsreihenfolge garantiert.

Es ergibt sich dann die folgende sortierte Ausgabe, wenn eine `TreeMap` für das obige Beispiel verwendet wird:

Code

```
4 worte entdeckt:
  {es=3, ist=3, weil=1, wie=1}
```

Betrachtet man die Sammeloperationen der Interface-Definition näher, so

- löscht die `clear`-Operation alle Einträge einer Map,
- ist die `putAll`-Operation das Analogon zur `addAll`-Operation, die in Collection-Interfaces verwendet wird. Zusätzlich zur offensichtlichen Anwendung, eine Map in eine andere zu kopieren, können Attribut-Maps mit Standardwerten belegt werden, wenn eine Map eine Sammlung von Attributnamen und dazugehörigen Werten repräsentiert. Die `putAll`-Operation kann dann in Kombination mit dem Map-Konstruktor dazu verwendet werden, eine derartige Map mit Standardwerten vorzubelegen. Das folgende Code-Segment illustriert dies:

Code

```
static Map neueAttributeMap(Map standards, Map ueberschreiben)
{
   Map resultat =  new HashMap(standards);
   resultat.putAll(ueberschreiben);
   return resultat;
}
```

Maps können durch *Sammelansichten* in den folgenden drei Sichten (Views) betrachtet werden:

- als Schlüsselmenge (`keySet`) der in der Map enthaltenen Schlüssel.
- als Werte, die als Collection in der Map enthalten sind. Diese Menge ist allerdings kein Set, da verschiedene Schlüssel auf denselben Zielwert abgebildet werden können und
- als Schlüssel-Wert-Paare (sog. `entrySet`) der Map.

Mittels dieser Ansichten sind Iterationen in Maps realisierbar. Der Standardaufbau einer Iteration über die Schlüssel einer Map ist im folgenden Code-Beispiel angegeben:

Code

```
for (Iterator i=m.keySet().iterator(); i.hasNext(); )
   System.out.println(i.next());
```

Analog dazu lautet die Schleife zur Iteration über Schlüssel-Werte-Paare:

Code

```
for (Iterator i=m.entrySet().iterator(); i.hasNext(); ) {
   Map.Entry e = (Map.Entry) i.next();
   System.out.println(e.getKey() + ": " + e.getValue());
}
```

Kombiniert man Collection-Ansichten mit Sammeloperationen (`containsAll`, `removeAll` und `retainAll`), so ergibt sich eine Vielzahl an überraschenden Möglichkeiten. Möchte ein Anwender bspw. wissen, ob eine Map vollständig in einer anderen enthalten ist, ob also eine Map alle Schlüssel-Werte-Paare einer anderen enthält, so kann dies mit einer einzigen Zeile in Erfahrung gebracht werden:

Code

```
if (map1.entrySet().containsAll(map2.entrySet())) {
   ...
}
```

Analog prüft das folgende Segment, ob zwei Maps Abbildungen für dieselben Schlüssel enthalten:

Code

```
if (map1.keySet().equals(map2.keySet())) {
   ...
}
```

Es ist zu beachten, dass Java sog. *Multimaps* nicht unterstützt. Eine Multimap kann neben den Fähigkeiten einer traditionellen Map auch jeden Schlüssel auf mehrere Werte abbilden. Das Collections Framework beinhaltet hierfür kein Interface. Es ist aber relativ einfach, einen derartigen Mechanismus zu schaffen, bspw. wenn eine Map verwendet wird, deren Werte wiederum `List`-Objekte sind.

Um die letzten in Abb. 3-11 noch offenen Punkte, `SortedSet` und `SortedMap`, verstehen zu können, muss eine Einführung in die Mechanismen erfolgen, die zum Sortieren von Objekten notwendig sind.

Sortieroperationen

Generell kann eine Liste `l` mit dem Kommando `Collections.sort(l);` sortiert werden. Sind in der Liste Zeichenketten enthalten, so werden diese in alphabetischer Reihenfolge sortiert. Datumselemente werden chronologisch, numerische Elemente aufsteigend sortiert. Um zu wissen, wie eine derartige Sortierung funktionieren soll, müssen die Typen String oder Date das Comparable-Interface implementieren, das die natürliche Ordnung von Klassen festlegt und damit die Sortierbarkeit der Objekte realisiert. In Tab. 3-10 ist angegeben, welche Klassen des JDKs das Interface Comparable implementieren.

Es ist offensichtlich, dass Sortierversuche auf Listen, deren Elemente Comparable nicht implementieren, in einer Fehlermeldung resultieren, die durch Collections.sort(list) ausgelöst wird.

Analog wird ein Fehler ausgelöst, wenn Listen sortiert werden, deren Elemente aufgrund eines unterschiedlichen Typs nicht miteinander verglichen werden können. Element, die miteinander verglichen werden können, werden in Java auch als *gegenseitig vergleichbar* bezeichnet. Es ist möglich, dass verschiedene Datentypen gegenseitig vergleichbar sind. Dies gilt aber nicht für die in Tab. 3-10 angegebenen Basistypen. Hierzu sind eigene Comparable-Typen zu implementieren.

Klasse	Ordnungskriterium
BigDecimal	numerisch mit Vorzeichen
BigInteger	numerisch mit Vorzeichen
Byte	numerisch mit Vorzeichen
Character	numerisch ohne Vorzeichen
CollationKey	lexikografisch in Abhängigkeit von der Lokale
Date	chronologisch
Double	numerisch mit Vorzeichen
File	systemabhängig lexikografisch nach dem Pfadnamen
Float	numerisch mit Vorzeichen
Integer	numerisch mit Vorzeichen
Long	numerisch mit Vorzeichen
Short	numerisch mit Vorzeichen
String	lexikografisch

Tab. 3-10 Ordnungskriterien von Datentypen

Nachdem nun sowohl die Funktionsweise von Collections und Maps als auch die Sortierung mittels des Comparable-Objekts besprochen wurden, sind die zur Erklärung von SortedSet und SortedMap erforderlichen Kenntnisse vorhanden.

SortedSets

Ein *SortedSet* ist eine Menge, die Elemente in aufsteigender Reihenfolge enthält, wobei die Reihenfolge nach der natürlichen Ordnung der Elemente (siehe Tab. 3-10) oder über ein Vergleichskriterium definiert ist. Zusätzlich zu den bereits in Set definierten Operationen können in einem SortedSet

- Operationen auf Ausschnitten der sortierten Liste durchgeführt werden,
- Endpunkte, wie bspw. das erste oder letzte Element einer sortierten Liste festgestellt werden,
- das Vergleichskriterium (sog. *Comparator*) festgestellt werden, der zur Sortierung des Set verwendet wurde (falls existent).

Die Methoden, die `SortedSet` von `Set` erbt, verhalten sich bis auf die folgenden zwei Ausnahmen bezüglich der Arbeit mit sortierten und traditionellen Sets gleich:

- der `Iterator` als Resultat der `iterator`-Operation durchläuft das Set in der Sortierreihenfolge.
- die Liste, die durch das Kommando `toArray` wiedergegeben wird, enthält die Elemente in sortierter Reihenfolge.

SortedMaps

Eine *SortedMap* ist eine Map, die ihre Einträge in aufsteigender Reihenfolge verwaltet. Ähnlich wie auch bei Sets wird die Reihenfolge über die natürliche Ordnung der Schlüssel oder über ein Vergleichskriterium, das zur Erstellungszeit der SortedMap zur Verfügung stehen muss, hergestellt. Zusätzlich zu normalen Map-Operationen kann eine SortedMap:

- beliebige Ausschnittbildungen auf der sortierten Map durchführen,
- den ersten oder letzten Schlüssel der sortierten Map zurückgeben und
- auf den Comparator, der zur Sortierung der Map eingesetzt wurde, zugreifen (falls existent).

Die Methoden, die `SortedMap` von `Map` erbt, verhalten sich bis auf die folgenden zwei Ausnahmen bezüglich der Arbeit mit sortierten und traditionellen Maps gleich:

- der `Iterator` als Resultat der `iterator`-Operation durchläuft die Collection hinsichtlich jeder durch die SortedMap definierten Ansicht in der Sortierreihenfolge.
- die Listen, die von `toArray`-Operationen wiedergegeben werden, enthalten die Schlüssel, Werte oder Einträge in sortierter Reihenfolge.

Das `SortedMap`-Interface findet somit eine exakte Entsprechung in den `SortedSets` (bis auf die unterschiedliche Funktionalität).

3.3.15 Implementierungen von Collections

Wie bereits beschrieben, sind Interfaces und damit auch das Collections Framework abstrakte Container, deren genaues Verhalten noch implementiert werden muss. Implementierungen sind daher die Datenobjekte, die Collections speichern und die die in den bisherigen Abschnitten beschriebenen Core Collection Interfaces implementieren. Im Folgenden werden drei Typen von Implementierungen näher betrachtet:

- Allgemeine Implementierungen, die die als `public` deklarierten Klassen darstellen, welche die primäre Implementierung des Core Collection Interface realisieren,
- Sogenannte *Wrapper*-Implementierungen, die in Kombination mit anderen Implementierungen deren Funktionalität erweitern und
- Spezialimplementierungen, die meist einen geringen Umfang haben und effiziente Alternativen für spezielle Collections darstellen.

Allgemeine Implementierungen

Bisher wurden eine Reihe von Standardimplementierungen angesprochen, ohne diese näher zu erklären. Tab. 3-11 bietet einen Überblick, welche Implementierungen für welche Interfaces zur Verfügung stehen.

		Implementierungen			
		Hash-Tabelle	Größenveränderbare Liste	Balancierter Baum	Verbundene Liste
Interfaces	Set	HashSet		TreeSet	
	List		ArrayList		LinkedList
	Map	HashMap		TreeMap	

Tab. 3-11 Implementierungen von Collection Interfaces

JDK 1.2 bietet mit Ausnahme des Eltern-Interfaces `Collection` für jedes Interface zwei Implementierungen an. Beispiele hierfür sind `HashSet`, `ArrayList` und `HashMap`. Die Interfaces für `SortedSet` und `SortedMap` sind hierbei nicht erfasst, da jedes dieser Interfaces genau eine Implementierung hat (`TreeSet` und `TreeMap`), die wiederum in der Tabelle enthalten sind.

Die zwei `Set`-Implementierungen sind `HashSet` und `TreeSet`. `HashSet` ist erheblich schneller, bietet aber keine Reihenfolgegarantien an. Wenn bspw. Operationen eines `SortedSet` benötigt werden oder eine Iteration in der richtigen Reihenfolge, so muss `TreeSet` verwendet werden, anderenfalls aber `HashSet`.

Die zwei `List`-Implementierungen sind `ArrayList` und `LinkedList`. Es bietet sich meist an, `ArrayList` zu verwenden, da diese Implementierung einen Zugriff in konstanter Zeit anbietet und nicht für jedes Listenelement Speicher für ein Knotenobjekt belegt. Wenn sehr häufig Elemente am Anfang der Liste hinzugefügt werden oder Listeniterationen stattfinden, die Elemente aus dem Inneren der Liste löschen, so sollte die `LinkedList`-Implementierung verwendet werden, da derartige Operationen in einer `LinkedList` in konstanter Zeit, in einer `ArrayList` aber nur in linearer Zeit durchgeführt werden können. Umgekehrt aber ist der Positionszugriff in einer `LinkedList` nur in linearer Zeit möglich (im Gegensatz zur konstanten Zeit in einer `ArrayList`). Der konstante Faktor ist weiterhin in einer `LinkedList` erheblich größer als in einer `ArrayList`.

Die zwei List-Implementierungen sind `HashMap` und `TreeMap`. Die Entscheidung für `HashMap` oder `TreeMap` ist vollkommen analog zu einem `Set`. Werden Sor-

`tedMap`-Operationen oder eine Iteration über eine Collection-Ansicht in der entsprechenden Reihenfolge benötigt, so ist eine `TreeMap` zu verwenden, anderenfalls eine `HashMap`.

Wrapper-Implementierungen

Wrapper-Implementierungen delegieren ihre eigentliche Arbeit an eine spezifizierte Collection und fügen dieser eine erweiterte Funktionalität hinzu. Betrachtet man dieses Vorgehen im Kontext von Design Patterns (hierzu siehe auch Kapitel 2.3), so entspricht dieses Vorgehen der Verwendung eines *Decorator Patterns*. Derartige Implementierungen verwenden meist keine als `public` deklarierte Klasse, sondern eine statische Methode. Die Implementierungen können in der Collections API nachgeschlagen werden, die ausschließlich aus statischen Methoden besteht. Im Folgenden werden einige wichtige Anwendungsgebiete von Wrappern betrachtet.

Aufgabe der *Synchronisations-Wrapper* ist es, einer beliebigen Collection eine automatische Synchronisation hinzuzufügen. Für jedes der sechs Core Collection Interfaces besteht eine derartige Synchronisierungsdefinition:

- `public static Collection synchronizedCollection(Collection c);`
- `public static Set synchronizedSet(Set s);`
- `public static List synchronizedList(List list);`
- `public static Map synchronizedMap(Map m);`
- `public static SortedSet synchronizedSortedSet(SortedSet s);`
- `public static SortedMap synchronizedSortedMap(SortedMap m);`

Jede dieser Methoden gibt nach dem Aufruf eine synchronisierte Collection zurück, die die zugrunde liegende (unsynchronisierte) Collection erweitert. Ein definierter serieller Zugriff auf die Daten der Collection kann aber nur garantiert werden, wenn alle Zugriffe auf die zugrunde liegende Collection über die synchronisierte Collection erfolgen. Dies kann sehr einfach erreicht werden, indem man grundsätzlich nicht mit der Referenz auf die zugrunde liegende Collection arbeitet. Die folgende Programmzeile illustriert, wie diese Versuchung vermieden werden kann:

Code

```
List liste = Collections.synchronizedList(new ArrayList());
```

Finden konkurrierende Zugriffe auf eine derartige Collection statt, so muss die Synchronisation der Collection dann manuell durchgeführt werden, wenn Iterationen auf der Collection durchgeführt werden. Dies liegt daran, dass während der Iteration mehrfache Aufrufe der Collection stattfinden, die zwangsläufig zu Problemen führen, wenn mehrere Prozesse gleichzeitig auf die Daten zugreifen. Die Lösung dieses Problems besteht darin, diese Zugriffe in einer einzigen atomaren Operation durchzuführen. Dieser Ratschlag sollte in jedem Fall befolgt werden, da anderenfalls ein nichtdeterministisches Verhalten zu erwarten ist. Das folgende Programmsegment zeigt beispielhaft die Iteration in einer Collection, die mit einem Wrapper synchronisiert wird.

Code

```
Collection c =
  Collections.synchronizedCollection(eigeneCollection);
synchronized(c) {
   Iterator i = c.iterator(); // Muss innerhalb des
      synchronisierten Blocks stehen!
   while (i.hasNext())
      //Operation(i.next());
}
```

Soll eine Iteration über eine Sicht einer Collection mittels einer synchronisierten Map durchgeführt werden, so kann ein ähnlicher Ablauf verwendet werden. Hierzu muss die synchronisierte Map manuell synchronisiert werden, wenn über eine der Collection-Ansichten iteriert wird. Die Synchronisation darf daher nicht über die Ansicht der Collection selbst erfolgen:

Code

```
Map m = Collections.synchronizedMap(new HashMap());
...
Set s = m.kcySct(); // Muss nicht innerhalb des
synchronisierten Blocks stehen
...
synchronized(m) {  // Synchronisierung über m, nicht über s!
   Iterator i = s.iterator(); // Muss innerhalb des
      synchronisierten Blocks stehen!
   while (i.hasNext())
      //Operation(i.next());
}
```

Wird der Wrapper-Implementierungsansatz verwendet, so besteht keine Möglichkeit, Operationen einer Wrapper-Implementierung auszuführen, die nicht Teil eines Interfaces sind.

Ein Konzept, das mit den synchronisierten Wrappern vergleichbar ist, ist der Ansatz der *nichtmodifizierbaren Wrapper*. Anstelle einer Erweiterung der Funktionalität der Collection durch einen Wrapper wird die Collection durch einen nichtmodifizierbaren Wrapper in ihrem Funktionsumfang eingeschränkt. Dies betrifft speziell die Fähigkeit, die Collection zu modifizieren, indem alle Operationen nicht mehr verwendet werden dürfen, die die Collection modifizieren würden. Wird eine Änderung einer Collection trotzdem versucht, so wird eine Fehlerroutine aufgerufen. Nichtmodifizierbare Wrapper werden in folgenden Fällen eingesetzt:

- Eine Collection wird als unveränderbar gekennzeichnet, nachdem sie erstellt wurde. In diesem Fall sollte keine Referenz auf die zugrunde liegende Collection verwendet werden, ähnlich wie bereits oben beschrieben. Hierdurch wird die Unveränderbarkeit gewährleistet.

- Anwender sollen ausschließlich Lesezugriff auf Datenstrukturen erhalten. Hierzu wird intern eine Referenz auf die zugrunde liegende Collection verwendet, während der Anwender nur eine Referenz auf den Wrapper erhält. Während der Programmierer so den vollen Zugriff behält, kann ein Anwender die Daten lediglich betrachten, nicht aber verändern.

Wie bereits die Synchronisations-Wrapper kann auch diese Wrapper-Art die folgenden Methodendefinitionen für jedes der sechs Core Collection Interfaces verwenden:

- `public static Collection unmodifiableCollection(Collection c);`
- `public static Set unmodifiableSet(Set s);`
- `public static List unmodifiableList(List list);`
- `public static Map unmodifiableMap(Map m);`
- `public static SortedSet unmodifiableSortedSet(SortedSet s);`
- `public static SortedMap unmodifiableSortedMap(SortedMap m);`

Spezialimplementierungen

Machmal ist es komfortabler und effizienter, verschiedene Implementierungen anstelle der Standardimplementierungen der Collections zu verwenden, bspw. wenn nicht der gesamte Umfang der Standard-Implementierungen verwendet werden soll. Alle Implementierungen, die in diesem Abschnitt beschrieben werden, verwenden statische Methodendeklarationen anstelle von Klassen, die als `public` deklariert werden.

Verwendet man bspw. die `Arrays.asList`-Methode, die eine Listensicht des als Argument verwendeten Arrays erzeugt, so wirken sich Änderungen der Liste auf den Array aus und umgekehrt. Die Größe der so erzeugten Collection entspricht der des Arrays und kann nicht verändert werden, da Array-Größen stets statisch sind. Aus diesem Grund resultieren auch aus dem Aufruf der Methoden `add` oder `remove` Fehlermeldungen.

Normalerweise wird eine derartige Implementierung dann verwendet, wenn eine Brücke zwischen Array-basierten und Collection-basierten APIs geschlagen werden soll. Hierdurch kann ein `Array` als Argument an eine Methode übergeben werden, die eine `Collection` oder eine `List` erwartet. Diese Implementierungsform wird aber auch dann eingesetzt, wenn eine Liste fester Größe verwendet werden soll, anstelle der üblichen Form, in der die Listengröße variabel ist. Das folgende Programmsegment illustriert die Verwendung der Spezialimplementierung. Es sollte beachtet werden, dass eine Referenz zum zugrunde liegenden Array nicht zur Verfügung gestellt wird.

Code

```
List liste = Arrays.asList(new Object[size]);
```

Machmal ist es sinnvoll, eine unveränderbare Liste zu verwenden, die aus mehrfachen Kopien desselben Elements besteht. Eine derartige Liste wird durch die Methode `Collections.nCopies` erzeugt. Das Einsatzgebiet dieser Implementierung liegt meist in der Initialisierung einer neu erzeugten Liste. Soll bspw. eine Liste mit 1000 Nullen initialisiert werden, so kann die folgende Anweisung verwendet werden:

Code

```
List liste = new ArrayList(Collections.nCopies(1000, null));
```

Das zweite Anwendungsgebiet besteht in der Erweiterung einer bereits bestehenden Liste. Möchte man bspw. 1000 Kopien der Zeichenkette `"Hallo"` an das Ende einer Liste anfügen, so kann dies durch die folgende Anweisung erreicht werden:

Code

```
liste.addAll(Collections.nCopies(1000, "Hallo"));
```

Verwendet man die Methode `addAll`, die als Argument sowohl einen Index als auch eine Collection akzeptiert, so können Elemente auch in der Mitte einer Liste eingefügt werden.

In manchen Fällen muss ein unveränderbares Set verwendet werden, das lediglich aus einem einzigen Element besteht. Hierzu kann die Methode `Collections.singleton` verwendet werden, mit der bspw. folgendermaßen alle Vorkommen eines spezifizierten Elements aus einer Collection gelöscht werden können:

Code

```
collection_1.removeAll(Collections.singleton(element));
```

Dieselbe Aufgabe kann auch in einer Map durchgeführt werden, in der alle Elemente eines bestimmten Werts gelöscht werden sollen. Betrachtet man eine Map, in der Zulieferer auf Produkte abgebildet werden, so kann es durchaus vorkommen, dass nach Ausfall eines Zulieferers alle Vorkommen eines Produkts gelöscht werden sollen. Die folgende Programmzeile erfüllt diese Aufgabe:

Code

```
zulieferer.values().removeAll(Collections.singleton(MULLER));
```

Ein weiteres Anwendungsgebiet dieser Implementierung besteht in der Generierung eines einzelnen Eingabewerts, der an eine Methode übergeben wird, die lediglich eine Collection von Werten akzeptiert.

Die Collections-Klasse definiert zwei Konstanten, die jeweils das leere Set bzw. die leere Liste repräsentieren, `Collections.EMPTY_SET` und `Collections.EMPTY_LIST`. Diese Konstanten werden hauptsächlich dann verwendet, wenn

Argumente an Methoden übergeben werden sollen, die ausschließlich eine Collection von Werten akzeptieren, wenn der Benutzer allerdings keine Werte übergeben will.

Benutzerdefinierte Implementierungen von Collections

Obwohl die Implementierungen, die bisher beschrieben wurden, ausreichen, um sehr komplexe Anwendungen zu entwickeln, sollte doch der Entwickler die Möglichkeit haben, eigene Collections-Klassen zu implementieren. Dies betrifft speziell die Implementierung der Core Collection Interfaces. In diesem Abschnitt wird erläutert, wie hierzu vorzugehen ist. Vor der Erklärung der Richtlinien für die Implementierung muss aber zunächst die Nützlichkeit eines derartigen Vorgehens begründet werden:

- *Persistenz.*
  Kennzeichen aller Implementierungen von Collections, die Teil von Java sind, ist ihre Speicherung im Hauptspeicher. Wird die Virtual Machine (VM) verlassen, so werden diese Implementierungen gelöscht. Soll bspw. eine Collection erzeugt werden, die beim nächsten Aufruf der VM präsent ist, so können die Daten in einer externen Datenbank gespeichert werden. Da derart gespeicherte Daten außerhalb der VM angesiedelt sind, können auch konkurrierende Zugriffe durch mehrere VMs erfolgen.
- *Anwendungsbezug.*
  Die bereits zur Verfügung stehenden Implementierungen sind meist nicht in der Lage, Spezialaufgaben wie das Ablesen von Wettermessdaten zu erfüllen, auch wenn mit einer nichtmodifizierbaren Map, die die Erfassungsorte und die Daten speichert, die grundsätzlichen Möglichkeiten zur Verfügung stehen.
- *Konkurrierende Zugriffe.*
  Die zur Verfügung stehenden Collections sind nicht auf die Verarbeitung von konkurrierenden Zugriffen, die permanent auftreten, ausgelegt. Die Synchronisierungs-Wrapper sperren daher die Collection jedes Mal, wenn Zugriffe erfolgen. Soll bspw. eine Server-Anwendung entwickelt werden, die eine Map-Implementierung verwendet, auf die permanent von verschiedenen Stellen zugegriffen wird, so empfiehlt sich die Verwendung einer Hash-Tabelle, die jeden Eintrag separat sperren kann. Hierdurch können mehrere Prozesse konkurrierend auf die Tabelle zugreifen, wenn Schlüssel verwendet werden, die auf verschiedene Einträge abgebildet werden.
- *Leistung des Systems bei speziellem Einsatz.*
  Eine Vielzahl von Datenstrukturen sind dann besonders effizient, wenn sie ausschließlich spezielle Aufgaben erfüllen. Ein Beispiel hierfür ist ein Set, das als Bit-Vektor gespeichert wird. Zugriffe auf eine derartige Datenstruktur sind extrem schnell und der benötigte Speicherplatz ist gering. Andererseits hat ein solches Set aber auch einen sehr eingeschränkten Funktionsumfang.
- *Leistung des Systems bei allgemeinem Einsatz.*
  Die Entwickler des Collections Frameworks versuchten, optimale Implementie-

rungen für jedes Interface zu generieren. Sicherlich gibt es aber viele andere Möglichkeiten, die der Anwender jeweils als bequemer einstuft.
- *Erweitere Funktionalität.*
  Ein Beispiel für eine erweiterte Funktionalität sind die bereits angesprochenen Multimaps, Collections, die Zugriffe in konstanter Zeit sowie Datenduplikate erlauben. Eine derartige Map könnte als Erweiterung von HashMap entwickelt werden.
- *Adapter.*
  Angenommen, man verwendet ein eigenes API, das selbst definierte Collections benutzt. Zur Anpassung dieser Collections an das Java Collections Framework muss ein sog. *Adapter* geschrieben werden, der Objekte von einem Typ in den anderen bzw. Operationen der einen Collection in Operationen der anderen umwandelt.

Werden die abstrakten Implementierungen verwendet, die Teil der Java-Plattform sind, so ist das Schreiben eigener Implementierungen keine komplexe Aufgabe. Abstrakte Implementierungen sind Grundgerüste der Core Collection Interfaces, die speziell zur Entwicklung eigener Implementierungen entwickelt wurden. Zu Beginn soll ein Beispiel angeführt werden, das die Implementierung von Arrays.asList darstellt.

Code

```java
public static List asList(Object[] a) {
   return new ArrayList(a);
}
private static class ArrayList extends AbstractList implements
   java.io.Serializable {
   private Object[] a;
   ArrayList(Object[] array) {
      a = array;
   }
   public Object get(int index) {
      return a[index];
   }
   public Object set(int index, Object element) {
      Object oldValue = a[index];
      a[index] = element;
      return oldValue;
   }
   public int getSize() {
      return a.length;
   }
}
```

Die eigene Implementierung von ArrayList bzw. asList stimmt fast vollständig mit der Implementierung überein, die Teil des JDK ist. Hierzu wurden der Konstruktor und die Methoden get, set und getSize implementiert, AbstractList bietet die noch fehlende Funktionalität (ListIterator, Sammel- und Suchoperationen, Berechnung der Hash-Codes, Vergleiche und String-Repräsentation) an.

Es muss aber darauf hingewiesen werden, dass die Verwendung anderer abstrakter Implementierungen etwas komplexer ist, da eigene Iterationen implementiert werden müssen. In Java stehen die folgenden abstrakten Implementierungen zur Verfügung:

- `AbstractCollection`:
  Eine Collection, die weder Set noch Liste ist, bspw. eine Multimap. Minimale Anforderung ist die Implementierung des Iterators und der `getSize`-Methode.
- `AbstractSet`:
  Ein `Set`, das ansonsten analog zu `AbstractCollection` zu behandeln ist.
- `AbstractList`:
  Eine Liste, die auf einen Datenspeicher wahlfrei zugreift (bspw. ein Array). Minimale Anforderung ist die Implementierung der Methode `getSize` und der positionsabhängigen Zugriffsmethoden `get(int)` und optional `set(int)`, `remove(int)` und `add(int)`. Die abstrakte Klasse realisiert die Funktionalität des `listIterator` (und damit auch von `iterator`).
- `AbstractSequentialList`:
  Eine List, die auf einen Datenspeicher wahlfrei zugreift (bspw. eine gelinkte Liste). Minimale Anforderung ist die Implementierung des `listIterator` und der `getSize`-Methode. Die abstrakte Klasse übernimmt die Realisierung der positionsabhängigen Zugriffsmethoden. `AbstractSequentialList` ist somit das Gegenteil von `AbstractList`.
- `AbstractMap`:
  Eine Map, für die minimal die `entrySet`-Ansicht implementiert werden muss. Typischerweise implementiert man diese mit der `AbstractSet`-Klasse. Wenn die Map modifizierbar sein soll, muss zusätzlich die `put`-Methode spezifiziert werden.

Die einzelnen Schritte zur eigenen Implementierung sind zusammengefasst:

1. Auswahl einer geeigneten abstrakten Implementierung aus der Liste.
2. Implementierung der abstrakten Methoden der Klasse. Wenn die Collection modifizierbar sein soll, müssen eine oder auch mehrere konkrete Methoden überschrieben werden. Die API-Dokumentation der abstrakten Implementierung spezifiziert hierzu, welche Methoden überschrieben werden müssen.
3. Austesten und eventuell Debuggen der Implementierung.
4. Möchte man die Systemleistung verbessern, so sollte die Dokumentation der abstrakten Implementierungsklasse zu Rate gezogen werden. Dies betrifft alle Methoden, deren Implementierung vererbt werden. Sollte eine dieser Methoden die Implementierung verlangsamen, so muss diese überschrieben werden. Hierbei ist große Vorsicht angebracht. Meist wird daher der vierte Schritt ausgelassen.

Interoperabilität

Zum Abschluss der Erläuterung der Collections wird noch der Aspekt *API-Design* betrachtet. Hierzu werden Richtlinien vorgestellt, die es eigenen APIs erlauben, mit anderen APIs ohne Probleme zusammenzuarbeiten, die ebenfalls diese Richtlinien befolgen.

Wenn ein API eine Methode enthält, die als Eingabe eine Collection erwartet, so ist es von essentieller Bedeutung, dass der relevante Parametertyp einer der Interface-Typen der Collection ist. Ein Implementierungstyp sollte hier niemals zum Einsatz kommen, da dieses Vorgehen das absolute Gegenteil der Grundidee des Interface-basierten Collections Frameworks ist, welches es Collections erlaubt, ohne Rücksicht auf Implementierungsdetails verändert zu werden.

Weiterhin sollte immer der Typ verwendet werden, der (soweit zulässig) am allgemeinsten ist. Es sollte daher weder eine List noch ein Set verwendet werden, wenn eine Collection bereits ausreichen würde. Dies bedeutet allerdings nicht, dass niemals eine Liste oder ein Set als Eingabe verwendet werden sollte. Das Vorgehen ist durchaus korrekt, wenn eine Methode von einigen Eigenschaften dieser beiden Interfaces abhängt. Viele der von der Java-Plattform angebotenen Algorithmen erfordern eine Liste als Eingabe, da sie davon abhängen, dass Listen Daten geordnet verwalten. Generelle Regel ist aber immer, dass die besten Eingabetypen auch gleichzeitig die allgemeinsten sind, also Map oder Collection.

Unbedingt zu beachten ist, dass niemals eine eigene Collection-Klasse definiert werden sollte und anschließend Objekte dieser Klasse als Eingabe erwartet werden. Ein derartiges Vorgehen eliminiert umgehend alle Vorteile, die das Collections Framework bietet.

Rückgabewerte können im Allgemeinen wesentlich flexibler gehandhabt werden als Eingabeparameter. So ist es durchaus in Ordnung, ein Objekt eines beliebigen Typs zurückzugeben, das eines der Collections-Interfaces implementiert oder erweitert. Im Gegensatz zu Eingabeparametern sollte ein Rückgabewert immer das Collections-Interface zurückgeben, das am speziellsten ist. Ist es bspw. sicher, dass eine Map, die von einer Methode als Resultat geliefert wird, auch immer eine SortedMap ist, so sollte eher der Rückgabetyp SortedMap anstelle von Map verwendet werden. SortedMap-Objekte bieten zwar weitergehende Funktionen als Maps an, benötigen aber auch eine längere Initialisierungszeit. Wenn also bereits eine SortedMap erzeugt wurde, so ist es sinnvoll, dem Benutzer auch die Möglichkeit einzuräumen, die weitergehenden Funktionen auszunutzen. Weiterhin ist es dann auch möglich, das zurückgegebene Objekt an Methoden zu übergeben, die eine SortedMap erwarten, wie auch an solche, die allgemein nur eine Map erwarten.

Nochmals sollte darauf hingewiesen werden, dass niemals eine eigene Collection-Klasse definiert werden sollte und Objekte dieser Klasse als Rückgabewerte geliefert werden sollten. Hierdurch verliert man alle Vorteile des Collections Frameworks.

Heutzutage findet man eine Vielzahl von APIs, die eigene Collection-Typen definieren. Dies ist zwar unglücklich, aber kaum zu umgehen, da in den ersten zwei Ausgaben von Java (JDK 1.0.1 und JDK 1.1) kein Collections Framework existierte. Wird ein derartiges API verwendet, so sollte versucht werden, dieses so umzuschreiben, dass es eines der Standard-Collections-Interfaces implementiert. In diesem Fall werden alle Collections, die zurückgegeben werden, mit anderen Collection-basierten APIs zusammenarbeiten. Sollte dies unmöglich sein, so sollte eine *Adapterklasse* definiert werden, die die eigenen Collection-Objekte derart abbildet, dass sie wie eine Standard-Collection funktionieren. Meist ist ein Umschreiben dann sinnlos, wenn bereits existierende Typsignaturen mit denen der Standard-Collections-Interfaces in Konflikt stehen. Eine Adapterklasse, die die Anpassung vornimmt, ist ein gutes Beispiel für die oben beschriebenen eigenen Implementierungen.

Ein eigenes API sollte weiterhin um neue Aufrufe erweitert werden, die den Eingaberichtlinien derart folgen, dass Objekte eines Standard-Collection-Interfaces akzeptiert werden können. Derartige Aufrufe können durchaus mit bereits existierenden Aufrufen der eigenen Collection koexistieren. Sollte dies unmöglich sein, so sollte ein Konstruktor oder eine statische Methode für den eigenen Typ bereitgestellt werden, die ein Objekt eines der Standard-Interfaces entgegennimmt und eine eigene Collection zurückgibt, die dasselbe Element (oder dieselben Abbildungen) enthält. Jeder dieser Ansätze erlaubt es Benutzern, beliebige Collections an das eigene API zu übergeben.

3.3.16 Packages

Im Laufe dieses Kapitels war bereits mehrfach die Rede von *Packages*, ohne diesen Begriff detailliert zu erläutern. Ein *Package* stellt eine Möglichkeit dar, inhaltlich zusammengehörige Komponenten zu gruppieren. Beispiele für Packages sind bspw. das Package `Math`, das mathematische Routinen zur Verfügung stellt, oder auch das Package `awt`, das die Verarbeitung grafischer Benutzeroberflächen ermöglicht. Die inhaltliche Zusammengehörigkeit der Komponenten von Packages kann sowohl durch lediglich *eine* Vererbungshierarchie bestimmt sein als auch durch verschiedene Hierarchien, die zueinander in Bezug stehen. Auch Packages können Teil eines anderen Packages sein. Werden umfangreiche Projekte implementiert, die unter Umständen aus hunderten von Klassen bestehen, so kann auf das Organisationsinstrument *Package* nicht verzichtet werden.

Die Nützlichkeit von Packages kann hauptsächlich folgendermaßen belegt werden:

- Klassen können in Einheiten gruppiert werden, analog zur Verwendung von Ordnern oder Verzeichnissen einer Festplatte. Diese Organisationsmöglichkeit stellt sicher, dass nur die Teile verwendet werden, die auch tatsächlich benötigt werden.
- Die Auftrittswahrscheinlichkeit von Namenskonflikten kann reduziert werden. Je größer ein Projekt wird, desto höher wird auch die Wahrscheinlichkeit, dass aus Versehen Namen verwendet werden, die bereits an anderer Stelle definiert wurden, wodurch auch die Wahrscheinlichkeit von Seiteneffekten wächst. Mit-

tels Packages können Klassen aufgrund der Zugriffsregeln leicht verborgen werden, wodurch die Fehlerwahrscheinlichkeit sinkt.
- Packages ermöglichen weitergehende Zugriffsrechte als dies auf einer Klassen-zu-Klassen-Basis möglich wäre (siehe unten).
- Packages können durch eine beliebige Namensgebung zur Identifikation des Eigentümers verwendet werden. Es ist hierbei Konvention, an oberster Stelle der Hierarchie den Namen des Eigentümers zu nennen. Dies findet sich bspw. bei Packages, die von der Firma Sun Microsystems entwickelt wurden (Packages `sun.*`) oder bei dem bereits vorgestellten LiveConnect, das von der Firma Netscape entwickelt wurde und das daher als `netscape.*` bezeichnet wird. Eine Ausnahme hierzu bildet das Package `java`, das als derart fundamental angesehen wird, dass hier die Namensgebung anders ist.

Zur Verwendung eines Packages muss dieses importiert werden. Die hierzu notwendige Syntax lautet:

Syntax

```
import Name_des_Packages
```

Beim Importieren von Klassen gelten die folgenden Regeln:
- Ein oder mehrere `import`-Kommandos müssen immer am Anfang einer Programmdatei angegeben werden.
- Klassen, die Teil des Packages `java.lang` sind, müssen nicht importiert werden, sie stehen in allen Anwendungen automatisch zur Verfügung. Zur Verwendung derartiger Klassen muss lediglich der Klassenname spezifiziert werden.
- Klassen, die nicht in einem Paket gruppiert worden sind, werden automatisch in einem unbenannten Standard-Package gesammelt. Auch diese Klassen müssen nicht gesondert importiert werden.
- Klassen, die sich in einem Paket befinden, können importiert werden, indem der volle Name des Pakets angegeben wird, bspw. `import Math.random`. Dies funktioniert allerdings nur dann, wenn die Klasse nach den entsprechenden Zugriffsrechten definiert ist (siehe unten).
- Gruppen von Klassen können importiert werden, indem anstelle eines Klassennamens ein Asteriskus verwendet wird. Sollen bspw. alle Klassen des Packages `Math` importiert werden, so erfolgt dies mit dem Befehl `import Math.*`. Auch dies funktioniert nur, wenn die entsprechenden Zugriffsrechte vorhanden sind. Hierbei ist auch zu beachten, dass zwar alle Klassen der jeweiligen Hierarchieebene importiert werden, nicht aber die Klassen auf anderen Ebenen. Diese müssen gesondert (eventuell ebenfalls unter Verwendung des Asteriskus) importiert werden.

Alle Klassen, die auf eine beliebige Art importiert worden sind, können unter Verwendung ihres Namens angesprochen werden. Dies kann der vollständige Name einschließlich des Package-Namens sein (bspw. `java.Math.random()`). In diesem Fall muss das Package nicht importiert werden. Dies macht immer dann Sinn, wenn eine derartige Klasse nur selten verwendet wird. Eine Klasse kann auch nur mit ihrem Namen angesprochen werden (bspw. `random`). In diesem Fall ist das entsprechende Package zwingend zu importieren.

Importprobleme treten immer dann auf, wenn zwei Packages Klassen desselben Namens enthalten. In diesem Fall wird der Java-Compiler immer dann einen Namenskonflikt melden, wenn versucht wird, diesen Namen direkt zu verwenden. Die einzige Möglichkeit, dies zu umgehen, ist die vollständige Namensangabe der jeweiligen Klasse, die in diesem Fall aus dem Namen des Packages und dem Klassennamen besteht. Ein weiteres Problem, das auftreten kann, ist der Versuch, auf Klassen zuzugreifen, die nicht importiert werden können. Es wurde bereits beschrieben, dass Klassen immer dann *Standard-Zugriffsrechte* haben, wenn keine speziellen Modifier angegeben wurden. Eine derartige Klasse steht allen anderen Klassen desselben Packages zur Verfügung, nicht aber Klassen außerhalb eines Packages (Kapselungskonzept). Dies impliziert aber, dass auch Sub-Packages auf derartige Klassen nicht zugreifen dürfen. Klassen, die ohne Modifier spezifiziert werden, können daher weder importiert noch durch einen entsprechenden Namen referenziert werden. Ruft man sich die Regelung der Zugriffsrechte aus Tab. 3-9 in Erinnerung, so wird schnell klar, dass Klassen nur dann importiert und referenziert werden können, wenn sie als `public` deklariert sind. Genau aus diesem Grund werden bei `import`-Operationen, die mit einem Asteriskus angegeben werden (bspw. `import Math.*`) auch nur solche Klassen importiert, die als `public` deklariert sind. Verborgene Klassen eines Packages können nur von anderen Klassen desselben Packages verwendet werden. Der Grund für ein derartiges Verbergen von Klassen ist ähnlich wie bei allen anderen Kapselungsoperationen: Die Auswirkungen von Änderungen können so auf die Komponenten eines Programms begrenzt werden, die tatsächlich mit einer derart vereinbarten Klasse arbeiten sollen.

Eine wichtige Regelung der Deklaration von `public`-Klassen ist, dass in einer Datei zwar eine beliebige Anzahl von Klassen enthalten sein kann, dass aber nur eine dieser Klassen als `public` definiert werden darf. Der Name dieser Klasse muss dann auch mit dem Dateinamen übereinstimmen. Zwar können aus anderen Packages nur solche Klassen verwendet werden, die `public` sind, andere Klassen werden aber dennoch hinzugeladen, wenn aus der als `public` deklarierten Klasse Zugriffe auf ebendiese anderen Klassen erfolgen. Dieses Konzept wurde bereits im Zusammenhang mit Zugriffsmethoden erläutert. Klassen können auf diese Art und Weise sehr elegant vor unberechtigtem Zugriff geschützt werden. Allgemein gilt es als guter Programmierstil, eine kleine Anzahl von Klassen als `public` zu deklarieren und aus diesen auf eine Vielzahl von Klassen desselben Packages zuzugreifen.

Zum Abschluss der Einführung des Package-Konzepts muss weiterhin darauf hingewiesen werden, dass das Importieren eines Packages nur dann funktioniert, wenn der Pfad, der den Speicherort der Datei angibt, in der Variable `CLASSPATH` definiert ist (hierzu siehe auch Kapitel 3.1.2). Sind die Programmdateien eines Projekts also in Unterverzeichnissen organisiert und eventuell auch in Packages gruppiert, so müssen auch die Unterverzeichnisse in der Variablen `CLASSPATH` angegeben sein.

Arbeiten mit Packages

Bisher wurde vor allem das Arbeiten mit bereits vordefinierten Packages betrachtet. Im Folgenden wird detailliert erläutert, wie eigene Projekte in Packages organisiert werden können. Hierzu sind die folgenden drei Schritte nötig, die anschließend im Detail erklärt werden:

1. Auswahl des Namens eines Packages
2. Erzeugen der Organisationsstruktur eines Packages
3. Hinzufügen von Klassen zum Package

Die Auswahl des Namens eines Packages sollte derart erfolgen, dass der Name eindeutig ist. Auch wenn hierzu außer der Konvention, dass der Name des Packages im Unterschied zu Klassennamen mit kleinen Buchstaben beginnen sollte, keine Vorschriften existieren, lohnt es sich, sich an die von der Firma Sun Microsystems vorgeschlagene Konvention zu halten. Diese sieht vor, den eigenen Domänennamen in umgekehrter Reihenfolge als Namen zu verwenden, für Sun also bspw. `com.sun.java`. Um den Einsatzzweck des Packages zu dokumentieren, sollte anschließend noch ein Name, der das Package identifiziert, angehängt werden. Eindeutige Namen sind das beste Mittel, spätere Namenskonflikte zu umgehen. Zwar können Namenskonflikte bei Klassen unter Angabe des Package-Namens verhindert werden, Namenskonflikte bei zusätzlich gleichen Package-Namen sind jedoch nicht lösbar.

Im zweiten Schritt muss die Verzeichnisstruktur angelegt werden, in der die Klassen des Packages abgelegt werden sollen. Hierzu muss jeder Namensteil eines Package-Namens in einer eigenen Stufe der Verzeichnishierarchie stehen. Im Falle von `com.sun.java` muss also zuerst ein Verzeichnis `com` angelegt werden, in diesem ein Verzeichnis `sun` und wiederum in `sun` ein Verzeichnis `java`. Im Verzeichnis `java` wird dann der Programm-Code abgelegt.

Im dritten Schritt werden die Klassen dem Package zugefügt, indem in den Klassendateien oberhalb der `import`-Befehle die Anweisung

Syntax

```
package Package-Name
```

angegeben wird. Im Fall des Packages `com.sun.java` lautet der einzufügende Befehl daher `package com.sun.java`.

Sicherlich ist die Lektüre dieses Kapitels bis hierher eher mühsam, da eine Vielzahl technischer Definitionen und Konzepte erläutert wurden. Der Leser sollte aber nun in der Lage sein, jegliche Strukturen von Java-Programmen zu verstehen. Um diese Kenntnisse zu überprüfen, kann der in Kapitel 3.6 vorgestellte Programm-Code des Spiels „Schiffe versenken" betrachtet werden. Auch wenn sicherlich eine Vielzahl der dort verwendeten Klassen bisher noch nicht näher erklärt wurde, sollte zumindest die Syntax der verwendeten Anweisungen verständlich sein.

3.4 Ausnahmebehandlung

Unter einer *Ausnahme* (*Exception*) versteht man das Auftreten eines Ereignisses während des Programmablaufs, das den normalen Abarbeitungsfluss unterbricht. Derartige Fehler können bspw. aus Hardware-Problemen oder Programmierfehlern resultieren. Tritt eine Exception in einer Java-Methode auf, so erzeugt diese ein Exception-Objekt und übergibt dieses dem Laufzeitsystem. Das Exception-Objekt beinhaltet Informationen über die Art der Exception, deren Typ und den Status des Programms zu dem Zeitpunkt, zu dem der Fehler auftrat. Anschließend ist das Laufzeitsystem dafür verantwortlich, den Fehler geeignet zu bearbeiten. Hierzu ist eine Routine zu lokalisieren, die die Fehlerbearbeitung übernimmt.

Das Laufzeitsystem durchsucht rückwärts die aufgerufenen Methoden, bis sie in einer der Klassen eine Routine findet, die den Fehler beheben kann (sog. *Exception Handler*). Dieser Vorgang ist in Abb. 3-12 dargestellt. Ein Exception Handler kann einen Fehler dann bearbeiten, wenn der Typ der Exception dem entspricht, den der Handler verarbeiten kann. Die Exception wird daher solange in entgegengesetzter Richtung der Aufrufreihenfolge weitergereicht, bis eine Klasse gefunden wird, die einen entsprechenden Exception Handler enthält.

Kann das Laufzeitsystem keinen geeigneten Exception Handler finden, so wird das Programm abgebrochen. Hieraus wird auch die Bedeutung erkennbar, die das Schreiben von geeigneten Exception Handlern hat.

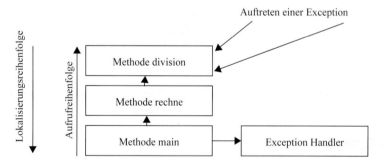

Abb. 3-12 Lokalisierung eines Exception Handlers

Die Verwendung von Exceptions zur Verarbeitung von Fehlern hat einige entscheidende Vorteile:

- Code zur Bearbeitung von Fehlern ist vom regulären Code getrennt, wodurch die Lesbarkeit von Programmen verbessert wird,
- Fehler können entgegengesetzt der Aufrufreihenfolge weitergereicht werden. Im Regelfall kann daher ein einziger Exception Handler Fehler verarbeiten, die von einer ganzen Reihe von Klassen verursacht werden.
- Fehlertypen können in Klassen eingeteilt und dementsprechend spezifisch durch eine Menge verschiedener Exception Handler verarbeitet werden. Durch diese Trennung kann bessere Lesbarkeit der einzelnen Handler erreicht werden, als wenn die gesamte Fehlerbearbeitungsroutine in einer einzigen Methode angeordnet wäre. Zudem können speziellere Exception Handler implementiert werden, indem allgemeinere Exception Handler ihre Funktionalität auf Subklassen vererben.

3.4.1 Spezifikation von Exceptions

In Java kann eine Methode eine Exception entweder an einen Exception Handler weiterreichen oder innerhalb der Methode selbst verarbeiten, wozu die Bedingungen, die zur anschließenden Verarbeitung des Fehlers führen, spezifiziert werden müssen.

Eine Methode kann eine Exception abfangen, indem sie selbst einen Exception Handler implementiert. Ist dies hingegen nicht gewünscht, so muss die Methode angeben, dass eine derartige Exception vorkommen kann und dass diese damit an anderer Stelle verarbeitet wird. Durch ein derartiges Vorgehen wird bereits garantiert, dass eine Anwendung nicht unvorhergesehen abstürzt (falls alle möglichen Exceptions angegeben werden). Ein weiterer Vorteil liegt darin, dass die Methode bereits vor dem Aufruf mitteilt, welche Fehler möglicherweise auftreten können. Die Angabe der möglichen Exceptions erfolgt daher sinnvollerweise in der Signatur der Methode.

In Java können eine Vielzahl von Exceptions auftreten, bspw. I/O- oder Laufzeitausnahmen. Laufzeit-Exceptions treten im Laufzeitsystem auf, bspw. in arithmetischen Berechnungen oder in Indizieroperationen. Da derartige Exceptions fast überall in einem Programm vorkommen können und die Erfassung sehr aufwendig wäre, verlangt der Compiler nicht, dass diese Art von Ausnahmen überall angegeben wird. Es sei aber darauf hingewiesen, dass ein Auslassen derartiger Definitionen zu Programmabstürzen führen kann.

Eine weitere Art der Exceptions sind solche, bei denen der Compiler verlangt, dass sie entweder von der Methode abgefangen oder in der Signatur angegeben werden. Hierbei ist zu beachten, dass nicht nur solche Exceptions angegeben werden, die eine Methode unmittelbar auslöst, sondern auch indirekte, die sich durch Aufrufe anderer Methoden ergeben können.

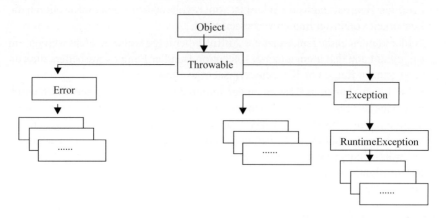

Abb. 3-13 Klasse Throwable

Exceptions in Methodensignaturen

Zur Definition des Exception-Verhaltens in einer Methodensignatur sind Objekte zu verwenden, die von der Klasse Throwable einfach oder mehrfach abgeleitet sind. Der Aufbau der Klasse Throwable ist in Abb. 3-13 dargestellt.

Die Klasse Throwable vererbt direkt an die Subklassen Error und Exception. Mittels der Klasse Error werden solche Fehler verarbeitet, die auftreten, wenn Probleme beim dynamischen Linken oder sonstige schwere Fehler der Java-VM auftreten. Typischerweise sind solche Fehler derart schwer, dass sie nicht behoben und daher auch nicht abgefangen werden können.

Die meisten Programme lösen Exceptions aus, die ihre Eigenschaften von der Klasse Exception erben. Exceptions sind daher nicht so schwerwiegend wie Errors. Die Klasse Exception verfügt über eine Vielzahl von Subklassen, die die verschiedenen Exceptions, die auftreten können, verarbeiten. Eine Subklasse, der eine besondere Bedeutung zukommt, ist die Klasse RuntimeException, die Exceptions repräsentiert, die in der Java-VM auftreten können. Ein Beispiel hierfür ist eine NullPointerException, die auftritt, wenn eine Methode auf ein Objekt zugreifen will, das nicht referenzierbar ist. Wie bereits erwähnt, erlaubt der Compiler das Auslassen der Definition von Laufzeit-Exceptions, da diese an einer Vielzahl von Stellen eines Programms auftreten können. Eine saubere Programmierung minimiert jedoch stets das Risiko, dass ein derartiger Fehler tatsächlich auftritt.

Die Java-Packages definieren verschiedene RuntimeException-Klassen, die, wie jede andere Exception auch, abgefangen werden können. Eine spezielle Angabe in der Signatur einer Methode ist hierfür jedoch nicht nötig. Zusätzlich können benutzerdefinierte RuntimeException-Subklassen implementiert werden.

Nachdem der Zusammenhang der definierbaren Exceptions verdeutlicht wurde, kann die eigentliche Erweiterung der Methodensignatur beschrieben werden. Alle

Java-Methoden, die eine Exception auslösen können, müssen entweder in der Signatur der Methode das Schlüsselwort `throws` verwenden, dem die Art der auszulösenden Exception folgt, oder auftretende Exceptions innerhalb der Methode abfangen. Soll in einer Methode eine Exception explizit ausgelöst werden, so wird die Methode `throw` aufgerufen, die als Argument ein Objekt vom Typ `Throwable` erwartet. Das folgende Beispiel verdeutlicht die Verwendung dieser Kommandos. Hierbei wird eine `BeispielException` ausgelöst, die geeignet zu definieren ist (siehe unten).

Code

```
class Beispiel throws BeispielException{
   public static void main(String[] args) {
      //Absichtliches Ausloesen der Exception
      throw new IOException();
   }
}
```

Eine weitere wichtige Eigenschaft der Klassendefinition ist in diesem Zusammenhang, dass Subklassen die `throws`-Signatur erben. In einer Subklasse wird daher immer mindestens dieselbe Menge von Exceptions ausgelöst, wie die in den Elternklassen definierten, ohne dass dies explizit in der Signatur angegeben werden müsste.

3.4.2 Abfangen von Exceptions

Jeder Exception Handler besteht aus den Anweisungsblöcken `try und catch` bzw. optional `finally`, deren Verwendung im Folgenden erläutert wird.

Try-Anweisungsblock

Der erste Schritt in der Implementierung eines Exception Handlers ist ein Try-Block, der die Anweisungen enthält, die eine Exception auslösen können. Verschiedene Arten von Exceptions werden dabei sukzessive in verschiedenen Try-Blöcken abgeprüft. Die Syntax eines Try-Blocks sieht folgendermaßen aus:

Syntax

```
try {
   Anweisungsfolge
}
```

Die in einem Try-Block eingeschlossenen Anweisungen können Exceptions auslösen. Ein Try-Block muss von mindestens einem Catch- oder einem Finally-Block gefolgt werden.

Catch-Anweisungsblock

Auf einen Try-Block folgt meist eine Sequenz von Catch-Blöcken, die die Ausnahmen angeben, die abgefangen werden sollen. Die allgemeine Syntax lautet daher wie folgt:

Syntax

```
try {
   Anweisungsfolge
} catch (ThrowableObject Variablenname1) {
   Anweisungsfolge
} catch (ThrowableObject Variablenname2) {
   Anweisungsfolge
}
```

Catch-Anweisungen erwarten als Argument eine Exception, deren Typ von der Klasse Throwable abgeleitet sein muss, die im Package java.lang definiert ist. Das Auslösen einer Exception entspricht dann der Erzeugung eines Exception-Objekts. Der Variablenname dieses Objekts gibt dem Handler die Möglichkeit, die Exception zu referenzieren.

Innerhalb eines Catch-Blocks befinden sich Java-Anweisungen, die ausgeführt werden, wenn der Exception Handler aufgerufen wird. Das Laufzeitsystem ruft den Handler dann auf, wenn er der erste in der Abarbeitungsreihenfolge der Methoden ist, der dem Typ der ausgelösten Exception entspricht.

In Java kann ein Exception Handler entweder nur eine (spezialisierter Handler) oder auch mehrere Exceptions verarbeiten. Da Exceptions Objekte vom Typ Throwable sind, sind sie nach der Auslösung Instanzen der Klasse Throwable oder einer der Subklassen von Throwable. Die Java-Packages enthalten eine große Anzahl an Klassen, die von Throwable abgeleitet sind und die in einer Klassenhierarchie angeordnet sind. Wird nun ein spezieller Exception Handler benötigt, so kann eine der Klassen verwendet werden, die sich auf unterster Ebene der Exception-Hierarchie befinden, die also keine Subklassen aufweisen. Diese Handler verarbeiten jeweils nur eine Exception. Wird im Gegensatz dazu eine der Klassen verwendet, die an Subklassen vererben, so können allgemeinere Handler geschrieben werden, die die Exception der Klasse selbst, aber auch die aller Subklassen bearbeiten.

Im Allgemeinen sollte ein Exception Handler so speziell wie möglich sein. Handler, die eine ganze Reihe von Exceptions verarbeiten können, sind meist nutzlos, da sowieso festgestellt werden muss, welche Art der Exception aufgetreten ist, um die beste Fehlerbehebungsstrategie anwenden zu können. Allgemeine Handler sind zudem aufgrund ihrer Komplexität fehleranfällig, da eventuell Exceptions übergeben werden, für die der Handler nicht gedacht war.

Finally-Anweisungsblock

Finally-Blöcke werden dazu verwendet, einen definierten Endzustand einer Methode herzustellen, bevor diese verlassen wird. Hierzu wird der Code, der bspw. Dateideskriptoren schließt oder Speicher freigibt, in einem Finally-Block eingeschlossen.

Syntax

```
finally {
   Anweisungsfolge
}
```

Finally-Blöcke werden vom Laufzeitsystem ausgeführt, ohne den Inhalt der Try-Blöcke zu beachten. Hieraus kann auch die Wichtigkeit der Finally-Blöcke abgeleitet werden. Da derartige Blöcke auf jeden Fall ausgeführt werden, ergeben sich die folgenden Vorteile:

- *Vermeidung von Code-Verdoppelungen.*
  Ohne Finally-Block müsste die Anweisung zum Schließen von Dateien in jedem Catch-Block enthalten sein. Bei Verwendung von Finally hingegen wird eine Datei nur an einer Stelle im Code einer Methode geschlossen.
- Tritt eine unerwartete Exception auf, so wird eine Methode in einem definierten Endzustand verlassen.

Anwendungsbeispiel

Das folgende Beispiel stellt das Durchlaufen durch einen Vektor v dar. Zur Indizierung der Einträge wird eine feste Zahl verwendet. Es liegt auf der Hand, dass der Index des Arrays hierbei zu einer Exception führen kann, die abgefangen werden muss. Die Methode getMessage() kann dazu verwendet werden, die Aufrufreihenfolge der Methoden bis zur Auslösung der Exceptions auszugeben.

Code

```
try {
   for (int i = 0; i < groesse; i++)
   System.out.println("Wert: " + v.elementAt(i));
} catch (ArrayIndexOutOfBoundsException e) {
   System.err.println("Exception aufgetreten: " + e.getMessage());
} finally {
   System.out.println("Schleife wird verlassen");
}
```

3.4.3 Implementierung von Exceptions

Die Implementierung von benutzerdefinierten Exceptions ist durch eine Erweiterung der Klasse Exception außerordentlich einfach. Im folgenden Beispiel ist eine derartige Implementierung dargestellt, die bspw. mittels des Catch-Blocks `catch (BeispielException e) {}` abgefangen werden könnte.

Code

```
public class BeispielException extends Exception {
   public BeispielException () {
      //Verarbeitung von Aufrufen ohne Kommentar
   }
   public BeispielException (String s) {
      //Verarbeitung von Aufrufen mit Kommentar
      //Weitergabe an die Superklasse Exception
      super(s);
   }
}
```

3.5 Einbindung von native Code in Java mittels JNI

Unter *native Code* versteht man Programme, die in einer bestimmten (von Java verschiedenen) Programmiersprache bereits implementiert sind. Oftmals wird eine Schnittstelle zwischen native Code (bspw. C-Programme) und Java benötigt, da bereits bestehende Programme in Java integrierbar sein sollten. Hierzu kann das *Java Native Interface* (JNI) verwendet werden. Java-Programme, die in JNI geschrieben sind, sind nach wie vor plattformunabhängig. Mittels JNI kann ein Java-Programm, das in einer Java Virtual Machine (VM) ausgeführt wird, mit anderen Anwendungen (bspw. Bibliotheken, die in C, C++ oder Assembler-Sprachen geschrieben sind) zusammenarbeiten. Umgekehrt kann mittels des *Invocation API* eine Java Virtual Machine in Anwendungen von native Code integriert werden. Java kann daher sowohl zur Steuerung anderer Anwendungen als auch als Teil derartiger Programme verwendet werden.

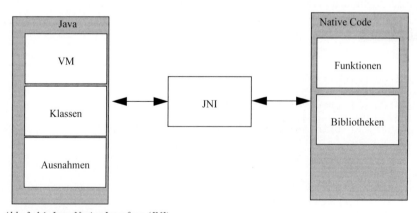

Abb. 3-14 Java Native Interface (JNI)

Während es oftmals praktisch ist, eine derartige Schnittstelle zur Verfügung zu haben, existieren auch Anwendungsfälle, in denen eine Anwendung nicht in Java geschrieben werden kann und eine Kooperation über JNI daher unerlässlich ist:

- die Java-Klassenbibliothek kann eventuell plattformabhängige Eigenschaften nicht unterstützen, die von einer Anwendung benötigt werden.
- Eine Anwendung oder Bibliothek existiert bereits und soll nicht in Java reimplementiert werden.
- Zeitkritischer Code soll in einer maschinennahen Sprache implementiert werden und aus Java heraus aufgerufen werden.

In JNI können Methoden in *native Code* in derselben Art und Weise verwendet werden, wie Java-Code derartige Objekte benutzen würde. Eine solche Methode kann Java-Objekte erzeugen und anschließend auf diesen operieren, wobei die Java-Objekte gleichzeitig im Java-Programm zur Verfügung stehen. Mittels JNI können daher Objekte zwischen Java und anderen Programmiersprachen ausgetauscht werden.

Umgekehrt können Methoden in *native Code* auch Java-Methoden aufrufen, die bspw. in Form einer Java-Bibliothek vorhanden sind. Derartige Aufrufe beinhalten auch die Übergabe von Parametern.

Durch JNI können insbesondere die Vorteile von Java hervorragend ausgenutzt werden, bspw. indem Ausnahmen von Methoden in *native Code* aus Java heraus abgefangen werden. Das in Abb. 3-14 dargestellte Schaubild zeigt den Zusammenhang zwischen Methoden in *native Code*, Java und JNI nochmals auf.

3.5.1 Programmierung mit JNI

Im Folgenden wird erläutert, wie native Code in Java-Programme integriert werden kann. Hierzu sind die folgenden Schritte zu durchlaufen:

1. Schreiben eines Java-Programms, das eine Klasse enthält, die eine Methode aus native Code in Form einer Signatur deklariert und diese in einer `main`-Methode aufruft.
2. Übersetzen der Java-Klasse.
3. Erzeugen einer Header-Datei der Methode aus native Code mittels `javah` mit der Option „`-jni`". Die Header-Datei enthält anschließend die formale Signatur der Methode.
4. Implementierung der Methode in einer beliebigen Programmiersprache (bspw. C).
5. Übersetzen der Header- und der Implementierungsdatei in eine *Shared Library*.
6. Ausführen des Java-Programms.

Diese Schritte werden im Folgenden detailliert betrachtet. Hierzu wird eine Anwendung entwickelt, die die Fakultät einer Zahl berechnet. Die eigentliche Berechnung wird in C implementiert.

Schreiben des Java-Programms

Das folgende Java-Programm definiert eine Klasse, in der eine Methode aus native Code deklariert wird:

Code
```
class JNIBeispiel {
  native int fakultaet(int wert);
  static {
    System.loadLibrary("fak");
  }
  public static void main(String[] args) {
    int i = new JNIBeispiel().fakultaet(3);
  }
}
```

Zuerst muss die Methode aus native Code innerhalb einer Java-Klasse deklariert werden. Da die Methode in einer von Java verschiedenen Sprache implementiert werden soll, muss das Schlüsselwort `native` angegeben werden, wodurch dem Java-Compiler mitgeteilt wird, dass eine Funktion einer anderen Sprache verwendet werden soll. Die Methode wird lediglich als Signatur deklariert, die eigentliche Implementierung in einer anderen Programmiersprache wird in einer separaten Datei gespeichert. Die Methodendeklaration reflektiert weiterhin, dass die Methode eine `public`-Instanz ist, die als Argument eine Zahl akzeptiert, und die einen Integer-Wert zurückgibt.

Die Klasse `JNIBeispiel` verwendet die Methode `System.loadLibrary`, um die in Schritt 5 erzeugte Shared Library zu laden, die erzeugt wird, wenn der Implementierungs-Code übersetzt wird. Diese Methode muss als `static` deklariert werden und erwartet als Argument den Namen der Shared Library, der beliebig wählbar ist. Das System konvertiert in diesem Fall den Namen der Bibliothek in einen Namen der native Library. In Windows-Systemen wird bspw. der Name `fak.dll` erzeugt.

Die nun folgende statische Initialisierung lädt die Bibliothek `fak`. Das Laufzeitsystem führt diese Anweisung aus, wenn die Klasse geladen wird.

Als Application enthält die Klasse `JNIBeispiel` eine `main`-Methode, in der die Klasse instantiiert wird und in der die Methode aufgerufen wird. Der Aufruf der Methode erfolgt in JNI in derselben Form wie der anderer Java-Methoden.

Erzeugung der Header-Datei

Nachdem das in Schritt 1 erzeugte Programm kompiliert wurde (`javac JNIBeispiel.java`), muss im dritten Schritt die Hilfsroutine `javah` dazu verwendet werden, eine Header-Datei aus der Datei `JNIBeispiel.class` zu erzeugen (`javah`

JNIBeispiel). Die Header-Datei enthält die Signatur, die zur Implementierung der C-Methode notwendig ist. Der Name der Header-Datei ist in diesem Fall Beispiel.h, also der Klassenname mit angehängtem Suffix „.h". javah speichert diese Datei im selben Verzeichnis ab, in dem sich auch die .class-Datei der Java-Klasse befindet. Mittels der Option -h kann hier allerdings auch ein anderes Verzeichnis angegeben werden. In der Header-Datei befindet sich dann die Zeile:

Code
```
JNIEXPORT jint JNICALL Java_JNIBeispiel_fakultaet
   (JNIEnv *, jobject, jint);
```

Die Funktion Java_JNIBeispiel_fakultaet realisiert die Implementierung der in der Java-Klasse definierten Methode aus native Code fakultaet (siehe nächster Schritt). Der Name der zu implementierenden Funktion ergibt sich immer dadurch, dass zuerst der Term „Java", anschließend der Klassenname (JNIBeispiel) und zum Schluss der Name der zu implementierenden Funktion getrennt durch Underscores angegeben wird. Diese Reihenfolge würde sich auch ergeben, wenn mehrere native Funktionen verwendet worden wären. Die Parameter, die an die Funktion übergeben werden, bestehen aus einem JNIEnv-Objekt, einem jobject und der Zahl, die an die Funktion übergeben wird (Typ jint für Integer). Die ersten beiden Parameter werden bei jeder JNI-Methode erzeugt. Der erste Parameter definiert einen Zeiger auf das JNIEnv-Interface, mit dessen Hilfe die Methode aus native Code auf Parameter und Objekte zugreift, die aus der Java-Anwendung heraus übergeben werden. Der zweite Parameter vom Typ jobject referenziert das derzeitige Objekt selbst, in der Art, wie dies in Java auch der this-Zeiger realisiert.

Implementierung von native Code

Die Funktion, die nun implementiert werden kann, muss dieselbe Signatur haben, wie die in der Header-Datei angegebene. Die C-Implementierung der Funktion, die in der Datei JNIBeispielImp.c gespeichert wird, sieht dann wie folgt aus:

Code
```
#include <JNIBeispiel.h>
JNIEXPORT jint JNICALL Java_JNIBeispiel_fakultaet
(JNIEnv *env, jobject obj, jint wert) {
   int i;
   i = fakultaet(wert);
   return i;
}
//Rekursive Berechnung der Fakultaet
int fakultaet(int i) {
   int wert = i;
   if (wert > 2)
      wert = wert*fakultaet(i-1);
   return(wert);
}
```

Erzeugung einer Shared Library

Das Java-Programm verwendet zum Laden von native Code die Anweisung `System.load` (siehe Schritt 1).

Code

```
System.load("fak");
```

Die im vorangehenden Schritt generierte Datei `JNIBeispielImp.c` muss nun in eine Shared Library namens `fak` übersetzt werden. Die notwendigen Befehle zur Generierung einer Shared Library sind stark vom System bzw. von der darauf installierten Software abhängig. Der Leser sollte daher feststellen, welchen C-Compiler er verwendet und wie hiermit eine derartige Bibliothek erzeugt werden kann.

Ausführung des Programms

Nachdem alle Schritte durchlaufen wurden, kann das Programm ausgeführt werden (`java JNIBeispiel`). Sollte hierbei eine Fehlermeldung auftreten, so sollte überprüft werden, ob der Library-Pfad, der unter anderem den Speicherort der verwendeten Shared Library enthält, richtig gesetzt ist. Unter UNIX kann dazu bspw. die Anweisung `setenv LD_LIBRARY_PATH Name_des_Library_Pfades` verwendet werden.

3.5.2 Integration von Java und native Code

JNI standardisiert die Namensgebung sowie die Aufrufstruktur, so dass die Java Virtual Machine Methoden aus native Code lokalisieren und aufrufen kann. Das hierzu notwendige Wissen ist Thema dieses Unterkapitels.

Deklaration nativer Methoden

Zur korrekten Deklaration einer Methode aus native Code sind die folgenden Regeln zu beachten:

1. Methoden aus native Code müssen in Java mit dem Schlüsselwort `native` gekennzeichnet werden. Dieses Schlüsselwort teilt dem Compiler mit, dass die Implementierung der Methode in einer anderen Sprache vorliegt.
2. Die Deklaration von Methoden aus native Code ist mit einem Semikolon abzuschließen, da die Implementierung der Methode nicht in der Java-Klasse erfolgt.

Vor der Implementierung von native Code sollte die Header-Datei mit Hilfe von `javah` erzeugt werden, die die Funktionsprototypen der Methoden enthält. Die Funktionsdefinition der Implementierung muss sich exakt nach dem Namen richten, der in der Header-Datei enthalten ist. JNIEXPORT und JNICALL müssen in jeder Funktionssignatur vorkommen. JNIEXPORT und JNICALL bewirken, dass der Quellcode auch auf solchen Plattformen übersetzt werden kann, die spezielle Schlüsselwörter für Funktionen fordern, die aus dynamischen Link-Libraries (DLLs) exportiert werden.

Eine Besonderheit ergibt sich, wenn überladene Methodennamen verwendet werden. In diesem Fall weicht die Namensgebung der Methode aus native Code von der bisherigen Regel, das Schlüsselwort „Java", einen Underscore, den Klassennamen, einen weiteren Underscore und den Funktionsnamen zu verwenden, ab. Logischerweise reicht diese Definition nicht mehr aus, da überladene Funktionen jeweils denselben Namen, aber unterschiedliche Argumentlisten haben. Aus genau diesem Grund wird die Namensgebung dahingehend erweitert, dass an den sonst auch verwendeten Namen zwei aufeinander folgende Underscores angehängt werden und zusätzlich die Argumentsignatur. Ein Beispiel für eine derartige Funktion ist im Folgenden angegeben:

Code

```
Java_JNIBeispiel_quadratzahl__jint_wert
Java_JNIBeispiel_quadratzahl__jfloat_wert
```

Beziehung zwischen Java-Typen und Typen in native Code

Java-Typen müssen in Methoden von native Code referenziert werden, wenn

- auf Argumente zugegriffen werden soll, die von einer Java-Anwendung an eine Methode aus native Code übergeben werden,
- Java-Objekte in einer Methode aus native Code angelegt werden sollen oder
- eine Methode aus native Code ein Ergebnis zurückgeben soll.

Methoden aus native Code können einfache Java-Datentypen, die als Argumente übergeben werden, direkt verwenden. Der Java-Typ `int` wurde in den Beispielen bereits auf den Typ `jint` abgebildet. In Tab. 3-12 ist die hierzu notwendige Abbildung angegeben.

Java-Objekte werden mittels Call-by-Reference an JNI übergeben und auf den Typ `jobject` abgebildet. JNI implementiert bereits eine Menge von Typen, die von `jobject` abgeleitet sind:

- `jobject` bezeichnet alle Java-Objekte,
- `jstring` für String-Objekte,
- `jclass` für Klassenobjekte,
- `jthrowable` für Exception-Objekte und
- `jarray` für Array-Objekte. Abgeleitet von `jarray` sind die folgenden Typen:
  - `jbooleanArray`, `jbyteArray`, `jcharArray`, `jdoubleArray`, `jfloatArray`, `jintArray`, `jlongArray` und `jshortArray` für Arrays der Typen `boolean`, `byte`, `char`, `double`, `float`, `int`, `long` und `short` und
  - `jobjectArray` für Objekt-Arrays.

Java-Typ	Typ in native Code	Größe in bit
boolean	jboolean	8, ohne Vorzeichen
byte	jbyte	8
char	jchar	16, ohne Vorzeichen
short	jshort	16
int	jint	32
long	jlong	64
float	jfloat	32
double	jdouble	64
void	void	--

Tab. 3-12 Abbildung von Java-Typen auf native Code

3.5.3 Java-Aufrufe aus native Code

JNI bietet Standard-Interface-Funktionen an, mit deren Hilfe Java-Objekte aus native Code heraus erzeugt, verwendet und auch manipuliert werden können.

Zugriff auf Java-Strings

Eine Java-Anwendung übergibt einen String an eine Methode aus native Code in Form eines `jstring`-Objekts. Der Typ `jstring` differiert allerdings von dem in C verwendeten Typ `String`, weshalb derartige Objekte nicht direkt verwendbar sind. Native Code muss daher JNI-Funktionen benutzen, um Java-Strings in native Strings umzuwandeln. JNI unterstützt hierzu die Umwandlung von Unicode (der üblicherweise in Java verwendet wird) in *UTF-8-Strings*. UTF-8-Strings sind aufwärtskompatibel mit 7-bit ASCII. Zur Umwandlung eines Strings muss die Methode aus native Code die Methode `GetStringUTFChars` aufrufen, um einen String korrekt auszugeben. `GetStringUTFChars` konvertiert die Unicode-Repräsentation eines Java-Strings in einen UTF-8-String. Enthält ein String allerdings nur 7-bit ASCII-Zeichen, so kann der String direkt an ein native Code-Segment übergeben werden, bspw. folgendermaßen:

Code

```
JNIEXPORT JNICALL Java_JNIBsp_zeile
(JNIEnv *env, jobject obj, jstring z)
    {
    const char *s = (*env)->GetStringUTFChars(env, z, 0);
    printf("%s\n", s);
    //Aufheben der Referenzierung
    (*env)->ReleaseStringUTFChars(env, z, s);
    }
```

Ist die Bearbeitung des Strings abgeschlossen, so muss die Methode `Release-String-UTFChars` aufgerufen werden. `ReleaseStringUTFChars` teilt der Java-VM mit, dass die Methode aus native Code den String nicht länger verwendet und dass folglich der Speicher freigegeben werden kann. Im Gegenzug resultiert das Weglassen dieses Aufrufs in der Verschwendung von Speicherplatz.

Eine Methode aus native Code kann auch einen neuen String anlegen, indem die Methode `NewStringUTF` aufgerufen wird. Dies ist im folgenden Beispiel angegeben.

Code

```
JNIEXPORT JNICALL Java_JNIBsp_zeile
(JNIEnv *env, jobject obj, jstring z)
    {
    char puffer[128];
    scan("%s", puffer);
    const char *s = (*env)->NewStringUTF(env, puffer);
    printf("%s\n", s);
    }
```

Methoden aus native Code können auf Java-Objekte mit Hilfe des `env`-Zeigers zugreifen. Beispiele hierfür sind die Anwendungen der Funktionen `GetStringUTF-Chars` und `ReleaseStringUTFChars` in den vorangegangenen Beispielen.

JNI stellt auch Möglichkeiten bereit, die Unicode-Repräsentation von Java-Strings zu erzeugen. Dies ist vor allem auf Systemen sinnvoll, die auch in native Code Unicode verwenden. Hierzu stehen die folgenden Funktionen zur Verfügung:

- `GetStringChars` akzeptiert als Argument einen Java-String und gibt einen Zeiger auf einen Array von Unicode-Zeichen zurück.
- `ReleaseStringChars` löscht diesen Zeiger wieder.
- `NewString` erzeugt einen neuen Java-String aus einem Array von Unicode-Zeichen.
- `GetStringLength` stellt die Länge eines Strings fest, der aus Unicode-Zeichen besteht.
- `GetStringUTFLength` stellt analog die Länge eines Strings fest, der im UTF-8-Format vorliegt.

Zugriff auf Java-Arrays

JNI verwendet den Typ `jarray`, um Java-Arrays zu referenzieren. Auch auf Objekte vom Typ `jarray` kann aus native Code nicht direkt zugegriffen werden. JNI stellt Methoden bereit, die diesen Zugriff erlauben (siehe Tab. 3-13).

Funktion	Array-Typ
GetBooleanArrayElements	boolean
GetByteArrayElements	byte

Tab. 3-13 Array-Zugriff in JNI

Funktion	Array-Typ
GetCharArrayElements	char
GetShortArrayElements	short
GetIntArrayElements	int
GetLongArrayElements	long
GetFloatArrayElements	float
GetDoubleArrayElements	double

Tab. 3-13 Array-Zugriff in JNI

Ähnlich wie bei Strings müssen Array-Objekte wieder freigegeben werden, wenn sie in native Code nicht weiter verwendet werden. Die hierzu notwendigen Methoden sind in Tab. 3-14 angegeben.

Funktion	Array-Typ
ReleaseBooleanArrayElements	boolean
ReleaseByteArrayElements	byte
ReleaseCharArrayElements	char
ReleaseShortArrayElements	short
ReleaseIntArrayElements	int
ReleaseLongArrayElements	long
ReleaseFloatArrayElements	float
ReleaseDoubleArrayElements	double

Tab. 3-14 Array-Freigabe in JNI

Die Anwendung dieser Methoden wird im folgenden Beispiel demonstriert. Hierbei wird ein Array an ein Programm in native Code übergeben. Zuerst wird die Länge des Arrays festgestellt, indem die JNI-Methode `GetArrayLength` aufgerufen wird. Im Gegensatz zu anderen Programmiersprachen merkt sich Java immer die Länge von Arrays.

Anschließend wird ein Zeiger auf die Elemente des Arrays erzeugt. JNI enthält Methoden, die auf Arrays eines beliebigen einfachen Typs (`boolean`, `byte`, `char`, `short`, `int`, `long`, `float` und `double`) zugreifen können. Wie aus Tab. 3-14 ersichtlich, enthält das JNI eine Menge an Funktionen zur Erzeugung von Array-Zeigern. Hierbei wird in der Notation `Get<Typ>ArrayElements` jeweils der Typ so gesetzt, dass er den Elementen des Arrays entspricht. Zum Zugriff auf einen Array aus Double-Elementen muss dann bspw. die Methode `GetDoubleArrayElements` verwendet werden. Da das folgende Beispiel eine Liste von Integer-Werten enthält, muss die JNI-Methode `GetIntArrayElements` verwendet werden. Nachdem der Zeiger generiert wurde, kann der resultierende Integer-Array mit C-Kommandos verarbeitet werden.

Code

```
JNIEXPORT jint JNICALL Java_Beispiel_bspArray(JNIEnv *env, jobject
obj, jintArray a) {
   int i, r;
   jsize laenge = (*env)->GetArrayLength(env, a);
   jint *zeiger = (*env)->GetIntArrayElements(env, a, 0);
   for (i=0; i<laenge; i++) {
      //Zugriff auf Elemente, bspw. mit zeiger[i];
      r = zeiger[i];
   }
   //Freigeben des Speichers
   (*env)->ReleaseIntArrayElements(env, a, zeiger, 0);
   return r;
}
```

Im Allgemeinen werden während der Garbage Collection Java-Arrays verschoben, um eine Speicherfragmentierung zu vermeiden. Dies ist problematisch, da in native Code mit Zeigern gearbeitet wird, die nach einer Verschiebung eines Arrays nicht mehr korrekt verwendet werden können. Aus diesem Grund garantiert die Java Virtual Machine, dass in JNI erzeugte Zeiger auf einen nicht verschiebbaren Array zeigen. Dies wird dadurch realisiert, dass der Speicherbereich entweder gesperrt wird oder dass eine Kopie des Arrays in einem nicht verschiebbaren Bereich erstellt wird. Aus diesem Grund muss aber JNI den belegten Speicher wieder freigeben. Ähnlich wie bei der Deklaration der Methoden `Get<Typ>ArrayElements` stellt das JNI eine Menge von Freigabemethoden bereit, die die Syntax `Release<Typ>ArrayElements` aufweisen. Im Beispiel wird daher die Methode `ReleaseIntArrayElements` aufgerufen, wenn die Bearbeitung des Arrays abgeschlossen ist. Mittels `ReleaseIntArrayElements` kann JNI den Array zurückkopieren, wenn eine Kopie des ursprünglichen Java-Arrays erstellt wurde, und den belegten Speicherbereich wieder freigeben. Durch die Kopieroperation erhält das aufrufende Java-Programm die eventuell in native Code modifizierten Werte des Arrays.

Problematisch ist, dass durch `Get<Typ>ArrayElements` eventuell eine Kopie des gesamten Arrays angelegt wird. Dieser Vorgang verschwendet insbesondere bei sehr großen Arrays Ressourcen in einem nicht zu vernachlässigenden Umfang. Die Zahl der zu kopierenden Elemente kann aber begrenzt werden, indem die JNI-Methoden `Get/Set<Typ>ArrayRegion` verwendet werden, mit denen auf eine eingeschränkte Anzahl von Array-Elementen durch Kopieroperationen zugegriffen werden kann.

Zum Zugriff auf Objekt-Arrays werden in JNI separate Methoden verwendet, mit deren Hilfe auf einzelne Elemente zugegriffen werden kann. Auf die Gesamtheit aller Elemente kann allerdings nicht in einer atomaren Operation zugegriffen werden. JNI beinhaltet hierzu die Funktionen:

- `GetObjectArrayElement` gibt das Objekt-Element an einem bestimmten Index zurück und

- `SetObjectArrayElement` setzt das Objekt-Element an einem bestimmten Index auf einen neuen Wert.

Aufruf von Java-Methoden in native Code

Zum Aufruf einer Java-Instanzmethode in native Code sind die folgenden drei Schritte zu durchlaufen:

1. Die Methode aus native Code ruft die JNI-Funktion `GetObjectClass` auf, die das Java-Klassenobjekt zurückgibt.

2. Die Methode ruft anschließend die JNI-Funktion `GetMethodID` auf, die die Bezeichnung (ID) einer Java-Methode in einer gegebenen Java-Klasse feststellt. Dieser Vorgang basiert auf dem Methodenname und auf der Methodensignatur. Sollte die Java-Methode nicht existieren, so liefert die Funktion `GetMethodID` den Wert 0 zurück. Wird die Methode in native Code an dieser Stelle unmittelbar beendet, so wird in Java eine `NoSuchMethodError`-Ausnahme generiert.

3. Im letzten Schritt ruft die Methode in native Code die JNI-Funktion `CallVoidMethod` auf, die wiederum eine Instanzmethode aufruft, die den Rückgabetyp `void` hat. Die an `CallVoidMethod` zu übergebenden Argumente sind das Objekt, die Methoden-ID und die Argumente der Java-Methode.

Das folgende Beispiel zeigt eine Anwendung der drei Schritte:

Code
```
JNIEXPORT void JNICALL Java_Beispiel_bspFkt(JNIEnv *env, jobject obj) {
    int r = 0;
    //Feststellen des Klassen-Objekts
    jclass klasse = (*env)->GetObjectClass(env, obj);
    //Feststellen der ID der Methode javafkt
    jmethodID mId = (*env)->GetMethodID(env, klasse, "javafkt",
       "(I)V");
    if (mId == 0) {
       //Pech gehabt
       return;
    }
    //Aufruf der Methode
    (*env)->CallVoidMethod(env, obj, mId, r);
}
```

JNI stellt den Namen der Java-Methode aufgrund des Namens und der Signatur fest, wodurch gewährleistet werden kann, dass dieselbe Methode in native Code auch dann noch funktioniert, wenn der Java-Klasse neue Methoden hinzugefügt wurden. Soll ein Konstruktor einer Java-Klasse aufgerufen werden, so muss der Name in Kleiner-/Größerzeichen eingeschlossen werden, bspw. als `"<Beispiel>"`.

Die Methodensignatur wird in JNI dazu verwendet, den Rückgabetyp der Java-Methode anzugeben. Im obigen Beispiel wurde die Signatur `(I)V` angegeben, die eine Java-Methode bezeichnet, die ein Argument vom Typ Integer erwartet und die einen Rückgabetyp `void` hat. Die allgemeine Form dieses Arguments ist immer `"(argument-Typen)rückgabe-typ"`. Die in JNI möglichen Typsignaturen sind in Tab. 3-15 zusammengefasst.

Signatur	Java-Typ
Z	boolean
B	byte
C	char
D	double
F	float
I	int
J	long
L voller Klassenname; Komponenten getrennt durch Schrägstriche. Beispiel: Ljava/lang	vollständige Java-Klasse
S	short
[typ	typ[]
(Argumententypen) Rückgabetyp	Methodentyp

Tab. 3-15 JNI-Typsignaturen

Die folgenden Beispiele für Signaturen verdeutlichen die Verwendung der Tabelle:

- `(Ljava/lang/String;)Ljava/lang/String;`
  ist die Signatur einer Methode, die als Argument einen String erwartet, und die einen String zurückgibt.
- `([S)V`
  ist die Signatur einer Methode, die als Argument einen Array von `short`-Elementen erwartet und die ein `void`-Objekt zurückgibt. Der Array wird hier mit der geöffneten eckigen Klammer symbolisiert.

Offensichtlich ist die Angabe derartiger Signaturen nicht gerade einfach und daher eine potentielle Fehlerquelle. Zur Vermeidung von Fehlern kann aber das Werkzeug `javap` verwendet werden, das die Variablen und Methodensignaturen einer Java-Klasse ausgibt. Der Aufruf von `javap` für die Klasse `Beispiel.java` erfolgt mittels

Code

```
javap -s -p Beispiel
```

Hierbei werden die Flags `"-s"` und `"-p"` verwendet. Mittels `"s"` wird javap dazu veranlasst, Signaturen auszugeben, mittels `"-p"` werden auch als `private` gekennzeichnete Elemente ausgegeben.

Wird in JNI eine Java-Methode aufgerufen, so wird der aufrufenden Funktion die ID der Methode übergeben. Anhand des Beispiels ist ersichtlich, dass diese Aufgabe nicht trivial ist. Da die Feststellung der ID aber vom tatsächlichen Aufruf getrennt ist, muss diese Operation nur einmal ausgeführt werden. Es ist daher möglich, zu einem frühen Zeitpunkt der Programmabarbeitung die ID festzustellen und diese später mehrfach zu verwenden. Hierbei darf aber nicht vergessen werden, dass die ID nur solange gültig ist, wie die Klasse geladen ist. Solange also die Referenz zur Java-Klasse (Wert `jclass`) existiert, solange existiert auch die Klasse, ohne von der Garbage Collection freigegeben zu werden und die ID in JNI kann verwendet werden.

In JNI stehen verschiedene Möglichkeiten zur Verfügung, Argumente an Java-Methoden zu übergeben. In den meisten Fällen werden die Argumente nach der Methoden-ID übergeben.

Java-Klassenmethoden können aus native Code in einer ähnlichen Art und Weise aufgerufen werden. Hierzu sind die folgenden Schritte zu durchlaufen:

1. Feststellung der ID der Java-Methode, indem die JNI-Funktion `GetStaticMethodID` anstelle der Funktion `GetMethodID` verwendet wird.
2. Übergabe der Parameter *Klasse*, *Methoden-ID* und *Argumente* an eine der Aufrufsmethoden, bspw. `CallStaticVoidMethod` oder `CallStaticBooleanMethod`.

Das folgende Beispiel modifiziert das erste Beispiel, so dass nun die statische Methode `javafkt` aufgerufen wird.

Code

```
JNIEXPORT void JNICALL Java_Beispiel_bspStatFkt(JNIEnv *env,
jobject obj) {
    int r = 0;
    //Feststellen des Klassen-Objekts
    jclass klasse = (*env)->GetObjectClass(env, obj);
    //Feststellen der ID der statischen Methode javafkt
    jmethodID mId = (*env)->GetStaticMethodID(env, klasse,
      "javafkt", "(I)V");
    if (mId == 0) {
       //Pech gehabt
       return;
    }
    //Aufruf der Methode
    (*env)->CallStaticVoidMethod(env, obj, mId, r);
}
```

In JNI können auch Instanzmethoden aufgerufen werden, die in einer Superklasse definiert sind, welche durch die Klasse überschrieben wurden, zu der das Objekt gehört. Hierzu muss eine der Funktionen aus der Menge `CallNonvirtual<typ>Method` verwendet werden. Zum Aufruf einer Instanzmethode der Superklasse müssen dann die folgenden Schritte durchlaufen werden:

1. Feststellung der ID der Java-Methode der Superklasse mittels der Methode `GetMethodID` anstelle der Methode `GetStaticMethodID`.

2. Übergabe der Parameter *Objekt*, *Superklasse*, *Methoden-ID* und *Argumente* an eine der hierzu notwendigen Funktionen, bspw. `CallNonvirtualVoidMethod` oder `CallNonvirtualBooleanMethod`.

Es sollte aber darauf hingewiesen werden, dass der Aufruf von Instanzmethoden der Superklasse eher selten vorkommt. Der Vorgang ist dem Aufruf einer Methode der Superklasse in der Sprache Java mittels der Anweisung `super.f();` sehr ähnlich.

Zugriff auf Java-Variablen

Mittels JNI können Methoden aus native Code dazu verwendet werden, auf Java-Variablen (Instanz- und Klassenvariablen) zuzugreifen. Die hierzu notwendigen Anweisungen ähneln den Funktionen, die zum Zugriff auf Java-Methoden verwendet werden, da sowohl Methoden zur Verfügung stehen, mit denen auf Klassenvariablen zugegriffen werden kann, als auch solche, mit denen Instanzvariablen verarbeitet werden.

Zur Verarbeitung von Java-Methoden in native Code sind die folgenden Schritte auszuführen:

1. Feststellung der ID einer Variable, indem der Klassenname, der Name der Variablen und die Signatur verwendet werden. Zur Feststellung von Klassenvariablen wird hierzu die Methode `GetStaticFieldID`, zur Feststellung von Instanzvariablen die Methode `GetFieldID` verwendet.

2. Anwendung einer der JNI-Funktionen zum Setzen oder Abfragen der Werte der Variablen, indem die ID der Variablen verwendet wird. Um den Wert einer Klassenvariablen zu manipulieren, wird die Klasse an eine der Funktionen übergeben, die zum Zugriff auf Klassenvariablen zur Verfügung stehen. Analog wird ein Objekt an eine Funktion übergeben, die zur Manipulation von Instanzvariablen zur Verfügung steht.

Der Vorgang ähnelt in großem Maße dem Vorgehen bei der Verwendung von Java-Methoden. Zuerst wird eine ID festgestellt, die anschließend zum Zugriff auf die Variable selbst verwendet wird. Auch hierbei ist zu beachten, dass die ID nur solange gültig ist, wie die Referenz aufrechterhalten wird. Anderenfalls löscht die Garbage Collection die Variable, woraus Zugriffsfehler resultieren, wenn dementsprechende Aufrufe aus native Code erfolgen. Das folgende Beispiel demonstriert die Verwendung von Variablen. Hierbei wird auf eine statische Variable wert vom Typ int zugegriffen.

Code

```
JNIEXPORT void JNICALL Java_Beispiel_bspVar(JNIEnv *env, jobject
obj) {
   jint wert;
   //Feststellen des Klassen-Objekts
   jclass klasse = (*env)->GetObjectClass(env, obj);
   //Feststellen der ID der statischen Variablen wert
   jfieldID fid = (*env)->GetStaticFieldID(env, klasse, "wert",
      "I");
   if (fid == 0) {
      return;
   }
   wert = (*env)->GetStaticIntField(env, klasse, fid);
   printf("  Zugriff auf wert = %d\n", wert);
   (*env)->SetStaticIntField(env, klasse, fid, 1);
}
```

Die Signaturen von Variablen müssen in derselben Art und Weise angegeben werden, wie die von Methoden (siehe Tab. 3-15). Die allgemeine Form der Signatur einer Variablen ist "Variablentyp". Dies entspricht dem kodierten Symbol des Typs der Variablen, eingeschlossen in Anführungszeichen. Wie auch bei Methoden beginnen die Signaturen von Objekten mit dem Buchstaben L, gefolgt vom Klassennamen des Objekts und einem Semikolon. Der Zugriff auf eine String-Variable muss daher mit der Signatur "Ljava/lang/String;" erfolgen. Auch für Variablen kann das Werkzeug javap dazu verwendet werden, sich die notwendigen Signaturen ausgeben zu lassen. Abschließend wird als weiteres komplexes Beispiel der Zugriff auf eine Instanzvariable s vom Typ String dargestellt.

Code

```
JNIEXPORT void JNICALL Java_Beispiel_bspStrVar(JNIEnv *env,
jobject obj) {
   jstring js;
   const char *s;
   //Feststellen des Klassen-Objekts
   jclass klasse = (*env)->GetObjectClass(env, obj);
   //Feststellen der ID der statischen Variablen wert
   fid = (*env)->GetFieldID(env, klasse, "s",
      "Ljava/lang/String;");
   if (fid == 0) {
      return;
   }
   js = (*env)->GetObjectField(env, obj, fid);
   s = (*env)->GetStringUTFChars(env, js, 0);
   printf("String = \"%s\"\n", s);
   (*env)->ReleaseStringUTFChars(env, js, s);}
```

Abfangen von Exceptions in native Code

Wird in Java eine Exception ausgelöst, so sucht die Java Virtual Machine automatisch den in der Klassenhierarchie nächstgelegenen Exception Handler. Hierdurch muss sich der Programmierer nicht in jedem Programmteil um die Verarbeitung von unerwarteten Fehlermeldungen kümmern. Die Java Virtual Machine leitet die Fehlermeldung automatisch an eine Routine weiter, die die jeweilige Klasse von Fehlern in einer zentralisierten Art und Weise bearbeiten kann.

In native Code steht keine derartige einheitliche Funktionalität zur Verfügung. JNI erzwingt daher, dass nach dem Aufruf von JNI-Funktionen mögliche Exceptions überprüft werden. Weiterhin stehen in JNI Möglichkeiten zur Verfügung, Java-Exceptions auszulösen. Diese können dann entweder von anderen Programmteilen des native Codes bearbeitet werden oder durch die Java Virtual Machine. Nach einer Verarbeitung in native Code kann die Exception entweder gelöscht werden, es kann aber auch eine weitere generiert werden, die dann für einen anderen Exception Handler bestimmt ist.

Leider existieren eine Vielzahl von JNI-Funktionen, die Exceptions auslösen können, und die daher auch überwacht werden müssen. Ein Beispiel hierfür ist die Funktion `GetFieldID`, die eine `NoSuchFieldError`-Exception auslöst, wenn das angegebene Feld nicht existiert. Um die Fehlerverarbeitung zu erleichtern, verwenden die meisten JNI-Funktionen eine Kombination aus Fehler-Code und Java-Exception, um einen Fehlerfall anzuzeigen. Anstelle des Aufrufs der JNI-Funktion `ExceptionOccurred` kann daher bspw. auch geprüft werden, ob das Resultat, das die Methode `GetFieldID` zurückgibt, gleich null ist. Wird diese Überprüfung vorgenommen, so wird auch keine Exception ausgelöst.

Es ist außerordentlich wichtig, ausstehende Exceptions zu verarbeiten, bevor weitere JNI-Funktionen aufgerufen werden. Werden weitere Funktionen aufgerufen, während eine Exception noch nicht bearbeitet ist, so sind die Resultate vollkommen unvorhersagbar. Die einzigen JNI-Funktionen, die bei einer ausgelösten Exception verarbeitet werden sollten, sind `ExceptionOccurred`, `ExceptionDescribe` und `ExceptionClear`, also Funktionen, die speziell zur Verarbeitung von Exceptions zur Verfügung stehen.

Das nun folgende Beispiel demonstriert die Bearbeitung ausstehender Exceptions.

Code

```
JNIEXPORT void JNICALL Java_Beispiel_bspExc(JNIEnv *env, jobject obj) {
   jstring js;
   const char *s;
   jthrowable ex;
   //Feststellen des Klassen-Objekts
   jclass klasse = (*env)->GetObjectClass(env, obj);
   jmethodID mId = (*env)->GetMethodID(env, klasse, "fkt", "()V");
```

```
      // Erste Variante der Abarbeitung von Exceptions
      if (mId == 0) {
        return;
      }
      (*env)->CallVoidMethod(env, obj, mId);
      //Feststellung einer Exception
      ex = (*env)->ExceptionOccurred(env);
      if (ex) {
        jclass neueEx;
        //Beschreibung anlegen
        (*env)->ExceptionDescribe(env);
        //... und loeschen der Exception
        (*env)->ExceptionClear(env);
        //Wer war der Boesewicht
        neueEx = (*env)->FindClass(env,
          "java/lang/IllegalArgumentException");
        //Nicht gefunden?
        if (neueEx == 0)
           return;
        //Ausserhalb bestaetigen
        (*env)->ThrowNew(env, neueEx, "Exception in native Code");
      }
    }
```

Lokale und globale Referenzen in native Code

Referenzen zu Java-Objekten wurden bis zu dieser Stelle des Buches immer mit Datentypen wie bspw. `jobject`, `jclass` oder `jstring` angelegt. JNI erzeugt allerdings Referenzen für alle Objektargumente, die an Methoden in native Code übergeben werden, bzw. auch für alle Objekte, die von JNI-Funktionen zurückgegeben werden.

Referenzen verhindern, dass Java-Objekte von der Garbage Collection gelöscht werden. JNI erzeugt standardmäßig nur lokale Referenzen, da nur diese garantieren, dass die Java Virtual Machine derartig referenzierte Objekte nicht löscht. Ein Nachteil von lokalen Referenzen ist allerdings, dass diese verfallen, wenn die Bearbeitung der Methode in native Code abgeschlossen ist, in der die Referenz definiert wurde. Eine derartige Methode darf daher lokale Referenzen in der Erwartung einer späteren Wiederverwendung auf keinen Fall speichern.

Dieses Problem kann umgangen werden, indem eine globale Referenz angelegt wird, die solange gültig ist, bis sie wieder aufgelöst wird. Im folgenden Beispiel wird eine derartige Referenz angelegt.

Code

```
static jclass klasse = 0;
static jfieldID fid;
JNIEXPORT void JNICALL Java_Beispiel_bspGlob(JNIEnv *env, jobject obj) {
    int wert = 0;
    //Feststellen des Klassen-Objekts
    if (klasse == 0)
        jclass klasse1 = (*env)->GetObjectClass(env, obj);
```

```
      jclass klasse1 = (*env)->GetObjectClass(env, obj);
   if (klasse1 == 0) //Fehler
      return;
   klasse = (*env)->NewGlobalRef(env, klasse1);
   //ID der Variable wert als globale Referenz
   fid = (*env)->GetStaticFieldID(env, klasse,"wert", "I");
   // Abarbeitung von Exceptions
   if (fid == 0) {
      return;
   wert = (*env)->GetStaticIntField(env, klasse, fid);
   printf("  Zugriff auf wert = %d\n", wert);
   (*env)->SetStaticIntField(env, klasse, fid, 1);
}
```

Eine *globale Referenz* verhindert, dass die Java Virtual Machine die Java-Klasse löscht und garantiert daher, dass die ID der Variablen bestehen bleibt. Es liegt auf der Hand, dass die globale Referenz zu einem späteren Zeitpunkt wieder zu löschen ist. Dies liegt in der Verantwortung des Programmierers, darf aber nicht vergessen werden. Zum Löschen einer globalen Referenz muss die JNI-Funktion DeleteGlobalRef verwendet werden.

In den meisten Fällen kann sich der Programmierer von native Code darauf verlassen, dass die Java Virtual Machine alle lokalen Referenzen löscht, wenn die Abarbeitung der Methode in native Code beendet ist. In manchen Situationen allerdings muss die JNI-Funktion DeleteLocalRef aufgerufen werden, um eine lokale Referenz explizit zu löschen. Dies tritt immer dann auf, wenn in native Code ein großes Java-Objekt referenziert wird, von dem allerdings ab einem bestimmten Zeitpunkt bereits klar ist, dass es nicht länger benötigt wird. Wird die lokale Referenz daher bereits im native Code aufgelöst, so kann die Garbage Collection die Klasse löschen und damit Speicherplatz freigeben. Ein weiteres Anwendungsfeld dieser Operation besteht darin, dass eine Vielzahl von Java-Objekten aus native Code referenziert werden sollen. Da nur eine bestimmte Obergrenze dieser Objekte simultan verwaltet werden können, ist es außerordentlich sinnvoll, nicht weiter benötigte Objekte zu löschen, da anderenfalls das Programm abzustürzen droht. Das folgende Beispiel demonstriert die Anwendung der Funktion DeleteLocalRef.

Code

```
JNIEXPORT jint JNICALL Java_Beispiel_bspFkt(JNIEnv *env, jobject obj) {
   int r = 0;
   //Feststellen des Klassen-Objekts
   jclass klasse = (*env)->GetObjectClass(env, obj);
   //Feststellen der ID der Methode javafkt
   jmethodID mId = (*env)->GetMethodID(env, klasse, "javafkt",
      "(I)V");
   if (mId == 0) {
      //Pech gehabt
      return;
   }
```

```
    //Aufruf der Methode
    (*env)->CallVoidMethod(env, obj, mId, r);
    (*env)->DeleteLocalRef(env, mId);
    //eine lange Berechnung des Wertes r
    return r;
}
```

Threads und native Code

Eine Besonderheit tritt immer dann auf, wenn Segmente von native Code simultan von mehreren Prozessen (Threads) verwendet werden sollen. Da Threads aber erst in Kapitel 4.2 vorgestellt werden, erfolgt diese Beschreibung in Kapitel 4.2.5.

3.6 Anwendungsbeispiel

Zur praktischen Anwendung der Kenntnisse, die in diesem Kapitel vermittelt wurden, wird in diesem Teil des Kapitels erläutert, welche Logik der Server des Spiels „Schiffe versenken" hat. Im Einzelnen sind dies die folgenden Aufgaben:

- Automatisches Aufstellen der Schiffe des Servers. Hierbei gilt die Regel, dass ein Schiff aus zwei Elementen, zwei aus drei Elementen, eines aus vier Elementen und ein Schiff, das aus fünf Elementen besteht, aufgestellt werden können. Schiffe dürfen nur horizontal oder vertikal platziert werden und dürfen sich weiterhin nicht berühren.
- Schießen auf Schiffe des Clients nach der Regel, dass jeweils nach einem Treffer ein weiterer Schuss abgegeben werden darf.
- Reagieren auf Schüsse des Clients.

Im Folgenden werden nach der Erklärung der Klassenhierarchie diese Aufgaben einzeln vorgestellt. Es sei nochmals darauf hingewiesen, dass insbesondere die Spiellogik Bestandteil aller folgenden Anwendungsbeispiele sein wird.

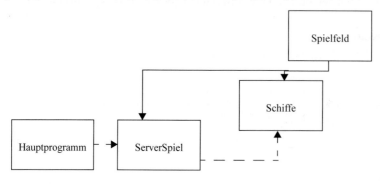

Abb. 3-15 Klassenhierarchie des Beispiels

3.6.1 Klassenhierarchie

Zur Realisierung der Spiellogik wird die in Abb. 3-15 angegebene Klassenhierarchie verwendet. Hierbei sind Klassenbeziehungen mit durchgezogenen Linien gekennzeichnet, während Aufrufe durch gestrichelte Linien dargestellt sind.

Aufgabe des Hauptprogramms ist die Steuerung der Server-Anwendung. Zur Adressierung der Spielfunktionen wird die Klasse ServerSpiel angesprochen, die anschließend die Schiffe des Servers platziert (Klasse Schiffe) bzw. selbst schießt oder Schüsse des Clients auswertet (Klasse ServerSpiel). Die Eigenschaften des Spielfelds erben die Klassen Schiffe bzw. ServerSpiel hierbei von der Klasse Spielfeld.

3.6.2 Hauptprogramm

Aufgabe des Hauptprogramms, das in der Klasse Server implementiert ist, ist die Steuerung der gesamten Server-Anwendung. Diese soll im folgenden Schritt für Schritt durchgegangen werden. Setzt man die Code-Stücke wieder zusammen, so erhält man das übersetzungsfähige Programm.

Code

```java
import java.awt.*;

public class Server {
   static ServerSpiel ss;
   public static void main(String[] arguments) {

   while(true) {
      // Angenommen, da waere ein Client, der die Verbindung aufbaut
      //Initialisieren der Server-Komponente
      ss = new ServerSpiel();
      spiele();
   }
}
```

Zunächst werden die Komponenten des Packages java.awt importiert, zu denen auch die Klasse Point gehört, die wiederum zur Verwaltung von Koordinaten benötigt wird. Anschließend wird geprüft, ob ein Client eine Verbindung aufbaut. Ist dies der Fall, so wird ein Server-Spiel initialisiert und die Methode spiele aufgerufen.

Code

```java
static void spiele () {
   boolean serverDran=false, spielEnde=false, einTreffer=false,
   zweiTreffer=false;
   Point koord = new Point(0,0);
   int x=0,y=0;
```

Im Anschluss wird die Methode `spiele` implementiert, in der zunächst wichtige Variablen definiert werden. Im nun folgenden Spielablauf wird zunächst festgelegt, wie im Falle eines Schusses des Clients zu verfahren ist.

Code

```
while (spielEnde==false) {
   if (serverDran == false) {
      //Warten, bis der Client eine Position (x,y) schickt
```

Zuerst wird eine Schleife betreten, die solange durchlaufen wird, bis das Spiel beendet ist. Anschließend wird auf den ersten Schuss des Clients gewartet. Aus Gründen der Höflichkeit darf in diesem Fall der Spieler immer beginnen. In der nun folgenden Bedingung wird festgestellt, ob der Server getroffen wurde und der Spieler somit nochmals schießen darf.

Code

```
      if (ss.rechnerTreffer(new Point(x,y))) {
         ss.schiffZahlServer--;
         //Wir sind getroffen, teile dies dem Client mit
         serverDran=false;
         if (ss.schiffZahlServer==0) {
            //Wir haben verloren????
            spielEnde=true;
            return;
         }
      } else serverDran = true;
   }
```

Hat der Spieler getroffen, so wird die Anzahl der Schiffe des Servers um eins verringert. Weiterhin wird die Variable `serverDran` auf `false` gesetzt und damit gewährleistet, dass der Server nicht an der Reihe ist. Ist die Zahl der Schiffe des Servers gleich null, so wird das Spiel beendet und der Spieler hat gewonnen.

Code

```
else {
   while (serverDran){
      //Jetzt schiessen wir
         if (einTreffer==false){
            koord=ss.schiesseInsBlaue();
            einTreffer=true;
            //Frage den Client ob Treffer.
            //wenn nicht: einTreffer=false, serverDran=false
            //ss.spieler.spiel[koord.x][koord.y]=
            // ss.spieler.WASSER;
            //falls Treffer: ss.schiffZahlClient--;
         }
         if ((zweiTreffer==false)&& (einTreffer==true)) {
            koord=ss.sucheZweitenTreffer();
            zweiTreffer=true;
```

```
                //Frage den Client ob Treffer.
                //if Treffer beim Client: Richtung des Schiffes jetzt
                //bekannt.
                //anderenfalls: zweiTreffer=false, ServerDran = false
                //ss.spieler.spiel[koord.x][koord.y]=
                // ss.spieler.WASSER;
                //sonst: ss.schiffZahlClient--;
            }
            if ((zweiTreffer==true)&& (einTreffer==true)) {
                //Abschuss
                koord=ss.schiffVersenken();
                if (koord==null) {//versenkt
                einTreffer=zweiTreffer=false;
                } else {
                //frage Client, ob Treffer
                //Kein Treffer? serverDran = false;
                //ss.spieler.spiel[ss.koordinate3.x][ss.koordinate3.y]
                    =ss.spieler.WASSER;
                //ss.koordinate3=null;
                //Doch ein Treffer? ss.schiffZahlClient--;
                }
            }
            //Sind wir immer noch dran?
            if (ss.schiffZahlClient<=0){
                //gewonnen
                spielEnde=true;
                return;
            }
        }
    }
}}}
```

Ist der Server an der Reihe, so wird zunächst ins Blaue geschossen. Ist dieser Schuss erfolgreich, so wird der zweite Schuss auf ein Feld abgegeben, das dem Trefferfeld benachbart ist. Anderenfalls ist der Spieler wieder an der Reihe. Zur Absicherung wird hier bereits geprüft, ob Koordinaten zurückgegeben werden. Ist auch der zweite Schuss erfolgreich, so ist die Richtung des Schiffs bekannt, weshalb die Funktion sucheZweitenTreffer mit den Parametern der ersten beiden Treffer aufzurufen ist. Anschließend wird mittels der Methode schiffVersenken versucht, die verbleibenden Felder des zu lokalisierenden Schiffs zu finden. Wenn hierbei eine null zurückgegeben wird, ist das Schiff versenkt. Zu Ende der Methode wird überprüft, ob noch Schiffe vorhanden sind, die versenkt werden müssen.

3.6.3 Klasse Spielfeld

In der Klasse Spielfeld werden zunächst wichtige Konstanten definiert, die bspw. den Zustand eines Spielfelds angeben. Weiterhin werden die Objekte für die Schiffe und für das gesamte Spielfeld deklariert. Im Konstruktor wird das Spielfeld-Objekt initialisiert.

Code

```
import java.awt.*;
public class Spielfeld {
   public final int WASSER = 0;
   public final int SCHIFF = 1;
   public final int BELEGT = 2;
   public final int FREI = 3;
   public final int VERSENKT = 4;
   public int spiel[][];

   Point[] zweier, dreier1, dreier2, vierer, fuenfer;
   final int[] schiffZahl= {2,3,3,4,5};

   public Spielfeld () {
      spiel = new int[10][10];
      //initialisiere Spielfelder als leer
      for (int i = 0; i<10; i++)
          for (int j=0;j<10;j++)
            spiel[i][j]=FREI;
   }
}
```

3.6.4 Klasse Schiffe

In der Klasse Schiffe, die eine Subklasse der Klasse Spielfeld darstellt, werden die Schiffe des Servers deklariert und initialisiert. Hierzu sind geeignete Koordinaten zu finden, die in Einklang mit den Spielregeln stehen. Zunächst werden die Klassendefinition und der Konstruktor vorgestellt.

Code

```
import java.awt.*;
import java.math.*;

public class Schiffe extends Spielfeld {
   Spielfeld sfeld;
   public Schiffe (Spielfeld spielfeld) {
      this.sfeld = spielfeld;
      zweier = legeSchiffAn();
      dreier1=legeSchiffAn();
      dreier2=legeSchiffAn();
      vierer=legeSchiffAn();
      fuenfer=legeSchiffAn();
      //Bereite Spielfeldmarkierung vor
      markiereSchiffe();
   }
   public Point[] legeSchiffAn() {
      Point[] s = new Point[2];
      s[0] = new Point();
      s[1] = new Point();
      return s;
   }
```

```
// Gebe Felder, die in der Initialisierung verwendet wurden,
//frei
private void markiereSchiffe() {
   for (int i=0; i<10;i++)
      for (int j=0;j<10;j++)
         if (sfeld.spiel[i][j]!=SCHIFF)
            sfeld.spiel[i][j]=FREI;
}
```

Nach der Initialisierung der Schiffe muss deren Position bestimmt werden. Die folgende Methode wird daher aus dem Hauptprogramm aufgerufen, um alle Schiffe in einem Zug anzulegen.

Code

```
public void stelleAlleSchiffe() {
   stelleSchiff(5, fuenfer);
   stelleSchiff(4, vierer);
   stelleSchiff(3, dreier2);
   stelleSchiff(3, dreier1);
   stelleSchiff(2, zweier);
}
```

In der nun folgenden Methode wird jedes Schiff einzeln angelegt. Hierzu wird zuerst die Richtung zufällig festgelegt und anschließend geprüft, welche Koordinaten für ein Schiff zur Verfügung stehen. Es ist zu beachten, dass beim Stellen der Schiffe die Spielregeln eingehalten werden müssen.

Code

```
private void stelleSchiff(int laenge, Point[] s){
   boolean isHorizontal, gesetzt=false;
   double wert;
   Point ecke = new Point();

   while (gesetzt == false) {
      //Zuerst Ausrichtung des Schiffs festlegen. Ist ein
      //Zufallswert groesser als 0.5, so horizontale
        Ausrichtung
      isHorizontal=((wert = Math.random())>0.5)?true:false;

      //Linke Ecke des Schiffs
      if (isHorizontal) {
         ecke.x = (int)(Math.random()*(10-laenge)-1);
         ecke.y = (int)(Math.random()*10-1);
      } else {
         ecke.y = (int)(Math.random()*(10-laenge)-1);
         ecke.x = (int)(Math.random()*10-1);
      }
```

```
            if (ecke.x<0)
                ecke.x=0;
            if (ecke.y<0)
                ecke.y=0;
            if (schiffPosition(ecke, isHorizontal, laenge)){
                gesetzt = true;
                setzeSchiff(s, ecke, isHorizontal, laenge);
            }
        }
    }
}
```

Die Schleife wird in der Methode solange durchlaufen, bis eine korrekte Position ermittelt wurde. Dies wird durch die Methode `schiffPosition` ermittelt. Wurde eine korrekte Position gefunden, so werden in der Methode `setzeSchiff` die Koordinaten des Schiffs auf den Wert BELEGT gesetzt. Es sollte hierbei abgeprüft werden, ob ein Zufallswert von null erzeugt wurde, da sich in diesem Fall negative Koordinatenwerte ergeben. Die folgende Methode überprüft, ob die Spielfelder frei sind und daher belegt werden dürfen.

Code

```
private boolean schiffPosition(Point p, boolean richtung,
    int laenge) {
    boolean test = true;
    int i,j;
    for (i=0; i<laenge; i++){
        if ((richtung==true)&&((p.x+i)<10))   //horizontal
            test=(test&&(sfeld.spiel[p.x+i][p.y]==FREI));
        else if ((richtung==false)&&((p.y+i)<10))
            test=(test&&(sfeld.spiel[p.x][p.y+i]==FREI));
    }
    return test;
}
```

Wurde eine freie Position gefunden, so kann ein Schiff dort positioniert werden.

Code

```
private void setzeSchiff(Point[] s, Point p, boolean richtung,
    int laenge){
    int i, j=0;
    if (richtung) {//horizontal
        s[0].x = p.x;
        s[0].y=p.y;
        s[1].x=p.x+laenge-1;
        s[1].y=p.y;
    } else {
        s[0].x = p.x;
        s[0].y=p.y;
        s[1].x=p.x;
        s[1].y=p.y+laenge-1;
    }
}
```

Anschließend müssen die Felder des Schiffs als belegt markiert werden, aber auch alle Felder rings um das Schiff, da nach den Spielregeln dort kein weiteres Schiff angebracht werden darf. Schiffe werden nur in Feldern platziert, die als frei markiert sind.

Code

```
//Felder des Schiffs als belegt markieren
for (i=0; i<laenge; i++)
    if (richtung==true) //horizontal
        sfeld.spiel[p.x+i][p.y]=SCHIFF;
    else
        sfeld.spiel[p.x][p.y+i]=SCHIFF;

//Felder um das Schiff als besetzt markieren
if (richtung) { //horizontal
    for (i = p.x-1; i < p.x+laenge+1; i++)
        for (j =p.y-1; j < p.y+2; j++){
            if ((i<10)&&(j<10)&&(i>=0)&&(j>=0))
                if (sfeld.spiel[i][j] ==FREI)
                    sfeld.spiel[i][j] = BELEGT;
        }
} else {
    for (i = p.x-1; i < p.x+2; i++)
        for (j =p.y-1; j < p.y+laenge+1; j++) {
            if ((i<10)&&(j<10)&&(i>=0)&&(j>=0))
                if (sfeld.spiel[i][j] ==FREI)
                    sfeld.spiel[i][j] = BELEGT;
        }
    }
}
```

3.6.5 Klasse ServerSpiel

Aufgabe der Klasse ServerSpiel ist die Verwaltung der Spielfelder, der Schiffe und die Auswertung von Trefferinformationen. Zunächst wird die Klasse definiert, wobei das Objekt reSchiff, das die Schiffe des Servers verwaltet, sowie das Objekt schuss, das Schussinformationen verwaltet, deklariert werden. Weiterhin werden die Spielfelder, die Anzahl der Schiffe von Server und Spieler und drei Koordinaten definiert. Während die ersten beiden Koordinaten benötigt werden, um die Richtung eines getroffenen Schiffs festzuhalten, dient die dritte dazu, die noch nicht gefundenen Felder eines Schiffs des Spielers zu treffen.

Code

```
import java.awt.*;
public class ServerSpiel extends Spielfeld{
    Schiffe reSchiff;
    Spielfeld spieler, rechner;
    Point koordinate1, koordinate2, koordinate3;
    int schiffZahlServer, schiffZahlClient;
```

Im folgenden Konstruktoraufruf werden die Spielfelder initialisiert und die Schiffe des Servers aufgestellt.

Code

```
public ServerSpiel() {
   //Leere Spielfelder anlegen
   spieler = new Spielfeld();
   rechner = new Spielfeld();
   //Schiffe anlegen
   reSchiff = new Schiffe(rechner);
   schiffZahlServer=schiffZahlClient=17;
   reSchiff.stelleAlleSchiffe();
}
```

Im Anschluss folgen die Methoden, mit denen der Server Koordinaten ermittelt, an denen Schiffe des Clients sein können. Zunächst wird auf ein zufällig gewähltes Feld geschossen. Da sich als Zufallszahl auch eine Null ergeben kann, muss sichergestellt werden, dass in diesem Fall keine negativen Werte errechnet werden.

Code

```
public Point  schiesseInsBlaue () {
   koordinate1 = new Point();
   do {
      koordinate1.x = (int)(Math.random()*10-1);
      koordinate1.y = (int)(Math.random()*10-1);
      if (koordinate1.x<0)
         koordinate1.x=0;
      if (koordinate1.y<0)
         koordinate1.y=0;
      if (koordinate1.x>9)
         koordinate1.x=9;
      if (koordinate1.y>9)
         koordinate1.y=9;
   } while (spieler.spiel[koordinate1.x][koordinate1.y]!=FREI);
   return koordinate1;
}
```

Meldet der Client einen Treffer, so muss zuerst das hierzugehörige Feld im Spielfeld-Objekt als Treffer markiert werden. Anschließend werden um dieses Feld weitere Treffer gesucht. Im Anschluss daran ist die Methode abs definiert, die den Betrag einer Zahl errechnet.

Code

```
public Point sucheZweitenTreffer () {
   int i, j;
   //Zuerst den ersten Treffer markieren
```

```
   spieler.spiel[koordinate1.x][koordinate1.y]=spieler.SCHIFF;
   schiffZahlClient--;
   if (koordinate2 != null)
      spieler.spiel[koordinate2.x][koordinate2.y]=spieler.WASSER;
   koordinate2=null;
   // Suchen um koordinate1, wo Schiff weitergeht
   for (i=-1; i<2;i++)
      for (j=-1; j<2;j++)
         if ((abs(i)!=abs(j)))
            if ((koordinate1.x+i>=0)&&(koordinate1.x<10))
            if ((koordinate1.y+j>=0)&&(koordinate1.y<10))
            if(spieler.spiel[koordinate1.x+i][koordinate1.y+j]
                  ==FREI){
               koordinate2=new Point();
               koordinate2.x=koordinate1.x+i;
               koordinate2.y=koordinate1.y+j;
               break;
            }
   return koordinate2;
}
private int abs(int i) {
   if (i >=0)
      return i;
   else return -i;
}
```

Sind zwei Treffer erzielt, so ist die Richtung des Schiffs bekannt. Die folgenden Schüsse müssen horizontal oder vertikal abgefeuert werden, bis der Client mitteilt, dass das Schiff versenkt ist.

Code

```
public Point schiffVersenken () {
   boolean isHorizontal=false;
   int i = 0;
   if (koordinate3 != null)
      spieler.spiel[koordinate3.x][koordinate3.y]=spieler.SCHIFF;
   koordinate3 = null;
   //Vorherigen Treffer markieren
   spieler.spiel[koordinate2.x][koordinate2.y]=spieler.SCHIFF;
   schiffZahlClient--;
   if (koordinate1.y==koordinate2.y) //horizontales Schiff
      isHorizontal=true;
```

Der nun folgende Teil weist eine erhebliche Komplexität auf. Zuerst wird je nach Ausrichtung des Schiffs nach weiteren Treffern rechts bzw. unten gesucht. Hierbei kann entweder ein neuer Treffer gefunden werden oder ein Wasserfeld. Das darauf folgende Segment erfüllt die gleiche Aufgabe für die Suche nach links bzw. oben.

Code

```
//Zuerst Suche der weiteren Koordinaten nach rechts bzw. nach unten
while (i<10) {
   i++;
   if (isHorizontal) {
      if (koordinate1.x+i<10) {
         if (spieler.spiel[koordinate1.x+i][koordinate1.y]==FREI){
            koordinate3.x=koordinate1.x+i;
            koordinate3.y=koordinate1.y;
            return koordinate3;
         }
         else if
           (spieler.spiel[koordinate1.x+i][koordinate1.y]==WASSER)
         //Ende des Schiffs erreicht, breche diese Schleife ab
            i=10;
      }
   } else {
   // Vertikale Richtung
      if (koordinate1.y+i<10){
         if (spieler.spiel[koordinate1.x][koordinate1.y+i]==FREI){
            koordinate3.x=koordinate1.x;
            koordinate3.y=koordinate1.y+i;
            return koordinate3;
         }
         else if
           (spieler.spiel[koordinate1.x][koordinate1.y+i]==WASSER)
         //Ende des Schiffs erreicht, breche diese Schleife ab
            i=10;
      }
   }
}
```

Code

```
//Kein Erfolg? Jetzt Suche nach links bzw. nach oben
i=0;
while (i>-10) {
   i--;
   if (isHorizontal) {
      if (koordinate1.x+i>=0){
         if
           (spieler.spiel[koordinate1.x+i][koordinate1.y]==FREI){
            koordinate3.x=koordinate1.x+i;
            koordinate3.y=koordinate1.y;
            return koordinate3;
         }
         else if
           (spieler.spiel[koordinate1.x+i][koordinate1.y]==WASSER)
            i=-11;
      }
```

```
      } else {
         if (koordinate1.y+i>=0){
            if (spieler.spiel[koordinate1.x][koordinate1.y+i]==FREI){
               koordinate3.x=koordinate1.x;
               koordinate3.y=koordinate1.y+i;
               return koordinate3;
            }
            else if
               (spieler.spiel[koordinate1.x][koordinate1.y+i]==WASSER)
               i=-11;
         }
      }
   }
//Felder um versenktes Schiff als besetzt markieren
// Spielregel: Um ein Schiff herum duerfen
// keine weiteren unmittelbar sein.
for (i = 0; i < 10; i++)
   for (int j =0; j < 10; j++)
      if (SchiffInDerNaehe(i,j))
         spieler.spiel[i][j]=BELEGT;
return koordinate3;
}
//Befindet sich rund um die jetzige Position ein anderes Schiff?
public boolean SchiffInDerNaehe(int x, int y) {
   if (spieler.spiel[x][y]==SCHIFF)
      return false;
   if ((x-1)>=0){
      if ((y-1) >=0)
         if (spieler.spiel[x-1][y-1]==SCHIFF)
            return true;
      if (spieler.spiel[x-1][y]==SCHIFF)
         return true;
      if ((y+1) <10)
         if (spieler.spiel[x-1][y+1]==SCHIFF)
            return true;
   }
   if ((y-1) >=0)
      if (spieler.spiel[x][y-1]==SCHIFF)
         return true;
   if ((y+1) <10)
      if (spieler.spiel[x][y+1]==SCHIFF)
         return true;
   if ((x+1) <10){
      if ((y-1) >=0)
         if (spieler.spiel[x+1][y-1]==SCHIFF)
            return true;
      if (spieler.spiel[x+1][y]==SCHIFF)
         return true;
      if ((y+1) <10)
         if (spieler.spiel[x+1][y+1]==SCHIFF)
            return true;
   }
   return false;
}
```

Die nun folgenden Methoden `rechnerTreffer`, `stelleTrefferFest` bzw. `treffer` werten aus, ob der Client die Schiffe des Servers getroffen hat. Hierzu ist die folgende Steuermethode notwendig, die die Koordinaten des Clients als Parameter akzeptiert:

Code

```java
public boolean rechnerTreffer(Point p) {
   //sind wir selber getroffen?
   if (stelleTrefferFest(p))
      return true;
   else
      return false;
}
```

In der folgenden Routine wird ausgewertet, ob eines der Schiffe des Servers getroffen wurde. Hierbei wird Schiff für Schiff überprüft, ob die übergebenen Koordinaten des Clients entweder zwischen der horizontalen Anfangs- und Endposition eines der Schiffe liegen oder entsprechend zwischen der vertikalen Anfangs- und Endposition.

Code

```java
public boolean stelleTrefferFest(Point p) {
   boolean resultat = false;
   resultat=resultat||treffer(0,p,reSchiff.zweier)||
   treffer(1,p,reSchiff.dreier1)||treffer(2,p,reSchiff.dreier2)||
   treffer(3,p,reSchiff.vierer)||treffer(4,p,reSchiff.fuenfer);
   return resultat;
}
```

Code

```java
public boolean treffer(int ind, Point p, Point[] s) {
   boolean resultat = false;
   //Horizontale Auswertung
   if ((s[0].x <=
     p.x)&&(s[1].x>=p.x)&&(s[0].y==p.y)&&(s[1].y==p.y))
      if (rechner.spiel[p.x][p.y]==SCHIFF){
         rechner.spiel[p.x][p.y]=VERSENKT;
         schiffZahlServer--;
         rechner.schiffZahl[ind]--;
         resultat=true;
      }
   //Vertikale Auswertung
   if ((s[0].y <=
     p.y)&&(s[1].y>=p.y)&&(s[0].x==p.x)&&(s[1].x==p.x))
      if (rechner.spiel[p.x][p.y]==SCHIFF){
         rechner.spiel[p.x][p.y]=VERSENKT;
         rechner.schiffZahl[ind]--;
         schiffZahlServer--;
         resultat=true;
      }
   return resultat;
}
}
```

Da der Client erfahren muss, wann ein Schiff des Servers zerstört ist, muss neben dem allgemeinen Zähler auch für jedes Schiff festgehalten werden, wie viele Felder noch nicht getroffen wurden. Nach Ende der letzten Methode darf nicht vergessen werden, die Klassendefinition durch eine geschweifte Klammer zu beenden.

3.6.6 Ausführung der Application

Nach Übersetzung der Klassen kann das Programm mittels der Anweisung `java Server` ausgeführt werden. Das vollständige Spiel „Schiffe versenken" liegt allerdings erst dann vor, wenn auch die Client-Komponenten bzw. die Netzwerkfunktionalität implementiert sind. Das vollständige Spiel ist in Kapitel 7 beschrieben.

3.7 Zusammenfassung

In diesem Kapitel wurde die Syntax der Kernsprache Java betrachtet, mit der beliebige Anweisungsblöcke realisiert werden können, nicht aber die erweiterte Funktionalität von Java, bspw. grafische Operationen, Benutzeroberflächen oder Netzwerke. Der Leser sollte nach der Lektüre dieses Kapitels in der Lage sein, Programme, die zur Ein- und Ausgabe lediglich die Kommandozeile erfordern, zu schreiben.

Einen Schwerpunkt des Kapitels stellen die Beschreibung von Interfaces sowie die Integration von native Code dar. Die Darstellung der Funktionsweise der Interfaces wurde in einer Fallstudie anhand des Collections Framework vertieft. Mittels des JNIs können die Wechselwirkungen zwischen Java und native Code modelliert werden.

Den Abschluss des Kapitels bildet das Anwendungsbeispiel, in dem die Kontrollabläufe demonstriert wurden, mit denen im Rahmen von „Schiffe versenken" der Server seine Schiffe positioniert und wie Schusskoordinaten bestimmt werden. Diese Funktionen, die jeweils in den folgenden Kapiteln wieder aufgegriffen werden, erfordern keine Verwendung von Benutzeroberflächen. Im nun folgenden Kapitel werden vor allem grafische Oberflächen betrachtet, die eine wesentliche Stärke von Java ausmachen.

Java-GUIs

Nachdem nach der Lektüre der ersten Kapitel des Buches das Wissen vorhanden ist, das zum Verständnis der Programmierlogik von Java erforderlich ist, werden in den folgenden Kapiteln komplexere Aspekte beschrieben. In diesem Kapitel werden vor allem die Möglichkeiten vorgestellt, die in Java zur Erstellung hochwertiger Benutzeroberflächen zur Verfügung stehen.

Zunächst werden die grundlegenden Eigenschaften von Applets und Applications betrachtet bzw. auch deren Unterschiede. Nach der Definition dieser Begriffe wird im Folgenden die Applet-Programmierung mit Threads erläutert. In diesen Teil eingebettet ist eine detaillierte Betrachtung des Thread-Konzepts in Java. Die Darstellung von Java-Archiven schließt sich an diese Teile an. Einen Schwerpunkt des Kapitels bildet die Erläuterung der Verwendung des Abstract Windowing Toolkit (AWT) sowie des Event Handlings, mit dem Interaktionen mit Benutzeroberflächen verarbeitet werden. Den Abschluss des Kapitels bildet das Anwendungsbeispiel, in dem die erläuterten Konzepte dazu eingesetzt werden, die Oberfläche des Clients des Spiels „Schiffe versenken" zu implementieren.

4.1 Applets und Applications

In den ersten Teilen dieses Kapitels wurden die Unterschiede zwischen Applets und Applications eher unter syntaktischen Gesichtspunkten verglichen. Ein Beispiel hierfür ist die `main`-Methode jeder Application, die in einem Applet nicht verwendet werden darf. Ziel dieses Teilkapitels ist erweiternd hierzu eine umfassende Betrachtung aller Unterschiede zwischen diesen beiden Anwendungsarten.

Im Gegensatz zu Applications können Applets auf allen gebräuchlichen Internet-Browsern ablaufen, wenn sie Teil einer in HTML erstellten Webseite sind und wenn der jeweilige Browser Java unterstützt. Applets können weiterhin mit Hilfe des *Appletviewers* auch direkt aufgerufen werden, der Teil jeder Java-Distribution ist. Wird ein Applet derart aufgerufen, so werden seine `class`-Dateien über das Netz geladen. Anschließend wird das Applet auf der Maschine des Benutzers ausgeführt, wobei der Interpreter des Browsers und damit auch die Standard-Klassenbibliothek verwendet werden. Hierbei werden spezielle Sicherheitsroutinen durchlaufen, die in

Kapitel 1.3 bereits ausführlich dargestellt wurden. In den meisten Browsern wird die strengste Sicherheitsstufe eingehalten, so dass ein Applet keine Dateien des Benutzers lesen oder verändern kann. Applets dürfen hier auch nicht mit anderen Internet-Rechnern Kontakt aufnehmen als mit demjenigen, von dem sie geladen wurden, und auch Programme des Benutzers dürfen nicht gestartet werden. Im Gegensatz hierzu können Teile dieser Regeln außer Kraft gesetzt werden, bspw. indem man Zugriffslisten von Verzeichnissen erzeugt, die der Appletviewer verwendet (siehe hierzu auch Kapitel 5.2).

Ein Problem, das häufig bei der Ausführung von Applets auftritt, besteht darin, dass der jeweilige Browser die Java-Version, in der das Applet erstellt wurde, nicht versteht. Dies kann zum einen daran liegen, dass Browser-Hersteller längere Zeit benötigen, um ihre Software an die neueste Java-Version anzupassen, andererseits aber auch daran, dass Browser-Hersteller Java mit voller Absicht nicht vollständig unterstützen, um eigenen Techniken zur weiteren Verbreitung zu verhelfen (bspw. ActiveX der Firma Microsoft). Die Firma JavaSoft hat dieses Problem erkannt und entwickelte daher ein Plug-In, mit dessen Hilfe die jeweils neueste Java-Version in den meisten der heute weit verbreiteten Browser ausgeführt werden kann. Wird das Plug-In, dessen Aufgabe die Funktionserweiterung des Browsers ist, verwendet, so können auch Java-Applets ausgeführt werden, die in einer neueren Programmversion implementiert wurden. Mittlerweile steht unter der URL `http://java.sun.com/products` das Plug-In für Java 1.2 zur Verfügung. Soll kein Plug-In verwendet werden, so empfiehlt es sich, Java-Applets nach wie vor in älteren Java-Versionen zu entwickeln, da diese meist von allen Browsern unterstützt werden.

Applications hingegen können immer in der Version entwickelt werden, in der das Java Development Kit verfügbar ist, da sie ausschließlich unter Verwendung des JDKs ablaufen.

4.1.1 Programmierung von Applets

Applets sind grundsätzlich Subklassen der `Applet`-Klasse, die wiederum Subklasse der Klasse `java.applet` ist. Aus diesem Grund ist die Syntax eines Applets immer

Syntax

```
public class Appletname extends java.applet.Applet {
   // Applet-Rumpf
}
```

Als Subklasse der als `public` deklarierten Klasse `Applet` ist auch die Klassendefinition jedes Applets `public`. Weitere Klassen, die im Rahmen eines Applets entwickelt werden können (bspw. Hilfsmethoden oder -klassen), unterliegen dieser Einschränkung jedoch nicht. Die Klasse `Applet` stellt die notwendige Funktionalität zur Verfügung, die zur Ausführung in einem Browser notwendig ist, bspw. auch die Verarbeitung spezieller Ereignisse wie das Neuladen von Webseiten. Eine weitere Aufgabe der Klasse `Applet` ist das Erzeugen der grafischen Benutzeroberfläche und die Verarbeitung von Benutzereingaben. Beim Aufruf eines Applets lädt der Browser die `class`-Dateien des Applets und erzeugt automatisch eine Applet-Instanz bzw. ruft die Klassenmethoden auf, wenn bestimmte Ereignisse (sog. *Events*) eintreten. Werden mehrere gleiche Applets auf einer Webseite aufgerufen, so werden auch verschiedene Instanzen derselben Klassen erzeugt, auch wenn jeder Instanz der gleiche Code zugrunde liegt. Die verschiedenen Instanzen interagieren hierbei vollständig unabhängig voneinander.

Eine Besonderheit von Applets ist, dass sie im Gegensatz zu Applications keine `main`-Methode verwenden. Anstelle dieser Methode existieren eine Reihe anderer Methoden, die aufgerufen werden, wenn bestimmte Ereignisse eintreten, und die von der `applet`-Klasse geerbt werden. Es ist zu beachten, dass diese Methoden meist leer sind, dass also lediglich deren Signatur mit einem leeren Rumpf definiert ist. Der Grund hierfür ist, dass die genaue Realisierung dieser Methoden durch den Programmierer bewusst offengehalten werden soll. Zur Implementierung müssen daher diese Methoden im jeweiligen Applet überschrieben werden. Die wichtigsten derartigen Methoden sind die Initialisierung des Applets, das Starten, Anhalten und Beenden von Applets und die `paint`-Methode.

Initialisierung von Applets

Bei der Initialisierung, die beim Laden eines Applets erfolgt, werden bspw. erforderliche Objekte generiert, Bilder geladen oder Parameter gesetzt. Hierzu ist die `init`-Methode folgendermaßen zu überschreiben:

Syntax

```
public void init() {
   // Initialisierungs-Code
}
```

Starten von Applets

Das Starten eines Applets erfolgt jeweils dann, wenn ein Applet entweder initialisiert wurde oder wenn es angehalten wurde. Im Gegensatz zur Initialisierung, die immer nur einmalig durchgeführt werden kann, können Applets beliebig angehalten und dann wieder gestartet werden. Die Funktionalität der hierzu notwendigen `start`-Methode beinhaltet bspw. die Übergabe geeigneter Nachrichten an Hilfsklassen. Die `start`-Methode muss folgendermaßen überschrieben werden:

Syntax

```
public void start() {
   // Initialisierungs-Code
}
```

Anhalten von Applets

Die Funktionalität der `stop`-Methode ist das genaue Gegenteil der `start`-Methode. Typischerweise laufen Threads, die durch das Applet gestartet wurden, weiter, auch wenn die Seite, auf der das Applet verankert ist, längst verlassen wurde. Um dies zu verhindern, kann die `stop`-Methode verwendet werden, die folgendermaßen zu überschreiben ist:

Syntax

```
public void stop() {
   // Initialisierungs-Code
}
```

Beenden von Applets

Aufgabe der `destroy`-Methode ist es, Ressourcen, die durch ein Applet belegt wurden, zur Garbage Collection freizugeben. Hierzu gehören bspw. die Terminierung von Prozessen, die ein Applet erzeugt hat oder die Freigabe von Speicher, den Objekte eines Applets belegt haben. Die `destroy`-Methode ist folgendermaßen zu überschreiben:

Syntax

```
public void destroy() {
   // Initialisierungs-Code
}
```

Der Unterschied zwischen der `destroy`- und der bereits beschriebenen `finalize`-Methode ist, dass `destroy` nur für Applets angewendet werden kann, während `finalize` eine eher globale Bedeutung hat. Mittels `finalize` können beliebige Objekte verschiedenster Datentypen zur Freigabe markiert werden.

Die paint-Methode

Die `paint`-Methode wird zur Darstellung von Objekten (bspw. Schrift, Grafiken oder Bilder) eingesetzt. Zur Darstellung dieser Objekte ist die `paint`-Methode folgendermaßen zu überschreiben:

Syntax

```
public void paint(Graphics g) {
   // Initialisierungs-Code
}
```

Im Gegensatz zu den Methoden `init()`, `start()`, `stop()` und `destroy()` erwartet die `paint`-Methode als Parameter eine Instanz der Klasse `Graphics`. Dieses Objekt muss allerdings nicht vom Programmierer angelegt werden, da es vom Browser selbst generiert wird. Es ist allerdings zu beachten, dass die Klasse Graphics als Teil des Packages java.awt importiert werden muss. Dies erfolgt typischerweise, indem mit Hilfe des Asteriskus folgende import-Anweisung verwendet wird:

Syntax

```
import java.awt.*;
```

Beispiel

Das in Abb. 4-1 dargestellte Beispiel, das das in Abb. 3-1 auf Seite 51 vorgestellte Applet erweitert, illustriert die Verwendung der beschriebenen Methoden.

Code

```
import java.applet.Applet;
import java.awt.*;
public class Beispiel3 extends Applet {
   Font f = new Font("Times", Font.BOLD, 24);
   public void paint(Graphics g) {
      g.setFont(f);
      g.setColor(Color.blue);
      g.drawString("Beispiel3", 50, 25);
   }
}
```
Abb. 4-1 Beispiel-Applet

Als Argument wird eine Instanz der Klasse Graphics übergeben, die die momentan gültigen Eigenschaften der Darstellungsfläche verwalten. Hierzu gehört auch der verwendete Schrifttyp (sog. *Font*). Zum Setzen eines Fonts wird eine Variable vom Typ Font erzeugt. Der Typ Font wird in der Klasse java.awt.Font definiert, die dazu zu importieren ist. Mittels der Methode drawString wird ein Text auf dem Bildschirm dargestellt. Neben dem anzuzeigenden Text werden hier zwei weitere Parameter übergeben, die den horizontalen und den vertikalen Abstand des Textes vom Bildschirmrand angeben (siehe Abb. 4-2). Hierbei gilt die linke obere Bildschirmecke als Koordinate (0,0).

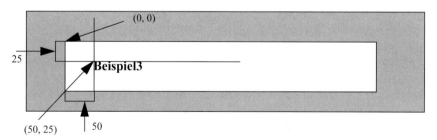

Abb. 4-2 Darstellung des Applets Beispiel3

4.1.2 Applets und Webseiten

Nachdem ein Applet implementiert worden ist, kann es entweder direkt mit dem Appletviewer oder über eine HTML-Seite angezeigt werden. Die notwendige Syntax zur Erstellung einer derartigen Seite wird in diesem Unterkapitel erläutert.

Alle Applets müssen mittels des `<APPLET>`-Tags in HTML-Seiten integriert werden. Dieses Tag wird von allen Browsern verstanden, die Java unterstützen. Ein einfaches Beispiel für die Anwendung dieses Tags wurde bereits in Abb. 3-2 auf Seite 51 dargestellt. Neben den dort verwendeten Parametern `CODE` (Name der Klassendatei des Applets), `WIDTH` (Darstellungsbreite des Applets) und `HEIGHT` (Darstellungshöhe des Applets) existieren eine Reihe weiterer Parameter, die im Folgenden vorgestellt werden. Diese sind weitestgehend mit denen des `<IMG>`-Tags identisch, das zur Einbettung von Bildern in Webseiten verwendet wird.

Neben der Verwendung des `<APPLET>`-Tags steht in HTML auch noch das `<OBJECT>`-Tag zur Verfügung, mit dem neben Java-Applets auch noch weitere interaktive Komponenten in Webseiten eingefügt werden können, bspw. ActiveX-Programme. Im Gegensatz zum `<APPLET>`-Tag verwendet das `<OBJECT>`-Tag nicht den Parameter `CODE`, sondern `CLASSID`. Zusätzlich sollte hier spezifiziert werden, dass ein Java-Applet verwendet werden soll, indem vor dem Namen des Applets der Text eingefügt wird. Wird bspw. das Applet `Beispiel3` eingebunden, so muss die folgende Syntax verwendet werden:

Code

```
<OBJECT CLASSID="java:Beispiel3.class" WIDTH=200 HEIGHT=200>
</OBJECT>
```

ALIGN-Parameter

Der `ALIGN`-Parameter wird innerhalb der `<APPLET>...</APPLET>`-Anweisung verwendet, um die Position eines Applets in einer Webseite relativ zu anderen Komponenten der Seite angeben zu können. ALIGN wird folgendermaßen gesetzt:

- `ALIGN=LEFT` oder `ALIGN=RIGHT` stellt das Applet links oder rechts vom Text dar, der auf das Applet folgt.
- `ALIGN=TOP` stellt das Applet dort dar, wo das höchste Element der Zeile (bspw. Bild oder Text) beginnt.
- `ALIGN=TEXTTOP` stellt analog das Applet dort dar, wo das höchste Textelement beginnt.
- `ALIGN=BOTTOM` stellt das Applet auf Höhe der Zeilenunterkante dar. Diese Anweisung ist analog zur Zuweisung `ALIGN=BASELINE`.
- `ALIGN=MIDDLE` richtet die Höhe der Mitte des Applets auf die Mitte der Texthöhe aus.
- `ALIGN=ABSMIDDLE` richtet die Mitte der Höhe des Applets auf die Mitte der Höhe des höchsten Elements der Zeile aus.

- `ALIGN=ABSBOTTOM` richtet die Unterkante des Applets auf die Unterkante des am weitesten unten angeordneten Elements der Zeile aus.

Soll ein Applet bspw. linksbündig positioniert werden, so ist folgende Anweisung nötig:

Code

```
<APPLET CODE="Beispiel3.class" WIDTH=200 HEIGHT=200
ALIGN=LEFT></APPLET>
```

HSPACE und VSPACE

Mittels HSPACE und VSPACE werden der horizontale und der vertikale Abstand des Applets in Pixeln vom umgebenden Text angegeben. Hierbei wird der Abstand stets zu beiden Seiten des Applets erzeugt, im Falle von HSPACE daher links und rechts vom Applet. Soll bspw. das Applet im Abstand von jeweils 50 Pixeln zum Text dargestellt werden, so ist die folgende Syntax zu verwenden:

Code

```
<APPLET CODE="Beispiel3.class" WIDTH=200 HEIGHT=200 ALIGN=LEFT
HSPACE=50 VSPACE=50></APPLET>
```

CODE und CODEBASE

Mittels CODE und CODEBASE wird angegeben, wie die Hauptklassendatei heißt, bzw. wo sich diese und eventuelle weitere Klassendateien befinden. Wird ausschließlich der CODE-Parameter verwendet, so muss sich die .class-Datei im selben Verzeichnis befinden wie die HTML-Seite, aus der der Aufruf generiert wurde. Mittels des CODEBASE-Parameters kann ein anderes Verzeichnis, aber auch eine URL angegeben werden. Ein Beispiel für die Verwendung von CODE und CODEBASE ist:

Code

```
<APPLET CODE="Beispiel3.class" CODEBASE="http://www.kom.e-
technik.tu-darmstadt.de/javaklassen" WIDTH=200 HEIGHT=200
ALIGN=LEFT></APPLET>
```

ARCHIVE

Mittels des Parameters ARCHIVE wird angegeben, dass ein Java-Archiv geladen werden soll, das mehrere Dateien in einer gruppiert. Die Verwendung von Java-Archiven wird in Kapitel 4.3 beschrieben. Das folgende Beispiel demonstriert die Verwendung von ARCHIVE, wobei hier angenommen sei, dass alle Beispiel-Applets in der Datei Beispiele.jar gruppiert seien:

Code

```
<APPLET CODE="Beispiel3.class" ARCHIVE="Beispiele.jar"
WIDTH=200 HEIGHT=200 ALIGN=LEFT></APPLET>
```

4.1.3 Parameterübergabe an Applets

Im Zusammenhang mit Applications wurde bereits dargestellt, wie Parameter über die Kommandozeile an die `main`-Methode übergeben werden müssen. Da in Applets keine Kommandozeile zur Verfügung steht, ist ein anderer Übergabemechanismus notwendig, der aus zwei Teilen besteht. Offensichtlich muss ein spezieller HTML-Parameter verwendet werden, da Applets ja aus Webseiten gestartet werden können. Weiterhin muss im Applet eine Möglichkeit bestehen, auf die übergebenen Parameter zuzugreifen.

Um in einer HTML-Seite Applet-Parameter zu setzen, muss der PARAM-Parameter innerhalb des <APPLET>-Tags verwendet werden. Dieser besteht aus zwei Teilen: Dem Namen (NAME) und dem Wert (VALUE). Soll bspw. die Font-Größe des Applets aus Abb. 4-1 auf Seite 179 auf der Ebene der Webseite einstellbar sein, so lautet die HTML-Syntax:

Code

```
<APPLET CODE="Beispiel1.class" height=100 width=200>
<PARAM NAME=groesse VALUE="24">
</APPLET>
```

Sollen mehrere Parameter übergeben werden, so ist für jeden Parameter eine eigene Zeile anzugeben, deren Syntax jeweils folgendermaßen aussieht:

Syntax

```
<PARAM NAME=variablenname VALUE="Wert">
```

Beim Start eines Applets erfolgt die Übergabe der in der Webseite spezifizierten Parameter an das Applet. Die Parameter können mit Hilfe der Methode `getParameter()` aus der Methode `init()` abgefragt werden. `init()` wird jeweils bei der Initialisierung eines Applets durchlaufen und muss geeignet vom Programmierer überschrieben werden. `getParameter()` erwartet als Argument jeweils einen String und wird im obigen Beispiel folgendermaßen eingesetzt:

Code

```
String groessenname = getParameter("groesse"),
```

Das Argument der Methode `getParameter()` muss hierbei exakt mit dem Parameter der Webseite übereinstimmen. Dies schließt die Groß- bzw. Kleinschreibung der Buchstaben des Parameters mit ein. Es ist weiterhin zu beachten, dass die Methode das Resultat `null` zurückliefert, wenn kein Parameter übergeben wurde. Dies kann an späteren Stellen des Programms zu Fehlern führen, weshalb sich grundsätzlich die Verwendung einer Fehlerprüfung empfiehlt, z. B.

Code

```
String groessenname = getParameter("groesse");
if (groessenname == null)
   groessenname = "10";
```

Code

```
import java.applet.Applet;
import java.awt.*;
public class Beispiel4 extends Applet {
   Font f;
   String groessenname;
   int groesse;
   public void paint(Graphics g) {
      g.setFont(f);
      g.setColor(Color.blue);
      g.setFont("Times", Font.BOLD, groesse);
      g.drawString("Beispiel3", 50, 25);
   }
   public void init() {
      groessenname = getParameter("groesse");
      if (groessenname == null)
         groessenname = "10";
      groesse = Integer.parseInt(groessenname);
      f = (Font) new Font("Times", Font.BOLD, groesse);
   }
}
```
Abb. 4-3 Font-Applet

Weiterhin ist zu beachten, dass die Methode `getParameter()` immer eine Zeichenkette zurückliefert. Diese kann aber im obigen Beispiel nicht zur Einstellung der Font-Größe verwendet werden, da in diesem Fall nur Argumente des Typs `int` zulässig sind. Zur Umwandlung des Datentyps (siehe hierzu Kapitel 3.3.7 auf Seite 76) muss daher eine geeignete Methode verwendet werden. Die korrekte Parameterübergabe stellt sich dann wie folgt dar:

Code

```
String groessenname = getParameter("groesse"),
int groesse;
if (groessenname == null)
   groessenname = "10";
groesse = Integer.parseInt(groessenname);
```

Der vollständige Code des derart modifizierten Applets ist in Abb. 4-3 angegeben, die hierzu notwendige HTML-Seite in Abb. 4-4.

`Code`

```
<HTML>
  <HEAD>
    <TITLE>Beispiel3.1</TITLE>
  </HEAD>
  <BODY>
    <H3>Beispiel 3.4</H3>
    <APPLET CODE="Beispiel4.class" height=100 width=400>
    <PARAM NAME=groesse VALUE="36">
    </APPLET>
  </BODY>
</HTML>
```

Abb. 4-4 Font-Applet eingebettet in eine HTML-Seite

4.2 Applet-Programmierung mit Threads

Threads (manchmal auch als *Lightweight-Prozess* bezeichnet) sind (meist kleinere) Programmteile, die parallel ablaufen. Ein einzelner Thread wird innerhalb eines Programms durch eine sequentielle Anweisungsfolge charakterisiert. Im Gegensatz zu Programmen können aber Threads nicht selbstständig ablaufen. Während ein Thread läuft, können daher andere Programmteile gleichzeitig andere Aufgaben wahrnehmen. Dies wird auch als *Multitasking* bezeichnet. *Task* ist das englische Wort für *Aufgabe*; durch den Begriff *Multitasking* wird daher angegeben, dass mehrere Aufgaben simultan bearbeitet werden können.

Wird ein Thread verwendet, um Aufgaben abzuarbeiten, die kontinuierlich ablaufen und die eventuell eine große Menge an Prozessorkapazität benötigen, so wird der außerhalb des Threads vorhandene Code bei der Abarbeitung nicht blockiert, da eine parallele Verarbeitung stattfindet.

Die grundsätzlichen Zustände, in denen sich ein Thread befinden kann, sind in Abb. 4-5 dargestellt. Ein Thread wechselt in den Zustand *nicht laufend*, wenn

- die `sleep`-Methode aufgerufen wird,
- der Thread die `wait`-Methode aufruft, um auf die Erfüllung einer bestimmten Bedingung zu warten, oder
- der Thread wegen einer I/O-Operation blockiert.

Für jeden Wechsel eines Threads in den Zustand *nicht laufend* existiert genau eine Routine, die den Thread wiederum in den Zustand *ablaufend* versetzt. Der Aufruf der jeweiligen Methode hängt von dem Ereignis ab, das den Übergang in den Zustand *nicht laufend* bewirkt hat. Wenn ein Thread bspw. mittels `sleep` eine Zeit warten soll, so muss diese Zeit (in Millisekunden) verstreichen, bevor der Thread wieder „aufgeweckt" wird. Die folgende Liste beinhaltet die Routinen, die den Thread wieder in den Zustand *laufend* versetzen:

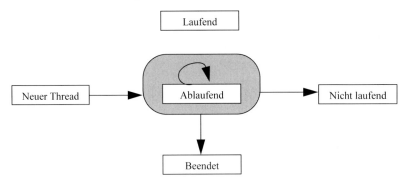

Abb. 4-5 Thread-Zustandsdiagramm

- Wenn innerhalb des Threads sleep aufgerufen wurde, muss die angegebene Zeit in Millisekunden verstreichen.
- Wenn ein Thread auf die Erfüllung einer Bedingung wartet, muss das Objekt, das für die Erfüllung der Bedingung zuständig ist, den Thread auf den Wechsel des Bedingungsstatus hinweisen, indem notify oder notifyAll aufgerufen werden.
- Ein Thread, der aufgrund einer I/O-Operation wartet, kann erst dann fortfahren, wenn diese Operation abgeschlossen ist.

Werden Abläufe eines Applets in Threads isoliert, so sind die folgenden Schritte durchzuführen:

1. *Erweiterung der Klassendefinition um die Schlüsselworte* implements Runnable.
   Das Schlüsselwort implements wird ähnlich wie extends verwendet, da die Klassendeklaration modifiziert wird. Das folgende Beispiel verwendet sowohl implements als auch extends:

Code

```
import java.applet.Applet;
import java.awt.*;
public class Beispiel extends Applet implements Runnable{
   // abzuarbeitender Code
   }
}
```

Runnable ist ein Interface. Die Methoden, die Runnable zur Verfügung stellt, können von jeglicher Klasse implementiert werden, die diese Funktionalität benötigt. Runnable spezifiziert bspw. die Definition der start-Methode, die zum Starten eines Threads aufgerufen wird. Die hierzu notwendige Klasse Thread ist

Teil des `Packages` `java.lang`, das allen Anwendungen ohne vorherige Importierung zur Verfügung steht.

2. *Initialisierung eines `Thread`-Objekts.*
Zur Programmierung mit Threads muss ein Thread zunächst definiert und anschließend gestartet werden. Das folgende Beispiel verdeutlicht dieses Vorgehen:

Code

```
import java.applet.Applet;
import java.awt.*;
public class Beispiel extends Applet implements Runnable{
  Thread t;

  public void start() {
     if (t == null){
        t = new Thread (this);
        t.start();
     }
  }
}
```

In diesem Beispiel muss das Schlüsselwort `this` im Thread-Konstruktoraufruf verwendet werden, um das Objekt zu referenzieren, in dem die Methode läuft. In diesem Fall ist dies das Applet selbst. Um einen Thread zu starten, wird anschließend die `start`-Methode aufgerufen. Diese belegt die notwendigen Systemressourcen, plant einen Thread ein (*Scheduling*) und ruft anschließend die `run`-Methode auf.

3. *Definition der `run`-Methode.*
Der Aufruf der `start`-Methode verursacht den Aufruf der `run`-Methode, in der die eigentliche Funktionalität eines Threads definiert ist. Hierzu muss eine `run`-Methode angegeben werden. Im Beispiel implementiert das Applet das `runnable`-Interface. Die Verbindung zwischen Applet und Thread wurde durch das `this`-Schlüsselwort hergestellt.

Syntax

```
public void run (){
   // abzuarbeitender Code des Threads
}
```

4. Der vierte Schritt betrifft das Anhalten eines Threads mittels der `stop`-Methode. Meist geht man hierbei so vor, dass man das Thread-Objekt auf den Wert `null` setzt. Dies hält den Thread allerdings nur dann an, wenn innerhalb der `run`-Methode überprüft wird, auf welchem Wert das Thread-Objekt steht. Das folgende Beispiel zeigt das Zusammenspiel zwischen `start`, `run` und `stop`. Hierzu wird in der `run`-Methode zunächst eine temporäre Variable vom Typ `Thread` erzeugt, mit der überprüft wird, ob der in `run` verwendete Thread derselbe wie vor einer Un-

terbrechung ist. Hierzu wird die Methode `currentThread` verwendet, die Teil der Klasse `Thread` ist. Weiterhin wird in der `run`-Methode überprüft, ob eine Ausnahmebehandlung notwendig ist. Wurde eine Ausnahme festgestellt, so wird zunächst die `run`-Methode verlassen und in der `stop`-Methode der Wert der Variablen `t` verändert. Anschließend wird die `run`-Methode fortgesetzt, jedoch festgestellt, dass sich der Wert der Thread-Variablen geändert hat. Dies verursacht einen Abbruch der `while`-Schleife, womit der Thread beendet ist.

Code

```
import java.applet.Applet;
import java.awt.*;
public class Beispiel extends Applet implements Runnable{
   Thread t;

   public void start() {
      if (t == null){
         t = new Thread (this);
         t.start();
      }
   }

   public void run (){
      Thread runThread = Thread.currentThread();
      while (runThread == thisThread)  {

         // abzuarbeitender Code des Threads

         try {
            Thread.sleep(1000);
         }catch (InterruptedException ex) {}
      }

   }

   public void stop() {
      if (t != null)
         t = null;
   }
}
```

4.2.1 Prioritäten von Threads

Eine der wichtigen Eigenschaften von Threads ist, dass sie parallel ablaufen können. Da die meisten heute verwendeten Rechner aber nur eine CPU haben, ist dies in der Praxis nur teilweise richtig, da zwischen den verschiedenen Prozessen eines Rechners so schnell hin und hergeschaltet wird, dass die Illusion der Parallelität entsteht. Die Einplanung der Ausführung einer Anzahl von Prozessen bezeichnet man in diesem Zusammenhang auch als *Scheduling*. Die Laufzeitumgebung von Java unterstützt einen sehr einfachen deterministischen Einplanungsmechanismus, das Scheduling nach festen Prioritäten. Hierbei werden Threads derart eingeplant, dass ihre Priorität relativ zu der anderer ablaufender Threads beachtet wird.

Wenn in Java ein Thread erzeugt wird, erbt er die Priorität von dem Thread, der ihn erzeugt hat. Diese Priorität kann jederzeit zur Laufzeit verändert werden, indem die `setPriority`-Methode aufgerufen wird. Thread-Prioritäten sind Ganzzahlen im Bereich zwischen `MIN_PRIORITY` und `MAX_PRIORITY`, die als Konstanten in der Klasse `Thread` definiert sind. Je höher der Zahlenwert, desto höher auch die Priorität eines Threads. Zu jeder Zeit, in der das System den nächsten abzuarbeitenden Thread auswählt, wird der Thread mit der höchsten Priorität aktiv. Threads mit niedrigerer Priorität werden nur dann gestartet, wenn dieser Thread aus irgendeinem Grund anhält. Wenn Threads derselben Priorität auf die CPU warten, wählt der Scheduler den nächsten abzuarbeitenden Thread nach dem Round-Robin-Verfahren (alle Threads in einem Kreis angeordnet) aus. Der ausgewählte Thread läuft dann solange ab, bis die folgenden Bedingungen erfüllt sind:

- ein Thread höherer Priorität wechselt in den Zustand *laufend*,
- der Zeitschlitz ist abgelaufen (nur auf Systemen, die dieses Verfahren verwenden) oder
- er ist abgearbeitet.

Die Laufzeitumgebung von Java arbeitet weiterhin *präemptiv*. Wird ein Thread mit einer höheren Priorität als der der momentan ausgeführten lauffähig, so wird dieser unmittelbar gestartet und alle anderen Threads angehalten. Grundsätzlich läuft also immer derjenige Thread ab, der die höchste Priorität hat. Um allerdings ein „Verhungern" anderer Threads zu verhindern, kann der Scheduler auch einen Thread mit einer niedrigeren Priorität auswählen. Prioritäten sollten daher nur eingesetzt werden, um die *Effizienz* von Programmen zu steigern.

Das folgende Beispiel verwendet drei Threads, die eine unterschiedliche Priorität haben. Während der Thread mit der höchsten Priorität nur zur Unterbrechung der Abarbeitung eines anderen Threads verwendet wird, ist klar ersichtlich, dass die beiden anderen Threads nicht gleich behandelt werden. Jedes Mal, wenn einer der zwei niedrig-priorisierten Threads ausgewählt werden soll, wird der Prozess mit der höheren Priorität gestartet. Dies ist vor allem deswegen unfair, weil beide Prozesse dieselbe Aufgabe wahrnehmen und daher in gleicher Geschwindigkeit abgearbeitet werden sollten.

Code

```
public class Unfair extends Applet implements Runnable {
  public Zaehler zaehler1, zaehler2;
  public Thread dummyThread = null;
  public void init() {
    zaehler1= new Zaehler();
    zaehler2= new Zaehler();
    zaehler1.setPriority(3);
    zaehler2.setPriority(2);
```

```
      if (dummyThread == null) {
         dummyThread = new Thread(this, "zaehler");
         dummyThread.setPriority(4);
      }
   }
   public void run() {
      Thread tmpThread = Thread.currentThread();
      while (dummyThread == tmpThread) {
         try {
            Thread.sleep(10);
         } catch (InterruptedException e) { }
      }
   }
}

public class Zaehler extends Thread {
   int schritt = 1;
   public void run() {
      while (schritt < 1000)
         schritt++;
   }
}
```

Die in diesem Beispiel verwendete `zaehler`-Klasse ist in einer Art und Weise implementiert, die eine Ungleichbehandlung anderer Threads nach sich ziehen kann. Problematisch ist, dass die `while`-Schleife in jedem Fall abgearbeitet wird, wenn der Scheduler einen Thread mit einer derartigen Definition auswählt. Dieser Thread wird also niemals freiwillig die Kontrolle über die CPU-Zeit abgeben, es sei denn, er ist abgearbeitet oder ein Thread mit höherer Priorität wird gestartet. Derartige Threads arbeiten unfair. In einigen Fällen wird die Verwendung unfairer Threads keine Konsequenzen haben, da ein Thread mit einer höheren Priorität einen unfairen abbrechen kann. Wie im Beispiel dargestellt, werden die Zähler-Threads durch den Prozess mit der höchsten Priorität unterbrochen. In anderen Situationen können allerdings unfaire Threads die CPU vollständig übernehmen und daher dafür sorgen, dass alle weiteren Threads solange warten müssen, bis der unfaire Thread beendet ist. Einige Systeme verhindern jedoch bereits standardmäßig ein solches Verhalten, bspw. Windows-Systeme der Firma Microsoft. Unfaire Threads werden hier mit sog. *Zeitschlitzen* verhindert. Die Zeitschlitz-Strategie wird immer dann angewendet, wenn mehrere ablauffähige Threads existieren, die eine gleiche Priorität haben und die die am höchsten priorisierten Threads sind, die sich um die Verwendung der CPU bewerben. Die im Beispiel erläuterten Threads gehören zu dieser Kategorie.

Im Folgenden wird die `run`-Methode so modifiziert, dass sie eine Schleife enthält, die eine Zählervariable erhöht, und die alle 100 Schritte eine Ausgabe vornimmt, die die Nummer des Threads und die Schrittzahl ausgibt. Es ist nun leicht erkennbar, ob ein Zeitschlitz-System verwendet wird, da auf derartigen Systemen die Ausgabe jeweils von beiden Prozessen gemischt erzeugt wird.

Code

```
public class Zaehler extends Thread {
   int schritt = 1;
   private nummer;
   public void start(int nummer) {
      this.nummer = nummer;
   }
   public void run() {
      while (schritt < 1000){
         schritt++;
         if ((schritt%100) == 0)
            System.out.println("Thread " + nummer + ", schritt =
            + schritt);
      }
   }
}
```

Die Ausgabe, die sich auf Systemen ergibt, die Zeitschlitze verwenden, sieht dann wie folgt aus:

Ausgabe

```
Thread 1, schritt = 100
Thread 1, schritt = 200
Thread 0, schritt = 100
Thread 1, schritt = 300
Thread 0, schritt = 200
```

Diese unregelmäßige Ausgabe kann damit erklärt werden, dass auf einem Zeitschlitz-System die CPU in Zeitschlitze unterteilt wird und jedem der Threads mit gleich hoher Priorität ein Zeitschlitz zugewiesen wird, in dem er ablaufen muss. Das Zeitschlitz-System durchläuft dann die Liste aller Threads mit höchster (aber gleicher) Priorität und weist jedem eine gewisse Menge der Prozessorzeit zu. Dies wird solange fortgesetzt, bis einer dieser Threads endet oder bis ein Prozess mit höherer Priorität gestartet wird. Es wird hierbei aber keine Gewähr dafür übernommen, wie oft oder in welcher Reihenfolge Threads eingeplant werden. Die Ausgabe erfolgt daher im obigen Beispiel nicht abwechselnd zwischen den Threads.

Wird ein derartiges Programm auf einem System eingesetzt, das die Zeitschlitz-Technik nicht verwendet, so werden zunächst die Ausgaben des höher priorisierten Threads erzeugt und anschließend die des niedriger priorisierten. Dies liegt daran, dass ein System, das die Zeitschlitz-Technik nicht einsetzt, einen der Threads zur Abarbeitung auswählt, die die höchste Priorität haben. Dieser Thread darf dann solange laufen, bis er die CPU wieder freigibt oder bis er von einem Thread höherer Priorität unterbrochen wird. Java selbst implementiert keinen Zeitschlitz-Mechanismus. Ob das System des Lesers diese Technik einsetzt, kann leicht geprüft werden, indem das obige Beispiel übersetzt und ausgeführt wird.

Es wird ersichtlich, dass die Verwendung CPU-intensiver Threads negative Auswirkungen auf andere Threads haben kann, die Teil desselben Programms sind. Allgemein gilt daher, dass stets die Verwendung solcher Threads zu empfehlen ist, die periodisch die CPU freigeben und so anderen Threads die Möglichkeit einräumen, ausgeführt zu werden. Insbesondere sollte von der Implementierung von Java-Code abgesehen werden, der nur in Kombination mit der Zeitschlitz-Technik funktioniert. Ein solcher Ansatz würde fast sicher zu unterschiedlichen Resultaten auf verschiedenen Plattformen führen.

Ein Thread kann in Java so implementiert werden, dass er regelmäßig die CPU freigibt. Hierzu muss die `yield`-Methode verwendet werden, die Threads derselben Priorität die Möglichkeit gibt, gestartet zu werden. `yield` wird immer dann ignoriert, wenn keine Threads derselben Priorität ausgeführt werden müssen. Die `yield`-Methode, deren Verwendung im folgenden Beispiel dargestellt ist, wird grundsätzlich aus der `run`-Methode eines Threads aufgerufen.

Code

```
public class Zaehler extends Thread {
   int schritt = 1;
   private nummer;
   public void start(int nummer) {
      this.nummer = nummer;
   }
   public void run() {
      while (schritt < 1000){
         schritt++;
         if ((schritt%100) == 0)
            System.out.println("Thread " + nummer + ", schritt = 
             + schritt);
         yield();
      }
   }
}
```

4.2.2 Synchronisation von Threads

Bisher wurden unabhängige, asynchrone Threads erläutert, die dadurch charakterisiert sind, dass jeder Thread alle Daten und Methoden enthält, die für seine Ausführung erforderlich sind. Ressourcen von außerhalb wurden hierbei nicht hinzugebunden. Zusätzlich wurde bisher kein Wissen über andere Systemzustände oder über Aktivitäten anderer parallel ablaufender Threads verwendet. In vielen Fällen ist es jedoch außerordentlich sinnvoll, dass parallel ablaufende Threads auf dieselben Daten zugreifen und daher Kenntnis über den Zustand und die Aktivitäten anderer Threads haben. Ein Beispiel, das in diesem Zusammenhang in der Informatik häufig gebraucht wird, ist das Produzenten-Konsumenten-Problem, in dem ein Produzent einen Strom von Daten erzeugt, die von einem Konsumenten verbraucht werden. Ein Beispiel für eine derartige Anwendung ist eine Netzwerkanwendung, die empfangene Daten in einen Puffer schreibt. Im Falle einer Videoanwendung wäre der

Konsument ein Player, der die Daten aus dem Puffer ausliest und diese anzeigt. Die Threads, die diese Aufgaben erfüllen, laufen parallel ab und greifen auf dieselben Daten zu. Um diese Aufgabe zu erfüllen, ist eine Synchronisation der beteiligten Threads notwendig.

Das folgende Beispiel zeigt das Zusammenspiel zweier Threads auf. Hierbei erzeugt ein Produzent jeweils eine Zahl und speichert diese in einer Variablen. Anschließend pausiert er mittels der `sleep`-Methode für eine zufällige Zeit (diese wird von der Methode `random` berechnet), bevor die nächste Zahl erzeugt wird. Der Konsument verbraucht die abgelegten Zahlen so schnell wie möglich. Der Code für Produzent und Konsument sehen dann wie folgt aus:

Code

```
public class Produzent extends Thread {
   private Speicher speicher;
   private int nummer;

   public Produzent(Speicher s, int nummer) {
      speicher = s;
      this.nummer = nummer;
   }

   public void run() {
      char zahl;
      for (int i = 0; i < 100; i++) {
         speicher.ablage(zahl);
         System.out.println("Produzent " + this.nummer + " lege ab: i");
         try {
            sleep((int)(Math.random() * 1000));
         } catch (InterruptedException e) { }
      }
   }
}
```

Der Konsument liest die Zahl folgendermaßen wieder aus:

Code

```
public class Konsument extends Thread {
   private Speicher speicher;
   private int nummer;
```

```
public Konsument(Speicher s, int number) {
   speicher = s;
   this.nummer = nummer;
}

public void run() {
   int wert = 0;
   for (int i = 0; i < 500; i++) {
      wert = speicher.hole();
      System.out.println("Konsument " + this.nummer + " hole: 
      + wert);
   }
}
}
```

Mittels des Objekts `speicher` verwenden Produzent und Konsument dieselben Daten. Hierbei stellt der Produzent allerdings nicht sicher, dass der Konsument jede Zahl genau einmal bekommt. Die Synchronisation zwischen den beiden Threads, die mittels der Methoden `hole` und `ablage` realisiert wird, erfolgt auf einer niedrigen Ebene. Es soll jedoch zunächst angenommen werden, dass zwischen beiden Threads keinerlei Absprachen bezüglich einer Synchronisation bestehen. Diese Situation ist allerdings deshalb problematisch, da der Produzent schneller Daten erzeugen kann, als der Konsument in der Lage ist, diese zu verbrauchen. Es kann dann geschehen, dass der Konsument eine der erzeugten Zahlen nicht erhält. Umgekehrt führt auch der Fall, in dem der Konsument die Zahlen schneller verbraucht als der Produzent sie erzeugt, zu Problemen, da dann eine Zahl möglicherweise doppelt verwendet wird. Die einzige korrekte Lösung ist jedoch, dass der Konsument jede Zahl genau einmal erhält. Derartige Probleme werden im Kontext von Betriebssystemen oft auch als *Wettkampfbedingungen* bezeichnet. Sie resultieren immer aus der Verwendung von mehreren asynchron ablaufenden Threads, die auf ein einzelnes Objekt gleichzeitig zugreifen wollen.

Wettkampfbedingungen können vermieden werden, wenn der Zugriff auf gemeinsam verwendete Objekte synchronisiert wird. Hierdurch wird jede der generierten Zahlen vom Konsumenten genau einmal verbraucht. Die Synchronisation muss hierbei zwei Abläufe enthalten: Die Threads dürfen erstens auf das gemeinsam verwendete Objekt nicht simultan zugreifen und zweitens müssen beide Threads eine einfache Koordination vornehmen. Ein Java-Thread kann ein Objekt sperren und somit verhindern, dass andere Threads dieses Objekt verwenden, während er damit arbeitet. Versucht ein zweiter Thread, diese Daten zu verwenden, so wird er solange blockiert, bis das Objekt wieder freigegeben wird. Der Produzent muss weiterhin koordiniert mit dem Konsumenten zusammenarbeiten, er muss diesem also mitteilen, dass ein Wert zur Abholung bereitsteht. Die Klasse `Thread` bietet hierzu die Methoden `wait`, `notify` und `notifyAll` an, mit denen Threads, die auf den Eintritt einer Bedingung warten, von anderen Threads benachrichtigt werden können, dass die Bedingung eingetreten ist. `notifyAll` und `wait` werden im Folgenden noch detaillierter erklärt.

Die Programmteile, die aus separaten, parallel ablaufenden Threads auf dasselbe Objekt zugreifen, werden im Kontext von Betriebssystemen oft auch als *kritische Abschnitte* bezeichnet. In Java kann ein kritischer Abschnitt, der mit dem Schlüsselwort synchronized bezeichnet wird, ein Anweisungsblock oder eine Methode sein. Ein Sperrmechanismus wird dann automatisch von der Java-Plattform für ein Objekt angelegt, das ein synchronisiertes Code-Objekt verwendet.

Im Beispiel sind die Methoden hole und ablage die kritischen Abschnitte, da hier auf das gemeinsam verwendete Objekt zugegriffen wird. Beide Methoden müssen daher folgendermaßen mit dem Schlüsselwort synchronized ausgezeichnet werden:

Code

```
//Speicherobjekt
public class Speicher {
   private int inhalt;
   private boolean fertig = false;
   public synchronized int hole() {
      //...
   }
   public synchronized void ablage (int wert) {
      //...
   }
}
```

Mit Hilfe der derart ausgezeichneten Methoden erzeugt das System für jede Instanz des Speicherobjekts einen eindeutigen Sperrmechanismus. Jedes Mal wenn eine derartige Methode ausgeführt wird, sperrt der Thread das Objekt, dessen Methode aufgerufen wurde. Andere Threads können dann eine synchronisierte Methode desselben Objekts solange nicht aufrufen, bis das Objekt wieder freigegeben wird. Im Beispiel sperrt daher der Produzent die ablage-Methode des Speicher-Objekts und verhindert dadurch, dass der Konsument auf die get-Methode desselben Objekts zugreift.

Code

```
//Speicherobjekt
public class Speicher {
   private int inhalt;
   private boolean fertig = false;
   public synchronized int hole() {
      // Speicher gesperrt
      //...
      // Speicher freigegeben
   }
   public synchronized void ablage (int wert) {
      // Speicher gesperrt
      //...
      // Speicher freigegeben
   }
}
```

Die Ausführung des Sperrens und Freigebens wird von der Java-Laufzeitumgebung in einer atomaren Operation automatisch durchgeführt. Hierdurch wird sichergestellt, dass Wettkampfbedingungen in der Implementierung der Threads nicht auftreten können. Dies garantiert die Integrität der Daten. Neben der Synchronisation müssen zwei Threads aber weiterhin in der Lage sein, den jeweiligen Partner zu benachrichtigen, wenn eine Aufgabe erfüllt ist.

Das `Speicher`-Objekt legt Daten in einer als `private` gekennzeichneten Variable namens `inhalt` ab. `Speicher` verwendet eine weitere boole'sche `private`-Variable namens `fertig`. `fertig` steht dann auf `true`, wenn ein Wert abgelegt, aber noch nicht abgerufen wurde und respektive auf `false`, wenn der Wert abgerufen, aber noch kein neuer erzeugt wurde. Eine nahe liegende (aber fehlerhafte!) Implementierung könnte folgendermaßen aussehen:

Code

```
public class Speicher {
    private int inhalt;
    private boolean fertig = false;
    public synchronized int hole() {
        if (fertig == false)
            fertig = true;
        wert=1;
    }
    public synchronized void ablage (int wert) {
        // Fehlerhaft!!!
        if (fertig == true)
            fertig = false;
        return inhalt;
    }
}
```

Derart implementierte Methoden können nicht korrekt funktionieren. Am Beispiel der `get`-Methode ist ersichtlich, dass keine Abarbeitung erfolgt, wenn der Produzent nichts im `Speicher`-Objekt abgelegt hat und wenn `fertig` ungleich `true` ist. In ähnlicher Weise erfolgt in `put` keine Abarbeitung, wenn der Produzent `put` aufruft, bevor der Konsument den Wert erhalten hat.

Der Konsument sollte daher warten, bis der Produzent einen Wert im Speicher abgelegt hat. Hierzu muss er aber vom Produzenten benachrichtigt werden. In ähnlicher Art und Weise muss der Produzent warten, bis der Konsument den Wert abgerufen hat, bevor er einen neuen Wert erzeugt. Auch der Produzent muss benachrichtigt werden, wenn dies erfolgt ist. Zur koordinierten Abarbeitung von Threads können die Methoden `wait` und `notifyAll` eines Objekts eingesetzt werden. Das folgende Beispiel zeigt die Verwendung beider Methoden auf.

Code

```java
//Speicherobjekt
public class Speicher {
   private int inhalt;
   private boolean fertig = false;
   public synchronized int hole() {
      while (fertig == false) {
         try {
            wait();
         } catch (InterruptedException e) { }
      }
      fertig = false;
      notifyAll();
      return inhalt;
   }
   public synchronized void ablage (int wert) {
      while (fertig == true) {
         try {
            wait();
         } catch (InterruptedException e) { }
      }
      inhalt = wert;
      fertig = true;
      notifyAll();
   }
}
```

Der Code in der get-Methode durchläuft die Schleife solange, bis der Produzent einen neuen Wert erzeugt hat. In jedem Schleifendurchlauf wird die wait-Methode aufgerufen, die weiterhin bewirkt, dass der Block freigegeben wird. Hierdurch wird der Produzent in die Lage versetzt, auf das Speicher-Objekt zuzugreifen. Anschließend wartet der Konsument auf eine Benachrichtigung durch den Produzenten. Nachdem der Produzent Daten im Speicher-Objekt abgelegt hat, benachrichtigt er den Konsumenten mittels der Methode notifyAll. Hierdurch wird der Konsument wieder aufgeweckt und kann das Speicher-Objekt verwenden, da die Variable fertig nun den Wert true hat. Auch put funktioniert auf diese Art und Weise, indem der Konsumenten-Thread darauf wartet, einen Wert zu verbrauchen, bis der Produzent einen neuen erzeugt hat.

Es ist Aufgabe der notifyAll-Methode, alle Threads aufzuwecken, die auf ein gesperrtes Objekt warten. Anschließend treten diese Threads in Wettstreit um das Objekt, wenn mehrere Threads simultan auf dieses zugreifen wollen. Die Threads, die das Objekt nicht erhalten, kehren in den Wartezustand zurück. Weiterer Bestandteil der Klasse Object ist die Methode notify, die in einer Zufallsauswahl einen der Threads aufweckt, die auf ein Objekt warten.

Die Klasse Object enthält neben der Version der Methode wait, die in diesem Beispiel verwendet wurde und die unendlich auf eine Benachrichtigung wartet, zwei weitere Versionen der wait-Methode:

- wait(long timeout)
  Erwartet die Benachrichtigung in einer Zeit, die kleiner als der Wert timeout (in Millisekunden) ist.
- wait(long timeout, int nanos)
  Erwartet die Benachrichtigung in einer Zeit, die kleiner als der Wert timeout (in Millisekunden) zuzüglich des Werts nanos (in Nanosekunden) ist.

Nachdem nun alle Kenntnisse vorhanden sind, die zur Implementierung synchronisierter Threads nötig sind, kann das Programm vervollständigt werden, indem das Hauptprogramm angegeben wird. Die folgende Java-Application erzeugt das Speicher-Objekt, den Produzenten und den Konsumenten und startet die letzteren beiden.

Code

```
//Hauptprogramm
public class ProducerConsumerTest {
   public static void main(String[] args) {
      Speicher s= new Speicher();
      Produzent p = new Produzent(s, 1);
      Konsument k= new Konsument(s, 1);

      p.start();
      k.start();
   }
}
```

4.2.3 Gruppierung von Threads

Jeder Java-Thread ist Mitglied einer Thread-Gruppe, die Mechanismen bereitstellt, um mehrere Threads in einem einzigen Objekt zu gruppieren und alle Threads in einem Zug zu manipulieren, anstatt auf jeden einzelnen getrennt zuzugreifen. Hierdurch können bspw. alle Threads einer Gruppe auf einmal aufgeweckt werden, indem ein einziges Kommando verwendet wird. Die Gruppierung von Threads wird in Java durch die Klasse ThreadGroup implementiert, die Teil des Packages java.lang ist.

Die Einordnung eines Threads in eine Gruppe wird vom Laufzeitsystem während der Einrichtung eines Threads vorgenommen. Ein neuer Thread kann entweder in eine Standardgruppe eingefügt werden oder explizit in einer vom Benutzer angegebenen. Ein Thread ist anschließend permanentes Mitglied der Gruppe, der er bei der Einrichtung zugeordnet wurde. Ein Gruppenwechsel zur Laufzeit ist daher unmöglich.

Wenn ein neuer Thread generiert wird, ohne dass seine Gruppe im Konstruktor angegeben wird, so wird er vom Laufzeitsystem automatisch in dieselbe Gruppe eingefügt, in der der Thread abläuft, der ersteren generierte. Dies wird oft auch als aktuelle *Thread-Gruppe* bzw. als aktueller *Thread* bezeichnet. Wenn eine Java-Application das erste Mal gestartet wird, wird eine Thread-Gruppe namens main angelegt, in der alle neuen Threads eingefügt werden, wenn keine andere Angabe im Konstruktor enthalten ist.

Wenn ein Thread in einem Applet erzeugt wird, kann die Gruppe eines Threads allerdings auch eine andere als `main` sein, abhängig vom Browser oder Viewer, in dem das Applet läuft. Dies liegt daran, dass ein Applet in mehreren Threads lauffähig ist. Grafikroutinen wie `paint` oder `update` werden immer aus dem Thread aufgerufen, der die AWT-Grafikroutinen und die notwendige Ereignisbehandlung abarbeitet. Die Threads, die Methoden wie `init`, `start`, `stop` und `destroy` verarbeiten, hängen von den Anwendungen ab, die das Applet ausführen. Derartige Routinen werden allerdings von AWT-Threads niemals aufgerufen.

Viele Browser legen einen eigenen Thread für jedes Applet einer Webseite an. Der jeweilige Thread wird dann dazu verwendet, die wichtigsten Methoden eines Applets aufzurufen. Manche Browser legen aber für jedes Applet auch eine Thread-Gruppe an, so dass alle Threads, die zu einem bestimmten Applet gehören, auf einmal beendet werden können. In jedem dieser Fälle ist aber garantiert, dass jeder Thread, der die wichtigsten Methoden eines Applets aufruft, zu ein und derselben Gruppe gehört.

Der Grund, dass ein Applet seine eigenen Threads erzeugt und benutzt, liegt darin, dass verhindert werden soll, dass ein Thread eines Applets andere Applets einer Webseite behindert. Ein Applet, das bspw. in der `init`-Methode eine zeitaufwendige Initialisierung durchläuft, ist dadurch gekennzeichnet, dass der Thread, der `init` aufruft, blockiert bis `init` beendet ist. Ist ein Applet bspw. an oberster Position einer Webseite, so würde keine der darzustellenden Komponenten angezeigt werden bis `init` beendet ist. Selbst in Browsern, die einen separaten Thread für jedes Applet anlegen, ist es durchaus sinnvoll, zeitaufwendige Aufgaben in Threads zu verlagern, die von einem Applet erzeugt werden. Dies stellt sicher, dass ein Applet andere Aufgaben wahrnehmen kann, während die zeitaufwendigen vervollständigt werden. Hierbei kann als Daumenregel gelten, dass ein Applet immer dann einen eigenen Thread anlegen und verwenden sollte, wenn zeitaufwendige Aufgaben zu bearbeiten sind. Applets verarbeiten typischerweise zwei Arten von zeitaufwendigen Aufgaben: Solche, die genau einmal ausgeführt werden und solche, die periodisch auftreten.

Viele Java-Programmierer ignorieren Thread-Gruppen vollständig und überlassen es dem Laufzeitsystem, Details hinsichtlich Thread-Gruppen zu verarbeiten. Wenn ein Programm allerdings eine große Anzahl von Threads erzeugt, die besser als Gruppe manipuliert werden können, oder wenn bspw. ein eigener Security-Manager implementiert wird, so ist eine Kontrolle der Thread-Gruppen wünschenswert.

Es wurde bereits erläutert, dass ein Thread ein permanentes Mitglied der jeweiligen Thread-Gruppe ist, der er bei der Generierung beitritt. Wenn also ein Thread in eine andere als in die Standardgruppe eingeordnet werden soll, muss dies explizit angegeben werden. Hierzu stehen in der Klasse `Thread` drei Konstruktoren zur Verfügung, die das Setzen einer Thread-Gruppe ermöglichen:

- `public Thread(ThreadGroup gruppe, Runnable ziel)`

- `public Thread(ThreadGroup gruppe, String name)`
- `public Thread(ThreadGroup gruppe, Runnable ziel, String name)`

Jeder dieser Konstruktoren erzeugt einen neuen Thread, der basierend auf den `Runnable`- und `String`-Parametern initialisiert wird. Im folgenden Beispiel wird eine Thread-Gruppe `eigeneThreadGroup` angelegt und ein Thread `eigenerThread` in dieser Gruppe erzeugt:

Code
```
ThreadGroup eigeneThreadGroup = new ThreadGroup("Eigene Thread-
    Gruppe");
Thread eigenerThread = new Thread(eigeneThreadGroup, "Thread fuer
    eigene Gruppe");
```

Die Thread-Gruppe wird an einen `Thread`-Konstruktor übergeben und muss dabei nicht notwendigerweise selbst erzeugt werden. Auch Gruppen, die vom Laufzeitsystem erzeugt wurden, oder solche, die von der Anwendung generiert wurden, in der das Applet läuft, sind hier zulässig. Um herauszufinden, in welcher Gruppe sich ein Thread befindet, kann die `getThreadGroup`-Methode verwendet werden. Das folgende Beispiel legt dies dar.

Code
```
theGroup = myThread.getThreadGroup();
```

Die Klasse `ThreadGroup` kann eine beliebige Anzahl von Threads enthalten. Üblicherweise weisen die Threads einer Gruppe eine Beziehung zueinander auf, bspw. eine ähnliche Funktion. Neben Threads kann eine `ThreadGroup` auch andere Thread-Gruppen enthalten und so eine Hierarchie bilden. Die Wurzel dieser Hierarchie ist in einer Java-Application die Gruppe `main`. Threads und Thread-Gruppen können prinzipiell in `main` oder in Untergruppen von `main` angelegt werden.

Die Methoden der Klasse `ThreadGroup` können wie folgt kategorisiert werden:

- *Methoden zur Verwaltung von Collections*
  Methoden, die eine Menge von Threads und Subgruppen der Thread-Gruppe verwalten.
- *Methoden, die auf einer Gruppe operieren.*
  Diese Methoden setzen oder erfragen Attribute des `ThreadGroup`-Objekts.
- *Methoden, die auf allen Threads einer Gruppe operieren.*
- *Methoden, die Zugriffsrechte regeln.*
  Sowohl `ThreadGroup` als auch `Thread` erlauben dem Security-Manager, den Zugriff auf Threads auf der Basis der Gruppenmitgliedschaft einzuschränken.

Im Folgenden werden diese Kategorien erläutert. Die Klasse ThreadGroup stellt Methoden zur Verfügung, die die Threads und Untergruppen einer Thread-Gruppe verwalten und die es anderen Objekten erlauben, die Thread-Gruppe nach Inhaltsinformationen zu fragen. So kann bspw. die Methode activeCount verwendet werden, um herauszufinden, wie viele Threads einer Gruppe momentan aktiv sind. Diese Methode wird oft eingesetzt, um mit Hilfe der Methode enumerate eine Liste zu erzeugen, die Referenzen zu allen aktiven Threads einer Thread-Gruppe enthält. Das folgende Beispiel stellt ein Code-Segment dar, das eine derartige Liste erzeugt und die Namen der Threads ausgibt.

Code

```
public class aufzaehlungThreads {
   public void listeThreads() {
      ThreadGroup aktuelleGruppe =
         Thread.currentThread().getThreadGroup();
      int anzahlThreads = aktuelleGruppe.activeCount();

      Thread[] listeDerThreads = new Thread[anzahlThreads];

      aktuelleGruppe.enumerate(listeDerThreads);

      for (int i = 0; i < anzahlThreads; i++)
         System.out.println("Thread " + i + " = " +
            listeDerThreads[i].getName());
   }
}
```

Weitere Methoden, die von der Klasse ThreadGroup angeboten werden, beinhalten bspw. activeGroupCount zur Zählung der momentan aktiven Thread-Gruppen und die Methode list.

Neben der Verwaltung von Threads werden in einem ThreadGroup-Objekt verschiedene Attribute gesetzt und abgerufen, die sich auf die gesamte Gruppe beziehen. Diese Attribute spezifizieren z. B. die maximale Priorität, die Threads in einer Gruppe haben können, den Namen der Gruppe und die Elterngruppe. Die Methoden, die zum Setzen und Abfragen dieser Attribute verwendet werden, arbeiten immer auf Gruppenebene. Attribute von Threads werden hierbei nie verändert. Die folgende Liste gibt die Methoden eines ThreadGroup-Objekts an, die auf Gruppenebene arbeiten:

- getMaxPriority und setMaxPriority,
- getDaemon und setDaemon,
- getName,
- getParent, parentOf und
- toString.

Wenn bspw. die Methode setMaxPriority verwendet wird, um die maximale Priorität einer Gruppe zu verändern, so wird lediglich das Attribut des Gruppenobjekts verändert, nicht aber die Priorität der Threads der Gruppe. Das folgende Beispiel stellt dies dar.

Code

```
public class Beispiel {
   public static void main(String[] args) {
      ThreadGroup normaleGruppe = new ThreadGroup("Gruppe mit
         normaler Prioritaet");
      Thread maxPrio = new Thread(normaleGruppe, "Thread mit
         maximaler Prioritaet");

      // setze die Prioritaet des Thread auf maximal 10
      maxPrio.setPriority(Thread.MAX_PRIORITY);

      // umsetzen der Prioritaet der Gruppe auf 5
      normaleGruppe.setMaxPriority(Thread.NORM_PRIORITY);

      System.out.println("Maximale Prioritaet der Gruppe = "
         normaleGruppe.getMaxPriority());
      System.out.println("Prioritaet des Thread = " +
         priorityMAX.getPriority());
   }
}
```

Wenn die Thread-Gruppe normaleGruppe erzeugt wird, erbt sie das Attribut „maximale Priorität" von der Elterngruppe. In diesem Fall ist die Priorität der Elterngruppe MAX_PRIORITY, die in Java maximal erlaubte Priorität. Im nächsten Schritt wird die Priorität des Threads maxPrio auf den maximal möglichen Wert gesetzt. Anschließend wird die Priorität der Gruppe wieder auf die normale Priorität (NORM_PRIORITY) verringert. Hierbei wirkt sich die Anwendung der Methode setMaxPriority nicht auf die Priorität des Threads maxPrio aus, so dass dieser nach wie vor eine Priorität von 10 hat, die größer ist, als die maximale Priorität seiner Gruppe.

Es wird erkennbar, dass ein Thread genau dann eine höhere Priorität als seine Gruppe hat, wenn seine Priorität gesetzt wird, bevor die maximal mögliche der Gruppe verringert wird. Die maximale Priorität einer Gruppe wird verwendet, um die Priorität eines Threads zu begrenzen, wenn dieser das erste Mal in einer Gruppe erzeugt wird oder wenn mittels setPriority die Priorität verändert wird. setMaxPriority verändert die maximale Priorität aller Thread-Gruppen, die sich im Hierarchiebaum unterhalb der Gruppe befinden, aus der der Aufruf gestartet wird.

Eine weitere Funktionalität der Klasse ThreadGroup, die Modifikation des Status aller Threads in einer Gruppe, wird mit den folgenden drei Methoden realisiert:

- resume,
- stop,
- suspend.

Diese Methoden bewirken, dass sich eine Statusänderung auf alle Threads einer Thread-Gruppe auswirkt. Dies beinhaltet auch die Untergruppen.

Die Klasse ThreadGroup beinhaltet keinerlei Zugriffsrestriktionen, wie bspw. Genehmigungen, dass Threads einer Gruppe Threads einer anderen Gruppe inspizieren oder auch modifizieren dürfen. Aus diesem Grund werden die Klassen Thread und auch ThreadGroup meist zusammen mit *Security-Managern* (siehe Kapitel 5.2) verwendet, die ihrerseits Zugriffseinschränkungen auferlegen können, die auf der Gruppenmitgliedschaft basieren. Sowohl Thread als auch ThreadGroup beinhalten die Methode checkAccess, die die Methode checkAccess des gerade verwendeten Security-Managers aufruft. Anschließend entscheidet der Security-Manager, ob der Zugriff aufgrund der Gruppenmitgliedschaft der beteiligten Threads gewährt werden kann. Ist dies möglich, so endet die Methode checkAccess. Anderenfalls wird eine Fehlermeldung (SecurityException) ausgelöst. Die folgenden Methoden der Klasse ThreadGroup rufen die Methode checkAccess der Thread-Gruppe auf, bevor die eigentliche Methode ausgeführt wird. Erst wenn der Security-Manager dies bewilligt, wird der Zugriff erlaubt.

- Konstruktor ThreadGroup(ThreadGroup eltern, String name),
- Methode setMaxPriority(int maxPrioritaet),
- Methode stop,
- Methode suspend,
- Methode resume,
- Methode destroy.

Die folgenden Methoden der Thread-Klasse rufen checkAccess auf, bevor sie in der Verarbeitung fortfahren:

- Konstruktoren, die eine Thread-Gruppe spezifizieren,
- Methode stop,
- Methode suspend,
- Methode resume,
- Methode setPriority(int prioritaet),
- Methode setName(String name).

Standardmäßig verwendet eine Java-Application keinen Security-Manager. Threads werden daher auch keinerlei Restriktionen auferlegt, wodurch jeder Thread jeden anderen inspizieren und auch modifizieren kann. Die Gruppe, in der ein Thread Mitglied ist, spielt hierbei keine Rolle. Eigene Zugangsbeschränkungen können definiert und implementiert werden, indem Subklassen des Security-Managers erzeugt werden, die die notwendigen Methoden überschreiben, und indem der Security-Manager für die Anwendung gesetzt wird. Detaillierte Informationen hierzu befinden sich in Kapitel 5.2.

4.2.4 Zusammenfassung

Die folgende Aufstellung, die die Packages angibt, die mit Threads in Verbindung stehen, fasst dieses Teilkapitel zusammen.

- `java.lang.Thread`
  In der Entwicklungsumgebung von Java sind Threads Objekte, die von der Klasse `java.lang` abgeleitet sind. Die Klasse `Thread` definiert und implementiert Java-Threads. Zu jedem Thread kann eine Subklasse erzeugt werden, um eigene Implementierungen zu verwenden. Anderenfalls ist das `Runnable`-Interface zu benutzen.
- `java.lang.Runnable`
  Die Java-Sprachbibliothek definiert weiterhin das Interface `Runnable`, das es einer Klasse erlaubt, den Rumpf (die `run`-Methode) eines Threads zu verwenden.
- `java.lang.Object`
  Die Wurzelklasse `Object` definiert drei Methoden, die zur Synchronisation von Methoden bezüglich einer Bedingungsvariablen verwendet werden können: `wait`, `notify` und `notifyAll`.
- `java.lang.ThreadGroup`
  Alle Threads gehören zu einer Thread-Gruppe, deren Funktion die Gruppierung von Threads mit ähnlichen Aufgaben ist. Die Klasse `ThreadGroup` des Packages `java.lang` implementiert Gruppen von Threads.
- `java.lang.ThreadDeath`
  Ein Thread wird normalerweise beendet, indem ihm ein `ThreadDeath`-Objekt übertragen wird.

4.2.5 Threads und native Code

Die Java-Plattform ist als Multi-Thread-System ausgelegt. Dies impliziert, dass mehrere Threads zur selben Zeit ein und dieselbe Methode in native Code aufrufen können. Es ist daher außerordentlich wichtig, dass derartige Methoden keine globalen Variablen ungesichert verändern können.

Der JNI-Interface-Zeiger (`JNIEnv *`) ist nur im derzeit aktiven Thread gültig und darf daher nicht von einem Thread an einen anderen übergeben oder in mehreren Threads gleichzeitig verwendet werden. Die Java Virtual Machine übergibt bei mehreren Aufrufen derselben Methode in native Code aus demselben Thread jeweils den gleichen Zeiger. Unterschiedliche Threads erhalten jedoch verschiedene Zeiger.

Analog dürfen keine lokalen Referenzen von einem Thread an einen anderen übergeben werden, da lokale Referenzen ungültig werden können, bevor ein anderer Thread die Möglichkeit hat, diese zu verwenden. Müssen daher Referenzen von Thread zu Thread übergeben werden, so sollten diese vorher in globale Referenzen konvertiert werden. Es sei darauf hingewiesen, dass globale Variablen einerseits einen schlechten Programmierstil darstellen und andererseits dementsprechend vorsichtig einzusetzen sind, da mehrere Threads gleichzeitig auf dieselbe Variable zugreifen können, woraus sich Seiteneffekte ergeben können. Zur Absicherung darf daher auf globale Variablen nur dann zugegriffen werden, wenn diese vorher gesperrt werden.

Thread-Synchronisierung in native Code

JNI stellt zwei Synchronisierungsfunktionen zur Verfügung, mit denen synchronisierte Anweisungsblöcke implementiert werden können: `MonitorEnter` und `MonitorExit`. Diese Funktionen werden genauso verwendet wie die Anweisung `synchronized (obj)` in Java, mit der der Zugriff auf Blöcke synchronisiert werden kann. Das folgende Beispiel erläutert die Verwendung dieser Funktionen.

Code

```
static jclass klasse = 0;
static jfieldID fid;
JNIEXPORT void JNICALL Java_Beispiel_bspGlob(JNIEnv *env, jobject obj) {
   int wert = 0;
   //Feststellen des Klassen-Objekts
   if (klasse == 0)
      jclass klasse1 = (*env)->GetObjectClass(env, obj);
   if (klasse1 == 0) //Fehler
      return;
   klasse = (*env)->NewGlobalRef(env, klasse1);
   //Sperren der Variable
   (*env)->MonitorEnter(env, fid);
   //ID der Variable wert als globale Referenz
   fid = (*env)->GetStaticFieldID(env, klasse,"wert", "I");
   // Abarbeitung von Exceptions
   if (fid == 0) {
      (*env)->MonitorExit(env, fid);
      return;
   }
   wert = (*env)->GetStaticIntField(env, klasse, fid);
   printf("  Zugriff auf wert = %d\n", wert);
   (*env)->SetStaticIntField(env, klasse, fid, 1);
   //Freigeben der Variable
   (*env)->MonitorExit(env, fid);

}
```

Ein Thread muss in den Monitorbereich, der mit einer Variablen assoziiert ist, eintreten, bevor die Ausführung fortgesetzt werden kann. Der Monitorbereich kann mehrmals betreten werden. Ein Zähler hält hierzu fest, wie oft ein Thread einen Monitorbereich betreten hat. Die Operation `MonitorEnter` erhöht diesen Zähler, während `MonitorExit` ihn wieder um eins verringert. Andere Threads dürfen den Monitorbereich nur betreten, wenn der Zähler auf `null` (Anfangswert) steht.

Mittels der Funktionen `Object.wait`, `Object.notify` und `Object.notifyAll` steht eine weitere Synchronisationsmöglichkeit zur Verfügung. Das JNI unterstützt diese Funktionen zwar nicht direkt, eine Methode in native Code kann allerdings den JNI-Mechanismus zum Aufruf von Methoden verwenden, um diese Java-Methoden aufzurufen.

4.3 Java-Archive

Typischerweise wird ein Applet dann von einem Browser geladen, wenn ein <APPLET>- oder ein <OBJECT>-Tag einer Webseite ausgewertet wird. Gerade größere Projekte bestehen aber oft aus einer Vielzahl von Klassendateien, Bildern, Video und Audio. Dies ist gleichbedeutend damit, dass zum Laden jeder Komponente eine eigene Verbindung über das Netz aufgebaut werden muss, was einerseits Netzbandbreite verschwendet und andererseits zeitintensiv ist. Zur Lösung dieses Problems stehen in Java die sog. Java-Archive (JARs) zur Verfügung, mit deren Hilfe alle Komponenten eines Projekts in eine Datei gepackt werden können. Zum Laden einer JAR-Datei ist dann nur noch ein einziger Netzzugriff notwendig. Zusätzlich können JAR-Dateien komprimiert werden. Die daraus resultierende Verringerung der Größe einer JAR-Datei führt zu kürzeren Ladezeiten. Zur Kompression kann bspw. das ZIP-Format verwendet werden, das von vielen Browsern verstanden wird.

Zur Generierung von Archiven steht in Java das Werkzeug `jar` zur Verfügung, mit dessen Hilfe Dateien in eine einzige Datei gepackt bzw. auch wieder ausgepackt werden können. Startet man `jar` ohne Parameter, so wird eine Liste der möglichen Optionen angezeigt. Zur Generierung von Archiven mit `jar` ist die folgende Syntax zu verwenden:

Syntax

```
jar cf Archivname.jar Liste von Dateien
```

Die Parameter `cf` stellen eine Abkürzung für die Kommandos `create` und `following` dar. Die Liste Dateien kann nach folgenden Formaten angegeben werden:

- Einzelne Aufführung der Dateien, die dann mit Leerzeichen zu trennen sind.
- Sammelspezifikation durch Verwendung des Asteriskus. Sollen bspw. alle .class-Dateien eines Verzeichnisses erfasst werden, so werden diese mit *.class angegeben.

Die folgenden zwei Beispiele demonstrieren die Verwendung von `jar`:

Code

```
jar cf Beispiele.jar Beispiel1.class Beispiel2.class
Beispiel1.jpg
jar cf Beispiele.jar *.class *.gif *.jpg *.tif
```

Nachdem ein Archiv erzeugt worden ist, muss der Parameter ARCHIVE in der HTML-Seite angegeben werden, bspw. in der folgenden Form:

Code

```
<APPLET CODE="Beispiel3.class" ARCHIVE="Beispiele.jar"
WIDTH=200 HEIGHT=200 ALIGN=LEFT></APPLET>
```

Es ist darauf zu achten, dass der Parameter CODE auch weiterhin verwendet wird. Dies ist nötig, da der Browser mittels CODE den Namen der Hauptklassendatei ermittelt. Das Entpacken der Archive muss nicht manuell erfolgen, sondern wird automatisch durch den Browser durchgeführt.

4.4 Java Abstract Windowing Toolkit (AWT)

Mittels der bisher vorgestellten Programmierfunktionalität ist es ohne weiteres möglich, das Spiel „Schiffe versenken" zu implementieren, wenn sämtliche Ein- und Ausgaben über die Kommandozeilenschnittstelle vorgenommen werden. Offensichtlich ist aber eine derartige Implementierung mehr als ineffizient, da sich der Benutzer bspw. merken muss, wo er seine Schiffe platziert hat. Einer der großen Vorteile von Java ist es, dass diese Sprache weit reichende Möglichkeiten zur Verarbeitung von Grafiken, Bildern, Audio und Benutzerschnittstellen zur Verfügung stellt – eine wesentliche Voraussetzung für die Implementierung des Spiels. In Java steht zur Implementierung von Benutzeroberflächen das *Abstract Windowing Toolkits* (AWT) zur Verfügung.

Grundsätzlich beinhalten Benutzeroberflächen eine *statische* und eine *dynamische* Funktionalität. Während sichtbare Elemente wie bspw. Bilder oder Knöpfe zunächst einen statischen Charakter aufweisen, kommt eine dynamische Funktionalität dann ins Spiel, wenn Elemente eine Funktion beinhalten. Während ein Bild lediglich betrachtet werden kann, kann ein Knopf bedient werden. Das Drücken eines Knopfs löst dann ein Ereignis, einen sog. *Event,* aus. Ziel dieses Teilkapitels ist die Darstellung der statischen Funktionalität, wohingegen die Verarbeitung von Events im nächsten Teilkapitel erläutert wird. In diesem Teil des Buches wird daher zuerst erklärt, wie Benutzeroberflächen zu entwickeln sind. Diese sind wohlgemerkt ohne dynamische Komponenten zunächst nutzlos. Eine brauchbare Implementierung kann daher nur erfolgen, wenn die Kenntnisse beider Teilkapitel eingesetzt werden.

Die Beispiele, die im Folgenden angegeben werden, beziehen sich grundsätzlich auf Applets. Eine Unterscheidung zwischen *Applet* und *Application* macht in diesem Zusammenhang wenig Sinn, da die notwendigen Konzepte für beide Anwendungsarten identisch gültig sind. Beachtet man die bereits beschriebenen Unterschiede zwischen Applet und Application, so kann jede der beschriebenen Benutzeroberflächen problemlos auch für eine Application angewendet werden.

Zuerst wird erläutert, wie in Java Grafiken, Schriftarten und Farben, also die Grundbausteine von Benutzeroberflächen, verwendet werden.

4.4.1 Grafiken in Java

Grundsätzlich kann man ein Applet als eine Art von Container betrachten, der Platz für grafische Inhalte bietet. Die meisten Routinen, die zur Erzeugung von Grafikobjekten notwendig sind, sind in der Klasse `Graphics` enthalten, die Teil des AWT (Klasse `java.awt`) ist. Alle Applets, die Grafik verwenden, müssen daher diese

Klasse importieren. Ein Grundgerüst, das in jedem derartigen Applet zu finden ist, lautet:

Code

```
import java.awt.Graphics;
public class Beispiel extends java.applet.Applet {
   public void paint (Graphics screen) {
      //Aktion
   }
}
```

Die Methode `paint`, die Teil der Klasse `Graphics` ist, realisiert Bildschirmausgaben derart, dass eine beliebige Ausgabe durch ein Überschreiben der Methode `paint` implementiert wird. Hierzu ist es notwendig, ein `Graphics`-Objekt zu erzeugen, das die notwendigen Routinen zur Generierung zur Verfügung stellt. Das folgende Beispiel erzeugt bspw. die Ausgabe „Willkommen in Java". Die Parameter, die die dazu notwendige Methode `drawString` erwartet, sind ein String und die Bildschirmkoordinaten, an denen die Ausgabe erfolgen soll. Es sei angemerkt, dass `drawString` Teil der Klasse `Graphics` ist, was auch an der Referenzierung über die Variable `screen` erkennbar wird.

Code

```
import java.awt.Graphics;
public class Beispiel extends java.applet.Applet {
   public void paint (Graphics screen) {
      screen.drawString("Willkommen in Java", 10,10);
   }
}
```

Jedes Mal, wenn ein Applet angezeigt wird, wird die `paint`-Methode durchlaufen und dadurch die gewünschte Ausgabe erzeugt. Das von Java verwendete Koordinatensystem ist derart aufgebaut, dass der Ursprung (Koordinate (0, 0)) in der linken oberen Ecke angesiedelt ist. x-Koordinaten, die in Koordinaten jeweils links angegeben werden, spezifizieren die horizontale Position eines Elements, y-Koordinaten entsprechend die vertikale Position. Maßeinheit ist in Java grundsätzlich das *Picture Element* (Pixel).

Zum Zeichnen grafischer Objekte unterscheidet Java zwischen Methoden, die Objekte zeichnen und solchen, die vorliegende Objekte mit einer Farbe ausfüllen. Java verwendet die folgenden Routinen zum Zeichnen von Objekten:

- `drawLine()` *zum Zeichnen von Linien.*
  `drawLine` erwartet vier Argumente: die x- und y-Position des Ausgangspunkts der Linie und respektive die x- und y-Position des Endpunkts. Die folgende Zeile erzeugt bspw. eine Linie von (0, 0) nach (100, 100). Das entsprechende Applet ist leicht zu erzeugen, wenn die Zeile in die `paint`-Methode aufgenommen wird.

Code

```
screen.drawLine(0,0,100,100);
```

- `drawRect()` *und* `fillRect()` *zum Zeichnen bzw. Ausfüllen von Rechtecken.*
  Die Argumente, die `drawRect` erwartet, sind die Koordinaten der linken oberen Ecke des Rechtecks und dessen Breite und Höhe in Pixeln. Zum Erzeugen eines mit Farbe gefüllten Rechtecks wird die Methode `fillRect` verwendet, die dieselben Argumente verwendet. Das folgende Beispiel zeigt die Verwendung von `drawRect` und `fillRect`. Hierbei wird jeweils ein Rechteck erzeugt, dessen linke obere Ecke am Punkt (0,0) ist und dessen Höhe und Breite 50 Pixel beträgt.

Code

```
screen.drawRect(0,0,50,50);
screen.fillRect(0,0,50,50);
```

- `drawRoundRect()` *und* `fillRoundRect()` *zum Zeichnen bzw. Ausfüllen abgerundeter Rechtecke.*
  Die Methoden `drawRoundRect` und `fillRoundRect` arbeiten analog wie `drawRect` und `fillRect`, erwarten aber zwei zusätzliche Parameter: Die Breite und Höhe der Ecken, die abgerundet werden. Je größer dieser Bereich ist, desto runder wird das Rechteck. Im Extremfall wird derart ein Kreis erzeugt. Das folgende Beispiel illustriert die Verwendung dieser Funktionen. Hierbei werden dieselben Rechtecke wie im vorhergehenden Beispiel erzeugt, die hier aber mit einer Höhe und Breite von jeweils 10 Pixeln abgerundet werden.

Code

```
screen.drawRoundRect(0,0,50,50,10,10);
screen.fillRoundRect(0,0,50,50,10,10);
```

- `drawPolygon()` *und* `fillPolygon()` *zum Zeichnen bzw. Ausfüllen von Polygonen.*
  Polygone, Flächen mit einer beliebigen Anzahl von Ecken, können mit den Funktionen `drawPolygon` gezeichnet bzw. mit `fillPolygon` ausgefüllt werden. Die Koordinaten werden entweder als zwei Arrays oder als `Polygon`-Objekt angegeben. Werden zwei Arrays verwendet, so enthält der erste die x- und der zweite entsprechend die y-Koordinaten. Ein `Polygon`-Objekt kann erzeugt werden, indem ebenfalls die angeführten zwei Arrays verwendet werden. Weiterhin muss die Anzahl der Punkte eines Polygons angegeben werden. Man kann ein Polygon entweder manuell als geschlossenen Linienzug erzeugen, indem der letzte Punkt gleich dem ersten ist. Wird dies nicht vorgenommen, so werden die Linienzüge automatisch geschlossen. Polygone können auf zwei Arten erzeugt werden: Entweder wird mit der Anweisung `Polygon p = new Polygon()` ein neues Polygon erzeugt, dem anschließend mit der Anweisung `p.addPoint (x,y)` Punkte mit den jeweiligen x- und y-Koordinaten hinzugefügt werden, oder zwei Arrays, die

die x- und y-Koordinaten enthalten, werden generiert und zusammen mit der Anzahl der Punkte an den Konstruktor übergeben. Ein Beispiel, in dem ein Quadrat erzeugt wird, ist:

Code

```
int x[] = {0,10,10,0};
int y[] = {0,0,10,10};
int punkte = x.length;
Polygon p = new Polygon(x, y, punkte);
```

Hierbei wurden zunächst zwei Arrays mit den x- und y-Koordinaten angelegt. Anschließend wurde die Anzahl der Punkte in der Variablen punkte gespeichert und das Polygon erzeugt. Sollen einem Polygon nun weitere Punkte hinzugefügt werden, so wird die Methode addPoint, die Teil der Klasse Polygon ist, verwendet. addPoint erwartet die x- und y-Koordinate des hinzuzufügenden Punkts als Argument. Das Kommando p.addPoint(20,20) fügt daher dem oben beschriebenen Polygon den Punkt (20,20) hinzu. Nachdem ein Polygon erzeugt wurde, kann es entweder mit drawPolygon oder mit fillPolygon angezeigt werden. Grundsätzlich ist zu beachten, dass zur Verwendung von Polygonen die Klasse java.awt.Polygon zu importieren ist. Das folgende Beispiel illustriert die Anzeige des oben generierten Polygons.

Code

```
int x[] = {0,10,10,0};
int y[] = {0,0,10,10};
int punkte = x.length;
Polygon p = new Polygon(x, y, punkte);
p.addPoint(20,20);
screen.drawPolygon(p);
// alternativ
screen.fillPolygon(p);
```

- drawOval() *und* fillOval() *zum Zeichnen bzw. Ausfüllen von Ovalen.*
  Die Methoden drawOval und fillOval werden dazu verwendet, Ovale (ausgefüllt) zu zeichnen. Beide Methoden erwarten vier Argumente: Die x- und y-Koordinate des Ovals und dessen Breite und Höhe. Wie auch bereits bei abgerundeten Rechtecken spezifiziert die übergebene Koordinate die linke obere Ecke der Box minimaler Größe, die das Oval vollständig ohne Überschneidung umschließen würde. Es sei angemerkt, dass mit diesen Funktionen auch Kreise gezeichnet werden können, wenn die Höhe gleich der Breite ist. Das folgende Beispiel zeichnet ein Oval und einen ausgefüllten Kreis:

Code

```
screen.drawOval(0,0,100,200);
screen.fillOval(100,100,100,100);
```

- drawArc() *und* fillArc() *zum Zeichnen bzw. Ausfüllen von Kreisbögen.*
Die Methoden drawArc und fillarc erzeugen (ausgefüllte) Kreisbögen, also Teile eines Ovals. Beide Methoden erwarten sechs Argumente: Dieselben vier wie auch bereits für Ovale und zusätzlich die Winkelangabe, bei der der Ovalausschnitt beginnt und die Anzahl der Winkelgrade, die der Ovalausschnitt einnimmt. Winkelangaben werden in Java zwischen 0 und 360 Grad entgegen des Uhrzeigersinns gerechnet. Dieses Vorgehen ist in Abb. 4-6 illustriert. fillArc füllt einen Ovalausschnitt so aus, dass die Endpunkte der Außenlinie des Ovals mit dem Mittelpunkt verbunden werden. Eine derartige Darstellung findet sich häufig bei Kuchendiagrammen. Das folgende Beispiel erzeugt einen Ovalausschnitt für ein Oval der Breite 100 und der Höhe 200 mit linkerer oberer Ecke (0,0), Winkelbeginn 0 Grad und Gradlänge 90 Grad. Das zweite Beispiel stellt dasselbe Oval ausgefüllt dar.

Code

```
screen.drawArc(0,0,100,200,0,90);
screen.fillArc(0,0,100,200,0,90;
```

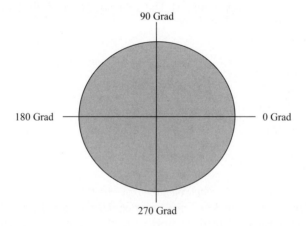

Abb. 4-6 Winkelangaben in Java

Um die Implementierung von Grafiken zu beschleunigen, stehen in Java zusätzlich die Methoden copyArea und clearRect zur Verfügung.

Mittels copyArea können rechteckige Bereiche eines Applet-Fensters auf andere Bereiche dieses Fensters kopiert werden. copyArea erwartet sechs Argumente:

- die x- und y-Koordinate der linken oberen Ecke der Region, die zu kopieren ist,
- die Breite und Höhe der zu kopierenden Region und

- die horizontale und vertikale Distanz, um die die zu kopierende Region bewegt werden soll.

Das folgende Beispiel kopiert eine Region der Größe 50x50 Pixel, die sich derzeit an der Position (60,60) (linke obere Ecke) befindet, um 20 Pixel nach links und um 30 Pixel nach unten:

Code

```
screen.copyArea(60,60,50,50,-20, 30);
```

Mittels der `clearRect`-Methode wird ein Bildschirmbereich mit der Farbe gefüllt, die der Hintergrundfarbe des Applets entspricht. `clearRect` erwartet dieselben vier Parameter wie `drawRect`. Soll bspw. der ganze Bildschirmbereich gelöscht werden, so kann die `getSize`-Methode verwendet werden, die die Breite und Höhe des Bereichs als Ergebnis zurückgibt. Das folgende Beispiel zeigt, wie der gesamte Bildschirmbereich zu löschen ist.

Code

```
screen.clearRect(0,0,getSize().width, getSize().height);
```

Zum Abschluss dieses Abschnitts wird ein Beispiel angegeben, das ein Spielfeld für das Spiel „Schiffe versenken" erzeugt. Der Leser sollte mittlerweile über die notwendigen Kenntnisse verfügen, dieses Beispiel zu verstehen.

Code

```
import java.awt.Graphics;
public class Spielfeld extends java.applet.Applet {
   public void paint (Graphics screen) {
      int i;
      // Erzeuge Quadrat als Spielfeldbegrenzung
      screen.drawRect(10,10,300,300);
      // Erzeuge horizontale Linien
      for (i = 1; i < 10; i++)
         screen.drawLine(10, 10+i*30,310, 10+i*30);
      // Erzeuge vertikale Linien
      for (i = 1; i < 10; i++)
         screen.drawLine(10+i*30, 10,10+i*30, 310);
   }
}
```

Farbsetzung in Anwendungen

Zur Beschreibung von Farben werden üblicherweise sog. *Farbräume* verwendet, bspw. RGB, HSV oder YCrCb [Stei98]. Java unterstützt den RGB (rot–grün–blau)-Farbraum, in dem Farben als Kombination aus rot, grün und blau angegeben werden. Für jede Farbkomponente steht hierbei ein Byte zur Verfügung, mit dem 256

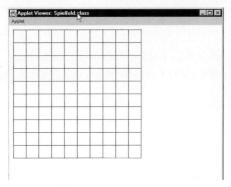

Abb. 4-7 Screenshot des Spielfelds

verschiedene Werte spezifizierbar sind. Schwarz wird bspw. als (0,0,0) und weiß als (255,255,255) angegeben. Bei Weiß sind daher alle Farben in maximaler Intensität vorhanden.

Java verwendet die Klassen Color und ColorSpace als Teil des Packages java.awt, um Anwendungen Farben zuzuweisen. Während Color die Verarbeitung von Farben betrifft, können mit ColorSpace auch andere Farbräume angegeben werden. In diesem Buch soll jedoch stets der RGB-Farbraum verwendet werden.

Zum Setzen von Farben muss entweder ein Color-Objekt generiert werden, das eine Farbe repräsentiert, oder eine der Standardfarben verwendet werden, die Teil der Klasse Color sind. Der Konstruktor dieser Klasse kann auf zwei verschiedene Arten aufgerufen werden: Als Kombination eines Tripels von Ganzzahlen (Integers), die die RGB-Komponenten angeben oder als Tripel aus Fließkommazahlen, die den prozentualen Anteil des Zahlenbereichs von 0 bis 255 angeben.

Code

```
//RGB-Farbe Schwarz
Color farbe1 = new Color (0F,0F,0F);
// RGB-Farbe Weiss
Color farbe2 = new Color (1F, 1F, 1F);
```

Im obigen Beispiel wurde jeweils ein F an die eigentliche Zahl angehängt, da es sich um Fließkommazahlen (floats) handelt. Farben können nun mit Hilfe der Methode setColor gesetzt werden, die ebenfalls Teil der Klasse Graphics ist und daher in einer paint-Methode Anwendung findet. Tab. 4-1 gibt einige gebräuchliche Farbkombinationen an.

Farbe	RGB-Kombination
Schwarz	(0,0,0)
Weiß	(255,255,255)
Rot	(255,0,0)

Tab. 4-1 RGB-Kombinationen

Farbe	RGB-Kombination
Blau	(0,0,255)
Grün	(0,255,0)
Gelb	(255,255,0)
Orange	(255,200,0)
Lila	(255,0,255)

Tab. 4-1 RGB-Kombinationen

Das folgende Beispiel illustriert, wie eine Farbe gesetzt wird. Hierbei werden auch der Vorder- und der Hintergrundbereich auf verschiedene Farben gesetzt, wozu die Methoden `setForeground` und `setBackground` verwendet werden, die Teil der Klasse `Applet` sind.

Code

```
// Orange
Color farbe = new Color (255,200,0);
screen.setColor(farbe);
//Schwarze Farbe als Standardkombination
screen.setColor(Color.black);
//Vorder- und Hintergrund
setForeground(Color.white);
setBackground(Color.black);
```

Meist werden Vorder- und Hintergrund eines Applets in der `init`-Methode gesetzt, da sich diese Farbe normalerweise im Lebenszyklus des Applets nicht ändert.

Soll herausgefunden werden, welche Farbe ein Objekt hat, so kann die Methode `getColor` verwendet werden, die Teil der Klasse `Graphics` ist, bzw. `getForeground` und `getBackground` als Teil der Klasse `Applet`. Das folgende Beispiel legt dar, wie die Vordergrundfarbe auf den Wert eingestellt wird, den auch der Hintergrund hat.

Code

```
//Gleiche Vordergrund- und Hintergrundfarbe einstellen
setForeground(getBackground);
```

Schriftarten in der Benutzeroberfläche

In den meisten Benutzeroberflächen sind Texte ein wesentlicher Informationsträger. In Java kann die Klasse `Font` als Teil der Klasse `java.awt` dazu verwendet werden, die benötigte Schriftart (sog. *Font*) und deren Eigenschaften einzustellen. Ein Font wird immer mit Name, Stil und Größe in Punkten spezifiziert. Zur Erzeugung eines Font-Objekts muss daher der Name des Fonts, dessen Stil und die Punktgröße an den Konstruktor übergeben werden. Beispiele für Font-Namen sind *Times New Roman* oder *Arial*. Stile sind bspw. *Normal*, *Fett* oder *Kursiv*. Es ist daher logisch, dass Bestandteile der Klasse `Font` die Kombinationen `Font.PLAIN` (normal), `Font.BOLD` (fett) und `Font.ITALIC` (kursiv) sind. Im folgenden Beispiel wird ein Font erzeugt, der eine kursive fettgedruckte Serifenschrift der Größe *10 Punkt* verwendet.

Code

```
//Kursive fettgedruckte Serifenschrift 10 Punkt
Font f = new Font("Serif", Font.ITALIC + Font.BOLD, 10);
```

Nachdem ein Font initialisiert worden ist, kann er mit der Methode `setFont`, die Teil der Klasse `Graphics` ist, einer Bildschirmdarstellung zugewiesen werden:

Code

```
// Setzen des Fonts
screen.setFont(f);
```

Meist erfolgen diese Anweisungen, bevor ein Text auch tatsächlich ausgegeben wird. Die Textausgabe erfolgt in einem Applet mit der Methode `drawString` als Teil der Klasse `Graphics` (wenn der Text nicht Teil einer anderen Komponente, wie bspw. eines Knopfs ist). `drawString` erwartet als Argumente einen String und die Position, an der der Text ausgegeben werden soll. Hierbei gibt die x-Koordinate die linke Begrenzung des Textes an und die y-Koordinate die Basislinie, auf der der Text aufsetzt. Zusammengesetzt sieht das Beispiel wie folgt aus:

Code

```
//Vollstaendige Textausgabe
public void paint (Graphics screen) {
   Font f = new Font("Serif", Font.ITALIC + Font.BOLD, 10);
   screen.setFont(f);
   screen.drawString("Willkommen in Java!", 10,10);
}
```

Es kommt ab und an vor, dass man eine Font-Größe wählt, die nicht verfügbar ist. Um dieses Problem zu vermeiden, kann die Klasse `FontMetrics` verwendet werden, die Informationen über einen Font zur Verfügung stellt. Hierzu muss zuerst mittels `getFontMetrics` ein Objekt erzeugt werden. `getFontMetrics` akzeptiert ein Argument: Ein Objekt vom Typ `Font`. Anschließend können die folgenden Methoden aufgerufen werden:

- `getHeight()` gibt die Höhe eines Fonts in Punkten wieder.
- `stringWidth(String)` ermittelt die Länge eines übergebenen Strings in Pixeln.
- `charWidth(char)` ermittelt analog die Länge eines einzelnen Zeichens.

Das folgende Beispiel illustriert die Verwendung dieser Methoden.

Code

```
//Font-Eigenschaften
public void paint(Graphics screen) {
   int h, sw;
   String s = "Hallo";
   Font f = new Font("Serif", Font.ITALIC + Font.BOLD, 10);
   screen.setFont(f);
   FontMetrics fm = getFontMetrics(f);
   h = fm.getHeight();
   sw = fm.stringWidth(s);
}
```

4.4.2 Grafikoperationen in Java2D

Seit der Version 1.2 von Java stehen eine Menge erweiternder Routinen zur Verfügung, mit denen hochqualitative Grafiken und Texte erzeugt werden können. Dies sind bspw. verschiedene Füllmuster oder Linienarten. Weiterhin wurde das Konzept des Koordinatensystems signifikant erweitert. Man unterscheidet nun zwischen einem *globalen Koordinatensystem*, das dem bisher verwendeten System entspricht und einem benutzerdefinierten System, das frei wählbar ebenfalls mit x- und y-Koordinaten arbeitet. Beide Arten sind allerdings nach wie vor kartesische Systeme; affine Systeme können nicht verwendet werden. Wird nichts anderes angegeben, so sind beide Koordinatensysteme identisch. Der Benutzer kann allerdings ein eigenes System angeben, in dem die linke obere Ecke nicht länger den Koordinaten (0,0) des globalen Systems entspricht. Auch Drehungen der x- und der y-Achse sind hier möglich.

Bisher wurde zur Verwaltung grafischer Operationen ein `Graphics`-Objekt verwendet. In Java2D wird dieses Konzept um ein `Graphics2D`-Objekt erweitert, das durch ein Casting eines `Graphics`-Objekts generiert werden kann und muss, da alle Java2D-Routinen ausschließlich mit `Graphics2D`-Objekten arbeiten. Auch `Graphics2D` ist Teil des Packages `java.awt`. Das folgende Beispiel illustriert dies.

Code

```
//Java2D
public void paint(Graphics screen) {
Graphics2D screen2D = (Graphics2D) screen;
}
```

Anschließend muss die Art und Weise angegeben werden, wie ein Objekt erzeugt werden soll, bspw. die Art der Farbe, der Linienstärke oder auch des Füllmusters.

Farben in Java2D

Farben werden in Java2D wie bisher auch angegeben, bspw. als `screen2d.setColor(Color.black);`.

Linien in Java2D

Als Erweiterung zum bisherigen Konzept von Linien, die einen Pixel breit sind, kann die Stärke in Java2D frei gewählt werden. Hierzu wird zuerst der Konstruktor `BasicStroke` aufgerufen, der drei Argumente akzeptiert:

- die Linienbreite, die als `float`-Wert angegeben wird,
- die Art des Linienabschlusses (schräg, rund oder gerade), die als Integer-Wert oder als `CAP_BUTT`, `CAP_ROUND` oder `CAP_SQUARE` angegeben wird und
- die Art, in der zwei Linienzüge verbunden werden (spitz, rund oder abgeflacht). Diese kann als Integer-Wert oder als `JOIN_MITER`, `JOIN_ROUND` oder `JOIN_BEVEL` angegeben werden.

Abb. 4-8 illustriert die verschiedenen Linienarten. Das folgende Beispiel stellt die Erzeugung einer Linie dar, die abgerundet endet und mit weiteren Linien abgerundet verbunden wird. Die Linienstärke ist hierbei 3 Pixel. In der folgenden Anweisung wird die Bildschirmumgebung mittels der Methode `setStroke` auf diese Werte eingestellt.

Code

```
//Festlegung der Linieneigenschaften
BasicStroke stift = BasicStroke(3.0f, BasicStroke.CAP_ROUND,
    BasicStroke.JOIN_ROUND);
screen2D.setStroke(stift);
```

CAP_BUTT   CAP_ROUND   CAP_SQUARE   JOIN_MITER   JOIN_BEVEL   JOIN_ROUND

Abb. 4-8 Linienarten in Java2D

Nach der Angabe der Linienart, die in Grafiken angewendet werden soll, kann der Entwickler auch das Muster, mit dem Flächen gefüllt werden sollen, näher spezifizieren. Dies kann entweder eine einzige Farbe sein (wie bisher auch), ein Farbverlauf oder eine Textur. Diese Möglichkeiten sind in Abb. 4-9 dargestellt.

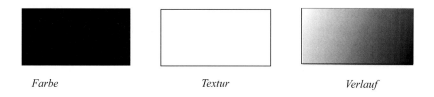

Farbe   Textur   Verlauf

Abb. 4-9 Füllmuster in Java2D

Um in Java2D ein Füllmuster festzulegen, kann die GradientPoint-Methode verwendet werden, die sechs Argumente erwartet: Koordinaten x_1 und y_1, bei denen eine Farbe *Farbe₁* beginnt, und Koordinaten x_2 und y_2, bei denen der Farbverlauf mit *Farbe₂* endet. Alle Koordinaten müssen hierbei vom Typ float sein. Zusätzlich kann als siebtes Argument angegeben werden, ob eine Textur (zyklisches Füllen) oder ein Verlauf (azyklisches Füllen) erzeugt werden soll. Hierzu ist entweder true (zyklisches Füllen) oder false (azyklisches Füllen) anzuhängen. Da die Einstellung false aber standardmäßig angenommen wird, kann der siebte Parameter entfallen, wenn Verläufe verwendet werden sollen. Das folgende Beispiel verdeutlicht die Verwendung von GradientPoint, indem der Füllstil auf einen Verlauf von Schwarz nach Weiß eingestellt wird, der bei den Koordinaten (0,0) beginnt und bei (100,50) endet. Zum Setzen dieses Stils wird dann die Methode setPaint verwendet.

Code

```
//Festlegung der Art des Füllmusters
GradientPaint p = new GradientPaint (0f, 0f, Color.black, 100f,
    50f, Color.White);
screen2D.setPaint(p);
```

Nachdem Linieneigenschaften und Füllstil festgelegt wurden, kann das Zeichnen von Objekten in Java2D beginnen. Objekte in Java2D werden als geometrische Formen angelegt, die im Package java.awt.geom enthalten sind. Im Gegensatz zum bisherigen Ansatz unterscheidet man in Java2D zwischen der *Definition der Objekte* und deren *Zeichnen oder Füllen*. Als Beispiel kann die oben definierte Methode drawrect betrachtet werden. In Java sind hier zwei Abläufe zusammengefasst: Die *Definition* und das *Malen* eines Quadrats. In Java2D hingegen muss ein Quadrat in einer eigenen Anweisung definiert werden und dann anschließend als Argument an die Methoden draw oder fill übergeben werden, die das Zeichnen regeln. Zur Definition grafischer Primitive stehen die folgenden Methoden zur Verfügung:

- Lines2D.Float *zur Definition von Linien.*
  Diese Klasse erwartet vier Argumente, die vom Typ float sein müssen: Die x- und y-Koordinate des Anfangspunkts gefolgt von den Koordinaten des Endpunkts der Linie. Im folgenden Beispiel wird eine Linie gezeichnet, die von (0,0) bis (100,100) geht. Es sei nochmals darauf hingewiesen, dass der Datentyp der Argumente float ist. Sollen hier keine Variablen, sondern einfache Zahlen ver-

wendet werden, so kann ein F an die Zahlen angehängt werden, wodurch dem Compiler mitgeteilt wird, dass das jeweilige Argument kein Integer-Wert ist.

Code

```
//Zeichnen einer Linie

//Definitionsphase der Linie
Linie2D.Float l = new Line2D.Float (0F, 0F, 100F, 100F);
//Anzeigen der Linie
screen2D.draw(l);
```

- `Rectangle2D.Float` *zur Definition von Rechtecken.*
  `Rectangle2D.Float` erwartet 4 Argumente: Die Koordinaten der linken oberen Ecke des Rechtecks und seine Breite und Höhe. Auch diese Werte müssen vom Typ `float` sein. An dieser Stelle sollte darauf hingewiesen werden, dass die Definition der Primitive, die bereits im Kontext von Java betrachtet wurde, stets bezüglich der Argumente mit den Definitionen in Java2D übereinstimmt. `Rectangle2D.Float` verwendet daher dieselben Argumente wie `drawRect` oder `fillRect`.
- `RoundRectangle2D.Float` *zur Definition von Rechtecken mit abgerundeten Ecken.*
  `RoundRectangle2D.Float` wird ebenso wie `Rectangle2D.Float` aufgerufen.
- `Ellipse2D.Float` *zur Definition von Ellipsen.*
  Ovale werden in Java2D als *Ellipsen* bezeichnet und mit der Klasse `Ellipse2D.Float` erzeugt, die dieselben Argumente wie `Rectangle2D.Float` erwartet.
- `Arc2D.Float` *zur Definition von Kreisausschnitten.*
  Auch die Definition von Kreisausschnitten erfolgt in Java2D genau gleich wie in Java. Anstelle von sechs Parametern werden hier aber sieben verwendet: Die ersten vier stimmen mit denen der Ellipse überein, die nächsten beiden betreffen Winkelstartpunkt und Winkellänge und der siebte gibt an, wie der Kreisausschnitt geschlossen werden soll. Die verschiedenen Werte, die der siebte Parameter annehmen kann, sind in Abb. 4-10 dargestellt.

ARC2D.OPEN *ARC2D.PIE* *ARC2D.CHORD*

Abb. 4-10 Kreisbogenabschluss in Java2D

Im folgenden Beispiel wird ein Kreisbogenausschnitt erzeugt, der mit einem geraden Abschluss geschlossen wird. Der Kreis ist durch die Koordinaten (100,100), die Breite 30 und die Höhe 30 bestimmt, der Kreisausschnitt durch die Winkelangabe 90 Grad und die Winkellänge 45 Grad.

Code

```
//Zeichnen eines Kreisausschnitts

//Definitionsphase des Kreisausschnitts
Arc2D.Float a= new Arc2D.Float
(100F,100F,30F,30F,90F,45F,Arc2D.CHORD);

//Anzeigen des Kreisausschnitts
screen2D.draw(a);
```

- *Polygone*
  Die Verarbeitung von Polygonen in Java2D unterscheidet sich von der bisher betrachteten, da neben der Möglichkeit, ein Polygon zu definieren (eine Liste von Punkten mittels moveTo und lineTo abzulegen), in Java2D lediglich die einzelnen Punkte eines Polygons angegeben werden können. Die Verbindung der Punkte kann dann als gerade Linie, als quadratische Kurve oder als Bezier-Spline erfolgen. Abb. 4-11 illustriert die Möglichkeiten, Punkte eines Polygons zu verbinden.

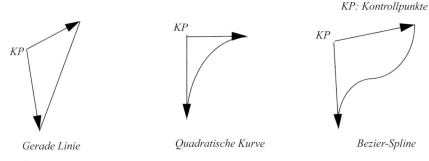

Abb. 4-11 Punktverbindungen in Java2D

Zunächst muss ein GeneralPath-Objekt angelegt werden, das den Pfad von Punkt zu Punkt verwaltet. Hierzu ist die folgende Syntax zu verwenden:

Code

```
GeneralPath <Name des Pfades> = new generalPath();
```

Nachdem ein leeres Polygon angelegt wurde, wird der erste Punkt des Linienzugs mit der moveTo-Methode (Argumente: Punktkoordinaten x und y) in das Polygon eingefügt. Alle weiteren Punkte werden mit der Methode lineTo, die dieselben Argumente wie die moveTo-Methode erwartet, in das Polygon eingefügt. Sowohl moveTo als auch lineTo erwarten alle Argumente als float-Werte. Nachdem das Polygon angelegt wurde, kann der Linienzug mit der Methode closePath geschlossen werden. Das folgende Beispiel illustriert die Verwendung der verschiedenen Methoden.

`Code`

```
//Erzeugen eines Polygons aus 5 Punkten und Schliessen des
Linienzugs

GeneralPath p = new generalPath();
p.moveTo(0F,0F);
p.lineTo(0F, 10F);
p.lineTo(30F, 30F);
p.closePath();

//Fuellen des Objekts
screen2D.fill(p);
```

Transformationen

Das *Transformationsattribut* des `Graphics2D`-Kontexts, das als eine Instanz der Klasse `AffineTransform` definiert ist, kann verändert werden, um Verschiebungen, Drehungen, Skalierungen oder Verzerrungsoperationen grafischer Objekte durchzuführen. Verzerrungsoperationen zeichnen sich dadurch aus, dass eine Gruppe von Linien auch nach Anwendung der anderen Transformationen noch parallel ist. `Graphics2D` bietet hierzu verschiedene Möglichkeiten an, die durch eine Generierung einer neuen Instanz der Klasse `AffineTransform` oder durch den Wechsel des Attributs mittels der Methode `setTransform` charakterisiert sind.

Die Klasse `AffineTransform` definiert die folgenden bereits vorgefertigten Methoden:

- `getRotateInstance` zur Rotation,
- `getScaleInstance` zur Skalierung,
- `getShearInstance` für Verzerrungsoperationen,
- `getTranslateInstance` zur Verschiebung.

Alternativ kann auch eine der Transformationsmethoden verwendet werden, die Teil von `Graphics2D` sind. Wird eine dieser Methoden aufgerufen, so wird die resultierende Transformation an die momentan verwendete angehängt und das neue Resultat angezeigt. Hierzu stehen die folgenden Methoden zur Verfügung:

- `rotate` zur Angabe eines Rotationswinkels in Grad.
- `scale` zur Angabe eines Skalierungsfaktors in x- und in y-Richtung.
- `shear` zur Angabe eines Verzerrungsfaktors in x- und in y-Richtung.
- `translate` zur Angabe der Verschiebung in x- und in y-Richtung.

Eine `AffineTransform` kann erzeugt und mit anderen Transformationsmethoden verbunden werden. Eine andere Möglichkeit ist das Überladen der `drawImage`-Methode, um den Typ der `AffineTransform` anzugeben, der angewendet werden soll. Spezifiziert man eine Transformation, wenn `drawImage` aufgerufen wird, so wird das Transformationsattribut des `Graphics2D`-Kontexts nicht verändert. Das folgende Beispiel illustriert die Verwendung der Transformationsmethoden.

Code

```
AffineTransform at = new AffineTransform();
// Die folgenden Zeilen sind alternativ
// Keine Verschiebung
at.setToIdentity();
// Verschiebung um die Haelfte der Breite w und der Hoehe h
at.translate(w/2, h/2);
// ... oder Rotation um den Winkel 45 Grad
at.rotate(Math.toRadians(45));
// ... oder Skalierung um 50 Prozent in x- und y-Richtung
at.scale(0.5, 0.5);
// Erzeuge neue Transformation und Daten aus at uebernehmen
AffineTransform at2 = new AffineTransform();
at2.concatenate(at);
// Groesse verdoppeln
at2.scale(2, 2);
// Transformation anwenden
screen2.setTransform(at2);
```

Anzeigebegrenzung

Jede grafische Form, die mit Java2D erzeugt wird, kann zur Begrenzung der anzuzeigenden Fläche verwendet werden. Definiert man bspw. einen Kreis und positioniert diesen in der Mitte der Anzeigefläche, so wird nur der Teil einer Grafik oder eines Bildes angezeigt, der sich im Bereich der Fläche des Kreises befindet. Dies wird auch als *Clipping* bezeichnet. Als Teil des Graphics2D-Kontexts kann das clip-Attribut gesetzt werden, indem die Methode Graphics2D.setClip aufgerufen wird und dieser die Form als Argument übergeben wird, die den anzuzeigenden Bereich festlegt. Der Clipping-Bereich kann anschließend noch verkleinert werden, indem man der clip-Methode eine weitere Fläche übergibt. Es wird dann nur der Bereich angezeigt, in dem sich der aktuelle Clip und die neue Form überschneiden. Im folgenden Beispiel werden zwei Rechtecke verwendet, die sich teilweise überschneiden. Der Clip betrifft dann nur den Bereich, in dem die Rechtecke überlappen.

Code

```
Rectangle2D r1 = new Rectangle2D.Float(0F, 0F, 100F, 200F);
Rectangle2D r2 = new Rectangle2D.Float(20F, 20F, 200F, 100F);
// Setzen des Ausschnittbereichs
screen2.setClip(r1);
// Definition eines Ueberlappungsbereichs
screen.clip(r2);
```

Vordergrundobjekte

Java2D bietet die Möglichkeit, Objekte so anzuzeigen, dass sie andere verdecken. Die Verdeckung ist aber nur eine Art und Weise, Objekte in einem Verbund anzuordnen. Die dazu einsetzbare AlphaComposite-Klasse kapselt verschiedene Stile, die bestimmen, wie überlappende Objekte am Bildschirm angezeigt werden. Eine AlphaComposite-Instanz kann weiterhin mittels eines alpha-Werts den Grad der

Transparenz angeben. Hierbei ist ein Objekt vollkommen sichtbar, wenn `alpha` auf 1.0 steht und vollkommen transparent, wenn `alpha` den Wert 0.0 hat. Der `alpha`-Wert kann weiterhin auf einen beliebigen Wert zwischen 0.0 und 1.0 eingestellt werden. In Tab. 4-2 sind die Stile, die zur Definition der Überlappungseigenschaften eingesetzt werden können, angegeben.

Stil	Bedeutung
Source-over (SRC_OVER)	Wenn Bildpunkte im anzuzeigenden Objekt (Source) dieselben Koordinaten haben wie vorher angezeigte (Destination), werden die Source-Pixel über den Destination-Pixeln angezeigt.
Source-in (SRC_IN)	Überlappen Source- und Destination-Pixel, so werden nur die Source-Pixel angezeigt.
Source-out (SRC_OUT)	Überlappen Source- und Destination-Pixel, so werden nur die Source-Pixel außerhalb des Überlappungsbereichs dargestellt. Die Pixel des Überlappungsbereichs werden gelöscht.
Destination-over (DST_OVER)	Überlappen Source- und Destination-Pixel, so werden nur die Source-Pixel außerhalb des Überlappungsbereichs dargestellt. Die Pixel des Überlappungsbereichs bleiben unverändert.
Destination-in (DST_IN)	Überlappen Source- und Destination-Pixel, so wird der Alpha-Faktor der Source auf die Destination-Pixel angewendet. Wenn Alpha gleich 1.0 ist, so bleiben die Pixel des Überlappungsbereichs unverändert. Ist Alpha gleich 0.0, so werden die Pixel des Überlappungsbereichs gelöscht.
Destination-out (DST_OUT)	Überlappen Source- und Destination-Pixel, so wird der Alpha-Faktor der Source auf die Destination-Pixel angewendet. Wenn Alpha gleich 1.0 ist, so werden die Pixel des Überlappungsbereichs gelöscht. Ist Alpha gleich 0.0, so bleiben die Pixel des Überlappungsbereichs unverändert.
Clear (CLEAR)	Überlappen Source- und Destination-Pixel, so werden die Pixel dieses Bereichs gelöscht.

Tab. 4-2 *Überlappungsdefinitionen in Java2D*

Um den in Graphics2D verwendeten Überlappungsstil zu verändern, muss ein `AlphaComposite`-Objekt erzeugt werden und an die `setComposite`-Methode übergeben werden. Im folgenden Beispiel wird ein neues `AlphaComposite`-Objekt `aco` angelegt, indem `AlphaComposite.getInstance` aufgerufen wird und der entsprechende Stil gesetzt wird. Soll ein anderer Überlappungsstil oder `alpha`-Wert gesetzt werden, so wird `AlphaComposite.getInstance` nochmals aufgerufen und `aco` das neue `AlphaComposite` zugewiesen. `alpha` wird als zweiter Parameter an `AlphaComposite.getInstance` übergeben.

Code

```
AlphaComposite aco =
  AlphaComposite.getInstance(AlphaComposite.SRC);
float alpha = 0.5;
aco = AlphaComposite.getInstance(AlphaComposite.DST_OUT,
  alpha);
screen2.setComposite(aco);
```

Abbildungsqualität

Einer der vielen Vorteile von Java2D ist die skalierbarc Darstellungsqualität. In einem Graphics2D-Kontext kann mit einem Attribut angegeben werden, ob Objekte so schnell wie möglich oder aber in einer größtmöglichen Qualität dargestellt werden sollen.

Zum Setzen der Darstellungseigenschaften muss ein `RenderingHints`-Objekt generiert werden und an die Methode `setRenderingHints` des `Graphics2D`-Kontexts übergeben werden. Wenn lediglich ein Attribut gesetzt werden soll, kann die Methode `setRenderingHint` aufgerufen werden, indem ein Paar aus *Schlüsselwort* und *Wert* als Argument der zu setzenden Eigenschaft übergeben wird. Die hierzu notwendigen Paare aus Schlüsselwort und Wert sind in der Klasse `RenderingHints` definiert. Ein Beispiel, in dem die Eigenschaft `rendering` (Anzeigeart) auf den Wert `quality` gesetzt wird, ist im Folgenden angegeben. Es muss aber beachtet werden, dass eine Veränderung des Darstellungsmodus nicht von allen Plattformen umgesetzt werden kann. Obwohl daher dieser Wert stets gesetzt werden kann, ist eine Umsetzung nicht in allen Fällen gewährleistet.

Code

```
screen2.setRenderingHint(RenderingHints.KEY_RENDERING,
  quality);
```

In der Klasse `RenderingHints` werden die folgenden Eigenschaften unterstützt (ein Setzen auf den Wert `default` bewirkt, dass die standardmäßig auf einer Plattform vorhandenen Anzeigemöglichkeiten verwendet werden):

- *Alpha-Interpolation* (Werte `default`, `quality` oder `speed`).
- *Antialiasing* (Werte `default`, `on` oder `off`).
- *Color Rendering* (Farbdarstellung), (Werte `default`, `quality` oder `speed`).
- *Dithering* (Anzahl verwendeter Farben), (Werte `default`, `disable` oder `enable`).
- *Fractional Metrics* (Werte `default`, `on` oder `off`).
- *Interpolation* (Werte `nearest-neighbor`, `bilinear` oder `bicubic`).
- *Rendering* (Anzeige), (Werte `default`, `quality` oder `speed`).
- *Text Antialiasing* (Werte `default`, `on` oder `off`).

Komplexe Grafikformen

Mittels geometrischer Formen können durch Überlagerung komplexe Flächen geschaffen werden. Die Disziplin, die sich mit der Erzeugung geometrischer Formen durch Anwendung boole'scher Operationen beschäftigt, wird auch als *Constructive Area Geometry* (CAG) bezeichnet. In Java2D stehen für derartige Aufgaben sog. *Areas* (Flächen) zur Verfügung. Eine Area kann aus einer beliebigen geometrischen Form erzeugt werden und unterstützt die folgenden boole'schen Operationen:

- die Vereinigungsmenge (Methode `union`),
- die Schnittmenge (Methode `intersection`),
- die Subtraktion (Methode `subtract`) und
- das exklusive Oder (XOR) (Methode `xor`).

Beispiele für derartige Mengen sind in Abb. 4-12 angegeben. Im folgenden Code-Beispiel wird erläutert, wie eine Schnittmenge zweier Kreise generiert werden kann. Die Verwendung der anderen Methoden erfolgt analog.

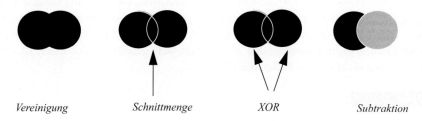

Vereinigung *Schnittmenge* *XOR* *Subtraktion*

Abb. 4-12 Boole'sche Operationen mit Flächen

```
// Erzeuge Kreis
kreis= new Ellipse2D.Float();
// Erzeuge erste Area fuer Kreis
kreis1 = new Area(kreis);
// Analog fuer Kreis2
kreis2 = new Area(kreis);
// Setze Koordinaten des Kreises
kreis.setFrame(0F, 0F, 30.0, 30.0);
// Erzeuge Area fuer Kreis1
kreis1 = new Area(kreis);
//Analog fuer Kreis2
kreis.setFrame(20F, 0F, 30.0, 30.0);
kreis2 = new Area(kreis);
```

```
//Schnittmenge
kreis1.intersect(kreis2);
//Anzeigeuebergabe
screen2.fill(kreis1);
```

4.4.3 Bilder in Benutzeroberflächen

Zur Verwendung von Bildern steht in Java die Klasse `Image` zur Verfügung, die Teil des Packages `java.awt` ist. Zum Laden und Anzeigen von Bildern werden die Methoden der Klassen `Graphics` und `Applet` eingesetzt, wenn Applets implementiert werden. Die hierzu notwendigen Mechanismen werden in diesem Unterkapitel beschrieben.

Um ein Bild anzeigen zu können, muss dieses zunächst über das World Wide Web in ein Java-Programm eingeladen werden. Es ist daher auch verständlich, dass Bilder separat von Java-Klassendateien gespeichert werden. Die in Java verwendeten Dateiformate sind JPEG (Endung `.jpg`) oder GIF (Endung `.gif`) [Stei98].

Zum Laden eines Bildes über das WWW muss eine URL angegeben werden. Hierzu wird die Klasse `URL` verwendet, die Teil des Packages `java.net` ist. Mit der folgenden Anweisung kann ein URL-Objekt erzeugt werden, das sich auf das Bild `kom.jpg` bezieht:

Code
```
URL url = new URL("http://www.kom.e-technik.tu-
   darmstadt.de/kom.jpg");
```

Innerhalb der Applet-Klasse kann ein Bild auf die folgenden zwei Arten geladen werden:

- mit der `getImage`-Methode, die als einziges Argument ein `URL`-Objekt erwartet, das das zu ladende Bild angibt.
- mit der `getImage`-Methode, die zwei Argumente akzeptiert: Eine Basis-URL und einen String, der den relativen Pfadnamen oder den Bildnamen angibt, an der das Bild zu finden ist. Hierbei spezifiziert die URL zusammen mit dem String den gesamten Namen des Bildes.

Oftmals ist es unflexibel, eine URL fest im Programm zu verankern. Es existieren daher zwei weitere Mechanismen, die auf die Verwendung einer URL verzichten:

- die Methode `getDocumentBase`. Diese Methode erzeugt ein `URL`-Objekt, das das Verzeichnis repräsentiert, in der die Webseite enthalten ist, die das Applet aufruft.
- die Methode `getCodeBase`, die ein `URL`-Objekt erzeugt, das das Verzeichnis repräsentiert, in dem die Datei zu finden ist, in der die Hauptklassen des Applets enthalten sind.

Die Entscheidung, ob entweder `getDocumentBase` oder `getCodeBase` verwendet wird, hängt davon ab, ob zu ladende Bilder sich in Unterverzeichnissen des Applets oder in Unterverzeichnissen der Webseite befinden, aus denen das Applet gestartet wird. Sind Bilder in Java-Archiven (JARs) enthalten, so werden diese automatisch extrahiert, wenn das Bild geladen werden soll.

Nach dem Laden eines Bildes kann es mittels der Methode drawImage, die Teil der Klasse Graphics ist, angezeigt werden. Hierzu sind die folgenden Parameter zu verwenden:

- das Image-Objekt, das angezeigt werden soll,
- die x- und y-Koordinaten, an denen das Bild darzustellen ist und
- das Schlüsselwort this.

Die Koordinaten, an denen ein Bild dargestellt wird, werden in ähnlicher Art und Weise verwendet, wie bei der Erzeugung von Rechtecken mit der Methode drawRect. Hierbei geben die Koordinaten die linke obere Ecke des darzustellenden Bildes an. Optional kann auch die Größe eines Bildes angegeben werden. In diesem Fall wird das Bild dementsprechend verkleinert oder vergrößert, wenn die Größenangaben nicht der tatsächlichen Größe des Bildes entsprechen. Zur Abfrage der tatsächlichen Größe des Bildes können die Methoden getWidth() und getHeight() verwendet werden. drawImage wird dann mit den folgenden Parametern aufgerufen:

- dem Image-Objekt, das angezeigt werden soll,
- den x- und y-Koordinaten, an denen das Bild darzustellen ist,
- der Breite und Höhe des Bildes in Pixeln und
- dem Schlüsselwort this.

Der jeweils letzte Parameter, mit dem drawImage aufgerufen wird, ist das Schlüsselwort this, das als Referenz innerhalb eines Objekts auf sich selbst eingesetzt wird. Im Kontext von drawImage wird this verwendet, damit das Applet den Ladevorgang eines Bildes über das WWW überwachen kann. Hierzu wird das Interface ImageObserver eingesetzt. Klassen, die dieses Interface implementieren, können den Fortschritt des Ladevorgangs beobachten und Meldungen erzeugen, die dem Anwender mitteilen, dass der Ladevorgang noch abläuft. Das folgende Applet lädt das Bild kom.jpg und stellt es um die Hälfte vergrößert dar.

Abb. 4-13 Ausgabe des Bild-Applets

Das eigentliche Laden erfolgt in der Methode `init`. In der Methode `paint` wird die Größe des Bildes abgefragt und diese dann um die Hälfte vergrößert. Die Ausgabe des Applets ist in Abb. 4-13 dargestellt.

Code

```java
import java.applet.Applet;
import java.awt.Graphics;
import java.awt.Image;

public class BildAnzeige extends Applet {
   Image img;
   public void init() {
      img = getImage(getCodeBase(), "kom.jpg");
   }

   public void paint(Graphics g) {
      int breite = img.getWidth(this);
      int hoehe = img.getHeight(this);
      g.drawImage(img, 20, 20, (3*hoehe/2), (3*breite/2), this);
   }
}
```

4.4.4 Animation in Benutzeroberflächen

Animationen können in Benutzeroberflächen auf vielfältige Art und Weise verwendet werden bspw., um Textfarben dynamisch zu verändern, um einen Film durch aneinandergereihte Einzelbilder (wobei diese Bilder in einem Array-Objekt gespeichert werden) zu simulieren, aber auch, indem Grafikobjekte ihre Position dynamisch verändern, wodurch wiederum der Eindruck eines ablaufenden Films entsteht. Hierbei tritt allerdings ein großes Problem auf: Die Darstellung derartiger Animationen flackert, wenn keine Ergänzungen des Codes vorgenommen werden. In diesem Abschnitt werden Mechanismen beschrieben, die das Flackern verhindern, speziell die *Doppelpufferungsmethode*.

Die Ursache für Flackereffekte liegt darin, dass zur Anzeige eines neuen Bildes einer Animation die Methode `repaint` aufgerufen werden muss, die wiederum `paint` aufruft. `repaint` ruft allerdings `paint` nicht direkt auf, sondern vorher die Methode `update`, die den Inhalt des Bildschirms dadurch löscht, dass der Bildschirm mit der Hintergrundfarbe aufgefüllt wird. Es ist nun klar ersichtlich, dass ein Flimmereffekt kaum vermeidbar ist, wenn zwischen je zwei Bildern einer Animation ein anderes (einfarbiges) Bild eingeschoben wird. Grundsätzlich stehen die folgenden zwei Möglichkeiten zur Verfügung, um diesen Effekt zu verhindern:

- Überschreiben der `update`-Methode, so dass der Bildschirm nicht mehr gelöscht wird.
- Überschreiben der Methoden `update` und `paint` und Verwendung der Doppelpufferungstechnik.

Verhinderung des Bildschirmlöschens

Standardmäßig sieht die `update`-Methode folgendermaßen aus:

Code
```
public void update (Graphics screen){
   screen.setColor(getBackground());
   screen.fillRect(0,0,getSize().width, getSize().height);
   screen.setColor(getForeground());
   paint(screen);
}
```

Mittels der Methode `getSize` wird hierbei die Größe des Bildschirmbereichs des Applets in Erfahrung gebracht. Eine Möglichkeit besteht nun darin, das Löschen des Bildschirms auszulassen. Dies ist allerdings nur dann sinnvoll, wenn sich kein Objekt bewegt. Anderenfalls sind Darstellungsfehler zu erwarten. Die überschriebene Methode ist im Folgenden angegeben. Es muss allerdings darauf hingewiesen werden, dass dieser Ansatz zwar einfach, aber problematisch ist. Es ist daher ratsam, die im Folgenden beschriebene Doppelpufferung zu verwenden.

Code
```
public void update (Graphics screen){
   paint(screen);
}
```

Doppelpufferung

Bei der Doppelpufferung wird der gesamte anzuzeigende Inhalt in einen nicht sichtbaren Bereich, einen Puffer, geschrieben, der anschließend in den sichtbaren Bildschirmbereich kopiert wird. Der Vorteil der Doppelpufferung besteht vor allem darin, dass die Berechnung des anzuzeigenden Inhalts von der Anzeige entkoppelt wird. Zustände, in denen das Bild erst teilweise berechnet ist, werden daher dem Betrachter nicht präsentiert. Hierdurch ergibt sich speziell bei Animationen ein flüssiger Bewegungsablauf.

Die Doppelpufferung ist allerdings mit wesentlichem Aufwand verbunden, da zwei Bildschirmbereiche verwendet werden müssen. Hierdurch wird mehr Rechenaufwand und auch mehr Speicherplatz im Hauptspeicher benötigt. Vorteil der Doppelpufferung ist, dass nahezu sämtliche Flackereffekte ausgeschlossen werden können. Zur Verwendung der Doppelpufferung sind die folgenden vier Schritte notwendig:

1. Definition von `Image`- und `Graphics`-Objekten, die im Verborgenen arbeiten. Zur Übergabe an die `paint`-Methode müssen dies Instanzvariablen sein.

Code

```
Image verborgenesBild;
Graphics verborgen;
```

2. Während der Initialisierung eines Applets müssen diese beiden Objekte initialisiert werden:

Code

```
verborgenesBild = createImage(getSize().width, getSize().height);
verborgen = verborgenesBild.getGraphics();
```

3. Alle Ausgaberoutinen müssen nun mit dem im Verborgenen arbeitenden `Graphics`-Objekt erfolgen und nicht länger mit dem `Graphics`-Objekt, das mit der Anzeige assoziiert ist:

Code

```
verborgen.drawRect(0,0,100,100);
```

4. Ist ein Bild vollständig erstellt, so wird es in den sichtbaren Bereich kopiert. Es darf auch nicht vergessen werden, die `update`-Methode derart zu überschreiben, dass die Anweisung zum Löschen des Bildschirms entfernt wird.

Code

```
//....
screen.drawImage(verborgenesBild, 0, 0, this);
//......
public void update (Graphics screen){
   paint(screen);
}
```

Im Folgenden ist ein Beispiel angegeben, das die Technik der Doppelpufferung anwendet. Hierzu soll ein roter Kreis jeweils von links nach rechts und dann zurück über den Bildschirm bewegt werden. Die Geschwindigkeit soll hoch genug sein, um den Eindruck einer fortlaufenden Animation zu erzeugen. Hierzu wird eine Variable `xpos` verwendet, die von Bild zu Bild erhöht bzw. verringert wird. Um das Applet letztendlich zu beenden, wird die Methode `destroy` verwendet, die den Speicherbereich des im Verborgenen arbeitenden Bildschirmbereichs freigibt. Wie aufwendig die Doppelpufferung tatsächlich ist, wird erkennbar, wenn man den Bildschirmbereich des Applets mit der Maus vergrößert. In diesem Fall läuft das Applet sehr viel langsamer und auch ruckartig. Die Ausgabe des Applets ist in Abb. 4-14 dargestellt.

Code

```java
import java.applet.Applet;
import java.awt.Graphics;
import java.awt.Image;
public class Kugeln extends Applet implementsRunnable{
   Thread t;
   Image verborgenesBild;
   Graphics verborgen;
   int xpos = 0;
   int xBew = 10;
   public void init() {
      verborgenesBild = createImage(getSize().width,
         getSize().height);
      verborgen = verborgenesBild.getGraphics();
   }
   public void start() {
      if (t == null) {
         t = new Thread(this);
         t.start();
      }
   }
   public void stop() {
      t = null;
   }
   public void run() {
      Thread aktThread = Thread.currentThread();
      while (t == aktThread) {
         xpos += xBew;
         // noch im Bildschirmbereich ??
         if ((xpos > getSize().width) | (xpos < 0))
            xBew *= -1;
         repaint();
         try { Thread.sleep(100);
         } catch (InterruptedException e) {}
      }
   }
   public void update(Graphics screen) {
      paint(screen);
   }
   public void paint(Graphics g) {
      verborgen.setColor(Color.white);
      verborgen.fillRect(0,0,getSize().width, getSize().height);
      verborgen.setColor(Color.red);
      verborgen.fillOval(xPos, 10, 100, 100);
      //Wechsel zum sichtbaren Bereich
      g.drawImage(verborgenesBild, 0, 0, this);
   }
   public void destroy() {
      verborgen.dispose();
   }
}
```

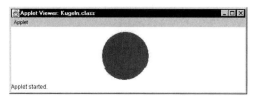

Abb. 4-14 Ausgabe des Kugel-Applets

4.4.5 Audio in Benutzeroberflächen

Ab Java 1.2 stehen eine Reihe von Möglichkeiten zur Verfügung, verschiedene Typen von Audiodateien aus Applets oder Applications heraus abzuspielen. Hierzu zählen die Dateiformate AIFF, AU, WAV, MIDI (Typ 0), MIDI (Typ 1) und RMF. Es können Audiodaten in Mono oder Stereo verarbeitet werden, die mit 8 oder 16 bit aufgenommen wurden, wobei Abtastraten zwischen 8 kHz und 48 kHz verwendet werden.

Das Abspielen von Tondateien aus einem Applet heraus wurde in Java 1.2 gegenüber früheren Versionen nicht verändert. Um eine derartige Datei abzuspielen, lädt man einen Audio-Clip mit dem Befehl Applet.getAudioClip und kontrolliert die Wiedergabe mit den Methoden play, loop und stop, die Teil der Klasse AudioClip sind.

Um bspw. eine Datei abzuspielen, die im Format WAV gespeichert ist, sind die im Folgenden aufgezählten Schritte nötig. WAV ist ein insbesondere auf PCs häufig verwendetes Audioformat.

1. Aufruf von Applet.getAudioClip mit einer URL als Parameter, der spezifiziert, wo die WAV-Datei zu finden ist. Hierbei können entweder nur ein Parameter (die URL) oder auch zwei Parameter (URL und Verzeichnisname der Audiodatei) angegeben werden. Soll der aktuelle Pfad, an dem das Applet ausgeführt wird, verwendet werden, so muss der Befehl getCodeBase() spezifiziert werden.

Code

```
AudioClip clip = getAudioClip(getCodeBase(),"beispiel.wav");
```

2. Aufruf von play oder loop (Endlosschleife).

Audiodaten werden dann geladen, wenn ein Objekt des Typs AudioClip angelegt wird, nicht erst beim Abspielen einer derartigen Datei. Zum Abspielen der unterstützten Audioformate kann auch der Befehl Applet.play ohne vorherige Ausführung von Applet.getAudioClip verwendet werden, bei dessen Benutzung aber die Daten nicht vorab geladen werden. Dies bewirkt, dass einige wichtige Eigenschaften eines Applets, wie die Zeichengeschwindigkeit oder auch die Event-Verarbeitung, signifikant verlangsamt werden, wenn der Benutzer eine Audiodatei zum ersten Mal verwendet.

Das folgende Beispiel ist eine Anwendung für das Abspielen einer WAV-Audiodatei in Java. Unabhängig vom Typ einer Audiodatei ist der Lade- und Abspielvorgang immer derselbe.

Code

```
import java.awt.Graphics;
import java.applet.AudioClip;

public class AudioPlayer extends java.applet.Applet implements
Runnable {
   AudioClip beispielClip;
   Thread t;

   public void start () {
      if (t == null) {
         t = new Thread(this);
         t.start();
      }
   }
   public void stop () {
      if (t != null) {
         if (beispielClip != null)
            beispielClip.stop();
         t = null;
      }
   }

   public void init() {
      beispielClip = getAudioClip(getCodeBase(), "beispiel.wav"
   }

   public void run() {
      if (beispielClip != null)
         beispielClip.loop();
      Thread dieserThread = Thread.currentThread();
      while (t == dieserThread) {
         try { Thread.sleep(1000);
         } catch (InterruptedException e) {}
      }
   }
}
```

Um die Wartezeit des Benutzers zu verringern, wird die Audiodatei in einem Hintergrund-Thread geladen, anstatt in der `init`-Methode des Applets. Wenn der Benutzer die Klangwiedergabe startet, bevor die Datei vollständig geladen wurde, kann das Applet so geeignet reagieren.

Ab JDK 1.2 können sowohl Applications als auch Applets Audiodateien abspielen. Hierzu wurde dem Package `java.applet.Applet` eine neue, als `static` gekennzeichnete Methode hinzugefügt, die es Applications erlaubt, Audio-Clips aus einer URL zu generieren:

Syntax

```
public static final AudioClip newAudioClip(URL r)
```

Um nun eine Audiodatei eines Applets abzuspielen, wird die Methode `Applet.newAudioClip` verwendet, um die Datei zu laden. Anschließend können wiederum die Methoden `play`, `loop`, und `stop` in bereits bekannter Art und Weise eingesetzt werden. Die folgenden Schritte verdeutlichen den Vorgang:

1. Aufruf von `Applet.newAudioClip` und Übergabe der URL, an der die Audiodatei gespeichert ist.
2. Aufruf von `play` oder `loop` im Audio-Clip.

Der Audio-Player des vorherigen Beispiels kann sehr leicht als Application umgeschrieben werden. Hauptsächlicher Unterschied ist, dass nun `Applet.newAudioClip` verwendet wird, um Audiodateien zu laden.

Code

```
import java.applet.AudioClip;
public class AudioPlayer implements Runnable {
   AudioClip beispielClip;
   Thread t;
   public void start () {
      if (t == null) {
         t = new Thread(this);
         t.start();
      }
   }
   public void stop () {
      if (t != null) {
         if (beispielClip != null)
            beispielClip.stop();
         t = null;
      }
   }
   public void init() {
      beispielClip = newAudioClip("beispiel.wav");
   }
   public void run() {
      if (beispielClip != null)
         beispielClip.loop();
      Thread dieserThread = Thread.currentThread();
      while (t == dieserThread) {
         try { Thread.sleep(1000);
         } catch (InterruptedException e) {}
      }
   }
}
```

```
public static void main (String[] args) {
   AudioPlayer a = new AudioPlayer();
   a.start();
}
}
```

Die Audioverarbeitung in Java zeichnet sich durch einen einheitlichen Zugriff auf die Audiomöglichkeiten der zugrunde liegenden Plattform aus. Hierdurch wird es Java-Programmen möglich, Audiodaten aufzunehmen (auch diese zu synthetisieren) und sie wieder abzuspielen. Dienste auf höherer Ebene, wie bspw. die Kompression oder Dekompression, die Synchronisation, das Streaming, Container-Zugriffe (Lesen oder Schreiben) und Netzwerktransporte, werden vom *Java Media Framework* (JMF) realisiert. JMF ermöglicht es Java-Programmen in einer einheitlichen und einfachen Art und Weise, zeitbasierte Daten, wie bspw. Audio und Video, zu synchronisieren und diese anzuzeigen. Die JMF-Implementierung der Firma Sun verwendet die Java-Sound-Engine, um Audiodaten abzuspielen. Informationen über JMF sind unter der URL http://java.sun.com/products/java-media zu finden.

4.4.6 Funktionale Komponenten von Benutzerschnittstellen

Die Komponenten von Benutzeroberflächen, die bis zu diesem Punkt des Buches betrachtet wurden, sind Grafiken, Bilder, Animationen und Audio. Neben diesen Grundbestandteilen machen aber gerade Bausteine wie Buttons oder Texteingabefelder die eigentliche Stärke einer Benutzeroberfläche aus. Die Darstellung dieser Komponenten ist Gegenstand dieses Unterkapitels. Hierzu muss zunächst das AWT näher betrachtet werden. Bis zu diesem Zeitpunkt wurden AWT-Funktionen eher implizit verwendet, indem die zur Umsetzung der beschriebenen Aufgaben notwendigen Klassen verwendet wurden. Diese Sicht reicht allerdings für die im Folgenden zu beschreibenden Komponenten nicht mehr aus.

Abstract Windowing Toolkit (AWT)

Das *Abstract Windowing Toolkit* (AWT) ist eine Menge von Klassen, mit deren Hilfe grafische Benutzeroberflächen einschließlich der Interaktionsmöglichkeiten, die sich aus der Verwendung der Maus und der Tastatur ergeben, erstellt werden können. Da die Sprache Java plattformunabhängig ist, stellt das AWT Möglichkeiten zur Verfügung, eine Benutzerschnittstelle zu entwickeln, die dieselbe Funktionalität und dasselbe Aussehen auf allen Systemen bietet, auf der sie ausgeführt wird. Bedenkt man allerdings, dass heutzutage auf vielen Browsern Spezialeinstellungen benutzt werden können, so ist diese Forderung nur dann zu realisieren, wenn Java-Applets in Plug-Ins ablaufen. Anderenfalls müssen die Funktionalität und auch das Aussehen einer Anwendung „von Hand" auf möglichst vielen unterschiedlichen Systemen getestet werden, um tatsächlich eine Einheitlichkeit garantieren zu können.

Die Klassen des AWTs sind Teil des Packages `java.awt`. Werden daher Benutzerschnittstellen implementiert, so darf die Importierung dieses Packages nicht vergessen werden. Die statischen Komponenten einer Benutzerschnittstelle bestehen aus den folgenden drei Komponenten:

- *Komponenten*
  Komponenten sind die Bausteine, die Teil einer Benutzerschnittstelle sein können, bspw. Buttons, Textfelder, Grafiken oder Bilder.
- *Container*
  Container werden dazu verwendet, Komponenten zu gruppieren. Ein Beispiel hierfür ist das Applet-Fenster, das bisher verwendet wurde, und das die Möglichkeit bietet, die darin enthaltenen Bestandteile als Gruppe aufzufassen.
- *Layout-Manager*
  Layout-Manager definieren, wie die Komponenten eines Containers auf dem Bildschirm angeordnet werden müssen. Im Gegensatz zu Komponenten oder Containern werden Layout-Manager selbst nicht sichtbar, sehr wohl aber die Effekte, die aus ihrer Verwendung resultieren. Layout-Manager werden in Kapitel 4.4.7 beschrieben.

Die in Java möglichen Komponenten und Container werden im Folgenden beschrieben. Hierzu wird der Begriff *Benutzerschnittstelle* mit dem Kürzel *GUI* (Graphical User Interface) bezeichnet.

Komponenten und Container

Komponenten werden in einem GUI verwendet, indem sie in einen *Container* integriert werden. Container können hierbei selbst als Komponenten aufgefasst werden und in übergeordneten Containern platziert werden. Der Aufbau eines GUIs aus Containern ist mit dem Erstellen eines Layouts identisch (siehe Kapitel 4.4.7). Um der anschließenden Erläuterung von Layout-Strategien nicht vorzugreifen, werden die im Folgenden betrachteten Komponenten stets im Container eines Applets platziert.

Eine Komponente wird in einem Container platziert, indem sie zunächst erstellt wird und anschließend mit Hilfe der `add`-Methode dem Container zugefügt wird. Da ein Applet gleichzeitig ein Container ist, ist die Verwendung der `add`-Methode innerhalb von Applets zulässig.

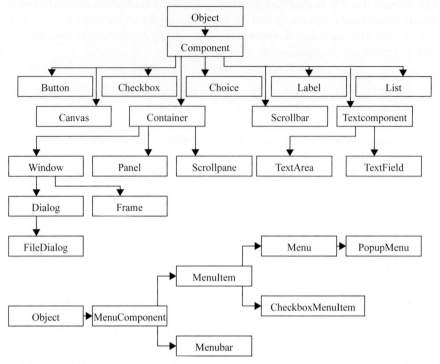

Abb. 4-15 GUI-Komponenten

Das Hinzufügen einer Komponente zu einem Container stellt diese Komponente selbst nicht notwendigerweise sofort dar. Eine Anzeige erfolgt erst dann, wenn die paint-Methode des Containers aufgerufen wird. Dies kann beschleunigt werden, indem die repaint-Methode in der Implementierung verwendet wird.

Komponenten eines GUIs werden am besten in der init-Methode beschrieben. Da sich die Elemente eines GUIs im Programmablauf normalerweise nicht verändern, kann der Aufbau des GUIs bereits in der Initialisierungsphase erfolgen.

Im Folgenden werden die Komponenten, die neben Grafiken, Text, Bildern, Audio und Animationen in einem GUI verwendet werden können, erläutert. Das in Abb. 4-15 angegebene Schaubild erläutert den Zusammenhang der hierbei verwendeten Klassen.

Textmarken (Labels)

Textmarken (Labels) werden üblicherweise dazu verwendet, den Zweck anderer Komponenten zu spezifizieren. Die Verwendung von Labels ist der bereits erläuterten Methode drawString aus zwei Gründen stets vorzuziehen. Erstens wird das Layout einer Textmarke automatisch gesetzt, während Texte, die mit drawString erzeugt werden, stets an einer festen Position erscheinen. Zweitens werden Labels nach ihrer Generierung automatisch dargestellt und müssen daher nicht explizit in der paint-Methode angegeben werden.

Zur Definition eines Labels können die folgenden Konstruktoren verwendet werden:

- Label() erzeugt eine leere Textmarke, in der der Text linksbündig angeordnet wird,
- Label(String) erzeugt eine Textmarke mit dem Text, der als Parameter übergeben wurde. Der Text wird ebenfalls linksbündig dargestellt.
- Label(String, int) erzeugt dieselbe Ausgabe wie Label(String), der zweite Parameter legt allerdings die Ausrichtung des Textes innerhalb der Textmarke fest. Hierzu können die Konstanten Label.LEFT, Label.CENTER und Label.Right verwendet werden.

Nachdem ein Label erzeugt wurde, kann der Font mit der bereits beschriebenen Methode setFont verändert werden. Erfolgt dies innerhalb eines Applets, so werden die Eigenschaften aller Textmarken verändert. Innerhalb des Labels wird nur der Font der Textmarke selbst verändert.

Nachdem eine Textmarke erzeugt wurde, kann ihr Text mit der Methode setText(String) verändert werden. Dies ist vor allem nötig, wenn Inhalte dynamisch verändert werden sollen oder wenn der Konstruktor Label() verwendet wurde, da dann das Label anfangs keinen Text darstellt. Zur Abfrage des Inhalts einer Textmarke wird die Methode getText() verwendet, zur Veränderung der Textausrichtung die Methode setAlignment, die einen Parameter der Form Label.LEFT, Label.CENTER oder Label.RIGHT erwartet. Das folgende Beispiel stellt die Verwendung von Textmarken dar.

Code

```
import java.applet.*;
import java.awt.*;
public class Textmarke extends Applet{
   Label links = new Label("Schiffe versenken", Label.LEFT);
   Label zentriert = new Label("Schiffe versenken", Label.CENTER);
   Label rechts = new Label("Schiffe versenken", Label.RIGHT);
   Font f = new Font("Times", Font.BOLD, 20);
   public void init () {
      setFont(f);
      add(links);
      add(zentriert);
      add(rechts);
   }
}
```

Die Ausgabe dieses Beispiels ist in Abb. 4-16 dargestellt. Es mag überraschend erscheinen, dass die Ausgabe nicht in drei Zeilen erscheint. Da aber kein spezielles Layout angegeben wurde, werden die Komponenten so angeordnet, dass möglichst wenig Platz verbraucht wird. In diesem Fall sind die links- bzw. rechtsbündig angeordneten Texte in einer Zeile darstellbar.

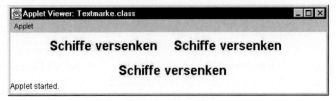

Abb. 4-16 Textmarken

Knöpfe (Buttons)

Knöpfe (Buttons), die mit der Maus bedienbar sind, werden mit Hilfe der Klasse Button mit den folgenden Konstruktoren erzeugt:

- Button() erzeugt einen Knopf ohne Textmarke, die seine Funktion spezifiziert,
- Button(String) erzeugt entsprechend einen Button mit Textmarke.

Nach der Generierung eines Button-Objekts kann der Textinhalt mit der Methode setLabel(String) verändert werden. Analog kann der bereits enthaltene Text mit der Methode getLabel() abgefragt werden. Soll ein Button aktiviert bzw. deaktiviert werden, so können die Methoden setEnabled(true) bzw. setEnabled(false), die Teil der Klasse Button sind, verwendet werden. Das folgende Beispiel, dessen Ausgabe in Abb. 4-17 dargestellt ist, zeigt die Verwendung dieser Klasse. Es muss allerdings darauf hingewiesen werden, dass die Verwendung von Knöpfen dann relativ sinnlos ist, wenn mit einem Knopf keine Aktion assoziiert ist, die ausgelöst wird, wenn der Knopf gedrückt wird. Es sei aber daran erinnert, dass die Erläuterung der dynamischen Bestandteile von GUIs in Kapitel 4.5 erfolgt.

Code

```
import java.applet.*;
import java.awt.*;

public class Knoepfe extends Applet{
   Button start = new Button("Beginne Spiel");
   Button ende = new Button();

   public void init () {
      ende.setLabel("Beende Spiel");
      add(start);
      add(ende);
   }
}
```

Abb. 4-17 Knöpfe

Checkboxen

Checkboxen werden verwendet, um Optionen eines Programms auszuwählen. Die Auswahl ist hierbei nicht exklusiv, es können also auch mehrere Optionen ausgewählt sein. Soll genau eine Option auswählbar sein, so werden *Radiobuttons* verwendet, die im Folgenden erklärt werden. Der Name *Radiobutton* ist abgeleitet von alten Radios, bei denen das Drücken eines Knopfs bewirkte, dass ein anderer gedrückter Knopf wieder heraussprang. *Checkboxen* werden mit den folgenden Konstruktoren erzeugt:

- `Checkbox()` oder
- `Checkbox(String)`.

Die Verwendung dieser Konstruktoren entspricht exakt der Benutzung der Konstruktoren von Buttons. Der Anfangszustand der so erzeugten Boxen ist immer die nicht ausgefüllte Box. Dieser Zustand kann aber mit der Methode `setState(boolean)` verändert werden. Wird der Wert auf `true` gesetzt, so ist die Box mit einem Haken versehen, anderenfalls ist sie leer. Die Methode zur Abfrage des Zustands einer Checkbox lautet `getState()`. Das folgende Beispiel, dessen Ausgabe in Abb. 4-18 dargestellt ist, verdeutlicht die Verwendung von Checkboxen.

Code
```
import java.applet.*;
import java.awt.*;

public class Checkboxen extends Applet{
   Checkbox audio = new Checkbox("Ton ausschalten");

   public void init () {
      audio.setState(true);
      add(audio);
   }
}
```

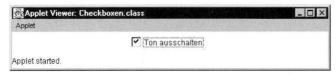

Abb. 4-18 Checkboxen

Radiobuttons

Ein *Radiobutton* ist eine spezielle Art von Checkbox, in der immer nur eine der Optionen ausgewählt sein kann. Hierzu wird ein `CheckboxGroup`-Objekt mittels der Methode `CheckboxGroup()` angelegt. Anschließend werden die Bestandteile, die Radiobuttons, mit der folgenden Syntax hinzugefügt:

Syntax

```
Checkbox(String, boolean, CheckboxGroup)
```

Hierdurch wird eine Checkbox mit dem durch das `boolean`-Argument spezifizierten Zustand erzeugt, die zur `CheckboxGroup` gehört, die durch den dritten Parameter angegeben ist. Das folgende Beispiel, dessen Ausgabe in Abb. 4-19 dargestellt ist, verdeutlicht diese Funktion. Weiterhin kann die Methode `setCurrent(Checkbox)` dazu verwendet werden, die Auswahl auf die Checkbox zu setzen, die hierbei als Parameter übergeben wird. Weiterhin kann die Methode `getCurrent()` dazu eingesetzt werden, die momentan selektierte Checkbox abzufragen.

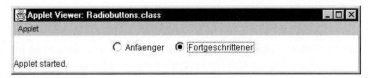

Abb. 4-19 Radiobuttons

Code

```
import java.applet.*;
import java.awt.*;

public class Radiobuttons extends Applet{
   CheckboxGroup level = new CheckboxGroup();
   Checkbox l1 = new Checkbox("Anfaenger", false, level);
   Checkbox l2 = new Checkbox("Fortgeschrittener", true, level);

   public void init () {
      add(l1);
      add(l2);
   }
}
```

Auswahllisten

Mittels *Auswahllisten* kann ein Element eines aufklappbaren Menüs selektiert werden. Hierzu wird in Java die Klasse `Choice` verwendet. Der Aufbau einer Auswahlliste besteht aus zwei Schritten: Zuerst wird ein `Choice`-Objekt mittels des Konstruktors `Choice()` erzeugt, anschließend werden die Menüeinträge mittels der Methode `add(String)` hinzugefügt. Das folgende Beispiel, dessen Ausgabe in Abb. 4-20 dargestellt ist, verdeutlicht diese Funktion.

Code

```java
import java.applet.*;
import java.awt.*;

public class Auswahlliste extends Applet{
   Choice liste = new Choice();

   public void init () {
      liste.add("Schiffe setzen");
      liste.add("Spiel starten");
      liste.add("Spiel beenden");
      add(liste);
   }
}
```

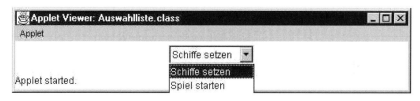

Abb. 4-20 Auswahllisten

Zur Kontrolle einer Auswahlliste stehen zusätzlich die folgenden Methoden als Teil der Klasse `Choice` zur Verfügung:

- `getItem(int)` gibt den Text zurück, der sich an der Stelle in der Auswahlliste befindet, die durch das Argument angegeben wird. Hierbei ist zu beachten, dass sich, wie bei anderen Listen in Java auch, das erste Element an der Position 0 befindet.
- `getSelectedItem()` gibt den Text des momentan ausgewählten Elements der Liste zurück.
- `getSelectedIndex()` gibt entsprechend den Index des momentan ausgewählten Elements zurück.
- `getItemsCount()` zählt die Elemente, die Teil der Liste sind.
- `select(int)` wählt das Element aus, das sich an der durch den Parameter spezifizierten Position befindet.
- `select(String)` wählt in ähnlicher Art und Weise das erste Element der Liste aus, das dem im Parameter angegebenen Text entspricht.

Textfelder

Im Gegensatz zu Textmarken sind Textfelder vom Benutzer veränderbar. Hierzu steht in Java die Klasse TextField zur Verfügung, die mit den folgenden Konstruktoren angelegt werden kann:

- TextField() erzeugt ein leeres Texteingabefeld ohne Größenangabe.
- TextField(String) erzeugt ein Texteingabefeld, das ohne Größenangabe des Feldes mit dem im Parameter angegeben Text gefüllt wird.
- TextField(String, int) erzeugt ein Texteingabefeld, wobei der Parameter die Breite des Feldes in Buchstaben angibt. Hierbei kann auch ein leerer String als erster Parameter übergeben werden.

Oftmals ist es von Bedeutung, Felder zu verwenden, die der Benutzer verändern kann, ohne die eingetippten Buchstaben lesen zu können. Dies erfolgt typischerweise bei Passwort-Eingaben, wobei die Eingabe hierbei als Stern dargestellt wird. In der Klasse TextField wird hierzu die Methode setEchoCharacter(Char) verwendet, wobei der Parameter das in Hochkommas eingeschlossene Zeichen angibt, das die Tastatureingabe ersetzen soll. Das folgende Beispiel, dessen Ausgabe in Abb. 4-21 dargestellt ist, stellt die Eingabe eines Benutzernamens und eines Passworts dar.

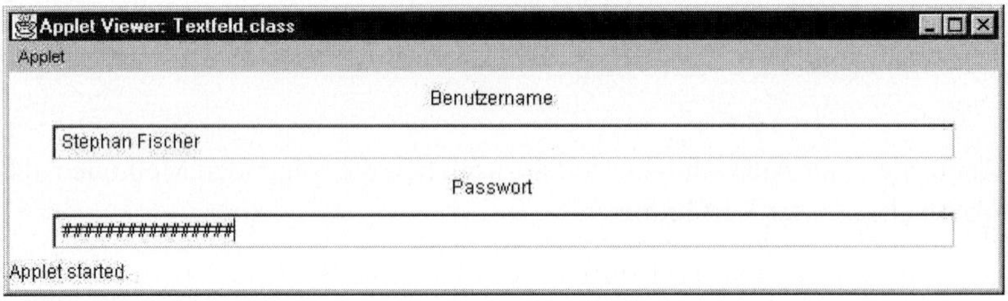

Abb. 4-21 Textfeld

`Code`

```
import java.applet.*;
import java.awt.*;
public class Textfeld extends Applet{
   Label benutzerLabel = new Label("Benutzername");
   TextField benutzerFeld = new TextField(50);
   Label passwortLabel = new Label("Passwort");
   TextField passwortFeld= new TextField(50);
   public void init () {
      add(benutzerLabel);
      add(benutzerFeld);
      add(passwortLabel);
      passwortFeld.setEchoChar('#');
      add(passwortFeld);
   }
}
```

Auch die Klasse `TextField` stellt eine Menge an Routinen zur Verfügung, mit deren Hilfe Textfelder kontrolliert werden können:

- `getText()` gibt den Text zurück, der in einem Textfeld enthalten ist,
- `setText(String)` setzt diesen Text entsprechend,
- `isEditable()` gibt einen boole'schen Wert zurück, der angibt, ob ein Feld editierbar ist (`true`) oder nicht (`false`) und
- `setEditable(boolean)` legt fest, ob ein Feld verändert werden darf (`true`) oder nicht (`false`). Der Wert true wird hierbei als Standard verwendet, wenn kein anderer Wert angegeben wird.

Textbereiche

Textbereiche, die mittels der Klasse `TextArea` erstellt werden, können größere Textmengen aufnehmen als Textfelder. Hierzu stehen horizontale und vertikale Schiebebalken zur Verfügung, die den Anzeigebereich geeignet verschieben können. Ein Textbereich wird mit den folgenden Konstruktoren angelegt:

- `TextArea()` erzeugt einen leeren Textbereich ohne Angabe der Höhe und Breite.
- `TextArea(int, int)` erzeugt analog einen Bereich mit Größenangabe. Hierbei gibt der erste Parameter die Anzahl der Zeilen und der zweite die Anzahl der Zeichen pro Zeile an.
- `TextArea(String)` erzeugt einen Textbereich mit einem festgelegten Text, aber ohne Angabe der Höhe oder Breite des Textes.
- `TextArea(String, int, int)` erzeugt denselben Bereich wie `TextArea(String)`, aber mit zusätzlicher Größenangabe.

Das folgende Beispiel, dessen Ausgabe in Abb. 4-22 dargestellt ist, zeigt die Verwendung dieser Klasse auf. Hierbei werden im String die Kontrollzeichen '\n' verwendet, um eine neue Zeile zu beginnen.

Abb. 4-22 Textbereich

Code

```
import java.applet.*;
import java.awt.*;

public class Textbereich extends Applet{
   String inhalt = String inhalt = "Textbereiche, die mittels der
      Klasse TextArea "
   + "erstellt werden, \nkoennen groessere Textmengen aufnehmen,
      als"+
   "Textfelder. Hierzu stehen horizontale \nund vertikale " +
   "Schiebebalken zur Verfuegung, die den \nAnzeigebereich
      geeignet"
      + " verschieben koennen. Ein Textbereich \nwird mit den " +
   "folgenden Konstruktoren angelegt:";

   TextArea textFeld;

   public void init () {
      textFeld = new TextArea(inhalt, 3, 20);
      add(textFeld);
   }
}
```

Auch für Textbereiche stehen zusätzliche Kontrollmethoden zur Verfügung:

- `insert(String, int)` fügt den durch den ersten Parameter angegeben Text an der Indexposition in das Feld ein, die durch den zweiten Parameter angegeben wird (gemessen in Zeichen).
- `replace(String, int, int)` ersetzt den Text zwischen den Positionen, die durch den zweiten und dritten Parameter angegeben werden, durch den als erstes Argument übergebenen Text.

Sowohl Textfeld als auch Textbereich erben von der Klasse `TextComponent`. Die Methoden `setText`, `getText`, `setEditable` und `isEditable`, die im Kontext von Textfeldern erläutert wurden, stehen daher auch für Textbereiche zur Verfügung.

Frames (Fenster)

Frames (Fenster) für Applications und Applets werden mit der Klasse `Frame` realisiert. Jede Application, die mit einem GUI arbeiten will, benötigt mindestens ein `Frame`-Objekt. Anstelle der Frames sollte allerdings für Applications ein `Dialog`-Objekt (siehe im Anschluss an diesen Abschnitt) verwendet werden, wenn eine *Fensterabhängigkeit* realisiert werden soll. Fenster sind bspw. dann voneinander abhängig, wenn ein Fenster unsichtbar werden soll, wenn ein anderes ikonifiziert wird.

Applets können derartige Mechanismen nicht verwenden, da Dialoge aufgrund von Sicherheitsrestriktionen von Applets nur mit Einschränkungen verwendet werden können. Bei Applets sollten daher grundsätzlich Frames verwendet werden.

Die Klasse `Frame` kann mit zwei Konstruktoren aufgerufen werden:

- `Frame()` erzeugt ein Fenster ohne Titel,
- `Frame(String)` erzeugt ein Fenster mit dem Titel, der als Parameter übergeben wird.

Weiterhin stellt `Frame` die folgenden Hilfsmethoden zur Verfügung (zur Verwendung von Menüs siehe den folgenden Abschnitt):

- `String getTitle()` und `void setTitle(String)`
  fragt den Titel eines Fensters ab bzw. setzt diesen.
- `Image getIconImage()` und `void setIconImage(Image)`
  erfragt ein in einem Fenster angezeigtes Bild bzw. setzt dieses, wenn ein Fenster ikonifiziert ist.
- `MenuBar getMenuBar()` und `void setMenuBar(MenuBar)`
  erfragt bzw. setzt eine `Menubar` für ein `Frame`-Objekt.
- `void remove(MenuComponent)`
  entfernt die angegebene `MenuBar` aus einem Frame.
- `boolean isResizable()` und `void setResizable(boolean)`
  erfragt, ob die Größe eines Fensters variabel sein darf bzw. setzt diese Eigenschaft.
- `int getCursorType()` und `void setCursor(int)`
  erfragt die derzeitige Darstellung des Cursors bzw. setzt diese. Vordefinierte Cursor-Typen sind `Frame.DEFAULT_CURSOR`, `Frame.CROSSHAIR_CURSOR`, `Frame.HAND_CURSOR`, `Frame.MOVE_CURSOR`, `Frame.TEXT_CURSOR`, `Frame.WAIT_CURSOR` und `Frame.X_RESIZE_CURSOR` (X muss hierbei durch eine der Himmelsrichtungen SW, SE, NW, NE, N, S, W oder E ersetzt werden).
- `void resize(int, int)`
  erlaubt das Setzen einer Fenstergröße. Hierbei ist aber zu beachten, dass die beiden Parameter, die die Breite und Höhe des Fensters in Pixeln angeben, auf verschiedenen Plattformen unterschiedlich repräsentiert werden können. Deshalb sollte grundsätzlich die Methode `pack()` verwendet werden, um ein Fenster kleinstmöglicher Größe zu erzeugen.
- `void pack()`
  generiert ein Fenster kleinstmöglicher Größe, das alle darzustellenden Komponenten enthält.
- `void show()` und `void hide()`
  zeigen ein Fenster an bzw. verbergen es wieder.

Der folgende Code demonstriert das Öffnen eines Fenster aus einer Application heraus.

Code

```
import java.awt.*;

public class Fenster extends Frame {

   public Fenster() {
   }
   public static void main(String[] args) {
      Fenster fenster = new Fenster();
      fenster.setSize(100, 100);
      fenster.pack();
      fenster.setVisible(true);
   }
}
```

Dialogfenster

Mittels der Klasse `Dialog` bietet das AWT die Möglichkeit, Dialogfenster zu erzeugen. Dialogfenster treten niemals selbstständig auf, sondern immer nur in Zusammenhang mit einer Anwendung. Sie sind daher auch stets von anderen Fenstern derart abhängig, dass bspw. auch Dialogfenster verschwinden, wenn die Fenster, von denen Dialogfenster abhängen, ikonifiziert werden,. Als Subklasse der Klasse `Dialog` kann auch die Klasse `FileDialog` verwendet werden, die ein Dialogfenster zum Selektieren von Dateien erzeugt. Hierbei besteht aber eine prinzipielle Schwierigkeit: Aufgrund des Sicherheitsmodells von Java kann ein Dialog im Standardbetrieb nur dann verwendet werden, wenn die Anwendung nicht in Form eines Applets implementiert ist. Dies liegt unter anderem auch daran, dass keine Möglichkeit besteht, dass Applets das Fenster, in dem sie ablaufen, identifizieren können. Eine Verknüpfung mit einem Dialogfenster ist daher unmöglich. Eine Ausnahme hierzu sind Applets, die eigene Fensterimplementierungen (Frames) realisieren. Erstellt ein derartiges Applet ein Fenster, aus dem ein Dialog aufgerufen wird, so ist dies unter Einhaltung der Sicherheitsrestriktionen zulässig.

Dialoge können die Aufmerksamkeit des Anwenders erregen (exklusive Funktion), da andere Tätigkeiten solange verhindert werden können, bis ein Dialogfenster geschlossen wird. Standardmäßig ist dieses Verhalten allerdings nicht eingestellt, so dass ein Benutzer auch ohne weiteres in anderen Fenstern der Anwendung arbeiten kann, während ein Dialogfenster geöffnet ist.

Die Klasse `Dialog` beinhaltet die folgenden Methoden:

- `Dialog(Frame, boolean)`
  erzeugt ein Dialogfenster ohne Titel, das nicht exklusiv funktioniert (zweiter Parameter `true`). Der erste Parameter gibt das Fenster an, von dem der Dialog abhängt.
- `Dialog(Frame, String, boolean)`
  erzeugt analog ein Dialogfenster mit Titel.

- `boolean isModal()`
  gibt den Wert `true` zurück, wenn das Fenster exklusiv funktioniert.
- `String getTitle()` und `String setTitle(String)`
  fragt den Titel eines Dialogfensters ab bzw. setzt diesen.
- `boolean isResizable()` und `void setResizable(boolean)`
  stellt fest, ob die Größe eines Fensters verändert werden darf (`true`) bzw. setzt diese Eigenschaft (`true` entspricht der Möglichkeit, die Größe zu verändern).
- `pack()`
  ist eine Methode, die durch die Klasse `Window` definiert wird und mit der ein Fenster so eingestellt werden kann, dass der Inhalt mindestens in einer minimalen Größe angezeigt wird. Die Verwendung der Methode `pack()` ist im Allgemeinen der Benutzung der Methode `resize` vorzuziehen, da hiermit keine absolute Größe angegeben wird. Anstelle dessen sorgt der verwendete Layout-Manager (siehe Erklärung im nächsten Unterkapitel) für die entsprechende plattformabhängige Darstellung des Dialogfensters.

Das folgende Beispiel erzeugt ein Dialogfenster, das innerhalb einer Application aufgerufen wird. Es ist zu beachten, dass die notwendige Funktionalität der Knöpfe an dieser Stelle nicht Teil des Beispielprogramms ist, da die notwendige Erklärung erst in Kapitel 4.5 erfolgt.

Code

```java
import java.awt.*;

public class DialogFenster extends Frame {
   private TextArea textArea;
   private RealDialog dialog;
   public DialogFenster() {
      textArea = new TextArea(5, 40);
      add(textArea);
      dialog = new RealDialog(this, "Einfacher Dialog");
      dialog.setVisible(true);
   }
   public static void main(String args[]) {
      DialogFenster fenster = new DialogFenster();
      fenster.setTitle("Anwendung DialogFenster");
      fenster.pack();
      fenster.setVisible(true);
   }
}
class RealDialog extends Dialog {
   RealDialog(Frame dw, String titel) {
      super(dw, titel, false);
      Button b = new Button("Cancel");
      add(b);
      pack();
   }
}
```

Abb. 4-23 Dialogfenster

Menüs

Menüs sind mit Auswahllisten vergleichbar, jedoch wesentlich umfassender. Im Gegensatz zu den bisher erläuterten Komponenten erben Menüs ihre Funktionalität nicht von der Klasse Component, da einige Plattformen Menüs schwerwiegende Einschränkungen auferlegen. Menüs erben ihre Funktionalität daher von der Klasse MenuComponent. Im AWT stehen die folgenden Subklassen der Klasse MenuComponent zur Unterstützung von Menüs zur Verfügung:

- MenuItem zur Repräsentation eines Menüeintrags,
- CheckboxMenuItem zur Repräsentation von Menüeinträgen, denen eine Checkbox zugeordnet ist. CheckboxMenuItem ist eine Subklasse von MenuItem.
- Menu repräsentiert ein vollständiges Menüobjekt und ist als Subklasse der Klasse MenuItem implementiert, so dass Submenüs leicht erstellt werden können, indem ein Menü einem anderen hinzugefügt wird.
- MenuBar repräsentiert die plattformabhängige Zuweisung einer Gruppe von Menüs an ein Fenster.

Um ein MenuComponent-Objekt enthalten zu dürfen, muss ein Objekt das Interface MenuContainer implementieren. Derzeit sind die Klassen Frame, Menu und MenuBar die einzigen, die innerhalb des AWTs das Interface MenuContainer implementieren. Das folgende Beispiel, das als Application implementiert ist, demonstriert die Verwendung von Menüs (siehe Abb. 4-24). Hierzu ist zunächst eine Klasse zu implementieren, die die Klasse Frame erweitert (mit Frames werden Fenster implementiert). In der main-Methode muss noch die Größe des Fensters gesetzt werden, ebenso wie die Sichtbarkeit des Fensters mittels setVisible. Zur Einrichtung eines MenuBar-Objekts wird zunächst der Konstruktor MenuBar aufgerufen, der mittels setMenuBar aktiviert wird. Anschließend wird diesem MenuBar-Objekt ein Menü zugefügt, wozu der Konstruktor Menu(String, boolean) verwendet wird. Der Parameter gibt hierbei den Namen des Menüs an. Im nächsten Schritt wird mittels add das Menü dem MenuBar-Objekt hinzugefügt. Die Menüeinträge werden anschließend unter Angabe ihres Namens erzeugt und dem Menü hinzugefügt.

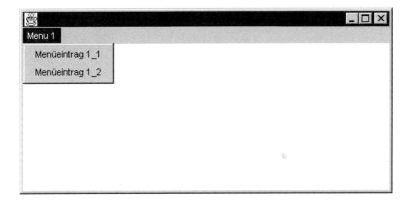

Abb. 4-24 Menüs

Code

```
import java.awt.*;
public class Menus extends Frame {;
   public MenuWindow() {
      MenuBar mb;
      Menu m1, m2;
      MenuItem m1_1, m1_2;
      mb = new MenuBar();
      setMenuBar(mb);
      m1 = new Menu("Menu 1");
      mb.add(m1);
      m1_1 = new MenuItem("Menueeintrag 1_1");
      m1.add(m1_1);
      m1_2 = new MenuItem("Menueeintrag 1_2");
      m1.add(m1_2);
   }
   public static void main(String[] args) {
      MenuWindow window = new MenuWindow();
      window.setSize(300, 200);
      window.setVisible(true);
   }
}
```

Scroll-Listen

Scroll-Listen ähneln den bereits beschriebenen Auswahllisten. Im Unterschied dazu kann aber in einer Scroll-Liste mehr als ein Element gleichzeitig ausgewählt werden. Weiterhin werden Scroll-Listen nicht vollständig angezeigt. Anstelle dessen wird ein vertikaler Schiebebalken dazu verwendet, den Anzeigebereich der Listenelemente zu variieren. Zur Erzeugung einer Scroll-Liste stehen die folgenden Konstruktoren in der Klasse List zur Verfügung:

Abb. 4-25 Scroll-Liste

- List() erzeugt eine leere Scroll-Liste, bei der nur jeweils ein Element gleichzeitig selektiert werden kann.
- List(int, boolean) erzeugt eine leere Liste, bei der der erste Parameter angibt, wie viele Elemente gleichzeitig sichtbar sind. Der zweite Parameter spezifiziert, ob mehrere Elemente ausgewählt werden dürfen (true) oder nicht (false).

Nachdem ein List-Objekt erzeugt wurde, werden mittels der Methode add(String) Elemente hinzugefügt. Das folgende Beispiel, dessen Ausgabe in Abb. 4-25 dargestellt ist, zeigt die Verwendung dieser Klasse auf.

Code

```
import java.applet.*;
import java.awt.*;

public class ScrollListe extends Applet{
   List liste = new List(2, true);

   public void init () {
      liste.add("Schiffe setzen");
      liste.add("Spiel starten");
      liste.add("Spiel beenden");
      add(liste);
   }
}
```

Auch Scroll-Listen können Methoden verwenden, die bereits im Zusammenhang mit Auswahllisten definiert wurden: getItem, getItemCount, getSelectedIndex, getSelectedItem und select. Des Weiteren können die folgenden Kontrollroutinen verwendet werden:

- getSelectedIndexes() gibt einen Array zurück, der die Indexpositionen der ausgewählten Listenelemente enthält.
- getSelectedItems() gibt analog einen Array mit Strings zurück, die die Texte der ausgewählten Elemente repräsentieren.

Scrollbars und Slider

Scrollbars sind Komponenten, die die Auswahl eines Werts derart ermöglichen, dass ein Schiebebalken horizontal oder vertikal mit der Maus bewegt werden kann. Die Position, an der sich der Schiebebalken befindet, repräsentiert den Wert einer Variablen. Ein Beispiel für die Verwendung einer Scrollbar ist das Setzen der Geschwindigkeit der Maus. Zur Generierung einer Scrollbar werden üblicherweise der minimale und der maximale Wert angegeben, die die Auswahl begrenzen. Hierzu stehen die folgenden Konstruktoren zur Verfügung:

- Scrollbar() erzeugt eine vertikale Scrollbar, bei der Minimum und Maximum 0 sind.
- Scrollbar(int) erzeugt eine Scrollbar, bei der Minimum und Maximum 0 sind, wobei der Parameter die Orientierung des Schiebebalkens (Bar) angibt. Mögliche Werte sind hierbei Scrollbar.VERTICAL und Scrollbar.HORIZONTAL.
- Scrollbar(int, int, int, int, int) erzeugt eine Scrollbar mit den folgenden Parametern: Orientierung des Schiebebalkens (Scrollbar.VERTICAL oder Scrollbar.HORIZONTAL), Anfangswert des Schiebebalkens (zwischen Minimum und Maximum), Breite und Höhe der Box, die zur Veränderung der Scrollbar verwendet wird, und der minimale und maximale Wert, zwischen denen die Scrollbar selektiert. Wird für die Box der Wert 0 angegeben, so wird die Standardgröße der Box verwendet.

Das folgende Beispiel, dessen Ausgabe in Abb. 4-26 dargestellt ist, zeigt die Verwendung dieser Klasse auf.

Code
```
import java.applet.*;
import java.awt.*;
public class ScrollBar extends Applet{
   Scrollbar sbar = new Scrollbar(Scrollbar.HORIZONTAL, 300, 0,
      1000);

   public void init () {
      add(sbar);
   }
}
```

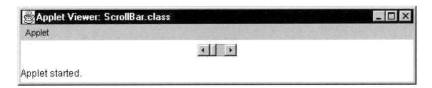

Abb. 4-26 Scrollbar

Die Werte in Scrollbars können mit Hilfe der Methode `getValue()` abgefragt werden und mittels der Methode `setValue(int)` gesetzt werden.

Canvas-Objekte

Canvas-Objekte werden in einem GUI dazu eingesetzt, Bilder oder Animationen anzuzeigen. Um die Klasse `Canvas` verwenden zu können, muss eine Subklasse erzeugt werden, die dann bspw. Zeichenoperationen innerhalb der überschriebenen `paint`-Methode durchführt. Wurde eine derartige Subklasse erzeugt, so kann der Konstruktor dieser Klasse aufgerufen werden und mittels `new` einem Container ein neues `Canvas`-Objekt hinzugefügt werden.

Das folgende Beispiel, dessen Ausgabe in Abb. 4-27 dargestellt ist, zeigt die Verwendung dieser Klasse auf. Hierbei wird ein Kreuz in der Mitte eines Fensters erzeugt, dessen Position verändert wird, wenn sich die Größe des Fensters ändert. Die hierzu notwendige Layout-Angabe ist Thema des folgenden Unterkapitels.

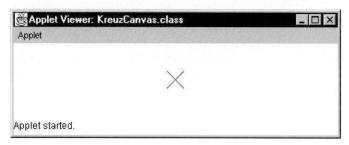

Abb. 4-27 Canvas-Beispiel

Code

```java
import java.applet.*;
import java.awt.*;

public class KreuzCanvas extends Applet{
   GridLayout g = new GridLayout(1,1);
   KreuzCanvas kc = new KreuzCanvas();

   public void init () {
      setLayout(g);
      add(kc);
   }
}
class KreuzCanvas extends Canvas {
   public void paint(Graphics screen) {
      int x = getSize().width/2;
      int y = getSize().height/2;
      screen.setColor(Color.black);
      screen.drawLine(x-10, y-10, x+10, y+10);
      screen.drawLine(x+10, y-10, x-10, y+10);
   }
}
```

Panels

Die vorgestellte Klasse `Canvas` wird hauptsächlich dazu eingesetzt, eine Oberfläche für Bild- und Grafikelemente zu bieten. Im Gegensatz dazu dient die Klasse `Panel` als allgemeine Container-Subklasse. In einem Panel können daher Komponenten gruppiert werden, aber auch spezielle Funktionen definiert werden, die auf den Komponenten arbeiten, die Teil eines Panels sind. Eine häufig vorzufindende Anwendung derartiger Funktionen sind bspw. solche, die eine spezielle Event-Verarbeitung für eine Menge von Komponenten zur Verfügung stellen.

Aufgrund dieser Logik ist es kaum überraschend, dass die Klasse `Applet` eine Subklasse von `Panel` ist. Die speziellen Funktionen, die mittels der Klasse `Applet` zur Verfügung gestellt werden, betreffen die Abarbeitung in Browsern oder im Appletviewer. Hierbei besteht auch die Möglichkeit, dass eine Anwendung sowohl als Application als auch als Applet definiert wird. In diesem speziellen Fall enthält das Programm eine Applet-Subklasse, die dann nicht verwendet wird, wenn das Programm als Application ausgeführt wird. Es ist nun auch verständlich, warum Komponenten mittels der `add`-Methode zu Applets hinzugefügt werden konnten, ohne explizit ein Panel zu verwenden. Da Applets ja eine Subklasse der Klasse `Panel` sind, wurde die letztere Klasse bisher implizit benutzt.

Die Verwendung der Klasse Panel ist einfach: Es wird zunächst mittels des Konstruktors `Panel()` ein leeres Panel erzeugt, dem anschließend mittels der `add`-Methode Komponenten hinzugefügt werden. Hierzu wird der Name des Panels, ein Punkt und die `add`-Methode mit dem Parameter, der die hinzuzufügende Komponente angibt, verwendet. Diese Syntax entspricht vollständig der, die auch bisher zur Adressierung von Subelementen einer Klasse verwendet wurde. Das folgende Beispiel demonstriert dieses Vorgehen, indem ein Panel angelegt wird, das drei Buttons enthält.

Code

```
import java.applet.*;
import java.awt.*;

public class PanelBeispiel extends Applet{
   Panel p = new Panel();
   Button b1 = new Button("Spiel starten");
   Button b2 = new Button("Spielstand speichern");
   Button b3 = new Button("Spiel beenden");
   public void init () {
   p.add(b1);
   p.add(b2);
   p.add(b3);
   add(p);
   }
}
```

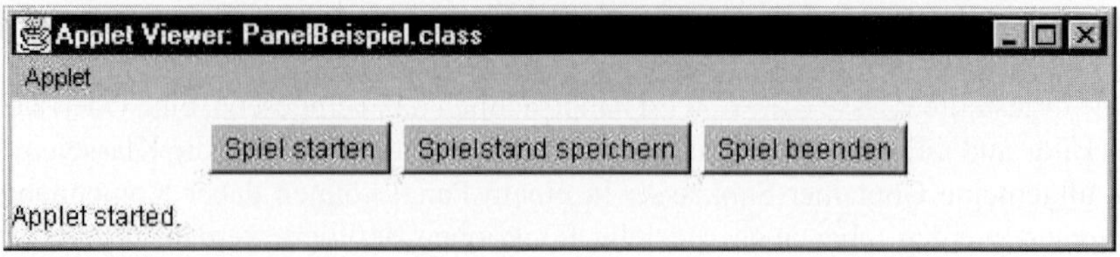

Abb. 4-28 Canvas-Beispiel

4.4.7 Layout-Management

In der Erläuterung der Komponenten, die Teil eines GUIs sein können, wurde bereits deutlich, dass zu deren Anordnung die Angabe eines Layouts erforderlich ist. Die Hauptaufgabe eines Layouts besteht daher darin, die relative Position einer Komponente in Relation zu anderen Bestandteilen einer Benutzerschnittstelle festzulegen. In Java können das Flow-Layout, das Grid-Layout, das Border-Layout, das Card-Layout und das GridBag-Layout in Abhängigkeit vom Aussehen, das eine Anwendung haben soll, verwendet werden. Die folgenden Abschnitte erläutern die Verwendung der verschiedenen Layout-Möglichkeiten und beleuchten die Verwendung eines bestimmten Layouts in Abhängigkeit vom Typ der Anwendung, die erstellt werden soll. Zur Vergleichbarkeit der verschiedenen Möglichkeiten wird jeweils dasselbe Anwendungsbeispiel, die Benutzerschnittstelle des Spiels „Schiffe versenken", herangezogen.

Flow-Layout

Das Flow-Layout stellt die einfachste Layout-Möglichkeit in Java dar. Aus diesem Grund wird auch stets dieses Layout verwendet, wenn keine andere Auswahl spezifiziert wird. Allgemein wird zur Definition eines Layouts ein *Layout-Manager* verwendet, dessen Aufgabe die Anordnung der Komponenten eines GUIs ist. Diese Vorgehensweise ist in allen Layouts gleich.

Das Flow-Layout, das mittels der Klasse `FlowLayout` realisiert wird, ordnet alle Komponenten eines GUIs in der Reihenfolge horizontal im GUI an, in der die Komponenten mittels der `add`-Methode zugefügt werden. Ist in horizontaler Richtung kein Platz mehr verfügbar, so findet ein Wechsel derart statt, dass alle folgenden Komponenten in einer neuen horizontalen Abfolge angeordnet werden. Zur Definition eines derartigen Layouts wird stets die folgende Syntax verwendet:

Syntax

```
FlowLayout fl = new FlowLayout();
```

Soll zusätzlich die Ausrichtung der Komponenten angegeben werden, so akzeptiert der Konstruktor `FlowLayout` auch einen der Parameter `FlowLayout.LEFT`, `FlowLayout.RIGHT` oder `FlowLayout.CENTER`, wodurch die Bestandteile des GUIs an der linken oder der rechten Seite des jeweiligen Containers bzw. zentriert angeordnet werden. Nachdem eine Instanz eines Layouts erzeugt wurde, findet in der init-Methode eines Applets die Zuweisung des Layouts mittels der Methode setLayout(fl) statt, die als Parameter den Namen des Layouts (in diesem Fall fl) erwartet. Das folgende Beispiel erzeugt ein GUI für das Spiel „Schiffe versenken", das die Buttons „Spiel starten" und „Spiel beenden" enthält. Die Ausgabe des Beispiels ist in Abb. 4-29 angegeben.

Code

```
import java.applet.*;
import java.awt.*;

public class GUI1 extends Applet{
   FlowLayout fl= new FlowLayout();
   Button sb = new Button("Beginne Spiel");
   Button se = new Button("Beende Spiel");

   public void init () {
      setLayout(fl);
      add(sb);
      add(se);
   }
}
```

Zur Generierung eines Flow-Layouts kann auch ein Konstruktor verwendet werden, der neben dem bereits angegebenen Parameter zwei weitere enthält: Den horizontalen und den vertikalen Abstand in Pixeln zwischen den Komponenten eines GUIs. Sollen im obigen Beispiel die Abstände 20 Pixel (horizontal) bzw. 3 Pixel (vertikal) eingehalten werden, so müsste daher die folgende Zeile verwendet werden:

Code

```
FlowLayout fl = new FlowLayout(FlowLayout.CENTER, 20, 3);
```

Abb. 4-29 Flow-Layout

Grid-Layout

Der GridLayout-Manager erzeugt ein Raster aus Zeilen und Spalten, in denen die Komponenten angeordnet werden können. Die Reihenfolge, in der Komponenten diesem Gitter zugefügt werden, beginnt stets in der obersten Reihe mit dem am weitesten links stehenden Element. Anschließend werden Elemente solange in die erste

Zeile eingefügt, bis der zur Verfügung stehende Platz erschöpft ist. Weitere Komponenten werden dann nach demselben Verfahren in der nächsten Zeile eingefügt.

Zur Generierung eines Grid-Layouts wird die Klasse `GridLayout` mit folgenden Konstruktoren verwendet:

- `GridLayout(int, int)` erzeugt ein Layout-Gitter, dessen Zeilenanzahl durch den ersten Parameter und dessen Spaltenanzahl durch den zweiten Parameter spezifiziert werden.
- `GridLayout(int, int, int, int)` erzeugt ein Gitter, dessen erste zwei Parameter dieselben sind wie beim vorhergehenden Konstruktor. Der dritte bzw. der vierte Parameter geben den horizontalen und den vertikalen Abstand der Komponenten innerhalb des Gitters an.

Das folgende Beispiel erweitert das FlowLayout-Beispiel um die Spielfelder des Benutzers und des Computers. Die Ausgabe dieses Beispiels ist in Abb. 4-30 angegeben. Es ist deutlich erkennbar, dass zwar eine leichtere Anordnung der Elemente erreichbar ist, dass aber bspw. die Buttons kein gutes Erscheinungsbild haben. In Grid-Layouts wird ein Element immer so weit erweitert, dass eine Zelle eines Rasters vollständig ausgefüllt wird. Zudem ist die Anordnung der Spielfelder derart nur vertikal möglich, da Java automatisch so positioniert, dass Platz eingespart wird. Soll dieses GUI besser gestaltet werden, so muss eine Schachtelung von Containern erfolgen, die im Folgenden erklärt wird.

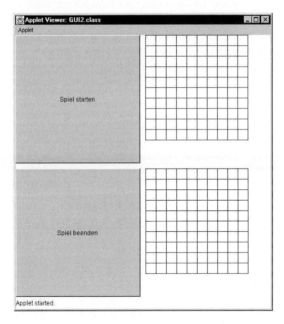

Abb. 4-30 Grid-Layout

Mittels des Grid-Layouts können Elemente offensichtlich weit besser positioniert werden als mit dem Flow-Layout. Das erstere Layout wird daher nur dann verwendet, wenn ein GUI ein außerordentlich einfaches Erscheinungsbild haben soll.

Code

```java
import java.applet.*;
import java.awt.*;

public class GUI2 extends Applet{
  Button sb = new Button("Spiel starten");
  Button se = new Button("Spiel beenden");
  //Spielfeld des Computers
  SpielCanvas sc1 = new SpielCanvas();
  //Spielfeld des Benutzers
  SpielCanvas sc2 = new SpielCanvas();
  GridLayout gl= new GridLayout(2,2,10,10);
   public void init () {
      setLayout(gl);
      add(sb);
      add(sc1);
      add(se);
      add(sc2);
   }
}


class SpielCanvas extends Canvas {
   public void paint(Graphics screen) {
      int i;
      screen.setColor(Color.black);
      // Erzeuge Quadrat als Spielfeldbegrenzung
      screen.drawRect(0,0,200,200);

      // Erzeuge horizontale Linien
      for (i = 1; i < 10; i++)
      screen.drawLine(0, 0+i*20,200, 0+i*20);

      // Erzeuge vertikale Linien
      for (i = 1; i < 10; i++)
      screen.drawLine(0+i*20, 0,0+i*20, 200);
   }
}
```

Border-Layout

Ein anderer Ansatz wird mit dem Border-Layout verfolgt. Hierbei kann bei jeder Komponente mittels einer der Himmelsrichtungen (Norden, Süden, Osten, Westen oder zentriert) angegeben werden, wo ein Element angeordnet werden soll. Zunächst wird in den verschiedenen Himmelsrichtungen der Platz belegt, den die dort angeordneten Komponenten benötigen. Der verbleibende Platz wird der Komponente im Zentrum zugewiesen. Zur Generierung eines Border-Layouts, das in der

Klasse `BorderLayout` realisiert ist, stehen die folgenden Konstruktoren zur Verfügung:

- `BorderLayout()` erzeugt ein Border-Layout, in dem die Komponenten unmittelbar aneinander grenzen,
- `BorderLayout(int, int)` erzeugt ein Border-Layout, in dem die Parameter den horizontalen und den vertikalen Abstand der Komponenten angeben.

Offensichtlich muss die Syntax der add-Methode bei Verwendung des Border-Layouts verändert werden, da die Himmelsrichtung, an der eine Komponente angeordnet werden soll, spezifiziert werden muss. add verwendet in diesem Zusammenhang die folgende Syntax, bei der der erste Parameter einer der Strings „North", „South", „East", „West" oder „Center" ist. Der zweite Parameter gibt wie bisher auch die hinzuzufügende Komponente an.

Syntax

```
add(String, <element>);
```

Aus der in Abb. 4-31 dargestellten Bildschirmausgabe ist ersichtlich, dass auch dieses Layout eher bescheiden aussieht. Zudem wird nur eines der Spielfelder angezeigt. Offensichtlich ist eine weitere Gruppierung der Komponenten notwendig, die es bspw. ermöglicht, beide Spielfelder im Zentrum des GUIs anzuordnen. Hierzu werden in Java sog. *Panels* verwendet, die im Folgenden den bisher verwendeten Begriff des Containers ersetzen. Mittels Panels, deren Funktionsweise bereits erläutert wurde, sind Schachtelungen möglich, indem Komponenten gruppiert werden. Beispielsweise können beide Buttons des GUIs und beide Spielfelder in separaten Panels angeordnet werden, die anschließend in einem übergeordneten Panel gruppiert werden. Da für jedes Panel ein eigener Layout-Manager (auch verschiedene Layouts für verschiedene Panels) angegeben werden kann, sind erheblich komplexere Darstellungsformen möglich. Zur Anwendung eines Panels, das in der Klasse Panel implementiert ist, wird dieses zuerst angelegt, anschließend ein Layout definiert und dieses dem Panel zugewiesen:

Code

```
Panel p = new Panel();
BorderLayout bl = new BorderLayout();
p.setLayout(bl);
```

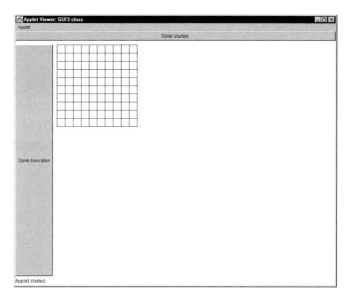

Abb. 4-31 Border-Layout

Code

```
import java.applet.*;
import java.awt.*;
public class GUI3 extends Applet{
   Button sb = new Button("Spiel starten");
   Button se = new Button("Spiel beenden");
   //Spielfeld des Computers
   SpielCanvas sc1 = new SpielCanvas();
   //Spielfeld des Benutzers
   SpielCanvas sc2 = new SpielCanvas();
   BorderLayout bl= new BorderLayout(10,10);
   public void init () {
      setLayout(bl);
      add("North", sb);
      add("Center", sc1);
      add("West", se);
      add("South", sc2);
   }
}
class SpielCanvas extends Canvas {
   public void paint(Graphics screen) {
      screen.setColor(Color.black);
      // Erzeuge Quadrat als Spielfeldbegrenzung
      screen.drawRect(0,0,200,200);
      // Erzeuge horizontale Linien
      for (int i = 1; i < 10; i++)
      screen.drawLine(0, 0+i*20,200, 0+i*20);
      // Erzeuge vertikale Linien
```

```
    for (i = 1; i < 10; i++)
        screen.drawLine(0+i*20, 0,0+i*20, 200);
    }
}
```

Das folgende Beispiel stellt dar, wie ein fortschrittliches Layout mittels Panels erzeugt werden kann. Die Ausgabe dieses Beispiels ist in Abb. 4-32 angegeben.

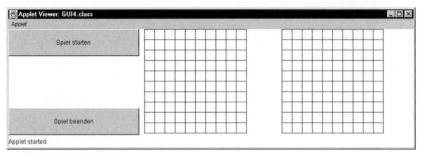

Abb. 4-32 Grid-Layout mit Panels

Code

```
import java.applet.*;
import java.awt.*;
public class GUI4 extends Applet{
    Button sb = new Button("Spiel starten");
    Button se = new Button("Spiel beenden");
    //Spielfeld des Computers
    SpielCanvas sc1 = new SpielCanvas();
    //Spielfeld des Benutzers
    SpielCanvas sc2 = new SpielCanvas();
    GridLayout knoepfe= new GridLayout(2,1, 10, 100);
    GridLayout gui= new GridLayout(1,3, 10, 10);
    Panel p = new Panel();
    public void init () {
        p.setLayout(knoepfe);
        p.add(sb);
        p.add(se);
        setLayout(gui);
        add(p);
        add(sc1);
        add(sc2);
    }
}
class SpielCanvas extends Canvas {
    public void paint(Graphics screen) {
        int i;
        screen.setColor(Color.black);
```

```
        // Erzeuge Quadrat als Spielfeldbegrenzung
           screen.drawRect(0,0,200,200);
        // Erzeuge horizontale Linien
        for (i = 1; i < 10; i++)
           screen.drawLine(0, 0+i*20,200, 0+i*20);
        // Erzeuge vertikale Linien
        for (i = 1; i < 10; i++)
           screen.drawLine(0+i*20, 0,0+i*20, 200);
     }
}
```

Offensichtlich ist ein derartiges GUI bereits besser einsetzbar. Dennoch stehen weitaus umfassendere Mechanismen zur Verfügung, die in den nächsten beiden Abschnitten betrachtet werden. Es ist allerdings zu beachten, dass sich die bisher angesprochenen Schachtelungsmechanismen auf alle Layout-Strategien, also auch auf die im Folgenden beschriebenen Card- und GridBag-Layouts, beziehen.

Card-Layout

Ein Card-Layout definiert eine Gruppe von Containern oder Komponenten, von denen jeweils nur eine sichtbar ist. Jeder Container einer derartigen Gruppe wird als *Card* bezeichnet. Ein bekanntes Beispiel für die Anwendung dieses Layouts sind bspw. die Registerkarten, die in den Systemeigenschaften von Windows 98 der Firma Microsoft vorzufinden sind.

Üblicherweise wird in einem Card-Layout ein Panel für jede Karte verwendet. Hierzu sind die folgenden Schritte zu durchlaufen:

1. Aufruf des Konstruktors `CardLayout()`, der ein `CardLayout`-Objekt anlegt.

2. Setzen des Layouts eines Containers (bspw. eines Applets) mittels der `setLayout`-Methode, die als Parameter den Namen des `CardLayout`-Objekts erwartet.

3. Hinzufügen der Komponenten zu einer Karte mittels der `add`-Methode. `add` erwartet hier in der Form `add(String, Container)` zwei Parameter: Den Namen einer Karte als String und die Komponente, die einer Karte hinzugefügt werden soll.

4. Anzeige einer Karte mittels der Methode `show`, die Teil der Klasse `CardLayout` ist. `show` erwartet als Parameter den Namen des Containers, der die Karten enthält (bspw. im Falle eines Applets der `this`-Zeiger), und den Namen der Karte, die angezeigt werden soll.

Üblicherweise findet ein Kartenwechsel dann statt, wenn eine Benutzereingabe erfolgt ist. Das folgende Beispiel demonstriert die Anwendung des Card-Layouts, indem Felder zum Setzen von Optionen definiert werden. Die Umschaltung zwischen den Feldern kann allerdings an dieser Stelle noch nicht erläutert werden, da hierzu das Verständnis des in Kapitel 4.5 vorgestellten Event-Konzepts notwendig ist. Die Ausgabe des Beispiels ist in Abb. 4-33 dargestellt.

Code

```java
import java.applet.*;
import java.awt.*;

public class CardBeispiel extends Applet{
   CardLayout c = new CardLayout();

   public void init () {
      c = new CardLayout();
      setLayout(c);
      // Anlegen der Felder zur Aenderung von Lautstaerke und
      // Spielstaerke
      Panel p1 = new Panel();
      Panel p2 = new Panel();
      Label l1 = new Label("Lautstaerke setzen");
      Label l2 = new Label("Spielstaerke setzen");
      TextField t1 = new TextField(1);
      TextField t2 = new TextField(1);
      p1.add(l1);
      p1.add(t1);
      p2.add(l2);
      p2.add(t2);
      //Setzen von Karte 1
      add("Karte1", p1);
      //Setzen von Karte 2
      add("Karte2", p2);
      //Anzeigen von Karte1
      c.show(this, "Karte1");
   }
}
```

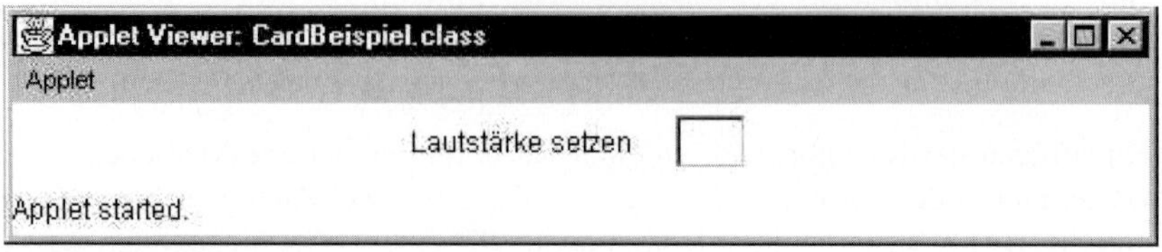

Abb. 4-33 Card-Layout

GridBag-Layout

Ein großer Nachteil der bisher erläuterten Layout-Strategien besteht darin, dass sie relativ unflexibel sind. Als Erweiterung des Grid-Layouts löst das GridBag-Layout einige dieser Probleme, indem eine Komponente mehr als eine Zelle des Gitters belegen kann, aber auch indem die Proportionen der Zeilen und Spalten des Gitters frei wählbar sind bzw. indem Komponenten innerhalb der Gitterzellen auf verschiedene Arten platziert werden können. Zur Verwendung dieses Layouts sind die folgenden Schritte zu durchlaufen:

1. Anlegen eines `GridBagLayout`-Objekts mittels des Konstruktors `GridBagLayout()`.
2. Setzen dieses Layouts mittels der Methode `setLayout`, die als Parameter den Namen des `GridBagLayout`-Objekts erwartet.
3. Definition eines `GridBagConstraints`-Objekts mittels des Konstruktors `GridBagConstraints()`. In GridBagConstraints-Objekten werden die Platzierungseigenschaften der Komponenten in den Gitterzellen angegeben. Hierzu zählen bspw. die Platzierung selbst, die Dimension der Zelle oder deren Ausrichtung.
4. Definition der Eigenschaften einer Komponente, indem Werte des `GridBagConstraints`-Objekts gesetzt werden.
5. Setzen der Eigenschaften der Komponenten mittels der Methode `setConstraints(Component, GridBagConstraints)`, die als ersten Parameter eine Komponente und als zweiten Parameter das `GridBagConstraints`-Objekt erwartet.
6. Hinzufügen der Komponente zu einem Container mittels der `add`-Methode.

Üblicherweise beginnt man den Entwurfsprozess eines GridBag-Layouts auf Papier. Hierbei ist zu beachten, dass jede Komponente in einer eigenen Gitterzelle untergebracht werden muss. Eine Komponente kann sich allerdings durchaus auch über mehrere Gitterzellen erstrecken (horizontal und vertikal). Es ist in diesem Zusammenhang hilfreich, die Komponenten mit Koordinaten zu versehen. Hierbei sollten keine Pixel- sondern Gitterkoordinaten verwendet werden. Das Element, das links oben im Gitter angebracht wäre, würde daher mit (0,0) bezeichnet werden, das Element rechts davon mit (0,1).

Im nächsten Schritt setzt man die Eigenschaften der verschiedenen Elemente. Hierzu ist die Verwendung einer Hilfsmethode sinnvoll, da stets dieselbe Menge von Eigenschaften für jedes Element zu setzen ist. Die Eigenschaften, die gesetzt werden können, sind in Tab. 4-3 angegeben.

Eigenschaft	Bedeutung
`gridx`, `gridy`	Diese Eigenschaften spezifizieren die bereits angesprochenen Koordinaten innerhalb des Gitters. Die linke obere Ecke wird hierbei mit (0,0) bezeichnet, das Element zur rechten mit (0,1). Es kann aber sowohl für `gridx` als auch für `gridy` der Ausdruck `GridBagConstraints.RELATIVE` verwendet werden, der in horizontaler Richtung die nächste Zelle zur rechten und in vertikaler Richtung die nächste Zelle unter der Zelle bezeichnet, die zuletzt angesprochen wurde.

Tab. 4-3 Eigenschaften innerhalb eines GridBagConstraints-Objekts

Eigenschaft	Bedeutung
`gridwidth`, `gridheight`	Legt die Anzahl der Zellen in horizontaler und in vertikaler Richtung fest, die eine Komponente verwendet. `GridBagConstraints.REMAINDER` kann verwendet werden, um anzuzeigen, dass ein Element das letzte in einer Reihe oder Spalte ist. `GridBagConstraints.RELATIVE` gibt hierbei an, dass das Element in horizontaler oder in vertikaler Richtung den noch verbleibenden Platz belegen soll.
`fill`	Wird verwendet, um eine Komponente zu vergrößern, die kleiner ist als die Zelle, in der sie platziert wurde. Hierbei können die Werte `GridBagConstraints.NONE` (kein Auffüllen), `GridBagConstraints.HORIZONTAL` (horizontales Auffüllen), `GridBagConstraints.VERTICAL` und `GridBagConstraints.BOTH` (Auffüllen in beide Richtungen) verwendet werden.
`ipadx`, `ipady`	Spezifiziert das interne Auffüllen einer Komponente in einer Zelle, um zusätzlichen Platz um eine Komponente zu erzeugen.
`insets`	Gibt den Abstand eines Elements von den Grenzen der Zelle an. Hierzu muss ein neues `Insets`-Objekt angelegt werden, das als Parameter vier Ganzzahlen erwartet, die den Abstand des Objekts von der oberen, der unteren, der linken und der rechten Begrenzung angeben. Die bereits definierte Methode `getInsets` ist dazu geeignet zu überschreiben.
`anchor`	Wird verwendet, wenn eine Komponente kleiner als eine Zelle ist, um anzugeben, wo die Komponente platziert werden soll. Mögliche Werte sind hierbei `GridBagConstraints.CENTER` (zentriert), `GridBagConstraints.NORTH`, `GridBagConstraints.NORTHEAST`, `GridBagConstraints.EAST`, `GridBagConstraints.SOUTHEAST`, `GridBagConstraints.SOUTH`, `GridBagConstraints.SOUTHWEST`, `GridBagConstraints.WEST` und `GridBagConstraints.NORTHWEST`.
`weightx`, `weighty`	Hiermit wird angegeben, wie viel Gewicht eine Zeile oder Spalte innerhalb des Gitters erhalten soll. Mögliche Werte liegen im Intervall [0.0, 1.0]. Die Werte einer Zeile oder Spalte müssen addiert allerdings nicht 1.0 ergeben, Java errechnet den Anteil selbstständig, indem mit dem größten Wert einer Zeile oder Spalte normiert wird.

Tab. 4-3 Eigenschaften innerhalb eines GridBagConstraints-Objekts

Eine Hilfsroutine, die die Werte geeignet setzt, ist im Folgenden angegeben.

Code

```
void setzeGridBagConstraints(GridBagConstraints gbc, int gx,
    int gy, int gw, int gh, int f, int ix, int iy, Insets in, int
    a,
    float wx, float wy) {
    gbc.gridx = gx;
    gbc.gridy = gy;
```

```
    gbc.gridwidth = gw;
    gbc.gridheight = gh;
    gbc.fill = f;
    gbc.ipadx = ix;
    gbc.ipady = iy;
    gbc.insets = in;
    gbc.anchor = a;
    gbc.weightx = wx;
    gbc.weighty = wy;
}
```

Im Folgenden soll die Benutzeroberfläche des Spiels „Schiffe versenken" ansprechend gestaltet werden. Zur besseren Erläuterung werden die Code-Segmente durch Erklärungen unterbrochen. Setzt man allerdings die Segmente wieder zusammen, so erhält man das vollständige Java-Applet des GUIs. Zuerst wird der Kopf folgendermaßen definiert:

Code

```
import java.applet.*;
import java.awt.*;

public class GUISVUser extends Applet{
```

Anschließend wird die Hilfsroutine definiert, die die Eigenschaften der Komponenten setzt:

Code

```
void setzeGridBagConstraints(GridBagConstraints gbc, int gx,
    int gy, int gw, int gh, int f, int ix, int iy, Insets in, int
    float wx, float wy) {
    gbc.gridx = gx;
    gbc.gridy = gy;
    gbc.gridwidth = gw;
    gbc.gridheight = gh;
    gbc.fill = f;
    gbc.ipadx = ix;
    gbc.ipady = iy;
    gbc.insets = in;
    gbc.anchor = a;
    gbc.weightx = wx;
    gbc.weighty = wy;
}
```

Im nächsten Schritt wird die Methode `getInsets` überschrieben, die einen 10 Pixel breiten Rand um die Komponenten anlegt.

Code

```
public Insets getInsets() {
   return new Insets(10,10,10,10);
}
```

In der folgenden `init`-Methode wird zuerst ein Panel angelegt, dem ein Grid-Layout zugewiesen wird. Dieses Panel enthält die im Folgenden definierten Buttons. Weiterhin werden zu Beginn der Methode das `GridBagLayout` und die `GridBagConstraints` definiert.

Code

```
public void init () {
   GridLayout g = new GridLayout(4,1);
   Panel p = new Panel();
   p.setLayout(g);
   GridBagLayout gb = new GridBagLayout();
   GridBagConstraints gbc = new GridBagConstraints();
   setLayout(gb);

   // Anlegen der Buttons

   Button setship = new Button("Schiffe setzen");
   p.add(setship);

   Button shoot = new Button("Schuss abgeben");
   shoot.setEnabled(false);
   p.add(shoot);

   Button save = new Button("Spielstand speichern");
   save.setEnabled(false);
   p.add(save);

   Button quit= new Button("Spiel verlassen");
   p.add(quit);
```

Im nun folgenden Teil werden die Eigenschaften des Panels mit Hilfe der Methode `setzeGridBagConstraints` gesetzt. Das Panel befindet sich in Zelle (0,0) und hat eine horizontale Ausdehnung von 33% des GUI-Bereichs bzw. eine horizontale von 50%. Anschließend werden die zwei Spielfelder definiert. Der hierzu notwendige Code wurde bereits im Zusammenhang mit Grid-Layouts definiert. Neu ist hierbei allerdings, dass beide Felder mit Labels bezeichnet werden. Bei jedem der Objekte erfolgt ein Aufruf der Methode `setzeGridBagConstraints`.

Code

```
        setzeGridBagConstraints(gbc,0,0,1,1,GridBagConstraints.HORIZ
          ONTAL, 0,0,getInsets(), GridBagConstraints.NORTH, 0.33f,
          0.5f);
        gb.setConstraints(p, gbc);
        add(p);

        //Spielfeld des Computers

        SpielCanvas sc1 = new SpielCanvas();
        setzeGridBagConstraints(gbc,1,0,1,1,GridBagConstraints.BOTH,
          0,0,getInsets(), GridBagConstraints.SOUTH, 0.33f, 0.8f);
        gb.setConstraints(sc1, gbc);
        add(sc1);

        Label l1 = new Label("Spielfeld des Computers", Label.LEFT);
        setzeGridBagConstraints(gbc,1,1,1,1,GridBagConstraints.BOTH,
          0,0,getInsets(), GridBagConstraints.NORTH, 0.33f, 0.2f);
        gb.setConstraints(l1, gbc);
        add(l1);

        //Spielfeld des Benutzers

        SpielCanvas sc2 = new SpielCanvas();
        setzeGridBagConstraints(gbc,2,0,1,1,GridBagConstraints.BOTH,
          0,0,getInsets(), GridBagConstraints.SOUTH, 0.33f, 0.8f);
        gb.setConstraints(sc2, gbc);
        add(sc2);

        Label l2 = new Label("Spielfeld des Benutzers", Label.LEFT);
        setzeGridBagConstraints(gbc,2,1,1,1,GridBagConstraints.BOTH,
          0,0,getInsets(), GridBagConstraints.NORTH, 0.33f, 0.2f);
        gb.setConstraints(l2, gbc);
        add(l2);
    }
}
```

Mit Abschluss dieser Klassendefinition folgt noch die Definition der Klasse, die für die Erzeugung der Spielfelder notwendig ist. Diese wurde bereits erläutert. Die Ausgabe der Oberfläche ist in Abb. 4-34 angegeben.

Code

```
class SpielCanvas extends Canvas {
   public void paint(Graphics screen) {
      int i;
      screen.setColor(Color.black);
      // Erzeuge Quadrat als Spielfeldbegrenzung
      screen.drawRect(0,0,200,200);
      // Erzeuge horizontale Linien
      for (i = 1; i < 10; i++)
         screen.drawLine(0, 0+i*20,200, 0+i*20);
```

```
        // Erzeuge vertikale Linien
        for (i = 1; i < 10; i++)
            screen.drawLine(0+i*20, 0,0+i*20, 200);
    }
}
```

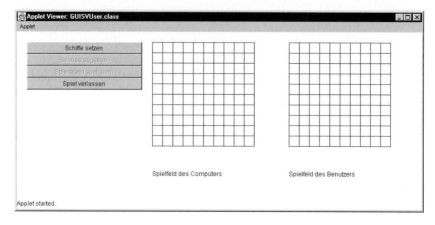

Abb. 4-34 Oberfläche des Spiels „Schiffe versenken"

4.5 Event-Handling in Java

Nach dem Verständnis der statischen Komponenten einer Benutzeroberfläche sollte der Leser beliebig komplexe GUIs erstellen können. Diese sind jedoch solange unvollständig, wie Interaktionsmöglichkeiten mit der Maus oder mit der Tastatur nicht integriert werden können. Hierzu zählen bspw. die Betätigung von Buttons, Texteingaben oder auch sonstige Verwendungen von Maus oder Tastatur. Aktionen, die ausgelöst werden, wenn statische Elemente eines GUIs manipuliert werden, werden in diesem Zusammenhang auch als *Events* bezeichnet. In Java werden grundsätzlich die folgenden Events verarbeitet: Betätigung der Maustasten (sog. Mausklicks), Mausbewegungen, Betätigungen der Tastatur und Betätigungen von GUI-Elementen wie Slider oder Pop-Up-Menüs. An dieser Stelle muss nachdrücklich darauf hingewiesen werden, dass sich das Event-Konzept von Java speziell zwischen der Version 1.02 und der Version 1.1 grundlegend verändert wird. Thema dieses Kapitels sind jedoch nur die neueren Verarbeitungsmöglichkeiten von Events.

4.5.1 Event-Modell

Grundsätzlich werden dynamische GUI-Elemente in Java durch Interfaces realisiert. Der Leser sollte den Grund hierfür bereits kennen: Soll bspw. eine Mausbewegung in einem GUI-Element erfasst werden, so muss dieselbe Funktionalität für derart unterschiedliche Komponenten wie Buttons, Slider, Textbereiche oder Canvas-Elemente angeboten werden. Die Definition einer abstrakten Funktionalität für verschiedene Anwendungsbereiche ist aber genau Aufgabe eines Interface.

Im Event-Modell, das im AWT von Java verwendet wird, werden Events stets von sog. *Event-Quellen* generiert. Sogenannte *Listener* können sich dann für eine Quelle registrieren lassen und werden benachrichtigt, wenn ein Event eingetreten ist, für den sie registriert sind. Innerhalb dieses Event-Modells können Events einerseits abgearbeitet, andererseits aber auch erzeugt werden.

Aufgrund der Realisierung in Form eines Interface können *Event-Handler*, also die Funktionskomponenten, die Events bearbeiten, Instanz jeglicher Klasse sein. Eine Voraussetzung hierfür ist allerdings wie bei jedem anderen Interface auch, dass eine Klasse das Interface eines Event-Listeners implementiert. Jedes Programm, das über einen Event-Handler verfügt, beinhaltet daher die folgenden drei Code-Bestandteile:

1. In der Klassendefinition des Event-Handlers muss angegeben werden, dass der Code ein Interface eines Listeners implementiert, oder dass dieser eine Klasse erweitert, die ein Interface eines Listeners erweitert. Hierbei ist bspw. die folgende Syntax vorzufinden, wenn ein Listener für eine Aktion innerhalb einer Klasse `beispielKlasse` implementiert wird:

Code
```
public class beispielklasse implements ActionListener {....}
```

2. Im zweiten Schritt muss Code implementiert werden, der eine Instanz einer Event-Handler-Klasse für eine oder mehrere Komponenten registriert. *Registrierung* bedeutet hierbei, dass der Event-Handler dann aktiv wird, wenn Aktionen dieser Komponenten eintreten. Zur Registrierung wird die Methode `addActionListener(Klasse)` verwendet, die Teil der Klasse `Component` ist. Das folgende Beispiel registriert einen Listener, der in der Instanz `b` der Klasse `beispielKlasse` implementiert ist, für die Komponente `beispielKomponente`:

Code
```
beispielKomponente.addActionListener(b);
```

3. Im dritten und letzten Schritt müssen die Methoden des Listener-Interfaces implementiert werden. Ein Beispiel hierfür ist:

Code
```
public void actionPerformed(ActionEvent e) {
   // Code, der als Reaktion auf den Event ausgeführt wird
}
```

Das folgende Beispiel demonstriert die Verwendung des Event-Konzepts. Hierzu wird ein Applet verwendet, das einen Quit-Button enthält. Wird dieser betätigt, so wird die Ausgabe „Ende" erzeugt. Die Klasse QuitButton implementiert hierbei das Interface ActionListener, das die Methode actionPerformed enthält. Aufgrund dieser Implementierung kann ein QuitButton-Objekt als ein Listener-Objekt fungieren (Registrierung), das Events auffängt, die der Button erzeugt. Nachdem die Registrierung stattgefunden hat, wird die Methode actionPerformed jedes Mal aufgerufen, wenn der Button betätigt wird.

Code

```
import java.applet.*;
import java.awt.*;
import java.awt.event.*;

public class Knoepfe extends Applet implements ActionListener
   Button ende = new Button("Quit");

   public void init () {
      add(ende);
      ende.addActionListener(this);
   }
   public void actionPerformed(ActionEvent e) {
      System.out.println("Ende");
   }
}
```

Das im obigen Beispiel dargestellte Event-Modell ist umfassend und flexibel. Eine beliebige Anzahl von Event-Listener-Objekten kann auf beliebige Arten von Events warten, die von einer beliebigen Anzahl von Quellobjekten erzeugt werden. Ein Programm könnte bspw. einen Listener pro Event-Quelle generieren, aber auch lediglich einen Listener für alle Events aller Quellen verwenden. Darüber hinaus kann ein Programm aber auch mehr als einen Listener für einen einzigen Event, der von einer einzigen Quelle generiert wird, verwenden. Im Folgenden werden zunächst Adapter und anschließend die Verarbeitung der verschiedenen Event-Arten einzeln betrachtet.

4.5.2 Adapter und innere Klassen

Das oben dargestellte Beispiel verwendete mit ActionListener ein Interface, das nur eine einzige Methode enthält. Dies ist allerdings nicht der Regelfall. Das Interface MouseListener beinhaltet bspw. die folgenden fünf Methoden, die die mit der Maus erzeugbaren Events reflektieren: mousePressed (Maustaste gedrückt), mouseReleased (Maustaste losgelassen), mouseEntered (Maus über einer GUI-Komponente), mouseExited (Maus nicht mehr über einer GUI-Komponente) und mouseClicked (Maustaste betätigt). Diese Methoden müssen alle implementiert werden, wenn das Interface eingesetzt werden soll, selbst dann, wenn nur eine Teilmenge der Funktionalität erforderlich ist. Die dann implementierten Methoden haben meist einen leeren Rumpf, der bspw. wie folgt aussieht:

Code
```
public void mousePressed(MouseEvent e) {}
```

Es ist offensichtlich, dass so große Mengen an Code generiert werden, die das Lesen des gesamten Programms und damit auch dessen Wartung erheblich erschweren. Um dieses Problem zu lösen, stehen im Java-AWT sog. *Adapterklassen* für jedes Listener-Interface, das mehr als eine Methode enthält, zur Verfügung. Eine Adapterklasse implementiert jeweils alle Versionen des dazugehörigen Interfaces mit einem leeren Methodenrumpf. Die Klasse MouseAdapter implementiert bspw. das Interface MouseListener. Um eine Adapterklasse verwenden zu können, muss eine Subklasse des Adapters erzeugt werden, anstatt ein Interface eines Listeners direkt zu implementieren. Indem bspw. eine Subklasse der Klasse MouseAdapter angelegt wird, erbt diese die leeren Definitionen aller Methoden, die das Interface MouseListener enthält. Das folgende Beispiel demonstriert die Verwendung von Adapterklassen:

Code
```
public class beispielKlasse extends MouseAdapter {
   //....
   Button ende = new Button("Quit");
   add(ende);
   ende.addMouseListener(this);
   //....
   public void mouseClicked(MouseEvent e) {
      //Implementierung des Event-Handlers
   }
}
```

Problematisch ist allerdings, dass Java keine Mehrfachvererbung zulässt. Soll nun ein Applet geschrieben werden, das eine Subklasse enthält, die Maus-Events verarbeitet, so müsste das Applet theoretisch eine Subklasse der Klassen Applet und MouseAdapter sein, also mehrfach erben. Um dieses Problem zu lösen, müssen innere Klassen innerhalb der Applet-Subklasse definiert werden, die von der Klasse MouseAdapter erben. Ein Beispiel hierfür ist im Folgenden angegeben.

```
Code
public class beispielKlasse extends Applet {
    //....
    Button ende = new Button("Quit");
    add(ende);
    ende.addMouseListener(new BeispielAdapter);
    //....
    class BeispielAdapter extends MouseAdapter {

        public void mouseClicked(MouseEvent e) {
        //Implementierung des Event-Handlers
        }
    }
}
```

Innere Klassen sollten immer dann verwendet werden, wenn ein Event-Handler als `private` gekennzeichnete Instanzvariablen von einer umgebenden Klasse aus benutzen soll. Solange eine innere Klasse nicht als `static` bezeichnet wird, kann sie Instanzvariablen und Methoden referenzieren, wie wenn der Code in der Klasse selbst wäre. Um innerhalb einer inneren Klasse eine lokale Variable verwenden zu können, sollte eine Kopie der Variablen als lokale Variable, die als `final` gekennzeichnet wird, erstellt werden.

4.5.3 Event Listener

Nachdem die Funktion der Event-Verarbeitung in Java allgemein erläutert wurde, werden die Event-Arten im Folgenden einzeln betrachtet. Eine Übersicht hierzu ist in Tab. 4-4 angegeben.

Listener-Interface	Funktion	Adapterklasse	Methoden
`ActionListener`	Erfassung allgemeiner Aktionen	keine	`actionPerformed`
`AdjustmentListener`	Erfassung von Größenänderungen von Komponenten	keine	`adjustmentValueChanged`
`ComponentListener`	Erfassung von Komponentenaktionen	`ComponentAdapter`	`componentHidden` `componentMoved` `componentResized` `componentShown`
`ContainerListener`	Erfassung von Containeraktionen	`ContainerAdapter`	`componentAdded` `componentRemoved`
`FocusListener`	Erfassung von Fokusänderungen	`FocusAdapter`	`focusGained` `focusLost`
`ItemListener`	Erfassung von Zustandsänderungen	keine	`itemStateChanged`

Tab. 4-4 Event-Verarbeitung

Listener-Interface	Funktion	Adapterklasse	Methoden

`KeyListener`	Erfassung von Tastaturaktionen	`KeyAdapter`	`keyPressed`
			`keyReleased`
			`keyTyped`

`MouseListener`	Erfassung von Mausaktionen	`MouseAdapter`	`mouseClicked`
			`mouseEntered`
			`mouseExited`
			`mousePressed`
			`mouseReleased`

`MouseMotionListener`	Erfassung von Mausbewegungen	`MouseMotionAdapter`	`mouseDragged` `mouseMoved`
`TextListener`	Erfassung von Textänderungen	keine	`textValueChanged`

`WindowListener`	Erfassung von Fensteraktionen	`WindowAdapter`	`windowActivated`
			`windowClosed`
			`windowClosing`
			`windowDeactivated`
			`windowDeiconified`
			`windowIconified`
			`windowOpened`

Tab. 4-4 Event-Verarbeitung

AWT-Events können nach ihrer Komplexität in *Events einer niedrigen Komplexität* und in *semantische Events* unterschieden werden.

Events einer niedrigen Komplexität sind bspw. Fensteroperationen oder Eingaben mit der Maus oder mit der Tastatur. Auch Komponenten-, Container-, Fokus- und Fenster-Events zählen zu dieser ersten Klasse von Events. Komponenten-Events ermöglichen es dem Anwender, Änderungen der Position, der Größe oder der Sichtbarkeit von GUI-Elementen zu überwachen. Container-Events werden dann verwendet, wenn eine Komponente einem Container hinzugefügt oder von diesem entfernt wird. Fokus-Events stellen fest, ob eine Komponente im Tastaturfokus ist, ob sie also Zeichen, die auf der Tastatur getippt werden, empfangen kann, oder ob die Komponente den Fokus verloren hat. Fenster-Events informieren den Benutzer über den Zustand von Fenstern, bspw. von Dialogfenstern. Maus-Events lassen sich ebenfalls in zwei Gruppen einteilen: Bewegungs-Events der Maus und alle weiteren Events, die eine Maus generieren kann.

Semantische Events beinhalten Aktions-, Anpassungs- und Text-Events sowie solche Events, die von bestimmten Elementen, wie bspw. Einträgen eines Menüs, generiert werden. Diese Events haben die Eigenschaft gemeinsam, ein Resultat einer komponentenspezifischen Benutzerinteraktion zu sein. Ein Button erzeugt bspw. einen Action-Event, wenn er einmal betätigt wird, während dies bei einer Liste erst nach einem Doppelklick erfolgt. Text-Events treten immer dann auf, wenn sich der Text eines Textfeldes oder eines Textbereichs verändert.

In Tab. 4-5 sind die Events dargestellt, die eine Komponente auslösen kann. Nach dieser einleitenden Übersicht wird die Verwendung der jeweiligen Events im Einzelnen betrachtet.

AWT-Komponente	Events, die eine Komponente auslösen kann										
	action	adjustment	component	container	focus	item	key	mouse	mouse motion	text	window
Button	x		x		x		x	x	x		
Canvas			x		x		x	x	x		
Checkbox			x		x	x	x	x	x		
Checkbox-MenuItem						x					
Choice			x		x	x	x	x	x		
Component			x		x		x	x	x		
Container			x	x	x		x	x	x		
Dialog			x	x	x		x	x	x		x
Frame			x	x	x		x	x	x		x
Label			x		x		x	x	x		
List	x		x		x	x	x	x	x		
MenuItem	x										
Panel			x	x	x		x	x	x		
Scrollbar		x	x		x		x	x	x		
ScrollPane			x	x	x		x	x	x		
TextArea			x		x		x	x	x	x	
TextComponent			x		x		x	x	x	x	
TextField	x	x			x		x	x	x	x	x
Window			x	x	x		x	x	x		x

Tab. 4-5 Events und Komponenten

Interface ActionListener

Action-Listener werden häufig eingesetzt und sind eine einfache Form von Event-Handlern. Ein Action-Listener wird immer dann verwendet, wenn auf eine implementierungsabhängige Aktion eines Benutzers reagiert werden soll. Derartige Aktionen können bspw. das Betätigen eines Buttons, die Auswahl eines Listeneintrages oder auch Tastatureingaben sein. Tritt eine derartige Aktion ein, so wird eine `actionPerformed`-Nachricht generiert, die an alle Action-Listener gesendet wird, die sich für die Komponente registriert haben, die den Event auslöst. Das Interface `ActionListener` enthält lediglich eine einzige Methode, `actionPerformed(Action`

Event), die als Parameter ein Objekt vom Typ ActionEvent erwartet. Die Klasse ActionEvent definiert die folgenden Methoden:

- String getActionCommand()
  liefert den String zurück, der mit der Aktion assoziiert ist. Die meisten Objekte, die Aktionen generieren können, erlauben die Verwendung einer Methode setActionCommand, in der dieser String gesetzt werden kann. Wird der String nicht explizit gesetzt, so beinhaltet er üblicherweise den Text, der in der Komponente dargestellt wird. Enthält ein Objekt mehrere Elemente, so wird im Regelfall der Name des ausgewählten Elements verwendet.
- int getModifiers()
  liefert eine Zahl zurück, die das Tastaturelement angibt, das der Benutzer gedrückt hat als der Action-Event ausgelöst wurde. Hierzu können die Konstanten SHIFT_MASK, CTRL_MASK, META_MASK oder ALT_MASK verwendet werden, um herauszufinden, welches Tastaturelement gedrückt wurde. Wenn bspw. die Control-Taste gedrückt wurde, um einen Menüeintrag auszuwählen, so ist der folgende Ausdruck ungleich null:

Code

```
actionEvent.getModifiers() & ActionEvent.CTRL_MASK
```

- die Methode getSource, die das Objekt (Komponente oder Menükomponente) zurückliefert, die einen Action-Event auslöste. getSource wird in einer Superklasse von ActionEvent definiert, in der Klasse EventObject.

Eine Adapterklasse ist für Action-Listener folglich nicht erforderlich. Ein Beispiel für die Anwendung dieses Interfaces wurde bereits angeführt, indem auf die Betätigung eines Buttons reagiert wird. Der Vollständigkeit halber sei dieses Beispiel nochmals angeführt.

Code

```
import java.applet.*;
import java.awt.*;
import java.awt.event.*;

public class Knoepfe extends Applet implements ActionListener
   Button ende = new Button("Quit");

   public void init () {
      add(ende);
      ende.addActionListener(this);

   }
   public void actionPerformed(ActionEvent e) {
      System.out.println("Ende");
   }

}
```

Interface AdjustmentListener

Adjustment-Events benachrichtigen den Anwender über Änderungen von Komponentenwerten, die das Interface `Adjustable` implementieren. Anpassungsfähige Objekte verwenden einen ganzzahligen Wert und generieren einen Adjustment-Event, wenn dieser Wert verändert wird. Als einzige AWT-Klasse wird dieses Interface von der Klasse `Scrollbar` implementiert. In Java werden die folgenden Adjustment-Events verwendet:

- `block increment` und `block decrement`
  Der Benutzer möchte den Wert einer Komponente um einen größeren Betrag ändern. Im Falle einer Scrollbar könnte dies das Klicken der Maus oberhalb des Abwärtspfeils oder unterhalb des Aufwärtspfeils bedeuten.
- `track`:
  Der Benutzer verändert den Wert einer Komponente explizit. Wird eine Scrollbar verwendet, so könnte dies das Ziehen des Scrollbar-Knopfs sein.
- `unit increment` und `unit decrement`:
  Der Benutzer möchte den Wert einer Komponente in geringem Maße verändern. Bei einer Scrollbar könnte dies das Betätigen der Aufwärts- oder Abwärtspfeile sein, um den Wert des Schiebebalkens um eine Einheit zu ändern.

Das Interface `AdjustmentListener` enthält ebenfalls nur eine einzige Methode, `adjustmentValueChanged(AdjustmentEvent)`, und verwendet daher keine Adapterklasse. Diese Methode wird dann aufgerufen, wenn ein Adjustment-Event eingetreten ist, wobei als Parameter ein Objekt vom Typ `AdjustmentEvent` übergeben wird. Die Klasse `AdjustmentEvent` definiert die folgenden Methoden:

- `Adjustable getAdjustable()`
  liefert die Komponente zurück, die den Event ausgelöst hat. `getAdjustable` kann hierbei anstelle der Methode `getSource` verwendet werden.
- `int getAdjustmentType()`
  liefert den Typ der Anpassung zurück, die aufgetreten ist. Hierzu werden in der Klasse `AdjustmentEvent` die folgenden Konstanten definiert: UNIT_INCREMENT, UNIT_DECREMENT, BLOCK_INCREMENT, BLOCK_DECREMENT und TRACK, die bereits erläutert wurden.
- `int getValue()`
  liefert den Wert der Komponente zurück, nachdem die Anpassung aufgetreten ist.

Das folgende Beispiel demonstriert die Anwendung dieses Interfaces, indem ein Event-Handler für einen Adjustment-Listener implementiert wird.

Code

```
class Beispiel implements AdjustmentListener {
  //...
  Scrollbar slider;
  //...
  Beispiel (...) {
    //...
    slider.addAdjustmentListener(this);
  }
  //...
  // Antwort auf Aktion des Sliders
  public void adjustmentValueChanged(AdjustmentEvent e) {
    // Reaktion auf Ausloesen des Sliders
  }
  //...
}
```

Interface ComponentListener

Komponenten-Events werden von einem Komponentenobjekt immer dann generiert, wenn eine Komponente sichtbar oder unsichtbar, verschoben oder verkleinert bzw. vergrößert wird. Ein Beispiel eines Komponenten-Listeners könnte ein GUI-Entwicklungswerkzeug sein, in dem Informationen über die Eigenschaften einer selektierten Komponente angezeigt werden. Im Regelfall wird aber ein derartiges Wissen nicht benötigt. Events der Art „Komponente sichtbar" treten nur dann auf, wenn die Komponentenmethode `setVisible` aufgerufen wurde. Wird bspw. ein Fenster ikonifiziert, so wird ein derartiger Event ausgelöst.

Das Interface `ComponentListener` bzw. die hierzu gehörende Adapterklasse `ComponentAdapter` beinhaltet die folgenden vier Methoden:

- `void componentHidden(ComponentEvent)`
  wird vom AWT aufgerufen, nachdem die Komponente, für die ein Listener registriert ist, unsichtbar geworden ist. Dies impliziert einen vorangehenden Aufruf der Methode `setVisible`.

- `void componentMoved(ComponentEvent)`
  wird vom AWT entsprechend aufgerufen, wenn eine Komponente relativ zum Container, der sie enthält, verschoben wurde. Wird bspw. ein Fenster verschoben, so generiert dieses einen derartigen Event. Die Komponenten, die das Fenster enthält, generieren einen derartigen Event allerdings nicht, da sich deren relative Position nicht verändert hat.

- `void componentResized(ComponentEvent)`
  wird vom AWT aufgerufen, nachdem sich die Größe einer Komponente verändert hat.

- `void componentShown(ComponentEvent)`
  wird vom AWT aufgerufen, nachdem eine Komponente aufgrund eines Aufrufs der Methode `setVisible` sichtbar wird.

Jede Methode der Klasse ComponentEvent verwendet einen einzigen Parameter: Ein Objekt vom Typ ComponentEvent. Hierzu definiert die Klasse ComponentEvent die Methode getComponent, die die Komponente feststellt, die den Event ausgelöst hat.

Das folgende Applet demonstriert die Verwendung von Komponenten-Events. Das Applet enthält einen Knopf, dessen Betätigung ein neues Fenster (ein Frame-Objekt) öffnet. Verlässt man die Webseite, die das Applet enthält, so wird dieses unsichtbar. Analog wird es wieder angezeigt, wenn die Seite erneut geöffnet wird. Ein Textbereich stellt eine dementsprechende Nachricht jedes Mal dar, wenn ein derartiger Komponenten-Event ausgelöst wird.

Code

```java
import java.applet.Applet;
import java.awt.*;
import java.awt.event.*;
public class KomponentenEvent extends Applet implements
ComponentListener, ActionListener {
   Frame f;
   public boolean showIt = false;
   public void init() {
      Button b = new Button("Start");
      b.setActionCommand("Zeige");
      b.addActionListener(this);
      add(b);
      f = new Frame("Fenster");
      f.addComponentListener(this);
      f.pack();
   }
   public void actionPerformed(ActionEvent e) {
      if (e.getActionCommand() == "Zeige") {
         showIt = true;
         f.setVisible(true);
      }
   }
   public void stop() {
      f.setVisible(false);
   }
   public void start() {
      if (showIt)
         f.setVisible(true);
   }
   public void componentHidden(ComponentEvent e) {
      System.out.println("Komponente verborgen");
   }
   public void componentMoved(ComponentEvent e) {
      System.out.println("Komponente verschoben");
   }
   public void componentResized(ComponentEvent e) {
      System.out.println("Komponentengroesse veraendert");
   }
   public void componentShown(ComponentEvent e) {
      System.out.println("Komponente sichtbar");
   }
}
```

Interface ContainerListener

Container-Events werden von einem Container immer dann ausgelöst, wenn eine Komponente einem Container hinzugefügt wurde, oder wenn eine Komponente entfernt wurde. Das Interface `ContainerListener` bzw. seine Adapterklasse, `ContainerAdapter`, enthalten die Methoden:

- `void componentAdded(ContainerEvent),`
  die vom AWT aufgerufen wird, nachdem eine Komponente einem Container hinzugefügt wurde, der von einem Listener überwacht wird und
- `void componentRemoved(ContainerEvent),`
  die vom AWT analog aufgerufen wird, nachdem eine Komponente aus einem Container entfernt wurde.

Jede Container-Event-Methode erwartet als Parameter ein Objekt vom Typ `ContainerEvent`. Die Klasse `ContainerEvent` wiederum definiert die folgenden beiden Methoden:

- `Component getChild()`
  liefert die Komponente zurück, deren Hinzufügen oder Entfernen einen Event ausgelöst hat und
- `Container getContainer()`
  liefert entsprechend den Container zurück, der den Event ausgelöst hat.

Das folgende Beispiel demonstriert die Verwendung der Container-Events. Hierbei ist ausschnittsweise ein Programm angegeben, das Container-Events feststellt. Die Anwendung generiert diese Events immer dann, wenn eine Button-Komponente einem Panel hinzugefügt wurde oder entsprechend, wenn diese entfernt wurde.

Code

```
class BeispielContainer implements ContainerListener {
   //...
   BeispielContainer (...) {
      //...
      Panel p = new Panel();//...
      p.ContainerListener(this);
   }
   //...
   // Antwort auf Aktion des Sliders
   public void componentAdded(ContainerEvent e) {
      // Reaktion auf Hinzufuegen einer Komponente
   }

   public void componentRemoved(ContainerEvent e) {
      // Reaktion auf Entfernen einer Komponente
   }

   //...
}
```

Interface FocusListener

Focus-Events werden dann generiert, wenn eine Komponente die Möglichkeit erhält, Tastatur-Events zu empfangen bzw., wenn sie diese wieder verliert. Aus Sicht des Anwenders ist die Verwendung einer Komponente, die momentan den Tastaturfokus hat, leicht erkennbar, da diese bspw. eine dickere Begrenzungslinie ausweist bzw. da das Fenster, das die Komponente enthält, besonders gekennzeichnet ist. In Windows 98 der Firma Microsoft ist bspw. der obere Rand eines Fensters, das den Tastaturfokus hat, blau gefärbt, während alle anderen Fenster grau gefärbt sind. Es ist dadurch auch verständlich, dass stets nur eine Komponente den Tastaturfokus haben kann, nie jedoch mehrere gleichzeitig.

Die genaue Art und Weise, in der Komponenten den Tastaturfokus erhalten, hängt zu einem großen Teil vom verwendeten Fenstersystem ab. Typischerweise setzt ein Benutzer den Fokus, indem er auf ein Fenster oder auf eine Komponente klickt. Soll eine Komponente den Fokus erhalten, so kann aber auch die Methode `requestFocus` einer Komponente aufgerufen werden.

Das Interface `FocusListener` bzw. seine Adapterklasse `FocusAdapter` enthalten die folgenden zwei Methoden:

- `void focusGained(FocusEvent)`
  wird vom AWT aufgerufen, nachdem eine Komponente, für die ein Listener registriert ist, den Fokus erhalten hat.
- `void focusLost(FocusEvent)`
  wird vom AWT aufgerufen, nachdem eine Komponente, für die ein Listener registriert ist, den Fokus verloren hat.

Die Fokus-Event-Methoden erwarten jeweils einen Parameter: Ein Objekt vom Typ `FocusEvent`. Die Klasse `FocusEvent` definiert die Methode `boolean isTemporary`, die dann den Wert `true` zurückgibt, wenn ein `FocusLost`-Event nur temporär stattfindet. Hierdurch kann bspw. angegeben werden, dass eine bestimmte Komponente den Fokus erhalten wird, wenn das umgebende Fenster den Fokus zurückgewinnt.

Oftmals wird die Methode `getComponent`, die in `ComponentEvent` definiert ist, dazu eingesetzt, einem `FocusEvent`-Objekt mitzuteilen, welche Komponente den Fokus gewonnen oder verloren und damit den Fokus-Event ausgelöst hat.

Das folgende Beispiel demonstriert die Verwendung von Fokus-Events. Indem der obere der beiden Buttons gedrückt wird, wird ein Fenster geöffnet, das ein Textfeld und einen weiteren Button enthält. Ein Fokus-Listener überwacht das Auftreten von Fokus-Events, die die einzelnen Komponenten des Fensters auslösen können. Zur Realisierung des Fokus-Fensters wird eine neue Klasse `FocusFenster` mit Hilfe des Konstruktors der Superklasse `Frame` erzeugt. Die Ausgabe des Applets ist in Abb. 4-35 dargestellt.

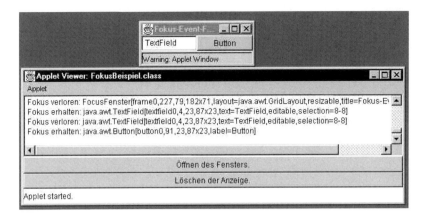

Abb. 4-35 Fokus-Applet

Code

```java
import java.awt.*;
import java.awt.event.*;

public class FokusBeispiel extends Applet implements
   FocusListener, ActionListener {

   TextArea anzeige;
   FocusFenster fenster;
   Button b1, b2;
   static final String ZEIGE= "zeige";
   static final String LOESCHE = "loesche";
   String neueZeile;

   public void init () {
      b1 = new Button("Öffnen des Fensters.");
      b1.setActionCommand(ZEIGE);
      b1.addActionListener(this);

      b2 = new Button("Loeschen der Anzeige.");
      b2.setActionCommand(LOESCHE);
      b2.addActionListener(this);
      anzeige = new TextArea(5, 20);
      setLayout(new BorderLayout());
      add("North", anzeige);
      add("Center", b1);
      add("South", b2);
      //Neues Fenster erzeugen, aber nicht anzeigen.
      fenster = new FocusFenster(this);
      neueZeile = System.getProperty("line.separator");
   }
   public void stop() {
      fenster.setVisible(false);
   }
```

4.5. Event-Handling in Java

```
      public void focusGained(FocusEvent e) {
         nachricht("Fokus erhalten", e);
      }
      public void focusLost(FocusEvent e) {
         nachricht("Fokus verloren", e);
      }
      void nachricht(String n, FocusEvent e) {
         anzeige.append(n+ ": "+ e.getComponent() + neueZeile);
      }
      public void actionPerformed(ActionEvent e) {
         if (e.getActionCommand() == ZEIGE) {
            fenster.pack();
            fenster.setVisible(true);
         } else { //LOESCHE
            anzeige.setText("");
         }
      }
   }
class FocusFenster extends Frame {
   public FocusFenster(FocusListener l) {
      //Verwende Konstruktor der Superklasse Frame
      super("Fokus-Event-Fenster");
      GridLayout g = new GridLayout(1,2);
      setLayout(g);
      this.addFocusListener(l);
      TextField tf = new TextField("TextField");
      tf.addFocusListener(l);
      add(tf);
      Button b= new Button("Button");
      b.addFocusListener(l);
      add(b);
   }
}
```

Interface ItemListener

Item-Events werden von Komponenten generiert, die das Interface `ItemSelectable` implementieren, und die den Status (bspw. „an" oder „aus") von Listen- oder Menüeinträgen überwachen sollen. In Java können Checkboxen, Menüeinträge in Form von Checkboxen, Auswahllisten und Listen derartige Events auslösen. Das Interface `ItemListener` besteht lediglich aus einer einzigen Methode, `void itemStateChanged(ItemEvent)`, weshalb die Verwendung einer Adapterklasse überflüssig ist. Diese Methode wird vom AWT unmittelbar nach einer Zustandsänderung einer Komponente aufgerufen, für die ein Listener registriert ist, und erwartet als Parameter ein Objekt vom Typ `ItemEvent`. Die Klasse `ItemEvent` definiert die folgenden Methoden:

- `Object getItem()`
  liefert das komponentenspezifische Objekt zurück, das mit dem Eintrag assoziiert ist, dessen Zustand sich verändert hat. Verändert sich bspw. der Zustand eines Menüeintrags, so würde hier der Name des Menüeintrags zurückgegeben. Oftmals wird ein String verwendet, der einen Text bezüglich des ausgewählten Ein-

trags enthält. Wird ein derartiger Event durch eine Liste verursacht, so wird eine Ganzzahl zurückgegeben, die den Index des ausgewählten Eintrags wiedergibt.
- `ItemSelectable getItemSelectable()`
  liefert die Komponente zurück, die den Item-Event auslöste.
- `int getStateChange()`
  liefert den neuen Zustand des Eintrags zurück. Hierzu sind in der Klasse `Item Event` die Zustände `SELECTED` und `DESELECTED` definiert.

Der folgende Code-Ausschnitt demonstriert die Funktionsweise von Item-Events.

Code
```java
class BeispielItems implements ItemListener {
    //...
    BeispielItems (...) {
        //...
        Choice c = new Choice();
        c.addItemListener(this);
        //...
    }
    //...
    public void itemStateChanged(ItemEvent e) {
        if (e.getStateChange() == ItemEvent.SELECTED) {
            //Aktion dementsprechend ausfuehren
        } else {
            //Aktion dementsprechend ausfuehren
        }
    }//...
}
```

Interface KeyListener

Key-Events werden dann ausgelöst, wenn ein Anwender die Tastatur verwendet, bzw. präziser formuliert, wenn der Anwender Tastaturkomponenten aus dem GUI-Element heraus betätigt, das den Fokus der Tastatur derzeitig besitzt (hierzu vergleiche die Funktion der Focus-Listener).

Eine Benachrichtigung in Form eines Events kann weiterhin unterschieden werden in das Tippen eines Unicode-Zeichens (sog. *Key-typed-Events*) bzw. in das Drücken und Loslassen einer Taste der Tastatur (sog. *Key-pressed-Events* bzw. *Key-released-Events*). Java verwendet hierzu das Unicode-Zeichenset, in dem die Standardbuchstaben und viele weitere Zeichen internationaler Alphabete enthalten sind. Derartige Zeichen können in jeder Java-Implementierung verwendet werden, wenn sie eine Unicode-Nummer haben. Diese Nummern sind bspw. unter der URL `http://www.unicode.org` zu finden.

Im Allgemeinen sollten stets Key-pressed-Events verwendet werden, es sei denn, es soll festgestellt werden, wann ein Anwender eine Taste drückt, die zu einem bestimmten Zeichen gehört. Soll bspw. überwacht werden, wann der Anwender ein Unicode-Zeichen tippt (bzw. eine Sequenz derartiger Zeichen), so sollten Key-typed-Events verwendet werden. Soll andererseits festgestellt werden, wann der Benutzer eine der Funktionstasten (bspw. F10) betätigt, so sollten Key-pressed- bzw. Key-released-Events eingesetzt werden. Beide Event-Arten setzen immer voraus, dass eine GUI-Komponente den Tastaturfokus besitzt. Der Tastaturfokus einer Komponente kann wie folgt gesetzt werden:

1. Grundsätzlich muss eine GUI-Komponente überhaupt in der Lage sein, den Tastaturfokus erhalten zu können. Textmarken (Labels) können diesen bspw. nicht auf allen Systemen erhalten.

2. Es muss sichergestellt sein, dass eine GUI-Komponente den Fokus anfordert, wenn dieser erforderlich ist. Komponenten, die selbst implementiert wurden, müssen diesen bspw. mit der `requestFocus`-Methode explizit anfordern, wenn mit Mausklicks gearbeitet wird.

3. Wird eine selbst implementierte Komponente eingesetzt, so sollte die Komponentenmethode `isFocusTraversable` derart implementiert werden, dass sie den Wert `true` zurückliefert. Nur auf diese Art und Weise kann der Benutzer mittels der Tabulatortaste so zwischen Containern umschalten, dass der Fokus übergeben wird.

Das Interface `KeyListener` bzw. die dazugehörige Adapterklasse `KeyAdapter` enthalten die folgenden drei Methoden:

- `void keyTyped(KeyEvent)`
  wird vom AWT dann aufgerufen, wenn der Benutzer ein Unicode-Zeichen in eine Komponente eingetippt hat, die von einem Listener überwacht wird.
- `void keyPressed(KeyEvent)`
  wird dann vom AWT aufgerufen, wenn der Benutzer eine Taste der Tastatur betätigt hat.
- `void keyReleased(KeyEvent)`
  wird vom AWT aufgerufen, nachdem der Benutzer eine Taste der Tastatur losgelassen hat.

Jede der drei Methoden verwendet als Parameter ein Objekt vom Typ `KeyEvent`. Die Klasse `KeyEvent` definiert die folgenden Methoden:

- `int getKeyChar()`
  fragt ein Unicode-Tastaturzeichen ab, das einen Event ausgelöst hat.
- `void setKeyChar(char)`
  setzt ein Unicode-Zeichen, das mit einem Event assoziiert ist.
- `int getKeyCode()`
  fragt den Tasten-Code ab, der mit einem Event assoziiert ist. Der Tasten-Code identifiziert die Taste, die der Benutzer gedrückt oder losgelassen hat. Die Klasse `KeyEvent` definiert hierzu Tasten-Codes für viele der gebräuchlichen Tasten, bspw. `VK_A` für die Taste „A" oder `VK_ESCAPE` für die Escape-Taste.

- `void setKeyCode(int)`
  setzt entsprechend den Tasten-Code, der mit einem Event assoziiert ist.
- `void setModifiers(int)`
  setzt den Zustand der Modifikationstasten (Control-, Alt-, Shift- und Meta-Taste).

In der Klasse `KeyEvent` stehen noch weitere Methoden zur Verfügung, mit denen bspw. Textbeschreibungen von Tasten-Codes und Modifikationstasten für bestimmte Länder erstellt werden können (hierzu siehe auch Kapitel 6 zum Thema Internationalisierung).

Die Klasse `KeyEvent` erweitert die Klasse `InputEvent`, die ihrerseits wiederum die Klasse `ComponentEvent` erweitert. In der Klasse `ComponentEvent` steht die Methode `getComponent` zur Verfügung, mit deren Hilfe die Komponente festgestellt werden kann, die einen Event ausgelöst hat. Die Klasse `InputEvent` stellt die folgenden Methoden zur Verfügung:

- `int getWhen()`
  stellt den Zeitpunkt fest, zu dem ein bestimmter Event eingetreten ist. Je höher der Wert dieser Zeit, desto kürzer liegt das Auftreten des Events zurück.
- `boolean isAltDown()`
  stellt fest, ob die Alt-Taste gedrückt ist.
- `boolean isControlDown()`
- `boolean isMetaDown()`
- `boolean isShiftDown()`
- `int getModifiers()`
  liefert ein Flag zurück, das den Zustand aller Modifikationstasten zu dem Zeitpunkt wiedergibt, bei dem ein Event ausgelöst wurde.

Das folgende Beispiel demonstriert die Verwendung von Key-Events. Hierbei wird ein Textfeld verwendet, in das Buchstaben eingetippt werden können. Die dann ausgelösten Events werden in der Kommandozeile angezeigt. Die Ausgabe dieses Applets ist in Abb. 4-36 dargestellt.

Code

```
import java.applet.Applet;
import java.awt.*;
import java.awt.event.*;
public class KeyBeispiel extends Applet implements KeyListener
   TextField tippBereich;
   public void init() {
      tippBereich = new TextField(20);
      tippBereich.addKeyListener(this);
      add(tippBereich);
      requestFocus();
   }
   public void keyTyped(KeyEvent e) {
      System.out.println("Taste getippt");
   }
```

```
public void keyPressed(KeyEvent e) {
   anzeige(e,"Taste gedrueckt: ");
}
public void keyReleased(KeyEvent e) {
   System.out.println("Taste losgelassen");
}

protected void anzeige(KeyEvent e, String s){
   String charS, keyS;
   char c = e.getKeyChar();
   int keyCode = e.getKeyCode();

   charS = "Buchstabe= '" + c + "'";
   keyS = "Tastencode= " + keyCode+ " ("+
      KeyEvent.getKeyText(keyCode) + ")";
   System.out.println(s + "\n"+ "    "+ charS +"\n"+" "+ key
      "\n");
   }
}
```

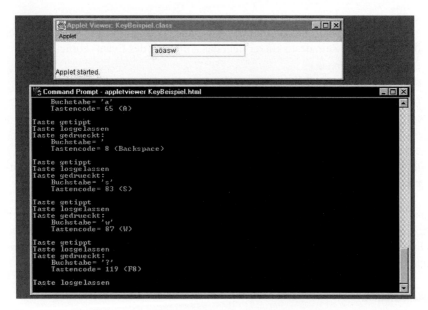

Abb. 4-36 Key-Events

Interface MouseListener

Maus-Listener gehören zu den am häufigsten verwendeten Event-Handlern. Maus-Events werden dann ausgelöst, wenn ein Anwender die Maus (oder ein ähnliches Eingabegeräte) verwendet und damit bspw. den Cursor in den Bildschirmbereich einer Komponente hinein- oder herausbewegt bzw. dann, wenn ein Mausknopf betätigt wird. Die Überwachung der Cursor-Aktivität verursacht dabei eine weit höhere Maschinenauslastung als das Feststellen sonstiger Mausaktivitäten. Events, die bei der Bewegung der Maus ausgelöst werden, werden daher von einem separaten Listener-Typ überwacht, der im nächsten Abschnitt beschrieben wird.

Das Interface `MouseListener` bzw. die Adapterklasse `MouseAdapter` beinhalten die folgenden Methoden:

- `void mouseClicked(MouseEvent)`
  wird vom AWT aufgerufen, nachdem ein Anwender auf eine Komponente geklickt hat, die ein Listener überwacht.
- `void mouseEntered(MouseEvent)`
  wird vom AWT aufgerufen, wenn der Cursor in die Begrenzung einer Komponente, die von einem Listener überwacht wird, hineinbewegt wird.
- `void mouseExited(MouseEvent)`
  wird vom AWT aufgerufen, nachdem der Cursor die Begrenzung einer Komponente verlassen hat.
- `void mousePressed(MouseEvent)`
  wird vom AWT aufgerufen, nachdem der Anwender die Maus betätigt hat, während der Cursor über einer Komponente platziert ist.
- `void mouseReleased(MouseEvent)`
  wird vom AWT aufgerufen, nachdem der Mausknopf losgelassen wird, während sich der Cursor über einer Komponente befindet.

Ein Problem ergibt sich hierbei bei Events, die das Bewegen der Maus in eine Komponente, aus dieser heraus bzw. das Loslassen des Mausknopfs betreffen. Wenn der Anwender die Maus derart verwendet, dass diese bei gedrücktem Knopf bewegt wird (sog. *Dragging*), so empfängt die Komponente, in der das Dragging begonnen wurde, alle folgenden Maus-Events, also auch jene, die das Loslassen des Mausknopfs repräsentieren. Dies impliziert aber, dass keine andere Komponente in dieser Zeit Maus-Events empfangen kann, auch solche nicht, die das Loslassen des Mausknopfs anzeigen.

Jede der obigen Maus-Event-Methoden erwartet als Parameter ein Objekt vom Typ `MouseEvent`. Die Klasse `MouseEvent` definiert die folgenden Methoden:

- `int getClickCount()`
  zählt die Anzahl der aufeinander folgenden Mausklicks, die ein Benutzer auslöst.
- `int getX()`, `int getY()` und `Point getPoint()`
  liefert die (x,y)-Position zurück, an der ein Event ausgelöst wurde. Diese Position ist relativ zu der Komponente zu rechnen, über der der Event verursacht wurde.
- `boolean isPopupTrigger()`
  gibt dann den Wert `true` zurück, wenn ein Maus-Event ein Pop-Up-Menü erscheinen lassen soll. Da derartige Events aber plattformabhängig sind, sollte `isPopupTrigger` sowohl für MouseDown- als auch für MouseUp-Events aufgerufen werden, wenn Pop-Up-Menüs eingesetzt werden sollen.

Die Klasse `MouseEvent` erweitert die Klasse `InputEvent`, die wiederum ihre Eigenschaften von der Klasse `ComponentEvent` erbt. Auch bei Maus-Events kann daher die Methode `getComponent` verwendet werden, die Teil der Klasse `ComponentEvent` ist. Weiterhin stehen in der Klasse `InputEvent` die folgenden Methoden zur Verfügung:

- `int getWhen()`
  gibt eine Zeitmarke zurück, die das Auftreten des Events repräsentiert. Je höher der Wert dieser Marke, desto kürzer liegt das Auftreten des Events zurück.
- `boolean isAltDown()`, `boolean isControlDown()`, `boolean isMetaDown()`, `boolean isShiftDown()`
  sind Methoden, die den Status der Modifikationstasten für den Zeitpunkt angeben, zu dem ein Event ausgelöst wurde.
- `int getModifiers()`
  gibt ein Flag zurück, das den Status aller Modifikationstasten zu dem Zeitpunkt wiedergibt, zu dem ein Event ausgelöst wurde. Neben den Modifikationstasten gibt dieses Flag aber auch an, welcher Mausknopf gedrückt wurde. Im folgenden Beispiel ist der Ausdruck dann wahr, wenn die linke Maustaste gedrückt wurde.

Code

```
(mouseEvent.getModifiers() & InputEvent.BUTTON1_MASK) ==
InputEvent.BUTTON1_MASK
```

Das folgende Beispiel demonstriert die Verwendung von Maus-Listenern. In einem Applet wird ein leerer Bereich von einem Maus-Listener überwacht. Findet dort ein Maus-Event statt, so wird ein Text in der Kommandozeile ausgegeben. Die Ausgabe dieses Beispiels findet sich in Abb. 4-37.

Code

```
import java.applet.Applet;
import java.awt.*;
import java.awt.event.*;
public class MausBeispiel extends Applet implements MouseListen
   Bereich bereich;
   public void init() {
      bereich = new Bereich();
      add(bereich);
      bereich.addMouseListener(this);
      addMouseListener(this);
   }
   public void mousePressed(MouseEvent e) {
      System.out.println("Maus gedrueckt: Anzahl Klicks: " +
         e.getClickCount()+"\n");
   }
   public void mouseReleased(MouseEvent e) {
      System.out.println("Maus losgelassen: Anzahl Klicks: " +
         e.getClickCount()+ "\n");
   }
```

```
      public void mouseEntered(MouseEvent e) {
         System.out.println("Maus im Bereich");
      }
      public void mouseExited(MouseEvent e) {
         System.out.println("Maus ausserhalb des Bereichs");
      }
      public void mouseClicked(MouseEvent e) {
         System.out.println("Maus geklickt: Anzahl Klicks: " +
            e.getClickCount() +"\n");
      }
   }
}
class Bereich extends Canvas {
   public void paint(Graphics g) {
      g.drawRect(0, 0, 90, 180);
   }
}
```

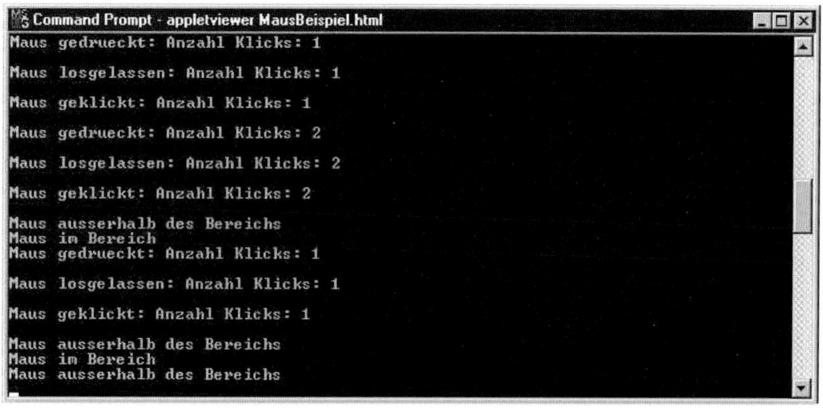

Abb. 4-37 Maus-Events

Interface MouseMotionListener

Mausbewegungs-Events treten dann auf, wenn der Benutzer den Bildschirm-Cursor mit der Maus oder mit einem ähnlichen Eingabegerät bewegt. Das Interface `Mouse-MotionListener` und die hierzu gehörende Adapterklasse `MouseMotionAdapter` enthalten die folgenden Methoden:

- `void mouseDragged(MouseEvent)`
  wird vom AWT aufgerufen, wenn der Anwender die Maus mit gedrücktem Knopf bewegt. Dieser Event-Typ wird von der Komponente ausgelöst, die den vorangehenden MousePressed-Event verursachte. Auch dann, wenn der Cursor sich nicht mehr über der Komponente befindet.

- `void mouseMoved(MouseEvent)`
  wird vom AWT aufgerufen, wenn der Anwender die Maus bewegt, ohne dass ein

Mausknopf gedrückt wird. Dieser Event wird von der Komponente ausgelöst, die sich momentan unter dem Cursor befindet.

Jede Methode zum Abfangen von Mausbewegungs-Events erwartet einen Parameter vom Typ `MouseEvent`. Dieser Typ wurde bereits im Zusammenhang von Maus-Events vorgestellt. Zum besseren Verständnis des MouseMotion-Listeners wird das Beispiel, das bereits die Funktion der Maus-Events erläuterte, erweitert, indem das Interface `MouseMotionListener` implementiert wird.

Code

```
public class MausBeispiel-2 extends MouseAdapter implements
MouseMotionListener {
   // ..... Initialisierung vorab ...
   public void mouseDragged(MouseEvent e) {
      System.out.println("Maus gezogen nach: " +
      e.getX() +", " + e.getY() + ")\n");
   }

   public void mouseMoved(MouseEvent e) {
      //kann aehnlich wie mouseDragged implementiert werden
   }

   public void mousePressed(MouseEvent e) {
      System.out.println("Maus gedrueckt: Anzahl Klicks: " +
         e.getClickCount()+"\n");
   }
   public void mouseReleased(MouseEvent e) {
      System.out.println("Maus losgelassen: Anzahl Klicks: " +
         e.getClickCount()+ "\n");
   }
   public void mouseEntered(MouseEvent e) {
      System.out.println("Maus im Bereich");
   }
   public void mouseExited(MouseEvent e) {
      System.out.println("Maus ausserhalb des Bereichs");
   }
   public void mouseClicked(MouseEvent e) {
      System.out.println("Maus geklickt: Anzahl Klicks: " +
         e.getClickCount() +"\n");
   }
}
```

Interface TextListener

Text-Events werden generiert, nachdem der Text einer Textkomponente verändert wurde. Hierzu stehen in Java Textfelder und Textbereiche zur Verfügung. Um bereits frühzeitig über Textänderungen benachrichtigt zu werden, muss ein Key-Listener verwendet werden. Key-Listener wurden in diesem Kapitel bereits erläutert.

Das Interface `TextListener` beinhaltet eine Methode, `void textValueChanged(TextEvent)`, die vom AWT aufgerufen wird, nachdem sich der Text einer Komponente ändert, die von einem Listener überwacht wird. Eine Adapterklasse ist deshalb nicht erforderlich.

Die Text-Event-Methode verwendet als Parameter ein Objekt vom Typ `TextEvent`. Weiterhin kann die Methode `getSource` verwendet werden, die `TextEvent` von der Klasse `EventObject` erbt, um die Komponente abzufragen, die den Event ausgelöst hat.

Window-Listener

Fenster-Events werden dann generiert, wenn ein Fenster geöffnet, geschlossen, (de)ikonifiziert oder (de)aktiviert wird. Ein Fenster ist dann aktiviert, wenn es den Tastaturfokus hat, anderenfalls deaktiviert. Window-Listener werden hauptsächlich dazu eingesetzt, um das Schließen von Fenstern zu überwachen. Wird dieser Vorgang nicht überwacht, so geschieht dann nichts, wenn ein Benutzer ein Fenster schließen möchte. Erst das Erfassen des Events, gekoppelt mit der Anweisung, ein Fenster zu schließen, resultiert in der gewünschten Aktion. Dies impliziert, dass eine Anwendung, die lediglich aus einem Fenster besteht, beendet wird, wenn dieses Fenster geschlossen wird. Eine weitere wichtige Aufgabe der Window-Listener ist das Anhalten von Threads bzw. die Freigabe von Ressourcen, wenn ein Fenster ikonifiziert wird, bzw. das Neustarten eines Threads, wenn ein Fenster wieder geöffnet wird. Zur Benachrichtigung, dass ein Fenster erscheint oder verschwindet, muss ein Komponenten-Listener für das entsprechende Fenster registriert werden.

Das Interface `WindowListener` bzw. die Adapterklasse `WindowAdapter` enthalten die folgenden Methoden:

- `void windowOpened(WindowEvent)`
  wird vom AWT aufgerufen, nachdem das von einem Listener überwachte Fenster das erste Mal sichtbar wurde.
- `void windowClosing(WindowEvent)`
  wird vom AWT als Antwort auf eine Benutzeranforderung aufgerufen, dass das Fenster geschlossen werden soll. Um das Fenster tatsächlich zu schließen, muss der Listener aber anschließend die Methoden `dispose` oder `setVisible(false)` aufrufen.
- `void windowClosed(WindowEvent)`
  wird vom AWT aufgerufen, nachdem das von einem Listener überwachte Fenster geschlossen wurde.
- `void windowIconified(WindowEvent)`, `void windowDeiconified(WindowEvent)`
  werden vom AWT aufgerufen, nachdem ein von einem Listener überwachtes Fenster ikonifiziert bzw. deikonifiziert wurde.
- `void windowActivated(WindowEvent)`, `void windowDeactivated(WindowEvent)`
  werden vom AWT aufgerufen, nachdem das von einem Listener überwachte Fenster aktiviert oder deaktiviert wurde.

Jede dieser Methoden verwendet einen Parameter, ein Objekt vom Typ `WindowEvent`. Die Klasse `WindowEvent` definiert die Methode `getWindow`, die das Fenster zurückliefert, die den Window-Event ausgelöst hat. Das folgende Beispiel demonstriert ausschnittsweise die Funktion der Window-Listener.

Code

```java
public class FensterBeispiel implements WindowListener {
  // .....
      fenster = new Frame("Window-Event-Fenster");
      fenster.addWindowListener(this);
      fenster.add("Center",new Label("Window-Listener"));
      window.pack();
   }

   public void windowClosing(WindowEvent e) {
      window.setVisible(false);
      System.out.println("Fenster wird geschlossen", e);
   }
   public void windowClosed(WindowEvent e) {
      System.out.println("Fenster geschlossen");
   }
   public void windowOpened(WindowEvent e) {
      System.out.println("Fenster geoeffnet");
   }
   public void windowIconified(WindowEvent e) {
      System.out.println("Fenster ikonifiziert");
   }
   public void windowDeiconified(WindowEvent e) {
      System.out.println("Fenster deikonifiziert");
   }
   public void windowActivated(WindowEvent e) {
      System.out.println("Fenster aktiviert");
   }
   public void windowDeactivated(WindowEvent e) {
      System.out.println("Fenster deaktiviert");
   }
}
```

4.6 Anwendungsbeispiel

Zur praktischen Anwendung der Kenntnisse, die in diesem Kapitel vermittelt wurden, wird in diesem Teil des Kapitels erläutert, wie die Benutzeroberflächen des Clients des Spiels „Schiffe versenken" implementiert werden können. Im Einzelnen sind hierzu die die folgenden Aufgaben zu realisieren:

- Implementierung des Hauptfensters des Clients, von dem aus die Aufstellung der Schiffe aufgerufen wird. Weiterhin müssen die Spielfelder des Clients und des Servers (soweit durch Schüsse bekannt) aufgestellt werden und der Client in die Lage versetzt werden, Schüsse auf das Spielfeld des Servers abzufeuern.
- Aufstellen der Schiffe des Clients. Hierbei gilt die Regel, dass ein Schiff aus zwei Elementen, zwei aus drei Elementen, eines aus vier Elementen und ein Schiff, das aus fünf Elementen besteht, aufgestellt werden können. Schiffe dürfen nur horizontal oder vertikal platziert werden und dürfen sich weiterhin nicht berühren.

Der Client sollte die notwendigen Positionen mit der Maus in einem Spielfeld markieren und einmal aufgestellte Schiffe durch erneute Markierung mit der Maus wieder löschen können.
- Schießen auf Schiffe des Servers nach der Regel, dass jeweils nach einem Treffer ein weiterer Schuss abgegeben werden darf.

Im Folgenden werden nach der Erklärung der Klassenhierarchie diese Aufgaben einzeln vorgestellt. Es sei darauf hingewiesen, dass das mit dem Java-AWT implementierte GUI in den folgenden Kapiteln durch Swing bzw. JavaBeans ausgetauscht wird, um die Unterschiede und Gemeinsamkeiten der verschiedenen Ansätze verdeutlichen zu können.

4.6.1 Klassenhierarchie

Zur Realisierung der Oberflächen wird die in Abb. 4-38 angegebene Klassenhierarchie verwendet. Hierbei sind Klassenbeziehungen mit durchgezogenen Linien gekennzeichnet, während Aufrufe durch gestrichelte Linien dargestellt sind.

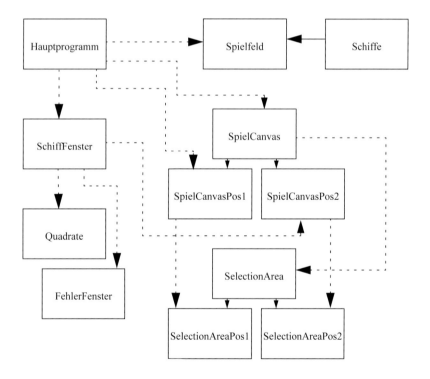

Abb. 4-38 Klassenhierarchie des Beispiels

Aufgabe des Hauptprogramms ist es, das Steuerungs-GUI zu erstellen, in dem neben Buttons Instanzen der Klassen SpielCanvas (Anzeige der Schiffe des Clients) und SpielCanvasPos1 (Anzeige der Schiffe des Servers mit zusätzlicher Verarbeitung von Maus-Events) enthalten sind. Die eigentliche Funktionalität der Klassen SpielCanvas und SpielCanvasPos1 ist in den Klassen SelectionArea und SelectionAreaPos1 verborgen. Zur Verwaltung der Spielfeldinformation bzw. der Informationen über die Schiffskoordinaten werden Instanzen der Klasse Spielfeld erzeugt, die ihrerseits die notwendigen Schiffsinformationen von der Klasse Schiffe erbt. Das Aufstellen der Schiffe ist in der Klasse SchiffFenster realisiert, die über die Klasse SpielCanvasPos2 auf die Klasse SelectionAreaPos2 zugreift und so das Aufstellen und Entfernen von Schiffen inklusive einer ausgefeilten Fehlerlogik ermöglicht. Treten hierbei Fehler auf, so wird ein Pop-Up-Fenster angezeigt, das in der Klasse FehlerFenster realisiert wird. Zur Anzeige, welche Schiffe bereits positioniert sind bzw. welche noch aufzustellen sind, werden Instanzen der Klasse Quadrat als Teil des GUIs SchiffFenster erzeugt, die entweder ein grünes Quadrat (Schiff aufgestellt) oder ein rotes Quadrat (Schiff noch zu platzieren) anzeigen.

4.6.2 Hauptprogramm

Aufgabe des Hauptprogramms, das in Form eines Applets in der Klasse GUISVUser implementiert ist, ist die Steuerung der gesamten Client-Anwendung. Dieses soll im Folgenden Schritt für Schritt durchgegangen werden. Setzt man die Code-Stücke wieder zusammen, so erhält man das übersetzungsfähige Programm.

Code

```
import java.applet.*;
import java.awt.*;
import java.awt.event.*;

public class GUISVUser extends Applet {
   SpielCanvasPos1 sc1;
   SpielCanvas sc2;
   Spielfeld spieler, computer;
   Button shoot, setship;
   // Panel, das Buttons (shoot und setship) enthaelt
   Panel buttonPanel;
   // im Zentrum dieses Panels wird das Spielfeld des Computers
   //platziert
   Panel sc1Panel;
   // im Zentrum dieses Panels wird das Spielfeld des Spielers
   //platziert
   Panel sc2Panel;
   Label label1; // Bezeichnung des Spielfelds des Computers
   Label label2; // Bezeichnung des Spielfelds des Spielers
   Container c;
```

Zunächst werden in dieser Klasse verschiedene Klassenvariablen deklariert. Hierzu zählen neben den grafischen Elementen die Datenstrukturen spieler und computer, die die Spielfelder des Spielers bzw. die des Rechners verwalten. In der Variablen c wird eine Referenz auf das Applet selbst gespeichert. Anschließend wird die Hauptoberfläche in der Methode init definiert.

Code
```
public void init () {
   c = this;
   computer = new Spielfeld();
   spieler = new Spielfeld();

   setLayout(new GridLayout(1,3,5,0));
   setSize(650,266);
   setBackground(new Color(16777215));
```

Nachdem die Referenz auf das Applet selbst in der Variablen c gespeichert wurde, werden die Datenstrukturen des Rechners und des Spielers initialisiert. Im Anschluss daran werden für das Applet ein Grid-Layout, die Größe und die Hintergrundfarbe festgelegt. Hierbei ist anzumerken, dass die Hintergrundfarbe weiß nun als Integer-Zahl (16777215) dargestellt ist. In der hexadezimalen Darstellung müsste hierbei die Kombination 0xFFFFFF angegeben werden. Im Anschluss daran werden zuerst die Buttons angelegt, mit denen die Schiffe des Benutzers platziert werden können bzw. mit denen auf Schiffe des Rechners geschossen werden kann.

Code
```
   // Setzen der Buttons
   buttonPanel = new Panel();
   buttonPanel.setLayout(new
     FlowLayout(FlowLayout.CENTER,5,5));
   buttonPanel.setBounds(0,0,142,266);
   buttonPanel.setBackground(new Color(16777215));
   add(buttonPanel);

   setship = new Button();
   setship.setLabel("Neues Spiel");
   setship.addActionListener(new ButtonListener(0));
   setship.setBounds(31,5,80,23);
   setship.setBackground(new Color(12632256));
   buttonPanel.add(setship);
   shoot = new Button("Schuss abgeben");
   shoot.setEnabled(false);
   shoot.addActionListener(new ButtonListener(1));
   shoot.setBounds(17,33,108,23);
   shoot.setBackground(new Color(12632256));
   buttonPanel.add(shoot);
```

Die Buttons werden in einem Panel (buttonPanel) platziert. Für das Panel und die Buttons werden wiederum die Größe und der Hintergrund angegeben. Zusätzlich werden die Bezeichnungen und Listener-Objekte der Buttons angegeben. Zur Unterscheidung, welcher Button gedrückt wurde, wird ein Parameter übergeben. Wird der Button setShip betätigt, so hat der Parameter den Wert 0, für den Button shoot den Wert 1. Nach Platzierung der Buttons werden die Spielfelder des Rechners und des Benutzers angelegt.

Code

```
    //Spielfeld des Computers
    sc1Panel = new Panel();
    sc1Panel.setLayout(new BorderLayout(0,0));
    sc1Panel.setBounds(142,0,142,266);
    sc1Panel.setBackground(new Color(16777215));
    sc1 = new SpielCanvasPos1(computer);
    sc1Panel.add("Center",sc1);
    label1 = new Label("Spielfeld des Computers", Label.LEFT);
    label1.setBounds(0,133,142,133);
    sc1Panel.add("South",label1);
    add(sc1Panel);

    //Spielfeld des Benutzers
    sc2Panel = new Panel();
    sc2Panel.setLayout(new BorderLayout(0,0));
    sc2Panel.setBounds(284,0,142,266);
    sc2Panel.setBackground(new Color(16777215));
    add(sc2Panel);
    sc2 = new SpielCanvas(spieler);
    sc2Panel.add("Center",sc2);
    label2 = new Label("Spielfeld des Benutzers", Label.LEFT);
    label2.setBounds(0,133,142,133);
    sc2Panel.add("South",label2);
}
public void ausgabeFenster (String s) {
    Object anker = getParent();
    while (!(anker instanceof Frame))
        anker = ((Component) anker).getParent();
    FehlerFenster dialog = new FehlerFenster((Frame)anker, s);
    dialog.setVisible(true);
    dialog.setSize(400,100);
    return;
}
```

Für den Rechner wird ein Spielfeld `sc1` vom Typ `SpielCanvasPos1` angelegt, mit dem ein Maus-Listener verbunden ist, der dem Spieler das Schießen auf Koordinaten des Rechners ermöglicht. Der Namensteil `Pos1` soll hierbei verdeutlichen, dass der Spieler jeweils eine Koordinate angeben kann. Im Gegensatz dazu ist ein Listener für das Spielfeld des Benutzers (`sc2`) nicht notwendig. Hier soll lediglich die Position der Schiffe des Benutzers wiedergegeben werden, die nicht mehr verändert werden kann.

Den Abschluss der Hauptdatei bildet die Klasse `ButtonListener`, die das Interface `ActionListener` implementiert. Da diese Klasse nur innerhalb der Datei eine Bedeutung hat, ist sie als innere Klasse implementiert. Nachdem zunächst im Konstruktor die Parameterinitialisierung definiert wird, ist in der Methode `actionPerformed` festgelegt, welche Aktion in Abhängigkeit vom auslösenden Button erfolgen soll. Wurde der Button `setShip` betätigt, so wird ein neues Fenster erzeugt, mit dessen Hilfe der Benutzer seine Schiffe im Spielfeld platzieren kann. Hierzu werden die Datenstruktur, in der das Spielfeld des Benutzers gespeichert ist und eine Referenz auf das Applet selbst als Parameter übergeben. Weiterhin kann der Button, der das Schießen ermöglicht, nach dem Setzen der Schiffe aktiviert werden.

Wird der Button `shoot` betätigt, so wird die Methode `getSchussKoordinaten` aufgerufen, die feststellt, auf welche Position des Rechnerspielfeldes der Benutzer feuern möchte.

Code

```
class ButtonListener implements ActionListener {
   private int val;
   String []s;
   ButtonListener (int val) {
      this.val = val;
   }
   public void actionPerformed(ActionEvent e) {
      Point p = null;
      if (val == 0){ //Schiffe setzen
         spieler.initialisieren();
         computer.initialisieren();
         SchiffFenster fenster = new SchiffFenster(spieler, c);
         fenster.setTitle("Schiffe setzen");
         fenster.pack();
         fenster.setVisible(true);
         fenster.setSize(600,350);
         shoot.setEnabled(true);
         repaint();
      } else{ //Schiessen
         getSchussKoordinaten();
         //Koordinaten bereits markiert?
         if (sc1.sa1.tmp.x == -1)
            return;
         shoot.setEnabled(false);
      }
      validate();
   }
   public void getSchussKoordinaten() {
      System.out.println("Schuss auf "+sc1.sa1.tmp.x+
         " "+sc1.sa1.tmp.y);
   }
}
```

4.6.3 Klasse Schiffe

Aufgabe der Klasse `Schiffe` ist es, ein Schiff mittels der Anfangs- bzw. Endkoordinaten zu verwalten. Der hierzu notwendige Code ist sehr einfach:

Code

```
public class Schiffe {
   Point [] p;
   public  Schiffe () {
      p = new Point[2];
      p[0] = new Point(-1,-1);
      p[1] = new Point(-1,-1);
   }
}
```

4.6.4 Klasse Spielfeld

Die Klasse `Spielfeld` stellt Funktionen zur Verfügung, mit denen die Spielfelder des Servers und des Clients verwaltet werden können. Neben Konstanten und Variablen zählen hierzu die Initialisierung der Spielfelder und die Verwaltung der einzelnen Koordinaten. Hierbei ist zu bedenken, dass bspw. Felder, die zu denen eines bereits belegten Schiffes benachbart sind, nicht durch ein weiteres Schiff belegt werden dürfen. Zuerst werden die Konstanten und die notwendigen Klassenvariablen angelegt.

Code

```
public  class Spielfeld extends Schiffe  {
//Konstanten
public final int WASSER = 0;
public final int SCHIFF = 1;
public final int BELEGT = 2;
public final int FREI = 3;
public final int VERSENKT = 4;
//Variablen
public int spiel[][];
public int schiffZahl;
Schiffe[] schiff;
```

Während die Konstanten WASSER, SCHIFF, FREI und VERSENKT selbsterklärend sind, wird die Konstante BELEGT dazu verwendet, um Positionen zu markieren, an denen keine weiteren Schiffe aufgestellt werden dürfen. In der Variablen `spiel` wird das Spielfeld gespeichert, in `schiffZahl` die Anzahl der noch nicht getroffenen Schiffspositionen und in der Liste `schiff` die Schiffe mit Anfangs- und Endposition. Es ist nun leicht feststellbar, ob noch weitere Schiffe aufgestellt werden müssen bzw. ob bereits alle Schiffe des Spielers oder des Rechners getroffen wurden, indem die Variable `schiffZahl` ausgewertet wird.

Code

```
public Spielfeld() {
   int i,j;
   schiff = new Schiffe[5];
   for (i=0;i<5;i++)
      schiff[i]= new Schiffe();
   spiel = new int[10][10];
   initialisieren();
   schiffZahl=17;
}
```

Im Konstruktor werden die Schiffe initialisiert. Weiterhin wird das Spielfeld definiert und in der Methode `initialisieren` mit Anfangswerten belegt. Dies könnte zwar auch innerhalb des Konstruktors erfolgen, man würde damit aber den Nachteil in Kauf nehmen, dass für jedes neu gestartete Spiel eine neue Instanz der Klasse `Spielfeld` angelegt werden müsste. Auf diese Art und Weise jedoch kann aus dem Hauptprogramm die Methode `initialisieren` aufgerufen werden, wobei die bereits existierende Instanz der Klasse `Spielfeld` weiter verwendet werden kann. Aufgabe der nun folgenden Methode `initialisieren` ist es daher, die Positionen des Spielfelds mit dem Wert FREI zu belegen, bzw. die Anfangs- und Endpositionen der Schiffe auf den Wert -1 zu setzen. Hierbei wird angenommen, dass Schiffe, deren Positionsangaben aus dem Wert -1 bestehen, noch nicht belegt wurden.

Code

```
public void initialisieren(){
   //initialisiere Spielfelder als leer
   for (int i = 0; i<10; i++)
      for (int j=0;j<10;j++)
         spiel[i][j]=FREI;
   for (int i = 0; i<5; i++){
      schiff[i].p[0].x=schiff[i].p[0].y=-1;
      schiff[i].p[1].x=schiff[i].p[1].y=-1;
   }
   return;
}
```

In der nun folgenden Methode wird das Spielfeld reorganisiert. Diese Funktion muss jedes Mal ausgeführt werden, wenn ein neues Schiff gesetzt wurde, bzw. wenn ein Schiff gelöscht wurde. Beim Löschen reicht es nicht aus, die Felder des Schiffs von SCHIFF auf FREI zu setzen, da dann die um das Schiff belegten Felder unzulässig weiterhin mit dem Wert BELEGT gekennzeichnet wären. Anderseits können aber auch diese Felder nicht ohne weiteres freigegeben werden. Sind zwei Schiffe übereinander angeordnet, so würde das Freigeben der BELEGT-Felder bewirken, dass die Felder rund um das eigentlich nicht veränderte zweite Schiff freigegeben würden.

```
public void reorganisiereSpielfeld() {
   int i,j;
   for (i=0;i<10;i++)
      for (j=0;j<10;j++)
         if (spiel[i][j]!=SCHIFF)
            spiel[i][j]=FREI;
   //Felder um ein Schiff herum duerfen nicht mit einem
   //weiteren Schiff belegt werden
   for (i=0;i<10;i++)
      for (j=0;j<10;j++)
         if (spiel[i][j]==SCHIFF){
            if (moeglichePosition(i-1,j-1))
               spiel[i-1][j-1]=BELEGT;
            if (moeglichePosition(i-1,j))
               spiel[i-1][j]=BELEGT;
            if (moeglichePosition(i-1,j+1))
               spiel[i-1][j+1]=BELEGT;
            if (moeglichePosition(i,j-1))
               spiel[i][j-1]=BELEGT;
            if (moeglichePosition(i,j+1))
               spiel[i][j+1]=BELEGT;
            if (moeglichePosition(i+1,j-1))
               spiel[i+1][j-1]=BELEGT;
            if (moeglichePosition(i+1,j))
               spiel[i+1][j]=BELEGT;
            if (moeglichePosition(i+1,j+1))
               spiel[i+1][j+1]=BELEGT;
         }
   return;
}
private boolean moeglichePosition(int x, int y) {
   boolean test = false;
   if ((x>=0)&&(x<10)&&(y>=0)&&(y<10))
      if (spiel[x][y]!=SCHIFF)
         return true;
   return test;
}
```

Die Logik dieser Methode ist sehr einfach. Zuerst werden alle Felder, auf denen kein Schiff steht, freigegeben. Anschließend wird für jede Position, an der ein Schiff vorzufinden ist, geprüft, ob die angrenzenden Positionen innerhalb des Spielfelds liegen und ob sich dort kein weiteres Feld eines Schiffes befindet. Ist dies der Fall, so wird die jeweilige Position mit dem Wert BELEGT gekennzeichnet.

Sind einmal alle Schiffe platziert, so werden die BELEGT-Felder nicht länger benötigt. In der Methode spielfeldFertigstellen werden diese Felder daher wieder freigegeben.

Code

```
    public void spielfeldFertigstellen() {
       int i,j;
       for (i=0;i<10;i++)
          for (j=0;j<10;j++)
             if (spiel[i][j]!=SCHIFF)
                spiel[i][j]=FREI;
       return;
    }
}
```

4.6.5 Klasse SpielCanvas

Die Klasse SpielCanvas hat die Aufgabe, ein Spielfeld zu zeichnen und die Positionen in Abhängigkeit von der Datenstruktur Spielfeld einzufärben, bspw. grün für Schiff oder blau für Wasser. Diese Funktionalität wird realisiert, indem die paint-Methode überschrieben wird. Das Spielfeld wird hierbei als Parameter an den Konstruktor übergeben.

Code

```
import java.awt.*;
import java.awt.event.*;
public  class SpielCanvas extends Panel {
   Spielfeld s;
   public  SpielCanvas (Spielfeld s) {
      super();
      this.s = s;
   }
```

Das Zeichnen eines Spielfeldes wurde bereits im Laufe dieses Kapitels erläutert.

Code

```
    public void paint(Graphics screen) {
       int i,j;
       // Erzeuge Quadrat als Spielfeldbegrenzung
       screen.setColor(Color.white);
       screen.fillRect(0,0,200,200);
       screen.setColor(Color.black);
       screen.drawRect(0,0,200,200);
       // Erzeuge horizontale und vertikale Linien
       for (i = 1;  i < 10;  i++){
          screen.drawLine(0,  0+i*20,200,  0+i*20);
          screen.drawLine(0+i*20,  0,0+i*20,  200);
       }
```

Anschließend werden die Positionen in Abhängigkeit der Belegung mit Konstanten eingefärbt.

Code

```
        // Markiere Schiffe und Wasser
        for (i = 0; i < 10; i++)
            for (j = 0; j < 10; j++)
                if (s.spiel[i][j]!= s.FREI){
                    switch (s.spiel[i][j]) {
                        case s.WASSER:
                            // Erzeuge blaues Quadrat
                            screen.setColor(Color.blue);
                            //i*20+1 bzw. 20-1=19 damit die Randung bleibt
                            screen.fillRect(i*20+1,j*20+1,19,19);
                            break;
                        case s.SCHIFF:
                            // Erzeuge gruenes Quadrat
                            screen.setColor(Color.green);
                            //i*20+1 bzw. 20-1=19 damit die Randung bleibt
                            screen.fillRect(i*20+1,j*20+1,19,19);
                            break;
                        case s.VERSENKT:
                            // Erzeuge rotes Quadrat
                            screen.setColor(Color.red);
                            //i*20+1 bzw. 20-1=19 damit die Randung bleibt
                            screen.fillRect(i*20+1,j*20+1,19,19);
                            break;
                        default:
                            break;
                    }
                }
    }
}
```

4.6.6 Klasse SpielCanvasPos1

Die durch die Klasse SpielCanvas realisierte Funktionalität umfasst keinerlei Verarbeitung von Maus-Events. Hierzu stehen die Klassen SpielCanvasPos1 und SpielCanvasPos2 zur Verfügung. Die in der Klasse SpielCanvasPos1 enthaltene Funktionalität umfasst die Verarbeitung einzeln anfallender Maus-Events, wie sie beim Markieren von Schusspositionen anfallen.

Code

```
import java.applet.*;
import java.awt.*;

public class SpielCanvasPos1 extends SpielCanvas {
   SelectionAreaPos1 sa1;
   public  SpielCanvasPos1 (Spielfeld s) {
      super(s);
      //Setze Layout so gross wie moeglich.
      setLayout(new GridLayout(1,0));
      sa1 = new SelectionAreaPos1(s);
      add(sa1);
      validate();
   }
}
```

Es ist leicht erkennbar, dass diese Klasse die Positionierung eines `SelectionAreaPos1`-Objekts implementiert, das im Folgenden beschrieben wird.

4.6.7 Klasse SpielCanvasPos2

Die Aufgabe der Klasse `SpielCanvasPos2` ist ähnlich der der Klasse `SpielCanvasPos1`. Unterschiedlich ist allerdings, dass die hier eingebettete Klasse `SelectionAreaPos2` Anfangs- und Endpositionen von Schiffen erwartet.

Code

```
import java.applet.*;
import java.awt.*;

public class SpielCanvasPos2 extends SpielCanvas {
   public  SpielCanvasPos2 (Spielfeld s, Quadrate[] q) {
      super(s);
      //Setze Layout so gross wie moeglich.
      setLayout(new GridLayout(1,0));
      add(new SelectionAreaPos2(s, q));
      validate();
   }
}
```

4.6.8 Klasse SelectionArea

Die Klasse `SelectionArea` hat (wie bereits die Klasse `SpielCanvas`) die Aufgabe, das Spielfeld zu zeichnen. Zusätzlich dazu wird aber auch eine Koordinate, die ein Benutzer markiert hat, als grünes Feld eingetragen.Hierzu ist es notwendig, die Koordinate, die in der Variablen `tmp` gespeichert wird, anfangs mit den Werten (-1, -1) zu belegen, damit keine Felder angezeigt werden, bevor der Benutzer eine Koordinate markiert hat.

Code

```java
import java.awt.*;
import java.awt.event.*;

public class SelectionArea extends Canvas {
   Point tmp;
   Spielfeld s;
   public SelectionArea(Spielfeld s) {
      super();
      this.s = s;
      tmp = new Point(-1,-1);
      validate();
   }
   public void paint(Graphics screen) {
      int i,j;
      // Erzeuge Quadrat als Spielfeldbegrenzung
      screen.setColor(Color.white);
      screen.fillRect(0,0,200,200);
      screen.setColor(Color.black);
      screen.drawRect(0,0,200,200);
      // Erzeuge horizontale und vertikale Linien
      for (i = 1; i < 10; i++){
         screen.drawLine(0, 0+i*20,200, 0+i*20);
         screen.drawLine(0+i*20, 0,0+i*20, 200);
      }
      // Markiere Schiffe und Wasser
      for (i = 0; i < 10; i++)
         for (j = 0; j < 10; j++)
            if (s.spiel[i][j]!= s.FREI){
               switch (s.spiel[i][j]) {
                  case s.WASSER:
                     // Erzeuge blaues Quadrat
                     screen.setColor(Color.blue);
                     screen.fillRect(i*20+1,j*20+1,20-1,20-1);
                     break;
                  case s.SCHIFF:
                     // Erzeuge gruenes Quadrat
                     screen.setColor(Color.green);
                     screen.fillRect(i*20+1,j*20+1,19,19);
                     break;
                  case s.VERSENKT:
                     // Erzeuge rotes Quadrat
                     screen.setColor(Color.red);
                     screen.fillRect(i*20+1,j*20+1,19,19);
                     break;
                  default:
                     break;
               }
            }
      //Zeichne Koordinate ein
      if (tmp.x != -1){
         screen.setColor(Color.green);
         screen.fillRect(tmp.x*20+1,tmp.y*20+1,19,19);
      }
   }
}
```

4.6.9 Klasse SelectionAreaPos1

Die Klasse `SelectionAreaPos1` erweitert die Klasse `SelectionArea` um einen Maus-Listener, mit dessen Hilfe Positionen des Spielfelds markiert werden können.

Code

```java
import java.applet.*;
import java.awt.*;
import java.awt.event.*;

public class SelectionAreaPos1 extends SelectionArea{
   MyListener myListener;
   public SelectionAreaPos1(Spielfeld s) {
      super(s);
      myListener = new MyListener();
      addMouseListener(myListener);
      tmp.x=tmp.y=-1;
   }
   class MyListener extends MouseAdapter {
      public void mousePressed(MouseEvent e) {
         if ((tmp.x = (int)e.getPoint().x/20 ) > 9)
            tmp.x=9;
         if ((tmp.y = (int)e.getPoint().y/20 ) > 9)
            tmp.y=9;
         repaint();
      }
   }
}
```

4.6.10 Klasse SelectionAreaPos2

Die Klasse `SelectionAreaPos2` ist ohne Zweifel die komplexeste Klasse dieses Anwendungsbeispiels. Dies liegt unter anderem daran, dass zur intelligenten Verarbeitung der Benutzereingaben beim Aufstellen der Schiffe eine Reihe von Schritten notwendig sind. Der Anfang dieser Klasse ähnelt stark dem Aufbau der Klasse `SelectionAreaPos1`. Eine Ausnahme hierzu ist allerdings, dass eine Liste von `Quadrate`-Objekten deklariert wird, mit deren Hilfe der Benutzer erkennen kann, welche Schiffe bereits aufgestellt wurden und welche noch platziert werden müssen.

Code

```java
import java.applet.*;
import java.awt.*;
import java.awt.event.*;

public class SelectionAreaPos2 extends SelectionArea {
   MyListener myListener;
   Quadrate[] q;
   public SelectionAreaPos2(Spielfeld s, Quadrate[] q) {
      super(s);
```

```
        myListener = new MyListener();
        addMouseListener(myListener);
        this.q = q;
    }
```

Im Anschluss daran wird der Maus-Listener deklariert. Zu Anfang werden zwei Punkte definiert, die den Koordinaten entsprechen, die der Benutzer mit der Maus markieren soll. Hierbei sei darauf hingewiesen, dass zur Implementierung des Interfaces eine Adapterklasse verwendet wird.

Code

```
    class MyListener extends MouseAdapter {
        Point p[];
        public MyListener () {
            p = new Point[2];
            p[0] = new Point(-1,-1);
            p[1] = new Point(-1,-1);
        }
```

In der nun folgenden Methode `mousePressed` wird zunächst eine Koordinate in die Variable `tmp` eingelesen.

Code

```
        public void mousePressed(MouseEvent e) {
            if ((tmp.x = (int)e.getPoint().x/20 ) > 9)
                tmp.x=9;
            if ((tmp.y = (int)e.getPoint().y/20 ) > 9)
                tmp.y=9;
```

Anschließend muss unterschieden werden, ob die Koordinate die Anfangs- oder die Endposition eines Schiffes markiert. Ist die Anfangsposition des Punktepaares ungleich -1, so muss die Endkoordinate belegt werden. Weiterhin muss unterschieden werden, ob die Koordinate noch frei ist, oder ob hier bereits ein Schiff platziert ist. Wird ein Schiff vorgefunden, so soll dieses in der Folge gelöscht werden. Anderenfalls wird die Koordinate als Anfangsposition eines neuen Schiffs aufgefasst. Treffen beide Fälle nicht zu, so liegt ein Fehler vor und die Variable `tmp` wird wieder auf den Wert -1 gesetzt.

Code

```
            //Erste Koordinate des Schiffs
            if (p[0].x==-1){
                if ((s.spiel[tmp.x][tmp.y]==
                  s.FREI)||(s.spiel[tmp.x][tmp.y]== s.SCHIFF)) {
                    p[0].x = tmp.x;
                    p[0].y = tmp.y;
                } else {
                    //Falsche erste Position
                    tmp.x = tmp.y = -1;
                }
                repaint();
            }
```

Handelt es sich bei der angegebenen Koordinate um die Endposition eines Schiffes, so wird das Punktepaar zuerst geeignet initialisiert und dann gedreht. Es ist möglich, dass der Benutzer ein Schiff von rechts nach links, bzw. von unten nach oben angegeben hat. Um Schwierigkeiten zu vermeiden, werden die Punkte immer so gedreht, dass das Schiff von links nach rechts, bzw. von oben nach unten verläuft.

Weiterhin muss hier festgestellt werden, ob der Benutzer ein bereits existierendes Schiff markiert hat, das gelöscht werden soll. Ist dies der Fall, so wird das Schiff in der Methode `loescheSchiff` entfernt. Anschließend wird das Spielfeld reorganisiert (siehe oben) und die Punktepaare wieder auf den Wert `-1` zurückgesetzt.

Code

```
            else {//Zweite Koordinate
                p[1].x = tmp.x;
                p[1].y = tmp.y;
                p = drehePunkte(p);
                // Soll ein Schiff entfernt werden?
                if (s.spiel[p[0].x][p[0].y]==s.SCHIFF){
                    loescheSchiff(p);
                    s.reorganisiereSpielfeld();
                    p[0].x = p[0].y = p[1].x = p[1].y = tmp.x = tmp.y= -1 ;
                    return;
                }
```

Im nächsten Schritt muss geprüft werden, ob die angebene Position korrekt ist. Hat der Benutzer ein diagonal verlaufendes Schiff angegeben bzw. ein Schiff einer unzulässigen Länge, so wird eine Fehlermeldung generiert. Wenn das Positionspaar jedoch korrekt eingegeben wurde, so wird das Schiff in der dazugehörigen Datenstruktur gespeichert. Im Anschluss daran muss wiederum das Spielfeld reorganisiert werden, um bspw. die Felder um das Schiff herum als belegt zu markieren. Auch die Quadrate müssen nun neu gezeichnet werden, da ja ein Schiff mehr markiert worden ist, was sich in einem Wechsel des entsprechenden Quadrats von rot nach grün auswirkt. Zum Abschluss werden die Punktepaare wieder zurückgesetzt, um die Eingabe eines weiteren Schiffes zu ermöglichen.

Code

```
            //ueberpruefen, ob angegebenes Positionspaar korrekt ist
            if (checkPosition(p)){
                //Schiff im Spielfeld markieren
                for (int i = 0; i<=abs(p[0].x-p[1].x);i++)
                    for (int j = 0; j<=abs(p[0].y-p[1].y);j++){
                        if (p[0].x<p[1].x)
                            //Horizontales Schiff
                            s.spiel[p[0].x+i][p[0].y] = s.SCHIFF;
                        else
                            s.spiel[p[0].x][p[0].y+j] = s.SCHIFF;
                    }
                s.reorganisiereSpielfeld();
                repaint();
                for (int i = 0; i<5;i++)
                    q[i].repaint();
                p[0].x = p[0].y = p[1].x = p[1].y = tmp.x = tmp.y = -1;
```

Darf ein Schiff an einer angegebenen Position nicht platziert werden, so muss eine Fehlermeldung ausgegeben werden. Hierzu wird in einer `while`-Schleife zunächst das Fenster identifiziert, das als Elternfenster des Fehlerfensters fungieren kann. Anschließend wird eine Instanz der Klasse `FehlerFenster` erzeugt und dargestellt bzw. die Punktepaare wieder auf den Wert `-1` zurückgesetzt.

Code

```
            } else {
                //Fehlermeldung
                Object anker = getParent();
                while (! (anker instanceof Frame))
                    anker = ((Component) anker).getParent();
                FehlerFenster dialog = new FehlerFenster((Frame)anker,
                    Falsche Positionsangabe!");
                dialog.setVisible(true);
                dialog.setSize(200,150);
                p[0].x = p[0].y = p[1].x = p[1].y = tmp.x = tmp.y= -1 ;
                repaint();
            }
        }
    }
```

Die Methode `checkPosition` überprüft, ob ein Koordinatenpaar ein Schiff in einer korrekten Art und Weise repräsentiert. Zuerst wird hierbei geprüft, ob ein Schiff mindestens zwei, aber höchstens fünf Felder lang ist, gemäß der Spielregeln des Spiels „Schiffe versenken". Anschließend wird sichergestellt, dass die Felder, auf denen das Schiff stehen soll, wirklich frei sind. Schlagen diese Prüfungen fehl, so bricht die Routine mit dem Rückgabewert `false` ab.

Code

```java
public boolean checkPosition(Point[] p) {
  boolean test = false;
  int a = 0;
  if (abs(p[0].x-p[1].x)== 0)
    if ((abs(p[0].y-p[1].y)<=4)&& (abs(p[0].y-p[1].y)>0)
      test=true;
  if (abs(p[0].y-p[1].y)== 0)
    if ((abs(p[0].x-p[1].x)<=4)&& (abs(p[0].x-p[1].x)>0)
      test=true;
  //Sind die Schiff-Felder frei?
  for (int i=0;i<abs(p[0].x-p[1].x)+1;i++)
    for (int j=0;j<abs(p[0].y-p[1].y)+1;j++)
      if (p[0].x!= p[1].x)
        //Horizontales Schiff
        test = test &&
          (s.spiel[p[0].x+i][p[0].y]==s.FREI);
      else
        //Vertikales Schiff
        test = test &&
          (s.spiel[p[0].x][p[0].y+j]==s.FREI);
  if (test==false)
    return false;
```

Liegt ein korrektes Punktepaar vor, so muss das entsprechende Schiff eingerichtet werden. Hierzu wird zunächst die Länge des Schiffs festgestellt und dieses in Abhängigkeit von dessen Länge im Spielfeld platziert.

Code

```java
//Schiffnummer identifizieren
if (abs(p[0].x-p[1].x)>0)
  //Horizontales Schiff
  a = abs(p[0].x-p[1].x);
else
  //Vertikales Schiff
  a = abs(p[0].y-p[1].y);
//Richte Schiff in Abhaengigkeit von dessen Laenge ein
switch (a+1) {
  case 2:
    if (richteSchiffEin(0,p)==false)
      return false;
    break;
  case 3:
    if (s.schiff[1].p[0].x == -1){
      //Erster Dreier
      if (richteSchiffEin(1,p)==false)
        return false;
    }
    else
      //Zweiter Dreier
      if (richteSchiffEin(2,p)==false)
        return false;
    break;
```

```
            case 4:
               if (richteSchiffEin(3,p)==false)
                  return false;
               break;
            case 5:
               if (richteSchiffEin(4,p)==false)
                  return false;
               break;
            default:
         }
         return test;
      }
```

Aufgabe der Methode `richteSchiffEin` ist es, ein Schiff mit dem Punktepaar zu initialisieren. Hierbei ist zu beachten, dass die korrekte Anzahl der Schiffe eingehalten wird, dass also bspw. der Benutzer nicht 4 Dreier-Schiffe eingibt. Schlägt dies fehl, so wird der Wert `false` zurückgegeben und damit die Methode `checkPosition` insgesamt negativ beendet.

Code

```
      public boolean richteSchiffEin(int zahl, Point p[]) {
         int i,j;
         Point tmp = new Point();
         if (s.schiff[zahl].p[0].x != -1)
            //Schiff bereits belegt
            return false;
         //Schiffskoordinaten setzen
         s.schiff[zahl].p[0].x = p[0].x;
         s.schiff[zahl].p[0].y = p[0].y;
         s.schiff[zahl].p[1].x = p[1].x;
         s.schiff[zahl].p[1].y = p[1].y;
         s.schiffZahl = s.schiffZahl - (p[1].x-p[0].x) - (p[1].y-
            [0].y)-1;
         return true;
      }
```

Mittels der Methode `loescheSchiff` wird ein Schiff wieder vom Spielfeld entfernt. Hierbei wird das Schiff mittels der Methode `schiffSuche` zuerst gesucht. Obgleich die Koordinaten bekannt sind, ist es der Index des Schiffes in der dazugehörigen Datenstruktur noch lange nicht, sondern erst nach Durchlauf der Methode `schiffSuche`. Im Anschluss daran werden die einzelnen Felder des zu löschenden Schiffs wieder freigegeben. Auch die Koordinaten der `schiff`-Datenstruktur werden wiederum auf den Wert -1 zurückgestellt. Nachdem ein Schiff gelöscht wurden ist, muss der Benutzer eine um eins größere Zahl an Schiffen eingeben. Es ist daher auch darauf zu achten, dass die Variable `schiffZahl` entsprechend der Zahl der gelöschten Felder erhöht wird. Zum Abschluss der Methode müssen auch die Quadrate neu gezeichnet werden, die die noch zu setzenden Schiffe angeben.

Code

```
protected void loescheSchiff(Point p[]) {
   int x = 0;
   //Zu loeschendes Schiff finden
   while (schiffSuche(p,x) == false) x++;
   //Spielfeld freigeben
   for (int i=0; i<abs(s.schiff[x].p[0].x-
     s.schiff[x].p[1].x)+1; i++)
      for (int j=0; j<abs(s.schiff[x].p[0].y-
        s.schiff[x].p[1].y)+1; j++)
         s.spiel[s.schiff[x].p[0].x+i][s.schiff[x].p[0].y+j
           ]=s.FREI;
   //Werte des Schiffs zuruecksetzen
   s.schiff[x].p[0].x=s.schiff[x].p[1].x=-1;
   s.schiff[x].p[0].y=s.schiff[x].p[1].y=-1;
   s.schiffZahl = s.schiffZahl + (p[1].x-p[0].x) + (p[1].y-
     p[0].y)+1;
   for (int i = 0; i<5;i++)
      q[i].repaint();
   repaint();
   return;
}
```

Die nun folgende Methode schiffSuche stellt fest, ob die Koordinaten, die als erster Parameter übergeben werden, dem Schiff entsprechen, dessen Index als zweiter Parameter übergeben wird.

Code

```
private boolean schiffSuche (Point [] p, int i) {
   //Finde heraus, ob ein Wertepaar zu einem bestimmten Schiff
   //gehoert
   if ((s.schiff[i].p[0].x <= p[0].x)&&(s.schiff[i].p[1].x >=
     p[0].x))
      if ((s.schiff[i].p[0].y <= p[0].y)&&(s.schiff[i].p[1].y
        >= p[0].y))
         return true;
   return false;
}
```

Den Abschluss dieser komplexen Klasse bilden die zwei Hilfsmethoden drehePunkte und abs. Mittels drehePunkte wird sichergestellt, dass Schiffe immer von links nach rechts, bzw. von oben nach unten verlaufen. Die Methode abs realisiert die Betragsfunktion, gibt also unabhängig vom Vorzeichen des Eingabeparameters stets positive Werte zurück.

```
        private Point[] drehePunkte(Point[] p){
            Point tmp = new Point();
            if (p[0].x>p[1].x){
                tmp.x = p[0].x;
                p[0].x=p[1].x;
                p[1].x=tmp.x;
            }
            if (p[0].y>p[1].y){
                tmp.y = p[0].y;
                p[0].y=p[1].y;
                p[1].y=tmp.y;
            }
            return p;
        }
        protected int abs(int a){
            return ((a>0)?a:((-1)*a));
        }
    }
}
```

4.6.11 Klasse SchiffFenster

Nach der Darstellung der komplexen Event-Verarbeitung ist die Erläuterung der noch fehlenden Klassen wesentlich einfacher. Aufgabe der Klasse SchiffFenster ist die Darstellung des Fensters, mit dessen Hilfe der Benutzer die Schiffe eingeben kann.

```
import java.awt.*;
import java.awt.event.*;
import java.applet.*;
public class SchiffFenster extends Frame implements
    ActionListener{
    SpielCanvas sc1;
    Spielfeld s;
    Quadrate q[];
```

Zuerst werden die Klassenvariablen deklariert. Die Variable sc1 realisiert das Feld, mit dem der Benutzer per Maus seine Schiffe aufstellen kann. Mittels der Variablen s wird die Datenstruktur des Spielfelds verwaltet. Die Liste q der Quadrate zeigt dem Benutzer an, welche Schiffe bereits platziert sind (grünes Quadrat), bzw. welche Schiffe noch aufgestellt werden müssen.

Im Anschluss daran werden eine Reihe von Variablen deklariert, mit deren Hilfe Teile der Benutzeroberfläche realisiert werden. Zum Schluss der Variablendefinition wird eine Container-Variable c angegeben, die die Referenz auf das Applet speichert.

Code

```
Panel southPanel; // für die zwei Informationszeilen
Panel centerPanel; // Spielfeld und Panel 2
Label label1; //1. Informationszeile
Label label2; //2. Informationszeile
Label label3; // Label der aufzustellenden Schiffe
// Das allgemeine Panel, auf dem ein Schiff
// mit seinem Bezeichner dargestellt wird
Panel panel1;
// Panel, worauf die Schiffe mit Bezeichnungen sowie
// der "Fertig"-Button stehen
Panel panel2;
Container c;
```

Im Konstruktor wird zunächst das Spielfeld initialisiert bzw. eine neue Liste an Kontrollkästchen erzeugt. Anschließend werden die generellen Eigenschaften dieser Benutzeroberfläche angegeben.

Code

```
public SchiffFenster(Spielfeld s, Container c) {
   this.s = s;
   this.c = c;
   s.initialisieren();
   q = new Quadrate[5];
   //Generelle Aufteilung des GUIs
   setLayout(new BorderLayout(0,0));
   setSize(300,250);
   centerPanel = new Panel();
   centerPanel.setLayout(new GridLayout(1,2,0,0));
   centerPanel.setBounds(0,0,300,220);
   add("Center", centerPanel);
```

Im Anschluss wird das Spielfeld des Benutzers erzeugt. Hierzu müssen die Datenstruktur des Spielfelds und die Liste der Quadrate als Parameter übergeben werden, da aus dem Spielfeld heraus (bspw. beim Löschen der Schiffe) die Färbung der Kontrollkästchen verändert wird.

Code

```
   //Spielfeld des Benutzers
   sc1 = new SpielCanvasPos2(s, q);
   centerPanel.add(sc1);
```

Hierauf folgt das Anlegen der Schiffsbezeichner bzw. der Kontrollkästchen mittels der Methode `zeigeQuadrat`, die als Parameter einen String (den Schiffsbezeichner), einen boole'schen Wert und die Ordnungszahl des Schiffes erwartet. Der boole'sche Wert legt hierbei über den Wert `false` fest, dass in der ersten Zeile der Beschriftungen zusätzlich der Button `fertig` angezeigt wird, mit dem der Benutzer mitteilt, dass er alle Schiffe aufgestellt hat.

Code

```
//Infofelder
panel2 = new Panel();
panel2.setLayout(new GridLayout(5,1,3,3));
centerPanel.add(panel2);

zeigeQuadrat("2-er Schiff", false, 0);
zeigeQuadrat("3-er Schiff 1", true,1);
zeigeQuadrat("3-er Schiff 2", true, 2);
zeigeQuadrat("4-er Schiff",  true, 3);
zeigeQuadrat("5-er Schiff",  true, 4);
```

Den Abschluss der Erstellung des GUIs bilden zwei Textmarken, in denen dem Benutzer mitgeteilt wird, wie er Schiffe setzen und entfernen kann. Auch diese Komponenten werden über Panels gruppiert.

Code

```
southPanel = new Panel();
southPanel.setLayout(new GridLayout(2,1,0,0));
southPanel.setBounds(0,220,426,0);
add("South", southPanel);

label1 = new Label("Zum Setzen der Schiffe bitte Anfangs- und
   Endposition mit der Maus markieren", Label.LEFT);
label1.setBounds(0,0,426,23);
southPanel.add(label1);

label2 = new Label("Zum Entfernen der Schiffe bitte Anfangs-
   und Endposition nochmals mit der Maus markieren",
   Label.LEFT);
label2.setBounds(0,23,426,23);
southPanel.add(label2);
}
```

In der nun folgenden Methode `zeigeQuadrat` werden der Bezeichner eines Schiffes und das Kontrollkästchen gruppiert. Zusätzlich wird in der ersten Zeile der Button *Fertig* erzeugt, mit dessen Hilfe das Fenster wieder geschlossen werden kann (erst, wenn alle Schiffe aufgestellt sind).

Code

```
protected void zeigeQuadrat(String name, boolean val, int
   schiffNummer) {
   panel1 = new Panel();
   panel1.setLayout(null);
   q[schiffNummer] = new Quadrate(s, schiffNummer);
   q[schiffNummer].setBounds(5,5,20,20);
   panel1.add(q[schiffNummer]);
```

```
      label3 = new Label(name);
      label3.setBounds(30,5,100,20);
      panel1.add(label3);

      // Anlegen der Buttons
      if (val==false){
         Button fertig = new Button("Fertig");
         fertig.setBounds(130,5,60,30);
         panel1.add(fertig);
         fertig.addActionListener(this);
      }
      panel2.add(panel1);
   }
```

Das Event-Handling bildet den Abschluss dieser Klasse. Jedes Mal, wenn der Benutzer den `Fertig`-Button betätigt, muss geprüft werden, ob bereits alle Schiffe aufgestellt wurden. Ist dies der Fall, so wird das Fenster geschlossen und das Spiel kann beginnen. Anderenfalls wird eine entsprechende Fehlermeldung ausgegeben. Die Ausgabe der Fehlermeldung erfolgt analog wie zu dem Fall, in dem ein Schiff ungültig gesetzt wird.

Code

```
   public void actionPerformed(ActionEvent e) {
      if (s.schiffZahl == 0){
         repaint();
         setVisible(false);
         s.schiffZahl = 17;
         s.spielfeldFertigstellen();
         c.setSize(c.getSize().width+1, c.getSize().height+1);
      }
      else {
         Object anker = sc1.getParent();
         while (! (anker instanceof Frame))
            anker = ((Component) anker).getParent();
         FehlerFenster dialog = new FehlerFenster((Frame)anker,
            "Erst alle Schiffe setzen!!");
         dialog.setVisible(true);
         dialog.setSize(150,100);
      }
   }
}
```

4.6.12 Klasse Quadrate

Mittels der Klasse `Quadrate` werden hinter den Schiffsbezeichnern kleine Kästchen dargestellt, die entweder rot oder grün gefärbt sind. Ist ein derartiges Quadrat rot gefärbt, so muss der Benutzer das dazugehörige Schiff noch setzen. Wurde ein Schiff bereits platziert, so ist das entsprechende Quadrat grün.

```
import java.awt.*;
class Quadrate extends Canvas {
   int nummer;
   Spielfeld s;
   public Quadrate (Spielfeld s, int nummer) {
      super();
      this.s=s;
      this.nummer = nummer;
   }
   public void paint(Graphics screen) {
      int i;
      screen.setColor(Color.black);
      // Erzeuge Quadrat als Spielfeldbegrenzung
      screen.drawRect(0,0,15,15);
      // Erzeuge Quadrat als Spielfeldbegrenzung
      if (s.schiff[nummer].p[0].x!=-1)
         screen.setColor(Color.green);
      else
         screen.setColor(Color.red);
      //Das eigentliche Quadrat muss die Koordinaten (1,1,14,14),
      // nicht aber (0,0,15,15) haben, damit die Umrandung sichtbar
      //ist
      screen.fillRect(1,1,14,14);
   }
}
```

4.6.13 Klasse FehlerFenster

Aufgabe der Klasse `Fehlerfenster` ist es, ein Pop-Up-Fenster darzustellen, mit dessen Hilfe eine Fehlermeldung angezeigt wird. Das Fenster besteht aus einem Titel, in dem die Fehlermeldung erscheint, sowie aus einem Cancel-Button, mit dessen Hilfe das Fenster wieder geschlossen wird. Wenn ein Event ausgelöst wird, wenn also der Button betätigt wird, wird das Fenster wieder geschlossen.

```
import java.awt.*;
import java.awt.event.*;
public class FehlerFenster extends Dialog implements
   ActionListener{
   public FehlerFenster(Frame dw, String title) {
      super(dw, title, false);
      this.setLayout(new BorderLayout());
      Button b = new Button("Cancel");
      b.addActionListener(this);
      add("Center", b);
      pack();
   }
   public void actionPerformed(ActionEvent e) {
      setVisible(false);
   }
}
```

4.6.14 Ausführung der Anwendung

Nach Übersetzung der Klassen (javac *.java) kann das Programm mittels der Anweisung `appletviewer GUISVUser.html` ausgeführt werden, wenn eine dementsprechende Webseite erstellt wurde. Sicherlich ergibt sich auch hieraus kein besonders sinnvolles Spiel, da die Server-Komponenten fehlen. Der Client kann zwar seine Schiffe setzen, anschließend ist das Spiel aber vorbei. Das vollständige Spiel ist in Kapitel 7 beschrieben.

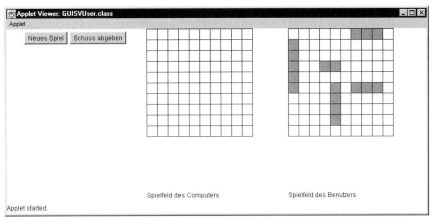

Abb. 4-39 Hauptfenster

In Abb. 4-39 ist das Hauptfenster des Applets abgebildet, in Abb. 4-40 die Benutzeroberfläche, in der der Anwender seine Schiffe aufstellen kann.

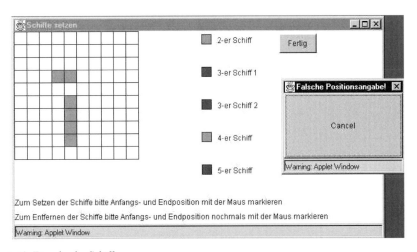

Abb. 4-40 Eingabe der Schiffe

4.6. Anwendungsbeispiel

4.7 Zusammenfassung

In diesem Kapitel werden die Prinzipien der Sprache Java betrachtet, mit deren Hilfe beliebig komplexe Benutzeroberflächen realisiert werden können. Dies schließt neben der Erstellung derartiger Oberflächen auch die Verarbeitung von Events mit ein. Ein weiterer Schwerpunkt des Kapitels gilt der Darstellung der Arbeit mit Threads, denen im Rahmen von Applets eine große Rolle zukommt. Der Leser sollte nach der Lektüre dieses Kapitels in der Lage sein, beliebig geschachtelte Benutzeroberflächen in Applets wie auch in Applications inklusive der notwendigen Event-Verarbeitung schreiben zu können.

Den Abschluss des Kapitels bildet das Anwendungsbeispiel, in dem die Benutzeroberflächen demonstriert wurden, mit denen der Client im Rahmen des Spiels „Schiffe versenken" seine Schiffe positioniert bzw. wie Schusskoordinaten bestimmt werden. Im nun folgenden Kapitel werden Kommunikationskonzepte betrachtet, mit deren Hilfe multimediale Daten sicher (bspw. über das Internet) ausgetauscht werden können.

Streams, Sicherheit und Networking

Ziel dieses Kapitels ist die Darstellung der Datenübertragungseigenschaften von Java, also sowohl Netzwerkübertragungen als auch Dateitransfers – und damit untrennbar verbunden das Konzept der Sicherheit. Führt man sich vor Augen, welche Komponenten des Spiels „Schiffe versenken" mit dem bisherigen Kenntnisstand realisiert werden könnten, so sollten Server und Client inklusive der Benutzeroberflächen implementiert werden können. Nach der Lektüre dieses Kapitels des Buches ist der Leser zusätzlich in der Lage, die Kommunikation zwischen Client und Server über das Internet zu programmieren, womit die erste Version des Spiels einsatzbereit ist.

Die folgenden Teile dieses Kapitels sind wie folgt gegliedert: Zuerst werden die Prinzipien des Streamings erläutert, mit denen Daten allgemein (ohne speziellen Netzwerkbezug) von einer Quelle zu einer Senke übertragen werden. *Streaming* bezeichnet hierbei die Übertragung von Datenströmen. Im Folgenden werden daher die Begriffe *Strom* und *Stream* als gleichwertig betrachtet. Anschließend werden die Sicherheitsrestriktionen erläutert, die bei der Verwendung der Netzwerkfunktionalität von Java beachtet werden müssen. Im Anschluss daran werden die Netzwerkfähigkeiten der Java-Plattform betrachtet, wobei hier eine kurze Einführung in die Terminologie von Netzwerken vorgenommen wird. Anschließend wird die Verarbeitung von URLs beschrieben, mit denen Ressourcen im Internet spezifiziert werden. Der dann folgende Teil erläutert den Einsatz von Sockets, die es einem Programm ermöglichen, mit anderen Programmen über ein Netzwerk zu kommunizieren. Ein Socket ist in diesem Zusammenhang ein Endpunkt einer Zwei-Wege-Kommunikation. Der abschließende Teil ist Datagrammen gewidmet, mit denen Nachrichten paketvermittelt übertragen werden können.

5.1 Streaming

Oftmals müssen Anwendungsprogramme Daten von einer externen Quelle lesen bzw. Daten an eine externe Quelle senden. Eine Quelle kann hierbei in Form einer Datei, einer Festplatte, aber auch im Netz oder Hauptspeicher vorliegen. Daten, die gelesen oder übertragen werden sollen, können in Form von Text, Bild, aber auch als Video oder Audio vorliegen. Das Konzept des Streamings ermöglicht einen derartigen Datenaustausch. Aufgrund des allgemeinen Ansatzes werden Spezifika, wie sie bspw. im Rahmen der Netzwerkprogrammierung (siehe Kapitel 5.3) auftreten, nicht betrachtet. Der allgemeine Informationsfluss geschieht hierbei nach folgendem Schema:

- *Laden von Daten*
  Ein Programm öffnet einen sog. Strom (Stream) zu einer Informationsquelle (bspw. Datei, Speicher oder Socket). Anschließend werden Daten sequentiell gelesen.
- *Schreiben von Daten*
  Ein Programm öffnet einen Strom (Stream) zu einer Empfangssenke. Anschließend werden Daten sequentiell geschrieben.

Die Algorithmen, die zum Lesen und Schreiben von Daten notwendig sind, ähneln sich sehr (siehe Tab. 5-1).

Lesen von Daten	Schreiben von Daten
Öffne Stream	Öffne Stream
Solange noch Daten vorhanden	Solange noch Daten vorhanden
Lese Daten	Schreibe Daten
Schließe Stream	Schließe Stream

Tab. 5-1 Lesen und Schreiben von Streams

Das Package `java.io` stellt die Funktionalität zur Verfügung, die zum Lesen und Schreiben von Streams notwendig ist. Zum einen können die Klassen dieses Packages dahingehend unterschieden werden, ob Zeichen oder Bytes übertragen werden sollen. Zum anderen kann man die Klassen dadurch voneinander abgrenzen, ob Daten geschrieben oder gelesen werden sollen.

In diesem Abschnitt werden zuerst die verschiedenen Typen von Streams beschrieben. Ein besonderes Augenmerk gilt dem Lesen und Schreiben von Objekten über Streams, wozu in Java das Konzept der Objektserialisierung verwendet wird. Dieses Konzept spielt insbesondere im Rahmen der Remote Method Invocation (RMI) eine große Rolle (siehe Kapitel 11.3.4). Im Anschluss daran wird der wahlfreie Zugriff auf Ströme erläutert, der das Auffinden von Daten in einem sequentiellen Strom ermöglicht, ohne diesen zuvor vollständig durchsuchen zu müssen.

5.1.1 Package java.io

Das Package java.io stellt eine Reihe von Funktionen zur Verfügung, mit denen Ströme realisiert werden können. Zunächst sollen Streams dahingehend unterschieden werden, ob sie Daten zeichenorientiert oder byteorientiert übertragen.

Zeichenorientierte Datenübertragung mit Streams

Zur zeichenorientierten Datenübertragung werden in Java die abstrakten Superklassen Reader und Writer verwendet. Mittels der Klasse Reader können Daten in Form eines lesenden, mittels Writer Daten in Form eines schreibenden Stroms übertragen werden. Beide Klassen beinhalten das Application Programming Interface (API) und Teile der Implementierungen, die zur Datenübertragung von 16 bit-Zeichen notwendig sind.

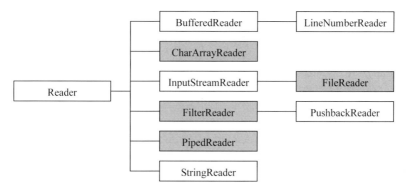

Abb. 5-1 Hierarchie der Klasse Reader

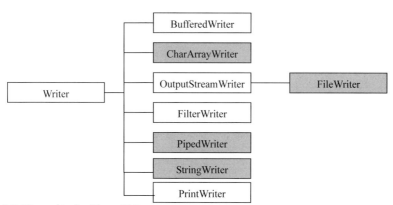

Abb. 5-2 Hierarchie der Klasse Writer

Zur tatsächlichen Verwendung der Funktionalität der Klassen `Reader` und `Writer` werden Subklassen benutzt, die spezialisierte Streams implementieren. Hierbei können passive und aktive Streams unterschieden werden. Passive Streams leiten Daten lediglich weiter, während aktive Streams zusätzlich eine Datenverarbeitung vornehmen. Die Klassenhierarchie der Klasse `Reader` ist in Abb. 5-1 aufgeführt, die Hierarchie der Klasse `Writer` in Abb. 5-2. Hierbei sind passive Stream-Klassen grau unterlegt, aktive Stream-Klassen sind durch einen weißen Hintergrund gekennzeichnet.

Die Verwendung von `Reader`- und `Writer`-Objekten empfiehlt sich immer dann, wenn Zeichen des Unicode-Alphabets gelesen oder geschrieben werden sollen. Die im Folgenden vorgestellten Byte-Streams übertragen im Gegensatz dazu 8 bit-Wörter, die nach ISO-Latin-1 kodiert sind.

Byteorientierte Datenübertragung mit Streams

Die byteorientierte Datenübertragung wird meist zum Lesen oder Schreiben von Binärdaten, also bspw. Bildern oder Audio in Form von 8 bit-Werten eingesetzt. Im Package `java.io` stehen hierzu die Klassen `InputStream` zum Lesen und `OutputStream` zum Schreiben zur Verfügung, die ähnliche Eigenschaften aufweisen wie die bereits erläuterten Klassen `Reader` und `Writer`. Auch bei dieser Art von Streams kann zwischen *passiven* und *aktiven* Strömen unterschieden werden. Die Hierarchie der Klasse `InputStream` ist in Abb. 5-3 angegeben, die der Klasse `OutputStream` in Abb. 5-4.

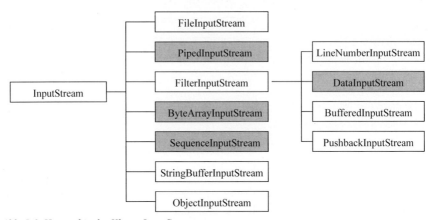

Abb. 5-3 Hierarchie der Klasse InputStream

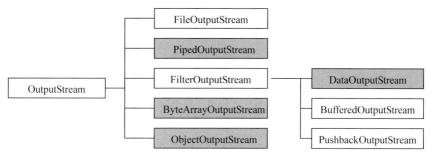

Abb. 5-4 Hierarchie der Klasse OutputStream

An dieser Stelle sei besonders auf die Klassen ObjectInputStream und ObjectOutputStream hingewiesen, die im Bereich der Objektserialisierung eine große Rolle spielen (siehe Kapitel 5.1.4).

Die Klassen Reader und InputStream definieren im Hinblick auf die unterschiedlichen Datentypen (zeichenorientiert bzw. byteorientiert) ähnliche APIs. Ein Beispiel hierfür ist in Tab. 5-2 angegeben, wo die Funktionalität der beiden Klassen gegenübergestellt wird. Eine vergleichbare Ähnlichkeit besteht zwischen den Klassen Writer und OutputStream. Hierbei sei angemerkt, dass jegliche Art von Strom automatisch geöffnet wird, wenn ein Strom erzeugt wird (Konstruktoraufruf). Ströme können entweder explizit mit Hilfe der Methode close oder implizit durch die in Java verwendete Garbage Collection geschlossen werden.

Klasse Reader	Klasse InputStream
int read()	int read()
int read(char cbuf[])	int read(byte cbuf[])
int read(char cbuf[], int offset, int length)	int read(byte cbuf[], int offset, int length)

Tab. 5-2 APIs der Klassen Reader und InputStream

5.1.2 Passives Streaming

Passive Streams können Daten in Form von Strings, Dateien oder Pipes lesen oder schreiben, nicht aber Daten manipulieren (siehe aktive Streams). Unter einer *Pipe* versteht man in diesem Zusammenhang eine Verbindung zweier Programmteile. Die Pipe übernimmt die Ausgaben eines Programmteils und leitet diese als Eingaben an einen anderen Programmteil weiter. Pipes verbinden also stets Programmteile (Threads). In Tab. 5-3 sind die passiven Streams, die Teil des Packages java.io sind, aufgeführt.

Datenquelle	Zeichenorientierte Methode	Byteorientierte Methode

Speicher	`CharArrayReader`
	`CharArrayWriter`
	`StringReader`
	`StringWriter`
		`ByteArrayInputStream`
		`ByteArrayOutputStream`
		`StringBufferInputStream`

Pipe	`PipedReader` `PipedWriter`	`PipedInputStream` `PipedOutputStream`
Datei	`FileReader` `FileWriter`	`FileInputStream` `FileOutputStream`

Tab. 5-3 Passive Streams im Package java.io

An dieser Stelle ist zu beachten, dass die Klassenpaare der zeichenorientierten Streams Entsprechungen in den byteorientierten Klassen finden, die auf denselben Datenquellen operieren. Im Einzelnen haben die Klassen die folgende Bedeutung:

- `CharArrayReader` und `CharArrayWriter` bzw. `ByteArrayInputStream` und `ByteArrayOutputStream`
  Mittels dieser Streams kann Speicher ausgelesen bzw. in den Hauptspeicher geschrieben werden. Hierzu wird ein Array verwendet, mit dessen Lese- und Schreibmethoden Daten aus dem Array gelesen bzw. Daten in den Array geschrieben werden.
- `StringReader` und `StringWriter` bzw. `StringBufferInputStream`
  Mittels des `StringReader`-Stroms können Zeichen eines Strings, der sich im Hauptspeicher befindet, ausgelesen werden. Analog werden Daten mittels der Klasse `StringWriter` in einem String gespeichert, wobei die Zeichen zuerst in einem `StringBuffer`-Objekt gesammelt werden, das anschließend in einen String umgewandelt werden kann. Die Klasse `StringBufferInputStream` ähnelt der Klasse `StringReader` bis auf die Tatsache, dass Daten in Form von Bytes aus einem `StringBuffer`-Objekt gelesen werden.
- `FileReader` und `FileWriter` bzw. `FileInputStream` und `FileOutputStream`
  Diese Klassen werden auch als *Dateiströme* (File Streams) bezeichnet und lesen Daten aus Dateien bzw. schreiben Daten in Dateien des lokalen Dateisystems. Diese Klassen werden zur Verdeutlichung im Folgenden noch näher erläutert.
- `PipedReader` und `PipedWriter` bzw. `PipedInputStream` und `PipedOutputStream`
  Diese Klassen implementieren die Funktionalität einer zeichenorientierten bzw. einer byteorientierten Pipe. Auch diese Klassen werden zur Verdeutlichung im Folgenden noch detailliert erläutert.

Dateiströme

Die Dateiströme `FileReader`, `FileWriter`, `FileInputStream` und `FileOutputStream` lesen bzw. schreiben Dateien des lokalen Dateisystems. Ein Dateistrom kann erzeugt werden, indem ein Dateiname, ein `File`-Objekt oder ein `FileDes-`

criptor-Objekt verwendet wird. Das folgende Beispiel verwendet die Klassen File-
Reader und FileWriter, um den Inhalt einer Datei beispiel1.txt in eine zweite
Datei namens beispiel2.txt zu kopieren.

Code

```
import java.io.*;
public class KopierOperation {
   public static void main(String[] args) throws IOException {
      int zeichen;
      File inputDatei = new File("beispiel1.txt");
      File outputDatei = new File("beispiel2.txt");
      FileReader einlesen = new FileReader(inputDatei);
      FileWriter ausgabe = new FileWriter(outputDatei);
      while ((zeichen = einlesen.read()) != -1)
         out.write(c);
      in.close();
      out.close();
   }
}
```

Offensichtlich ist das Programm außerordentlich einfach zu realisieren. Für Ein- und Ausgabedatei wird jeweils ein Deskriptor erzeugt, mit dem die Datei des Dateisystems anschließend referenziert wird.

Pipe-Ströme

PipedReader- und PipedWriter-Objekte zur zeichenorientierten Übertragung bzw. PipedInputStream- und PipedOutputStream-Objekte zur byteorientierten Übertragung implementieren die Ein- und Ausgabe von Pipes, die Daten von einem Thread an einen anderen senden können. Ein wichtiges Einsatzgebiet für Pipes ist die Stapelverarbeitung, bei der die Ausgabe eines Programmteils von einer folgenden Komponente weiter bearbeitet wird. Durch Pipes kann man daher vermeiden, das Resultat eines Bearbeitungsschritts zu speichern, bevor ein weiterer Schritt erfolgen kann. Das folgende Beispiel verdeutlicht die Verwendung von Pipe-Strömen. Hierbei wird eine Datei beispiel.txt eingelesen, deren Worte in umgekehrter Reihenfolge auf dem Bildschirm ausgegeben werden. Zuerst wird die Klasse definiert:

Code

```
import java.io.*;
public class PipeBeispiel {
   public static void main(String[] args) throws IOException {
      String input;
      FileReader woerter = new FileReader("beispiel.txt");
      //umkehren und sortieren
      Reader worte = umkehren(woerter);
```

```
      // Ausgabe auf dem Bildschirm
      BufferedReader eingabe = new BufferedReader(worte);
      while ((input = eingabe.readLine()) != null)
         System.out.println(input);
      in.close();
   }
```

Zum Einlesen der Daten wird hierbei ein `FileReader`-Objekt angelegt, dessen Ausgabe an ein Pipe-Objekt weitergeleitet wird. Der Pipe-Stream kehrt die Wortreihenfolge wie im Folgenden angegeben um. Hierzu wird innerhalb des Pipe-Objekts ein neuer Thread `UmkehrThread` angelegt, der die Umkehrung der Worte vornimmt.

Code

```
   public static Reader umkehren(Reader quelle) throws
      IOException {
      BufferedReader in = new BufferedReader(quelle);
      PipedWriter pipeAusgabe = new PipedWriter();
      PipedReader pipeEingabe = new PipedReader(pipeAusgabe);
      PrintWriter ausgabe = new PrintWriter(pipeAusgabe);
      new UmkehrThread(ausgabe, in).start();
      return pipeEingabe;
   }
```

Entscheidend bei der Verwendung einer Pipe ist, dass ein `Reader`-Objekt angelegt wird, das von einem `Writer`-Objekt liest. Dies entspricht genau der Definition einer Pipe.

Code

```
import java.io.*;
public class UmkehrThread extends Thread {
   private PrintWriter ausgabe = null;
   private BufferedReader in = null;
   public UmkehrThread(PrintWriter ausgabe,BufferedReader in){
      this.ausgabe = ausgabe;
      this.in = in;
   }
   public void run() {
      if (ausgabe != null && in != null) {
         try {
            String input;
            while ((input = in.readLine()) != null) {
               ausgabe.println(kehreUm(input));
               ausgabe.flush();
            }
            ausgabe.close();
         } catch (IOException e) {
         }
      }
   }
```

```
    protected void finalize() throws IOException {
      if (ausgabe != null) {
        ausgabe.close();
        ausgabe = null;
      }
      if (in != null) {
        in.close();
        in = null;
      }
    }
    private String kehreUm(String quelle) {
      int i, laenge = source.length();
      StringBuffer ziel = new StringBuffer(laenge);
      for (i = (laenge - 1); i >= 0; i--)
        ziel.append(quelle.charAt(i));
      return ziel.toString();
    }
}
```

Die Methode umkehren enthält einige Anweisungen, die in dieser Art und Weise häufig verwendet werden:

Code

```
BufferedReader in = new BufferedReader(quelle);
PipedWriter pipeAusgabe = new PipedWriter();
PipedReader pipeEingabe = new PipedReader(pipeAusgabe);
PrintWriter ausgabe = new PrintWriter(pipeAusgabe);
```

In der ersten Zeile wird ein BufferedReader-Objekt angelegt, das aus einer Quelle Daten einliest. Diese Quelle liegt in Form eines Reader-Objekts vor. Das Programm liest daher Daten direkt aus dem BufferedReader-Objekt, das wiederum aus dem Reader-Objekt liest. Hierdurch wird sichergestellt, dass die readLine-Methode, die Teil der Klasse BufferedReader ist, verwendet werden kann.

Analog hierzu wird das PipedWriter-Objekt auf ein PrintWriter-Objekt abgebildet, so dass die println-Methode des Objekts PrintWriter verwendet werden kann. Derartige Abbildungen finden sehr häufig Verwendung, da hierdurch die verschiedenen Eigenschaften mehrerer Ströme kombiniert werden können.

5.1.3 Aktives Streaming

Im Gegensatz zu passiven Strömen haben aktive Ströme die Aufgabe, während der Datenübertragung Operationen auszuführen (bspw. Zeichenkodierung oder Pufferung). Das Package java.io enthält eine Reihe von Operationen, die während des Schreibens und Lesens ausgeführt werden. Wie auch bei passiven Strömen existieren jeweils Operationspaare, die zur Verarbeitung zeichenorientierter bzw. byteorientierter Ströme eingesetzt werden können (siehe Tab. 5-4).

Prozess	Zeichenorientierte Methode	Byteorientierte Methode
Pufferung	`BufferedReader`, `BufferedWriter`	`BufferedInputStream`, `BufferedOutputStream`
Filterung	`FilterReader`, `FilterWriter`	`FilterInputStream`, `FilterOutputStream`
Konvertierung Byte <=> Zeichen	`InputStreamReader`, `OutputStreamWriter`	–
Anhängen (Concatenation)	–	`SequenceInputStream`
Objektserialisierung	–	`ObjectInputStream`, `ObjectOutputStream`
Datenkonvertierung	–	`DataInputStream`, `DataOutputStream`
Zählfunktion	`LineNumberReader`	`LineNumberInputStream`
Vorauslesen	`PushbackReader`	`PushbackInputStream`
Ausgeben	`PrintWriter`	`PrintStream`

Tab. 5-4 Aktive Streams im Package java.io

Auch bei aktiven Strömen stehen daher zeichenorientierte bzw. byteorientierte Streams zur Verfügung, die im Grunde dieselbe Aufgabe erfüllen, allerdings ausgehend von unterschiedlichen Ausgangsdaten. Die Aufgaben der Streams sind im Folgenden erläutert:

- `BufferedReader` und `BufferedWriter` bzw. `BufferedInputStream` und `BufferedOutputStream`
  Diese Klassen puffern Daten während des Lesens oder Schreibens. Durch die Pufferung wird die Anzahl der Zugriffe auf die Quelldaten so weit wie möglich eingeschränkt.
- `FilterReader` und `FilterWriter` bzw. `FilterInputStream` und `FilterOutputStream`
  Diese abstrakten Klassen definieren das Interface für Filterströme, die Daten während des Lesens oder Schreibens filtern. Diese Stream-Klasse wird im Folgenden noch detailliert erläutert.
- `InputStreamReader` und `OutputStreamWriter`
  Dieses Strompaar fungiert als Brücke zwischen zeichenorientierten und byteorientierten Streams. Ein `InputStreamReader`-Objekt liest Bytes aus einem `InputStream`-Objekt und konvertiert diese anschließend zu Zeichen, indem Standardverfahren der Zeichenkodierung verwendet werden, oder indem andere Verfahren angewendet werden, die durch einen bestimmten Namen charakterisiert werden. In ähnlicher Art und Weise konvertiert ein `OutputStreamWriter`-Objekt Zeichen zu Bytes, indem entweder Standardverfahren oder andere Ver-

fahren (siehe oben) zur Kodierung verwendet werden und die Daten anschließend in ein OutputStream-Objekt geschrieben werden. Das jeweilige Standardverfahren der Zeichenkodierung kann bspw. mit dem Befehl System.getProperty("file.encoding") festgestellt werden. Weitere Details der Zeichenkodierung sind in Kapitel 6 (Internationalisierung) angegeben.

- SequenceInputStream
  Diese Klasse wird dazu verwendet, einen Strom an einen anderen anzuhängen. Diese Stream-Klasse wird im Folgenden noch detailliert erläutert.
- ObjectInputStream und ObjectOutputStream
  Diese Klassen werden zur Objektserialisierung eingesetzt. Auch diese Stream-Klassen werden im Folgenden noch detailliert erläutert.
- DataInputStream und DataOutputStream
  Diese Klassen lesen oder schreiben einfache Java-Datentypen in einem plattformunabhängigen Format. Auch diese Stream-Klasse wird im Folgenden noch detailliert erläutert.
- LineNumberReader bzw. LineNumberInputStream
  Diese Klassen verfolgen die Zeilennummern während des Lesens.
- PushbackReader bzw. PushbackInputStream
  Diese Klassen sind lesende Streams, die jeweils einen Puffer eines Zeichens/Bytes verwenden. Diese Streams werden eingesetzt, wenn ein Zeichen/Byte vorab gelesen werden soll, um zu entscheiden, wie weiter verfahren werden soll. Es muss allerdings beachtet werden, dass das vorab gelesene Zeichen in den Strom zurückgelegt wird, so dass es nochmals gelesen und weiterverarbeitet werden kann.
- PrintWriter bzw. PrintStream
  Diese Klassen enthalten komfortable Ausgabemethoden. Da mit diesen Streams Ausgaben außerordentlich einfach getätigt werden können, findet man oftmals eine Abbildung anderer Ströme auf diese Stromart, um die hier enthaltenen Ausgabemöglichkeiten nutzen zu können.

Aneinanderhängen von Streams (Concatenation)

Eine Instanz der Klasse SequenceInputStream erzeugt einen Eingabestrom aus mehreren Input-Quellen. Im folgenden Beispiel wird ein SequenceInputStream-Objekt dazu verwendet, um zwei Dateien in der Reihenfolge aneinander zu fügen, die in der Kommandozeile angegeben ist. In der folgenden Hauptklasse wird die Funktionalität bereits erkennbar.

Code

```
import java.io.*;
public class Anhaengen {
    public static void main(String[] args) throws IOException {
        int zeichen;
```

```
      DateiListe myListe = new DateiListe(args);
      SequenceInputStream s = new SequenceInputStream(myListe);
      while ((zeichen = s.read()) != -1)
         System.out.write(zeichen);
      s.close();
   }
}
```

Zunächst wird ein DateiListe-Objekt (myListe) erzeugt, das mit den in der Kommandozeile übergebenen Parametern initialisiert wird. Die Parameter geben hierbei an, welche Dateien aneinander gehängt werden sollen. Mittels der Variablen myListe wird auch ein SequenceInputStream-Objekt initialisiert, das myListe verwendet, um einen neuen InputStream für jeden Dateinamen anzulegen, der vom Benutzer angegeben wird. Im Folgenden ist die Klasse DateiListe beschrieben. Da vorab unbekannt ist, wie viele Dateien aneinander gehängt werden sollen, muss nun das Interface Enumeration verwendet und implementiert werden.

Code

```
import java.util.*;
import java.io.*;
public class DateiListe implements Enumeration {
   private String[] dateiListe;
   private int aktuell = 0;
   public DateiListe(String[] dateiListe) {
      this.dateiListe = dateiListe;
   }
   public boolean hasMoreElements() {
      if (aktuell < dateiListe.length)
         return true;
      else
         return false;
   }
   public Object nextElement() {
      InputStream in = null;
      if (!hasMoreElements())
         throw new NoSuchElementException("Keine weiteren
            Daten");
      else {
         String nextElement = listOfFiles[current];
         aktuell++;
         try {
            in = new FileInputStream(nextElement);
         } catch (FileNotFoundException e) {
            System.err.println("DateiListe: Fehler" +
               nextElement);
         }
      }
      return in;
   }
}
```

Nachdem in der main-Methode ein SequenceInputStream-Objekt erzeugt wurde, liest dieses Objekt Byte für Byte ein. Wenn das SequenceInputStream-Objekt ein InputStream-Objekt für eine neue Datenquelle benötigt, wird die Methode next-

Element des Enumeration-Objekts aufgerufen, um ein neues InputStream-Objekt zu erzeugen. Dies tritt immer dann ein, wenn bspw. das Ende eines Eingabestroms erreicht ist. Das DateiListe-Objekt erzeugt FileInputStream-Objekte jeweils einzeln, also immer dann, wenn ein derartiges Objekt tatsächlich verwendet werden soll. Stehen innerhalb von DateiListe keine weiteren Dateien zum Einlesen zur Verfügung, so gibt die Methode nextElement den Wert null zurück und der Aufruf der read-Methode des SequenceInputStream-Objekts gibt den Wert -1 zurück, um das Ende des Einlesevorgangs anzuzeigen. Die derart definierte Funktionalität gibt alle Daten, die von SequenceInputStream eingelesen werden, über die Standardausgabe aus.

Filterung von Datenströmen

Daten, die von einem Strom gelesen werden oder die in einen Strom geschrieben werden, können gefiltert werden, indem ein Filterstrom an den Strom der Originaldaten angefügt wird. Das Package java.io enthält die folgenden Filterströme, die Subklassen der Klassen FilterInputStream oder FilterOutputStream sind:

- DataInputStream und DataOutputStream
- BufferedInputStream und BufferedOutputStream
- LineNumberInputStream
- PushbackInputStream
- PrintStream (Ausgabestrom)

Ziel dieses Abschnitts ist die Darstellung der Verwendung von Filterströmen. Hierzu ist ein Beispiel angegeben, das ein DataInputStream- und ein DataOutputStream-Objekt einsetzt. Zusätzlich wird verdeutlicht, wie eigene Filterströme entwickelt werden können.

Um einen gefilterten Ein- oder Ausgabestrom verwenden zu können, muss ein Filterstrom mit der Ein- oder Ausgabe eines weiteren Streams verbunden werden. Durch diese Vorgehensweise können bspw. die komfortablen read-Methoden, die durch DataInputStream implementiert werden, verwendet werden. Ein Beispiel, in dem ein DataInputStream-Objekt mit dem Standardeingabestrom verbunden ist, ist im folgenden Beispiel angegeben.

Syntax

```
DataInputStream dis = new DataInputStream(System.in);
String eingabe;
while ((eingabe = dis.readLine()) != null) {
   // Datenverarbeitung
}
```

Verwendung von DataInputStream und von DataOutputStream

Im Folgenden soll anhand eines Beispiels betrachtet werden, wie die Klassen `DataInputStream` und `DataOutputStream` verwendet werden. Im Beispiel werden Tabellen eingelesen und ausgegeben, die Daten über Fußballvereine speichern. Eine Tabelle enthält Spalten, die durch Tabulatorwerte voneinander getrennt sind. Die Spalten enthalten den Namen eines Vereins, die derzeitige Punktzahl und die Anzahl der bisher gewonnenen Spiele. Ein Beispiel hierfür ist in Tab. 5-5 angegeben.

Name des Vereins	Punktezahl	Gewonnene Spiele
Bayern München	50	16
Kaiserslautern	49	15

Tab. 5-5 Tabelle des Beispiels

Wie andere Filterströme auch muss ein `DataOutputStream`-Objekt mit einem anderen `OutputStream`-Objekt verbunden werden. Für dieses Beispiel wird es mit einem `FileOutputStream`-Objekt verbunden, das in eine Datei `tabelle1.txt` schreibt. Anschließend werden die Daten, die in Form von Arrays vorliegen, in die Tabelle eingetragen.

Code

```
import java.io.*;
public class Tabelle {
   public static void main(String[] args) throws IOException {
      // schreiben der Daten
      DataOutputStream out = new
        DataOutputStream(new(FileOutputStream("tabelle.txt"));
      int[] punkte = { 50, 49};
      int[] gewonnen = { 16, 15};
      String[] verein= { "Bayern München","Kaiserslautern"};
      for (int i = 0; i < punkte.length; i ++) {
         out.writeChars(verein[i]);
         out.writeChar('\t');
         out.writeInt(punkte[i]);
         out.writeChar('\t');
         out.writeInt(gewonnen[i]);
         out.writeChar('\n');
      }
      out.close();
      DataOutputStream dos = new DataOutputStream(new
        FileOutputStream("tabelle1.txt"));
```

Nach dem Schreiben der Daten wird der Ausgabe-Stream mittels `close` geschlossen. Im Anschluss daran wird ein neues `DataInputStream`-Objekt erzeugt, das auf der Datei operiert, die im vorangegangenen Schritt erzeugt wurde.

Code

```
DataInputStream in = new
DataInputStream(new(FileInputStream("tabelle1.txt"));
int punkt;
int gewinn;
String name;
int gesamt = 0;
```

Auch das `DataInputStream`-Objekt muss mit einem `InputStream`-Objekt verbunden werden, in diesem Fall mit der Datei, aus der gelesen werden soll (`tabelle1.txt`). Im Folgenden werden die Daten wieder eingelesen.

Code

```
    try {
       while (true) {
          punkt = in.readInt();
          in.readChar();        // tab lesen
          gewinn = in.readInt();
          in.readChar();        // tab lesen
          name = in.readLine();
          System.out.println(name + " "+punkt + " " + gewinn);
          gesamt += punkt;
       }
    } catch (EOFException e) {
    }
    System.out.println("Insgesamt vergebene Punkte" +
      gesamt);
    in.close();
  }
}
```

Nachdem alle Daten gelesen wurden, wird ausgegeben, wie viele Punkte in dieser Saison auf die beiden Fußballvereine entfielen. Hierbei sollte der Schleife, in der die Daten eingelesen werden, besondere Beachtung geschenkt werden. Normalerweise sehen derartige Schleifen folgendermaßen aus:

Code

```
while ((input = dis.readLine()) != null) {
   //Verarbeitung
}
```

Die `readLine`-Methode liefert dann den Wert `null` zurück, wenn das Ende der Datei erreicht ist. Viele der `readXXX`-Methoden der Klasse `DataInputStream` können diese Funktionalität allerdings nicht zur Verfügung stellen, da jeder Wert, der zurückgeliefert werden könnte, ein legitimes Zeichen des Datenstroms sein könnte. Aus genau diesem Grund erzeugen alle `readXXX`-Methoden der Klasse `DataInputStream` ein `EOFException`-Objekt. Wird dieses Objekt erkannt, so terminiert die Schleife.

Entwicklung von Filterströmen

Ziel dieses Abschnitts ist die Darstellung, wie gefilterte Ein- und Ausgabesströme selbst entwickelt werden können. Hierzu sind die folgenden Schritte zu durchlaufen:

1. Erzeugung einer Subklasse der Klassen `FilterInputStream` und `FilterOutputStream`. Ein- und Ausgabeströme werden oftmals paarweise verwendet, so dass die Erstellung beider Subklassen sinnvoll ist.
2. Überschreiben der jeweiligen `read`- und `write`-Methoden.
3. Überschreiben anderer benötigter Methoden.
4. Überprüfung der Zusammenarbeit von Ein- und Ausgabeströmen.

Auch in diesem Abschnitt wird ein Beispiel verwendet, um die Implementierung eines Filterstroms zu verdeutlichen. Aufgrund seiner hervorragenden didaktischen Eignung soll ein Beispiel verwendet werden, das ursprünglich von David Connelly aus dem Java-Entwickler-Team konzipiert wurde.

Im Beispiel verwenden sowohl Ein- als auch Ausgabestrom eine Prüfsumme, um die geschriebenen bzw. gelesenen Daten abzusichern. Hierbei wird jeweils festgestellt, ob die Prüfsumme der Daten, die vom Input-Stream gelesen wurden, mit der Prüfsumme übereinstimmt, die zu den vom Output-Stream geschriebenen Daten gehört. Das Beispiel besteht aus vier Klassen und einem Interface:

- den Subklassen der Filterklassen `CheckedOutputStream` und `CheckedInputStream`.
- dem Interface `Pruefsumme` und der Klasse `A32` zur Berechnung der Checksumme der Ströme.
- der Klasse `IOTest`, die die `main`-Methode des Programms enthält.

Die Klasse `CheckedOutputStream` ist eine Subklasse der Klasse `FilterOutputStream`, die eine Prüfsumme der Daten berechnet, die in den Stream hineingeschrieben werden. Wird eine Instanz der Klasse `CheckedOutputStream` erzeugt, so muss der Konstruktor wie folgt aufgerufen werden:

Code

```
import java.io.*;
public class CheckedOutputStream extends FilterOutputStream {
   private Pruefsumme pfsumme;
   public CheckedOutputStream(OutputStream out, Pruefsumme
     pfsumme) {
      super(out);
      this.pfsumme = pfsumme;
   }
```

Der Konstruktor erwartet ein Argument vom Typ `OutputStream` sowie eines vom Typ `Pruefsumme`. Das `OutputStream`-Argument entspricht dem Ausgabestrom, der die Instanz vom Typ `CheckedOutputStream` filtern soll. Das `Pruefsumme`-Argument ist ein Objekt, das eine Prüfsumme berechnen kann. Das `CheckedOutputStream`-Objekt initialisiert sich hierbei selbst, indem der Konstruktor der Superklasse aufgerufen wird und die Variable `pfsumme`, die als `private` gekennzeichnet ist, mit dem `Pruefsumme`-Objekt initialisiert wird. Das `CheckedOutputStream`-Objekt verwendet `pfsumme`, um die Prüfsumme jedes Mal zu aktualisieren, wenn Daten in den Strom hineingeschrieben werden.

`CheckedOutputStream` muss die `write`-Methoden der Klasse `FilterOutputStream` überschreiben, so dass jedes Mal die Prüfsumme berechnet wird, wenn die `write`-Methode ausgeführt wird. In der Klasse `FilterOutputStream` stehen die folgenden drei Varianten der `write`-Methode zur Verfügung:

- `write(int i)`
- `write(byte[] b)`
- `write(byte[] b, int offset, int laenge)`

Die überschriebenen Methoden sehen wie folgt aus:

Code

```
public void write(int b) throws IOException {
   out.write(b);
   pfsumme.update(b);
}
public void write(byte[] b) throws IOException {
   out.write(b, 0, b.length);
   pfsumme.update(b, 0, b.length);
}
public void write(byte[] b, int off, int len) throws
  IOException {
   out.write(b, off, len);
   pfsumme.update(b, off, len);
}
public Checksum getPruefsumme() {
   return pfsumme;
}
}
```

Die Klasse `CheckedInputStream` ähnelt der Klasse `CheckedOutputStream`. Als Subklasse von `FilterInputStream` berechnet die Klasse `CheckedInputStream` eine Prüfsumme der Daten, die aus einem Stream gelesen werden. Zunächst muss der Konstruktor wie folgt aufgerufen werden:

Code

```
import java.io.FilterInputStream;
import java.io.InputStream;
import java.io.IOException;
public class CheckedInputStream extends FilterInputStream {
   private Checksum pfsumme;
```

```
public CheckedInputStream(InputStream in, Pruefsumme
  pfsumme) {
    super(in);
    this.pfsumme = pfsumme;
  }
```

Anschließend muss die Klasse `CheckedInputStream` die `read`-Methoden der Klasse `FilterInputStream` überschreiben, so dass jedes Mal, wenn Daten gelesen werden, eine neue Prüfsumme berechnet wird. Auch in der Klasse `FilterInputStream` sind drei `read`-Methoden definiert:

Code

```
public int read() throws IOException {
    int b = in.read();
    if (b != -1) {
       pfsumme.update(b);
    }
    return b;
}
public int read(byte[] b) throws IOException {
    int laenge;
    laenge = in.read(b, 0, b.length);
    if (laenge != -1) {
       pfsumme.update(b, 0, len);
    }
    return laenge;
}
public int read(byte[] b, int off, int laenge) throws
  IOException {
    laenge = in.read(b, off, laenge);
    if (laenge != -1) {
       pfsumme.update(b, off, laenge);
    }
    return laenge;
}
public Checksum getPruefsumme() {
    return pfsumme;
}
}
```

Anschließend muss der Interface `Pruefsumme` implementiert werden, das vier Methoden für Prüfsummenobjekte definiert. Diese Methoden setzen den Wert der Prüfsumme zurück, aktualisieren ihn oder liefern den Wert zurück. Im Beispiel wird im Folgenden die *Adler32*-Prüfsumme implementiert, die erheblich schneller ist als bspw. die CRC32-Checksumme, wenn auch etwas weniger zuverlässig. Da im Beispiel aber eine fortwährende Berechnung der Prüfsumme gewünscht ist, muss die notwendige Berechnung vor allem schnell erfolgen.

Code

```java
public interface Pruefsumme {
   /**
   * Aktualisieren der Pruefsumme mit angegebenem Byte */
   public void update(int b);
   /**
   * Aktualisieren der Pruefsumme mit angegebenem Array aus
   * Bytes */
   public void update(byte[] b, int off, int len);
   /**
   * Zurueckgeben des Werts der Pruefsumme */
   public long getValue();
   /**
   * Zuruecksetzen der Checksumme */
   public void reset();
}
public class A32 implements Pruefsumme {
   private int wert = 1;
   /* BASIS ist die groesste Primzahl kleiner als 65536
   * NMAX ist das groesste n so dass 255n(n+1)/2 +
   * (n+1)(BASIS-1) <= 2^32-1*/

   private static final int BASIS = 65521;
   private static final int NMAX = 5552;

   public void update(int b) {
      int s1 = wert & 0xffff;
      int s2 = (wert >> 16) & 0xffff;
      s1 += b & 0xff;
      s2 += s1;
      wert = ((s2 % BASIS) << 16) | (s1 % BASIS);
   }
   public void update(byte[] b, int off, int laenge) {
      int s1 = wert & 0xffff;
      int s2 = (wert >> 16) & 0xffff;
      while (laenge > 0) {
         int k = laenge < NMAX ? laenge : NMAX;
         laenge -= k;
         while (k-- > 0) {
            s1 += b[off++] & 0xff;
            s2 += s1;
         }
         s1 %= BASIS;
         s2 %= BASIS;
      }
      wert = (s2 << 16) | s1;
   }
   public void reset() {
      wert = 1;
   }
   public long getValue() {
      return (long)wert & 0xffffffff;
   }
}
```

Die letzte Klasse des Beispiels, IOTest, beinhaltet die main-Methode des gesamten Programms:

Code

```java
import java.io.*;
public class IOTest {
   public static void main(String[] args) throws IOException {
      A32 inChecker = new A32();
      A32 outChecker = new A32();
      CheckedInputStream in = null;
      CheckedOutputStream out = null;
      try {
         in = new CheckedInputStream(
           new FileInputStream("beispiel1.txt"), inChecker);
         out = new CheckedOutputStream( new
           FileOutputStream("beispiel2.txt"), outChecker);
      } catch (FileNotFoundException e) {
         System.err.println("IOTest: " + e);
         System.exit(-1);
      } catch (IOException e) {
         System.err.println("IOTest: " + e);
         System.exit(-1);
      }
      int c;
      while ((c = in.read()) != -1)
         out.write(c);
      System.out.println("Inputstream-Pruefsumme: " +
        inChecker.getValue());
      System.out.println("Outputstream-Pruefsumme: " +
        outChecker.getValue());
      in.close();
      out.close();
   }
}
```

Das Hauptprogramm erzeugt zwei A32-Prüfsummenobjekte. Das erste Objekt wird hierbei zur Überprüfung des Ausgabe-Streams, das zweite Objekt zur Überprüfung des Eingabe-Streams verwendet. Der Einsatz zweier Prüfsummen ist hierbei notwendig, da die Prüfsummenobjekte während der Schreib- und Leseaufrufe aktualisiert werden und derartige Aufrufe parallel erfolgen können.

5.1.4 Objektserialisierung

Die Verarbeitung von Objekten mittels Streams, für die in Java die Klassen ObjectInputStream und ObjectOutputStream zur Verfügung stehen, unterscheidet sich deutlich von der Verwendung anderer Stream-Arten. Um ein Objekt speichern zu können, muss der Zustand des Objekts zum Speicherzeitpunkt in einer seriellen Form geschrieben werden. Die gespeicherten Daten müssen hierbei erlauben, das Objekt wieder einzulesen und damit weiterzuarbeiten, als ob keine Zwischenspeicherung erfolgt wäre. Den Prozess des Schreibens und Lesens von Objekten bezeichnet man in diesem Kontext auch als *Objektserialisierung*. Einsatzgebiete der Objektserialisierung sind:

- *Remote Method Invocation* (RMI, siehe auch Kapitel 11) zur Objektkommunikation über Sockets.

- *Persistenz*, also die Archivierung eines Objekts, das zu einem späteren Zeitpunkt der Programmabarbeitung wieder benötigt wird.

In den folgenden Unterkapiteln wird zunächst beschrieben, wie Objekte serialisiert werden müssen. Anschließend wird betrachtet, wie eine Klasse implementiert werden muss, damit ihre Instanzen serialisiert werden können.

Serialisierung von Objekten

Die Serialisierung von Objekten erfolgt immer in zwei Schritten. Zuerst muss ein Objekt in einen Strom geschrieben und anschließend wieder rekonstruiert werden.

Um Objekte in einen Stream schreiben zu können, muss ein Objekt zunächst erzeugt und anschließend serialisiert werden. Im folgenden Beispiel werden eine Zeichenkette und eine Zahl serialisiert.

Code

```
int i = 20;
FileOutputStream ausgabe= new FileOutputStream("artikel");
ObjectOutputStream s = new ObjectOutputStream(ausgabe);
s.writeObject("Artikel: Seife");
s.writeObject(new Integer(i));
s.flush();
```

Da die Klasse `ObjectOutputStream` die Funktion eines verarbeitenden Stroms erfüllt, muss zunächst ein Strom erzeugt werden, auf dem eine `ObjectOutputStream`-Instanz operieren kann. Hierbei wird ein `FileOutputStream`-Objekt erzeugt, das das serialisierte Objekt in einer Datei mit dem Namen `artikel` speichert.

Bezieht sich ein Objekt auf andere Objekte, so müssen alle Objekte, die vom ersten referenziert werden, zur selben Zeit gespeichert werden wie das erste Objekt. Durch dieses Vorgehen werden auch die Referenzen konsistent gespeichert.

Die Klasse `ObjectOutputStream` implementiert das Interface `DataOutput`, das eine Reihe von Methoden definiert, mit denen einfache Datentypen gespeichert werden können, bspw. die Methoden `writeInt`, `writeFloat` und `writeUTF`. Die Methode `writeObject` erzeugt eine Ausnahme vom Typ `NotSerializableException`, wenn ein Objekt verwendet wird, das nicht serialisierbar ist. Ein Objekt ist genau dann serialisierbar, wenn die Objektklassen das Interface `Serializable` implementieren.

Nachdem Objekte und einfache Datentypen in einen Strom geschrieben wurden, können sie später wieder gelesen und rekonstruiert werden. Im folgenden Beispiel werden die Objekte, die im ersten Beispiel gespeichert wurden, wieder eingelesen.

Code

```
FileInputStream einlesen= new FileInputStream("artikel");
ObjectInputStream s = new ObjectInputStream(einlesen);
```

```
String today = (String)s.readObject();
Integer zahl = (Int)s.readObject();
```

In Analogie zur Klasse `ObjectOutputStream` muss auch ein Objekt vom Typ `ObjectInputStream` auf einem anderen Stream aufgesetzt werden. Im Beispiel wurden die Daten in einer Datei archiviert, so dass das `ObjectInputStream`-Objekt auf einem `FileInputStream`-Objekt aufsetzen muss. Anschließend wird die Methode `readObject`, die Teil der Klasse `ObjectInputStream` ist, verwendet, um die Daten wieder einzulesen. Die Reihenfolge, in der Daten gelesen werden, entspricht stets der Reihenfolge, in der die Daten gespeichert wurden. Es ist weiterhin zu beachten, dass das Objekt, das von der Methode `readObject` als Ergebnis geliefert wird, auf einen spezifischen Typ abgebildet (Casting) werden muss. Um Referenzen zwischen Objekten wieder herzustellen, deserialisiert die Methode `readObject` das jeweils nächste Objekt eines Stroms und geht rekursiv die Referenzen zu allen Objekten durch, die vom ersten Objekt aus erreichbar sind. Diese Objekte werden anschließend rekonstruiert.

Ströme der Klasse `ObjectInputStream` implementieren das Interface `DataInput`, das Methoden zum Lesen einfacher Datentypen zur Verfügung stellt. Diese Methoden entsprechen denen, die das Interface `DataOutput` zum Schreiben einfacher Datentypen anbietet, bspw. `readInt`, `readFloat` und `readUTF`.

Verwendung der Objektserialisierung

Ein Objekt kann dann serialisiert werden, wenn seine Klassen das Interface `Serializable` implementieren. Dies ist vor allem deshalb leicht umzusetzen, da das Interface leer ist. `Serializable` beinhaltet also keine Methodendefinitionen, sondern dient ausschließlich der Identifikation serialisierbarer Klassen.

Syntax

```
package java.io;
public interface Serializable {
// leer
}
```

Die Instantiierung serialisierbarer Klassen ist dann sehr einfach, da die Signatur lediglich um die Schlüsselwörter `implements Serializable` erweitert werden muss.

Syntax

```
public class SerialisierbareKlasse implements Serializable {
   // Inhalt
}
```

Zur Implementierung müssen keinerlei Methoden geschrieben werden. Die Serialisierung der Instanzen einer Klasse wird von der Methode `defaultWriteObject` der

Klasse `ObjectOutputStream` übernommen, die automatisch alle Daten anlegt, die zur Rekonstruktion der Instanz einer Klasse notwendig sind:

- Die Klasse eines Objekts.
- Die Signatur einer Klasse.
- Werte aller nichttemporären und nichtstatischen Variablen, einschließlich der Referenzen zu anderen Objekten.

Die meisten Klassen können auf diese Art und Weise serialisiert werden. Es ist allerdings zu bedenken, dass die Standardserialisierung sehr langsam sein kann. Aus diesem Grund kann es durchaus sinnvoll sein, wenn eine Klasse die Serialisierung explizit kontrolliert.

Serialisierungskontrolle

Die Serialisierung kann kontrolliert werden, wenn die Methoden `writeObject` und `readObject` überschrieben werden. Die Methode `writeObject` kontrolliert, welche Informationen gespeichert werden. Üblicherweise werden hiermit Informationen an einen Strom angehängt. Die Methode `readObject` kann entweder dazu eingesetzt werden, Informationen wiederherzustellen, die von der entsprechenden `writeObject`-Methode gespeichert wurden, oder, um den Zustand eines Objekts zu aktualisieren, das bereits wiederhergestellt wurde.

Die Methode `writeObject` muss exakt in der Art und Weise deklariert werden, die im Folgenden angegeben ist. Hierbei sollte als erster Serialisierungsschritt die Methode `defaultWriteObject` eines Stroms aufgerufen werden. Spezielle Vereinbarungen folgen dann als weitere Schritte.

Syntax

```
private void writeObject(ObjectOutputStream s)
   throws IOException {
   s.defaultWriteObject();
   // spezieller Serialisierungs-Code
}
```

Die Methode `readObject` muss alle Daten in derselben Reihenfolge einlesen, wie diese von der Methode `writeObject` gespeichert wurden. Die Methode `readObject` kann weiterhin Berechnungen oder Aktualisierungen des Objektzustandes vornehmen. Die im Folgenden angeführte Methode `readObject` ist das Gegenstück der oben aufgelisteten Methode `writeObject`.

Syntax

```
private void readObject(ObjectInputStream s)
   throws IOException {
```

```
    s.defaultReadObject();
    // spezieller Deserialisierungs-Code
    // Objektaktualisierungen
}
```

Die Methoden `writeObject` und `readObject` serialisieren ausschließlich eine speziell ausgezeichnete Klasse. Serialisierungen, die von den Superklassen gefordert werden, werden hierbei automatisch ausgeführt. Möchte eine Klasse die Serialisierung aber explizit mit ihren Superklassen koordinieren, so muss das Interface `Externalizable` implementiert werden.

Interface Externalizable

Eine vollständige explizite Kontrolle des Serialisierungsprozesses erfordert die Implementierung des Interfaces `Externalizable`. Objekte, die dieses Interface implementieren, gewährleisten, dass lediglich die Identität der Objektklasse von einem Strom automatisch gespeichert wird. Die Klasse ist für das Schreiben und Lesen ihrer Inhalte selbst verantwortlich und muss diesen Vorgang mit ihren Superklassen abstimmen. Die Definition dieses Interfaces ist im Folgenden angegeben:

Syntax

```
package java.io;
public interface Externalizable extends Serializable
   {
       public void writeExternal(ObjectOutput out)
           throws IOException;
       public void readExternal(ObjectInput in)
           throws IOException, java.lang.ClassNotFoundException;
   }
```

Eine externalisierbare Klasse weist stets die folgenden Eigenschaften auf:

- die Klasse implementiert das Interface `java.io.Externalizable`.
- die Klasse implementiert die Methode `writeExternal`, um den Zustand eines Objekts speichern zu können. Weiterhin muss eine explizite Koordination mit einem Supertyp stattfinden, um den Zustand zu speichern.
- die Klasse implementiert eine `readExternal`-Methode, um Daten einlesen zu können, die von der `writeExternal`-Methode eines Stroms gespeichert wurden, und um den Zustand eines Objekts wiederherstellen zu können. Auch hierbei muss eine explizite Koordination mit dem Supertyp stattfinden, um den Zustand wieder einlesen zu können.
- wird ein extern definiertes Format gespeichert, so sind ausschließlich die Methoden `writeExternal` und `readExternal` für die Verarbeitung dieses Formats zuständig.

Die Methoden `writeExternal` und `readExternal` sind als `public` deklariert. Hierbei besteht die Gefahr, dass ein Anwender Informationen in ein Objekt schreiben bzw. aus diesem lesen kann, die sich von den Methoden und Feldern unterscheiden. Diese beiden Methoden dürfen daher nur dann verwendet werden, wenn die Verfügbarkeit dieser Informationen kein Risiko darstellt.

Schutz von Informationen

Wird eine Klasse entwickelt, die einen kontrollierten Zugriff auf Ressourcen gewährleistet, so muss der Schutz von Informationen und Funktionen umgesetzt werden. Während der Serialisierung wird der als `private` gekennzeichnete Zustand eines Objekts wiederhergestellt. Wird bspw. ein Datei-Handle verwendet, so finden Zugriffe auf Ressourcen des Betriebssystems statt. Sollte das Datei-Handle verändert werden können, so können unberechtigte Zugriffe nicht ausgeschlossen werden. Eine Serialisierungsumgebung muss daher beachten, dass Ströme auf konservative Art und Weise verarbeitet werden, bspw. durch eine Verifikation von Daten durch eine weitere Klasse.

In Java stehen verschiedene Techniken zur Verfügung, um sensible Daten zu schützen. Die einfachste Möglichkeit besteht darin, Felder, die sensible Daten enthalten, als temporär zu markieren. Temporäre Felder werden nicht serialisiert.

Besonders empfindliche Klassen sollten überhaupt nicht serialisiert werden. Um dies zu erreichen, sollte ein Objekt weder das Interface `Serializable` noch das Interface `Externalizable` implementieren.

In einigen Klassen kann es sinnvoll sein, Schreib- und Lesezugriffe zu erlauben, zusätzlich aber den Zustand speziell zu überprüfen und geeignet zu reagieren, wenn deserialisiert wird. Derartige Klassen sollten die Methoden `writeObject` und `readObject` implementieren, um nur ausgewählte Zustandsbestandteile zu speichern und wieder einzuladen. Wenn ein Zugriff verhindert werden soll, kann eine Klasse die Exception `NotSerializableException` generieren, um den weiteren Zugriff zu verhindern.

5.1.5 Wahlfreier Zugriff

Input- und Output-Streams, die bisher beschrieben wurden, greifen stets sequentiell auf Daten zu. Diese Vorgehensweise ist vergleichbar mit dem Lesen magnetischer Bänder, von denen Informationen in der Reihenfolge gelesen werden können, in der sie abgespeichert wurden. Oftmals ist es aber notwendig, Informationen wahlfrei abzurufen, ohne jeweils die gesamten Daten vor der aktuellen Position ebenfalls einlesen zu müssen. Betrachtet man eine Festplatte, so wäre es außerordentlich lästig, alle Dateien lesen zu müssen, die sich physikalisch vor derjenigen Datei befinden, die tatsächlich benötigt wird. Eine Verzeichnisstruktur, die die Organisation einer Festplatte angibt, könnte in diesem Fall auch nicht verwendet werden.

Ein wahlfreier Zugriff auf gespeicherte Informationen läuft in der Regel in folgenden Schritten ab:

- Öffnen eines Speichermediums, das den wahlfreien Zugriff unterstützt

- Anzeige der Verzeichnisstruktur und Auswahl der gewünschten Daten (bspw. in Form einer Datei)
- Lokalisierung der Position der gewünschten Daten im Speichermedium
- Lesen und Manipulieren der benötigten Daten
- Schließen des Speichermediums

Zur Realisierung wahlfreier Zugriffe auf Dateien steht in Java die Klasse `RandomAccessFile`, die Teil des Packages `java.io` ist, zur Verfügung. Diese Klasse wird sowohl zum Lesen als auch zum Schreiben von Dateien verwendet und unterscheidet sich diesbezüglich von anderen Input- und Output-Streams in Java. Zur Angabe, ob Dateien gelesen oder geschrieben werden sollen, muss ein `RandomAccessFile`-Objekt mit unterschiedlichen Argumenten angelegt werden.

In der Klassenhierarchie des Packages `java.io` ist die Klasse `RandomAccessFile` von den anderen Input- und Output-Streams unabhängig, da sie ihre Eigenschaften weder von der Klasse `InputStream` noch von der Klasse `OutputStream` erbt. Hieraus ergeben sich einige Nachteile, da die Verwendung von Filtern nicht in derselben Art und Weise erfolgen kann wie bei anderen Strömen. Die Klasse `RandomAccessFile` implementiert allerdings die Interfaces `DataInput` und `DataOutput`, so dass Filter, die entweder für das Interface `DataInput` oder für das Interface `DataOutput` entwickelt wurden, sowohl für Dateien mit sequentiellem Zugriff als auch für Dateien mit wahlfreiem Zugriff funktionieren. Hierbei sind die Klassen, die den sequentiellen Zugriff anbieten, diejenigen, die die Interfaces `DataInput` oder `DataOutput` implementieren.

Die Klasse `RandomAccessFile` implementiert die Interfaces `DataInput` und `DataOutput` und kann daher sowohl zum Lesen als auch zum Schreiben verwendet werden. In dieser Funktionsweise ähnelt diese Klasse den Klassen `FileInputStream` und `FileOutputStream`, da eine Datei des Dateisystems angegeben wird, die in dem Moment geöffnet wird, in dem sie erzeugt wird. Wird eine Instanz der Klasse `RandomAccessFile` erzeugt, so muss angegeben werden, ob diese eine Datei liest oder schreibt. Dies impliziert, dass die Rechte zum Lesen und Schreiben von Dateien eines Dateisystems entsprechend gesetzt sein müssen. Im folgenden Beispiel wird jeweils eine Instanz der Klasse `RandomAccessFile` angelegt, die zum Lesen, zum Schreiben bzw. zum Lesen und Schreiben der Datei `beispiel.txt` verwendet werden kann. Hierbei wird die jeweilige Funktionalität als Buchstabenkombination aus `r` (*read* bzw. lesen) und `w` (*write* bzw. schreiben) angegeben.

Code

```
//Lesen der Datei
new RandomAccessFile("beispiel.txt", "r");
//Schreiben der Datei
new RandomAccessFile("beispiel.txt", "w");
//Lesen und Schreiben der Datei
new RandomAccessFile("beispiel.txt", "rw");
```

Nach dem Öffnen einer Datei können die bereits vorgestellten Methoden readXXX oder writeXXX dazu verwendet werden, um Daten zu lesen oder zu schreiben. Die Klasse RandomAccessFile unterstützt das Konzept eines *Dateizeigers*, der auf die momentane Position innerhalb einer Datei zeigt. Wird eine Datei angelegt, so ist der Wert dieses Zeigers null (Anfang der Datei). Aufrufe der Methoden readXXX und writeXXX erhöhen den Wert des Dateizeigers um die Anzahl der Bytes, die gelesen bzw. geschrieben wurden. Zusätzlich zu den Methoden, die den Wert des Dateizeigers implizit verändern, enthält die Klasse RandomAccessFile drei Methoden, mit denen der Wert des Zeigers explizit verändert werden kann.

- skipBytes
  bewegt den Dateizeiger um die angegebene Anzahl von Bytes vorwärts.
- seek
  positioniert den Dateizeiger vor das spezifizierte Byte.
- getFilePointer
  gibt die Position des Dateizeigers zurück.

5.1.6 Zusammenfassung

Ziel dieses Unterkapitels ist die Darstellung der Verwendung von Strömen, mit denen allgemein Daten von einer Quelle zu einer Senke übertragen werden können. Die notwendigen Details wurden im Rahmen dieses Unterkapitels erläutert. Im Folgenden wird die Sicherheitsproblematik in Java-Anwendungen betrachtet.

5.2 Sicherheit

Bevor die Netzwerkfunktionalität von Java betrachtet werden kann, muss die Sicherheitsfunktionalität der Sprache Java im Detail erläutert werden. Die im Folgenden angegebene Darstellung baut auf der in Kapitel 1.3 angegebenen allgemeinen Erläuterung des Sicherheitsmodells von Java auf.

5.2.1 Security-Manager

Jede Java-Anwendung kann einen eigenen Security-Manager verwenden, der sämtliche Sicherheitsrestriktionen einer Anwendung überwacht. Hierzu steht im Package java.lang die Klasse SecurityManager zur Verfügung, die als abstrakte Klasse die Programmierschnittstelle und teilweise auch Implementierungen von Java-Security-Managern anbietet.

Standardmäßig verfügt eine Anwendung nicht über einen Security-Manager. Operationen, die in Anwendungen ausgeführt werden, unterliegen daher den allgemeinen Sicherheitsrestriktionen, wenn kein spezieller Security-Manager definiert wird. Spezielle Browser und Appletviewer erzeugen allerdings beim Aufruf einen Security-Manager. Ein Applet unterliegt daher stets den Sicherheitsrestriktionen, die vom Security-Manager einer bestimmten Anwendung definiert werden, in der ein Applet ausgeführt wird.

Um einen Security-Manager für eine Anwendung zu erzeugen, wird die Methode `getSecurityManager()` der Klasse `System` verwendet:

Code

```
SecurityManager sm = System.getSecurityManager();
```

Der Aufruf dieser Methode liefert den Wert null zurück, wenn kein geeigneter Security-Manager zur Verfügung steht, der initialisiert werden könnte. Es sollte daher stets geprüft werden, ob eine Instanz zur Verfügung steht, bevor die entsprechenden Methoden aufgerufen werden.

Nachdem ein Security-Manager erzeugt wurde, muss die Erlaubnis dafür angefordert werden, bestimmte Operationen zu ermöglichen oder zu verbieten. Dieses Vorgehen wird von vielen Klassen der Java-Packages angewendet, bspw. von der Methode `System.exit()`, die den Java-Interpreter beendet, indem die Methode `checkExit()` des Security-Managers verwendet wird, um die Anwendbarkeit dieser Operation zu prüfen. Das folgende Beispiel illustriert dieses Vorgehen.

Code

```
SecurityManager s = System.getSecurityManager();
if (s != null) {
   s.checkExit(status);
}
//weitere Operationen, wenn checkExit() beendet ist
```

Wenn ein Security-Manager die `exit`-Operation genehmigt, wird die `checkExit()`-Methode regulär abgeschlossen, anderenfalls erzeugt der Aufruf der Methode `checkExit()` eine `SecurityException`-Ausnahme.

Die Klasse `SecurityManager` definiert eine Reihe weiterer Methoden, die zur Verifikation von Operationen eingesetzt werden können. Beispiele hierfür sind

- `checkAccess()`
  zur Prüfung von Zugriffen auf Threads
- `checkPropertyAccess()`
  zur Prüfung von Zugriffen auf angegebene Eigenschaften

Jede Operation oder Operationsgruppe verfügt über spezielle `checkXXX()`-Methoden. Zusätzlich repräsentiert die Menge der `checkXXX()`-Methoden die Menge an Operationen der Klassen der Java-Packages und der Laufzeitumgebung, die bereits der Überwachung durch den Security-Manager unterliegen. Typischerweise muss daher ein Programm keine der `checkXXX()`-Methoden des Security-Managers aufrufen, da dies bereits von den Klassen der Java-Packages und der Laufzeitumgebung realisiert wird. Wird allerdings ein eigener Security-Manager implementiert, so kann es durchaus sinnvoll sein, einige der `checkXXX()`-Methoden des Security-Managers zu überschreiben, um Sicherheitsregeln für bestimmte Operationen zu verändern, bzw. um weitere Operationen von einem Security-Manager überwachen zu lassen. Das hierzu notwendige Vorgehen wird im Folgenden noch detailliert erläutert.

Implementierung eines Security-Managers

Ein Security-Manager wird implementiert, indem eine Subklasse der Klasse `SecurityManager` erzeugt wird, die einige der Methoden der Klasse `SecurityManager` überschreibt, um Sicherheitsrestriktionen zu modifizieren.

Im Folgenden wird anhand eines Beispiels betrachtet, wie Zugriffe auf das Dateisystem eingeschränkt werden können. Hierbei wird jeweils die `checkRead()`-Methode des Security-Managers aufgerufen, wenn eine Datei zum Lesen geöffnet werden soll. In ähnlicher Art und Weise wird die Methode `checkWrite()` dazu verwendet, die Berechtigung zum Schreiben von Daten zu prüfen. Wenn der Security-Manager eine derartige Operation nicht zulässt, wird eine Security-Exception (Sicherheitsverletzung) ausgelöst.

Um diese Funktionalität zu implementieren, muss die Subklasse der Klasse `SecurityManager` die Methoden `checkRead()` und `checkWrite()` überschreiben. Die Klasse `SecurityManager` beinhaltet drei Arten von `checkRead()`-Methoden und zwei Arten von `checkWrite()`-Methoden. Jede dieser Methoden sollte verifizieren, ob eine Anwendung eine Datei zum Lesen oder Schreiben öffnen darf. Hierbei ist zu bedenken, dass Applets, die über das Netz geladen werden, Zugriffe auf das lokale Dateisystem meist nicht ausführen dürfen, falls der Security-Manager nicht modifiziert wird. Im folgenden Beispiel wird der Benutzer nach einem Passwort gefragt, wenn er auf das lokale Dateisystem zugreifen will. Der Zugriff wird gestattet, wenn das Passwort korrekt eingegeben wird.

Code

```
class PasswortSecurityManager extends SecurityManager {
   //Operationen
}
```

Anschließend wird innerhalb der Klasse `PasswortSecurityManager` eine als `private` gekennzeichnete Instanzvariable `passwort` deklariert, die das Passwort enthält, das der Benutzer eingeben muss, um Zugriff auf die Systemressourcen zu erhalten.

Code

```
PasswortSecurityManager(String passwort) {
   super();
   this.passwort = passwort;
}
```

Die anschließend deklarierte Methode accessOK() fungiert als Hilfsfunktion. Hier wird der Benutzer aufgefordert, ein Passwort einzugeben, das in der Folge überprüft wird. Die Methode liefert den Wert true zurück, wenn das Passwort korrekt ist, anderenfalls den Wert false. Zur Wiederholung der Konzepte, die im ersten Unterkapitel (Streaming) erläutert wurden, wird hier ein Dateneingabestrom verwendet.

Code

```
private boolean accessOK() {
   int c;
   DataInputStream dis = new DataInputStream(System.in);
   String antwort;
   System.out.println("Bitte Passwort eingeben");
   try {
      antwort = dis.readLine();
      if (antwort.equals(passwort))
         return true;
      else
         return false;
   } catch (IOException e) {
      return false;
   }
}
```

Den Abschluss der Implementierung bildet das Überschreiben der drei checkRead()-Methoden bzw. der zwei checkWrite()-Methoden.

Code

```
public void checkRead(FileDescriptor filedescriptor) {
   if (!accessOK())
      throw new SecurityException("Zugriff verweigert");
}
public void checkRead(String filename) {
   if (!accessOK())
      throw new SecurityException("Zugriff verweigert");
}
public void checkRead(String filename, Object
  executionContext) {
   if (!accessOK())
      throw new SecurityException("Zugriff verweigert");
}
public void checkWrite(FileDescriptor filedescriptor) {
   if (!accessOK())
      throw new SecurityException("Zugriff verweigert");
}
public void checkWrite(String filename) {
   if (!accessOK())
      throw new SecurityException("Zugriff verweigert");
}
}
```

Alle checkXXX()-Methoden rufen die Methode accessOK() auf, damit der Benutzer das Passwort eingeben kann. Wird der Zugriff verweigert, so wird eine Security-Exception erzeugt. `SecurityException`-Objekte sind Laufzeit-Exceptions und müssen daher nicht mittels `throws` als Teil der Methoden deklariert werden.

`checkRead()` und `checkWrite()` sind Beispiele dafür, wie `checkXXX()`-Methoden überschrieben werden können. Es ist zu beachten, dass nicht alle `checkXXX()`-Methoden eines Security-Managers überschrieben werden müssen, sondern stets nur diejenigen, deren Funktionsweise modifiziert werden soll. Die Standardimplementierung der `checkXXX()`-Methoden des Security-Managers erzeugt im Fehlerfall allerdings immer eine Security-Exception, verbietet also alle Operationen, die Sicherheitseinschränkungen unterliegen. Alle `checkXXX()`-Methoden des Security-Managers operieren auf dieselbe Art und Weise:

- Wird der Zugriff gestattet, so wird die Methode beendet.
- Anderenfalls wird ein `SecurityException`-Objekt generiert.

Installation des Security-Managers

Nachdem eine Subklasse der Klasse `SecurityManager` erzeugt wurde, kann diese als Security-Manager einer Java-Anwendung installiert werden. Hierzu muss die Methode `setSecurityManager()`, die Teil der Klasse `System` ist, verwendet werden.

Im folgenden Beispiel wird die Klasse `PasswortSecurityManager` als Security-Manager installiert. Um zu prüfen, ob der Security-Manager wirklich arbeitet, werden zwei Dateien geöffnet. Die erste Datei wird hierbei ausgelesen und in die zweite kopiert. Zunächst wird ein Eingabestrom angelegt, damit der Benutzer sein Passwort eingeben kann. Dieser Strom wird als Argument an den Security-Manager übergeben.

Code

```
import java.io.*;
public class TestSecurityManager {
   public static void main(String[] args) throws Exception {
      BufferedReader buf = new BufferedReader(
         new InputStreamReader(System.in));
      try {
         System.setSecurityManager(new
            PasswortSecurityManager("Open Java", buf));
      } catch (SecurityException e) {
         System.out.println("SecurityManager bereits gesetzt");
      }
```

Zuerst wird ein Security-Manager angelegt, der als Argument das Passwort `Open Java` erhält. Diese Instanz wird an die Methode `setSecurityManager()` übergeben. Der derart installierte Security-Manager ist so lange aktiv, wie die Anwendung läuft. Hierbei ist zu beachten, dass ein Security-Manager in einer Anwendung nur genau einmal gesetzt werden darf. Weitere Versuche resultieren in einer Security-Exception.

Die restlichen Zeilen des Programms kopieren die Datei `beispiel1.txt` in die Datei `beispiel2.txt`. Diese Funktion dient als Beweis dafür, dass der Security-Manager wie gewünscht arbeitet.

Code

```
    BufferedReader in = new BufferedReader(new
      FileReader("beispiel1.txt"));
    PrintWriter out = new PrintWriter(new
      FileWriter("beispiel2.txt"));
    String is;
    while ((is = in.readLine()) != null)
      out.println(is);
    in.close();
    out.close();
  }
}
```

Es ist zu beachten, dass im Beispiel das Passwort zweimal angefordert wird, da auf zwei Dateien zugegriffen werden muss. Das Beispiel arbeitet nur dann korrekt, wenn das Passwort in beiden Fällen korrekt eingegeben wird. Anderenfalls stürzt die Anwendung ab, da die Exception nicht abgefangen wird.

Überschreiben von Methoden des Security-Managers

In Abhängigkeit von den Operationen, die der Security-Manager überwachen soll, müssen einige der `checkXXX()`-Methoden überschrieben werden. In Tab. 5-6 ist dargestellt, welche Operationen auf welchen Objekten eingesetzt werden können, um Sicherheitsrestriktionen umzusetzen.

Operationen auf	Sicherheitsoperationen
Sockets	checkAccept(String host, int port)
	checkConnect(String host, int port)
	checkConnect(String host, int port, Object executionContext)
	checkListen(int port)
Threads	checkAccess(Thread thread)
	checkAccess(ThreadGroup threadgroup)
Einladen von Klassen	checkCreateClassLoader()

Tab. 5-6 Objekte und Sicherheitsoperationen

Operationen auf	Sicherheitsoperationen
Dateisystem	checkDelete(String filename)
	checkLink(String library)
	checkRead(FileDescriptor filedescriptor)
	checkRead(String filename)
	checkRead(String filename, Object executionContext)
	checkWrite(FileDescriptor filedescriptor)
	checkWrite(String filename)
Systemkommandos	checkExec(String command)
Interpreter	checkExit(int status)
Packages	checkPackageAccess(String packageName)
	checkPackageDefinition(String packageName)
Eigenschaften	checkPropertiesAccess()
	checkPropertyAccess(String key)
	checkPropertyAccess(String key, String def)
Netzwerke	checkSetFactory()
Fenster	checkTopLevelWindow(Object window)

Tab. 5-6 Objekte und Sicherheitsoperationen

In Abhängigkeit von der angestrebten Sicherheitsfunktionalität können lediglich einige, aber auch alle dieser Methoden überschrieben werden. Die Standardimplementierung, die in der Klasse `SecurityManager` zur Verfügung steht, sieht wie folgt aus:

Code

```
public void checkXXX(. . .) {
    throw new SecurityException();
}
```

5.2.2 Kontrolle von Applets und Applications

Im Folgenden werden die Möglichkeiten erläutert, die in Java zur Kontrolle von Applets und Applications zur Verfügung stehen.

Applets

In Java werden Security-Manager dazu eingesetzt, Sicherheitsrisiken so weit wie möglich zu minimieren. Die meisten Browser installieren einen Security-Manager, mit dem die Ausführung von Applets kontrolliert werden kann. Jedes Applet kann in der Folge Systemressourcen nur dann verwenden, wenn der Security-Manager dies explizit gestattet. Java-Umgebungen, die mit JDK 1.2 kompatibel sind, müssen derartige Vorgänge in einer sog. *Policy-Datei* vermerken.

Das folgende Applet versucht, Daten in eine Datei des derzeit verwendeten Verzeichnisses zu schreiben. Dies ist solange unmöglich, wie kein Eintrag in einer Policy-Datei vorgenommen wird.

Code

```
import java.awt.*;
import java.io.*;
import java.lang.*;

import java.applet.*;
public class DateiSchreiben extends Applet {
   String datei = "beispiel";
   File f = new File(datei);
   DataOutputStream dos;
   public void init() {
   }
   public void paint(Graphics g) {
      try {
         dos = new DataOutputStream(new
           BufferedOutputStream(new
           FileOutputStream(datei),100));
         dos.writeChars("Jetzt schreiben\n");
         dos.flush();
         g.drawString("In Datei geschrieben: " + datei, 10, 10);
      }catch (SecurityException e) {
         g.drawString("Security Exception: " + e, 10, 10);
      }
      catch (IOException ioe) {
         g.drawString("I/O Exception", 10, 10);
      }
   }
}
```

Wird das Applet in dieser Form aufgerufen, so wird eine Security-Exception erzeugt, da auf Ressourcen zugegriffen wird, auf die Applets für gewöhnlich nicht zugreifen dürfen.

Eine *Policy-Datei* liegt stets in Form von ASCII-Text vor und kann mit einem Texteditor oder mit dem im Folgenden beschriebenen *Policy-Tool* bearbeitet werden. Mit Hilfe des Policy-Tools ist die Bearbeitung wesentlich komfortabler, da die erforderliche Syntax nicht beachtet werden muss. Zur Verwendung des Policy-Tools müssen die folgenden Schritte durchlaufen werden:

1. Aufruf des Policy-Tools
2. Eintrag der erforderlichen Berechtigung
3. Speichern der Policy-Datei

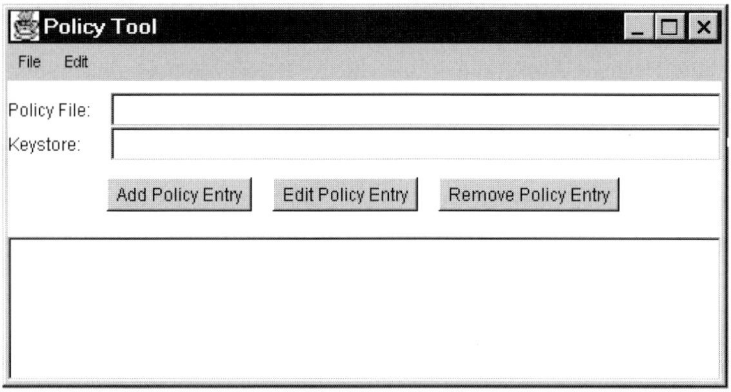

Abb. 5-5 Policy-Tool

Diese Schritte sind für Benutzer verschiedener Betriebssysteme identisch. Es muss allerdings beachtet werden, dass sich die im Folgenden verwendeten Pfadnamen auf Windows-Betriebssysteme beziehen.

Um das Policy-Tool aufzurufen, muss lediglich die Anweisung `policytool` in der Kommandozeile eingegeben werden, woraufhin das Fenster des Policy-Tools erscheint. Jedes Mal, wenn das Policy-Tool aufgerufen wird, werden bereits einige Informationen im Fenster eingetragen, bspw. der Dateiname der Policy-Datei, die standardmäßig als `.java.policy` im Home-Directory des Benutzers angelegt wird. Kann das Policy-Tool diese Datei nicht finden, so erfolgt eine Fehlermeldung und das entsprechende Feld des Fensters bleibt leer (siehe Abb. 5-5).

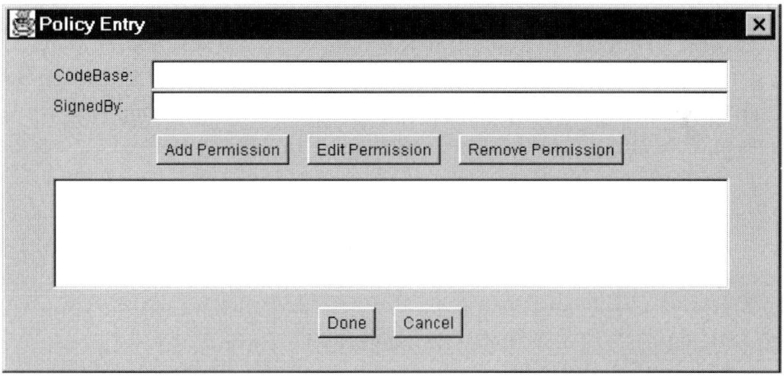

Abb. 5-6 Policy-Einträge

In diesem Fall kann entweder eine Policy-Datei geöffnet oder eine neue Policy-Datei angelegt werden. Wird das Policy-Tool zum ersten Mal verwendet, so steht noch keine derartige Datei zur Verfügung und das Fenster ist stets leer. In diesem Fall ist zunächst eine Policy-Datei anzulegen, wie im Folgenden beschrieben wird.

Um dem Beispiel-Applet die erforderlichen Berechtigungen einzuräumen, muss in der Policy-Datei ein entsprechender Eintrag angelegt werden. Hierzu ist zunächst die Option Add Policy Entry im Policy-Tool auszuwählen, wodurch ein neues Fenster erscheint (siehe Abb. 5-6). Ein Policy-Eintrag gibt eine oder mehrere Berechtigungen für Code-Segmente an, die entweder in Form einer URL, in Form signierten Codes oder in beiden Formen vorliegen können.

Die Textbereiche CodeBase und SignedBy werden dazu benutzt, anzugeben, welcher Code Berechtigungen erhalten soll. Der Parameter CodeBase zeigt hierbei an, wo der Code gespeichert ist, der die Berechtigung erhält. Wird dieses Feld leer gelassen, so bezieht sich die Berechtigung auf jedes Programm, das ausführbar ist.

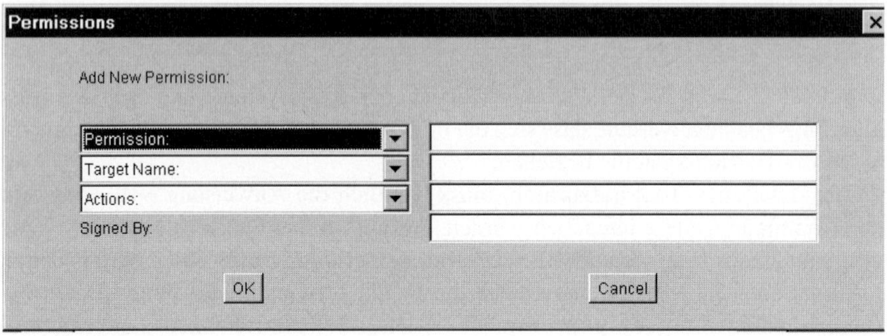

Abb. 5-7 Berechtigungen

Der Wert des Feldes SignedBy bezeichnet einen Alias-Namen für ein *Zertifikat*, das in einem *Keystore* gespeichert ist. Der öffentliche Schlüssel dieses Zertifikats wird dazu eingesetzt, um die digitale Signatur des Codes zu verifizieren. Die Berechtigung wird daher einem Code-Segment eingeräumt, das mit dem privaten Schlüssel unterschrieben ist, zu dem der öffentliche Schlüssel gehört, der im Keystore gespeichert ist und auf den sich der Alias-Name bezieht. Das SignedBy-Feld ist allerdings optional. Wird dieses Feld nicht ausgefüllt, so spielt es keine Rolle, ob der Code signiert ist oder nicht bzw., wer den Code signiert hat. Wurden beide Felder ausgefüllt, so beziehen sich die Berechtigungen nur auf den Code, der an der angegebenen Stelle gespeichert ist und der vom angegebenen Alias-Namen unterschrieben ist.

Nachdem CodeBase und eventuell SignedBy angegeben wurden, können die Berechtigungen angegeben werden. Hierzu muss der Button Add Permission betätigt werden, woraufhin das Fenster Permissions erscheint (siehe Abb. 5-7). Um die Berechtigungen geeignet zu setzen, sind die folgenden Schritte auszuführen:

1. Auswahl des Punktes `File Permission` aus der Liste `Permission:`. Anschließend erscheint der vollständige Name des Berechtigungstyps (`java.io.FilePermission`).
2. Angabe des Namens des Applets in das Feld, das mit `Target Name` bezeichnet ist, in diesem Fall also `DateiSchreiben`.
3. Angabe der Schreibberechtigung, indem die Option `write` aus der Liste namens `Actions` ausgewählt wird.

Nachdem die Berechtigungen gesetzt wurden, muss der `OK`-Button und anschließend der `Done`-Button betätigt werden. Die gesetzten Berechtigungen sind dann jeweils im Fenster erkennbar.

Nachdem die Bearbeitung der Policy-Datei abgeschlossen ist, muss diese noch gespeichert werden. Hierzu wird aus dem Menü `File` die Option `Save As` ausgewählt, woraufhin der Name angegeben werden kann, unter dem die Policy-Datei gespeichert werden soll. Im Anschluss daran kann das Policy-Tool beendet werden, indem im Menü `File` die Option `Exit` ausgewählt wird.

Nachdem eine Policy-Datei erzeugt wurde, muss sie geladen werden. Wenn ein Applet bzw. eine Application mit einem Security-Manager abläuft, so werden standardmäßig die Policy-Dateien geladen, die in der sog. *Security-Properties-Datei* gespeichert sind. Bezeichnet man mit `java.home` das Verzeichnis, in dem Java installiert ist, so ist die Security-Properties-Datei in den folgenden Verzeichnissen zu finden:

- java.home\lib/security\java.security (Windows)
- java.home/lib/security/java.security (Solaris)

Die Speicherorte der Policy-Dateien werden in der Security-Properties-Datei stets in der Form `policy.url.n=URL` angegeben, wobei n eine Zahl sein muss. Beispiele für Security-Property-Dateien sind:

- `policy.url.1=file:${java.home}/lib/security/java.policy`
- `policy.url.2=file:${user.home}/.java.policy`

Üblicherweise bezeichnet man mit der Syntax `${variablenName}` den Wert einer Eigenschaft. Der Ausdruck `${java.home}` wird dann zur Laufzeit mit dem entsprechenden Wert ersetzt, der das Verzeichnis der Java-Installation angibt. `${user.home}` wird entsprechend durch das Home-Verzeichnis des Benutzers ersetzt.

Um die im vorangegangenen Schritt erstellte Policy-Datei aufzurufen, sind zwei Vorgehensweisen denkbar:

1. Angabe der zusätzlichen Policy-Datei in einem Parameter, das dem Laufzeitsystem übergeben wird.
2. Hinzufügen einer Zeile in der Security-Properties-Datei, die die zusätzliche Datei angibt.

Um die erste Möglichkeit zu verwenden, muss in der Kommandozeile des Appletviewers der Name der Policy-Datei angegeben werden, die zusätzlich verwendet werden soll. Hierbei kann auch angegeben werden, dass die Security-Properties-Datei nicht verwendet werden soll.

Code

```
appletviewer -J-Djava.security.policy=eigenepolicy
   DateiSchreiben.html
```

Ergeben sich in der Ausführung des Applets Fehler, so muss die Policy-Datei bspw. mit Hilfe des Policy-Tools auf Fehler untersucht werden.

Die andere Möglichkeit besteht darin, der Security-Properties-Datei mit Hilfe eines Text-Editors eine weitere Zeile hinzuzufügen. Hierzu ist die URL anzugeben, unter der die Policy-Datei zu finden ist, bspw. in der folgenden Form (Windows-Systeme):

Code

```
policy.url.3=file:/C:/eigenepolicy
```

Nachdem die Security-Properties-Datei gespeichert wurde, kann das Applet bspw. mit Hilfe des Appletviewers ohne Angabe zusätzlicher Parameter ausgeführt werden. Ist dies nicht der Fall, so sollten Fehler in der Policy-Datei gesucht werden.

Applications

Wird eine Application ausgeführt, so wird nicht automatisch ein Security-Manager installiert. Um aber dieselben Sicherheitseinschränkungen verwenden zu können wie bei der Ausführung von Applets, kann der Interpreter mit der folgenden Option aufgerufen werden:

Code

```
java -Djava.security.manager dateiname
```

Hierbei wird standardmäßig die System-Policy-Datei geladen, die allen Code-Segmenten die Möglichkeit einräumt, auf allgemeine Eigenschaften zuzugreifen. Zusätzliche Eigenschaften werden allerdings nicht zur Verfügung gestellt, Zugriffe hierauf resultieren daher in Fehlern. Die System-Policy-Datei ist standardmäßig in folgendem Verzeichnis abgelegt:

- java.home\lib\security\java.policy (Windows)
- java.home/lib/security/java.policy (Solaris)

Um den Zugriff so einzurichten, wie es für eine spezielle Application erforderlich ist, muss erneut eine Policy-Datei modifiziert werden. Dies erfolgt in der Art und Weise, wie Policy-Dateien für Applets angelegt werden.

Zur Verwendung der Policy-Dateien stehen wiederum zwei Möglichkeiten zur Verfügung: Der Aufruf über die Kommandozeile oder der Eintrag in der Security-Properties-Datei. Zum Aufruf in der Kommandozeile ist die folgende Syntax zu verwenden:

Code

```
java -Djava.security.manager
    -Djava.security.policy=eigenepolicy dateiname
```

Die Modifikation der Security-Properties-Datei erfolgt in analoger Art und Weise wie bei Applets. Nachdem diese Datei geeignet verändert wurde, sind die Sicherheitseinschränkungen dann wirksam, wenn das Programm wie folgt aufgerufen wird:

Code

```
java -Djava.security.manager dateiname
```

5.2.3 APIs und Security-Tools

Im Folgenden werden die erweiterten Sicherheitsfunktionen von Java betrachtet. Um das Verständnis der folgenden Unterkapitel zu ermöglichen, werden zunächst wichtige Begriffe der Sicherheitstechnik eingeführt bzw. wiederholt. Werkzeuge (Tools), die hierbei zum Einsatz kommen, sind bspw. der Vorgang des Signierens von Code bzw. das Einräumen von Berechtigungen sowie der Dateiaustausch. APIs kommen zum Einsatz, um Signaturen zu erzeugen und um diese zu verifizieren.

Wenn ein Dokument elektronisch übertragen wird, so muss sichergestellt werden, dass das Dokument bzw. der Code auch tatsächlich vom Absender stammt, bzw. dass die Daten während der Übertragung nicht modifiziert wurden. Diese Funktion ist die Aufgabe *digitaler Signaturen*.

Digitale Signaturen

Die grundsätzliche Verwendung von digitalen Signaturen erfolgt in folgenden Schritten:

1. Ein Dokument bzw. Code wird mit Hilfe eines *privaten Schlüssels* signiert. Private Schlüssel können mit Hilfe des Werkzeugs *keytool* bzw. mit Hilfe von Methoden des Security-APIs erzeugt werden. Eine digitale Signatur wird erzeugt, indem das Werkzeug *jarsigner* oder API-Methoden verwendet werden.
2. Das Dokument wird zusammen mit der Signatur an den Empfänger geschickt.

3. Der Empfänger erhält außerdem den *öffentlichen Schlüssel*, der zum privaten Schlüssel des Senders gehört, mit dem die Daten signiert wurden.
4. Mit Hilfe des öffentlichen Schlüssels kann der Empfänger sicherstellen, dass das Dokument bzw. der Code authentisch ist.

Zertifikate

Üblicherweise muss der Empfänger auch sicherstellen, dass der öffentliche Schlüssel authentisch ist. Zur Realisierung dieser Funktionalität werden Zertifikate eingesetzt. Ein Zertifikat enthält stets

- einen öffentlichen Schlüssel,
- den Namen der Entität (bspw. Person oder Firma), die das Zertifikat erstellt hat. Man bezeichnet diese Entität auch als *Subject* oder *Owner* eines Zertifikats. Der Name des Owners enthält meist eine (Teil-)Menge der folgenden Attribute: den Namen der Entität, die Organisationseinheit, die Organisation, die Stadt, den Staat und den Landes-Code.
- eine digitale Signatur. Ein Zertifikat wird von einer Entität unterschrieben, um zu beweisen, dass der enthaltene öffentliche Schlüssel der aktuelle öffentliche Schlüssel einer anderen Entität ist (der des Owners).
- den Namen des Unterzeichnenden.

Eine Möglichkeit, mit der der Empfänger überprüfen kann, ob ein Zertifikat gültig ist, besteht darin, die digitale Signatur des Unterzeichnenden mit Hilfe seines öffentlichen Schlüssels auszuwerten. Dieser Schlüssel kann wiederum von einer weiteren Institution zertifiziert sein, bis ein bestimmter öffentlicher Schlüssel zur Dekodierung verwendet wird, dem in jedem Fall vertraut werden kann.

Kann der Empfänger eine derartige Kette nicht aufbauen, da bspw. keine derartigen Instanzen zur Verfügung stehen, so kann der Fingerabdruck des Zertifikats berechnet werden. Hierzu kann das Werkzeug *keytool* (Optionen `-import` oder `-printcert`) eingesetzt werden. Jeder Fingerabdruck besteht aus einer kurzen Zahl, die das Zertifikat eindeutig und zuverlässig identifiziert (*Hash-Code*). Der Empfänger kann dann den Owner des Zertifikats kontaktieren und die Fingerabdrücke der gesendeten und der empfangenen Daten vergleichen. Sind diese identisch, so sind auch die Zertifikate gleich. Auf diese Art und Weise kann sichergestellt werden, dass ein Zertifikat während der Übertragung nicht modifiziert wurde. Eine weitere potentielle Unsicherheit besteht aber in der Identität des Absenders.

Manchmal kann ein Zertifikat auch selbst unterschrieben sein, indem die Unterschrift mit dem privaten Schlüssel geleistet wird, dessen korrespondierender öffentlicher Schlüssel im Zertifikat enthalten ist. Hierdurch kann bewiesen werden, dass der Inhalt des Zertifikats zu einem privaten Schlüssel gehört. Dieser Fall ist nur dann vertrauenswürdig, wenn der Empfänger den Absender bereits kennt und diesem vertraut.

Anderenfalls muss der Sender ein Zertifikat von einer vertrauenswürdigen dritten Partei erhalten, die auch als *Certification Authority* (CA) bezeichnet wird. Um dies zu erreichen, sendet man eine selbst signierte Nachricht, einen sog. *Certificate Signing Request* (CSR) an eine CA. Die CA verifiziert die Signatur, die in der CSR enthalten ist, und die Identität des Absenders. Anschließend bürgt die CA dafür, dass der Sender der Eigentümer eines öffentlichen Schlüssels ist, indem ein Zertifikat ausgestellt wird und dieses mit dem privaten Schlüssel der CA unterschrieben wird. Jeder, der dem öffentlichen Schlüssel der CA vertraut, kann dann die Signatur des Zertifikats verifizieren. In vielen Fällen wird die CA selbst von einer weiteren CA zertifiziert. Aus diesem Grund sind CAs meist in Form von Hierarchien organisiert. Lediglich der CA auf oberster Ebene müssen alle Partner vertrauen.

Zertifikate von Entitäten, denen ein Sender vertraut, werden üblicherweise in *Schlüsseldatenbanken*, sog. *Keystores,* als „trusted Zertifikate" geladen. Der öffentliche Schlüssel jedes Zertifikats kann dann dazu verwendet werden, um Signaturen zu verifizieren, die mit einem entsprechenden privaten Schlüssel erzeugt wurden. Derartige Prüfungen können folgendermaßen erfolgen:

- mit Hilfe des Tools *jarsigner*, wenn ein Dokument/Code und die Signatur Teil einer JAR-Datei sind,
- mit Hilfe von API-Methoden,
- mit Hilfe des Laufzeitsystems, wenn ein Ressourcenzugriff erfolgen soll und eine Policy-Datei angibt, dass der Zugriff für Code erlaubt ist, dessen Signatur authentisch ist. Die class-Dateien und die Signatur müssen dann in einer JAR-Datei enthalten sein.

Wenn signierter Code oder signierte Dokumente an andere gesendet werden, so muss das Zertifikat beigefügt sein, das den öffentlichen Schlüssel enthält und mit dessen korrespondierendem privaten Schlüssel das Dokument bzw. der Code unterschrieben wurde. Mit Hilfe der Option -export des Werkzeugs *keytool* oder mit Hilfe von API-Methoden kann ein Zertifikat aus einem Keystore in eine Datei exportiert werden, die dann übertragen werden kann. Der Empfänger kann dann dieses Zertifikat in seinen Keystore als *Trusted Certificate* importieren, bspw. indem API-Methoden verwendet werden oder die Option -import des Werkzeugs *keytool*.

Wird *jarsigner* dazu verwendet, eine Signatur einer JAR-Datei zu erstellen, so lädt das Werkzeug das Zertifikat bzw. die entsprechende Zertifikatskette aus dem Keystore und speichert diese zusammen mit der Signatur in der JAR-Datei.

Keystores

Private Schlüssel und entsprechende Zertifikate mit öffentlichen Schlüsseln werden in Datenbanken, sog. *Keystores* gespeichert und mit einem Passwort geschützt. Ein Keystore kann stets zwei Arten von Einträgen beinhalten: Trusted Zertifikate und Einträge der Form [Schlüssel/Zertifikat]. Jeder Eintrag muss jeweils einen privaten Schlüssel und das entsprechende Zertifikat mit öffentlichem Schlüssel enthalten. Jeder Eintrag eines Keystores wird durch einen *Alias-Namen* identifiziert.

Der Besitzer eines Keystores kann eine Vielzahl verschiedener Schlüssel in einem Keystore verwalten, auf die mit Hilfe verschiedener Alias-Namen zugegriffen wird. Ein Alias-Name wird typischerweise nach einem bestimmten Kontext benannt, in dem der Besitzer den privaten Schlüssel verwendet, bspw. nach dem Einsatzzweck des Schlüssels. Der Eintrag `signiereJarFiles` könnte bspw. angeben, dass der Eintrag zur Signatur von JAR-Dateien verwendet wird. Das Werkzeug *keytool* kann dazu verwendet werden,

- private Schlüssel und entsprechende Zertifikate mit öffentlichen Schlüsseln zu erzeugen,
- Zertifikatsanfragen zu erzeugen, die an eine geeignete Certification Authority geschickt werden,
- Zertifikatsantworten zu importieren, die von der kontaktierten Certification Authority gesendet wurden,
- Zertifikate mit öffentlichen Schlüsseln zu importieren, die anderen Besitzern in Form von vertrauenswürdigen Zertifikaten gehören und
- um den Keystore zu verwalten.

Auch API-Methoden können zum Zugriff auf einen Keystore bzw. zu dessen Verwaltung verwendet werden.

Tools und APIs

Das Security-API des JDKs kann, ebenso wie die Werkzeuge (Tools), in Kombination oder alleine dazu verwendet werden, um Schlüssel und Signaturen zu erzeugen und um Zertifikate zu importieren. Tools und APIs können daher dazu eingesetzt werden, um Dokumente oder Code auf sichere Art und Weise mit Dritten auszutauschen.

Um diesen Austausch vornehmen zu können, müssen Dokumente oder Code in JAR-Dateien gespeichert werden, die bspw. mit Hilfe des Werkzeugs *jar* erstellt werden können. Mittels JAR-Dateien können mehrere Dateien auf einfache Art und Weise zusammengebunden werden. Wird eine Datei signiert, so muss die resultierende digitale Signatur an anderer Stelle gespeichert werden. Im Falle einer JAR-Datei kann die Signatur allerdings direkt in der JAR-Datei gespeichert werden. Hierzu wird das Werkzeug *jarsigner* verwendet. An dieser Stelle sollte darauf aufmerksam gemacht werden, dass keine Unterscheidung zwischen der Unterzeichnung von Applets oder Applications gemacht wird. Beide Arten müssen in einer JAR-Datei gespeichert und signiert werden.

Wenn eine Laufzeitumgebung eine Code-Signatur auswerten will, muss die Person bzw. Organisation zunächst ein Zertifikat in ihren Keystore importieren, das den öffentlichen Schlüssel authentifiziert, der zum privaten Schlüssel gehört, mit dem der Code signiert wurde.

5.2.4 Signaturen

Nachdem im vorangegangenen Abschnitt grundlegende Begriffe der sicheren Datenübertragung erläutert wurden, wird in diesem Abschnitt erklärt, wie die Security-

Tools *keytool*, *jarsigner* und *policytool* funktionieren bzw. wie sie zusammenwirken. In diesem Kontext wird nochmals die Funktion des Werkzeugs *jar* betrachtet, das mit jarsigner bei der Signatur von Java-Archiven zusammenarbeitet.

Zuerst wird erläutert, wie der Sender von Daten vorgehen muss, wenn er Daten signieren will. Die Techniken, die in Bezug auf den Sender in diesem Unterkapitel vermittelt werden, lassen sich in folgendes Schema gliedern:

- Erzeugung einer Anwendung
- Speicherung der Anwendung in einer JAR-Datei
- Vorgang des Signierens der JAR-Datei
- Export des Zertifikats, das den öffentlichen Schlüssel enthält, der wiederum zu dem privaten Schlüssel passt, mit dem die JAR-Datei unterschrieben wurde.

Anschließend wird erläutert, wie der Empfänger der Daten vorgehen muss, der die signierte JAR-Datei und das Zertifikat erhält. Im Einzelnen geht der Empfänger in den folgenden Schritten vor:

- Verwendung von *keytool* zum Import des Zertifikats in einen Keystore. Hierbei wird ein Alias-Name für das Zertifikat angelegt.
- Verwendung des Policy-Tools zum Anlegen eines Eintrags in einer Policy-Datei, damit der signierte Code eine Datei lesen darf.
- Lesen einer Datei unter Verwendung eines Security-Managers.

Funktionalität des Senders

Im ersten Schritt wird zunächst eine Anwendung erstellt, die zu einem späteren Zeitpunkt beim Empfänger ausgeführt werden soll. Diese Anwendung beinhaltet eine sicherheitskritische Funktion, das Lesen von der Festplatte. Die Implementierung ist sehr einfach: Ein Benutzer gibt einen Dateinamen über die Kommandozeile an. Anschließend wird zum Auslesen einer Datei ein BufferedReader-Objekt erzeugt bzw. der Inhalt der jeweiligen Datei auf Kommandozeilenebene ausgegeben.

Code

```
import java.io.*;
public class Ausgabe{
   public static void zeilenAusgabe (BufferedReader in) throws
      IOException {
      String is;
      while ((is = in.readLine()) != null)
         System.out.println(is);
   }
   public static void main(String[] args) throws Exception {
      if (args.length >= 1)
         zeilenAusgabe(new BufferedReader(new
            FileReader(args[0])));
```

```
    else
        System.err.println("Eingabe: Ausgabe Dateiname");
    }
}
```

Es sollte beachtet werden, dass die Datei, die eingelesen werden soll, in einem anderen Verzeichnis gespeichert sein sollte, als in demjenigen, in dem der Java-Quellcode ausgeführt wird. Im Verlauf dieses Unterkapitels wird erkennbar werden, dass eine Anwendung, die innerhalb eines Security-Managers ausgeführt wird, Daten in solchen Verzeichnissen nicht lesen darf, die vom Verzeichnis der .class-Datei abweichen, wenn die diesbezüglichen Berechtigungen nicht gesetzt sind. Einen Anwendung darf Dateien allerdings immer aus dem Verzeichnis lesen, in dem auch die .class-Datei abgelegt ist. Das Beispiel kann daher nur dann sinnvoll getestet werden, wenn die Speicherorte der .class-Datei und der einzulesenden Datei unterschiedlich sind.

Nachdem die Anwendung erstellt und übersetzt ist, muss eine JAR-Datei erzeugt werden, die die Datei Ausgabe.class enthält. Hierzu ist das folgende Kommando einzugeben:

Code

```
jar cvf Ausgabe.jar Ausgabe.class
```

Hierdurch wird eine JAR-Datei Ausgabe.jar angelegt, in der die Datei Ausgabe.class gespeichert ist.

Nach dem Anlegen der JAR-Datei muss der Code signiert werden. Wenn hierzu noch kein geeigneter privater Schlüssel zur Verfügung steht, muss dieser zunächst zusammen mit dem dazugehörigen öffentlichen Schlüssel erstellt werden. Der öffentliche Schlüssel kann dann vom Empfänger dazu verwendet werden, um die Signatur zu verifizieren. Im Folgenden sei angenommen, dass Schlüssel für einen Benutzer namens beispiel, der für eine Firma namens Firma arbeitet, angelegt werden sollen. Um einen Keystore bzw. die notwendigen Schlüssel zu erzeugen, muss in der Kommandozeile die folgende Anweisung eingegeben werden:

Code

```
keytool -genkey -alias signaturDatei -keypass bspkap5
   -keystore beispielstore -storepass Fir123ma
```

Es ist zu beachten, dass diese Anweisung in einer einzelnen Zeile eingegeben wird. In Tab. 5-7 ist angegeben, welche Bedeutung die einzelnen Teile der oben verwendeten Anweisung haben.

Option	Bedeutung
genkey	Erzeugung von Schlüsseln.
alias signaturDatei	Angabe des Alias-Namens, der die Schlüssel repräsentiert, die zur Signatur von Dateien verwendet werden.
keypass bspkap7	Angabe des Passworts für den zu erzeugenden privaten Schlüssel. Dieses Passwort wird stets zum Zugriff auf den Schlüssel verwendet, der im Keystore gespeichert ist. Dieser Eintrag ist optional; wird er ausgelassen, so wird das Schlüsselpasswort mit der Option abgefragt, dass dasselbe Schlüsselwort verwendet werden kann wie das des Keystores.
keystore beispielstore	Angabe des Namens bzw. optional des Pfads des Keystores, der erzeugt werden soll, falls noch nicht existent, bzw. des Keystores, der verwendet werden soll, falls bereits existent.
storepass Fir123ma	Angabe des Passworts, mit dem auf den Keystore zugegriffen werden kann. Wird diese Option nicht verwendet, so wird das Anlegen des Passworts automatisch initiiert.

Tab. 5-7 Erzeugung von Schlüsselpaaren

Aus Sicherheitsgründen sollten die Passwörter für Schlüssel und Keystore nicht in der Kommandozeile angegeben werden, da derartige Eingaben ausgespäht werden könnten. Anstelle dessen sollten die Optionen `keypass` und `storepass` nicht angegeben werden und das jeweilige Passwort dann spezifiziert werden, wenn das System dies verlangt.

Wenn das oben angegebene Kommando ausgeführt wird, werden Informationen über den sog. *Distinguished Name* angefordert. Hierbei werden die folgenden Daten abgefragt. Jeweils nach dem Ausdruck in eckigen Klammern ist angegeben, welche Informationen eingegeben wurden.

- What is your first and last name? [Unknown]: Stephan Fischer
- What is the name of your organizational unit? [Unknown]: E-Technik
- What is the name of your organization? [Unknown]: Firma
- What is the name of your City or Locality? [Unknown]: Darmstadt
- What is the name of your State or Province? [Unknown]: Germany
- What is the two-letter country code for this unit? [Unknown]: DE
- Is <CN=Stephan Fischer, OU=E-Technik, O=Firma, L=Darmstadt, ST=Germany, C=DE> correct? [no]: y

Das derart eingesetzte `keytool`-Kommando erzeugt einen Keystore namens `beispielstore`, falls dieser nicht bereits existiert. Der Keystore wird in dem Verzeichnis gespeichert, in dem das Kommando ausgeführt wurde. Für Zugriffe wird das Passwort `Fir123ma` vereinbart. Weiterhin wird ein Paar aus öffentlichem und privatem Schlüssel angelegt, das über einen *Distinguished Name* näher bezeichnet ist.

Die Anweisung erzeugt weiterhin ein Zertifikat, das mit dem privaten Schlüssel unterschrieben ist (selbst signiert) und das den Distinguished Name im `subject`-Feld des Zertifikats enthält. Dieses Zertifikat hat eine Gültigkeit von 90 Tagen, falls nicht mittels der Option `validity` ein anderer Wert angegeben wird. Das Zertifikat ist dem privaten Schlüssel zugeordnet, der mit dem Alias-Namen `signaturDatei` angesprochen werden kann. Der private Schlüssel kann nur verwendet werden, wenn das Passwort, in diesem Fall `bspkap5`, bekannt ist.

Nach der Generierung von Schlüsseln und Keystore stehen alle Mittel zur Verfügung, um die bereits angelegte JAR-Datei zu signieren. Hierzu muss die folgende Anweisung auf Kommandozeilenebene verwendet werden:

Code
```
jarsigner -keystore beispielstore -signedjar sAusgabe.jar
   Ausgabe.jar signaturDatei
```

Bei der Ausführung dieser Anweisung wird der Keystore `beispielstore` verwendet. Der Name der signierten Datei wird mit der Option `signedjar` angegeben. Der letzte Ausdruck der Anweisung entspricht dem Alias-Namen des privaten Schlüssels, mit dem signiert werden soll. Führt man die Anweisung aus, so wird zunächst das Passwort des Keystores erfragt (`Fir123ma`), anschließend das Passwort des privaten Schlüssels (`bspkap5`). *jarsigner* extrahiert weiterhin das Zertifikat aus dem Keystore und hängt dieses an die Signatur der signierten JAR-Datei an.

Nachdem eine signierte JAR-Datei erzeugt wurde, muss das Laufzeitsystem des Code-Empfängers in die Lage versetzt werden, die Signatur zu authentifizieren, wenn die Anwendung, die in der signierten JAR-Datei gespeichert ist, versucht, eine Datei zu lesen und dabei die Policy-Datei dem signierten Code die notwendige Berechtigung einräumt. Um die Signatur authentifizieren zu können, muss der öffentliche Schlüssel des Senders im Keystore des Empfängers gespeichert sein. Hierzu muss eine Kopie des Zertifikats gesendet werden, das den öffentlichen Schlüssel authentifiziert. Um das Zertifikat aus dem Keystore in eine Datei zu kopieren, muss die folgende Anweisung eingegeben werden. Hierbei wird wiederum das Passwort des Keystores (`Fir123ma`) abgefragt. Die Datei, die das Zertifikat anschließend enthält, heißt in diesem Fall `StephanFischer.cer`.

Code
```
keytool -export -keystore beispielstore -alias signaturDatei
   -file StephanFischer.cer
```

Funktionalität des Empfängers

Der Empfänger, der die Anwendung ausführen möchte, geht in den folgenden Schritten vor:

- Verwendung von *keytool* zum Import des Zertifikats in einen Keystore. Hierbei wird ein Alias-Name für das Zertifikat angelegt.
- Verwendung des Policy-Tools zum Anlegen eines Eintrags in einer Policy-Datei, damit der signierte Code eine Datei lesen darf.
- Lesen einer Datei unter Verwendung eines Security-Managers.

Um eine Anwendung ausführen zu können, die in einer JAR-Datei gespeichert ist, muss der Empfänger die folgende Anweisung eingeben, bei der mit der Option cp (Classpath) angegeben wird, welche JAR-Datei aufgerufen werden soll. Hierbei soll die Datei gelesen werden, die unter dem Pfad ..\Hallo.txt gespeichert ist. Hierbei soll aber ein Security-Manager Verwendung finden, der mittels der Option -Djava.security.manager angegeben wird.

Code

```
java -Djava.security.manager -cp sAusgabe.jar Ausgabe
  ..\Hallo.txt
```

Es sollte nun unmittelbar verständlich sein, dass die Ausführung dieser Anweisung eine Exception generiert. Die Exception ergibt sich zwangsläufig, da die Anwendung versucht, auf das Dateisystem des Empfängers zuzugreifen, was bei Verwendung des Security-Managers verboten ist, da die Anwendung nicht über dementsprechende Berechtigungen verfügt.

Bevor dem signierten Code die notwendigen Berechtigungen eingeräumt werden können, muss das Zertifikat des Senders als sog. *Trusted Certificate* in den Keystore geladen werden.

Es sei nun angenommen, dass der Sender die signierte JAR-Datei sAusgabe.jar geschickt hat, die die Dateien Ausgabe.class und StephanFischer.cer enthält, wobei letztere das Zertifikat mit dem öffentlichen Schlüssel enthält, der zu dem privaten Schlüssel passt, mit dem die JAR-Datei signiert wurde. Um als Empfänger agieren zu können, muss zunächst ein Keystore namens beispielstore2 angelegt werden, in den anschließend das Zertifikat des Senders mit dem Alias-Namen stephan importiert wird. Zum Anlegen des Keystores sind die folgenden Schritte durchzuführen:

1. Wechsel in das Verzeichnis, das die Datei StephanFischer.cer enthält, also jeweils das Zertifikat des Senders.
2. Importierung eines Zertifikats, wobei in diesem Fall ein Keystore automatisch angelegt wird, falls dieser noch nicht existiert.

Code

```
keytool -import -alias stephan -file StephanFischer.cer
  -keystore beispielstore2
```

Da der Keystore noch nicht existiert, wird er angelegt, wobei ein Passwort verlangt wird. In diesem Fall wird das Passwort Fir321ma verwendet, das ansonsten beliebig gewählt werden kann. Das Werkzeug *keytool* gibt anschließend die Zertifikatsinformation aus und verlangt eine Verifikation, nach der im erfolgreichen Fall das Zertifikat als Trusted Certificate betrachtet wird. Die Ausgabe, die sich hierbei einstellt, ist in Abb. 5-8 angegeben. Analog kann man die Information des Zertifikats extrahieren, indem die folgende Anweisung eingegeben wird:

```
Enter keystore password:  Fir321ma
Owner: CN=Stephan Fischer, OU=E-Technik, O=Firma, L=Darmstadt, ST=Germany, C=DE
Issuer: CN=Stephan Fischer, OU=E-Technik, O=Firma, L=Darmstadt, ST=Germany, C=DE
Serial number: 373ac403
Valid from: Thu May 13 14:22:27 GMT+02:00 1999 until: Wed Aug 11 14:22:27 GMT+02
:00 1999
Certificate fingerprints:
         MD5:  0E:CA:7E:CE:EC:7C:1A:FA:80:BE:71:95:EF:FF:D0:84
         SHA1: DB:4B:47:29:86:4D:C6:CD:32:05:BF:4C:DC:12:D0:2A:B3:DD:92:E9
Trust this certificate? [no]:  y
Certificate was added to keystore
```

Abb. 5-8 Importierung von Zertifikaten

Code

```
keytool -printcert -file StephanFischer.cer
```

Man kann bspw. den Sender fragen, ob die Fingerprints, die Teil des Zertifikats sind, identisch mit denen sind, die der Sender verwendet hat; ob also während der Übertragung keine Modifikation des Zertifikats stattgefunden hat. Üblicherweise führt man diesen Vergleich durch, bevor man ein Zertifikat als Trusted Certificate akzeptiert.

Nachdem das Zertifikat importiert wurde, muss eine Policy-Datei angelegt werden. An dieser Stelle sollen die notwendigen Konzepte nochmals wiederholt werden. Die Policy-Datei wird verwendet, um der empfangenen JAR-Datei die notwendigen Berechtigungen zum Lesen des Dateisystems einzuräumen. Dazu muss die JAR-Datei mit dem privaten Schlüssel signiert sein, der dem öffentlichen Schlüssel des Senders entspricht, der im Keystore des Empfängers abgelegt ist. Die Schritte zum Anlegen der Policy-Datei sind dann die folgenden:

1. Aufruf des Policy-Tools
2. Angabe des Keystores
3. Anlegen eines Policy-Eintrags mit dem Alias-Namen SignedBy
4. Speichern der Policy-Datei

Nach dem Aufruf des Policy-Tools muss zuerst der zu verwendende Keystore angegeben werden. Hierzu muss unter dem Menüpunkt Edit die Option Change Keystore ausgewählt werden. Es sei daran erinnert, dass der Keystore immer in Form einer URL angegeben werden muss, also bspw. als file:/C:/home/fisch/private/JavaBuch/Buchcode/Kapitel5/beispielstore2.

Anschließend muss ein Eintrag in der Policy-Datei angelegt werden. Dazu ist der Button Add Policy Entry zu betätigen. Zunächst ist anzugeben, von wem der Code signiert wurde. Hierzu ist das SignedBy-Textfeld auszufüllen, bspw. mit dem Namen stephan. Wenn beliebigem Code, der von diesem Sender empfangen wurde, Rechte eingeräumt werden sollen, so ist das Feld CodeBase leer zu lassen, anderenfalls muss hier in Form einer URL eine Datei oder ein Verzeichnis angegeben werden.

Um die notwendigen Berechtigungen zu setzen, wird anschließend der Button `Add Permission` betätigt. Im nun neu erscheinenden Fenster muss die Art der Berechtigung (im Fall dieses Beispiels `FilePermission`), der Dateiname, dem die Berechtigung eingeräumt wird (als absoluter Pfadname, nicht als URL), und die Art der Berechtigung (in diesem Fall `READ`) angegeben werden. Anschließend sollte der Anwender nicht vergessen, die Policy-Datei zu speichern.

Wie bereits in Kapitel 5.2.2 beschrieben wurde, kann die neu generierte Policy-Datei auf zwei Arten in die gesamten Sicherheitsregeln eingebunden werden:

1. Angabe der zusätzlichen Policy-Datei beim Aufruf der Laufzeitumgebung oder
2. Hinzufügen einer Zeile in die Security-Properties-Datei.

An dieser Stelle soll die erste Möglichkeit verwendet werden, die Angabe der Policy-Datei in der Kommandozeilenebene. Hierzu ist die oben genannte Anweisung wie folgt zu erweitern:

Code

```
java -Djava.security.manager -Djava.security.policy=policy
   -cp sAusgabe.jar Ausgabe ..\Hallo.txt
```

Hierbei bezeichnet der neu hinzugekommene Ausdruck `-Djava.security.policy=policy` die Datei `policy` im momentan verwendeten Verzeichnis, die die Berechtigungen für Daten des Senders `stephan` enthält. Ist bei der Erstellung der Policy-Datei kein Fehler aufgetreten, so kann nun die Anwendung mit der oben angegebenen Anweisung problemlos ausgeführt werden.

5.2.5 Datenaustausch

Soll ein wichtiges Dokument elektronisch versendet werden, so sollten die Daten signiert werden. Der Empfänger ist dann in der Lage, die Konsistenz des Dokuments zu überprüfen und festzustellen, ob während der Übertragung Modifikationen aufgetreten sind.

Funktionalität des Senders

Die Signatur eines Dokuments erfolgt nach exakt demselben Schema, das bereits im vorangegangenen Unterkapitel erläutert wurde, also in den folgenden Schritten:

1. Erzeugung einer JAR-Datei mittels des *jar*-Tools, die das Dokument enthält.
2. Erzeugung eines Schlüsselpaars mit Hilfe des Werkzeugs *keytool*. Optional kann hierbei ein sog. *Certificate Signing Request* (CSR) für das Zertifikat, das den öffentlichen Schlüssel enthält, generiert werden. Die CSR wird anschließend an

eine Certification Authority geschickt, deren Antwort dann importiert werden muss. Die hierzu notwendigen Vorgänge sind im Folgenden angegeben.
3. Signieren der JAR-Datei, indem das Werkzeug *jarsigner* und der private Schlüssel verwendet werden.
4. Exportieren des Zertifikats, indem das Kommando `keytool -export` verwendet wird. Anschließend werden die signierte JAR-Datei und das Zertifikat an den Empfänger übermittelt.

Wird das Werkzeug keytool dazu verwendet, ein Paar aus privatem und öffentlichem Schlüssel zu erzeugen, so wird ein Eintrag in einem Keystore angelegt, der den privaten Schlüssel und ein selbst signiertes Zertifikat für den öffentlichen Schlüssel enthält. Dieses Vorgehen ist nur dann adäquat, wenn die Empfänger den Sender bereits kennen und diesem vertrauen.

Ein Zertifikat ist aber wesentlich vertrauenswürdiger, wenn es von einer Certification Authority (CA) unterschrieben ist. Um ein Zertifikat von einer CA unterschreiben zu lassen, muss zuerst ein *Certificate Signing Request* (CSR) erzeugt werden, indem die folgende Anweisung ausgeführt wird:

Syntax

```
keytool -certreq -alias alias -file csrDatei
```

In dieser Anweisung wird `alias` dazu verwendet, auf den jeweiligen Eintrag im Keystore zuzugreifen, der den privaten Schlüssel und das Zertifikat für den öffentlichen Schlüssel enthält. Der Ausdruck `csrDatei` bezeichnet den Namen der Datei, die hierbei erzeugt wird.

Anschließend wird diese Datei an eine CA, bspw. an die Firma VeriSign, übermittelt. Die CA authentifiziert dann den Sender und übermittelt ein Zertifikat, das den öffentlichen Schlüssel des Senders in unterschriebener Form authentifiziert. Die Antwort der CA muss im Folgenden importiert werden.

Wird ein Certificate Signing Request an eine Certification Authority übermittelt, so muss das Original im Keystore des Senders durch das Zertifikat, das die CA zurück schickt, ersetzt werden. Dies erfolgt, indem das übermittelte Zertifikat importiert wird. Dazu ist es jedoch zuerst notwendig, dass ein *Trusted Certificate* angelegt wird, mit dem der öffentliche Schlüssel der CA authentifiziert werden kann.

Zum Anlegen eines Trusted Certificate muss zunächst geprüft werden (bspw. über einen Vergleich der Fingerprints), ob das Zertifikat gültig ist. Ist das empfangene Zertifikat gültig, so kann es dem Keystore mit dem folgenden Kommando hinzugefügt werden:

Syntax

```
keytool -import -alias alias -file zertifikat.cer
   -keystore storename
```

Mit Hilfe dieses Kommandos wird ein *Trusted Certificate* erzeugt, dessen Inhalt aus der Datei `zertifikat.cer` kopiert wird. Der Eintrag im Keystore enthält dann die Daten der Datei `zertifikat.cer` und wird mit dem angegebenen Alias-Namen referenziert.

Steht ein Trusted Certificate zur Verfügung, so kann die Zertifikatsantwort der CA importiert werden, wobei das bisherige selbst signierte Zertifikat ersetzt werden muss. Die folgende Anweisung übernimmt diese Aufgabe.

Code

```
keytool -import -keystore beispielstore2 -alias stephan
   -file antwortDerCA
```

Funktionalität des Empfängers

Der Empfänger des Dokuments geht in den folgenden Schritten vor:

1. Importierung des Zertifikats als *Trusted Certificate*, indem das Kommando `keytool -import` (siehe vorangegangenes Unterkapitel) verwendet wird.
2. Verifizierung der Signatur der JAR-Datei, indem das Werkzeug *jarsigner* verwendet wird.

Nachdem das Zertifikat mit dem öffentlichen Schlüssel des Senders als *Trusted Certificate* in den Keystore des Empfängers importiert wurde, kann das Werkzeug *jarsigner* dazu verwendet werden, die Authentizität der Signatur der JAR-Datei zu prüfen. Hierdurch wird sichergestellt, dass die Datei während der Übertragung nicht modifiziert wurde. Möchte der Empfänger bspw. prüfen, ob die Datei `sAusgabe.jar` kompromittiert wurde, so muss die folgende Anweisung angegeben werden:

Code

```
jarsigner -verify -verbose -keystore beispielstore2
   sAusgabe.jar
```

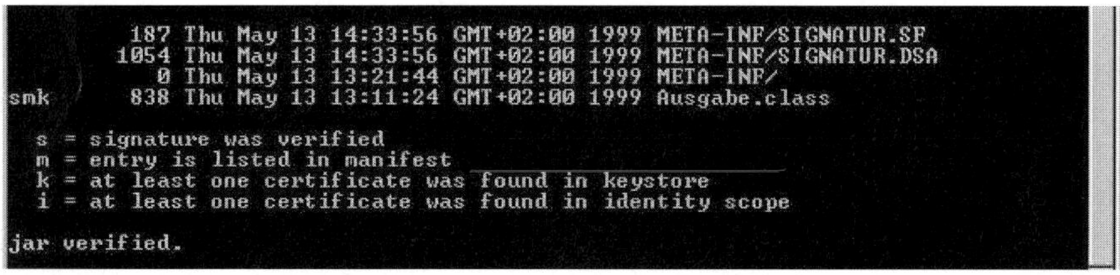

```
            187 Thu May 13 14:33:56 GMT+02:00 1999 META-INF/SIGNATUR.SF
           1054 Thu May 13 14:33:56 GMT+02:00 1999 META-INF/SIGNATUR.DSA
              0 Thu May 13 13:21:44 GMT+02:00 1999 META-INF/
   smk     838 Thu May 13 13:11:24 GMT+02:00 1999 Ausgabe.class

     s = signature was verified
     m = entry is listed in manifest
     k = at least one certificate was found in keystore
     i = at least one certificate was found in identity scope

jar verified.
```

Abb. 5-9 Verifikation von Dokumenten

Es ist zu beachten, dass das Kommando mit der Option `-verbose` ausgeführt werden muss, damit die notwendige Information auf der Kommandozeilenebene ausgegeben wird. In der in Abb. 5-9 dargestellten Ausgabe ist erkennbar, dass das übertragene Dokument Teil der JAR-Datei ist, die signiert wurde und ferner, dass die Signatur verifiziert wurde. Weiterhin wird angezeigt, dass sich der öffentliche Schlüssel zur Verifikation der Signatur im angegebenen Keystore befindet.

5.2.6 Zusammenfassung

In diesem Unterkapitel wurden die Sicherheitsaspekte von Java in einer detaillierten Form betrachtet, vor allem die Signatur von Daten, Policy-Dateien und die Verwendung von Keystores. Es sei jedoch darauf hingewiesen, dass diese Darstellung auf die Verwendung der Werkzeuge von Java (bspw. jar, jarsigner oder keytool) fokussiert ist. Werden die in Java enthaltenen APIs verwendet, so ist eine wesentlich weitgehendere Funktionalität realisierbar. Diese kann jedoch im Rahmen dieses Buches nicht erläutert werden. Einerseits kann der Leser die notwendigen Funktionen nur verstehen, wenn er ein Experte im Gebiet der Sicherheitstechnik ist. Andererseits wäre eine Darstellung derart umfangreich, dass sie den Rahmen dieses Buches sprengen würde. Nach der Lektüre dieses Teilkapitels sollte der Leser jedoch in der Lage sein, Sicherheitsfunktionen von Java derart verwenden zu können, dass generelle Aspekte der sicheren Datenübertragung mit Hilfe der vorgestellten Werkzeuge ohne Probleme realisiert werden können. Die Datenübertragung selbst ist Thema des folgenden Unterkapitels.

5.3 Networking in Java

Networking bezeichnet im Allgemeinen das Arbeiten mit Anwendungen, die über Netzwerke miteinander kommunizieren. Dass diese Terminologie aber keineswegs eindeutig ist, zeigen die folgenden beiden Sichtweisen.

Wenn ein Java-fähiger Browser verwendet wird, können Applets ausgeführt werden, die auf der lokalen Maschine des Benutzers oder im Internet gespeichert sind. Die Information, wo ein Applet gespeichert ist, ist vollständig im HTML-Tag <APPLET> enthalten und daher für den Anwender transparent. Der Browser dekodiert diese Information, lokalisiert das Applet, lädt es und führt es aus. So gesehen ist diese Form des Netzwerkzugriffs auf der höchsten Aggregationsstufe anzusiedeln. Der Benutzer muss sich weder um den Aufbau eines Browsers noch um die Lokalisierung oder das Laden des Applets kümmern.

In Kapitel 4.4.3 auf Seite 225 wurde bereits erläutert, wie Bilder in Benutzeroberflächen eingebunden werden können. Hierzu ist die Klasse URL notwendig, die Teil des Packages java.net ist. Applets und Applications können URLs verwenden, um Adressen von Ressourcen im Netzwerk anzugeben. Das Laden derartiger Daten ist bereits weniger aggregiert als im ersten betrachteten Beispiel. Um ein Bild zu laden, muss ein Java-Programm zuerst eine URL erzeugen, die die Adresse eines Bildes angibt. Es wird erkennbar, dass der Zugriff auf Netzwerke offensichtlich auf verschiedene Weisen möglich ist, die vor allem von den Kenntnissen des Anwenders abhängen.

Je komplexer die Programme sind, die ein Benutzer schreibt, desto weitreichendere Netzwerkmöglichkeiten stehen zur Verfügung. Im Rahmen dieses Kapitels werden die Möglichkeiten vorgestellt, mit denen in Java Anwendungen geschrieben werden können, die über Netzwerke miteinander kommunizieren. Diese Sichtweise entspricht eher dem zweiten als dem ersten Szenario, in dem jeglicher Zugriff transparent erfolgt. Zunächst werden im Folgenden einige Begriffe definiert, ohne deren Kenntnis ein Verständnis des Networking-Konzepts von Java unmöglich ist.

5.3.1 Grundbegriffe

Um die umfassende Funktionalität eines Netzwerks modellieren zu können, teilt man dieses in der Literatur in Module, sog. Schichten, auf. Dies erlaubt eine Verringerung der Funktionskomplexität, da in jeder Schicht genau definierte Teilprobleme behandelt werden. Ein Modell, das international weite Verbreitung gefunden hat, ist das Referenzmodell der International Standards Organization (ISO). Ziel dieses ISO-Modells, das auch als *Open Systems Interconnection (OSI) Reference Model* bezeichnet wird, ist die Realisierung einer standardisierten Protokollarchitektur, die eine Kommunikation von Rechnern verschiedenster Hersteller ermöglicht. Das Referenzmodell, das auch in Abb. 5-10 dargestellt ist, behandelt die Kommunikation offener Systeme, also solche, die für eine Kommunikation mit anderen offen sind.

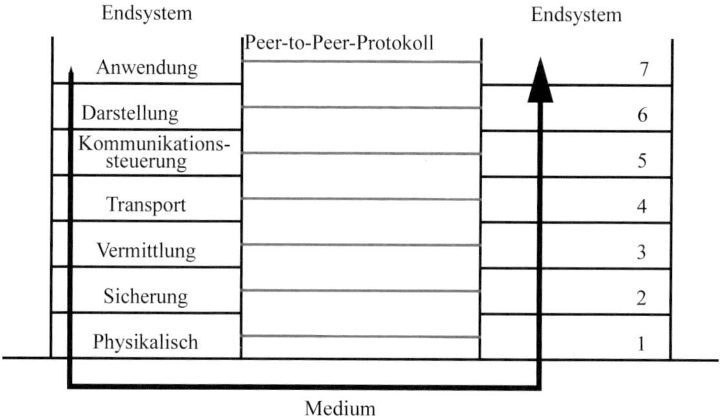

Abb. 5-10 ISO-OSI-Modell

Grundsätzlich sind im ISO-OSI-Modell zwei Arten der Kommunikation denkbar:
- die *direkte Kommunikation*, in der eine Schicht mit der über oder unter ihre liegenden über eine Schnittstelle direkt Daten austauscht oder
- die *indirekte Kommunikation*, in der eine Schicht mit einer Partnerinstanz auf dem Rechner, zu dem eine Verbindung besteht, kommuniziert. Man bezeichnet dies auch als *Peer-to-Peer-Kommunikation*. Bis auf die Kommunikation der phy-

sikalischen Schichten eines sendenden und eines empfangenden Rechners tauschen aber Peer-to-Peer-Instanzen niemals direkt Daten aus.

Die unterste Schicht (physikalische Schicht) behandelt die Hardware-Spezifikation, z. B. Anschlüsse und Kabel. Daran schließt die Sicherheitsschicht an, die garantiert, dass die Daten vom Sender zum Empfänger gelangen. Darauf setzt die Vermittlungsschicht auf, die unter anderem für die Wegewahl der Pakete im Netz (sog. Routing) verantwortlich ist. Über der Vermittlungsschicht ist die Transportschicht angesiedelt, die eine Ende-zu-Ende-Verbindung garantiert. In diesem Bereich ist z. B. TCP anzusiedeln. Die darauf aufsetzende Kommunikationssteuerungsschicht verwaltet z. B. die Resynchronisation von einmal unterbrochenen Verbindungen. Man kann sich vorstellen, dass beim Ausfall einer Verbindung bei einer gerade ausgeführten Banktransaktion Schwierigkeiten auftreten, die durch diese Schicht behoben werden. Da verschiedene Hardware-Hersteller Daten auf lokalen Rechnern in unterschiedlichen Formaten speichern können, muss ein Datenaustauschformat definiert werden, das die Datenkonversion von der lokalen Darstellung in eine Netzwerkdarstellung und zurück gewährleistet. Dies ist Aufgabe der Darstellungsschicht. Die zuoberst angesiedelte Anwendungsschicht behandelt die Realisierung anwendungsbezogener Dienste, wie die elektronische Post oder den Dateitransfer.

Computer, die im Internet betrieben werden, verwenden meist das Transport Control Protocol (TCP) oder das User Datagram Protocol (UDP). Diese Protokolle sind auf der Ebene der Transportschicht anzusiedeln. Java-Programme, die über ein Netzwerk miteinander kommunizieren, sind dagegen auf der Ebene der Anwendungsschicht anzusiedeln. Die genaue Verarbeitung im Rahmen von TCP und UDP spielt daher in Java-Anwendungen meist eine untergeordnete Rolle, da deren Funktionalität im Package `java.net` zur Verfügung steht. Die hierin enthaltenen Klassen ermöglichen es daher, eine systemunabhängige Netzwerkkommunikation einzusetzen. Andererseits können UDP und TCP nur dann sinnvoll verwendet werden, wenn deren Funktionsweise bekannt ist.

Transport Control Protocol (TCP)

Möchten zwei Anwendungen auf eine zuverlässige Art und Weise Daten austauschen, so müssen sie eine Verbindung aufbauen und im Sinne eines Telefonanrufs Daten beidseitig austauschen. TCP garantiert, dass Daten, die von einer Anwendung gesendet werden, in derselben Reihenfolge wie sie gesendet wurden und fehlerfrei beim Empfänger ankommen. Tritt hierbei ein Fehler auf, so wird sichergestellt, dass dieser bemerkt und gemeldet wird. TCP stellt auf diese Art und Weise eine Punkt-zu-Punkt-Verbindung für Anwendungen bereit, die eine zuverlässige Kommunikation benötigen. Dies ist bspw. für die folgenden Anwendungen der Fall: Das Hypertext Transfer Protocol (HTTP), File Transfer Protocol (FTP) und auch Telnet verwenden zur Datenübertragung TCP. Diese Anwendungen haben gemein, dass die Reihenfolge, in der die Daten gesendet werden, essentiell ist. Im Falle von HTTP würde eine Änderung der Reihenfolge bspw. die Ausgabe einer Webseite bewirken, in der der Titel möglicherweise im unteren Bereich einer Webseite zu finden wäre.

Zusammenfassend kann festgehalten werden, dass TCP ein verbindungsorientiertes Protokoll ist, das einen zuverlässigen Datenfluss zwischen zwei Rechnern gewährleistet.

User Datagram Protocol (UDP)

Das UDP-Protokoll wird im Gegensatz zu TCP dann eingesetzt, wenn die Eigenschaft der Zuverlässigkeit der Daten keine entscheidende Rolle spielt. Im Unterschied zu TCP ist UDP verbindungslos, sendet also Datenpakete, sog. *Datagramme*, von einer Anwendung zu einer anderen. Dies ist vergleichbar mit dem Senden einer Menge von Briefen, bei denen weder die Ankunftsreihenfolge noch deren Versendeweg vorhergesagt werden können. Weiterhin kann nicht garantiert werden, dass die Nachricht vollständig beim Empfänger eintrifft, da alle Datagramme voneinander unabhängig sind und deren Auslieferung nicht garantiert ist.

Unterschiede zwischen TCP und UDP

Viele Anwendungen erfordern eine garantierte zuverlässige Datenübertragung vom Sender zum Empfänger. Andere Kommunikationsformen unterliegen dieser Einschränkung allerdings nicht. Es liegt auf der Hand, dass die Verwendung von TCP daher aufwendiger ist als die von UDP, da eine Vielzahl zusätzlicher Kontrollinformationen übertragen werden müssen. Die Folge der zusätzlichen Datenübertragungen ist, dass TCP oftmals langsamer arbeitet als UDP. Wird bspw. eine Sprachübertragung durchgeführt, so ist es nicht sinnvoll, TCP zu verwenden, da in den meisten Fällen ein erneutes Senden eines verlorengegangenen Pakets erfolglos ist, da es zu spät ankommen würde, um noch ausgegeben werden zu können. Weiterhin könnte es geschehen, dass TCP für diese Art der Datenübertragung zu langsam ist. Meist wird zur Übertragung von Echtzeitdaten daher UDP eingesetzt (es sei denn, es steht eine unbegrenzte Bandbreite zur Verfügung).

Ports

Computer haben in der Regel eine einzige physikalische Schnittstelle zum Netz. Alle Daten, die an einen bestimmten Rechner geschickt werden, kommen über diese Verbindung an. Hierbei tritt aber das Problem auf, dass auf einem Rechner verschiedene Anwendungen über das Netzwerk kommunizieren können, dass also die ankommenden Daten einer Anwendung zugeordnet werden müssen. Hierzu werden sog. *Ports* eingesetzt. Daten, die über das Internet übertragen werden, werden gemeinsam mit Informationen übertragen, die den Zielrechner, aber auch den Port identifizieren, für den die Daten bestimmt sind. Der Zielrechner wird über eine IP-Adresse bestimmt, die 32 bit groß ist. Ports werden mittels einer 16 bit großen Adresse identifiziert, die TCP und UDP dazu verwenden, Daten an die richtige Anwendung auszuliefern.

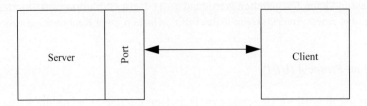

Abb. 5-11 Client-Server-Kommunikation

Sockets

Die verbindungsorientierte Kommunikation, bspw. über TCP, verwendet sog. *Sokkets*, um eine wohldefinierte Schnittstelle zum Netzwerk zu schaffen. Hierbei verbindet eine Server-Applikation einen Socket mit einer spezifischen Port-Nummer. Dieser Vorgang wird auch als *Binden* bezeichnet und bewirkt, dass der Server sich beim System anmeldet, um Daten, die für diesen Port bestimmt sind, zu empfangen. Ein Client kann nun über den Server-Port mit einem Server kommunizieren (siehe Abb. 5-11).

In einer Datagramm-basierten Kommunikation (bspw. UDP) enthalten die Datagramm-Pakete die Port-Nummer des Empfängers. UDP leitet die Pakete an die jeweilige Empfängeranwendung weiter (siehe Abb. 5-12).

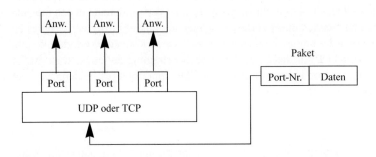

Abb. 5-12 Adressierung von Ports

Port-Nummern liegen immer im Bereich von 0 bis 65.535, da sie durch eine 16 bit-Zahl repräsentiert werden. Die Port-Nummern von 0 bis 1023 können allerdings nur eingeschränkt benutzt werden, da sie von sog. *Well-Known-Services* wie HTTP, FTP oder anderen Systemdiensten verwendet werden. Diese Ports werden daher oftmals auch als *Well-Known-Ports* bezeichnet und sollten von Anwendungen nicht an einen Socket gebunden werden.

5.3.2 Networking in Java

Java-Programme können TCP oder UDP zur Kommunikation über das Internet verwenden, wenn die Klassen im Package `java.net` eingesetzt werden. Die Klassen `URL`, `URLConnection`, `Socket` und `ServerSocket` benutzen zur Kommunikation TCP, die Klassen `DatagramPacket`, `DatagramSocket` und `MulticastSocket` hingegen UDP.

5.3.3 URLs in Java

Ruft ein Benutzer einen Verweis in einem HTML-Dokument auf, oder gibt er eine Datei explizit an, so muss der Browser neue Daten laden. Dies ist keine triviale Aufgabe, da das World Wide Web eine Vielzahl von Computern enthält und die Daten theoretisch auf jedem dieser Rechner liegen könnten. Weiterhin kann jeder Rechner eine Vielzahl von Dateien enthalten und drittens kann ein Dokument als Text (z. B. HTML) oder als Binärdatei (z. B. Bild) vorliegen. Da im World Wide Web zusätzlich noch eine Reihe von Diensten (z. B. Zugriff auf HTML-Dokumente, aber auch FTP) zur Verfügung stehen, musste eine Syntax entwickelt werden, die eine spezielle Seite des World Wide Web adressiert. Diese bezeichnet man als *Uniform Resource Locator* (URL). Die URL hat die Form

Code

```
Protokoll://Rechner-Name:port/Dokument-Name
```

`Protokoll` gibt hierbei das verwendete Zugriffsprotokoll an (z. B. HTTP oder FTP), `port` gibt an, über welchen Port das Dokument abgerufen werden kann und `Rechner-Name` bzw. `Dokument-Name` spezifizieren die IP-Adresse des Zielrechners bzw. den Namen des gewünschten Dokuments. Ein Beispiel für eine solche URL wäre daher die Adresse

Code

```
http://www.kom.e-technik.tu-darmstadt.de/index.html
```

Zur Verwendung von URLs in Java muss das Package `java.net` verwendet werden. Die einfachste Art und Weise, ein URL-Objekt zu erzeugen, ist, einen String zu verwenden, der eine URL-Adresse repräsentiert. In einem Java-Programm kann ein `URL`-Objekt dann folgendermaßen generiert werden:

Code

```
URL urlObjekt = new URL("http://www.kom.e-technik.tu-
   darmstadt.de/");
```

Die derart erzeugte URL wird auch als *absolute URL* bezeichnet. Eine absolute URL enthält die vollständige Information, die notwendig ist, um ein Objekt im Internet zu adressieren. URLs können allerdings auch als *relative URL-Adresse* angegeben werden. Eine relative URL enthält nur die Information, die notwendig ist, um ein Objekt relativ zu einer anderen URL zu adressieren. Relative URLs werden oftmals in HTML-Dateien verwendet, um Dateien anzugeben, die sich im selben Verzeichnis befinden wie eine weitere Datei, die mittels einer absoluten URL angegeben wird. Zur Spezifikation einer relativen URL im Kontext einer absoluten URL wird dann die folgende Syntax verwendet:

Code

```
// absolute URL
URL urlObjekt = new URL("http://www.kom.e-technik.tu-
   darmstadt.de/");
//relative URL
URL urlRelativ = new URL(urlObjekt, "index.html");
```

Das angegebene Code-Segment verwendet den URL-Konstruktor, um ein URL-Objekt zu erzeugen, das aus einem weiteren URL-Objekt (der Basis) und einer relativen URL-Spezifikation besteht. Die allgemeine Form des Konstruktors lautet daher:

Code

```
URL(URL basisURL, String relativeURL);
```

Das erste Argument des Konstruktors ist ein URL-Objekt, das die Basis der neu anzulegenden URL angibt. Das zweite Argument ist ein String, der den Rest des Namens in Abhängigkeit von der Basis-URL angibt. Wenn die Basis-URL leer ist, so behandelt der Konstruktor die relative URL wie eine absolute URL-Spezifikation. Weiterhin ignoriert der Konstruktor die Basis-URL, wenn bereits die relative URL eine absolute URL-Spezifikation darstellt. Der Konstruktor kann außerdem auch dazu verwendet werden, *Namensanker* (sog. *Referenzen*) in einer HTML-Datei anzugeben. Wird in der Datei `index.html` ein Anker ENDE definiert, so muss die folgende Anweisung verwendet werden, um diesen Anker zu referenzieren:

Code

```
// absolute URL
URL urlObjekt = new URL("http://www.kom.e-technik.tu-
   darmstadt.de/");
//relative URL
URL urlRelativ = new URL(urlObjekt, "index.html");
//Anker
URL urlAnker = new URL(urlRelativ, "#ENDE");
```

Die Klasse URL stellt zwei weitere Konstruktoren zur Verfügung, um URL-Objekte zu erzeugen. Diese Konstruktoren sind insbesondere dann nützlich, wenn mit URLs (bspw. mit HTTP-URLs) gearbeitet wird, die aus dem Host-Namen, dem Dateinamen, der Port-Nummer und Referenzen bestehen. Hierbei steht meist kein String, der die vollständige URL enthält, zur Verfügung, jedoch sind die verschiedenen Komponenten der URL bekannt. Eine Anwendung, die häufig vorkommt, ist das Zusammensetzen von URLs aus Komponenten. Hierbei kann zunächst zwischen verschiedenen Protokollen, wie bspw. HTTP oder FTP, gewählt werden, zwischen verschiedenen Host-Namen, Port-Nummern und Dateinamen, wozu Auswahllisten eingesetzt werden. Die URL wird dann aus den verschiedenen ausgewählten Komponenten konstruiert. Das folgende Beispiel demonstriert dieses Vorgehen:

Code
```
URL urlObjekt = new URL("http", "www.kom.e-technik.tu-
   darmstadt.de", "/index.html");
```

Hierbei gibt das erste Argument das Protokoll an, das zweite den Host-Namen und das dritte den Pfadnamen der Datei. Der Dateiname muss in diesem Fall mit einem Schrägstrich beginnen, um anzugeben, dass der Pfad relativ zur Wurzel des Hosts zu lesen ist. Ein weiterer Konstruktor ermöglicht die Angabe der Port-Nummer in der Liste der Argumente:

Code
```
URL urlObjekt = new URL("http", "www.kom.e-technik.tu-
   darmstadt.de", 80, "index.html");
```

Wird ein derartiges URL-Objekt mit einem der Konstruktoren erzeugt, so kann die Methode toString oder die äquivalente Methode toExternalForm, die Teil der Klasse URL ist, dazu verwendet werden, die String-Darstellung des Objekts zu erzeugen.

Ausnahmebehandlung

Jeder der vier URL-Konstruktoren generiert eine MalformedURLException-Ausnahme, wenn die Argumente, die dem Konstruktor übergeben werden, entweder Null sind oder ein unbekanntes Protokoll angeben. Typischerweise wird eine derartige Ausnahme allerdings abgefangen, wozu der folgende Code verwendet werden kann:

Code
```
try {
   URL urlObjekt= new URL(. . .)
} catch (MalformedURLException e) {
// Exception-Handler wird hier implementiert
}
```

Die Klasse URL stellt verschiedene Methoden zur Verfügung, um URL-Objekte abzufragen:

- getProtocol
  gibt den Identifikationsteil des Protokolls der URL zurück.
- getHost
  gibt den Host-Namensteil der URL zurück.
- getPort
  gibt analog den Port-Nummernteil der URL als Integer-Wert zurück. Ist der Port nicht gesetzt, so wird der Wert -1 zurückgegeben.
- getFile
  liefert den Dateinamensteil der URL zurück.
- getRef
  liefert die Referenzkomponente der URL zurück.

Das folgende Beispiel demonstriert die Anwendung dieser Methoden.

Code

```
import java.net.*;
import java.io.*;
public class urlAusgabe {
   public static void main(String[] args) throws Exception {
      URL urlO= new URL("http://www.kom.e-technik.tu-
         darmstadt.de/index.html");
      System.out.println("Protokoll: " + urlO.getProtocol());
      System.out.println("Host: " + urlO.getHost());
      System.out.println("Dateiname: " + urlO.getFile());
      System.out.println("Port: " + urlO.getPort());
   }
}
```

Streams über URLs

Nachdem ein URL-Objekt angelegt wurde, kann die Methode openStream(), die Teil der Klasse URL ist, aufgerufen werden, um einen Stream zu generieren, über den die Inhalte einer URL gelesen werden können. Die Methode openStream() erzeugt ein Objekt vom Typ java.io.InputStream, wodurch das Lesen aus einer URL völlig äquivalent zum Lesen eines Eingabe-Streams erfolgen kann. Das folgende Beispiel verdeutlicht dieses Vorgehen. Wird das Programm ausgeführt, so werden die HTML-Kommandos und der Textinhalt der HTML-Datei im Kommandozeilenfenster ausgegeben.

Code

```
import java.net.*;
import java.io.*;
```

```
public class urlLesen {
   public static void main(String[] args) throws Exception {
      URL url0= new URL("http://www.kom.e-technik.tu-
         darmstadt.de/");
      BufferedReader einlesen = new BufferedReader(
         new InputStreamReader(url0.openStream()));
      String eingabeZeile;
      while ((eingabeZeile = einlesen.readLine()) != null)
         System.out.println(eingabeZeile);
      einlesen.close();
   }
}
```

Nachdem ein URL-Objekt angelegt wurde, kann die Methode `openConnection` aufgerufen werden, um eine Verbindung zur angegebenen URL zu erzeugen. Hierdurch wird eine Kommunikationsverbindung zwischen dem Java-Programm und der URL über das Netzwerk geschaffen. Soll eine Verbindung zur oben angegebenen URL erzeugt werden, so muss das folgende Programmstück verwendet werden:

Code

```
try {
   URL url0= new URL("http://www.kom.e-technik.tu-darmstadt.de/");
   url0.openConnection();
} catch (MalformedURLException e) {    // Fehlschlag
} catch (IOException e) {              // openConnection()
   //fehlgeschlagen
}
```

Die Methode `openConnection` erzeugt eine neue URL-Verbindung, falls dies möglich ist (bzw. falls nicht bereits eine derartige Verbindung existiert). Diese Verbindung wird initialisiert, mit der URL verbunden und als URLConnection-Objekt zurückgegeben. Schlägt dieser Ablauf fehl, so löst die Methode `openConnection` die Ausnahme IOException aus. Nachdem eine Verbindung erstellt wurde, können Lese- und Schreiboperationen erfolgen. Hierbei ist stets zu beachten, dass die URL-Verarbeitung in Java auf das Hypertext-Transfer-Protokoll (HTTP) konzentriert ist. Viele der im Folgenden beschriebenen Methoden sind daher nur dann sinnvoll, wenn mit HTTP-URLs gearbeitet wird.

Lesen von URL-Verbindungen

Im Folgenden ist ein Beispielprogramm angegeben, das Daten von einer URL liest. Im Gegensatz zum oben angegebenen Beispiel (Erzeugen eines Input-Streams aus einer URL) öffnet dieses Beispiel eine explizite Verbindung mit einer URL und erhält von dieser Verbindung einen Input-Stream. Wie auch im vorangegangenen Beispiel wird dann ein BufferedReader-Objekt erzeugt, mit dem Daten aus dem Stream gelesen werden.

Code

```java
import java.net.*;
import java.io.*;
public class URLVerbindungLesen {
   public static void main(String[] args) throws Exception {
      String zeile;
      URL kom = new URL("http://www.kom.e-technik.tu-
         darmstadt.de/");
      URLConnection komC = kom.openConnection();
      BufferedReader einlesen = new BufferedReader(
      new InputStreamReader(komC.getInputStream()));
      while ((zeile = einlesen.readLine()) != null)
         System.out.println(zeile);
      einlesen.close();
   }
}
```

Die Ausgabe dieses Beispiels ist mit der Ausgabe des vorangegangenen Beispiels identisch. Beide Arten können daher dazu verwendet werden, Daten von einer URL zu lesen. Das Auslesen einer URL-Verbindung kann allerdings vorteilhafter sein, da ein URLConnection-Objekt gleichzeitig auch für andere Aufgaben eingesetzt werden kann.

Schreiben auf URL-Verbindungen

Eine Vielzahl von Webseiten, vor allem die kommerzieller Anbieter, enthalten Formulare oder andere GUI-Objekte, in die Daten eingetragen werden müssen, die anschließend an den Server geschickt werden. Wird Text in derartige Elemente angegeben, so überträgt der Browser die Informationen schreibend zur angegebenen URL. Üblicherweise empfängt der Server die Daten über ein CGI-Skript, verarbeitet sie und sendet eine Antwort in Form einer neuen HTML-Seite.

Eine Reihe von CGI-Skripten verwendet die Anweisung POST METHOD zum Lesen der Daten, die von einem Client gesendet werden. Ein Java-Programm kann mit CGI-Skripten auf der Server-Seite interagieren. Hierzu muss das Java-Programm auf eine URL schreiben und damit Daten an den Server senden. Zur Umsetzung sind die folgenden Schritte notwendig:

1. Erzeugen einer URL
2. Öffnen einer Verbindung zur URL
3. Schreibberechtigung der URL-Verbindung herstellen
4. Erzeugen eines Output-Streams für die Verbindung. Dieser Strom wird mit dem Standard-Input-Stream des CGI-Skripts des Servers verbunden.
5. Schreiben in den Output-Strom
6. Schließen des Stroms

Die Angabe eines Beispiels, das die Interaktion mit einem CGI-Skript demonstriert, ist problematisch, da der Leser in der Regel nicht in der Lage sein dürfte, ein CGI-

Skript auszuführen. Im Folgenden sei daher angenommen, dass ein imaginäres Skript auf einem Server läuft, das eine Textangabe in Form eines Strings als Argument akzeptiert. Das folgende Beispiel demonstriert, wie mit diesem Skript interagiert werden muss.

Code

```
import java.io.*;
import java.net.*;
public class SchreibeBeispiel {
   public static void main(String[] args) throws Exception {
      if (args.length != 1) {
         System.err.println("Eingabe:  java SchreibeBeispiel
           Parameterstring");
         System.exit(1);
      }
      //Senden der Daten
      String stringArgument = URLEncoder.encode(args[0]);
      URL url = new URL("http://www.kom.e-technik.tu-
        darmstadt.de/cgi-bin/beispiel");
      URLConnection verbindung = url.openConnection();
      verbindung.setDoOutput(true);
      PrintWriter ausgabe = new
        PrintWriter(verbindung.getOutputStream());
      ausgabe.println("string=" + stringArgument);
      ausgabe.close();
      //Einlesen der Antwort
      BufferedReader einlesen= new BufferedReader(
        new InputStreamReader(verbindung.getInputStream()));
      String zeile;
      while ((zeile = einlesen.readLine()) != null)
         System.out.println(zeile);
      einlesen.close();
   }
}
```

Zuerst werden die Argumente verarbeitet, die auf Kommandozeilenebene eingegeben werden. Es darf lediglich ein Argument angegeben werden, das an das CGI-Skript auf der Server-Seite übertragen wird. Da der Inhalt des Strings auch aus Leer- und Sonderzeichen bestehen kann, muss er vor der Übertragung kodiert werden. Hierzu wird die Klasse URLEncoder verwendet, die die Zeichen des Strings kodiert. Anschließend wird ein URL-Objekt angelegt, das die Adresse des CGI-Skripts auf der Server-Seite bezeichnet. Nachdem dieses Objekt zur Verfügung steht, wird eine Verbindung geöffnet (URLConnection), deren Schreibberechtigung mittels der Methode setDoOutput(true) gesetzt wird. Im nächsten Schritt wird ein Output-Strom erzeugt, auf dem ein PrintWriter-Objekt operiert. Wenn die URL dieses Vorgehen nicht unterstützt, wird an dieser Stelle eine UnknownServiceException-Ausnahme ausgeworfen. Unterstützt die URL allerdings diesen Prozess, so wird ein Output-Strom zurückgegeben, der mit dem Standard-Input der URL auf der Server-Seite verbunden ist. Die Ausgabe des Clients fungiert dann als Eingabe des Servers. Nach dem Schreiben der Information in den Stream wird dieser anschließend geschlossen. Grundsätzlich funktioniert das Schreiben auf eine URL daher genau so wie das

Schreiben in einen Stream. Nachdem das CGI-Skript auf der Server-Seite das Argument verarbeitet hat, wird üblicherweise eine Antwort generiert, die der Client dann wieder einlesen muss. Das Lesen von einer URL wurde im vorangegangenen Unterkapitel bereits beschrieben.

5.3.4 Sockets

URLs und URL-Verbindungen stellen einen Mechanismus dar, mit dem auf abstrakte Art und Weise Daten ausgetauscht werden können. Oftmals ist es aber erforderlich, dass Client und Server auf einer niedrigeren Ebene direkt miteinander kommunizieren. Ein Beispiel hierfür sind Client-Server-Anwendungen, bei denen der Server einen Dienst anbietet (bspw. Datenbankabfragen) und bei denen der Client den Dienst in Anspruch nimmt. Ein weiteres Beispiel, das im Rahmen dieses Buches eine große Rolle spielt, ist das Spiel *Schiffe versenken*, eine typische Client-Server-Anwendung.

Die Kommunikation zwischen Server und Client muss zuverlässig arbeiten. Daten dürfen daher bei der Übertragung weder verloren gehen, noch in einer anderen Reihenfolge eintreffen, als in der, in der der Server die Daten geschickt hat. Zur Umsetzung dieser Aufgabe muss TCP eingesetzt werden. TCP realisiert eine zuverlässige Punkt-zu-Punkt-Kommunikation. Um über TCP miteinander kommunizieren zu können, müssen der Client und der Server eine Verbindung über *Sockets* aufbauen. Jedes Programm bindet hierbei einen Socket, über den Daten dann geschrieben und gelesen werden können. Betrachtet man in Analogie hierzu bspw. eine Fährverbindung über einen Fluss, so sind Sockets die Anlegestellen auf beiden Seiten des Ufers, an denen Passagiere darauf warten, befördert zu werden.

Üblicherweise läuft der Server auf einem bestimmten Rechner. Der Server verwendet einen Socket, der an eine bestimmte Port-Nummer gebunden ist. Ports werden dazu verwendet, Netzwerkverbindungen mit Anwendungen zu assoziieren. Der Server, der einen Dienst anbietet, hört nun den Socket ab und wartet auf die Verbindungsanforderung eines Clients.

Um eine Verbindung erstellen zu können, muss der Client den Namen des Hosts kennen, auf der der Server läuft und die Port-Nummer, über die der Server erreichbar ist. Um eine Verbindungsanforderung stellen zu können veranlasst der Client ein sog. *Rendezvous* mit dem Server. Wenn der Server die Verbindungsanforderung akzeptiert, bindet der Server einen neuen Socket an einen Port. Der neue Socket wird (zusammen mit der Port-Nummer) benötigt, um den Original-Socket weiter abhören zu können. Üblicherweise bietet der Server seinen Dienst einer Vielzahl von Clients an. Während daher die Anforderung eines Clients abgearbeitet wird, muss der Dienst auch potentiellen weiteren Clients angeboten werden können.

Akzeptiert ein Client eine Verbindung, so wird auch hier ein Socket angelegt, der zur Kommunikation mit dem Server verwendet wird. Der Socket auf der Client-Seite ist allerdings nicht mit der Port-Nummer assoziiert, die für das Rendezvous mit dem Server verwendet wird. Anstelle dessen wird dem Client eine Port-Nummer zugewiesen, die für die Maschine, auf der der Client läuft, lokale Bedeutung hat.

Nachdem dieser Vorgang abgeschlossen ist, können der Client und der Server Daten über die Sockets austauschen.

Ein Socket ist demzufolge ein Endpunkt einer Zwei-Wege-Kommunikation zwischen zwei Programmen, die Daten über ein Netzwerk austauschen. Ein Socket ist immer mit einer Port-Nummer assoziiert, mit deren Hilfe TCP die Anwendung identifizieren kann, an die Daten geschickt werden sollen.

Das Package `java.net` beinhaltet die Klasse `Socket`, die eine Seite einer Zwei-Wege-Kommunikation zwischen einem Java-Programm und einem anderen Programm über das Netz implementiert. Die Klasse `Socket` setzt auf einer plattformunabhängigen Implementierung auf und verbirgt Details eines bestimmten Systems vor dem Java-Programm. Indem die Klasse `java.net.Socket` anstelle von native Code verwendet wird, kann eine Kommunikation über ein Netzwerk in einer plattformunabhängigen Art und Weise realisiert werden. Zusätzlich enthält das Package `java.net` die Klasse `ServerSocket`, die einen Socket implementiert, den Server benutzen können, um Verbindungsanforderungen eines Clients zu erwarten und um diese zu akzeptieren.

Es sei darauf hingewiesen, dass Verbindungen über das World Wide Web mit Hilfe der bereits beschriebenen Klasse `URL` (bzw. mit den hierzu in Verbindung stehenden Klassen `URLConnection` und `URLEncoder`) eventuell einfacher realisiert werden können als mit Sockets. URLs arbeiten aber auf einer höheren Aggregationsstufe.

Sockets auf Client-Seite

Im Folgenden wird zunächst erläutert, wie ein Programm eine Verbindung mit einem Server aufbauen kann, indem die Klasse `Socket` verwendet wird. Anschließendwird gezeigt, wie der Client über den Socket Daten senden und empfangen kann.

Zur Verdeutlichung der Konzepte wird eine Anwendung erstellt, die das Wort `Hallo` an den Server schickt. Dieser schickt das Wort `Hallo` an den Client zurück.

Zunächst muss der `Hallo`-Client einen Socket erzeugen und damit eine Verbindung zum `Hallo`-Server aufbauen. Im Folgenden ist die Implementierung der Klasse `HalloClient` angegeben.

Code

```java
import java.io.*;
import java.net.*;
public class HalloClient {
   public static void main(String[] args) throws IOException {
      Socket halloSocket = null;
      PrintWriter senden = null;
      BufferedReader empfangen= null;
      try {
         halloSocket = new Socket("plato", 4444);
         senden = new
           PrintWriter(halloSocket.getOutputStream(), true);
```

```
            empfangen = new BufferedReader(new
               InputStreamReader(halloSocket.getInputStream()));
        } catch (UnknownHostException e) {
            System.err.println("Host unbekannt: plato.");
            System.exit(1);
        } catch (IOException e) {
            System.err.println("I/O zu Plato abgelehnt.");
            System.exit(1);
        }
        String zeile = "Hallo";
        out.println(zeile);
        System.out.println("Hallo gesendet, empfangen: " +
          empfangen.readLine());
    }
        senden.close();
        empfangen.close();
        halloSocket.close();
    }
}
```

Der `Hallo`-Client nutzt in diesem Beispiel denselben Socket zum Senden und zum Empfangen der Daten. Innerhalb der `try`-Anweisung wird zunächst ein Socket zur Kommunikation zwischen Client und Server angelegt. Anschließend werden zum Senden und zum Empfangen der Daten ein `PrintWriter`-Objekt und ein `BufferedReader`-Objekt angelegt.

In der ersten Anweisung des `try`-Blocks wird ein neues `Socket`-Objekt (`halloSocket`) angelegt. Hierzu müssen als Parameter der Name der Maschine und der Port angegeben werden, um die zu erstellende Verbindung zu charakterisieren. Im Beispiel wird der Name `plato` verwendet, um eine Maschine des lokalen Netzwerks anzugeben. Dieser Name ist so zu ändern, dass eine Maschine bezeichnet wird, die auch tatsächlich existiert. Die im Beispiel verwendete Port-Nummer entspricht der Nummer, an der der Server auf Verbindungen wartet.

Um nun Daten zu senden, muss der `Hallo`-Client lediglich über das `PrintWriter`-Objekt schreiben. Die Antwort des Servers wird durch Lesen des `BufferedReader`-Objekts abgefragt. Zum Abschluss des Programms werden die Stream-Objekte und das Socket-Objekt geschlossen. Hierbei ist unbedingt auf die Reihenfolge der Anweisungen zu achten. Vor dem Schließen des Sockets müssen zuerst die Streams geschlossen werden.

Verallgemeinert man das hier angegebene Programm, so finden sich meist die folgenden Schritte, die ein Client zur Etablierung der Kommunikation ausführt:

1. Öffnen eines Sockets
2. Öffnen eines Input- und eines Output-Streams zum Empfangen und Senden von Daten über den Socket
3. Lesen des Streams und Schreiben in den Stream gemäß des Protokolls, das der Server vorgibt
4. Schließen der Streams
5. Schließen des Sockets

Da der Datenaustausch zwischen Client und Server vom Protokoll abhängt, das der Server vorgibt, kann in diesem Schema der dritte Schritt von Client zu Client variieren. Ein *Protokoll* ist das Regelwerk, das bei einer Kommunikation einzuhalten ist. Übliche Protokolle beinhalten immer die Phasen Verbindungsaufbau, Datenübertragung und Verbindungsabbau.

Sockets auf Server-Seite

In diesem Abschnitt wird erläutert, wie die Server-Komponente realisiert werden muss, die das `Hallo`-Beispiel vervollständigt.

Code

```java
import java.net.*;
import java.io.*;
public class HalloServer {
   public static void main(String[] args) throws IOException {
      ServerSocket serverSocket = null;
      try {
         serverSocket = new ServerSocket(4444);
      } catch (IOException e) {
         System.err.println("Port nicht verfügbar: 4444.");
         System.exit(1);
      }
      Socket clientSocket = null;
      try {
         clientSocket = serverSocket.accept();
      } catch (IOException e) {
         System.err.println("Accept fehlgeschlagen.");
         System.exit(1);
      }
      PrintWriter senden = new
        PrintWriter(clientSocket.getOutputStream(), true);
      BufferedReader empfangen= new BufferedReader(new
        InputStreamReader(clientSocket.getInputStream()));
      String zeile = "Hallo";
      senden.println(zeile);
      senden.close();
      empfangen.close();
      clientSocket.close();
      serverSocket.close();
   }
}
```

Das Server-Programm erzeugt zuerst ein `ServerSocket`-Objekt, um einen bestimmten Port abzuhören. Hierbei muss ein Port gewählt werden, der nicht bereits von einem anderen Dienst belegt ist. Oftmals sind Port-Nummern größer als 1000 frei und können dementsprechend belegt werden. Die Klasse `ServerSocket` ist eine Klasse des Packages `java.net`, die eine systemunabhängige Implementierung der Server-Seite einer Client-Server-Verbindung zur Verfügung stellt. Es ist zu beachten, dass der Konstruktor der Klasse `ServerSocket` eine Exception auslöst, wenn der angegebene Port nicht abgehört werden kann (bspw. wenn der Port bereits verwendet wird).

Wenn der Server einen Port erfolgreich anbindet, wird im nächsten Schritt eine Verbindung eines Clients akzeptiert.

Die accept-Methode wartet solange, bis ein Client eine Verbindung zum Host über einen Port des Servers anfordert. Wird eine neue Verbindung erfolgreich aufgebaut, so liefert die accept-Methode ein neues Socket-Objekt zurück, das an einen neuen Port gebunden ist. Der Server kann dann über den neuen Socket mit dem Client kommunizieren, parallel aber auf dem anderen Port auf Anfragen weiterer Clients warten. Im obigen Beispiel wartet der Server nicht auf weitere Anfragen. Zur Umsetzung dieser Funktionalität muss mit Threads gearbeitet werden, wie im folgenden Beispiel dargestellt wird.

Code

```
import java.net.*;
import java.io.*;
public class MultiServer {
   public static void main(String[] args) throws IOException {
     ServerSocket serverSocket = null;
     try {
        serverSocket = new ServerSocket(4444);
     } catch (IOException e) {
        System.err.println("Port-Fehler: 4444.");
        System.exit(-1);
     }
     while (true)
        new MultiServerThread(serverSocket.accept()).start();
     serverSocket.close();
   }
}
```

Code

```
import java.net.*;
import java.io.*;
public class MultiServerThread extends Thread {
   private Socket socket = null;
   public MultiServerThread(Socket socket) {
     super("MultiServerThread");
     this.socket = socket;
   }
   public void run() {
     try {
        PrintWriter senden = new
          PrintWriter(socket.getOutputStream(), true);
        BufferedReader empfangen = new BufferedReader(new
          InputStreamReader(socket.getInputStream()));
        //Verarbeitung
        senden.close();
        empfangen.close();
        socket.close();
```

```
      } catch (IOException e) {
        e.printStackTrace();
      }
   }
}
```

5.3.5 Datagramme

Die Kommunikation mit Sockets realisiert eine zuverlässige Datenverbindung. Der Aspekt der Zuverlässigkeit impliziert aber immer auch eine aufwendige Verarbeitung. Einige Anwendungen, die über ein Netzwerk miteinander kommunizieren, benötigen allerdings keine zuverlässige Punkt-zu-Punkt-Kommunikation, wie sie bspw. durch TCP zur Verfügung gestellt wird. In diesem Fall kann eine Kommunikationsform, die unabhängige Datenpakete liefert (Ankunftszeitpunkt und Reihenfolge der Pakete unbekannt), durchaus ausreichend sein.

Das Protokoll UDP realisiert eine derartige Funktionalität. In UDP wird eine Netzwerkkommunikation realisiert, in der Anwendungen Datenpakete als sog. *Datagramme* versenden. Ein Datagramm ist eine unabhängige und eigenständige Nachricht, deren Ankunft an sich, deren Ankunftszeit und deren Korrektheit des Paketinhalts nicht garantiert werden. Im Package `java.net` stehen die Klassen `DatagramPacket` und `DatagramSocket` zur Verfügung, um mit Datagrammen arbeiten zu können, die über UDP kommunizieren.

Client-Server-Kommunikation mit Datagrammen

Ziel dieses Abschnitts ist es, eine Client-Server-Kommunikation mit Datagrammen zu implementieren. Hierzu wird nochmals das Beispiel des vorangegangenen Abschnitts aufgegriffen, das für eine Datagramm-Kommunikation umgeschrieben wird. Der Client sendet in dieser Anwendung wiederum eine `Hallo`-Nachricht an den Server, der wiederum mit einer `Hallo`-Nachricht antwortet. In Erweiterung zum Socket-Beispiel soll dieses Beispiel aber sofort so angelegt werden, dass der Server eine vorab unbekannte Anzahl von Clients bedienen kann. Zunächst wird die Funktionalität des Clients erläutert.

Code

```
import java.io.*;
import java.net.*;
import java.util.*;
public class HalloDClient {
   public static void main(String[] args) throws IOException {
      if (args.length != 1) {
         System.out.println("Eingabe: java HalloDClient
            <Hostname>");
         return;
      }
```

```java
        // Anlegen eines Datagramm-Sockets
        DatagramSocket socket = new DatagramSocket();
        // Senden der Anforderung
        String zeile = "Hallo";
        byte[] buf = new byte[256];
        buf = zeile.getBytes();
        InetAddress adresse = InetAddress.getByName(args[0]);
        DatagramPacket paket = new DatagramPacket(buf,
          buf.length, adresse, 4444);
        socket.send(paket);
        // Empfangen der Antwort
        paket = new DatagramPacket(buf, buf.length);
        socket.receive(paket);
        // Anzeige der Antwort
        String empfangen = new String(paket.getData());
        System.out.println("Empfangen wurde: "+empfangen);
        socket.close();
    }
}
```

Zunächst werden die Kommandozeilenargumente verarbeitet, um den Namen der Maschine einzulesen, an die ein Datagramm geschickt werden soll. Anschließend wird ein `DatagramSocket`-Objekt angelegt. Der Client verwendet hier einen Konstruktor, der keine Angabe der Port-Nummer erfordert. Der Konstruktor bindet daher das `DatagramSocket`-Objekt an eine beliebige freie lokale Nummer. Diese Nummer darf daher beliebig sein, da Datagramm-Pakete bereits die vollständige Adressierungsinformation beinhalten. Der Server wird daher anschließend die Adresse aus den Paketen auslesen und die dementsprechende Antwort senden.

Im nächsten Schritt sendet der Client eine Anforderung an den Server. Das hierzu notwendige Code-Segment stellt zunächst die Internet-Adresse des Hosts fest, der in der Kommandozeile angegeben wurde. Diese sog. *Inet-Adresse* und die Port-Nummer `4444` werden dann dazu verwendet, ein `DatagramPacket`-Objekt zu erzeugen, das an die so bestimmte Adresse geschickt wird. Es ist zu beachten, dass die Methode `getBytes` dazu verwendet wird, den Byte-Array mit den Werten zu füllen, die an den Server geschickt werden sollen.

Der Client wartet anschließend auf eine Antwort des Servers und zeigt diese an. Um diese Antwort empfangen zu können, erzeugt der Client ein `empfangen`-Paket und verwendet die Methode `receive` der Klasse `DatagramSocket`, um die Antwort des Servers entgegenzunehmen. Die `receive`-Methode wartet, bis ein an den Client adressiertes Paket am Socket ankommt. Dies impliziert, dass der Client möglicherweise unendlich wartet, wenn dieses Paket verloren geht. Im Regelfall setzt ein Client daher einen Zähler, bei dessen Ablauf die Anforderung nochmals gesendet wird. Zur Extraktion der Daten aus dem empfangenen Paket verwendet der Client die Methode `getData`. Die empfangenen Daten werden dann in einen String konvertiert und angezeigt. Im Folgenden wird nun der Server beschrieben, der mit dem Client interagiert.

Wie im vorangegangenen Abschnitt besteht die Server-Applikation aus zwei Klassen: Einer Hauptklasse, die Verbindungsanforderungen entgegennimmt und einer weiteren Klasse, die für den Client Aufgaben abarbeitet. Zunächst wird die Funktion der Hauptklasse betrachtet.

Code

```
public class HalloDServer {
   public static void main(String[] args) throws
     java.io.IOException {
     new HalloDServerThread().start();
   }
}
```

Aufgabe der Hauptklasse ist es, einen neuen Thread zu erzeugen, der die eigentliche Verarbeitung vornimmt. Aus diesem Grund ist die Hauptklasse außerordentlich kurz. Im Folgenden wird die Funktion der Thread-Klasse erläutert.

Code

```
import java.io.*;
import java.net.*;
import java.util.*;
public class HalloDServerThread extends Thread {
   protected DatagramSocket socket = null;
   public HalloDServerThread() throws IOException {
      this("HalloDServerThread");
   }
   public HalloDServerThread(String name) throws IOException {
      super(name);
      socket = new DatagramSocket(4444);
   }
   public void run() {
      try {
         byte[] buf = new byte[256];
         // Empfangen der Anforderung
         DatagramPacket paket = new DatagramPacket(buf,
           buf.length);
         socket.receive(paket);
         // Antwort generieren
         String zeile = "Hallo";
         buf = zeile.getBytes();
         // senden der Antwort
         InetAddress adresse = paket.getAddress();
         int port = paket.getPort();
         paket = new DatagramPacket(buf, buf.length, adresse,
           port);
         socket.send(paket);
      } catch (IOException e) {
         e.printStackTrace();
      }
      socket.close();
   }
}
```

Es ist leicht erkennbar, dass die Server-Klasse bezüglich des Sendens und Empfanges der Daten in entgegengesetzter Weise arbeitet wie der Client. Soll in Abhängigkeit von einer Anforderung eines Clients eine dedizierte Abarbeitung erfolgen, so ist der Code dementsprechend zu modifizieren. Es sei abschließend darauf hingewiesen, dass bei der Ausführung des Servers und des Clients auf derselben Maschine der Client mit der Adresse `localhost` aufgerufen werden muss.

Broadcast und Multicast

Zusätzlich zur Klasse `DatagramSocket`, mit der Programme Pakete versenden können, beinhaltet das Package `java.net` die Klasse `MulticastSocket`. Diese spezielle Art von Sockets wird dazu verwendet, auf der Client-Seite Pakete zu empfangen, die der Server an eine Reihe von Clients versendet (*Broadcast* bzw. im Falle einer Gruppe von Empfängern *Multicast*). Im Folgenden soll das Beispiel so umgeschrieben werden, dass der Server Datagramme per Broadcast an mehrere Empfänger schicken kann. In dieser Anwendung sendet der Server zu regelmäßigen Zeitpunkten `Hallo`-Nachrichten an Clients. Der Client muss demzufolge so modifiziert werden, dass er passiv auf derartige Nachrichten wartet. Hierzu muss ein Multicast-Socket verwendet werden. Zunächst wird die Funktionalität des modifizierten Clients betrachtet.

Code

```java
import java.io.*;
import java.net.*;
import java.util.*;
public class HalloDMClient {
   public static void main(String[] args) throws IOException {
      // Anlegen eines Datagramm-Sockets
      MulticastSocket socket = new MulticastSocket(4445);
      InetAddress adresse =
        InetAddress.getByName("127.0.0.1");
      socket.joinGroup(adresse);
      for (int i=0;i<100;i++) {
         byte[] buf = new byte[256];
         // Empfangen der Antwort
         DatagramPacket paket = new DatagramPacket(buf,
           buf.length);
         socket.receive(paket);
         // Anzeige der Antwort
         String empfangen = new String(paket.getData());
         System.out.println("Empfangen wurde: "+empfangen);
      }
      socket.leaveGroup(adresse);
      socket.close();
   }
}
```

Um den Port mit der Nummer 4444 abhören zu können, muss das neue Client-Programm ein `MulticastSocket`-Objekt mit dieser Port-Nummer erzeugen. Um ein Mitglied der Multicast-Gruppe werden zu können, wird im Anschluss daran die `joinGroup`-Methode der Klasse `MulticastSocket` mit dem Parameter `InetAddress`, der die Gruppe identifiziert, ausgeführt. Der Client ist nun in der Lage,

Datagramme zu empfangen, die an diesen Port und an die entsprechende Gruppe gesendet werden. Im Folgenden ist die modifizierte Server-Variante angegeben. Das Hauptprogramm des Servers bleibt hierbei (bis auf den geänderten Klassennamen) vollständig unverändert.

Code

```java
public class HalloDMServer {
   public static void main(String[] args) throws
     java.io.IOException {
     new HalloDMServerThread().start();
   }
}
```

Code

```java
import java.io.*;
import java.net.*;
import java.util.*;
public class HalloDMServerThread extends HalloDServerThread {
   private long EINE_SEKUNDE = 1000;
   public HalloDMServerThread() throws IOException {
     super("HalloDMServerThread");
   }
   public void run() {
     try {
        byte[] buf = new byte[256];
        //Nachricht aufbauen
        String zeile = "Hallo";
        buf = zeile.getBytes();
        // senden
        InetAddress gruppe =
          InetAddress.getByName("127.0.0.1");
        DatagramPacket paket = new DatagramPacket(buf,
          buf.length, gruppe, 4445);
        socket.send(paket);
        // pausieren
        try {
           sleep((long)(Math.random() * EINE_SEKUNDE));
        } catch (InterruptedException e) { }
     } catch (IOException e) {
        e.printStackTrace();
     }
     socket.close();
   }
}
```

Interessanterweise kann der Server ein `DatagramSocket`-Objekt zur Verteilung der Pakete an Multicast-Clients verwenden. Alternativ könnte allerdings auch ein Multicast-Socket eingesetzt werden. Der Socket, den der Server verwendet, spielt daher keine Rolle. Entscheidend ist vielmehr die Adressierungsinformation, die in den Datagrammen enthalten ist, bzw. der Socket, den der Client zum Empfang verwendet.

Als Erweiterung zum vorangegangenen Beispiel wurde die neue Klasse als Subklasse der Klasse `HalloDServerThread` angelegt. Hierdurch kann der Konstruktor (und einige Variablen) wiederverwendet werden.

Im Unterschied zum bisher verwendeten Beispiel wird nun das Datagramm anders aufgebaut. Im vorangegangenen Beispiel wurden die Inet-Adresse sowie die Port-Nummer aus dem Paket ausgelesen, das der Client übermittelt. In der neuen Anwendung kennt aber der Server die Clients in der Regel nicht. Aus diesem Grund wurden diese Information hart im Code verdrahtet.

Die im Rahmen dieses Kapitels erläuterten Kenntnisse werden nun im Anwendungsbeispiel im praktischen Einsatz demonstriert.

5.4 Anwendungsbeispiel

Das Anwendungsbeispiel konzentriert sich darauf, eine Netzwerkfunktionalität zwischen dem Spieler (Client) und dem Rechner (Server) herzustellen. Hierzu sollen Sockets verwendet werden. Der Datenaustausch soll mittels TCP erfolgen. Im Folgenden müssen daher drei Systemkomponenten betrachtet werden: Die Implementierungen von Server und Client sowie das Protokoll, mittels dessen Daten ausgetauscht werden. Das Protokoll ist in diesem Fall sehr einfach: Es sind die Spielregeln des Spiels *Schiffe versenken*. Zunächst wird die Implementierung des Servers vorgestellt.

Code

```java
import java.net.*;
import java.io.*;
public class SVServer {
    public static void main(String[] args) throws IOException {
        String sendeZeile, empfangsZeile;
        //Initialisierung des Protokolls
        SVprotocol svp = new SVprotocol();
        ServerSocket serverSocket = null;
        try {
            serverSocket = new ServerSocket(4444);
        } catch (IOException e) {
            System.err.println("Port nicht verfügbar: 4444.");
            System.exit(1);
        }
        Socket clientSocket = null;
        try {
            clientSocket = serverSocket.accept();
        } catch (IOException e) {
            System.err.println("Accept fehlgeschlagen.");
            System.exit(1);
        }
        PrintWriter senden = new
          PrintWriter(clientSocket.getOutputStream(), true);
        BufferedReader empfangen= new BufferedReader(new
          InputStreamReader(clientSocket.getInputStream()));
```

```
        //Nun zum Spielablauf
        while ((empfangsZeile = empfangen.readLine()) != null) {
           System.out.println("Client schickt: "+empfangsZeile );
           sendeZeile = svp.verarbeiten(empfangsZeile);
           senden.println(sendeZeile);
           //Spiel beendet?
           if (sendeZeile.equals("Bye."))
              break;
        }
        senden.close();
        empfangen.close();
        clientSocket.close();
        serverSocket.close();
    }
}
```

Die Funktionsweise des Clients sollte dem Leser unmittelbar klar sein, da hierzu lediglich das Programmbeispiel der Verwendung von Sockets derart modifiziert wurde, dass der Protokollablauf integriert wurde. Der Client baut zunächst eine Socket-Verbindung auf und schickt über diese dann Daten. Nachdem das Spiel beendet ist, werden die Sockets und die Streams wieder geschlossen. Auch der im Folgenden angegeben Client arbeitet nach diesem Prinzip.

Code

```
import java.io.*;
import java.net.*;
public class SVClient {
    public static void main(String[] args) throws IOException {
        String sendeZeile, empfangsZeile;
        SVprotocol svp = new SVprotocol();
        Socket SVSocket = null;
        PrintWriter senden = null;
        BufferedReader empfangen= null;
        try {
           SVSocket = new Socket("localhost", 4444);
           senden = new PrintWriter(SVSocket.getOutputStream(),
             true);
           empfangen = new BufferedReader(new
             InputStreamReader(SVSocket.getInputStream()));
        } catch (UnknownHostException e) {
           System.err.println("Host unbekannt: plato.");
           System.exit(1);
        } catch (IOException e) {
           System.err.println("I/O zu localhost abgelehnt.");
           System.exit(1);
        }
        //Spieler faengt immer an
        sendeZeile = svp.begin();
        senden.println(sendeZeile);
        //Nun zum Spielablauf
        while ((empfangsZeile = empfangen.readLine()) != null) {
           System.out.println("Server schickt: "+empfangsZeile);
```

```
            sendeZeile = svp.verarbeiten(empfangsZeile);
            senden.println(sendeZeile);
            if (sendeZeile.equals("Bye."))
                break;
        }
        senden.close();
        empfangen.close();
        SVSocket.close();
    }
}
```

Die Funktionsweise des Clients ist ebenfalls ähnlich zu der des Socket-Beispiels. Hier sei darauf hingewiesen, dass eine Verbindung zum Rechner `localhost` aufgebaut wird. Auch in dieser Implementierung wird das Protokoll integriert.

Das im Folgenden betrachtete Protokoll ist nur rudimentär realisiert. Ziel ist es hierbei, dass nur ein Container zur Verfügung steht, in den die gesamte Spiellogik integriert werden kann. Das Protokoll ist wie folgt realisiert:

Code

```
public class SVprotocol {
    public SVprotocol () { }
    public String begin() {
        return "Start des Spiels";
    }
    public String verarbeiten (String input) {
        String output;
        return "Bye.";
    }
}
```

Mittels der Methode `begin` wird es dem Client ermöglicht, ein Spiel zu beginnen. Die Methode `verarbeiten` wird von Server und Client dazu verwendet, Treffer festzustellen und festzulegen, welcher Spieler als nächstes an der Reihe ist.

5.5 Zusammenfassung

Ziel dieses Kapitels ist die Darstellung der Möglichkeiten, die in Java zum Austausch von Daten zur Verfügung stehen. Zunächst wurden Streaming-Konzepte betrachtet, mit deren Hilfe Daten von Streams gelesen und in solche geschrieben werden können. Anschließend wurde detailliert die Sicherheitstechnik von Java vorgestellt, deren genaue Kenntnis eine flexible, aber sichere Verwendung der I/O-Funktionen in Java ermöglicht. Anschließend wurde mit URLs, Sockets und Datagrammen die Netzwerkfunktionalität von Java vorgestellt. Hierbei ist besonders gut das Zusammenwirken von Streams und Netzwerkfunktionen zu erkennen, da Streams gerade bei URLs und Sockets häufig zur Übertragung von Daten über Netzwerke eingesetzt werden. Den Abschluss des Kapitels bildete das Anwendungsbeispiel, in dem dargestellt wurde, wie mit Hilfe von Sockets eine Client-Server-Applikation entwickelt werden muss, mit deren Hilfe der Datenaustausch zwischen Spieler und Rechner im Spiel *Schiffe versenken* vor sich geht.

Der Leser sollte nach der Lektüre dieses Kapitels in der Lage sein, I/O-Funktionen zu beherrschen und beurteilen zu können, an welchen Stellen die Sicherheitsrestriktionen verändert werden müssen, um eine zuverlässige und konsistente Datenübertragung zu ermöglichen.

Java-Internationalisierung

6.1 Einleitung

In Java steht das Konzept der *Internationalisierung* zur Verfügung, um Anwendungen entwickeln zu können, deren Benutzeroberflächen Bezeichnungen in landesspezifischer Sprache enthalten. Manchmal wird der Begriff *Internationalisierung* auch mit *i18n* abgekürzt, da im Englischen 18 Buchstaben zwischen dem ersten *i* und dem letzten *n* des Worts *Internationalization* stehen. Ein internationalisiertes Programm weist die folgenden Kennzeichen auf:

- Durch das Hinzufügen von Daten mit lokalem Bezug ist eine Anwendung in der Lage, Texte weltweit in der jeweiligen Landessprache anzuzeigen.
- Textelemente, wie bspw. Fehlermeldungen und Komponentenbezeichner einer Benutzeroberfläche, werden nicht fest in einem Programm verdrahtet, sondern außerhalb des Quellcodes verankert und dynamisch hinzugebunden.
- Die Unterstützung weiterer Sprachen erfordert keine erneute Übersetzung der Anwendung.
- Weitere kulturabhängige Daten, wie bspw. das Datum oder Währungen, erscheinen in Formaten, die mit der Region und Sprache des Endbenutzers konform sind.

Unter der *Lokalisierung* versteht man den Prozess, Software an eine spezielle Region oder Sprache anzupassen, indem spezifische Komponenten hinzugefügt werden und Text übersetzt wird. Der Begriff *Lokalisierung* wird meist als *l10n* abgekürzt, da im Englischen 10 Buchstaben zwischen dem *l* und dem *n* des Worts *Localization* stehen. Der Kontext, in dem derartige sprachspezifische Bezeichnungen gespeichert werden, wird in Java auch als *Locale* bezeichnet. Den größte Zeitbedarf der Lokalisierungsphase nimmt die Übersetzung von Text in Anspruch. Andere Datentypen, wie bspw. Klangdateien oder Bilder, müssen oft nur dann angepasst werden, wenn sie kulturabhängig sind. Java garantiert in diesem Zusammenhang, dass die Formatierung von Datumsangaben, Zahlen und Währungen an lokale Erfordernisse automatisch durchgeführt wird.

Das folgende Beispiel illustriert die grundsätzliche Verwendung dieses Konzepts. Die zum detaillierten Verständnis notwendigen Bestandteile werden im Anschluss genauer erläutert. Das folgende Programm begrüßt in zwei Zeilen einen Benutzer:

Code

```
System.out.println("Hallo.");
System.out.println("Willkommen in Java!");
```

Offensichtlich ist das Programm für Anwender im englischsprachigen Raum ungeeignet. Da die Anwendung nicht multilingual arbeitet, muss der Entwickler die Texte ins Englische übersetzen. Meist sind allerdings Übersetzer nicht gleichzeitig Programmierer, so dass die Texte aus dem Quellcode in Textdateien gespeichert werden müssen, bevor sie von einem Übersetzer bearbeitet werden können. Das Programm muss weiterhin derart flexibel sein, dass es Texte auch in anderen Sprachen anzeigen kann. Problematisch hierbei ist, dass meist a priori unbekannt ist, welche Sprachen dies sein werden. Der Endbenutzer muss daher in der Lage sein, die jeweilige Sprache zur Laufzeit angeben zu können. Dieses Problem ist ein typischer Anwendungsbereich der Internationalisierung. Der internationalisierte Code, der keinerlei hart verdrahtete Texte mehr beinhaltet, lautet hierzu folgendermaßen:

Code

```
import java.util.*;
public class I18NBeispiel {
   static public void main(String[] args) {
      String sprache;
      String land;
      if (args.length != 2) {
         sprache = new String("en");
         land = new String("US");
      } else {
         sprache = new String(args[0]);
         land = new String(args[1]);
      }
      Locale currentLocale;
      ResourceBundle nachrichten;
      currentLocale = new Locale(sprache, land);
      nachrichten =
      ResourceBundle.getBundle("MessagesBundle",currentLocale;
      System.out.println(nachrichten.getString("einleitung"));
      System.out.println(nachrichten.getString("javaText"));
   }
}
```

Das internationalisierte Programm ist flexibel, da es dem Endbenutzer die Möglichkeit einräumt, seine Sprache und sein Land in der Kommandozeile anzugeben. In den folgenden Beispielen werden die Texte erst auf französisch (der Sprach-Code für französisch ist `fr`, der Landes-Code ist `FR` für France) und dann in englischer Sprache (der Sprach-Code für englisch ist `en`, der Landes-Code ist `US` für United States) angezeigt.

Code

```
Aufruf: java I18NBeispiel fr FR
Ausgabe: Allo.
   Bienvenue en Java.

Aufruf: java I18NBeispiel en US
Ausgabe: Hello.
   Welcome in Java.
```

Betrachtet man den internationalisierten Code näher, so bemerkt man, dass die vorher fest verdrahteten deutschen Texte verschwunden sind. Das Programm ist nun aus den folgenden zwei Gründen weltweit ausführbar: Erstens sind keine Texte fest im Code integriert und zweitens wird der Sprach-Code zur Laufzeit angegeben. Eine erneute Übersetzung ist zur Lokalisierung nicht erforderlich; das Programm ist bereits international einsetzbar.

Eine wichtige Frage ist nun, wohin die Texte, die fest in das Programm integriert waren, verschoben worden sind. Die hierzu notwendigen Schritte werden im Folgenden beschrieben:

1. *Erzeugung einer Eigenschaftendatei (sog. Properties File)*
   Ein Properties File, das in einem reinen Textformat mit einem beliebigen Texteditor erzeugt wird, speichert Informationen über Charakteristika eines Programms oder einer Umgebung.
   Im Beispiel speichern die Properties Files die Übersetzungen der Texte, die angezeigt werden sollen. Standardmäßig benennt man das Properties File mit `MessagesBundle.properties` und fügt die folgenden Zeilen ein:

Code

```
einleitung = Hallo
javaText = Willkommen in Java!
```

Nachdem die Texte in einem Properties File angelegt sind, kann dieses in verschiedene Sprachen übersetzt werden. Änderungen des Quellcodes sind hierzu nicht erforderlich. Ein Französisch-Übersetzer würde bspw. ein Properties File `MessagesBundle_fr_FR.properties` erzeugen, das folgende Zeilen enthält:

Code

```
einleitung = Allo
javaText = Bienvenue en Java!
```

Hierbei sollte beachtet werden, dass die Texte rechts der Gleichheitszeichen übersetzt wurden, nicht aber die Bezeichner auf der linken Seite. Diese Schlüssel dürfen nicht verändert werden, da sie vom Programm referenziert werden, wenn der übersetzte Text geladen wird. Wichtig ist weiterhin der Name des Properties Files. Der Name der Datei `MessagesBundle_fr_FR.properties` beinhaltet den Sprach-Code `fr` und den Landes-Code `FR`. Diese Codes werden verwendet, wenn ein Locale-Objekt angelegt wird.

2. *Definition der Locale*

Ein Locale-Objekt identifiziert eine bestimmte Sprache und ein Land. Die folgende Anweisung definiert eine Locale mit der Sprache *Französisch* und dem Land *Frankreich*:

Code

```
aLocale = new Locale("fr","FR");
```

Das vorgeschlagene Programm arbeitet flexibel, da es anstelle fest integrierter Sprach- und Landes-Codes Eingaben aus der Kommandozeile zur Laufzeit akzeptiert:

Code

```
String sprache = new String(args[0]);
String land = new String(args[1]);
currentLocale = new Locale(sprache, land);
```

Locale-Objekte haben lediglich identifizierende Wirkung. Nach der Definition einer Locale wird diese an andere Objekte übergeben, die Aufgaben wahrnehmen, wie bspw. die Formatierung von Datumsangaben oder Währungen. Diese Objekte werden dann auch als *Locale-sensitiv* bezeichnet, da ihr Verhalten in Abhängigkeit von der Locale variiert. Das im Folgenden beschriebene `ResourceBundle` ist ein Beispiel eines Locale-sensitiven Objekts.

3. *Erzeugung eines ResourceBundles*

`ResourceBundle`-Objekte beinhalten Locale-spezifische Objekte und werden vor allem dazu verwendet, Locale-sensitive Daten, wie bspw. zu übersetzender Text, zu isolieren. Im Beispiel greift das `ResourceBundle`-Objekt auf die Properties Files zu, die die anzuzeigenden Texte enthalten. Ein `ResourceBundle`-Objekt wird folgendermaßen erzeugt:

Code

```
nachricht =
ResourceBundle.getBundle("MessagesBundle",currentLocale);
```

Die Argumente, die an die `getBundle`-Methode übergeben werden, identifizieren die Properties Files, auf die anschließend zugegriffen wird. Das erste Argument, in diesem Fall `MessagesBundle`, bezeichnet hierbei die Familie der Properties Files.

Die Locale, das zweite Argument der `getBundle`-Methode, spezifiziert, welche der `MessagesBundle`-Dateien ausgewählt werden soll. In dem Moment, in dem die Locale erzeugt wird, wird sowohl der Sprach- als auch der Landes-Code an deren Konstruktor übergeben. Hierbei ist zu beachten, dass im Namen des Properties Files der Sprach- und Landes-Code dem `MessagesBundle`-Objekt folgen.

4. *Einladen des Textes aus dem ResourceBundle*
   Properties Files beinhalten Paare aus Schlüssel und dazugehörigem Wert. Die *Werte* bestehen hierbei aus dem übersetzten Text, den das Programm anzeigen soll. Die *Schlüssel* werden dann angegeben, wenn die übersetzten Texte aus dem `ResourceBundle`-Objekt mittels der `getString`-Methode geladen werden. Um bspw. den Text zu laden, der durch den Schlüssel `einleitung` identifiziert wird, muss die `getString`-Methode folgendermaßen aufgerufen werden:

Code

```
String text1 = nachrichten.getString("einleitung");
```

Das Beispiel verwendet hierbei den Schlüssel `einleitung`, da dieser den Inhalt des Textes wiedergibt. An dieser Stelle kann aber auch ein beliebiger anderer Text verwendet werden. Der Schlüssel muss allerdings im Programm fest verdrahtet und auch in den Properties Files enthalten sein. Anderenfalls kann die Methode `getString` die Texte nicht auffinden.

Vor der detaillierten Erklärung der weiterführenden Internationalisierungskonzepte sei kurz auf Aspekte hingewiesen, die im Kontext der Internationalisierung nicht zu vernachlässigen sind. Viele Programme sind anfangs nicht internationalisiert (wenn sie zum ersten Mal geschrieben werden). Zur Umwandlung in eine internationalisierte Version sind die folgenden Gesichtspunkte zu beachten:

- *Identifikation kulturabhängiger Daten*
  Nachrichten in Textform sind die offensichtlichste Form von Daten, die von Kultur zu Kultur variieren. Es existieren aber noch weitere Daten, die von einer Region oder Sprache abhängig sind. Die folgende Liste zeigt einige wichtige Beispiele:
  - Texte in Komponenten von Benutzeroberflächen
  - Online-Hilfen
  - Audiodateien
  - Grafiken
  - Icons
  - Datum und Zeit
  - Zahlen und Währungen
  - Maßeinheiten
- *Isolierung von übersetzbarem Text in ResourceBundles*
  Übersetzungen sind stets kostenintensiv. Derartige Kosten können aber reduziert werden, wenn zu übersetzender Text in `ResourceBundle`-Objekten separiert wird. Derartige Texte sind bspw. Statusnachrichten, Fehlermeldungen oder auch

Einträge in Benutzeroberflächen. Es ist zu bedenken, dass alle Vorkommen fest integrierter Texte, die dem Endbenutzer gezeigt werden, gefunden und ausgelagert werden müssen.

- *Verarbeitung von Verbundnachrichten*
  Verbundnachrichten sind durch variable Daten gekennzeichnet. Im Beispiel „Ich esse 4 Scheiben Brot" ist eine Übersetzung dann schwierig, wenn die Zahl der Brotscheiben variabel ist, da die Position der Zahl nicht in allen Sprachen die gleiche ist. Verbundnachrichten sind daher weitestgehend zu vermeiden. Techniken, die angewendet werden sollten, wenn eine derartige Nachricht unvermeidbar ist, sind im Folgenden angegeben.
- *Formatierung von Zahlen und Währungen*
  Wenn eine Anwendung Zahlen und Währungen anzeigt, müssen diese in einer Art und Weise formatiert werden, die unabhängig von einer Localen ist.
- *Formatierung von Datumsangaben und Zeiten*
  Auch Datumsangaben und Zeiten variieren mit der Region und Sprache. Hierzu gilt das bereits vorher angeführte.
- *Geeignete Vergleiche von Zeichenketten*
  Wenn Text sortiert oder durchsucht wird, müssen oft Zeichenketten verglichen werden. Es sollte darauf geachtet werden, dass anzuzeigender Text nicht mit den Methoden der `String`-Klasse verglichen wird. Die Methoden `String.equals` und `String.compareTo` führen bspw. binäre Vergleiche durch, die in einigen Sprachen wirkungslos sind. Anstelle dessen sollte bspw. die `Collator`-Klasse verwendet werden.
- *Konvertierung von Text, der nicht als Unicode vorliegt*
  Zeichen werden in Java in Unicode kodiert. Eine Anwendung, die Text verwendet, der nicht als Unicode vorliegt, sollte daher in Unicode übersetzt werden.

Im Folgenden werden die Eigenschaften der Internationalisierung im Detail erläutert.

6.2 Setzen der Localen

Ein internationalisiertes Programm zeigt Information in Abhängigkeit von Land und Sprache an. Die Identifikation der geeigneten Sprache und der Region erfolgt hierbei durch die Referenzierung eines Locale-Objekts.

Ein *Locale-Objekt* identifiziert eine bestimmte Kombination aus Sprache, Region und Kultur. Wenn eine Klasse ihre Verhalten in Abhängigkeit von einer Localen verändert, wird sie auch als *Locale-sensitiv* bezeichnet. Das Format von Zahlen ist bspw. Locale-sensitiv, da das genaue Format einer Zahl von der Localen abhängt. Locale-Objekte haben allerdings lediglich identifizierende Wirkung. Die Umsetzung wird von Methoden innerhalb der Locale-sensitiven Klassen vorgenommen.

6.2.1 Erzeugung einer Localen

Um ein Locale-Objekt anzulegen, wird üblicherweise ein Sprach- und ein Landes-Code spezifiziert. Soll bspw. ein Locale-Objekt für die Sprache *Englisch* und das Land *U.S.A.* angelegt werden, so ist die folgende Anweisung zu verwenden:

Code

```
bLocale = new Locale("en","US");
```

Das erste Argument ist hierbei der Sprach-Code, ein kleingeschriebenes Buchstabenpaar, das der Norm ISO-639 entspricht. Eine vollständige Liste der Sprach-Codes findet sich bspw. unter der URL `http://www.ics.uci.edu/pub/ietf/http/related/iso639.txt`. Tab. 6-1 listet einige der gebräuchlichsten Sprach-Codes auf.

Sprach-Code	Sprache
de	Deutsch
en	Englisch
fr	Französisch
ja	Japanisch
zh	Chinesisch
it	Italienisch

Tab. 6-1 Sprach-Codes

Das zweite Argument ist der Landes-Code, ein großgeschriebenes Buchstabenpaar, das der Norm ISO-3166 entspricht. Eine vollständige Liste der Landes-Codes findet sich bspw. unter der URL `http://www.chemie.fu-berlin.de/diverse/doc/ISO_3166.html`. Tab. 6-2 listet einige der gebräuchlichsten Landes-Codes auf.

Landes-Code	Land
DE	Deutschland
US	USA
FR	Frankreich
JP	Japan
CN	China
IT	Italien

Tab. 6-2 Landes-Codes

Soll eine Locale weiter unterschieden werden, so kann ein dritter Parameter angegeben werden, der auch als *Varianten-Code* bezeichnet wird. Varianten-Codes werden immer dann eingesetzt, wenn innerhalb eines Landes mehrere Sprachen existieren, aber auch, wenn von einer Sprache mehrere Unterarten existieren (bspw. britisches Englisch und amerikanisches Englisch). Soll bspw. in den USA eine lokale Unterscheidung getroffen werden, so wären die folgenden Zeilen zu verwenden:

Code

```
nLocale = new Locale("en", "US" ,"NORDEN");
sLocale = new Locale("en", "US", "SUEDEN");
```

Die Varianten-Codes sind allerdings nicht standardisiert und daher beliebig und anwendungsspezifisch. NORDEN und SUEDEN sind diesbezügliche Beispiele.

Landes- und Varianten-Code sind optionale Parameter. Man kann bspw. den Landes-Code weglassen, indem man einen leeren String in der folgenden Art übergibt:

Code

```
enLocale = new Locale("en", "");
```

In diesem Fall kann sich eine Anwendung allerdings nicht an regionale Unterschiede in der Sprache anpassen.

6.2.2 Identifikation verfügbarer Localen

Eine Locale kann in jeder Kombination aus gültigem Sprach- und Landes-Code erzeugt werden, was allerdings nicht bedeutet, dass diese Kombination dann auch verwendbar ist. Da eine Locale nur identifizierende Wirkung hat, wird das Locale-Objekt an andere Objekte übergeben, die dann damit arbeiten. Diese Locale-Objekte, die auch als *Locale-sensitiv* bezeichnet werden, können nicht wissen, wie mit allen theoretisch möglichen Locale-Definitionen umzugehen ist. Um herauszufinden, welche Typen von Locale-Definitionen eine Locale-sensitive Klasse erkennt, kann die getAvailableLocales-Methode aufgerufen werden. Um bspw. herauszufinden, welche Locale-Definitionen von der Klasse DateFormat unterstützt werden, könnte die folgende Routine verwendet werden:

Code

```
import java.util.*;
import java.text.*;
public class Verfuegbar {
   static public void main(String[] args) {
      Locale liste[] = DateFormat.getAvailableLocales();
```

```
      for (int i = 0; i < liste.length; i++) {
         System.out.println(liste[i].getLanguage() + " " +
            liste[i].getCountry());
      }
   }
}
```

6.2.3 Zuweisung der Standard-Localen

Wenn einem Locale-sensitiven Objekt keine Locale zugewiesen wurde, verwendet dieses das Locale-Objekt, das von der Methode `Locale.getDefault` zurückgegeben wird. Die Standard-Locale kann auf zwei Arten gesetzt werden:

1. Setzen der Eigenschaften `user.language` und `user.region` `System`. Die Locale-Klasse setzt dann den Standardwert, indem die Werte dieser Eigenschaften abgefragt werden.
2. Aufruf der `setDefault`-Methode.

Diese zwei Techniken werden im folgenden Beispiel erklärt:

Code

```
import java.util.*;
public class StandardLocale {
   static public void main(String[] args) {
      Properties eigenschaften = System.getProperties();
      eigenschaften.put("user.language", "ja");
      eigenschaften.put("user.region", "JP");
      System.setProperties(eigenschaften);
      Locale eineLocale = Locale.getDefault();
      System.out.println(eineLocale.toString());
      eineLocale = new Locale("de", "DE");
      Locale.setDefault(eineLocale);
      System.out.println(eineLocale.toString());
   }
}
```

Die Ausgabe dieses Programms ist `ja_JP fr_FR`.

6.2.4 Gültigkeitsbereich einer Localen

In Java wird eine global gültige Locale nicht unterstützt. Es kann zwar eine Standard-Locale angegeben werden, diese muss allerdings nicht überall im Programm verwendet werden. Theoretisch kann jedem Locale-sensitiven Objekt des Programms eine andere Locale zugewiesen werden. Dies ist bspw. dann wünschenswert, wenn mehrsprachige Anwendungen implementiert werden, die Informationen in verschiedenen Sprachen präsentieren. In den meisten Anwendungen ist es allerdings sinnvoll, alle Locale-sensitiven Objekte auf dieselbe Locale zu setzen.

6.3 Isolierung Locale-spezifischer Daten

Locale-spezifische Daten müssen an die Sprach- und Landeskonventionen des jeweiligen Endbenutzers angepasst werden. Der in einer Benutzerschnittstelle anzuzeigende Text ist das wohl offensichtlichste Beispiel derart Locale-spezifischer Daten. Thema dieses Unterkapitels ist die Erzeugung und das Laden von `ResourceBundle`-Objekten bzw. der Zugriff auf derartige Objekte, mit deren Hilfe Locale-spezifische Daten verwaltet werden können.

6.3.1 Die Klasse ResourceBundle

Aus konzeptioneller Sicht ist jedes `ResourceBundle`-Objekt eine Menge von Subklassen, die zueinander in Beziehung stehen und die denselben Basisnamen aufweisen. Die folgende Aufzählung illustriert die Verwendung dieser Klassen. Basisname der Klasse, die Beschriftungen von Buttons verwaltet, ist `ButtonLabel`. Die auf den Basisnamen folgenden Zeichen repräsentieren den Sprach- und den Landes-Code bzw. eine Variante einer Localen. `ButtonLabel_de_DE` entspricht also der Localen, die durch den Sprach-Code für Deutsch (`de`) und durch den Landes-Code für Deutschland (`DE`) spezifiziert wird.

Um ein geeignetes `ResourceBundle`-Objekt auszuwählen, wird die Methode `ResourceBundle.getBundle` aufgerufen. Im folgenden Beispiel wird das `ResourceBundle`-Objekt von `ButtonLabel` für die Locale ausgewählt, die der Sprache `Deutsch`, dem Land `Deutschland` und der Plattform `UNIX` entspricht.

Code

```
Locale currentLocale = new Locale("de", "DE", "UNIX");
  ResourceBundle introLabels =
    ResourceBundle.getBundle("ButtonLabel", currentLocale);
```

Wenn eine `ResourceBundle`-Klasse für eine ausgewählte Locale nicht existiert, versucht die Methode `getBundle`, die bestmögliche Entsprechung zu laden. Wenn also bspw. keine Klasse für die Kombination `ButtonLabel_de_DE_UNIX` existiert, sucht die Methode `getBundle` in folgender Reihenfolge nach Alternativen:

Code

```
ButtonLabel_de_DE_UNIX
ButtonLabel_de_DE
ButtonLabel_de
ButtonLabel
```

Findet die `getBundle`-Methode in dieser Reihenfolge keine Entsprechung, so wird eine weitere Suche in derselben Art und Weise in der Standard-Localen durchgeführt. Schlägt auch dies fehl, so wird eine Fehlermeldung ausgelöst (`MissingResourceException`).

Es ist empfehlenswert, stets eine Basisklasse ohne weitere Suffixe anzugeben, wie im Beispiel `ButtonLabel`. In diesem Fall ist eine Fehlersituation leicht zu vermeiden.

Die abstrakte Klasse `ResourceBundle` beinhaltet zwei Subklassen: `ListResourceBundle` und `PropertyResourceBundle`. Die auszuwählende Subklasse hängt zum einen vom Datentyp und zum anderen von der Art, in der sie lokalisiert werden soll, ab.

Ein `PropertyResourceBundle`-Objekt greift auf ein oder mehrere Properties Files zu. Übersetzbare Texte sollten daher immer in Properties Files gespeichert werden. Da diese ausschließlich aus Text bestehen und nicht Teil des Java-Quellcodes sind, können sie in beliebigen Texteditoren von Übersetzern erzeugt werden. Hierzu ist keinerlei Programmiererfahrung notwendig.

Properties Files können ausschließlich aus Werten für String-Objekte bestehen. Müssen hingegen andere Datentypen gespeichert werden, so sind `ListResourceBundle`-Objekte zu verwenden. Der Zugriff von `PropertyResourceBundle`-Objekten auf Properties Files erfolgt analog zum Zugriff durch `ResourceBundle`-Objekte.

Die Klasse `ListResourceBundle` verwaltet Ressourcen in Form einer Liste. Jedes `ListResourceBundle`-Objekt greift auf eine `.class`-Datei zu. In Erweiterung zu `ResourceBundle`-Objekten kann in einem `ListResourceBundle`-Objekt jedes Locale-spezifische Objekt gespeichert werden. Um eine zusätzliche Locale zu unterstützen, muss eine neue Quelldatei erzeugt und in eine `.class`-Datei kompiliert werden. Da aber Übersetzer üblicherweise keine Programmierer sind, sollten Textobjekte, die eine Übersetzung erfordern, nicht in einem `ListResourceBundle`-Objekt verwaltet werden.

Die Klasse `ResourceBundle` ist extrem flexibel. Wenn bspw. zunächst ein Locale-spezifischer Text in ein `ListResourceBundle`-Objekt geladen wurde, anschließend aber entschieden wurde, ein `PropertyResourceBundle`-Objekt zu verwenden, so ist die Auswirkung auf den Code minimal. Der folgende Aufruf von `getBundle` lädt bspw. ein `ResourceBundle`-Objekt für eine geeignete Locale, in der das `ButtonLabel`-Objekt von einer `.class`-Datei oder von einem Properties File verwaltet wird:

Code

```
ResourceBundle introLabels =
ResourceBundle.getBundle("ButtonLabel", currentLocale);
```

`ResourceBundle`-Objekte enthalten eine Liste von (Schlüssel-Wert)-Paaren. Ein Schlüssel wird immer als Zeichenkette angegeben, dessen Wert anschließend aus dem `ResourceBundle`-Objekt geladen wird. Der Wert ist das Locale-spezifische Objekt. Im folgenden Beispiel werden die Schlüssel `OkSchluessel` und `AbbrechenSchluessel` verwendet:

Code

```
class ButtonLabel_de extends ListResourceBundle {
  // Deutsche Version
  public Object[][] ladeInhalte() {
    return inhalte;
  }
  static final Object[][] inhalte= {
    {"OkSchluessel", "OK"},
    {"AbbrechenSchluessel", "Cancel"},
  }
}
```

Um die Zeichenkette OK aus dem ResourceBundle-Objekt zu laden, muss der geeignete Schlüssel angegeben werden, wenn getString aufgerufen wird:

Code

```
String okLabel = ButtonLabel.getString("OkSchluessel");
```

Es sollte darauf hingewiesen werden, dass das vorangehende Beispiel stark vereinfacht ist, da die String-Werte hart im Quellcode verdrahtet sind. Dies ist allerdings keine gute Programmierpraxis, da bspw. Übersetzer mit Properties Files arbeiten, die getrennt vom Quellcode sind. Ein Properties File beinhaltet stets Paare aus Schlüssel und Wert. Ein Beispiel hierfür ist im Folgenden beschrieben:

Code

```
OkSchluessel = OK
AbbrechenSchluessel= Abbrechen
```

6.3.2 Vorbereitung von ResourceBundle-Objekten

Wird eine Anwendung entwickelt, die über eine Benutzeroberfläche verfügt, so sind meist eine Vielzahl von Locale-spezifischer Objekte enthalten. Zu Beginn sollte daher der Programm-Code auf Objekte überprüft werden, die mit der Locale variieren. Diese Objekte können bspw. Instanzen folgender Klassen sein: String, Component, Graphics, Image, Color oder AudioClip. Diese Liste beinhaltet keine Objekte, die Zahlen, Datumsangaben oder Zeiten repräsentieren. Der Grund hierfür liegt darin, dass das Format dieser Daten zwar mit der Locale variiert, nicht aber die Objekte selbst. Anstelle einer Isolierung dieser Objekte in einem ResourceBundle-Objekt findet eine Formatierung durch spezielle Locale-sensitive Klassen statt. Dies wird im Folgenden detailliert erklärt.

Im Allgemeinen werden die Objekte, die in einem ResourceBundle-Objekt gespeichert sind, vorab definiert; sie sind in einer fertig gestellten Anwendung (auch zur Laufzeit) nicht veränderbar. Es versteht sich aber von selbst, dass ein String-Objekt, das von einem Endbenutzer in einem Textfeld eingegeben werden soll, nicht in einem `ResourceBundle`-Objekt isoliert werden sollte, da eine derartige Zeichenkette von Tag zu Tag variieren kann. Die Zeichenkette ist daher eher für die jeweilige Programmausführung als für die Locale, in der das Programm läuft, spezifisch.

Üblicherweise sind die meisten Objekte, die in einem `ResourceBundle`-Objekt isoliert werden, `String`-Objekte. Nicht alle `String`-Objekte sind allerdings Locale-spezifisch. Wenn ein String bspw. niemals einem Endbenutzer präsentiert wird, muss er auch nicht internationalisiert werden. Es wird erkennbar, dass die Entscheidung, welche `String`-Objekte zu internationalisieren sind, nicht immer eindeutig ist. Ein Beispiel hierfür sind Log-Dateien, die ein Endbenutzer normalerweise nicht einsieht. Das Problem liegt hierbei in den vielfältigen Auslegungsmöglichkeiten des Wortes *normalerweise*.

`ResourceBundle`-Objekte können organisiert werden, indem jedes mit einer anderen Kategorie von Objekten geladen wird. So können bspw. alle Beschriftungen von Buttons in ein `ResourceBundle`-Objekt `ButtonLabelsBundle` geladen werden. Aus der Kategorisierung ergeben sich die folgenden Vorteile:

- Der Code ist einfacher lesbar und damit auch einfach zu warten.
- Das Einladen eines Objekts aus einem `ResourceBundle`-Objekt ist schneller, wenn das `ResourceBundle`-Objekt lediglich eine kleine Anzahl von Objekten enthält.
- Übersetzer können einfacher mit kleineren Properties Files arbeiten.
- Die meisten Locale-spezifischen Daten bestehen aus `String`-Objekten. Wenn diese Objekte übersetzt werden müssen, so können sie in einem `ResourceBundle`-Objekt gespeichert werden, das auf Properties Files zurückgreift. Übersetzer können dann zusätzliche Sprachen anbieten, indem neue Properties Files generiert werden.

6.3.3 ResourceBundle-Objekte und Properties Files

Anhand dieses Abschnitts wird ein Java-Programm entwickelt, das die erklärten Konzepte verdeutlicht. Hierzu sind die folgenden Schritte auszuführen:

1. *Erzeugung eines Standard-Properties-Files*
   Es sollte stets ein Standard-Properties-File generiert werden. Der Name der Datei muss hierzu mit dem Basisnamen des `ResourceBundle`-Objekts beginnen und mit dem Suffix `.properties` enden. In diesem Beispiel ist der Basisname `ButtonsBundle`. Das Properties File muss daher `ButtonsBundle.properties` heißen. Inhalt der Datei sind die folgenden Zeilen:

Code

```
# Dies ist das Standard-ButtonsBundle.properties File
b1 = OK
b2 = Abbrechen
b3 = Ende
```

Es ist zu beachten, dass Kommentarzeilen immer mit dem Doppelkreuz (#) beginnen. Die anderen Zeilen beinhalten die Paare aus Schlüssel und dazugehörigem Wert. Es ist allerdings darauf zu achten, den Schlüssel nach der Definition nicht weiter zu verändern, da dieser meist vom Quellcode referenziert wird. Die Werte hingegen werden von Übersetzern verändert, wenn neue Properties Files für weitere Sprachen geschaffen werden.

2. *Erzeugung weiterer Properties Files*
Um eine zusätzliche Locale zu unterstützen, müssen neue Properties Files angelegt werden, die die übersetzten Werte beinhalten. Änderungen am Source-Code sind dazu nicht notwendig, da das Programm auf die Schlüssel, nicht aber auf die Werte zugreift. Soll bspw. die englische Sprache unterstützt werden, so würden die Werte aus der Datei ButtonsBundle.properties übersetzt und in der Datei ButtonsBundle_en_US.properties gespeichert werden. Hierzu ist zu bemerken, dass der Name der Datei aus dem Basisnamen und dem Suffix .properties besteht, zusätzlich aber aus dem Sprach- und dem Landes-Code (hierzu siehe Tab. 6-1 und Tab. 6-2). Der Inhalt der Datei ButtonsBundle_en_US.properties sieht dann folgendermaßen aus:

Code

```
# Dies ist die Datei ButtonsBundle_en_US.properties
b1 = OK
b2 = Cancel
b3 = End
```

3. *Spezifikation der Localen*
Das Beispielprogramm erzeugt folgendes Locale-Objekt:

Code

```
Locale[] unterstuetzteLocale = {
new Locale("de","DE"),
new Locale("en","US")
}

Locale derzeitigeLocale = new Locale("de","DE");
```

Die Aufrufe der Locale-Konstruktoren spezifizieren jeweils Sprach- und Landes-Code. Diese Codes stimmen mit den Properties Files überein, die in den ersten beiden Schritten erzeugt wurden.

4. *Erzeugung des ResourceBundle-Objekts*
In diesem Schritt wird erkennbar, wie die Locale, die Properties Files und das ResourceBundle-Objekt zueinander in Beziehung stehen. Um ein ResourceBundle-Objekt zu erzeugen, muss die getBundle-Methode aufgerufen werden, die den Basisnamen und die Locale angibt:

Code

```
ResourceBundle labels =
ResourceBundle.getBundle("ButtonsBundle",derzeitigeLocale);
```

Die Methode `getBundle` überprüft zuerst, ob eine `.class`-Datei existiert, die dem Basisnamen entspricht. Ist dies nicht der Fall, so wird nach Properties Files gesucht. In diesem Beispiel findet `getBundle` daher die entsprechenden Properties Files. Nach erfolgreicher Lokalisierung gibt `getBundle` ein `PropertyResourceBundle`-Objekt zurück, das mit den Paaren aus Schlüssel und Wert aus dem Properties File geladen wurde.

Wenn kein Properties File für eine Locale existiert, so sucht die Methode `getBundle` nach einem Properties File, das dem gewünschten am nächsten kommt. Dieses Vorgehen wurde bereits beschrieben.

5. *Einladen des lokalisierten Textes*

Um die übersetzten Werte aus dem `ResourceBundle`-Objekt abzufragen, muss die `getString`-Methode verwendet werden:

Code

```
String wert = buttons.getString(schluessel);
```

Der String, der als Ergebnis von `getString` zurückgeliefert wird, entspricht dem als Argument angegebenen Schlüssel. Der String ist dann auch in der geeigneten Sprache, gesetzt den Fall, dass ein Properties File für die angegebene Locale existiert. Da sich die Schlüssel nicht verändern, muss auch der Aufruf von `getString` niemals verändert werden.

6. *Iteration über alle Schlüssel*

Wenn die Werte aller Schlüssel eines `ResourceBundle`-Objekts geladen werden sollen, muss die Methode `getKeys` verwendet werden. Diese Methode liefert eine Aufzählung (`Enumeration`-Objekt) aller Schlüssel des `ResourceBundle`-Objekts als Ergebnis zurück. Anschließend kann über das `Enumeration`-Objekt iteriert werden und jeder Wert mit der `getString`-Methode geladen werden. Das folgende Programmsegment illustriert dieses Vorgehen:

Code

```
ResourceBundle buttons =
ResourceBundle.getBundle("ButtonsBundle",derzeitigeLocale);
Enumeration buendleSchluessel = buttons.getKeys();
while (buendleSchluessel.hasMoreElements()) {
   String schluessel =
     (String)buendleSchluessel.nextElement();
   String wert = buttons.getString(schluessel);
   System.out.println("Schluessel = " + schluessel + ", " +
   "Wert = " + wert);
}
```

7. *Ausführung des Programms*
Setzt man das Programm zusammen und führt es aus, so ergibt sich die folgende Ausgabe. Die erste Gruppe der Zeilen zeigt die Werte, die `getString` für verschiedene Locale-Objekte zurückliefert. Die zweite Zeilengruppe zeigt die letzten drei Zeilen an, wenn mit der `getKeys`-Methode über die Schlüssel iteriert wird.

Ausgabe

```
Locale = de_DE, Schluessel = b2, Wert = Abbrechen
Locale = en_US, Schluessel = b2, Wert = Cancel

Schluessel = b3, Wert = Ende
Schluessel = b2, Wert = Abbrechen
Schluessel = b1, Wert = OK
```

6.3.4 Verwendung von ListResourceBundle-Objekten

In diesem Abschnitt wird anhand eines Beispiels schrittweise die Verwendung des `ListResourceBundle`-Objekts dargestellt.

1. *Erzeugung der* `ListResourceBundle`-*Subklassen*
Ein `ListResourceBundle`-Objekt greift grundsätzlich auf eine `.class`-Datei zu. Im ersten Schritt muss daher eine derartige Datei für jede unterstützte Locale generiert werden. Im Beispiel ist der Basisname des `ListResourceBundle`-Objekts `AdressenBundle`. Wie im vorangegangenen Beispiel werden zwei Locale-Objekte unterstützt, für die die Dateien `AdressenBundle_de_DE.class` und `AdressenBundle_en_US.class` erzeugt werden müssen. Die Klasse `AdressenBundle` ist im folgenden Code definiert. Wie bei Properties Files besteht auch der Klassenname aus dem Basisnamen und den Sprach- und Landes-Codes. Innerhalb der Klasse wird eine zweidimensionale Liste mit den Paaren aus Schlüssel und Wert initialisiert. Als Schlüssel werden in diesem Beispiel *Name*, *Adresse* und *Alter* verwendet. Die Schlüssel müssen als `String`-Objekte erzeugt werden und in jeder Klasse der Menge `AdressenBundle` identisch sein. Die Werte können einen beliebigen Objekttyp haben.

Code

```
import java.util.*;
public class AdressenBundle_de_DE extends ListResourceBundle {
   public Object[][] ladeInhalte() {
      return inhalte;
   }
```

```
    private Object[][] inhalte= {
        {"Name", new String ("Fischer")},
        {"Adresse", new String("KOM - TU Darmstadt")},
        {"Alter", new Integer(29)},
    };
}
```

2. *Spezifikation der Localen*
   Die Spezifikation der Localen erfolgt analog zum vorangegangenen Beispiel:

Code

```
Locale[] unterstuetzteLocales = {
    new Locale("en","US"),
    new Locale("de","DE")
};
```

Jede Locale entspricht einer der `AdressenBundle`-Klassen. Die deutsche Locale, die mit `de` und `DE` angegeben wird, entspricht daher der Datei `AdressenBundle_de_DE.class`.

3. *Erzeugung des* `ResourceBundle`-*Objekts*
   Auch die Generierung des `ListResourceBundle`-Objekts erfolgt analog zum vorangegangenen Beispiel:

Code

```
ResourceBundle stats =
ResourceBundle.getBundle("AdressenBundle",derzeitigeLocale);
```

4. *Laden der internationalisierten Objekte*
   Nachdem ein `ListResourceBundle`-Objekt für die Locale erzeugt wurde, können Objekte mittels der Schlüssel eingeladen werden. Mittels der folgenden Programmzeile kann das Alter geladen werden, indem `getObject` mit dem Schlüsselparameter `Alter` aufgerufen wird. Es ist darauf zu achten, dass `getObject` ein Objekt zurückgibt, weshalb eine Typumwandlung (Casting) auf `Integer` erfolgen muss:

Code

```
Integer alter = (Integer)adressen.getObject("Alter");
```

6.4 Formatierung von Daten

Nachdem die grundsätzliche Funktionsweise der Internationalisierung und die Isolierung von Daten betrachtet wurden, wird in diesem Abschnitt erklärt, wie Zahlen, Währungen, Datumsangaben, Zeitangaben und Text formatiert werden kann. Da derartige Datenelemente vom Endbenutzer verwendet werden, muss das jeweilige Format mit den verschiedenen kulturellen Konventionen konform sein.

6.4.1 Zahlen und Währungen

Programme operieren auf Zahlen in einer Art und Weise, die grundsätzlich unabhängig von einer Localen ist. Vor der Ausgabe einer Zahl muss daher ein Programmteil durchlaufen werden, der eine Zahl in einen String konvertiert, so dass ein Locale-sensitives Format erzeugt wird. Während bspw. im amerikanischen Raum das Zahlenformat mit Punkt (`1234.56`) verwendet wird, wird in Deutschland meist das Format mit Komma (`1234,56`) benutzt.

Indem man die Methoden aufruft, die von der Klasse `NumberFormat` zur Verfügung gestellt werden, können Zahlen, Währungen und Prozentangaben entsprechend einer Localen formatiert werden. Problematisch ist allerdings, dass das `NumberFormat` unter Umständen die selbst spezifizierte Locale nicht unterstützt. Es kann aber leicht festgestellt werden, welche Definition der Localen von der Klasse `NumberFormat` unterstützt wird, indem die Methode `getAvailableLocales` folgendermaßen aufgerufen wird:

Code

```
Locale[] locales = NumberFormat.getAvailableLocales();
```

Wenn `NumberFormat` die jeweils benötigte Locale nicht unterstützt, kann ein eigenes Format definiert werden. Dies wird im Folgenden detailliert erläutert.

Die `NumberFormat`-Methoden können weiterhin dazu verwendet werden, primitive Zahlentypen, wie bspw. `float` oder `double` und ihre entsprechenden Objekttypen (`Float` und `Double`), zu formatieren. Das folgende Beispiel formatiert eine `Double`-Zahl entsprechend einer Localen. Indem die `getNumberInstance`-Methode aufgerufen wird, kann eine Locale-spezifische Instanz des `NumberFormats` erzeugt werden. Die Formatierungsmethode akzeptiert hierbei `Double` als Argument und gibt einen String zurück, der die formatierte Zahl enthält:

Code

```
Double Preis = new Double(12.99);
NumberFormat zahlenFormatierer;
String PreisText;
zahlenFormatierer =
   NumberFormat.getNumberInstance(derzeitigeLocale);
PreisText = zahlenFormatierer.format(Preis);
System.out.println(PreisText + "   " +
   derzeitigeLocale.toString());
```

Die Ausgabe dieses Beispiels illustriert, wie das Format mit der jeweiligen Localen variiert:

Ausgabe

```
12,99 de_DE
12.99 en_US
```

Die Formatierung von Währungen erfolgt in ähnlicher Weise wie die von Zahlen. Hierzu ist die Methode `getCurrencyInstance` zu verwenden, die einen String zurückliefert, der die formatierte Zahl und eine Währungsangabe enthält. Das folgende Beispiel illustriert dies:

Code

```
Double waehrung = new Double(12.99);
NumberFormat waehrungsFormatierer;
String waehrungsText;

waehrungsFormatierer =
   NumberFormat.getCurrencyInstance(derzeitigeLocale);
waehrungsText = waehrungsFormatierer.format(waehrung);
System.out.println(waehrungsText + "   " +
   derzeitigeLocale.toString());
```

Nach dem Aufruf ergibt sich die folgende Ausgabe:

Ausgabe

```
12,99 DM de_DE
$12.99 en_US
```

Die Formatierung von Prozentangaben erfolgt analog mittels der Methode `getPercentInstance`.

6.4.2 Selbstdefinierte Formate

Zur Formatierung von Dezimalzahlen und damit zu deren Umsetzung in Locale-spezifische Strings kann die Klasse `DecimalFormat` verwendet werden. Diese Klasse ermöglicht die Kontrolle der Anzeige führender und folgender Nullen, von Präfixen und Suffixen, von Gruppentrennzeichen (bspw. Punkt oder Komma in Tausenderangaben) und von Dezimaltrennzeichen. Wenn derartige Formatierungssymbole verändert werden sollen, muss `DecimalFormatSymbols` zusammen mit der Klasse `DecimalFormat` verwendet werden. Diese beiden Klassen bieten eine erhebliche Flexibilität hinsichtlich der Formatierung von Zahlen an, können aber Programme auch sehr komplex machen. Es empfiehlt sich daher, anstelle von `DecimalFormat` und `DecimalFormatSymbols` die Klasse `NumberFormat` so oft wie möglich einzusetzen.

Die Formateigenschaften von `DecimalFormat` werden stets mit einem *Muster-String* angegeben. Das Muster bestimmt hierbei, wie die formatierte Zahl aussehen soll. Das folgende Beispiel generiert eine Formatierung, indem ein Muster-String nach dem `DecimalFormat`-Konstruktor durchsucht wird. Die Methode erwartet einen Wert vom Typ `double` als Argument und erzeugt eine formatierte Zahl, die als String zurückgegeben wird. Mögliche Ausgaben dieses Beispiels sind in Tab. 6-3 dargestellt.

Code

```
DecimalFormat formatierer= new DecimalFormat(muster);
String output = formatierer.format(wert);
System.out.println(wert + "   " + muster + "   " + output);
```

Wert	Muster	Ausgabe	Erläuterung
111111.111	###,###.###	111,111.111	Das Doppelkreuz repräsentiert jeweils eine Stelle der Zahl, das Komma repräsentiert den Gruppenseparator und der Punkt den Dezimalseparator.
111111.111	###.##	111111.11	Ein Abschneiden von Nachkommastellen wird durch eine Rundung durchgeführt.
111.11	000000.000	000111.110	Dieses Muster spezifiziert die Anzahl führender und folgender Nullen, da anstelle des Doppelkreuzes das Null-Symbol verwendet wird.
111111.111	$###,###.###	$111,111.111	Das erste Zeichen des Musters ist das Dollarzeichen. Dieses muss der ersten Ziffer unmittelbar vorangehen.

Tab. 6-3 Selbstdefinierte Zahlenmuster

Ziel des vorangegangenen Beispiels ist die Generierung eines DecimalFormat-Objekts für eine Standard-Locale. Soll ein derartiges Objekt für eine Locale generiert werden, die keine Standard-Locale ist, so muss das Objekt als NumberFormat instantiiert und anschließend in den Typ DecimalFormat umgewandelt werden. Das so entstandene Objekt formatiert dann die Muster in einer Locale-sensitiven Art und Weise:

Code

```
NumberFormat nf = NumberFormat.getNumberInstance(l);
DecimalFormat df = (DecimalFormat) nf;
df.applyPattern(muster);
String output = df.format(wert);
System.out.println(muster + "   " + output + "   " +
  l.toString());
```

Bisher wurden solche Muster betrachtet, die der US-amerikanischen Konvention folgten. Symbole, wie bspw. das Dezimaltrennzeichen, der Gruppenseparator und das Minuszeichen können mit der Klasse DecimalFormatSymbols verändert werden. Im nächsten Beispiel wird mittels DecimalFormatSymbols einer Zahl ein ungewöhnliches Format zugewiesen. Hierzu werden Aufrufe der Methoden setDecimalSeparator, setGroupingSeparator und setGroupingSize verwendet.

Code

```
DecimalFormatSymbols neueSymbole=
   new DecimalFormatSymbols(derzeitigeLocale);
neueSymbole.setDecimalSeparator('*');
neueSymbole.setGroupingSeparator('#');
String muster = "#.#[],###";
DecimalFormat neuerFormatierer = new
DecimalFormat(muster,neueSymbole);
neuerFormatierer.setGroupingSize(4);

String komisch= neuerFormatierer.format(11111.111);
System.out.println(komisch);
```

Als Ausgabe ergibt sich in diesem Fall 1#1111*111.

6.4.3 Formatierung von Datum und Zeit

Date-Objekte werden in Java dazu verwendet, Datums- und Zeitangaben zu repräsentieren. Wie in den vorangegangenen Beispielen muss ein Datumsobjekt vor der Ausgabe in einen String konvertiert werden. Die Formatierung ist hierbei in großem Maße kulturabhängig.

In Java wird die DateFormat-Klasse dazu verwendet, Datums- und Zeitangaben in einer Locale-sensitiven Art und Weise zu formatieren. Wie bisher auch unterstützt DateFormat nicht alle Locale-Definitionen. Zur Feststellung, welche Localen unterstützt werden, kann die bereits beschriebene Methode getAvailableLocales verwendet werden.

Die Formatierung von Datumsangaben mittels der Klasse DateFormat erfolgt in zwei Schritten. Zuerst wird ein Formatierer mittels der Methode getDateInstance generiert. Anschließend wird die Formatierungsmethode aufgerufen, die einen String mit dem formatierten Datum zurückliefert. Das folgende Beispiel illustriert dieses Vorgehen:

Code

```
Date heutigesDatum;
String datumText;
DateFormat datumsFormatierer;

datumsFormatierer =
DateFormat.getDateInstance(DateFormat.DEFAULT,
derzeitigeLocale);
heutigesDatum= new Date();
datumText = datumsFormatierer.format(heutigesDatum);
System.out.println(datumText + "    " +
   derzeitigeLocale.toString());
```

Die Ausgabe, die hier erzeugt wird, variiert mit der Localen:

Ausgabe

```
1.2.1999 de_DE
01-Feb-99 en_US
```

Dieses Beispiel wurde mit dem DEFAULT-Formatierungsstil ausgeführt, der einer der Stile ist, die in der Klasse DateFormat vordefiniert sind. Weitere Stile sind SHORT, MEDIUM, LONG und FULL. Tab. 6-4 zeigt, wie sich die Datumsangaben in Abhängigkeit vom gewählten Stil verändern.

Stil	Deutsche Locale	US-Locale
DEFAULT	10. Feb 99	10-Feb-99
SHORT	10/02/99	02/10/99
MEDIUM	10. Feb 99	10-Feb-99
LONG	10. Februar 1999	February 10, 1999
FULL	Mittwoch, 10. Februar 1999	Wednesday, February 10, 1999

Tab. 6-4 Datumsstile in Java

Da Date-Objekte sowohl Datums- als auch Zeitangaben repräsentieren, ist die Formatierung von Zeitangaben analog. Es muss allerdings die Methode getTimeInstance verwendet werden. Tab. 6-5 zeigt die Stile, die in Java für Zeitangaben zur Verfügung stehen.

Stil	Deutsche Locale	US-Locale
DEFAULT	15:58:45	3:58:45 PM
SHORT	15:58	3:58 PM
MEDIUM	15:58:45	3:58:45 PM
LONG	3:58:45 GMT+02:00	3:58:45 PM PDT
FULL	15.58 Uhr GMT+02:00	3:58:45 o'clock PM PDT

Tab. 6-5 Zeitangaben in Java

Zur simultanen Darstellung von Datum und Zeit in einem String kann wie folgt vorgegangen werden:

Code

```
DateFormat formatierer = DateFormat.getDateTimeInstance(
    DateFormat.LONG, DateFormat.LONG, derzeitigeLocale);
```

Meist reichen die in Java vordefinierten Formate für Datums- und Zeitangaben aus. Soll dennoch eine Veränderung erfolgen, so kann mit Hilfe von SimpleDateFormat wie folgt vorgegangen werden: Zur Formatierung muss ein SimpleDateFormat-Objekt generiert werden, indem ein Muster-String angegeben wird. Dieses Vorgehen ist analog zur Formatierung von Zahlen und Währungen. Der Inhalt des Muster-Strings bestimmt dann das Format von Datum und Zeit.

Das folgende Beispiel formatiert eine Datums- und eine Zeitangabe mit Hilfe eines Muster-Strings, der an den `SimpleDateFormat`-Konstruktor übergeben wird. Der zurückgegebene String enthält dann Datum und Zeit im gewünschten Format.

Code

```
Date heute;
String output;
SimpleDateFormat formatierer;

formatierer = new SimpleDateFormat(muster, derzeitigeLocale);
heute = new Date();
output = formatierer.format(heute);

System.out.println(muster + "   " + output);
```

Muster	Ausgabe
dd.MM.yy	10.02.99
yyyy.MM.dd G 'at' hh:mm:ss z	1999.02.10 AD at 06:15:55 PDT
EEE, MMM d, ''yy	Wed, Feb 10, '99
h:mm a	6:15 PM

Tab. 6-6 Datums- und Zeitformatierung in Java

Tab. 6-6 zeigt verschiedene Formatierungsarten, die vom Benutzer als Muster spezifiziert wurden. Die Klasse `SimpleDateFormat` ist Locale-sensitiv. Wird `SimpleDateFormat` ohne einen Locale-Parameter instantiiert, so werden Datum und Zeit nach der Standard-Localen formatiert. Aus diesem Grund bestimmen sowohl Muster als auch Locale das Ausgabeformat. Für dasselbe Muster kann daher `SimpleDateFormat` verschiedene Formatierungen erzeugen, wenn sich die Locale ändert.

Die `format`-Methode der Klasse `SimpleDateFormat` gibt einen String zurück, der aus Zahlen und Symbolen besteht. Wenn die in der Klasse `SimpleDateFormat` gekapselten Symbole den Anforderungen des Entwicklers nicht entsprechen, können sie mit Hilfe der Klasse `DateFormatSymbols` verändert werden. Derart können neue Namen für Monate, Wochentage und Zeitzonen festgelegt werden. Tab. 6-7 zählt die Methoden der Klasse `DateFormatSymbols` auf, mit deren Hilfe die Symbole verändert werden können.

Methode	Beispiel
setAmPmStrings	PM
setEras	AD
setMonths	Dezember

Tab. 6-7 Methoden der Klasse DateFormatSymbols

Methode	Beispiel
setShortWeekdays	Die
setWeekdays	Dienstag
setZoneStrings	PST

Tab. 6-7 Methoden der Klasse DateFormatSymbols

Das folgende Beispiel ruft die Methode `setWeekdays` auf, um alle Wochentage von Kleinschreibung in Großschreibung umzuändern. Das erste Element des Array-Arguments von `setWeekdays` ist ein Null-String. Hierdurch enthält der Array ein Element anstatt leer initialisiert zu werden. Der Konstruktor der Klasse `SimpleDateFormat` akzeptiert das so modifizierte `DateFormatSymbols`-Objekt als Argument.

Code

```
Date heute;
String resultat;
SimpleDateFormat formatierer;
DateFormatSymbols symbole;
String[] standardTage;
String[] geaenderteTage;

symbole = new DateFormatSymbols(new Locale("de","DE"));
standardTage = symbole.getWeekdays();

for (int i = 0; i < standardTage.length; i++) {
   System.out.print(standardTage[i] + "  ");
}
System.out.println();

String[] grosseTage = {"", "SONNTAG", "MONTAG", "DIENSTAG",
"MITTWOCH", "DONNERSTAG", "FREITAG", "SAMSTAG"};
symbole.setWeekdays(grosseTage);

geaenderteTage = symbole.getWeekdays();
for (int i = 0; i < geaenderteTage.length; i++) {
   System.out.print(geaenderteTage[i] + "  ");
}
System.out.println();
System.out.println();
formatierer = new SimpleDateFormat("E", symbols);
heute = new Date();
resultat = formatierer.format(heute);
System.out.println(resultat);
```

6.4.4 Textinhalte

Ein wichtiges Anwendungsgebiet der Internationalisierung ist das Angebot von Statusnachrichten in der jeweiligen Landessprache. Es wurden bereits die Mechanismen diskutiert, die übersetzbare Texte Locale-spezifisch isolieren. Üblicherweise ist dazu ein Text-String an ein `ResourceBundle`-Objekt zu übergeben. Wenn diese

Daten allerdings variabel sind, müssen vor der Übersetzung einige weitere Schritte ausgeführt werden.

Unter einer *Verbundnachricht* versteht man Daten, die variable Komponenten enthalten. Soll bspw. der Satz „Unsere Datenbank *Adressdatenbank* enthält derzeit 400 Einträge" internationalisiert werden, so ist sowohl die Anzahl der Einträge als auch der Name der Datenbank variabel, wenn mehrere Datenbanken verwendet werden. Eine mögliche Umsetzung dieses Satzes könnte darin bestehen, Satzelemente mit Variablen zu kombinieren:

Code

```
int anzahlEintraege;
String datenbankName;
ResourceBundle textBundle;
String nachricht = textBundle.getString("einleitung") +
   textBundle.getString("datenbankName") +
   textBundle.getString("zwischentext")+
   anzahlEintraege.toString() +
   textBundle.getString("endText");
```

Problematisch ist allerdings, dass dieser Satzaufbau zwar im Deutschen, nicht aber in vielen anderen Sprachen anwendbar ist. Der eigentliche Satzaufbau ist in diesem Beispiel fest vorgegeben und daher schlecht internationalisierbar. Zur Vermeidung dieses Problems sind in Java spezielle Mechanismen zu verwenden, die Verbundnachrichten mit Hilfe der Klasse `MessageFormat` verarbeiten. Es sei aber darauf hingewiesen, dass in Verbundnachrichten der eigentliche Text fragmentiert wird. Derartige Texte sind schwierig zu übersetzen und damit auch mit Kosten verbunden. Verbundnachrichten sollten daher nur eingesetzt werden, wenn es nicht zu vermeiden ist.

Zur Internationalisierung einer Verbundnachricht müssen folgende Schritte durchlaufen werden, in denen die Klasse `MessageFormat` verwendet wird:

1. *Identifikation der Variablen, die in der Verbundnachricht verwendet werden*
   Im oben betrachteten Beispiel werden der Name einer Datenbank sowie die Zahl ihrer Einträge als Variablen verwendet.
2. *Isolierung des Textmusters in einem* `ResourceBundle`-*Objekt*
   Die Verbundnachricht sollte folgendermaßen in einem `ResourceBundle`-Objekt namens `TextBundle` gespeichert werden:

Code

```
ResourceBundle texte =
   ResourceBundle.getBundle("TextBundle",derzeitigeLocale);
```

Dieses `ResourceBundle`-Objekt wird für jede Locale in einem Properties File gespeichert. Da das `ResourceBundle`-Objekt `TextBundle` heißt, muss das Properties File für die deutsche Locale `TextBundle_de_DE.properties` heißen. Der Inhalt dieser Datei sieht folgendermaßen aus:

Code

```
muster = Unsere Datenbank {0} enthält derzeit
   {1,number, integer} Einträge.
Datenbank= Adressdatenbank
```

Die erste Zeile des Properties Files enthält das Textmuster. Hierbei wird jede Variable der Nachricht durch ein Argument ersetzt, das in geschweiften Klammern steht. Jedes Argument beginnt mit einer Zahl, die auch als *Argumentnummer* bezeichnet wird, und die dem Elementindex entspricht, mit dem in einer Objektliste auf das Argument zugegriffen werden kann. Die Argumentnummern müssen dabei in keiner speziellen Reihenfolge vorliegen. Die einzige Bedingung ist, dass die Argumentnummer ein Gegenstück in der Liste der Argumentwerte findet. In diesem Fall wird durch den Wert 0 ein String angegeben, der den Namen der Datenbank enthält und durch den Wert 1 ein `number`-Objekt, das durch die Angabe des Typs `integer` weiter festgelegt wird.

3. *Setzen der Nachrichtenargumente*

Im Folgenden muss jedem Argument, das Teil des Musters ist, ein Wert zugewiesen werden. Die Indizes der Elemente im Array `texteArgumente` entsprechen hierbei der Argumentnummer des Musters. Das ganzzahlige Element mit Index 1 entspricht bspw. dem Argument {1,number,integer} im angegebenen Muster. Da das `String`-Objekt übersetzt werden muss, wird es als Element 0 mittels der `getString`-Methode aus dem `ResourceBundle`-Objekt geladen:

Code

```
Object[] texteArgumente = {
   texte.getString("Datenbank"),
   new Integer(7)
};
```

4. *Erzeugung der Formatierung*

Im vierten Schritt wird ein `MessageFormat`-Objekt erzeugt. Hierzu ist die Locale zu setzen, da die Nachricht ein `Number`-Objekt enthält, das in einer Locale-sensitiven Art und Weise formatiert werden muss:

Code

```
MessageFormat formatierer = new MessageFormat("");
formatierer.setLocale(derzeitigeLocale);
```

5. *Formatierung der Nachricht gemäß Nachrichtenmuster und Argumente*

Im fünften Schritt wird ersichtlich, wie Muster, Nachrichtenargumente und Formatierer zusammenarbeiten. Zuerst wird mittels der `getString`-Metode der Muster-String aus dem `ResourceBundle`-Objekt geladen. Schlüssel dieses Musters ist `muster`. Der Muster-String wird anschließend mittels der `applyPattern`-Methode an den Formatierer übergeben. Daraufhin wird die Nachricht formatiert, indem der Nachrichten-Array mit der Methode `format` formatiert wird. Der von `format` zurückgegebene String kann dann angezeigt werden:

Code

```
formatierer.applyPattern(texte.getString("muster"));
String ausgabe = formatierer.format(texteArgumente);
```

Das gesamte Programm sieht wie folgt aus:

Code

```
import java.util.*;
import java.text.*;
public class MessageFormatBeispiel {
   static  void anzeige(Locale derzeitigeLocale) {
      ResourceBundle texte =
         ResourceBundle.getBundle("texteBundle",
            derzeitigeLocale);
      Object[] texteArgumente = {
         texte.getString("Datenbank"),
         new Integer(7)
      };
      MessageFormat formatierer = new MessageFormat("");
      formatierer.setLocale(derzeitigeLocale);
      formatierer.applyPattern(texte.getString("muster"));
      String ausgabe = formatierer.format(texteArgumente);
      System.out.println(ausgabe);
   }
   static public void main(String[] args) {
      anzeige(new Locale("de", "DE"));
      System.out.println();
      anzeige(new Locale("en", "US"));
   }
}
```

In vielen Sprachen sind Singular und Plural eines Wortes verschieden. Dies wirft dann Probleme auf, wenn Verbundtexte verwendet werden, die Textvariablen enthalten. Ein Beispiel hierfür ist der Satz „2 Angestellte arbeiten in unserer Firma", wobei der Satzteil „2 Angestellte arbeiten" variabel sei. Zur Verarbeitung derartiger Textkomponenten kann die Klasse `ChoiceFormat` verwendet werden, die wiederum auf die Klasse `MessageFormat` zurückgreift, die im letzten Abschnitt eingeführt wurde. Zur Verarbeitung variabler Textelemente sind die folgenden Schritte auszuführen, die stark denjenigen ähneln, die im letzten Abschnitt besprochen wurden:

1. *Definition eines Nachrichtenmusters*
   Zuerst werden wiederum die Variablen des Textes identifiziert, im Beispiel also „2 Angestellte arbeiten." Anschließend werden die Textvariablen durch Argu-

mente ersetzt, indem ein Muster erzeugt wird, das das `MessageFormat`-Objekt verwenden kann:

Code

```
{0} in unserer Firma.
```

Die Verarbeitung des Arguments `{0}` ist komplex, da dieses Argument mit der Anzahl der Beschäftigen variiert. Um den Satz zur Laufzeit zu generieren, muss die Anzahl der Beschäftigten auf einen String abgebildet werden. Wird nur ein Angestellter beschäftigt, so muss der String `"Ein Angestellter arbeitet"` lauten. Diese Art der Abbildung wird durch die Klasse `ChoiceFormat` realisiert. Wenn in der Firma mehrere Angestellte arbeiten, so beinhaltet der Satz eine Zahl, anderenfalls das Wort `"Ein"`. Mittels der Klasse `MessageFormat` ist es möglich, eine Zahl in einen Satz einzufügen.

2. *Erzeugung eines ResourceBundles*
Zur Übersetzungsfähigkeit muss der Text in einem `ResourceBundle`-Objekt isoliert werden:

Code

```
ResourceBundle bundle =
  ResourceBundle.getBundle("AuswahlBundle",derzeitigeLocale)
   ;
```

Im Beispiel werden die Werte des `ResourceBundle`-Objekts in Properties Files gespeichert. Die Datei `AuswahlBundle_de_DE.properties` enthält daher die folgenden Zeilen:

Code

```
muster = {} in unserer Firma.
einAngestellter = Ein Angestellter arbeitet
mehrAngestellte = {1} Angestellte arbeiten
```

Der Inhalt dieses Properties Files zeigt bereits, wie der Text erzeugt und formatiert werden wird. Die erste Zeile enthält gemäß Schritt 1 das Muster für `MessageFormat`. Die anderen Zeilen enthalten Satzteile, die das Argument `{0}` des Musters ersetzen. Der Satzteil mit dem Schlüssel `mehrAngestellte` enthält das Argument `{1}`, das durch die entsprechende Zahl der Angestellten ersetzt wird.

3. *Erzeugung der Textformatierung.*
Im dritten Schritt wird `MessageFormat` instantiiert und die Locale gesetzt:

Code

```
MessageFormat textForm = new MessageFormat("");
textForm.setLocale(derzeitigeLocale);
```

4. *Generierung einer Auswahlformatierung*
Das `ChoiceFormat`-Objekt erlaubt die Auswahl eines bestimmten Strings in Abhängigkeit von einer Zahl des Typs `double`. Der Wertebereich dieser Zahl und die String-Objekte, auf die sie abgebildet werden kann, werden in Arrays spezifiziert:

Code

```
double[] angestellteWerte = {0,1};
String [] angestellteStrings= {
  bundle.getString("einAngestellter"),
  bundle.getString("mehrAngestellte")
};
```

`ChoiceFormat` bildet jedes Element des Arrays auf das Element des String-Arrays ab, das denselben Index hat. Im Beispiel wird der Wert 0 auf den String abgebildet, der zurückgegeben wird, wenn die Methode `bundle.getString("einAngestellter")` aufgerufen wird. Der `double`-Wert und der String-Array werden angegeben, wenn `ChoiceFormat` instantiiert wird:

Code

```
ChoiceFormat auswahlForm =
  new ChoiceFormat(angestellteWerte, angestellteStrings);
```

5. *Anwendung des Musters*
Im ersten Schritt wurde bereits ein Muster erzeugt. Dieses wird nun aus dem `ResourceBundle`-Objekt eingeladen und auf das `MessageFormat`-Objekt angewendet:

Code

```
String muster = bundle.getString("muster");
textForm.applyPattern(muster);
```

6. *Zuweisung der Formate*
Im sechsten Schritt wird das in Schritt vier erzeugte `ChoiceFormat`-Objekt dem `MessageFormat`-Objekt zugewiesen:

Code

```
Format[] formate = {auswahlForm, NumberFormat.getInstance()};
textForm.setFormats(formate);
```

Die `setFormats`-Methode weist den Argumenten des Nachrichtenmusters `Format`-Objekte zu. Vor dem Aufruf der `setFormats`-Methode muss die Methode `applyPattern` aufgerufen werden. Argumente des `Format`-Objekts sind `auswahlForm`, das auf das Element {0} abgebildet wird und die Methode `NumberFormat.getInstance()`, die auf das Element {1} abgebildet wird.

7. *Setzen der Argumente und Formatierung der Nachricht*
Zur Laufzeit weist das Programm die Variablen dem Array von Argumenten zu, der an das `MessageFormat`-Objekt übergeben wird. Die Elemente des Arrays entsprechen hierbei den Argumenten des Musters. Der Eintrag `textArgument[1]` entspricht daher dem Musterargument {1}, das eine Zahl enthält, die die Anzahl der Beschäftigten wiedergibt. Im sechsten Schritt wurde dem Argument {0} des Musters ein `ChoiceFormat`-Objekt zugewiesen. Die Zahl, die `textArgument[0]` zugewiesen wird, bestimmt daher, welcher String vom `ChoiceFormat`-Objekt ausgewählt wird.

Code

```
Object[] textArgumente = {null, null};

for (int angestellteZahl = 0; angestellteZahl < 3;
angestellteZahl++)
    {
        textArgumente[0] = new Integer(angestellteZahl);
        textArgumente[1] = new Integer(angestellteZahl);
        String resultat = textForm.format(textArgumente);
        System.out.println(resultat);
    }
```

Das vollständige Programm lautet wie folgt:

Code

```
import java.util.*;
import java.text.*;

public class ChoiceFormatBeispiel {
    static void anzeige (Locale derzeitigeLocale) {
        ResourceBundle bundle =
        ResourceBundle.getBundle("AuswahlBundle",
          derzeitigeLocale);
        MessageFormat textForm = new MessageFormat("");
        textForm.setLocale(derzeitigeLocale);
        double[] angestellteWerte = {0,1};
        String [] angestellte = {
            bundle.getString("einAngestellter"),
            bundle.getString("mehrAngestellte")
        };
        ChoiceFormat auswahlForm = new
          ChoiceFormat(angestellteWerte, angestellte);
        String muster = bundle.getString("muster");
        Format[] formate= {auswahlForm,
          NumberFormat.getInstance()};
        textForm.applyPattern(muster);
        textForm.setFormats(formate);
        Object[] textArguments = {null, null};
```

```
      for (int angestellteZahl = 0; angestellteZahl < 4;
        angestellteZahl++) {
        textArguments[0] = new Integer(angestellteZahl);
        textArguments[1] = new Integer(angestellteZahl);
        String resultat = textForm.format(textArgumente);
        System.out.println(resultat);
      }
   }
   static public void main(String[] args) {
      anzeige(new Locale("de", "DE"));
      System.out.println();
      anzeige(new Locale("en", "US"));
   }
}
```

6.5 Anwendungsbeispiel

Als Anwendungsbeispiel soll die Oberfläche, in der die Schiffe des Spielers platziert werden können, internationalisiert werden. Hierzu wird die Klasse SchiffFenster verwendet, die bereits in Kapitel 4.6.11 erläutert wurde.

Zuerst werden alle Textbausteine, die bisher hart im Code verdrahtet waren, in zwei Properties Files gespeichert.

Code

```
# Properties File fuer Deutsche Version
Textlabel1 = Zum Setzen der Schiffe bitte Anfangs- und
   Endposition mit der Maus markieren
Textlabel2 = Zum Entfernen der Schiffe bitte Anfangs- und
   Endposition nochmals mit der Maus markieren
ship2 = 2-er Schiff
ship31 = 3-er Schiff 1
ship32 = 3-er Schiff 2
ship4 = 4-er Schiff
ship5 = 5-er Schiff
readybutton = Fertig
```

Code

```
# Properties File for English Version
Textlabel1 = To set ship mark start and end position with mouse
Textlabel2 = To delete ship mark start and end position with
   mouse again
ship2 = 2-Ship
ship31 = 3-Ship 1
ship32 = 3-Ship 2
ship4 = 4-Ship
ship5 = 5-Ship
readybutton = Ready
```

Die in den Properties Files verwendeten Variablennamen müssen anschließend im Code der Klasse SchiffFenster reflektiert werden. Die neue Klasse SchiffFenster sieht dann wie folgt aus:

Code

```
import java.awt.*;
import java.awt.event.*;
import java.applet.*;
import java.util.*;
public class SchiffFenster extends Frame implements
ActionListener{
   SpielCanvas sc1;
   Spielfeld s;
   Quadrate q[];
   Panel southPanel; // für die zwei Info Zeilen
   Panel centerPanel; // Spielfeld und panel 2
   Label label1; //1. Informationszeile
   Label label2; //2. Informationszeile
   Label label3; // Label der einzusetzenden Schiffe
   Panel panel1; // Panel zur Platzierung der Schiffe
   Panel panel2; // Panel fuer Schiffe, Bezeichnungen und
   // des fertig-Buttons
   Container c;

   //Internationalisierungsinformation
   String language;
   String country;
   Locale currentLocale;
   ResourceBundle messages;
```

Die letzten vier Variablen sind zur Internationalisierung der Klasse notwendig. Es sollte auch darauf geachtet werden, dass das Package `java.util` importiert wird. Der Konstruktor der Klasse wird wie folgt verändert:

Code

```
public SchiffFenster(Spielfeld s, Container c) {
   language = new String("en");
   country = new String("US");
   currentLocale = new Locale(language, country);
   messages =
     ResourceBundle.getBundle("MessagesBundle",
     currentLocale);
```

Im Beispiel wird der US-amerikanische Text für die Benutzeroberfläche eingebunden, wozu auf das Properties File `MessagesBundle_en_US.properties` zugegriffen wird. Die nun folgenden Anweisungen sind mit den in Kapitel 4.6.11 angegebenen Kommandos identisch.

Code

```
   this.s = s;
   this.c = c;
   s.initialisieren();
   q = new Quadrate[5];
```

```
setLayout(new BorderLayout(0,0));
setSize(300,250);
centerPanel = new Panel();
centerPanel.setLayout(new GridLayout(1,2,0,0));
centerPanel.setBounds(0,0,300,220);
add("Center", centerPanel);

//Spielfeld des Benutzers
sc1 = new SpielCanvasPos2(s, q);
centerPanel.add(sc1);

//Infofelder
panel2 = new Panel();
panel2.setLayout(new GridLayout(5,1,3,3));
centerPanel.add(panel2);
```

In den nun folgenden Anweisungen werden die Informationsfelder der Schiffe angelegt. Hierbei wird internationalisierter Text verwendet. Anstatt diesen direkt anzugeben, werden die Daten, die im Properties File gespeichert sind, eingefügt.

Code

```
    zeigeQuadrat(messages.getString("ship2"), false, 0);
    zeigeQuadrat(messages.getString("ship31"), true,1);
    zeigeQuadrat(messages.getString("ship32"), true, 2);
    zeigeQuadrat(messages.getString("ship4"), true, 3);
    zeigeQuadrat(messages.getString("ship5"), true, 4);

    southPanel = new Panel();
    southPanel.setLayout(new GridLayout(2,1,0,0));
    southPanel.setBounds(0,220,426,0);
    add("South", southPanel);
    label1 = new Label(messages.getString("Textlabel1"),
      Label.LEFT);
    label1.setBounds(0,0,426,23);
    southPanel.add(label1);
    label2 = new Label(messages.getString("Textlabel2"),
      Label.LEFT);
    label2.setBounds(0,23,426,23);
    southPanel.add(label2);
}
```

In der nun folgenden Methode `zeigeQuadrat` wird der `fertig`-Button internationalisiert.

Code

```
protected void zeigeQuadrat(String name, boolean val, int
  schiffNummer) {
  panel1 = new Panel();
  panel1.setLayout(null);
  q[schiffNummer] = new Quadrate(s, schiffNummer);
  q[schiffNummer].setBounds(5,5,20,20);
  panel1.add(q[schiffNummer]);
```

```
        label3 = new Label(name);
        label3.setBounds(30,5,100,20);
        panel1.add(label3);
        // Anlegen der Buttons
        if (val==false){
           //Internationalisierte Version
           Button fertig = new
             Button(messages.getString("readybutton"));
           fertig.setBounds(130,5,60,30);
           panel1.add(fertig);
           fertig.addActionListener(this);
        }
        panel2.add(panel1);
    }
```

Die noch fehlenden Komponenten der Klasse SchiffFenster sind im Folgenden der Vollständigkeit halber angegeben. Die weiteren Klassen des Beispiels, wie auch der Text der Fehlermeldung, wurden hierbei nicht internationalisiert. Dies sei dem Leser zur Übung überlassen. Die Bildschirmausgabe der internationalisierten Version ist in Abb. 6-1 angegeben.

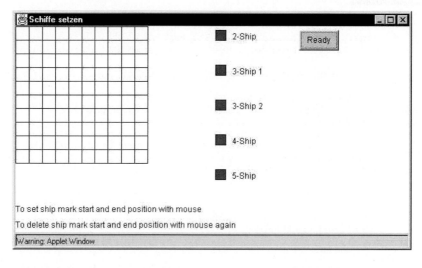

Abb. 6-1 Internationalisierte (US-amerikanische) Version der Benutzeroberfläche

Code

```
    public void actionPerformed(ActionEvent e) {
        if (s.schiffZahl == 0){
           repaint();
           setVisible(false);
           s.schiffZahl = 17;
           s.spielfeldFertigstellen();
           c.setSize(c.getSize().width+1, c.getSize().height+1);
        }
```

```
      else {
         Object anker = sc1.getParent();
         while (! (anker instanceof Frame))
            anker = ((Component) anker).getParent();
         FehlerFenster dialog = new FehlerFenster((Frame)anker,
            "Erst alle Schiffe setzen!!");
         dialog.setVisible(true);
         dialog.setSize(150,100);
      }
   }
}
```

6.6 Zusammenfassung

In diesem Kapitel wurde dargestellt, wie Java die kultur- und sprachenabhängige Darstellung von Komponenten von Benutzeroberflächen unterstützt. Über Properties Files kann erreicht werden, dass Texte in der jeweiligen Landessprache angezeigt werden. Dies erleichtert vor allem auch Übersetzern die Arbeit. Zum Abschluss des Kapitels wurde anhand des Spiels „Schiffe versenken" demonstriert, wie diese Kenntnisse anzuwenden sind.

Java-Ships

Ziel dieses Kapitels ist es, die in den vorangegangenen Kapiteln entwickelten Einzelkomponenten zu einer funktionierenden Gesamtanwendung, einer Client-Server-Architektur des Spiels *Schiffe versenken,* zusammenzustellen. Hierzu sind die folgenden Bausteine notwendig:

- *Netzwerkfunktionalität*
  Aufgabe des Netzwerks ist es, Daten zwischen Client und Server zu übertragen. Diese Daten müssen einem einheitlichen Format unterliegen, das im Folgenden vorgestellt wird.
- *Server-Komponente*
  Aufgabe der Server-Komponente ist es, Anfragen von Clients aus dem Netz entgegenzunehmen und als Gegenspieler zu agieren. Hierzu muss die notwendige Netzwerkfunktionalität enthalten sein und die Spiellogik inklusive der Aufstellung der Schiffe und des tatsächlichen Spiels realisiert werden.
- *Client-Komponente*
  Aufgabe der Client-Komponente ist es, dem Benutzer ein GUI anzubieten, mit dessen Hilfe er gegen den Rechner spielen kann. Hierzu sind vor allem grafische Funktionen umzusetzen, aber auch die Integration der Netzwerkanbindung und Hilfsfunktionen, die den Ablauf des Spiels betreffen.

Diese drei Komponenten werden im Folgenden detailliert dargestellt. Es sei allerdings darauf hingewiesen, dass die grundlegende Logik der Komponenten bereits im Detail in den vorangegangenen Kapiteln erläutert wurde. Aus diesem Grund werden in diesem Kapitel nur die Komponenten nochmals erläutert, die verändert werden müssen, um das Zusammenspiel der einzelnen Komponenten zu gewährleisten.

7.1 Netzwerkfunktionalität

Es wurde bereits erläutert, dass eine Übertragung von Daten über Netzwerke in einer Client-Server-Architektur immer aus einem Client und einem Server besteht, die

Daten austauschen. Weiterhin kann man unterscheiden zwischen Inhalten, die ausgetauscht werden, und Protokolldaten, die den Zweck und Aufbau der gesendeten bzw. empfangenen Daten angeben. Im Folgenden werden die Funktionen des Servers, des Clients und des Protokolls erläutert.

7.1.1 Protokollformat

In Kapitel 5.4 (Streams, Sicherheit und Networking) wurde bereits erläutert, dass in einer Client-Server-Architektur eine Protokollkomponente, die den Einsatzzweck gesendeter bzw. empfangener Daten festlegt, durchaus sinnvoll ist. Eine derartige Komponente kann entweder in den Code des Servers bzw. des Clients integriert sein oder im Fall eines sehr komplexen Protokolls auch in Form einer weiteren Klassenhierarchie.

Betrachtet man das Beispiel *Schiffe versenken*, so stellt man fest, dass Client und Server immer die folgenden zwei Arten von Daten austauschen:

- Information über die Art der Daten, ob bspw. die Daten Schusskoordinaten enthalten, oder ob Server bzw. Client einen Treffer erzielt haben.
- Koordinaten

Es ist daher die Aufgabe des Protokolls, ein vollständiges Spielobjekt zu senden bzw. zu empfangen. Hierzu wurde die Klasse Daten implementiert, die wie folgt realisiert ist:

Code

```java
import java.awt.*;

public class Daten {
   static final int SCHUSS = 0;
   static final int WASSER = 1;
   static final int TREFFER = 2;
   static final int UNBEKANNT = 3;
   Point p;
   int status;

   public Daten () {
      p = new Point(-1,-1);
      status = UNBEKANNT;
   }
}
```

Diese Klasse wird sowohl vom Server als auch vom Client eingesetzt. Server bzw. Client können Schüsse abfeuern und Wassertreffer oder Treffer melden. Jedes Daten-Objekt besteht daher aus der Art dieser Daten (status) und einem Koordinatenpaar, das angibt, worauf sich die Statusinformation bezieht. Im Folgenden wird die Verwendung dieser Klasse im Server-Programm bzw. im Client-Programm erklärt.

7.1.2 Server

Der Server muss, ähnlich wie auch der Client, die folgenden Aufgaben durchführen:

- Aufbauen einer Netzverbindung
- Senden von Daten
- Empfangen von Daten
- Schließen einer Verbindung

Diese Schritte wurden wie folgt implementiert. Den Aufbau einer Verbindung hat der Leser bereits kennengelernt.

Code

```
import java.net.*;
import java.io.*;
import java.awt.*;
public class SVServer {
   String sendeZeile, empfangsZeile;
   PrintWriter senden;
   BufferedReader empfangen;
   ServerSocket serverSocket;
   Socket clientSocket;
   public SVServer() throws IOException {
      serverSocket = null;
      try {
         serverSocket = new ServerSocket(4444);
      } catch (IOException e) {
         System.err.println("Port nicht verfügbar: 4444.");
         System.exit(1);
      }
      clientSocket = null;
      try {
         clientSocket = serverSocket.accept();
      } catch (IOException e) {
         System.err.println("Accept fehlgeschlagen.");
         System.exit(1);
      }
      senden = new PrintWriter(clientSocket.getOutputStream(),
         true);
      empfangen= new BufferedReader(new
         InputStreamReader(clientSocket.getInputStream()));
   }
```

Wie bereits erläutert wurde, werden hierbei Sockets eingerichtet, über die Daten gesendet bzw. empfangen werden können. Zum Senden und Empfangen werden Streams implementiert.

Die im Folgenden beschriebene Methode `getDaten()` empfängt Daten vom Client. Hierbei findet auch das Protokoll Verwendung. Die Methode liest zuerst die Statusinformation, anschließend das Koordinatenpaar.

Code

```java
public Daten  getData () throws IOException{
   Daten d = new Daten();
   //Auslesen der Statusinformation
   if ((empfangsZeile = empfangen.readLine()) != null){
      if (empfangsZeile.equalsIgnoreCase("0"))
         d.status = d.SCHUSS;
      if (empfangsZeile.equalsIgnoreCase("2"))
         d.status = d.TREFFER;
   }

   //Empfangen der Koordinaten
   if ((empfangsZeile = empfangen.readLine()) != null)
      d.p.x = Integer.parseInt(empfangsZeile);
   if ((empfangsZeile = empfangen.readLine()) != null)
      d.p.y = Integer.parseInt(empfangsZeile);

   System.out.println("Client schickt:
      ("+d.p.x+","+d.p.y+")");

   return d;
}
```

Zum Senden von Daten wird die Methode `sendData()` verwendet, die die Statusinformation und ein Koordinatenpaar sendet. Hierbei sei auf einen kleinen Trick hingewiesen. Um eine Zahl in einen String konvertieren zu können, wird eine Kombination aus Anführungszeichen und der Zahl verwendet.

Code

```java
public void sendData (Daten d) {
   //Senden der Statusinfo, der x- und y-Koordinaten
   senden.println(""+d.status);
   senden.println(""+d.p.x);
   senden.println(""+d.p.y);
}
```

Zum Abbau der Verbindung müssen die Streams und die Sockets mittels `close` geschlossen werden.

Code

```java
public void beenden () {
   try {
      senden.close();
      empfangen.close();
      clientSocket.close();
      serverSocket.close();
   } catch (IOException e) {
      System.out.println("Fehler beim Schliessen der
         Verbindung");
   }
}
```

7.1.3 Client

Die Funktionalität des Clients unterscheidet sich von der des Servers in Bezug auf den Aufbau und den Abbau einer Verbindung. Die Prozeduren zum Senden und Empfangen der Daten sind jedoch gleich.

Code

```
import java.io.*;
import java.net.*;
import java.awt.*;
public class SVClient {
   String sendeZeile, empfangsZeile;
   Socket SVSocket;
   PrintWriter senden = null;
   BufferedReader empfangen= null;
   Daten daten;
   GUISVUser s;
   public SVClient (GUISVUser s) throws IOException{
     this.s = s;
     SVSocket = null;
     try {
        SVSocket = new Socket("localhost", 4444);
        senden = new PrintWriter(SVSocket.getOutputStream(),
           true);
        empfangen = new BufferedReader(new
           InputStreamReader(SVSocket.getInputStream()));
     } catch (UnknownHostException e) {
        System.err.println("Host unbekannt: plato.");
        System.exit(1);
     } catch (IOException e) {
        System.err.println("I/O abgelehnt.");
        s.ausgabeFenster("Probleme bei der
           Netzwerkverarbeitung");
        return;
     }
   }
```

Der Verbindungsaufbau des Clients wurde bereits in Kapitel 5.4 detailliert betrachtet. Es sei darauf hingewiesen, dass eine Fehlermeldung ausgegeben werden muss, wenn keine Netzwerkverbindung zustande kommt. Hierzu wird die Methode `ausgabeFenster` aufgerufen, die ein dementsprechendes Popup-Fenster erzeugt. Die Methoden `getData` und `sendData` entsprechen denen des Servers.

Code

```
   public Daten  getData () throws IOException{
     Daten d = new Daten();
     if ((empfangsZeile = empfangen.readLine()) != null){
        if (empfangsZeile.equalsIgnoreCase("0"))
           d.status = d.SCHUSS;
```

```
        if (empfangsZeile.equalsIgnoreCase("2"))
           d.status = d.TREFFER;
     }
     if ((empfangsZeile = empfangen.readLine()) != null)
        d.p.x = Integer.parseInt(empfangsZeile);
     if ((empfangsZeile = empfangen.readLine()) != null)
        d.p.y = Integer.parseInt(empfangsZeile);

     System.out.println("Server schickt:
        ("+d.p.x+","+d.p.y+")");
     return d;
  }
  public void sendData (Daten d) {
     //Senden der Statusinfo, der x- und y-Koordinaten
     senden.println(""+d.status);
     senden.println(""+d.p.x);
     senden.println(""+d.p.y);
  }
```

Ähnlich wie beim Server werden abschließend die Streams und die Sockets geschlossen.

Code

```
  public void beenden () throws IOException{
     try {
        senden.close();
        empfangen.close();
        SVSocket.close();
     } catch (IOException e) {
        s.ausgabeFenster("Probleme bei der
           Netzwerkverarbeitung");
     }
  }
}
```

Es sei darauf hingewiesen, dass im Unterschied zu Kapitel 5.4 das Protokoll in die Netzwerkklassen integriert wurde. Aufgrund der geringen Komplexität würde eine eigenständige Verarbeitung nicht sinnvoll sind.

7.2 Server-Komponente

Zum besseren Verständnis wird zunächst nochmals der Klassenaufbau der Server-Komponente aus Kapitel 3.6 angegeben. Diese Hierarchie muss um zwei Klassen erweitert werden, um die Netzwerkfunktionalität des Servers und um die Klasse Daten. Der wesentliche Unterschied zur Darstellung in Kapitel 3.6 besteht darin, dass nun anstelle der lediglich skizzierten Aufrufe der Netzwerkfunktionen die tatsächliche Implementierung erfolgt. Im Folgenden wird zunächst die main-Methode der Klasse betrachtet, die den Server selbst steuert.

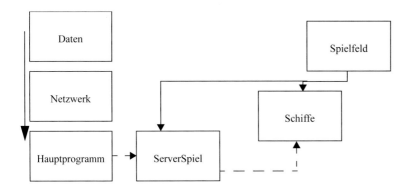

Abb. 7-1 Klassenhierarchie der Server-Komponente

Code

```
import java.awt.*;
import java.net.*;
import java.io.*;
public class Server {
   static ServerSpiel ss;
   static SVServer network;
   public static void main(String[] arguments) throws
     IOException  {
     while (true) {
        try {
           network = new SVServer();
           System.out.println("Netzwerk erstellt");
           ss = new ServerSpiel();
           System.out.println("Spiel initialisiert");
        } catch (IOException e) {
           System.out.println("IO-Exception!");
        }
        spiele();
     }
   }
}
```

Die Funktionalität dieser Methode ist leicht zu verstehen. In einer `while`-Schleife werden Anfragen von Clients verarbeitet. Hierbei wird zunächst eine Netzwerkanbindung erstellt. Anschließend wird die Methode `spiele` aufgerufen, in der die eigentliche Spielfunktionalität enthalten ist.

Zu Beginn dieser Methode wartet der Server auf Daten vom Client. Hierbei wird stets davon ausgegangen, dass der Client das Spiel beginnt.

Code

```
static void spiele () throws IOException{
   boolean serverDran=false, spielEnde=false,
```

```
        einTreffer=false, zweiTreffer=false;
    Point koord = new Point(0,0);
    Daten daten;
    //Warten, bis der Client eine Position (x,y) schickt
    daten = network.getData();
```

Anschließend wird ein Spieldurchlauf in einer `while`-Schleife ausgeführt. Hierzu werden zunächst Schüsse des Clients verarbeitet.

Code

```
    while (spielEnde==false) {
       if (serverDran ==false) {
          if (ss.rechnerTreffer(daten.p)) {
             //Wir sind getroffen, teile dies dem Client mit
             System.out.println("Wir sind getroffen");
             daten.status=daten.TREFFER;
             network.sendData(daten);
             serverDran=false;

             if (ss.schiffZahlServer==0) {
                //Wir haben verloren????
                spielEnde=true;
                network.beenden();
                System.out.println("Server hat verloren");
                return;
             }
             //Erwarte naechsten Schuss
             daten = network.getData();
          }
          else serverDran=true;
       }
```

Ist der Server an der Reihe, so werden Koordinaten zunächst nach dem Zufallsprinzip ausgewählt, um einen ersten Treffer erzielen zu können.

Code

```
       else {
          //Jetzt schiessen wir
          if (einTreffer==false){
             koord=ss.schiesseInsBlaue();
             einTreffer=true;
             //Frage den Client ob Treffer.
             daten.status=daten.SCHUSS;
             daten.p=koord;
             network.sendData(daten);
             daten = network.getData();
             if (daten.status != daten.TREFFER) {
                einTreffer=false;
                serverDran=false;
                ss.spieler.spiel[koord.x][koord.y]=ss.spieler
                   .WASSER;
             }
```

```
    else
       ss.schiffZahlClient--;
}
```

Hat der Server eine Koordinate eines gegnerischen Schiffs als Anhaltspunkt, so wird im Folgenden nach einer zweiten Koordinate gesucht, um die Richtung des Schiffs bestimmen zu können.

Code

```
if ((zweiTreffer==false)&& (einTreffer==true)) {
   koord=ss.sucheZweitenTreffer();
   zweiTreffer=true;
   //Frage den Client ob Treffer.
   daten.status=daten.SCHUSS;
   daten.p=koord;
   network.sendData(daten);
   daten = network.getData();
   if (daten.status != daten.TREFFER) {
      // if Treffer beim Client: Richtung des
      //Schiffes jetzt bekannt.
      zweiTreffer=false;
      serverDran = false;
      ss.spieler.spiel[koord.x][koord.y]=ss.spieler
        .WASSER;
   } else
      ss.schiffZahlClient--;
}
```

Generell werden die Sprünge in die geeignete Schleife mit Hilfe der Variablen `ein-Treffer` und `zweiTreffer` realisiert. Sind zwei Koordinaten eines Schiffs bekannt, so kann dieses versenkt werden, weil die Richtung bekannt ist. Hierbei ist zu beachten, dass die Information, ob ein Schiff bereits versenkt ist, nicht mitgeteilt werden muss. Der Server muss diese Information daher durch geeignete Schüsse herausfinden. Ein Schiff ist dann versenkt, wenn keine Schusskoordinaten mehr gefunden werden können, die zu einem Schiff gehören könnten.

Code

```
if ((zweiTreffer==true)&& (einTreffer==true)) {
   //Abschuss
   koord=ss.schiffVersenken();
   if (koord == null){
      //Schiff versenkt
      einTreffer=zweiTreffer=false;
   } else {
      //Frage den Client ob Treffer.
      daten.status=daten.SCHUSS;
      daten.p=koord;
      network.sendData(daten);
      daten = network.getData();
```

```
            if (daten.status != daten.TREFFER) {
              serverDran = false;
              ss.spieler.spiel[ss.koordinate3.x][ss.koordin
                 ate3.y]=ss.spieler.WASSER;
              ss.koordinate3=null;
            } else
              ss.schiffZahlClient--;
          }
        }
```

Nachdem ein Schiff versenkt wurde, muss überprüft werden, ob der Gegner noch über Schiffe verfügt.

Code

```
        //Sind wir immer noch dran?
        if (ss.schiffZahlClient<=0){
          //gewonnen
          spielEnde=true;
          System.out.println("Server hat gewonnen");
          network.beenden();
          return;
        }
      }//
    } //while spiel
  } //Methode spiel
}//Klasse
```

Es wurde bereits mehrfach betont, dass das Ziel der Erstellung dieser Anwendung darin besteht, Komponenten so zu entwickeln, dass sie ohne Modifikationen größeren Umfangs kombiniert werden können. Eine Änderung der anderen Klassen des Servers ist daher nicht notwendig.

7.3 Client-Komponente

Analog zum Aufbau des Servers wird zunächst die Klassenhierarchie des Clients wiederholt (siehe Abb. 7-2). Auch diese Hierarchie muss um die Netzwerk- und um die Protokollfunktionalität erweitert werden. Wie bereits beim Server sind Änderungen beim Client nur in der Hauptklassendatei notwendig. Diese betreffen nur einen kleinen Ausschnitt des gesamten Programms. Um den Überblick nicht zu verlieren, soll dennoch die Klasse GUISVUser vollständig angegeben werden. Nach der Definition der Klasse erfolgen zuerst Variablendefinitionen. Hierunter findet der Leser die Variable netz, die zur Netzwerkanbindung verwendet wird.

Code

```
import java.applet.*;
import java.awt.*;
```

```
import java.awt.event.*;
import java.io.*;
import java.net.*;
public class GUISVUser extends Applet {
   SpielCanvasPos1 sc1;
   SpielCanvas sc2;
   Spielfeld spieler, computer;
   SVClient netz;
   Button shoot, setship;
   Panel buttonPanel; // Panel fuer Buttons (shoot und setship)
   Panel sc1Panel; // Spielfeld des Computers
   Panel sc2Panel; // Spielfeld des Spielers
   Label label1; // Spielfeldbezeichner des Computers
   Label label2; // Spielfeldbezeichner des Spielers
   Container c;
```

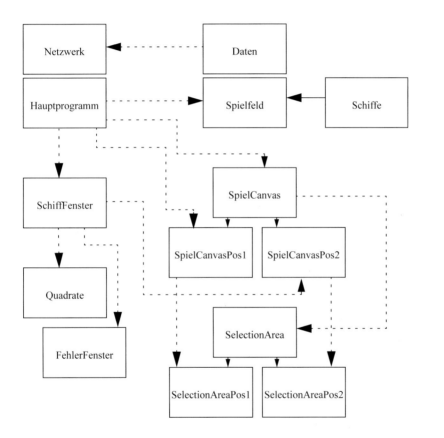

Abb. 7-2 Klassenhierarchie des Clients

Die nun folgende Methode `init` zum Aufbau des GUIs sowie die Methode `ausgabeFenster` wurden bereits detailliert vorgestellt.

```
public void init() {
   computer = new Spielfeld();
   spieler = new Spielfeld();
   c = this;
   setLayout(new GridLayout(1,3,5,0));
   setSize(650,266);
   setBackground(new Color(16777215));
   // Setzen der Buttons
   buttonPanel = new Panel();
   buttonPanel.setLayout(new
   FlowLayout(FlowLayout.CENTER,5,5));
   buttonPanel.setBounds(0,0,142,266);
   buttonPanel.setBackground(new Color(16777215));
   add(buttonPanel);
   setship = new Button();
   setship.setLabel("Neues Spiel");
   setship.addActionListener(new ButtonListener(0));
   setship.setBounds(31,5,80,23);
   setship.setBackground(new Color(12632256));
   buttonPanel.add(setship);
   shoot = new Button("Schuss abgeben");
   shoot.setEnabled(false);
   shoot.addActionListener(new ButtonListener(1));
   shoot.setBounds(17,33,108,23);
   shoot.setBackground(new Color(12632256));
   buttonPanel.add(shoot);
   //Spielfeld des Computers
   sc1Panel = new Panel();
   sc1Panel.setLayout(new BorderLayout(0,0));
   sc1Panel.setBounds(142,0,142,266);
   sc1Panel.setBackground(new Color(16777215));
   sc1 = new SpielCanvasPos1(computer);
   sc1Panel.add("Center",sc1);
   label1 = new Label("Spielfeld des Computers",
      Label.LEFT);
   label1.setBounds(0,133,142,133);
   sc1Panel.add("South",label1);
   add(sc1Panel);
   //Spielfeld des Benutzers
   sc2Panel = new Panel();
   sc2Panel.setLayout(new BorderLayout(0,0));
   sc2Panel.setBounds(284,0,142,266);
   sc2Panel.setBackground(new Color(16777215));
   add(sc2Panel);
   sc2 = new SpielCanvas(spieler);
   sc2Panel.add("Center",sc2);
   label2 = new Label("Spielfeld des Benutzers",
      Label.LEFT);
   label2.setBounds(0,133,142,133);
   sc2Panel.add("South",label2);
}

public void ausgabeFenster (String s) {
   Object anker = getParent();
   while (! (anker instanceof Frame))
      anker = ((Component) anker).getParent();
```

```
   FehlerFenster dialog = new FehlerFenster((Frame)anker,
      s);
   dialog.setVisible(true);
   dialog.setSize(400,100);
   return;
}
```

Die eigentliche Logik des Spiels ist in der nun folgenden inneren Klasse `Button-Listener` verborgen. Zunächst wird das Aufstellen neuer Schiffe und damit der Beginn eines neuen Spiels implementiert.

Code

```
class ButtonListener implements ActionListener {
   private int val;
   String [] s;
   ButtonListener (int val) {
      this.val = val;
   }

   public void actionPerformed(ActionEvent e) {
      Daten daten;
      Point p = null;
      daten = new Daten();
      if (val == 0){ //Schiffe setzen
         spieler.initialisieren();
         computer.initialisieren();
         try {
            netz = new SVClient((GUISVUser) c);
         } catch (IOException ioe){
            ausgabeFenster("Probleme beim Netzaufbau");
            return;
         }
         if (netz.SVSocket == null)
            return;
         SchiffFenster fenster = new SchiffFenster(spieler,
            c);
         fenster.setTitle("Schiffe setzen");
         fenster.pack();
         fenster.setVisible(true);
         fenster.setSize(600,350);
         shoot.setEnabled(true);
         repaint();
      }
```

Wird der Button `Neues Spiel` betätigt, so werden zunächst die Spielfelder zurückgesetzt. Anschließend wird die Verbindung mit dem Server hergestellt. Tritt hierbei ein Fehler auf, so wird dieser gemeldet und die Methode bricht ab. Nach einem erfolgreichen Verbindungsaufbau wird das Fenster erstellt, mit dessen Hilfe der Benutzer seine Schiffe setzen kann.

Ist der Wert des angegebenen Parameters `val` ungleich null, so wurde der Button `Schuss` betätigt. In diesem Fall muss die Spiellogik des Clients durchlaufen werden. Im Gegensatz zur komplizierten Logik des Servers ist die Logik des Clients allerdings wesentlich einfacher. Zuerst werden die Koordinaten, die der Spieler mit der Maus markiert hat, an den Server geschickt.

Code

```
else{
   //Schiessen
   //Koordinaten bereits markiert?
   if (sc1.sa1.tmp.x == -1)
      return;
   daten.status=daten.SCHUSS;
   daten.p.x=sc1.sa1.tmp.x;
   daten.p.y=sc1.sa1.tmp.y;
   netz.sendData(daten);
   shoot.setEnabled(false);
   try {
      daten = netz.getData();
   }catch (IOException ioe) {}
```

Zunächst wird hierbei geprüft, ob der Benutzer korrekte Koordinaten eingegeben hat. Anschließend werden diese Daten zusammen mit der Information, dass es sich um einen Schuss handelt, an den Server geschickt und der Button shoot auf inaktiv gesetzt. Der Client wartet dann auf die Antwort des Servers. Meldet der Server, dass der Client getroffen hat, so wird die folgende Schleife durchlaufen:

Code

```
if (daten.status == daten.TREFFER) {
   //TREFFER
   System.out.println("Wir haben getroffen");
   //Einfaerben
   computer.spiel[sc1.sa1.tmp.x][sc1.sa1.tmp.y]=com
      puter.VERSENKT;
   computer.schiffZahl--;
   if (computer.schiffZahl==0){
      //Gewinnmeldung
      ausgabeFenster("Herzlichen Glückwunsch, Sie
         haben gewonnen!");
      try {
      netz.beenden();
      } catch (IOException ioe) {}
      //Neues Spiel vorbereiten
      shoot.setEnabled(false);
      return;
   }
   sc1.sa1.tmp.x = sc1.sa1.tmp.y = -1;
   sc1.sa1.repaint();
   repaint();
   shoot.setEnabled(true);
}
```

Zuerst wird hierbei im Spielfeld der Treffer vermerkt und die Anzahl der verbleibenden Schiffe des Servers neu berechnet. Hat der Gegner keine Schiffe mehr, so wird die Verbindung abgebaut. Zum Ende der Schleife ist eine Besonderheit zu beachten: Da im Spielfeld die Position, die der Spieler zum Schuss markiert hat, grün eingezeichnet wird, muss das Koordinatenpaar auf den Wert -1 zurückgesetzt werden. Ansonsten wäre es unmöglich, das entsprechende Feld rot (für Treffer) einzufärben. Hat der Spieler keinen Treffer erzielt, so wird die folgende Schleife durchlaufen.

Code

```
        else {
           System.out.println("Wasser");
           computer.spiel[sc1.sa1.tmp.x][sc1.sa1.tmp.y]=com
              puter.WASSER;
           sc1.sa1.tmp.x = sc1.sa1.tmp.y = -1;
           sc1.sa1.repaint();
           rechnerTrifft(daten);
           if (spieler.schiffZahl!=0)
              shoot.setEnabled(true);
           sc2.repaint();
           repaint();
        }
     }
     validate();
}
```

Auch hierbei wird das Spielfeld auf den entsprechenden Wert (`Wasser`) gesetzt. Anschließend wird wiederum das Koordinatenpaar zurückgesetzt. Die dann folgende Methode `rechnerTrifft` verarbeitet Schüsse des Servers. Nach Ende dieser Methode ist der Spieler wieder an der Reihe, der Button `shoot` wird also wieder aktiviert.

Code

```
public void rechnerTrifft(Daten d) {
   while (true) {
      if (spieler.spiel[d.p.x][d.p.y]!=spieler.SCHIFF)
         if (spieler.spiel[d.p.x][d.p.y]
           !=spieler.VERSENKT) {
           spieler.spiel[d.p.x][d.p.y]=spieler.WASSER;
           //Rechner schiesst ins Wasser
           return;
         }
```

Die Phase, in der der Server aktiv ist, wird in einer unendlichen `while`-Schleife durchlaufen. Hierbei wird zuerst geprüft, ob der Server getroffen hat. Ist dies nicht der Fall, so wird das Koordinatenfeld korrigiert und die Methode abgebrochen. Im Anschluss daran werden Rechnertreffer verarbeitet.

Code

```
        /Rechner hat uns wirklich getroffen
        d.status = d.TREFFER;
```

```
netz.sendData(d);
spieler.spiel[d.p.x][d.p.y]=spieler.VERSENKT;
spieler.schiffZahl--;
```

Hat der Rechner getroffen, so wird ihm dies mitgeteilt und das Spielfeld aktualisiert. Anschließend wird geprüft, ob noch Schiffe des Clients vorhanden sind.

Code

```
if (spieler.schiffZahl==0){
   //Meldung dass Spieler verloren hat
   ausgabeFenster("Leider verloren!");
   try {
      netz.beenden();
   } catch (IOException ioe) {}
   //Neues Spiel anbieten
   shoot.setEnabled(false);
   return;
}
```

Hierzu wird ein Fenster mit der dementsprechenden Meldung angezeigt. Anschließend wird die Verbindung abgebaut. Der Button shoot muss dann auf false gesetzt werden, damit der Spieler in der Folge neue Schiffe platziert.

Ist das Spiel noch nicht vorbei, so darf der Server erneut schießen. Hierzu wird auf die Antwort des Servers gewartet.

Code

```
        try {
           d = netz.getData();
        }catch (IOException ioe) {}
        shoot.setEnabled(false);
        sc2.repaint();
        repaint();
      }
   }
 }
}
```

Die Bildschirmausgabe eines Spiels ist in Abb. 7-3 dargestellt.

7.4 Zusammenfassung

In diesem Kapitel wurde demonstriert, wie die in den vorangegangenen Kapiteln entwickelten Anwendungen zu einer Gesamtanwendung zusammengeschaltet werden müssen. Im Zusammenspiel ergibt sich das Spiel *Schiffe versenken*, bei dem ein Spieler als Client gegen einen Spieler in Form eines Computers (Server) spielt. Die notwendige Datenübertragung der Koordinaten und der Information, ob einer der Spieler schießt oder ob er einen Treffer meldet, ist in Form einer Client-Server-Architektur realisiert. Zur Netzwerkkommunikation wird hierzu das Socket-Modell verwendet.

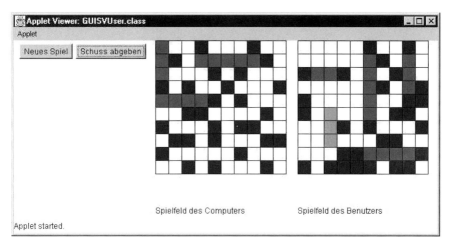

Abb. 7-3 Schiffe versenken

Es sei zum Abschluss dieses Kapitels darauf hingewiesen, dass das Anwendungsbeispiel keinerlei Anspruch auf Perfektion oder Vollständigkeit erhebt. Sicherlich könnte insbesondere die Spiellogik des Servers erheblich verbessert werden. Zur Zeit sollte es für einen Spieler kein großes Problem darstellen, gegen den Server zu gewinnen. Dies liegt bspw. daran, dass der Server Schiffe nach dem Zufallsprinzip sucht, ohne die tatsächlichen Gegebenheiten des Spielfelds zu beachten.

Auch die grundsätzliche Realisierung dieses Beispiels lässt noch manche Verbesserung zu. Ziel dieser Darstellung ist es allerdings, dem Leser, der nicht über Erfahrung mit der Programmiersprache Java verfügt, ein derartiges Beispiel verständlich zu erläutern. Wäre das Beispiel daher in allen Feinheiten programmiert worden, so wäre dieses Ziel aufgrund der dann vorhandenen Komplexität schwer zu erreichen gewesen. Der Leser sei deshalb als Übung dazu aufgerufen, den Code an den notwendigen Stellen zu erweitern und damit zu verbessern.

Dieses Kapitel bildet zugleich den Abschluss der Darstellung der Kernkonzepte der Programmiersprache Java. Im Folgenden werden mit Swing, JavaBeans, Datenbanken, RMI, CORBA und Servlets erweiternde Konzepte von Java erläutert. Zum besseren Verständnis wird aber jeweils dieses Programmierbeispiel aufgegriffen, dessen Komponenten jeweils ausgetauscht werden.

Java-Swing

Swing ist Bestandteil der Java Foundation Classes (JFC) und stellt eine Sammlung von Klassen zur Entwicklung von Benutzeroberflächen dar. Swing basiert auf dem in JDK 1.1 eingeführten Event-Modell und wird seit der Version 1.2 des JDKs standardmäßig mitgeliefert. Im Gegensatz zu dem in Kapitel 4.4 betrachteten AWT, bei dem die Komponenten auf entsprechende GUI-Elemente der Plattform abgebildet werden, auf der das Programm läuft, sind mit einigen wenigen Ausnahmen alle Bestandteile von Swing vollständig in Java programmiert.

Das Benutzen von Oberflächenelementen des zugrunde liegenden Betriebssystems ermöglicht eine einfache Portierung des AWTs auf verschiedene Plattformen. Gleichzeitig sind aber die Möglichkeiten des AWTs stark begrenzt, weil sie dem kleinsten gemeinsamen Nenner zwischen den verschiedenen grafischen Benutzeroberflächen (Graphical User Interface, GUIs) der verschiedenen Betriebssysteme entsprechen müssen, um keines dieser Betriebssysteme zu benachteiligen. Aus diesen Gründen sahen vor Java 1.2 Applets und Programme auf verschiedenen Plattformen unterschiedlich aus. Ein Applet bzw. Programm musste sogar auf verschiedenen Plattformen getestet werden, wobei diverse Layout-Manager berücksichtigt werden mussten, um eine plattformübergreifende Benutzeroberfläche zu entwickeln. Um diese Problematik zu verdeutlichen, ist nachfolgend ein Beispiel angegeben, das die Ausgabe derselben Anwendung auf einem UNIX-Betriebssystem (Abb. 8-1) und auf einem Rechner unter Windows NT (Abb. 8-2) darstellt. Das Programm wurde unter Windows NT implementiert.

Um Java-Programme mit einer einheitlichen Benutzeroberfläche auf allen Plattformen zu ermöglichen, begannen die Firmen JavaSoft und Netscape, ein rein in Java geschriebenes Application Programming Interface (API) zu entwickeln. Dieses API bekam den Namen *Swing* und ist vom bisherigen AWT und dessen Funktionsweise unabhängig. Durch Swing müssen das zugrunde liegende System und dessen GUI-Elemente bei der Entwicklung von grafischen Benutzeroberflächen nicht berücksichtigt werden. Nur bei der Erstellung des Hauptfensters wird auf die Peer-Technik des alten AWTs zurückgegriffen.

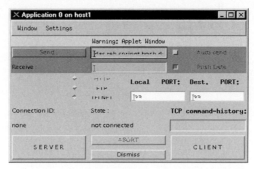

Abb. 8-1 Darstellung einer unter Windows NT entwickelten AWT-Anwendung unter Linux.

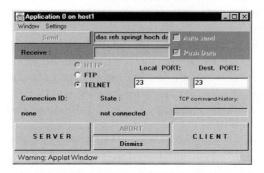

Abb. 8-2 Darstellung einer unter Windows NT entwickelten AWT-Anwendung unter Windows.

Swing unterscheidet sich dementsprechend vom AWT in vielen Punkten, ermöglicht es aber dennoch, bestehende Anwendungen leicht anzupassen, wobei die gleichzeitige Verwendung von AWT-Komponenten erlaubt ist. Dabei beinhaltet Swing eigene Gegenstücke zu allen AWT-Komponenten und bietet darüber hinaus viele weitere neue Komponenten. Zu den wichtigsten Vorteilen von Swing gegenüber AWT gehören die Model-View-Controller-Architektur, die bessere Erweiterbarkeit und die Plattformunabhängigkeit. Swing ist ein Bestandteil der *Java Foundation Classes* (JFC, siehe Abb. 8-3). Die JFC besteht aus fünf APIs: AWT, Swing, Java2D, Drag & Drop und Java Accessibility. Das API *Java Accessibility* enthält Klassen mit Funktionen, die insbesondere Schwerbehinderte beim Zugriff auf Java-Programme unterstützen. Klassen für 2-D-Graphiken sind ebenso Teil der JFC wie ein API zur Realisierung von plattformübergreifenden Drag & Drop-Fähigkeiten innerhalb von Java-Anwendungen, wie auch zwischen Java und Anwendungen von native Code.

In diesem Kapitel wird die Swing-Architektur näher betrachtet. Weiterhin wird der Unterschied zwischen SWING und AWT erläutert. Anschließend wird dem Leser der Umgang mit den Swing-Komponenten anhand eines Anwendungsbeispieles verdeutlicht.

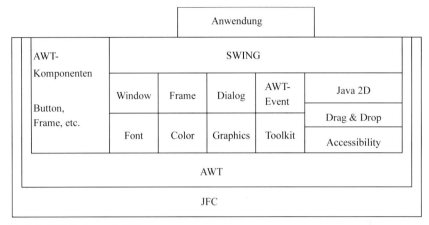

Abb. 8-3 JFC, Swing und AWT

8.1 Architektur der Swing-Komponenten

Swing-Komponenten zeichnen sich dadurch aus, dass der JavaBeans-Standard unterstützt wird (zu JavaBeans siehe Kapitel 9). Somit eignen sich Swing-Komponenten auch hervorragend für den Einsatz in Entwicklungsumgebungen (Rapid Application Development, RAD). Swing-Komponenten basieren auf der Model-View-Controller-Architektur. Die Grundidee dieser Architektur besteht darin, die Verarbeitung der eigentlichen Daten von ihrer Darstellung im User Interface zu trennen (siehe Kapitel 2). Die Daten werden hierbei zentral und unabhängig von ihrer grafischen Repräsentation gespeichert, wobei eine derartige Datenbasis als *Datenmodell* bezeichnet wird. Eine Komponente der Benutzeroberfläche, die *View, die* diese Daten darstellt, bezieht die Daten dann aus dem Modell und speichert sie nicht mehr selbst. Schließlich sorgt der *Controller* dafür, dass das Modell den Benutzereingaben entsprechend geändert wird.

Dieser Ansatz weist gegenüber der Speicherung aller relevanten Daten im GUI-Element selbst einige Vorteile auf. Es wird einfacher, Änderungen an der Benutzeroberfläche durchzuführen, ohne tiefer in die Struktur des eigentlichen Programm-Codes einzugreifen zu müssen. Außerdem ist die mehrfache Darstellung einer Datenbasis effizienter, da die eigentlichen Daten nur einmal zentral gespeichert werden. Ferner ermöglicht es diese Art der Trennung, eine klarere Struktur der Anwendung zu erreichen, was sowohl der Erweiterbarkeit als auch der Wiederverwendbarkeit des Codes zuträglich ist.

Die Nachteile des Ansatzes bestehen darin, dass einerseits die Anpassung bestehender Programme an Swing einen höheren Aufwand mit sich bringen kann und dass andererseits die Entwicklung von Anwendungen, bei denen sich der Mehraufwand für eine vollständige Umsetzung des MVC-Konzeptes nicht lohnt, erschwert wird.

Die ersten Versuche von JavaSoft, die MVC-Architektur an das Swing-Komponentenmodell anzupassen, scheiterten, was zu einer Modifikation dieser Architektur führte. Die modifizierte MVC-Architektur wird auch als *Model-Delegator-Architektur* bezeichnet. Somit ist in Swing die Trennung von *Modell* und *View* (Sicht) bei den meisten Komponenten klar, wohingegen der Controller nicht klar abgegrenzt ist. So ist es bei einigen Komponenten möglich, Eingaben des Benutzers in Modelländerungen ohne einen expliziten Controller umzusetzen. Der Controller ist also praktisch in das GUI-Element integriert. Bei anderen Elementen übernimmt zum Teil ein Listener-Objekt diese Rolle.

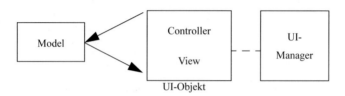

Abb. 8-4 Die modifizierte MVC-Architektur (Model-Delegator)

8.1.1 UI-Delegator und UI-Manager

Der sog. *Delegator* ist das UI-Objekt, das sowohl für die View als auch für den Controller zuständig ist. Die Klasse UIManager verfügt über die Methode setLookAndFeel(), die dazu verwendet wird, das gewünschte Aussehen (*Look and Feel*) und das Verhalten der verwendeten Komponente festzulegen. Hierzu werden folgende Methoden verwendet:

- getSystemLookAndFeelClassName()
  Diese Methode liefert ein Look-and-Feel-Objekt zurück, das das zugrunde liegende System repräsentiert.
- getCrossPlattformLookAndFeelClassName()
  Diese Methode liefert ein plattformunabhängiges Look-and-Feel-Objekt zurück, das auch als Metal-Look-and-Feel bezeichnet wird. Durch die Methode setLookAndFeel() wird eine Ausnahme generiert, wenn das gewünschte Look-and-Feel nicht setzbar ist. Nachfolgend ist ein Beispiel angeführt, das verwendet wird, um die oben erwähnten Methoden der Klasse UIManager in einem beliebigen Programm zu setzen.

Code

```
try{
   UIManager.setLookAndFeel(
      UIManager.getCrossPlattformLookAndFeelClassName());
} catch (Exception exp) {
   System.out.println("Das gewünschte Look and Feel kann nicht
      gesetzt werden wegen: "+ exp);
}
```

Folgende Exceptions können erzeugt werden:

- `ClassNotFoundException`
  die Look-and-Feel-Klasse kann nicht gefunden werden.
- `InstantiationException`
  eine neue Instanz dieser Klasse kann nicht kreiert werden.
- `IllegalAccessException`
  auf die Klasse darf nicht zugegriffen werden.
- `UnsupportedLookAndFeelException`
  das Look-and-Feel wird nicht unterstützt.

8.1.2 Modell

Swing unterscheidet zwischen zwei Grundtypen von Modellen. Zum einen gibt es Datenmodelle, die benutzt werden, um für die Anwendung relevante Daten zu speichern. Zum anderen existieren auch GUI-Statusmodelle, die den Zustand einer GUI-Komponente darstellen, und die somit Informationen beinhalten, die spezifisch für Benutzeroberflächen sind. Ein Beispiel dafür ist das `CheckBox`-Modell, das bspw. die Information enthält, ob eine `JCheckBox` aktiv ist. Ähnliche Modelle existieren auch für andere Swing-Komponenten, wobei deren Struktur von den möglichen Zuständen und anderen Eigenschaften der Komponente abhängig ist.

Im Folgenden wird auf die Datenmodelle in einer allgemeinen Art und Weise eingegangen, da die hinter beiden Modelltypen stehenden Konzepte sehr ähnlich sind. Allgemein ist das Model-View-Controller-Konzept in Swing folgendermaßen umgesetzt:

- Es existieren mehrere Typen von Modellen, passend zu den GUI-Komponenten, z.B. `ListModel`, `TreeModel` oder `BoundedRangeModel`.
- Diese sind durch Interfaces festgelegt, die der Programmierer implementiert, um entsprechende Modellklassen zu erhalten.
- In Java existieren Standardimplementierungen dieser Interfaces.

Verfügt man über ein Datenmodell, so kann man daran beliebig viele passende GUI-Komponenten als Views anschließen. Dazu übergibt man eine Instanz der Datenmodellklasse als Argument an den Konstruktor der Komponente. Implizit wird dabei die GUI-Komponente beim Modell als Listener angemeldet. Je nach Komponente wird auch umgekehrt das Modell bei der View als Listener angemeldet. In diesem

Fall ist kein expliziter Controller mehr nötig. Wenn für eine verwendete Swing-Komponente ein Modell nicht explizit definiert wurde, wird das Standardmodell verwendet. So erzeugt Swing bei der Instantiierung eines `JSlider`-Objekts bspw. ein Standardmodell-Interface, das die Anwendung benutzen kann, um den aktuellen Wert, das Maximum oder das Minimum eines Sliders zu setzen.

Code

```
this.model = new DefaultBoundedRangeModel(value, 0, min, max);
```

Bei der Erzeugung eines Modells verwendet Swing die BoundProperty-Eigenschaft von JavaBeans. Wird ein anderes Modell gewünscht, so muss die Methode `setModel()` überschrieben werden. Folgendes Beispiel verdeutlicht dies:

Code

```
JSlider mySlider = new JSlider();
JProgressBar myProgressBar= new JProgressBar();
BoundedRangeModel myModel = new DefaultBoundedRangeModel(){
   public void setValue(int currentValue){
      System.out.println("Der Wert ist :", currentValue);
      super.setValue(currentValue);
   }
};
mySlider.setModel(myModel);
myProgressBar.setModel(myModel);
```

Die ersten zwei Zeilen erzeugen jeweils eine Instanz der Klasse `JSlider` bzw. `JProgressBar`, anschließend wird ein Modell instantiiert, das die Standardimplementierung des `BoundedRangeModel`-Interfaces darstellt. An dieses Modell werden dann zwei Views angeschlossen, `JSlider` sowie `JProgressBar`. Bewegt man den Schieberegler, so passt sich der dazugehörige Balken automatisch an den neuen Wert an, wobei keine Ereignisse explizit verarbeitet werden.

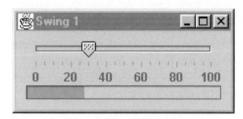

Abb. 8-5 Das Swing1-Beispiel: Ein Datenmodell mit zwei Views

Hierbei tritt der Fall ein, dass eine View – in diesem Fall die `JSlider`-Komponente – implizit auch die Rolle des Controllers übernimmt, also Eingaben des Benutzers, die durch Bewegungen des Schiebereglers eingegeben wurden, in eine passende Änderung der Daten im Modell umsetzt.

Code

```
//* Beispiel Swing1.java fuer das Buch OpenJava
//Java Application, in der zwei Views
//fuer ein Datenmodell erstellt werden.
//Starten mit: java Swing1
import java.awt.*;
import java.awt.event.*;
import javax.swing.*;

public class Swing1 extends JFrame {
   BoundedRangeModel myModel = new
     DefaultBoundedRangeModel(30,1,0,100);
   // Konstruktor
   public Swing1() {
     super("Swing 1");
```

Hierbei wird ein einfaches Datenmodell angenommen, natürliche Zahlen zwischen 0 und 100, wobei der Anfangswert des Sliders auf 30 gesetzt wird.

Zur Anzeige des Datenmodells werden zwei Swing-Komponenten gewählt: Ein `JSlider`-Objekt und ein `JProgressBar`-Objekt. `JSlider` ändert den Wert des Datenmodells, wobei `JProgressBar` den neuen Wert anzeigt.

Code

```
     JSlider mySlider = new JSlider(myModel);
     JProgressBar myProgressBar = new JProgressBar(myModel);
     JPanel myJPanel = new JPanel(false);
     mySlider.setPaintTicks(true);
     mySlider.setPaintLabels(true);
     mySlider.setMajorTickSpacing(20);
     mySlider.setMinorTickSpacing(5);
```

Die letzten vier Zeilen betreffen die Darstellung der verschiedenen `JSlider`-Eigenschaften, darunter die Kontrollzeichen, die sog. Labels. Weiterhin werden der maximale und der minimale Abstand der Kontrollzeichen angegeben. Im Folgenden wird das Layout des Panels auf `BoxLayout` gesetzt. In einem Box-Layout werden die enthaltenen Komponenten in vertikaler Richtung angeordnet.

Code

```
     myJPanel.setLayout(new BoxLayout(myJPanel,
       BoxLayout.Y_AXIS));
     myJPanel.setBorder(BorderFactory.createEmptyBorder(10,10
       ,10,10));
     myJPanel.add(mySlider);
     myJPanel.add(myProgressBar);
     setContentPane(myJPanel);
   }
```

```
    // Main Funktion ohne Argumente
    public static void main(String[] args) {
      JFrame frame = new Swing1();
      // Innere Adapterklasse
      WindowListener l = new WindowAdapter() {
        public void windowClosing(WindowEvent e) {
          System.exit(0); }
      };
      frame.addWindowListener(l);
      frame.pack();
      frame.setVisible(true);
    }
}
```

Möchte man dieses einfache Beispiel um eine Komponente erweitern, in diesem Fall um ein JTextField-Objekt, das den aktuellen Wert der Zahl in myModel oder das Ergebnis einer Berechnung mit dieser Zahl als Argument anzeigt, so hat man das Problem, dass ein Objekt vom Typ JTextField nicht ohne weiteres als View für ein Bounded-RangeModel benutzt werden kann. Ein Objekt vom Typ JTextField verwendet normalerweise eine Instanz einer Klasse als Datenmodell, die das Interface Document implementiert. Eine einfache und zugleich elegante Lösung besteht hier in einer *Adapterklasse*. Eine typische Adapterklasse könnte im Wesentlichen folgendermaßen aussehen:

Code

```
class IntegerToTextAdapter implements ChangeListener {
   BoundedRangeModel myModel;
   JTextField myTextField;
   public IntegerToTextAdapter(BoundedRangeModel theModel,
     JTextField theText) {
     myModel= theModel;
     myTextField= theText;
     myModel.addChangeListener(this);
     //...
   }
   public void stateChanged(ChangeEvent e) {
     String derWert= (new
       Integer(myModel.getValue())).toString();
     myTextField.setText(derWert);
   }
}
```

Im Konstruktor der Adapterklasse wird das Objekt dann beim Modell als Listener angemeldet. Tritt ein ChangeEvent-Event auf, so liest der Adapter den aktuellen Wert aus dem Modell, führt daraufhin die gewünschten Berechnungen aus und schreibt das Ergebnis schließlich in das entsprechende JTextField-Objekt (myTextField).

Durch die Programmzeile

Code

```
IntegerToTextAdapter myAdapter = new
  IntegerToTextAdapter(myModel,myTextField);
```

wird eine Verbindung zwischen dem Modell und der neu hinzugekommenen JText-Field-Komponente durch ein Adapterobjekt hergestellt. Eine erweiterte Version des ersten Beispiels könnte dann folgendermaßen aussehen:

Code

```
//* Beispiel Swing2.java für das Buch OpenJava
//Java Application, in der drei Views
//fuer ein Datenmodell erstellt werden.
//Starten mit: java Swing2
import java.awt.*;
import java.awt.event.*;
import javax.swing.*;
import javax.swing.event.*;
// Adapterklasse: Ermoeglicht die Nutzung eines JTextField als
//dritte View für ein BoundedRangeModel.
class IntegerToTextAdapter implements ChangeListener {
   BoundedRangeModel myModel;
   JTextField myTextField;
   public IntegerToTextAdapter(BoundedRangeModel theModel,
     JTextField theText) {
     myModel=theModel;
     myTextField=theText;
     // Adapter als Listener beim Model anmelden
     myModel.addChangeListener(this);
     myTextField.setText((new
       Integer(myModel.getValue())).toString());
   }
   public void stateChanged(ChangeEvent e) {
     // Model hat sich geaendert: Text soll angepasst werden
     myTextField.setText((new
       Integer(myModel.getValue())).toString());
   }
}
public class Swing2 extends JFrame {
   // Einfaches Datenmodell: Natuerliche Zahlen zwischen 0 und
   //100, Anfangswert 30.
   BoundedRangeModel myModel = new
     DefaultBoundedRangeModel(30,1,0,100);
   // Konstruktor
   public Swing2() {
     super("Swing 2");
     // Ein JSlider und ein JProgressBar werden instantiiert
     // JSlider aendert den Wert der Zahl, JProgressBar zeigt
     // diesen an.
     // Beide Swing Komponenten haben ein gemeinsames
     // Datenmodell
     JSlider mySlider = new JSlider(myModel);
     JProgressBar myProgressBar = new JProgressBar(myModel);
```

```
    JTextField myTextField = new JTextField();
    JPanel myJPanel = new JPanel(false);
    // Layout
    mySlider.setPaintTicks(true);
    mySlider.setPaintLabels(true);
    mySlider.setMajorTickSpacing(20);
    mySlider.setMinorTickSpacing(5);
    myJPanel.setLayout(new BoxLayout(myJPanel,
      BoxLayout.Y_AXIS));
    myJPanel.setBorder(BorderFactory.createEmptyBorder(10,10
      ,10,10));
    // Ein JTextField kann normalerweise nicht zusammen mit
    // einem BoundedRangeModel verwendet werden.
    // Deshalb: Adapter zwischen Model und
    //JTextField.
    IntegerToTextAdapter myAdapter = new
      IntegerToTextAdapter(myModel,myTextField);
    myTextField.setEditable(false);
    myJPanel.add(myTextField);
    myJPanel.add(mySlider);
    myJPanel.add(myProgressBar);
    setContentPane(myJPanel);
  }
  // Main Funktion ohne Argumente
  public static void main(String[] args) {
    JFrame frame = new Swing2();
    // Innere Klasse
    WindowListener l = new WindowAdapter() {
       public void windowClosing(WindowEvent e) {
         System.exit(0); }
    };
    frame.addWindowListener(l);
    frame.pack();
    frame.setVisible(true);
  }
}
```

8.2 Eigenschaften von Swing

Swing bietet eine Vielzahl an neuen Benutzeroberflächen-Komponenten, die die Entwicklung von Applets und Anwendungen erleichtern sollen (Siehe *Swing-Komponenten* auf Seite 465.). Eine der wichtigsten Eigenschaften von Swing ist das *Pluggable Look and Feel* (PL&F). Diese Eigenschaft erlaubt es dem Entwickler, das Aussehen und die Bedienung eines Programms (Applets) zu bestimmen und ist außerdem einer der großen Unterschiede zu den gängigen AWT-Komponenten, da ein Java-Programm mit einer Benutzeroberfläche im Stil des zugrunde liegenden Betriebssystems erstellt werden kann (siehe bspw. Abb. 8-2). Die wichtigsten Eigenschaften von Swing sind nachfolgend erläutert.

Lightweight-Eigenschaften von Swing-Komponenten

Unter der *Lightweight*-Eigenschaft versteht man, dass Swing-Komponenten keiner plattformabhängigen Implementierung der Oberfläche unterliegen AWT-Komponenten benutzen im Gegensatz dazu den sog. *Peer-Code*. Die Verwendung von Swing ist dementsprechend gegenüber AWT-Komponenten, die als *Heavyweight*-Komponenten bezeichnet werden, effizienter, da weniger Systemressourcen in Anspruch genommen werden.

Unterstützung von Tastatur-Mnemoniks durch Swing

Tastatur-Mnemoniks sind Teil der Accessibility-API, die durch Swing unterstützt wird. Sie stellen eine Möglichkeit dar, ein Programm ohne Maus zu bedienen. Die Verwendung von Tastatur-Mnemoniks unterscheidet sich je nach Art der verwendeten Plattform. So wird unter Windows 95, Windows 98 oder Windows NT durch die Kombination der ALT-Taste mit einem entsprechenden Buchstaben ein Mnemonik erzeugt. Im Folgenden wird ein `JButton`-Objekt durch den Buchstaben R mit einer Schaltfläche verknüpft:

Code

```
String buttonLabel = "Rücksetzen";
JButton resetButton = new JButton(buttonLabel);
//Verknuepfung des Button mit dem Buchstaben R
resetButton.setMnemonic('R');
```

Als Alternative kann das `JButton`-Objekt mit dem ersten Buchstaben eines Labels verknüpft werden, womit eine mögliche Internationalisierung des Programms unterstützt werden kann.

Code

```
resetButton.setMnemonic(buttonLabel.charAt(0));
```

Das Anklicken der Schaltfläche entspricht nun dem Drücken der Tastenkombination ALT+R.

Swing-Komponenten und ToolTips

ToolTips werden dazu verwendet, den Zweck der verwendeten Komponenten zu beschreiben. ToolTips sind kleine Textblöcke, die angezeigt werden, wenn der Mauszeiger einige Sekunden über einer Komponente verweilt. Die Verknüpfung von ToolTips mit Swing-Komponenten stellt eine weitere Möglichkeit dar, Java-Programme benutzerfreundlich zu gestalten.

ToolTips werden mit der Methode `setToolTipText(String theText)` gesetzt. Der anzuzeigende Text ist hierbei auf eine Zeile beschränkt und sollte eine knappe Funktionsbeschreibung einer Komponente geben. Die folgende Zeile setzt die entsprechende Beschreibung für den oben verwendeten `resetButton`:

```
resetButton.setToolTipText("Wert zuruecksetzen");
```

Abb. 8-6 Verwendung von ToolTips

Look and Feel-Unterstützung in Swing

Ein Swing-Programm erlaubt es, eine Benutzeroberfläche auf allen Plattformen einheitlich oder je nach Betriebssystem unterschiedlich darzustellen. Wie in Kapitel 8 beschrieben wird, ist das Look and Feel der Benutzeroberfläche der AWT-Komponenten abhängig von der Betriebssystemumgebung, in der die Java-VM arbeitet, da die AWT-Komponenten auf entsprechende Komponenten des Betriebssystems abgebildet werden. Bei Swing ist dies nur bei den äußeren Container-Klassen der Fall (`JWindow`, `JFrame`, `JDialog`, und `JApplet`). Alle anderen Bestandteile von Swing sind vollständig in Java implementiert. Dadurch ist die Bindung des *Look and Feels* an die Umgebung nicht mehr gegeben. Entsprechend ist es auch möglich, unabhängig von der Plattform unter mehreren *Look and Feels* zu wählen.

Für den Programmierer spielt die Wahl des *Look and Feels* keine wesentliche Rolle, da sie völlig transparent ist und keinen Einfluss auf die eigentliche Funktionalität der Komponenten hat. Die Wahl des *Look and Feels* kann dem Benutzer überlassen werden, da es möglich ist, dieses zur Laufzeit des Programms umzuschalten. Die dazugehörigen Methoden finden sich in der Klasse `UIManager` (siehe auch Kapitel 8.1.1).

Standardmäßig stehen in der Swing-Version 1.1 (JDK 1.2) folgende Pluggable look and Feel-Implementierungen (PL&F) zur Verfügung:

- `Dubbed Metal`:
  Das plattformunabhängige Look-and-Feel von Swing.
- `Motif`:
  Für Solaris und Linux.
- `Win32`:
  Für Windows 95, Windows 98 und Windows NT.
- Swing bietet auch die Möglichkeit, eigene Look and Feels zu entwickeln und sie entsprechend mit beliebigen Swing-Komponenten zu benutzen. Dazu wird das Package `javax.swing.plaf` verwendet, das jeder Swing-Komponente eine ab-

strakte Klasse zuordnet, wie bspw. PopupMenuUI, ProgressBarUI oder Scroll-BarUI. Um ein neues Look and Feel zu entwickeln, werden von diesen Klassen eigene UI-Klassen für alle Komponenten abgeleitet.
- MacIntosh:
Das Look and Feel für MacIntosh-Systeme ist in Swing zwar vorhanden, sollte allerdings separat geladen werden.

Abb. 8-7 Die verschiedenen Look and Feel-Einstellungsmöglichkeiten

Die oben erwähnte Möglichkeit, das *Look and Feel* sogar zur Laufzeit umzuschalten, wird nachfolgend verdeutlicht. Vernachlässigt man vorerst die Behandlung der möglichen Ausnahmen (Exceptions), so besteht der hierfür notwendige Code nur aus den folgenden drei Zeilen:

Code

```
UIManager.setLookAndFeel
   ("javax.swing.plaf.metal.MetalLookAndFeel");
SwingUtilities.updateComponentTreeUI(this);
pack();
```

In der ersten der drei Zeilen wird das *Metal Look and Feel* aktiviert. Im nächsten Schritt muss dafür gesorgt werden, dass alle Komponenten entsprechend des neuen *Look and Feels* neu gezeichnet werden. Um nicht für jede einzelne Komponente die Methode updateUI() aufrufen zu müssen, wird hier eine statische Methode der Klasse SwingUtilities benutzt, die diesen Vorgang automatisiert. Schließlich muss das Fenster an das eventuell veränderte Layout angepasst werden.

Standarddialogfenster in Swing

Unter *Standarddialogfenstern* versteht man kleine Fenster, die kurze Meldungen anzeigen, den Benutzer warnen oder ihm Fragen stellen. Diese Fenster sind ein effizientes Hilfsmittel, um mit dem Benutzer zu kommunizieren. Swing bietet vier Klassen für die Arbeit mit Dialogen an. Die Klasse JDialog ist das Swing-Gegenstück zur Klasse Dialog des AWTs und kann zusätzlich zu den üblichen Swing-Eigenschaften dieser Klasse ebenso benutzt werden, um eigene Dialoge zu implementieren. Hierbei entsteht kein zusätzlicher Aufwand dadurch, dass neue Klassen und Event-Adapter geschrieben werden müssen. Bei der Implementierung leitet man eine Klasse von JDialog ab, die dann die gewünschte Funktionalität bietet. Viele Standarddialoge können jedoch auf einfachere Art und Weise erzeugt werden, indem man die statischen Methoden der Klasse JOptionPane des Packages javax.swing aufruft. Folgende Dialogfenster werden angeboten:

- MessageDialog:
  Ein Dialogfenster, das eine Meldung anzeigt.
- InputDialog:
  Ein Dialogfenster, das zur Eingabe von Text auffordert.
- ConfirmDialog:
  Ein Dialogfenster, das eine Frage stellt und die Schaltflächen *Ja*, *Nein* und *Abbrechen* bietet, damit der Benutzer entsprechend antworten kann.
- OptionDialog:
  Ein Dialogfenster, das die oben genannten drei Arten von Dialogfenstern kombiniert.

Um bspw. eine Nachricht anzuzeigen, die vom Benutzer bestätigt werden soll, genügt die Zeile:

Code

```
JOptionPane.showMessageDialog(this, "Fragen an:
   openjava@kom.tu-darmstadt.de");
```

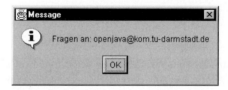

Abb. 8-8 Einfacher Message-Dialog

Eine beliebige Eingabe-Aufforderung kann wie folgt implementiert werden:

Code

```
String inputValue = JOptionPane.showInputDialog("Tragen Sie
            einen Wert ein.");
```

Dabei bieten die vorgefertigten Dialoge eine Auswahl an fertigen Icons und Button-Texten für verschiedene Zwecke, bspw. Warnungen, Fehler, Informationen, aber auch Fragen. Das Anwendungsbeispiel (siehe Kapitel 8.8) demonstriert unter anderem auch die Benutzung der verschiedenen Dialoge.

8.3 Swing-Komponenten

Nachdem in diesem Kapitel die besonderen Eigenschaften der Swing-Komponenten erläutert wurden, werden im nun folgenden Teil die unterschiedlichen Swing-Komponenten erklärt. Swing bietet ebenso wie das AWT eine Menge von Klassen, mit deren Hilfe grafische Benutzeroberflächen, einschließlich der Interaktionsmöglichkeiten, die sich aus der Verwendung der Maus und der Tastatur ergeben, erstellt werden können.

Die Klassen, aus denen Swing besteht, sind Teil des Packages `javax.swing`. Werden daher Benutzerschnittstellen in Swing implementiert, so darf das Importieren dieses Packages nicht vergessen werden.

Syntax

```
import javax.swing.*;
```

Wie in Kapitel 4 (Java-GUIs) beschrieben wurde, bestehen die statischen Komponenten einer Benutzerschnittstelle aus den folgenden drei Elementen:

- *Komponenten*:
  Komponenten sind die Bausteine, aus denen eine Benutzerschnittstelle besteht, bspw. Buttons, Textfelder, Grafiken oder Bilder.
- *Container*:
  Container werden dazu verwendet, Komponenten zu gruppieren. Ein Beispiel hierfür ist das `JApplet`-Fenster, das die Möglichkeit bietet, die darin enthaltenen Bestandteile als Gruppe aufzufassen.
- *Layout-Manager*:
  Zu den Layout-Managern, die in Kapitel 4.4.7 beschrieben wurden, kommt in Swing der BoxLayout-Manager hinzu. Die Funktionsweise dieses Layout-Managers wird im weiteren Verlauf dieses Kapitels beschrieben.

Komponenten und Container

Swing-Komponenten können in folgende Gruppen kategorisiert werden:

- *Top-Level-Container*:
  Diese Komponenten bilden die oberste Hierarchie einer Swing-Anwendung. Zu den Top-Level-Komponenten zählen `JApplet`, `JDialog` und `JFrame`.
- *Universelle Container*:
  Universelle Komponenten, die allgemein verwendet werden können. Hierzu gehören die Klassen `JPanel`, `JScrollPane`, `JSplitPane` und `JTabbedPane`.

- *Spezielle Container*:
  Interne Komponenten, die spezifische Aufgaben in der Benutzeroberfläche wahrnehmen. JInternalFrame, JLayeredPane, JRootPane und JToolBar sind Beispiele für derartige Komponenten.
- *Grundlegende Kontrolle*:
  Basiskomponenten, mit denen eine Auswahl erfolgen kann. JButton, JComboBox, JList, JMenu, JSlider und JTextField gehören zu dieser Kategorie.
- *(Nicht editierbare) Informationsdarstellung*:
  Zu dieser Klasse gehören Komponenten, deren Zweck die Informationsdarstellung in der Benutzeroberfläche ist. Zu dieser Gruppe zählen JLabel, JProgressBar und JToolTip.
- *(Editierbare) Informationsdarstellung*:
  Zu dieser Klasse gehören Komponenten, die dazu dienen, Informationen an die Benutzeroberfläche in einem bestimmten Format weiterzugeben. Der Inhalt dieser Komponenten kann editiert werden. JColorChooser, JFileChooser, JTable, JText und JTree gehören zu dieser Klasse.

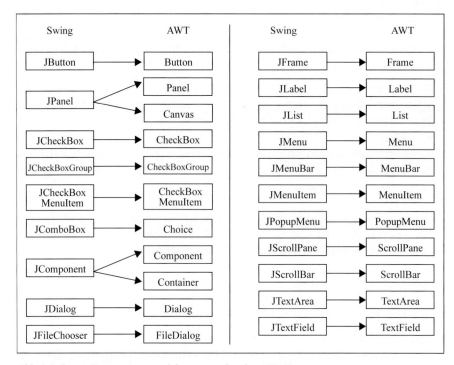

Abb. 8-9 Swing-Komponenten und die entsprechenden AWT-Komponenten

Abb. 8-9 veranschaulicht die Gliederung von Swing-Komponenten, die eine Entsprechung im AWT finden. In Abb. 8-10 wird die Hierarchie der Lightweight-Komponenten in Swing darstellt, in Abb. 8-11 die der Heavyweight-Komponenten.

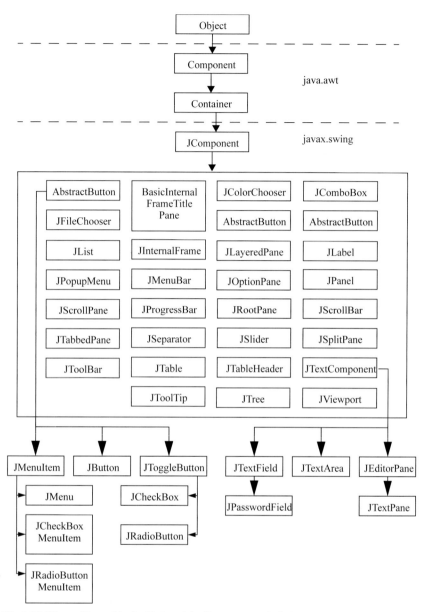

Abb. 8-10 Klassenhierarchie der Lightweight-Komponenten in Swing

Die Basisklasse `javax.swing.JComponent` vererbt die folgenden Eigenschaften an ihre Unterklassen:

- Ein *Pluggable Look and Feel* (PL&F), das sowohl zur Entwicklungszeit als auch während der Laufzeit geändert werden kann.

- Eine Menge an kombinierbaren Komponenten, die zusammengestellt oder erweitert werden können, um neue Komponenten zu entwickeln.
- Eine Möglichkeit, Tastenkombinationen (Mnemoniks) zu definieren, um die verschiedenen Komponenten zu steuern.
- Die Möglichkeit, die gewünschte Größe bzw. die minimale oder maximale Größe für eine Komponente zu setzen.
- Die Beschreibung der Aktionen beliebiger Komponenten durch ToolTips.
- *Autoscrolling*, das eine automatische Scrolling-Funktion in einer Liste oder Tabelle auslöst, wenn der Benutzer die Maus bewegt.
- Die Klasse JOptionPane erlaubt das Erzeugen von Standarddialogen durch das Aufrufen von statischen Methoden.
- Unterstützung der Accessibility.
- Unterstützung der Internationalisierung.

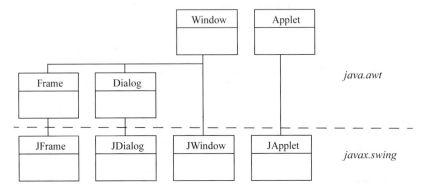

Abb. 8-11 *Klassenhierarchie der Heavyweight-Komponenten in Swing*

Vergleicht man die Abbildungen 8-9 , 8-10 und 8-11 miteinander, so stellt man fest, dass es Swing-Komponenten gibt, die keine entsprechenden Gegenstücke im AWT besitzen. Diese in Swing neu eingeführten Komponenten sind in Abb. 8-12 dargestellt. Im Folgenden werden die Komponenten, die Swing bereitstellt, erläutert.

Klasse JRootPane

Die Klasse JRootPane stellt das Basiselement der Heavyweight-Container JFrame, JDialog, JWindow, JApplet bzw. des einzigen Lightweight-Containers JInternalFrame dar.

JRootPane setzt sich aus zwei Objekten zusammen, JGlassPane und JLayeredPane. Das JGlassPane-Objekt ist unsichtbar und dient dazu, jedes Objekt, das in ihm platziert wird, im Vordergrund anzuzeigen. JLayeredPane besteht aus zwei Objekten, einer MenuBar und einer contentPane. Ein contentPane-Objekt verhält sich wie eine reguläre AWT-Komponente. Das Hinzufügen der Komponenten zu einem der Container, der im Package `javax.swing` definiert ist, erfolgt anders als bei AWT-Komponenten, in denen direkt die `add`-Methode aufgerufen wird. Eine Komponente in Swing muss stets in den Inhaltsbereich der übergeordneten Swing-Komponente eingefügt werden.

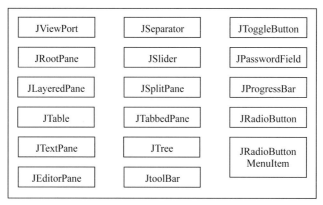

Abb. 8-12 Swing-Komponenten, die keine Analogie zu AWT-Komponenten besitzen

Die Syntax für das Setzen eines Layouts und für das Einfügen einer Komponente in einen AWT-Container lautet (siehe auch Kapitel 4 zu GUIs):

Syntax

```
AWTKomponentenTyp.setLayout(layout);
AWTKomponentenTyp.add(eineKomponente);
```

Bei der Benutzung der Swing-Komponenten hingegen wird das Setzen eines Layouts und das Einfügen einer Komponente dem Inhaltsbereich der Komponente überlassen:

Syntax

```
SwingKomponentenTyp.getContentPane().setLayout(layout);
SwingKomponentenTyp.getContentPane().add(eineKomponente);
```

Die wichtigsten Methoden von Swing-Containern sind:

- `Container getContentPane()`
  gibt den Inhaltsbereich eines Containers zurück.
- `setContentPane (Container)`
  setzt die gewünschte Komponente im Inhaltsbereich des Containers.
- `Component getGlassPane()`
  gibt den unsichtbaren Bereich eines Containers zurück.

- `setGlassPane (Component)`
  setzt die gewünschte Komponente im unsichtbaren Bereich des Containers.
- `JLayeredPane getLayeredPane()`
  gibt den überlagerten Bereich eines Containers zurück.
- `setLayeredPane (JLayeredPane)`
  setzt den überlagerten Bereich eines Containers.
- `JMenuBar getMenuBar()`
  gibt die Menüleiste eines Containers zurück.
- `setMenuBar (JMenuBar)`
  setzt die Menüleiste eines Containers.

Klasse JLayeredPane

Ein `JLayeredPane`-Objekt erlaubt es, Swing-Komponenten in verschiedene Schichten einzuordnen. Ein `Integer`-Objekt legt die Tiefe einer Komponente im Container fest, wobei eine höhere Zahl eine höhere Schicht repräsentiert. Die Verwendung von `JLayeredPane` garantiert eine wohldefinierte Überlappung verschiedener Swing-Komponenten. Standardmäßig sind folgende Schichten definiert:

- `DEFAULT_LAYER`
  Die Standardebene, in der die meisten Komponenten platziert werden. Diese Ebene stellt die unterste Schicht dar.
- `PALETTE_LAYER`
  Ist über dem `DEFAULT_LAYER` angeordnet und dient dazu, Toolbars zu platzieren, die dann über den normalen Komponenten erscheinen.
- `MODAL_LAYER`
  Wird für Dialogfenster benutzt, die die Bestätigung eines Benutzers erfordern.
- `POPUP_LAYER`
  Diese Schicht ist oberhalb von Dialogen angeordnet. Somit können Pop-Up-Fenster, ToolTips und andere Hilfsfunktionen im Vordergrund aller Komponenten erscheinen.
- `DRAG_LAYER`
  Wird bei der Benutzung von *Drag and Drop* verwendet.

`JLayeredPane` stellt weiterhin Methoden zum Verschieben einer Komponente bzw. einer Schicht nach vorn (`moveToFront(Component)`) oder nach hinten (`moveToBack(Component)`) in der Schichtenhierarchie zur Verfügung. Die Position einer Komponente innerhalb einer Schicht kann auch direkt angegeben werden, indem die Methode `setPosition` angewendet wird. Die `setLayer()`-Methode wird dazu benutzt, um die momentane Schicht einer Komponente zu verändern.

Klasse JApplet

Da ein `JApplet`-Objekt gleichzeitig ein Heavyweight-Container ist, ist die direkte Verwendung der `add`-Methode innerhalb von `JApplet`-Objekten nicht zulässig. `JApplet` ist, wie in Abb. 8-11 angegeben, eine Erweiterung des Packages `java.applet.Applet`. Trotzdem weist die `JApplet`-Klasse eine geringfügige Inkompatibilität zu ihrer Elternklasse `java.applet.Applet` auf, da `JApplet` eine `JRootPane`-Klasse beinhaltet. Der Inhalt (`child`) dieser Klasse wird zur Vererbung auf jede Komponentenklasse verwendet, die eingefügt werden soll. Dies steht im Gegensatz zur Klasse `java.applet.Applet`.

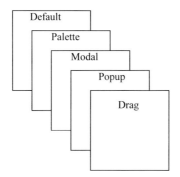

Abb. 8-13 Die Überlappung der Standard-JLayeredPane-Schichten

Das Hinzufügen einer beliebigen Komponente in einem `java.applet.Applet` erfolgt nach folgender Syntax:

Syntax

```
applet.add(komponente);
```

Im Gegensatz dazu kann eine Komponente nicht direkt in ein `JApplet`-Objekt eingefügt, sondern lediglich zu dessen Inhalt hinzugefügt werden, wozu die folgende Syntax zu verwenden ist:

Syntax

```
applet.getContentPane().add(komponente);
```

Das gleiche gilt auch für das Setzen eines Layout-Managers und das Entfernen einer Komponente mittels der `remove`-Methode. Standard-Layout eines `contentPane()`-Objekts ist das `BorderLayout`.

Syntax

Klasse JFrame

`JFrame` stellt eine Erweiterung der Klasse `java.awt.Frame` dar. Das Hinzufügen von Frames zu Applets muss im AWT mit der anschließend dargestellten Syntax erfolgen:
`frame.add(komponente);`

Ähnlich wie bei `JApplet` werden Komponenten nicht direkt hinzugefügt oder entfernt, sondern über ein `contentPane`-Objekt mittels folgender Syntax platziert:

Syntax

`frame.getContentPane().add(komponente);`

`JFrame` unterscheidet sich von der Elternklasse `java.awt.Frame`, da das Schließen eines `JFrame`-Objekts unterschiedlich definiert ist. Die Methode `setDefaultCloseOperation()` erlaubt die Definition einer Funktion, die ein `Frame`-Objekt schließt, und somit das Überschreiben des Standardverhaltens. Das Aufrufen der Methode

Code

`setDefaultCloseOperation(WindowConstants.DO_NOTHING_ON_CLOSE)`

erlaubt es bspw., dass sich ein `JFrame`-Objekt auf dieselbe Weise verhält wie ein `java.awt.Frame`-Objekt. Die Klasse `JFrame` kann ebenso wie die Elternklasse `Frame` mit zwei Konstruktoren aufgerufen werden:

- `JFrame()`
  erzeugt ein Fenster ohne Titel,
- `JFrame(String)`
  erzeugt ein Fenster mit dem Titel, der als Parameter übergeben wird.

Weiterhin stellt `JFrame` die folgenden Hilfsmethoden zur Verfügung (die Methoden der Elternklasse `Frame` sind in Kapitel 4.4.6 beschrieben):

- `Container getContentPane()` und `setContentPane(Container)`
  erfragen das `contentPane`-Objekt dieser `JFrame`-Klasse bzw. setzen dieses.
- `int getDefaultCloseOperation()` und `setDefaultCloseOperation(int)`
  erfragen die Operation, die beim Schließen des `JFrame` ausgeführt werden bzw. setzen diese.
- `JMenuBar getJMenuBar()` und `setJMenuBar(JMenuBar)`
  erfragen die Menubar dieses Frames bzw. setzen diese.
- `void update(Graphics)`
  ruft die `paint`-Methode auf.

Das folgende Programmstück demonstriert das Öffnen eines Fensters aus einer Anwendung heraus.

Code

```
import java.awt.*;
import javax.swing.*;
```

Code

```
public class JFenster extends JFrame {;

   public JFenster() {
   }
   public static void main(String[] args) {
      JFenster fenster = new JFenster();
      fenster.setSize(100, 100);
      fenster.pack();
      fenster.setVisible(true);
   }
}
```

Klasse JInternalFrame

Mit `JInternalFrame` wird es möglich, innerhalb eines Panels oder eines Frames beliebige Frames zu definieren. Um `JInternalFrame` richtig zu verwenden, müssen die folgenden Regeln beachtet werden:

- `JInternalFrame` muss zu einem Container hinzugefügt werden. Geeigneterweise fügt man `JInternalFrame` zu einem `JDesktopPane`-Objekt hinzu, also zu einer Erweiterung des `JLayeredPane`.
- `JInternalFrame` ist wie ein `JButton`-Objekt automatisch sichtbar, wenn es erzeugt wird. Die Methode `setVisible(boolean)` sollte daher nicht explizit aufgerufen werden.
- Die Größe und die Bildschirmposition des `JInternalFrame`-Objekts müssen angegeben werden, damit es angezeigt wird. Folgende Methoden können verwendet werden, um die Größe eines `JInternalFrame`-Objekts zu setzen: `setSize()`, `pack()` oder `setBounds()`. Fehlt die Positionsangabe, so erscheint das `JInternal-Frame`-Objekt an der Position (0,0). Die Positionsangabe erfolgt durch die Methoden `setLocation()` oder `setBounds()`.
- Ein `JInternalFrame`-Objekt verhält sich bezüglich hinzukommenden Komponenten wie ein `JFrame`-Objekt. Eine Komponente kann einem `JInternalFrame`-Objekt nicht direkt hinzugefügt werden, sondern lediglich in dessen `contentPane`-Objekt.
- `JInternalFrame` generiert `JInternalFrame`-Events anstelle von Window-Events. Die Behandlung dieser Events ist allerdings identisch mit der Verarbeitung von Window-Events.

Das folgende Beispiel verdeutlicht die Anwendung von JInternalFrame-Objekten. In diesem Beispiel wird ein JInternalFrame-Objekt wie folgt erzeugt:

Code

```
protected void createFrame() {
   JInternalFrame frame =
      new JInternalFrame("InternalFrame#" + (++offeneFrames)
      true, //in der Groesse anpassbar
      true, // Schliessbar
      true, // Vergroesserbar
      true); //ikonifizierbar

   frame.setLocation(20*offeneFrames,20*offeneFrames);
   frame.setSize(200,200);
   desktop.add(frame);
   try {
      frame.setSelected(true);
   } catch (java.beans.PropertyVetoException e2) {}
}
```

Der Konstruktor verwendet zusätzlich zum Titel des Frames noch vier boole'sche Variablen. Die erste Variable sagt aus, ob das JInternalFrame-Objekt in der Größe variierbar ist oder nicht. Die zweite boole'sche Variable ermöglicht es, das JInternalFrame-Objekt zu schließen. Die dritte Variable beinhaltet Informationen darüber, ob das JInternalFrame-Objekt vergrößerbar ist und die vierte Variable definiert die Möglichkeit, das JInternalFrame-Objekt zu ikonifizieren.

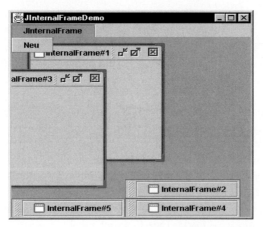

Abb. 8-14 JInternalFrames

Im Folgenden werden die wichtigsten der oben dargestellten Regeln angewendet, die Eingabe der Größe und der Position des JInternalFrame-Objekts und das Hinzufügen des JInternalFrame-Objekts zu einer Instanz des JDesktopPane-Objekts. Der Ausdruck zwischen den Anweisungen try und catch hat keine Auswirkung auf die Generierung eines JInternalFrame-Objekts. Er sagt lediglich aus, dass das erzeugte JInternalFrame-Objekts automatisch selektiert werden soll. In Abb. 8-14 ist das Resultat dargestellt, das sich nach fünfmaliger Instantiierung von JInternalFrame mit dem Menüpunkt neu und nach der Ikonifizierung der Frames 2, 4 und 5 ergibt.

Klasse AbstractButton

Die Klasse AbstractButton stellt keine Komponente dar, die direkt anwendbar ist. AbstractButton ist eine abstrakte Klasse, die das allgemeine Verhalten der folgenden Unterklassen festlegt: JButton, JToggleButton, JCheckbox und JRadioButton. Die wichtigsten Methoden der AbstractButton-Klasse sind:

- doClick():
  entspricht dem Drücken des Buttons.
- setIcon(Icon) und setMnemonic():
  setzen das gewünschte Icon bzw. Mnemonik-Zeichen, um das Bedienen des Programms durch die Tastatur zu ermöglichen.
- setVerticalAlignment(int) und setHorizontalAlignement(int):
  bestimmen die relative horizontale bzw. vertikale Position des Icons zum Text.

Klasse JButton

JButton unterscheidet sich von der AWT-Klasse java.awt.Button durch die Möglichkeit, ein Icon hinzuzufügen. Ein JButton-Objekt kann mit den folgenden Konstruktoren erzeugt werden:

- JButton()
  erzeugt einen Knopf ohne Textmarke, die die Funktion des Buttons spezifiziert,
- JButton(String)
  erzeugt entsprechend einen Button mit Textmarke,
- JButton(Icon)
  erzeugt entsprechend einen Button mit Icon,
- JButton(String, Icon)
  erzeugt entsprechend einen Button mit Textmarke und Icon.

Das folgende Beispiel, dessen Ausgabe in Abb. 8-15 dargestellt ist, zeigt die Verwendung dieser Klasse. Es muss allerdings darauf hingewiesen werden, dass wie bei der in java.awt.Button definierten Klasse die Verwendung von JButton dann relativ sinnlos ist, wenn mit einem Knopf keine Aktion assoziiert ist, die ausgelöst wird, wenn der Knopf gedrückt wird. Die hierzu notwendige Event-Verarbeitung wird an späterer Stelle dieses Kapitels erläutert.

Code

```
import java.awt.*;
import javax.swing.*;

public class JKnoepfe extends JApplet{
   ImageIcon icon1 = new ImageIcon("left.gif");
   JButton start = new JButton("Beginne Spiel");
   JButton ende = new JButton("Beende Spiel", icon1);

   public void init () {
      this.getContentPane().add(start, BorderLayout.NORTH);
      this.getContentPane().add(ende, BorderLayout.SOUTH);
   }
}
```

Abb. 8-15 Buttons in Swing

Klasse JLabel

Die Klasse `JLabel` ähnelt stark der AWT-Klasse `java.awt.Label`, bietet aber die folgende zusätzliche Funktionalität:

- Hinzufügen eines Icons.
- Setzen der vertikalen und horizontalen Position des Textes bezüglich des Icons.
- Setzen der relativen Position des Inhalts innerhalb der Komponente.

Zur Definition eines `JLabel`-Objekts können die folgenden Konstruktoren verwendet werden:

- `JLabel()`
  erzeugt eine leere Textmarke, in der der Text linksbündig angeordnet wird,
- `JLabel(String)`
  erzeugt eine Textmarke mit dem Text, der als Parameter übergeben wurde. Der Text wird ebenfalls linksbündig dargestellt.
- `JLabel(Icon)`
  erzeugt eine Textmarke mit dem Icon, der als Parameter übergeben wurde. Das Icon wird zentriert dargestellt.

- `JLabel(String, int)`

  erzeugt dieselbe Ausgabe wie `JLabel(String)`, der zweite Parameter legt allerdings die Ausrichtung des Textes innerhalb der Textmarke fest. Hierzu können die Konstanten `JLabel.LEFT`, `JLabel.CENTER` und `JLabel.RIGHT` verwendet werden.

- `JLabel(Icon, int)`

  erzeugt dieselbe Ausgabe wie `JLabel(Icon)`, der zweite Parameter legt allerdings die horizontale Ausrichtung des Icons innerhalb der Textmarke fest. Hierzu können die Konstanten `JLabel.LEFT`, `JLabel.CENTER` und `JLabel.RIGHT` verwendet werden.

- `JLabel(String, Icon, int)`

  ist eine Kombination von `JLabel(String)` und `JLabel(Icon)`, der dritte Parameter legt die horizontale Ausrichtung des Textes und Bildes innerhalb der Textmarke fest. Hierzu können die Konstanten `JLabel.LEFT`, `JLabel.CENTER` und `JLabel.RIGHT` verwendet werden. Das Icon ist immer auf der rechten Seite des Textes angeordnet.

Das folgende Beispiel stellt die Verwendung der Klasse `JLabel` dar.

Code

```java
import java.awt.*;
import javax.swing.*;
public class JTextmarke extends JApplet{
   ImageIcon icon1 = new ImageIcon("left.gif");
   JLabel links = new JLabel("Schiffe versenken", icon1,
      JLabel.LEFT);
   JLabel zentriert = new JLabel("Schiffe versenken",icon1,
      JLabel.CENTER);
   JLabel rechts = new JLabel("Schiffe versenken",
      icon1,JLabel.RIGHT);
   public void init () {
      this.getContentPane().add(links, BorderLayout.NORTH);
      this.getContentPane().add(zentriert, BorderLayout.CENTER);
      this.getContentPane().add(rechts, BorderLayout.SOUTH);
   }
}
```

Die Ausgabe dieses Beispiels ist in Abb. 8-16 dargestellt. Wie man dieser Abbildung entnehmen kann, ist das Bild immer rechts vom Text platziert.

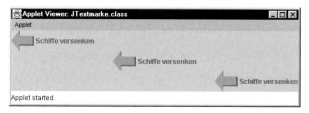

Abb. 8-16 Textmarken in Swing

Die Klassen JCheckbox, JRadioButton und JToggleButton

JToggleButton ist die Superklasse von JCheckBox und JRadioButton. Diese Klassen werden dazu verwendet, um Optionen eines Programms auswählen zu können. Die Auswahl ist hierbei nicht exklusiv, es können also auch mehrere Optionen ausgewählt werden. Soll genau *eine* Option auswählbar sein, so wird die Klasse JRadiobutton verwendet, die im Folgenden erklärt wird.

JToggleButton und die davon abgeleiteten Komponenten werden mit den folgenden Konstruktoren erzeugt:

- JToggleButton() oder JCheckBox() oder JRadioButton(),
- JToggleButton(Icon) oder JCheckBox(Icon) oder JRadioButton(Icon),
- JToggleButton(Icon, boolean) oder JCheckBox(Icon, boolean) oder JRadioButton(Icon, boolean),
- JToggleButton(String) oder JCheckBox(String) oder JRadioButton(String),
- JToggleButton(String, boolean) oder JCheckBox() oder JRadioButton(),
- JToggleButton(String, Icon) oder JCheckBox(String, Icon) oder JRadioButton(String, Icon),
- JToggleButton(String, Icon, boolean) oder JCheckBox(String, Icon, boolean) oder JRadioButton(String, Icon, boolean).

Die Verwendung dieser Konstruktoren entspricht exakt der Benutzung der Konstruktoren von JLabel-Objekten. Der Anfangszustand der so erzeugten Boxen ist immer die leere Box. Dieser Zustand kann aber mit der Methode setSelected(boolean) verändert werden. Wird der Wert auf true gesetzt, so ist die Box mit einem Haken versehen, anderenfalls ist die Box leer. Die Methode zur Abfrage des Zustands einer Checkbox lautet isSelected(). Das folgende Beispiel, dessen Ausgabe in Abb. 8-17 dargestellt ist, verdeutlicht die Verwendung von Checkboxen.

Code

```
import java.awt.*;
import javax.swing.*;
public class JCheckboxen extends JApplet{
   JCheckbox audio1 = new JCheckbox("Ton ausschalten", true);
   JCheckbox audio2 = new JCheckbox("Ton einschalten", false);
   public void init () {
      this.getContentPane().add(audio1, BorderLayout.NORTH);
      this.getContentPane().add(audio2, BorderLayout.CENTER);
   }
}
```

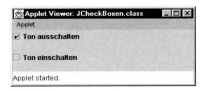

Abb. 8-17 Checkboxen in Swing

Klasse JTextComponents

`JTextComponent` ist eine allgemeine Textklasse, die Teil des Packages `javax.swing.text` ist. `JTextComponent` bietet alle Merkmale eines einfachen Editors an. Die wichtigsten Methoden dieser Klasse sind:

- `copy()` zum Kopieren von Text,
- `cut()` zum Ausschneiden von Text,
- `paste()` zum Einfügen von Text,
- `getSelectedText()` zur Rückgabe von selektiertem Text,
- `setSelectionStart()` setzt den Anfang des zu selektierenden Textes,
- `setSelectionEnd()` setzt das Ende des selektierten Textes,
- `selectAll()` selektiert den gesamten Inhalt,
- `replaceSelection()` überschreibt den selektierten Bereich,
- `getText()` gibt den Text zurück,
- `setText()` setzt den Text,
- `setEditable()` bestimmt, ob der Inhalt editierbar ist oder nicht,
- `setCaretPosition()` setzt die Position des Einschaltungszeichens.

Die folgenden drei Swing-Komponenten erweitern diese Klasse: `JTextField`, `JTextArea` und `JTextPane`.

Klassen JTextField und JTextArea

`JTextField` und `JTextArea` unterscheiden sich von den entsprechenden AWT-Komponenten `java.awt.TextField` und `java.awt.TextArea` nicht. Die Instantiierung eines `JTextField`-Objekts erfolgt mittels der Anweisung:

Code

```
JTextField jtf = new JTextField();
```

Die Erzeugung eines neuen `JTextArea`-Objekts erfolgt durch:

```
Code

JTextArea jta = new JTextArea();
```

Beide Klasse werden durch die Methode `setText()` initialisiert, wobei `JTextArea` mehrfache Zeilenangaben erlaubt:

```
Code

jtf.setText("TextField");
jta.setText("JTextArea\n erlaubt mehrfache Zeilen");
add(jtf);
add(jta);
```

Klasse JTextPane

`JTextPane` stellt einen Text-Editor dar, der formatierten Text, Zeilenumbrüche und die Anzeige von Bildern unterstützt.

Klasse JPasswordField

`JPasswordField` ist eine Erweiterung von `JTextField`, die benutzt werden kann, um den Inhalt eines `JTextField`-Objekts zu maskieren. Der Asteriskus ('*') wird hierbei zur standardmäßigen Maskierung des Inhaltes verwendet. Diese Maskierung kann mittels `setEchoChar()` vom Programmierer geändert werden. Das folgende Code-Segment erzeugt die in Abb. 8-18 dargestellten Eingabefelder für Passwörter:

```
Code

import javax.swing.*;
import java.awt.*;
import java.awt.event.*;

class PasswordPanel extends JPanel {
   PasswordPanel() {
   //Das JPasswordField-Objekt pass1 hat die standardmaessige
   //Maskierung ('*') . Fuer das Objekt pass2 wurde explizit die
   //Maskierung ('?') gesetzt. Beide Objekte haben ein 20
   //Zeichen langes Eingabefeld.
      JPasswordField pass1 = new JPasswordField(20);
      JPasswordField pass2 = new JPasswordField(20);
      pass2.setEchoChar ('?');
      add(pass1);
      add(pass2);
   }
```

```
    public static void main(String[] args){
       JFrame frame = new JFrame("Password Eingeben");
       PasswordPanel pp = new PasswordPanel();
       frame.getContentPane().add(pp);
       frame.pack();
       frame.setVisible(true);
    }
}
```

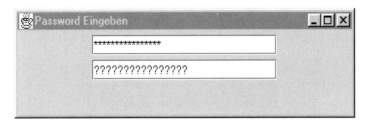

Abb. 8-18 Anwendung der Klasse JPasswordField

Klasse JComboBox

`JComboBox` unterscheidet sich von der AWT-Komponente `Choice` dadurch, dass einige zusätzliche Methoden angeboten werden. `JComboBox` bietet die Möglichkeit, eine bestimmte Auswahlliste zu erweitern. Dies ist insbesondere dann nützlich, wenn das vorhandene Angebot nicht ausreichend ist. Der folgende Code erzeugt die in Abb. 8-19 dargestellten `JComboPanel`-Eingabefelder:

Code

```
import javax.swing.*;
import java.awt.*;
import java.awt.event.*;

public class JComboPanel extends JPanel {
   String choices[] = {"Mercury", "Venus", "Earth", "Mars",
      "Saturn", "Jupiter", "Uranus","Neptune", "Pluto"};
   public JComboPanel() {
      JComboBox combo1 = new JComboBox();
      JComboBox combo2 = new JComboBox();
      for (int i=0;i<choices.length;i++) {
         combo1.addItem (choices[i]);
         combo2.addItem (choices[i]);
      }
      combo2.setEditable(true);
      combo2.setSelectedItem("Bitte Wählen");
      combo2.setMaximumRowCount(4);
      add(combo1);
      add(combo2);
   }
```

```
    public static void main(String[] args){
       JFrame frame = new JFrame("Auswahl Liste");
       JComboPanel jcp = new JComboPanel();
       frame.getContentPane().add(jcp);
       frame.pack();
       frame.setVisible(true);
    }
}
```

Abb. 8-19 Beispiel der Verwendung der Klasse JComboBox

Klasse JList

Die `JList`-Komponente unterscheidet sich von der AWT-Komponente `java.awt.List` dadurch, dass `JList` im Gegensatz zu `java.awt.List` keine direkte Verschiebungsfunktion anbietet. Aus programmiertechnischen Gründen muss dementsprechend `JList` folgendermaßen in einem `ScrollPane`-Objekt platziert werden:

Code

```
import javax.swing.*;
import java.awt.*;
import java.awt.event.*;

public class JListPanel extends JPanel {
    String label [] = {"eins", "zwei", "drei", "vier", "fünf",
       "sechs","sieben", "acht", "neun", "zehn" };
    public JListPanel() {
       setLayout (new BorderLayout());
       JList list = new JList(label);
       ScrollPane pane = new ScrollPane();
       pane.add (list);
       add(pane, BorderLayout.CENTER);
    }
    public static void main(String[] args){
       JFrame frame = new JFrame("JListPanel");
       JListPanel jlp = new JListPanel();
       frame.getContentPane().add(jlp);
       frame.pack();
       frame.setVisible(true);
    }
}
```

Abb. 8-20 Verwendung der Klasse JList in einem ScrollPane-Objekt

Klasse Border

Das Package `javax.swing.border` beinhaltet verschiedene Objekte, um Begrenzungen um Swing-Komponenten herum zu erstellen. Die verschiedenen Border-Stile implementieren das Interface `javax.swing.border.Border`, das die folgenden drei Methoden beinhaltet:

- `public Insets getBorderInsets(Component)`:
  definiert den nötigen Bereich, um den Rand (Border) einer Komponente zu zeichnen.
- `public boolean isBorderOpaque()`:
  legt fest, ob der umrandete Bereich durchsichtig ist oder nicht.
- `public void paintBorder (Component c, Graphics g, int x, int y, int width, int height)`:
  zeichnet einen Rand um den festgelegten Bereich.

Das Package `javax.swing.border` bietet neun Begrenzungsstile an:

- `BevelBorder`:
  setzt einen 3-D-Rand, der aufgehoben oder abgesetzt sein kann.
- `CompoundBorder`:
  setzt einen Rand, der mehrere Ränder verschachtelt enthalten kann.
- `DefaultBorder`:
  stellt eine Klasse dar, die das Border-Interface mit Standardwerten implementiert.
- `EmptyBorder`:
  reserviert Platz für einen leeren Rand.
- `EtchedBorder`:
  setzt einen Rand, der weder aufgehoben noch abgesetzt wird.
- `LineBorder`:
  setzt einen einfarbigen Rand beliebiger Dicke.
- `MatteBorder`:
  setzt einen Rand, der das Überdecken eines Icons oder einer Farbe erlaubt.

- `SoftBevelBorder`:
  setzt einen 3-D-Rand mit weichen Ecken.
- `TitledBorder`:
  setzt einen Rand, der das Setzen einer Überschrift erlaubt.

Der Rand eines beliebigen `JComponent`-Objekts kann mittels der Methode `setBorder()` geändert werden. Das folgende Beispiel, dessen Ausgabe in Abb. 8-21 dargestellt ist, verdeutlicht die Verwendung der oben definierten Randstile:

Code

```
import javax.swing.*;
import javax.swing.border.*;
import java.awt.*;
import java.awt.event.*;

public class BorderPanel extends JPanel {
   public BorderPanel() {
      setLayout (new GridLayout (4, 3, 5, 5));
      //Verwendung eines leeren Randes
      JButton b = new JButton("Empty");
      b.setBackground (SystemColor.control);
      b.setBorder (new EmptyBorder (1,1,1,1));
      add(b);
      //Verwendung eines Etched-Randes
      b = new JButton ("Etched");
      b.setBackground (SystemColor.control);
      b.setBorder (new EtchedBorder ());
      add(b);
      //Verwendung eines gefaerbten Etched-Randes
      b = new JButton ("ColorizedEtched");
      b.setBackground (SystemColor.control);
      b.setBorder (new EtchedBorder (Color.red, Color.green));
      add(b);
      //Verwendung eines Rands mit Ueberschrift
      b = new JButton ("Titled/Line");
      b.setBackground (SystemColor.control);
      b.setBorder(new TitledBorder (
      new TitledBorder(
      LineBorder.createGrayLineBorder(),"Schiffe"),
        "Versenken", TitledBorder.RIGHT, TitledBorder.BOTTOM));
      add(b);
      //Verwendung eines aufgehobenen Randes
      b = new JButton ("Bevel Up");
      b.setBackground (SystemColor.control);
      b.setBorder(new BevelBorder(BevelBorder.RAISED));
      add(b);
      //Verwendung eines abgesetzten Randes
      b = new JButton ("Bevel Down");
      b.setBackground (SystemColor.control);
      b.setBorder(new BevelBorder(BevelBorder.LOWERED));
      add(b);
```

```
      //Verwendung eines 3-D-Randes mit weichen Ecken
      b = new JButton ("Soft Bevel");
      b.setBackground (SystemColor.control);
      b.setBorder(new
        SoftBevelBorder(SoftBevelBorder.LOWERED));
      add(b);
      //Verwendung eines Randes, der das Ueberdecken einer
        Farbe erlaubt
      b = new JButton ("Matte");
      b.setBackground (SystemColor.control);
      b.setBorder(new MatteBorder(5, 10, 5, 10, Color.red));
      add(b);
      //Verwendung eines Randes, der das Ueberdecken eines
        Icons erlaubt
      b = new JButton ("Matte Icon");
      b.setBackground (SystemColor.control);
      Icon icon = new ImageIcon ("face1.gif");
      b.setBorder(new MatteBorder(10, 10, 10, 10, icon));
      add(b);
      //Verwendung eines 3-D-Randes, der aufgehoben ist
      b = new JButton ("ColorizedBezel");
      b.setBackground (SystemColor.control);
      b.setBorder(new BevelBorder(BevelBorder.RAISED,
        Color.red, Color.pink));
      add(b);
   }
   public static void main(String[] args){
      JFrame frame = new JFrame("JListPanel");
      BorderPanel bp = new BorderPanel();
      frame.getContentPane().add(bp);
      frame.pack();
      frame.setVisible(true);
   }
}
```

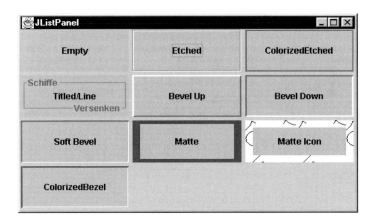

Abb. 8-21 Verwendung der in javax.swing.border definierten Randstile

Klasse JTabbedPane

JTabbedPane bietet die Möglichkeit, mehrere Panels in eine Kartei einzuordnen und damit den Zugriff auf diese Panels zu erleichtern. Eine Karte, eine sog. *Card*, wird einer Kartei durch die Methode addTab hinzugefügt. Diese Methode kann auf drei verschiedene Weisen aufgerufen werden:

- addTab (String title, Component component):
  erzeugt ein neues Tab-Panel mit den Parametern *Titel* und *Komponente*.
- addTab (String title, Icon icon, Component component):
  fügt dem Titel ein Icon hinzu.
- addTab (String title, Icon icon, Component component, String tip):
  fügt zusätzlich einen ToolTip-Text hinzu.

Das folgende Beispiel, dessen Ausgabe in Abb. 8-22 dargestellt ist, verdeutlicht die Benutzung von JTabbedPane.

Code

```
public class JTabbedPanel extends JPanel {
   //Titel für die zu erstellenden Tabs
   String tabs[] = {"Open", "Java", "Schiffe", "Versenken"};
   public JTabbedPane tabbedPane = new JTabbedPane();
```

Durch die oben angegebenen Zeilen werden vier Tabs erstellt. Zu jedem dieser Tabs werden ein Icon (Null-Objekt) und ein Panel, das durch createPane erstellt wird, hinzugefügt.

Code

```
   public JTabbedPanel() {
      setLayout (new BorderLayout());
      for (int i=0;i<tabs.length;i++)
      tabbedPane.addTab (tabs[i], null, createPane (tabs[i]));
      tabbedPane.setSelectedIndex(2);
      add (tabbedPane, BorderLayout.CENTER);
   }
```

createPane erstellt ein JPanel und fügt diesem ein JLabel zu, das den Titel angibt.

Code

```
   JPanel createPane(String s) {
      JPanel p = new JPanel();
      p.setBackground (SystemColor.control);
      p.add(new JLabel(s));
      return p;
   }
```

```
    public static void main(String[] args){
       JFrame frame = new JFrame("JTabbed Panel");
       JTabbedPanel jtp = new JTabbedPanel();
       frame.getContentPane().add(jtp);
       frame.pack();
       frame.setVisible(true);
    }
}
```

Abb. 8-22 Anwendung der Klasse JTabbedPanel

Klasse JSplitPane

JSplitPane unterteilt eine Komponente in zwei weitere Komponenten. Die Größe jeder dieser Komponenten wird vom Benutzer interaktiv angepasst. Die zwei Komponenten können sowohl horizontal mit JSplitPane.HORIZONTAL_SPLIT als auch vertikal mit JSplitPane.VERTICAL_SPLIT ausgerichtet werden. JSplitPane kann mit anderen JSplitPane-Komponenten verschachtelt werden, bis das gewünschte Aussehen erreicht wird. Die Methode setContinuousLayout(boolean) veranlasst, dass jedes Teil-Panel aktualisiert wird, wenn die Größe eines Teils geändert wird. Das folgende Beispiel definiert zwei JSplitPane-Objekte und drei JButton-Objekte:

Code

```
private JSplitPane splitPane, splitPaneBottom;
private JButton topButton = new JButton("Top");
private JButton rightButton = new JButton("BottomRight");
private JButton leftButton = new JButton("BottomLeft");
```

splitPane wird in horizontaler, splitPaneBottom in vertikaler Richtung unterteilt. Diese Unterteilung wird durch den folgenden Code erreicht:

Code

```
splitPane = new JSplitPane(JSplitPane.VERTICAL_SPLIT);
splitPaneBottom = new JSplitPane(JSplitPane.HORIZONTAL_SPLIT);
```

Dem oberen Teil von splitPane wird anschließend das Objekt topButton hinzugefügt. In splitPaneBottom werden jeweils links und rechts leftButton und rightButton hinzugefügt. Anschließend wird dieses Panel dem unteren Teil von splitPane hinzugefügt.

Code

```
splitPane.setTopComponent(topButton);
splitPaneBottom.setRightComponent(rightButton);
splitPaneBottom.setLeftComponent(leftButton);
splitPane.setBottomComponent(splitPaneBottom);
```

Durch die folgenden Methoden wird das Expandieren der einzelnen `Panel`-Objekte mit einem Mausklick auf das Dreieck (siehe Abb. 8-23) gewährleistet.

Code

```
splitPane.setOneTouchExpandable(true);
splitPaneBottom.setOneTouchExpandable(true);
```

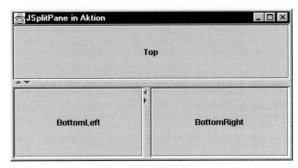

Abb. 8-23 Anwendung der Klasse JSplitPane

Klasse JTable

`JTable` unterstützt die Anordnung von Komponenten in Tabellenform. `JTable` ist derart eine GUI-Komponente, anhand derer Daten im zweidimensionalen Tabellenformat präsentiert werden können. `JTable` erlaubt dem Benutzer auf einfache Art und Weise, Daten zu editieren bzw. Daten abzufragen. Die Spalten und Zeilen einer derartigen Tabelle werden durch ganzzahlige Werte adressiert. Durch die Methode `getValueAt(int, int)` wird der Wert einer Zelle abgefragt und in der Tabellenansicht dargestellt. `JTable` unterstützt Scroll-Objekte nicht direkt, weshalb es empfehlenswert ist, ein `JTable`-Objekt einem `JScrollPane`-Objekt hinzuzufügen. `JTable` verfügt u. a. über die folgenden Konstruktoren:

- `JTable(Object[][] rowData, Object[] columnNames)`
- `JTable(Vector rowData, Vector columnNames)`

Um deren Funktionsweise zu verdeutlichen, wird die folgende Datenstruktur definiert:

Code

```
Object[][] daten = {
   {"Julia","Java",new Integer(25),"Squatch",new
     Boolean(false)},
   {"Abed", "Mustermann", new Integer(29),"Soccer", new
     Boolean(true)},
   {"stefi", "Walrath", new Integer(29), "Soccer",new
     Boolean(true)},
   {"Mark", "Andrews", new Integer(20), "Soccer",new
     Boolean(true)},
};
String[] columnNames = {"Name","Vorname","Alter","Sport",
"Maennlich"};
```

Somit kann die Tabelle wie folgt instantiiert werden:

Code

```
JTable tabelle = new JTable(daten, columnNames);
```

Nun soll diese Tabelle einem JScrollPane-Objekt hinzugefügt werden. Dies geschieht mit Hilfe folgender Programmzeile:

Code

```
JScrollPane scrollPane = new JScrollPane(tabelle);
```

JScrollPane erkennt automatisch die Namen der Spalten und platziert sie an der geeigneten Stelle. Alle Spalten einer JTable weisen die gleiche Breite auf. Wenn eine bestimmte Spalte eine andere Größe haben soll, so muss dies explizit angegeben werden. Das folgende Code-Fragment bewirkt, dass die dritte Spalte kleiner als die anderen erscheint:

Code

```
TableColumn column = null;
for (int i = 0; i < 5; i++) {
   column = table.getColumnModel().getColumn(i);
   if (i == 2) {
      column.setPreferredWidth(50);
      //Dritte Spalte ist schmaler
   } else {
      column.setPreferredWidth(100);
   }
}
```

Im Folgenden wird ein Datenmodell für die Tabelle erstellt:

Code

```java
class meinDatenModell extends AbstractTableModel() {
   final String[] columnNames = ...//von oben...
   final Object[][] daten = ...//von oben...
   public String getColumnName(int col) {
      return columnNames[col].toString();
   }
   public int getRowCount() { return rowData.length; }
   public int getColumnCount() { return columnNames.length; }
   public Object getValueAt(int row, int col) {
      return rowData[row][col];
   }
   public boolean isCellEditable(int row, int col) {
      return true;
   }
   public void setValueAt(Object value, int row, int col) {
      rowData[row][col] = value;
      fireTableCellUpdated(row, col);
   }
}
```

Um Änderungen der Zellen zu erkennen, wird das Interface `TableModelListener` implementiert:

Code

```java
class TML implements TableModelListener {
   public void tableChanged(TableModelEvent e) {
      for(int i = 0; i < data.length; i++) {
         for(int j = 0; j < data[0].length; j++)
            System.out.print(data[i][j] + " ");
         System.out.println();
      }
   }
}
```

Anschließend wird ein Listener hinzugefügt (zur Event-Verarbeitung siehe das nachfolgende Teilkapitel).

Code

```java
meinDatenModell() {
   addTableModelListener(new TML());
}
```

Sollen die Werte der vierten Spalte aus einer `JComboBox` gewählt werden, so wird folgender Code benötigt:

Code

```java
TableColumn sportColumn = table.getColumnModel().getColumn(3);
```

```
JComboBox comboBox = new JComboBox();
comboBox.addItem("Snowboarding");
comboBox.addItem("Rowing");
comboBox.addItem("Chasing toddlers");
comboBox.addItem("Speed reading");
comboBox.addItem("Teaching high school");
comboBox.addItem("None");
sportColumn.setCellEditor(new DefaultCellEditor(comboBox));
```

Das Resultat dieser Anwendung ist in Abb. 8-24 dargestellt.

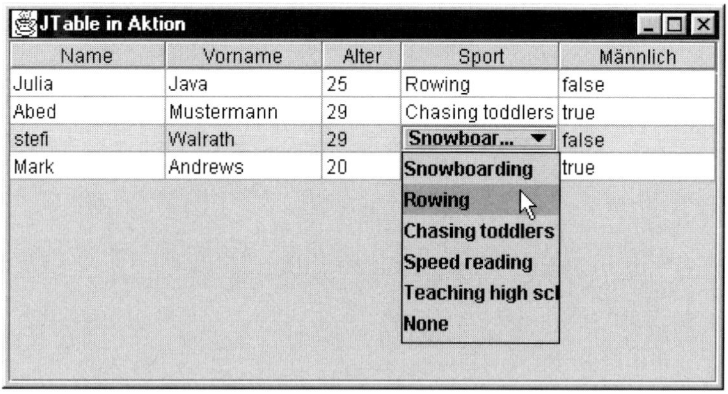

Abb. 8-24 Ein einfaches JTable-Beispiel

Klasse JTree

Die Klasse `JTree` dient der Darstellung eines hierarchischen Baums von Elementen. `JTree` ist eine Komponente, mit der bestimmte Informationen (Knoten und Blätter) am Bildschirm in einer Baumstruktur sichtbar gemacht werden können. Die in `JTree` dargestellten Informationen (Modell) werden mit einem sog. *TreeModel* beschrieben, das aus *TreeNodes* besteht. Für die meisten Anwendungsfälle werden die Klassen `DefaultTreeModel` und `DefaultMutableTreeNode` verwendet. Die Darstellung von TreeNodes in `JTree` (also in der View) erfolgt mit einem `TreeCellRenderer`. Die Steuerung der Aktionen, die der Benutzer mit einem `JTree` durchführt (also der Controller), bspw. durch Auswahl oder durch Doppelklick auf Elemente, erfolgt mit dem in diesen Klassen vorgesehenen Event-Handling. Weiterhin generieren die Methoden von `TreeModel` eigene Events, die dafür sorgen, dass sich die Darstellung im `JTree` ändert, wenn sich die Daten in `TreeModel` ändern. Das folgende Beispiel, dessen Ausgabe in Abb. 8-25 dargestellt ist, verdeutlicht das Arbeiten mit der Klasse `JTree`:

Code

```
//Die Klasse Branch akzeptiert einen Array und
//erzeugt aus dem ersten Element einen Knoten, die anderen
//Elemente werden zu Blaettern
class Branch {
   DefaultMutableTreeNode r;
   public Branch(String[] data) {
      r = new DefaultMutableTreeNode(data[0]);
      for(int i = 1; i < data.length; i++)
         r.add(new DefaultMutableTreeNode(data[i]));
   }
   public DefaultMutableTreeNode node() {
      return r;
   }
}
public class JTrees extends JPanel {
   //Definition der Elemente von JTree
   String[][] data = { { "Farbe", "Rot", "Gelb", "Grün" },{
      "Länge", "Klein", "Mittel", "Gross" }, { "Volume", "Viel",
      "Mittel", "wenig" }, { "Temperatur", "Viel", "Mittel",
      "wenig" }, { "Farbe2", "Lila", "Blau", "Schwarz" }, };
   static int i = 0;
   DefaultMutableTreeNode root, child, chosen;
   JTree tree;
   DefaultTreeModel model;
   public JTrees() {
      setLayout(new BorderLayout());
      root = new DefaultMutableTreeNode("root");
      tree = new JTree(root);
```

Ein JTree-Objekt besitzt nicht automatisch eine ScrollBar-Funktion, weshalb JTree einem JScrollBar-Objekt hinzugefügt werden muss.

Code

```
      add(new JScrollPane(tree),BorderLayout.CENTER);
      //Definition eines JTree-Modells und eines JButtons, damit
      //JTree aufgeklappt werden kann
      model =(DefaultTreeModel)tree.getModel();
      JButton test = new JButton("Press me");
```

Eine innere ActionListener-Klasse wird mit dem folgenden Code erstellt:

Code

```
      test.addActionListener(new ActionListener() {
         public void actionPerformed(ActionEvent e){
            if(i < data.length) {
            child = new Branch(data[i++]).node();
            // Wurde bereits geklickt?
            chosen = (DefaultMutableTreeNode)
            tree.getLastSelectedPathComponent();
            if(chosen == null) chosen = root;
```

```
            // tree update
            model.insertNodeInto(child, chosen, 0);
         }
      }
});
```

Abb. 8-25 JTree-Objekt in Swing

Nachdem die Vorder- und Hintergrundfarbe des JButton-Objekts festgelegt wurden, wird dieses in ein JPanel eingefügt.

Code

```
      test.setBackground(Color.blue);
      test.setForeground(Color.white);
      JPanel p = new JPanel();
      p.add(test);
      add(p, BorderLayout.SOUTH);
   }
   public static void main(String args[]) {
      JFrame frame = new JFrame("JTree in Aktion");
      JTrees jtr = new JTrees();
      frame.getContentPane().add(jtr);
      frame.pack();
      frame.setVisible(true);
   }
}
```

8.4 Layout-Manager

Swing bietet eine Reihe von Möglichkeiten, um das Aussehen der Benutzeroberfläche einfacher zu gestalten. Neben der größeren Anzahl an vorgefertigten Komponenten und Dialogen muss in diesem Zusammenhang der Layout-Manager BoxLayout erwähnt werden und die einfache Möglichkeit, Abstände zwischen einzelnen GUI-Elementen zu definieren sowie Ränder zu erzeugen.

Der in Swing neu eingeführte Layout-Manager BoxLayout kann die Komponenten in einem Container entweder vertikal oder horizontal anordnen. Durch die Verschachtelung mehrerer Container mit diesem Layout können Oberflächen schnell und intuitiv erzeugt werden, da das BoxLayout weniger komplex ist als bspw. das GridBagLayout des AWTs. Die Klasse BoxLayout wurde in den Beispielen dieses Kapitels bereits verwendet. Die Funktionsweise dieses Layouts kann daher anhand eines der Programme bereits ohne Erklärung nachvollzogen werden.

In der Klasse BoxLayout wird der folgende Konstruktor verwendet:

Syntax

```
BoxLayout(Container ziel, int axis)
```

Das Objekt ziel ist hierbei der Container, für den das Layout eingesetzt wird, bzw. axis einer der zwei Werte X_AXIS oder Y_AXIS, je nachdem, ob die in einem Container enthaltenen Komponenten horizontal oder vertikal ausgerichtet werden sollen. BoxLayout kann verwendet werden, um die Verwendung der komplexeren Struktur von GridbagLayout (siehe Kapitel 4.4.7) zu vermeiden. Ein BoxLayout kann so verschachtelt werden, dass es das gleiche Layout liefert wie ein GridBagLayout (siehe auch Abb. 8-26).

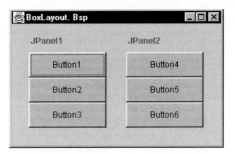

Abb. 8-26 Box-Layout mit zwei internen BoxLayout-Panels

Interessant ist auch die Möglichkeit, Ränder zu erzeugen. Die Klasse BorderFactory bietet eine Reihe von statischen Methoden, um typische Ränder zu erzeugen, bspw. einfarbige, vertiefte oder erhöhte Ränder oder auch Ränder, die einen String mit einer Beschreibung der Komponente enthalten. Möglich sind auch CompoundBorder-Objekte, die es ermöglichen, eine Komponente mit mehreren Rändern zuumgeben. Im folgenden Beispiel wird von dieser Möglichkeit Gebrauch gemacht.

```
Code
myJPanel.setLayout(new BoxLayout(myJPanel, BoxLayout.Y_AXIS));
myJPanel.setBorder(BorderFactory.createMatteBorder(
        5,5,5,5,Color.red));
```

Dieser Programm-Code erzeugt ein `BoxLayout`, das vertikal ausgerichtet und mit einem 5 mm starken roten Rand versehen ist.

8.5 Bidirektionale Swing-Elemente

Swing unterstützt auch den sog. BIDI-(bi-directional)-Text in Buttons, Labels und Menü-Items. Diese neue Eigenschaft von Java-Swing-Komponenten erlaubt es, Programme in einer Sprache zu schreiben, die nicht unbedingt von links nach rechts oder von oben nach unten geschrieben wird.

Einige Sprachen, wie bspw. die arabische Sprache, werden von rechts nach links geschrieben. Andere Sprachen, wie bspw. die chinesische Sprache, werden von oben nach unten geschrieben. Um die Internationalisierung von Java besser zu unterstützen, wurde der BIDI-Mechanismus entwickelt. Er bezieht sich zur Zeit auf folgende Swing-Komponenten: `JLabel`, `JButton`, `JMenuItem`, `JCheckBoxMenuItem`, `JMenu`, `JRadioButtonMenuItem`, `JToggleButton`, `JCheckBox` und `JRadioButton`. Die Unterstützung von Textkomponenten in Swing sowie die Unterstützung aller weiteren Swing-Komponenten ist geplant.

Um BIDI unterstützen zu können, definiert Swing zwei spezielle Konstanten: `LEADING` und `TRAILING`. Anwendungen verwenden diese zwei Konstanten, um die horizontale Textposition in einem `JButton`, `JLabel` oder `JMenuItem` zu spezifizieren. Diese zwei Konstanten werden durch die folgenden Methoden gesetzt: `setHorizontalTextPosition()` und `setHorizontalAlignment()`.

```
Code
resetButton1.setHorizontalAlignment(JButton.LEADING);
resetButton2.setHorizontalTextPosition(JButton.TRAILING);
```

LEADING und TRAILING

Die Benutzung der Konstanten `LEADING` und `TRAILING` vereinfacht die kulturabhängige Positionierung des Textes, wenn die Klasse `java.awt.ComponentOrientation` verwendet wird. Wird ein derartiges Objekt verwendet, so bezeichnet `LEADING` in einer Umgebung, in der von links nach rechts geschrieben wird, *links* bzw. *rechts*, wenn von rechts nach links geschrieben wird. Umgekehrt bezeichnet `TRAILING` *rechts*, wenn von links nach rechts geschrieben wird und analog links im umgekehrten Fall. Die folgenden Abbildungen veranschaulichen die Bedeutung von `TRAILING` und `LEADING`.

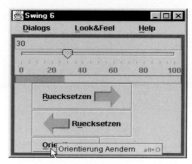

Abb. 8-27 Positionierung in einer Links-Umgebung

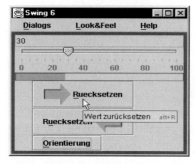

Abb. 8-28 Positionierung in einer Rechts-Umgebung

8.6 Event Handling

In diesem Unterkapitel werden die Events beschrieben, die von einer Swing-Komponenten erzeugt werden können. Diese Events können in drei Kategorien eingeordnet werden:

- Events, die von allen Swing-Komponenten generiert werden können.
- Events, die lediglich von einigen Swing-Komponenten erzeugt werden können.
- Events, die ausschließlich von speziellen Swing-Komponenten generiert werden können.

Nachfolgend werden diese drei Kategorien näher betrachtet.

8.6.1 Generelle Events

Bei der Betrachtung der Abb. 8-10 auf Seite 467 ist festzustellen, dass alle Swing-Komponenten ihre Eigenschaften von der Klasse `java.awt.Component` erben und somit alle Komponenten die folgenden AWT-Events unterstützen:

- `ComponentEvent`
  wird ausgelöst, sobald eine Komponente ihre Größe, ihre Position oder ihre Sichtbarkeit verändert.
- `FocusEvent`
  wird der Fokus einer Komponente geändert, so wird ein `FocusEvent` ausgelöst.
- `KeyEvent`
  wird bei einer Tastaturbetätigung ausgelöst.
- `MouseEvent`
  wird ausgelöst, wenn die Maus betätigt wird.
- `MouseMotionEvent`
  wird ausgelöst, wenn sich die Position des Cursors ändert.

Der Abb. 8-10 ist weiterhin zu entnehmen, dass alle Swing-Komponenten von der `Container`-Klasse abgeleitet sind und somit theoretisch in der Lage wären, einen `ContainerEvent` auszulösen. Da nicht alle Swing-Komponenten als Container betrachtet werden können, wird ein `ContainerEvent`-Objekt nur von Container-Komponenten generiert, bspw. von `JPanel`, `JFrame` und `JApplet`.

8.6.2 Komponentenspezifische Events

Das Package `javax.swing.event` definiert eine Reihe von Events, die von Swing-Komponenten ausgelöst werden können. Folgende Events werden hierbei oft verwendet:

- `CaretEvent`:
  wird generiert, um registrierte Listener-Objekte über die Änderung des Cursor-Symbols im Event-Source zu benachrichtigen.
- `ChangeEvent`
  wird generiert, um registrierte Listener-Objekte über Zustandsänderungen des Event-Source zu benachrichtigen.
- `ListSelectionEvent`
  charakterisiert eine Änderung eines aktuellen Auswahlobjekts (bspw. Liste).

Table 8-1 stellt die in Swing häufig verwendeten Events dar.

Komponente	Action (AWT)	Caret	Change	Item (AWT)	List Selection	Window (AWT)
JButton	x		x	x		
JCheckBox	x		x	x		
JComboBox	x			x		
JDialog						x
JEditorPane		x				

Tab. 8-1 Events in Swing

Komponente	Action (AWT)	Caret	Change	Item (AWT)	List Selection	Window (AWT)
JFileChooser	x					
JFrame						x
JList					x	
JMenuItem	x		x	x		
JOptionPane						x
JPasswordField	x	x				
JProgressbar			x			
JRadioButton	x		x	x		
JSlider			x			
JtabbedPane			x			
JTextArea		x				
JTextField	x	x				
JTextPane		x				
JToggleButton	x		x	x		

Tab. 8-1 Events in Swing

Es sei darauf hingewiesen, dass jede Swing-Komponente, die einen Event generieren kann, entsprechende Listener-Objekte mit `add`- bzw. `remove`-Listener hinzufügen oder entfernen kann. Hierzu ist bspw. für ein `JButton`-Objekt die folgende Syntax notwendig, um ein `ActionListener`-Objekt hinzuzufügen bzw. zu entfernen:

Syntax

```
JButton.addActionListener(listener)
JButton.removeActionListener(listener)
```

Für ein `ChangeEvent`-Objekt wäre bspw. die folgende Syntax nötig:

Syntax

```
JButton.addChangeListener(listener)
JButton.removeChangeListener(listener)
```

Analog ist für `ItemEvent`-Objekte die folgende Syntax zu verwenden:

Syntax

```
JButton.addItemListener(listener)
JButton.removeItemListener(listener)
```

Weitere Events

Im Folgenden sind Events beschrieben, die eher selten Anwendung finden.

- `AncestorEvent`
  Event, der von einer Elternkomponente an eine Kindkomponente (Child) in der Komponentenhierarchie gesendet wird.
- `HyperlinkEvent`
  Event, der registrierte Event-Listener über Änderungen bezüglich eines Hypertext-Links benachrichtigt.
- `DocumentEvent`
  wird von `JTextComponent`-Objekten generiert und beinhaltet die Typen `Change`, `Insert` und `Remove`.
- `InternalFrameEvent`
  ist ein `AWT-Event` zur Unterstützung von `JInternalFrame`-Objekten. Diese Klasse besitzt den gleichen Event-Typ wie `WindowEvent`, allerdings mit verschiedenen Bezeichnern (IDs).
- `ListEvent`
  Event, der generiert wird, um eine Änderung in einer `JList` zu kapseln.
- `MenuEvent`
  Event, der generiert wird, wenn ein `Menu`-Objekt selektiert wird.
- `UndoableEditEvent`
  Event, der von `JTextComponent` generiert wird, um ein Listener-Objekt darüber zu benachrichtigen, dass eine rücksetzbare Aktion stattgefunden hat.

Klasse TableEvent

Eine `JTable`-Komponente kann zwei Arten von Events generieren:

- `TableColumnModelEvent`
  wird generiert, wenn das Spaltenmodell einer Tabelle verändert wird. Diese Änderung kann das Löschen, das Hinzufügen oder das Bewegen einer Spalte bedeuten.
- `TableModelEvent`
  wird generiert, wenn das Modell einer Tabelle geändert wird. Folgende Änderungen einer Tabelle können generiert werden:
  - `TableModelEvent(source)`
    beschreibt eine mögliche Änderung aller Zeilen.
  - `TableModelEvent(source, HEADER_ROW)`
    beschreibt eine Strukturänderung einer Tabelle.
  - `TableModelEvent(source, 1)`
    generiert eine Nachricht, dass die erste Zeile geändert wurde.
  - `TableModelEvent(source, 3, 6)`
    generiert eine Nachricht, dass die Zeilen 3 bis 6 geändert wurden.

- `TableModelEvent(source, 2, 2, 6)`
  beschreibt eine Änderung der Zelle (2,6).
- `TableModelEvent(source, 3, 6, ALL_COLUMNS, INSERT)`
  wird generiert, wenn die Zeilen 3 bis 6 der Tabelle neu hinzugefügt wurden.
- `TableModelEvent(source, 3, 6, ALL_COLUMNS, DELETE)`
  wird generiert, wenn die Zeilen 3 bis 6 gelöscht wurden.

Klasse TreeEvent

Folgende Events werden von einer `JTree`-Komponente generiert:

- `TreeExpansionEvent`
  wird generiert, wenn ein `Jtree`-Objekt auf- oder zusammengeklappt wird.
- `TreeModelEvent`
  kapselt Änderungen im `Tree`-Modell.
- `TreeSelectionEvent`
  wird generiert, sobald eine Änderung im selektierten Bereich auftritt.

8.6.3 Event-Listener

Die wichtigsten Event-Listener des Packages `javax.swing.event` sind in Tab. 8-2 aufgelistet.

Interface	Methoden
AncestorListener	ancestorAdded(AncestorEvent e) ancestorMoved(AncestorEvent e) ancestorRemoved(AncestorEvent e)
ChangeListener	stateChanged(ChangeEvent e)
DocumentListener	changedUpdate(DocumentEvent e) insertUpdate(DocumentEvent e) removeUpdate(DocumentEvent e)
ListDataListener	contentsChanged(ListDataEvent e) intervalAdded(ListDataEvent e) intervalRemoved(ListDataEvent e)
ListSelectionListener	valueChanged(ListSelectionEvent e)
MenuListener	menuCancelled(MenuEvent e) menuDeselected(MenuEvent e) menuSelected(MenuEvent e)
TableColumnModelListener	columnAdded(TableColumnModelEvent e) columnMarginChanged(ChangeEvent e) columnMoved(TableColumnModelEvent e) columnRemoved(TableColumnModelEvent e) columnSelectionChanged(ListSelectionEvent e)

Tab. 8-2 Die wichtigsten Event-Listener und deren Methoden in Swing

Interface	Methoden
TableModelListener	tableChanged(TableModelEvent e) tableRowsInserted(TableModelEvent e) tableRowsRemoved(TableModelEvent e)
TreeExpansionListener	treeCollapsed(TreeExpansionEvent e) treeExpanded(TreeExpansionEvent e)
TreeModelListener	treeNodesChanged(TreeModelEvent e) treeNodesInserted(TreeModelEvent e) treeNodesRemoved(TreeModelEvent e) treeStructureChanged(TreeModelEvent e)
TreeSelectionListener	valueChanged(TreeSelectionEvent e)

Tab. 8-2 Die wichtigsten Event-Listener und deren Methoden in Swing

8.7 Kompatibilität mit dem AWT

Bei der Entwicklung von Swing wurde darauf geachtet, dass einerseits ein gemeinsamer Einsatz von AWT- und Swing-Komponenten möglich ist, dass aber anderseits auch die Portierung bestehender Anwendungen von AWT nach Swing möglichst einfach erfolgen kann. Dies wird folgendermaßen erreicht:

- Die Basisklasse für Swing-Komponenten, die Klasse `javax.swing.JComponent`, ist abgeleitet von der Klasse `java.awt.Container`, die wiederum von der Klasse `java.awt.Component` abgeleitet ist (siehe Abb. 8-10 auf Seite 467). Da auch AWT-Komponenten wie `Checkbox`, `List`, `Scrollbar` oder `Button` von dieser Klasse abgeleitet sind, kann eine Benutzeroberfläche sowohl Swing als auch AWT-Elemente enthalten.
- Alle Swing-Komponenten haben analoge Konstruktoren und Methoden, die dem Programmierer deren Verwendung erlauben, ohne sich explizit mit dem MVC-Konzept (siehe Kapitel 2) beschäftigen zu müssen.

Um die Kompatibilität von AWT und Swing zu verdeutlichen, wird im folgenden Beispiel ein Button implementiert, der die Funktion hat, das Datenmodell auf den ursprünglichen Wert zurückzusetzen.

Code

```
JButton resetButton = new JButton("Rücksetzen");
```

Das derart realisierte `JButton`-Objekt kann auch durch die nachfolgende Zeile implementiert werden.

Code

```
Button resetButton = new Button("Rücksetzen");
```

Anstelle der Swing-Komponente `JButton` wird somit das entsprechende Gegenstück des AWTs benutzt, parallel zur Verwendung der anderen Swing-Komponenten. Die entgegengesetzte Richtung, die Benutzung einzelner Swing-Komponenten in einer AWT-basierten Benutzeroberfläche, ist ebenso einfach.

Bei der Umstellung einer bestehenden Applikation von einer AWT-basierten Oberfläche auf Swing kann das Problem auftreten, dass die Model-View-Controller-Architektur nicht ohne größere Strukturänderungen der Applikation implementiert werden kann. So wird bspw. in der MVC-Architektur der Wert eines bestimmten Listeneintrags nicht bei der GUI-Komponente erfragt, die die Liste darstellt, sondern bei der für die Speicherung der Daten zuständigen Instanz der Datenmodellklasse. Bei komplexeren Strukturen innerhalb der Anwendung kann eine komplette Umstellung auf MVC also einen größeren Aufwand bedeuten.

Um die Umstellung von AWT auf Swing in derartigen problembehafteten Fällen zu erleichtern, gibt es eine Reihe von zusätzlichen Methoden, die man in zwei Gruppen einteilen kann.

Die erste Gruppe besteht aus Konstruktoren, die neben dem eigentlichen GUI-Element auch völlig transparent für den Programmierer eine Instanz der Standardmodellklasse erzeugt, die dann automatisch dazu verwendet wird, um die zur Komponente gehörenden Daten zu speichern. Die zweite Gruppe besteht aus Methoden, mit denen über die GUI-Komponente direkt auf die Daten des Datenmodells zugegriffen werden kann, die zu der Komponente gehören.

Diese Methoden sind ebenso wie die zusätzlichen Konstruktoren überflüssig, wenn konsequent mit dem MVC-Konzept gearbeitet wird. Einige dieser Methoden sollten unter Umständen sogar gemieden werden, um die Trennung von Daten und Benutzeroberfläche nicht aufzuweichen. Soll eine bereits bestehende Anwendung an Swing angepasst werden, so sind die Methoden allerdings sehr hilfreich, da sie es erlauben, die meisten Swing-Komponenten fast ebenso zu benutzen wie die entsprechenden AWT-Elemente. Auch wenn Swing intern immer mit MVC arbeitet, muss der Programmierer diese Architektur nicht im Detail kennen. Neben der Portierung bereits bestehender Software von AWT nach Swing können diese redundanten Methoden auch dann benutzt werden, wenn sich der Aufwand, eine MVC-Architektur zu verwenden, nicht lohnt. Beispielsweise wenn nur eine sehr einfache Oberfläche benötigt wird, bei der niemals mehrere Ansichten gleicher Daten benötigt werden, oder wenn aus anderen Gründen eine MVC-Architektur nicht praktikabel ist. Eine Erweiterung des Beispiels ist nachfolgend aufgelistet:

Code

```
//* Beispiel Swing3.java fuer das Buch OpenJava
//Java Application, in der drei Views
//fuer ein Datenmodell erstellt werden.
//Starten mit java Swing3
import java.awt.*;
import java.awt.event.*;
import javax.swing.*;
import javax.swing.event.*;
```

```java
class IntegerToTextAdapter implements ChangeListener {
   //...
   //siehe Swing2.java
   //...
}
public class Swing3 extends JFrame {
   BoundedRangeModel myModel = new
     DefaultBoundedRangeModel(30,1,0,100);
   //Es wird kein JButton-Objekt verwendet, um die
   //Kompatibilitaet zwischen Swing und AWT-Komponenten zu
   //verdeutlichen
   Button resetButton = new Button("Rücksetzen");
   public Swing3() {
      super("Swing 3");
      //...
      //siehe Swing2.java
      //...
      myJPanel.add(resetButton);
      setContentPane(myJPanel);
      // Registriere den Listener fuer den resetButton
      ButtonAction theAction = new ButtonAction();
      resetButton.addActionListener(theAction);
   }
   // Main Funktion ohne Argumente
   public static void main(String[] args) {
      //...
      //siehe Swing2.java
      //...
   }
   // Innere Klasse als ActionEvent Adapter
   class ButtonAction implements java.awt.event.ActionListener
   {
      public void actionPerformed(java.awt.event.ActionEvent
        event)
      {
         Object theObject = event.getSource();
         if (theObject == resetButton)
            reset_Action(event);
      }
   }

   // Setzt den Wert auf 30 Zurück
   public void reset_Action(java.awt.event.ActionEvent event)
    {
      myModel.setValue(30);
   }
}
```

8.7.1 Einschränkungen

Es gibt grundsätzliche Unterschiede zwischen Lightweight- und Heavyweight-Komponenten. Alle AWT-Komponenten sind *heavyweight*, alle Swing-Komponenten sind dahingegen *lightweight*, ausgenommen die Top-Level-Komponenten JWindow, JFrame, JDialog und JApplet. Dieser Unterschied macht sich bei Anwendungen bemerkbar, die zwei Komponentenarten mischen. Folgende Unterschiede existieren zwischen Lightweight- und Heavyweight-Komponenten:

- Eine Lightweight-Komponente kann einen transparenten Hintergrund haben, eine Heavyweight-Komponente ist hingegen immer undurchsichtig.
- Eine Lightweight-Komponente muss aufgrund der Transparenzeigenschaft nicht unbedingt durch ein Rechteck dargestellt werden. Eine Heavyweight-Komponente wird immer durch ein Rechteck dargestellt.
- Bei der Überlappung einer Lightweight- und einer Heavyweight-Komponente erscheint die Heavyweight-Komponente immer auf der obersten Schicht im Vordergrund.

Aus diesen Unterschieden ergeben sich die folgenden Anwendungsregeln:

1. Lightweight-Komponenten (Swing) und Heavyweight-Komponenten (AWT) dürfen nicht gemischt werden, wenn eine Überlappung der Komponenten nicht auszuschließen ist. Überlappt z. B. ein `JPopupMenu`-Objekt mit einem `java.awt.Button` (heavyweight), dann muss die Methode `JPopupMenu.setDefaultLightWeightPopupEnabled(false)` aufgerufen werden, bevor die `JPopupMenu`-Komponente instantiiert wird.

2. Eine Heavyweight-Komponente (AWT) darf nicht innerhalb einer `JScrollPane`-Komponente platziert werden. Wird ein verschiebbarer Bereich gewünscht, so muss die AWT-Komponente `ScrollPane` benutzt werden.

3. Eine Heavyweight-Komponente (AWT) darf nicht innerhalb eines `JInternalFrame`-Objekts platziert werden.

Das folgende Beispiel veranschaulicht die Umsetzung dieser Regeln.

Code

```java
import java.awt.*;
import javax.swing.*;
public class MixPopupTest extends JFrame {
   public MixPopupTest() {
      super("Mixing Popup Test");
      JMenuBar menubar = new JMenuBar();
      setJMenuBar(menubar);
      //Nun wird eine Lightweight-Komponente, JMenu, erstellt
      JMenu menu = new JMenu("Lightweight Menu");
      menu.add("Neu");
      menu.add("Oeffnen");
      menu.add("quit");
      menubar.add(menu);
      JPopupMenu.setDefaultLightWeightPopupEnabled(false);
      menu = new JMenu("Heavyweight Menu");
      menu.add("Neu");
      menu.add("Oeffnen");
      menu.add("quit");
      menubar.add(menu);
```

```
      //Erzeugen einer Heavyweight-Komponente
      Button heavy = new Button(" Heavyweight Button ");
      Box box = Box.createVerticalBox();
      box.add(Box.createVerticalStrut(20));
      box.add(heavy);
      box.add(Box.createVerticalStrut(20));
      getContentPane().add("Center", box);
      pack();
   }
   public static void main(String[] args) {
      MixPopupTest mpt = new MixPopupTest();
      mpt.show();
   }
}
```

Im Beispiel wird eine Lightweight-Komponente JMenu erstellt, deren Lightweight-Eigenschaft allerdings ausgeschaltet (disabled) wird. Somit hat diese Komponente die gleichen Eigenschaften wie eine Heavyweight-AWT-Komponente.

Das Ergebnis dieses Beispiel ist in den nachfolgenden Abbildungen dargestellt. Abb. 8-29 zeigt, wie eine Heavyweight-Komponente (java.awt.Button) eine Lightweight-Komponente (javax.swing.JMenu) überlappt, und wie dadurch die Auswahl einiger Menüpunkte unmöglich wird.

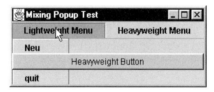

Abb. 8-29 Der Heavyweight-Button überlappt das Lightweight-Menü

Abb. 8-30 stellt dar, wie eine Heavyweight-Komponente (javax.swing.JMenu) mit Heavyweight-Eigenschaften versehen werden kann. Hierdurch überlappt sie nicht mit der Heavyweight-Komponente (java.awt.Button) und die Auswahl aller Menüpunkte wird möglich.

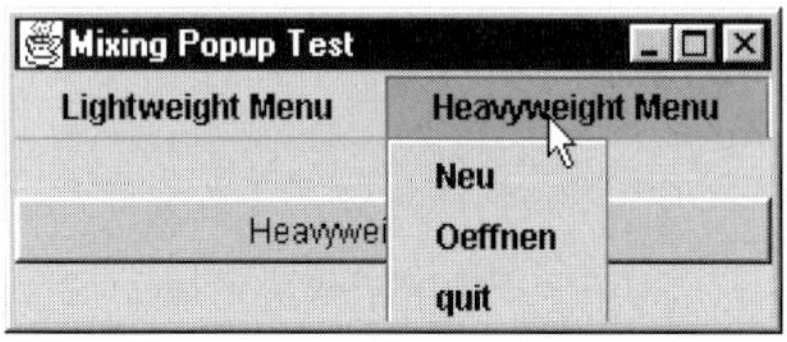

Abb. 8-30 Keine Überlappung des Heavyweight-Buttons durch das Heavyweight-Menü

8.8 Anwendungsbeispiel

Zur praktischen Anwendung der vermittelten Kenntnisse wird in diesem Teil des Kapitels erläutert, wie die grafische Bedienungsoberfläche auf Swing umgestellt werden kann, die bereits in Kapitel 4.6 mittels AWT-Komponenten implementiert wurde. Auf die Erklärung der Klassenhierarchie dieses Beispiels wird dabei verzichtet, da diese mit der in Kapitel 4.6 beschriebenen Klassenhierarchie übereinstimmt. Es sei nochmals darauf hingewiesen, dass insbesondere die Verwendung von Swing-Komponenten der Hauptbestandteil aller folgenden Klassenerläuterungen ist. Die Aufgabe des Hauptprogramms und der in diesem Kapitel betrachteten Klassen gleicht daher den in Kapitel 4.6 beschriebenen Konzepten. Zum einfachen Verständnis der Zusammenhänge wurden in diesem Anwendungsbeispiel die Namen der Klassen mit einem vorangestellten „J" versehen. Somit entspricht die Klasse JGUISVUser der in Kapitel 4.6 verwendeten AWT-Klasse GUISVUser. Folglich kann an dieser Stelle auf die Erklärung der Logik des Programmablaufs verzichtet und die Darstellung auf die Benutzung der Swing-Komponenten konzentriert werden.

8.8.1 Hauptprogramm

Aufgabe des Applets, das in der Klasse JGUISVUser implementiert ist, ist die Steuerung der gesamten Client-Anwendung. Diese Implementierung soll nun Schritt für Schritt durchgegangen werden. Setzt man die Code-Stücke wieder zusammen, so erhält man das übersetzungsfähige Applet.

Code
```
import java.awt.*;
import java.awt.event.*;
import javax.swing.*;
import javax.swing.border.*;
public class JGUISVUser extends JApplet {
    JSpielCanvasPos1 sc1;
    JSpielCanvas sc2;
    JSpielfeld spieler, computer;
    JButton shoot;
    JButton setship;
    JPanel computerPanel;
    JPanel spielerPanel;
    JPanel buttonsPanel;
    Container thisApplet;
// Alle weiteren Methoden und innere Klassen dieses Applets
}
```

Zunächst werden die Komponenten der Packages java.awt, java.awt.event, javax.swing und javax.swing.border importiert. Das Importieren des Packages java.awt ist notwendig, um auf die Klasse Container zugreifen zu können. Da die

Klasse `JApplet`, wie in Kapitel 8.3 erläutert wurde, zu den Top-Level-Komponenten zählt, stellt `JApplet` kein `JComponent`-Objekt, sondern ein `Container`-Objekt dar. `JGUISVUser` ist ein `JApplet`-Objekt und wird durch die `init`-Methode initialisiert.

Code

```
public void init () {

    thisApplet = this;
    getContentPane().setLayout(new GridLayout(1,3));
    setSize(700,266);
```

Wie im vorangegangenen Code-Segment dargestellt ist, kann der Layout-Manager nicht direkt auf das `JApplet`-Objekt angewendet werden, sondern nur auf dessen Inhalt, der durch die Methode `getContentPane()` zurückgeliefert werden kann. Würde hier ein `BoxLayout` anstelle des `GridLayout`-Objekts verwendet, so wäre die Benutzung der folgenden Zeile notwendig:

Code

```
    getContentPane().setLayout(new BoxLayout(getContentPane(),
       BoxLayout.Y_AXIS));
```

Im Folgenden werden die weiteren Komponenten dieses Applets initialisiert. Die Spielbereiche `JSpielCanvas` und `JSpielCanvasPos1` werden nicht direkt in das Applet eingebettet. Anstelle dessen werden Hilfs-Panels benutzt, damit der Ansatz des Packages `javax.swing.border` verdeutlicht werden kann.

Code

```
    computer = new JSpielfeld();
    spieler = new JSpielfeld();
    buttonsPanel = new JPanel(false);
    buttonsPanel.setLayout(new FlowLayout(FlowLayout.CENTER));

    computerPanel = new JPanel(false);
    computerPanel.setLayout(new BoxLayout(computerPanel,
       BoxLayout.Y_AXIS));
    computerPanel.setBorder( new TitledBorder(new
       TitledBorder(LineBorder.createGrayLineBorder(),"Spielfeld
       des"), "Computers", TitledBorder.RIGHT,
       TitledBorder.BOTTOM));

    spielerPanel = new JPanel(false);
    spielerPanel.setLayout(new BoxLayout(spielerPanel,
       BoxLayout.Y_AXIS));
    spielerPanel.setBorder( new TitledBorder(new
       TitledBorder(LineBorder.createGrayLineBorder(),"Spielfeld
       des"), "Spielers", TitledBorder.RIGHT, TitledBorder.BOTTOM
```

Sowohl das Objekt computerPanel als auch das Objekt spielerPanel werden mit dem Objekt TitledBorder eingerahmt. Auf der oberen linken Seiten wird der String „Spielfeld des" ausgegeben, auf dem unteren rechten Rand das Wort „Spieler" bzw. „Computer". Im Anschluss daran werden die benötigten Buttons initialisiert.

Code

```
setship = new JButton("Neues Spiel");
setship.setToolTipText("Neues Spiel");
setship.addActionListener(new ButtonListener(0));
buttonsPanel.add(setship);

shoot = new JButton("Schuss abgeben");
shoot.setToolTipText("Klick mich, um zu schiessen");
shoot.setEnabled(false);
shoot.addActionListener(new ButtonListener(1));
buttonsPanel.add(shoot);

getContentPane().add(buttonsPanel);
```

Die Buttons werden direkt dem Objekt buttonsPanel hinzugefügt, das anschließend in das Objekt ContentPane des JApplets integriert wird. Jedem Button wird ein ActionListener-Objekt hinzugefügt. Auf die Verwendung der Klasse ButtonListener wird hier nicht weiter eingegangen, da sie identisch zu der in Kapitel 4.6 beschriebenen Funktionsweise ist. Das restliche Programm, also insbesondere die Event-Verarbeitung, ist vollständig mit der in Kapitel 4.6 beschriebenen Funktionsweise identisch. Die Bedienungsoberfläche dieses Applets ist in Abb. 8-31 dargestellt.

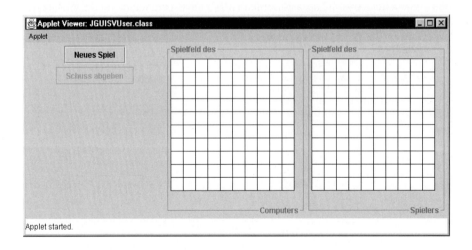

Abb. 8-31 Bedienungsoberfläche des JGUISVUser-Applets

8.8.2 Klasse JSchiffFenster

In der Klasse `JSchiffFenster` werden die Objekte für die Zuordnung der Schiffe und des gesamten Spielfelds deklariert.

Code

```
import java.awt.*;
import java.awt.event.*;
import javax.swing.*;
import javax.swing.border.*;
import javax.swing.event.*;
public class JSchiffFenster extends JFrame implements
ActionListener{
   JSpielCanvas sc1;
   JSpielfeld s;
   JQuadrate q[];
// beinhaltet plazierPanel und schiffePanel und der Fertig-Button
   JPanel topPanel;
// Das gGesamt-Panel worauf ein Schiff mit seiner Bezeichnung
// stehen soll.
   JPanel schiffePanel;
   JLabel label3; // Bezeichnung für einen Schiff
// für die unteren Labels: l1 und l2
   JPanel bottomPanel;
   JLabel l1;
   JLabel l2;
// Wo platziert der Benutzer seine Schiffe
   JPanel plazierPanel;
   JFrame thisFrame;
   Container parentApplet;
```

Im Konstruktor wird sowohl das `Spielfeld`-Objekt als auch der hierzu gehörige Vater-Container initialisiert (das `JApplet`-Objekt).

Code

```
public JSchiffFenster(JSpielfeld s, Container c) {

   this.parentApplet = c;
   this.s = s;
   thisFrame = this;

   s.initialisieren();
   q = new JQuadrate[5];

   // Teile den Frame in horizontaler Richtung
   getContentPane().setLayout(new BoxLayout(getContentPane(),
      BoxLayout.Y_AXIS));
   setSize(300,250);
```

Das Fenster `JSchiffFenster` verwendet vertikal das `BoxLayout` (`Y_AXIS`), damit die zwei Panels `topPanel` und `bottomPanel` eingefügt werden können.

Code

```
topPanel = new JPanel(false);
topPanel.setLayout(new BoxLayout(topPanel, BoxLayout.X_AXIS));
topPanel.setBorder(BorderFactory.createTitledBorder(
   BorderFactory.createEmptyBorder(10,10,10,10), ""));
```

Das Layout des Objekts `topPanel` wird hierbei auf `BoxLayout` gesetzt. Allerdings wird es hier horizontal (`X_AXIS`) aufgeteilt, damit die einzufügenden Panels nebeneinander erscheinen können. Dieses Panel erhält keinen Titel und wird von einem leeren Rand der Dicke 10 Pixel umrandet. Im Anschluss daran wird das Objekt `PlazierPanel` definiert, mit einem Titel versehen und eine Instanz des Objekts `JSpielCanvasPos2` hinzugefügt.

Code

```
//Spielfeld des Benutzers
plazierPanel = new JPanel(false);
plazierPanel.setLayout(new BoxLayout(plazierPanel,
   BoxLayout.Y_AXIS));
plazierPanel.setBorder( new TitledBorder(new
   TitledBorder(LineBorder.createGrayLineBorder(),"Bitte
   Plaziere die"), "Schiffe", TitledBorder.RIGHT,
   TitledBorder.BOTTOM));

topPanel.add(plazierPanel);

sc1 = new JSpielCanvasPos2(s, q);
plazierPanel.add(sc1);
```

Anschließend wird dem Objekt `topPanel` ein weiteres Panel hinzugefügt, das anzeigt, welche Schiffe noch gesetzt werden müssen. Die Information über die frei verfügbaren Schiffe werden anhand der Methode `zeigeQuadrate()`, die im Folgenden näher erklärt wird, dargestellt.

Code

```
//Infofelder
schiffePanel = new JPanel(false);
schiffePanel.setLayout(new BoxLayout(schiffePanel,
   BoxLayout.Y_AXIS));
schiffePanel.setBorder( new TitledBorder(new
   TitledBorder(LineBorder.createGrayLineBorder(),"Vorhandene")
   ,"Schiffe", TitledBorder.RIGHT, TitledBorder.BOTTOM));
topPanel.add(schiffePanel);

zeigeQuadrat("2-er Schiff", 0);
zeigeQuadrat("3-er Schiff 1",1);
zeigeQuadrat("3-er Schiff 2", 2);
zeigeQuadrat("4-er Schiff", 3);
zeigeQuadrat("5-er Schiff", 4);
```

Ein Button, der durch eine Betätigung das Fenster schließt, sobald alle Schiffe platziert sind, wird durch das folgende Code-Segment definiert.

Code

```
// Anlegen eines Buttons
JButton fertig = new JButton("Fertig");
fertig.setToolTipText("Klicke erst, wenn alle Schiffe
  positioniert sind.");
fertig.addActionListener(this);
topPanel.add(fertig);
```

Anschließend werden zwei Informations-Labels definiert und dem Objekt bottomPanel hinzugefügt.

Code

```
bottomPanel = new JPanel(false);
bottomPanel.setLayout(new GridLayout(2,0));

JLabel l1 = new JLabel("Zum Setzen der Schiffe bitte Anfangs- und
  Endposition mit der Maus markieren", JLabel.LEFT);
bottomPanel.add(l1);
JLabel l2 = new JLabel("Zum Entfernen der Schiffe bitte Anfangs-
  und Endposition nochmals mit der Maus markieren",JLabel.LEFT);
bottomPanel.add(l2);
```

Zum Schluss werden die zwei Haupt-Panels in den Inhaltsbereich des Objekts JApplets eingefügt.

Code

```
getContentPane().add(topPanel);
getContentPane().add(bottomPanel);
```

Methode zeigeQuadrat

Aufgabe der Methode zeigeQuadrat ist es, das Objekt hilfPanel zu erstellen, das sowohl ein Quadrat-Objekt als auch eine Beschriftung dieses Objektes enthält. Dieses Panel wird anschließend dem Objekt schiffePanel hinzugefügt.

```
protected void zeigeQuadrat(String name, int schiffNummer) {
    // hilfPanle stellt einen Shiff mit dessen Label dar
    JPanel hilfPanel = new JPanel(false);
    hilfPanel.setLayout(null);

    q[schiffNummer] = new JQuadrate(s, schiffNummer);
    q[schiffNummer].setBounds(5,5,16,16);
    hilfPanel.add(q[schiffNummer]);
    label3 = new JLabel(name);
    label3.setBounds(30,5,100,20);
    hilfPanel.add(label3);

    schiffePanel.add(hilfPanel);
    validate();
}
```

Methode actionPerformed

Die Methode `actionPerformed` wurde bereits in Kapitel 4.6.11 erklärt. Den einzigen Unterschied zu der hier verwendeten Methode stellt der Aufruf des Objekts JOptionPane (Dialogfenster) dar. Der Vorteil dieses Vorgehens liegt in der Tatsache begründet, dass diese Klasse automatisch ein Informations-Icon erstellt und nur eine Zeile zur Anzeige benötigt.

Die Bedienungsoberfläche des Fensters ist in Abb. 8-32 dargestellt.

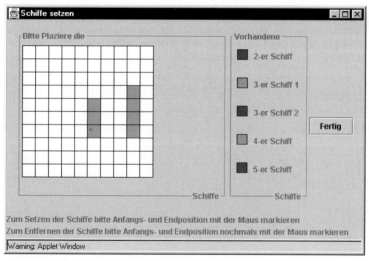

Abb. 8-32 Bedienungsoberfläche der Klasse SchiffFenster

Code

```
//Fehlermeldung
JOptionPane.showMessageDialog(thisFrame, "Erst alle Schiffe
   setzen!!");
```

8.8.3 Klasse JQuadrat

Die Klasse `JQuadrat` entspricht in ihrem Aufbau und in ihrer Funktion der Klasse `Quadrat`, die in Kapitel 4.6.12 erklärt wurde. Der einzige Unterschied besteht in der Importierung der Swing-Komponenten und damit in der Definition dieser Klasse, die die Klasse `JPanel` anstelle der Klasse `Panel`, die in Kapitel 4.6.12 verwendet wurde, erweitert:

Code

```
import javax.swing.*;

class JQuadrate extends JPanel {
   // Der Rumpf dieser Klasse entspricht der Klasse Quadrat
}
```

8.8.4 Weitere Klassen

Die Erweiterungen bzw. die Veränderungen der bisher nicht dargestellten Klassen, die für dieses Beispiel entwickelt worden sind, unterscheiden sich von den in Kapitel 4.6 dargestellten AWT-Klassen in derart geringem Maße, dass auf ihre ausführliche Erläuterung verzichtet werden kann. Im Folgenden werden daher lediglich die wichtigsten Unterschiede aufgelistet:

- Klasse `JSelectionAreaPos2`
  In dieser Klasse wird anstelle der selbst definierten Klasse `DialogFehler` die Klasse `JOptionPane` verwendet.
- Klasse `JSpielCanvas`
  Diese Klasse erweitert die Klasse `javax.swing.JPanel` anstelle der Klasse `java.awt.Panel`.

Alle weiteren Klassen können in identischer Form übernommen werden.

8.9 Zusammenfassung

Ziel dieses Kapitels ist es, dem Leser die Swing-Architektur zu erklären und die wichtigsten Eigenschaften von Swing vorzustellen. Swing ist eine Alternative zum AWT und hat sicherlich das Potential, künftig das AWT abzulösen. Swing bietet mit der MVC-Architektur ein Konzept, das für die Entwicklung und Erweiterbarkeit von Anwendungen viele Vorteile bietet. Dieses Konzept wird dem Programmierer jedoch nicht aufgezwungen, so dass er (wenn erwünscht) Swing-Komponenten praktisch ebenso benutzen kann wie bisher AWT-Elemente. Swing bietet dem Programmierer einen höheren Grad an Flexibilität sowie die Möglichkeit, vorhandene Komponenten einfach zu erweitern und an eigene Bedürfnisse und Datenstrukturen anzupassen. So sind z. B. ToolTips in Windows- und MacIntosh-Systemen Konzepte, die bereits seit langer Zeit verwendet werden.

Gleichzeitig gibt es eine ganze Reihe neuer, vorgefertigter Komponenten, wie bspw. `JInternalFrame`-Objekte, `JSplitPane`-Objekte, Standarddialoge, Tabellen und viele weitere Komponenten, die einfach zu nutzen sind. Hiermit ist der Weg zur gewünschten Benutzeroberfläche mit Hilfe des Einsatzes der Swing-Technologie unter Umständen wesentlich einfacher als mit dem AWT.

Zu den Nachteilen von Swing gehört sicherlich die Tatsache, dass die zur Zeit verbreiteten Web-Browser oftmals nicht mit den neuesten Versionen von Java ausgeliefert werden, so dass der Einsatz von Swing in Applets einige zusätzliche Vorkehrungen erfordert. So muss entweder das Java-Plug-In installiert sein oder die Swing-Klassen müssen in den Browser integriert sein. Dieses Problem dürfte aber in absehbarer Zeit an Bedeutung verlieren, da die Integration bzw. Nachrüstung von Swing deutlich einfacher ist als bspw. der Schritt von JDK 1.0 zum JDK 1.1. Dadurch, dass Swing fast vollständig in Java implementiert ist, stellt sich auch die Frage nach der Rechner-Performance. Hier ist jedoch anzumerken, dass mit neueren Versionen der Java-VM und Technologien wie *Just-in-Time-Compilern* dieses Problem gelöst werden kann. Zum Schluss des Kapitels wurde dem Leser der Umgang mit Swing-Komponenten anhand eines Anwendungsbeispiels vertraut gemacht.

JavaBeans

Mittels JavaBeans kann in Java Software in Komponentenform erstellt werden. *Komponenten* sind abgeschlossene, wiederverwendbare Software-Einheiten, die zur Entwicklung weiterer Komponenten, Applets oder Anwendungen verwendet werden können. In diesem Kapitel werden das Komponentenmodell sowie die Entwicklung von JavaBeans beschrieben. Ein Anwendungsbeispiel zum Abschluss dieses Kapitels verdeutlicht die beschriebenen Konzepte. Nach der Lektüre dieses Kapitels sollte der Leser in der Lage sein, den Unterschied zwischen einem Bean und einer Java-Klasse (bzw. einem Applet) zu verstehen. Weiterhin sollte der Leser in der Lage sein, das Komponentenmodell von JavaBeans umsetzen zu können, nachdem die Funktionsweise eines Beans erläutert wurde.

An dieser Stelle sei auf die Terminologie im weiteren Verlauf dieses Kapitel hingewiesen: Mit dem Begriff *JavaBeans* wird im Folgenden die Komponententechnologie in Java bezeichnet, während ein *Bean* bzw. ein *JavaBean* eine Komponente der JavaBeans bezeichnet.

9.1 Einleitung

Die Firma Sun Microsystems definiert ein *Bean* wie folgt: „Ein Java-Bean ist eine wiederverwendbare Software-Komponente, die in einer Entwicklungsumgebung visuell bearbeitet werden kann." Mit dieser Definition führt Sun mit JavaBeans ein Application Programming Interface (API) für eine Komponentenarchitektur in Java ein. Mittels des JavaBeans-API können unabhängige Komponenten erstellt werden, die in den gängigen WWW-Browsern und in anderen Umgebungen ausgeführt werden können.

Die JavaBeans-Technologie basiert vollständig auf der Programmiersprache Java und ist somit plattformunabhängig. Weiterhin übernimmt jedes Bean den hohen Sicherheitsstandard von Java in Bezug auf verteilte Anwendungen und Inter-/Intranetkommunikation. Bei der JavaBeans-Technologie handelt es sich daher nicht um einen vollständig neuen Software-Ansatz. Alle zur Programmierung von JavaBeans notwendigen Elemente sind bereits im JDK enthalten. Das Konzept der JavaBeans ist damit voll und ganz in die Programmiersprache Java integriert.

Bei der JavaBeans-Technologie handelt es sich um bindende Vereinbarungen, die jeder Programmierer einhalten muss, um ein Bean programmieren zu können. Diese Vereinbarungen (von der Firma Sun auch *Design Pattern* genannt, siehe Kapitel 9.2), sind nicht zu verwechseln mit den *Design Patterns* von Gamma [Gamma95], die in Kapitel 2 beschrieben wurden. Sie sind in verpflichtend, als dass Sun ein Software-Paket zum schnellen Entwickeln, Testen und Veröffentlichen von Beans anbietet, das eben diese Vereinbarungen benötigt und überprüft (das sog. *Bean Development Kit*, siehe Kapitel 9.8).

Von Seiten der Entwickler stellen diese Vereinbarungen keine Einschränkung dar, da sie eher als Leitfaden dienen. Die Vereinbarungen betreffen bspw. Methodennamen von JavaBeans. In Standard-Java müsste eine Komponenteneigenschaft bspw. folgendermaßen gesetzt werden:

Code

```
aStringProperty = "hallo";
```

In einem JavaBean wird eine derartige Eigenschaft hingegen folgendermaßen gesetzt:

Code

```
setStringProperty("hallo");
```

Der Zugriff auf Objekte erfolgt also nicht direkt, sondern über sog. *Setter-* und *Getter*-Methoden, die in Kapitel 9.2 ausführlich behandelt werden.

9.1.1 Komponentenmodell

Beans liegen immer in Form von *Black-Box-Komponenten* vor. Dies bedeutet, dass ein Bean nicht erweitert werden kann, es sei denn, der Entwickler ist im Besitz des Quellcodes. Beans müssen weiterhin nicht explizit visuell dargestellt werden. Ein Beispiel für ein nichtvisuelles Bean ist bspw. das `Timer`-Bean.

Abb. 9-1 zeigt ein Bean aus Sicht des Programmierers. Ein Bean kann hierbei aus Klassen oder auch aus anderen Beans bestehen. Es stellt seine Methoden, Eigenschaften und Events nach außen hin zur Verfügung, so dass diese durch ein anderes Bean oder von einer Entwicklungsumgebung erkannt werden können. Ein Bean speichert seinen internen Zustand in einer Datei mit der Endung `.ser`, die zusammen mit den anderen Dateien und Klassen in einem Package abgelegt werden kann (in einer `JAR`-Datei). Ein Bean reflektiert interne Daten (Introspektion) mit Hilfe der `BeanInfo`-Klasse. Die Eigenschaften eines Beans werden durch den Eigenschaften-Editor zugänglich gemacht. Diese Eigenschaften werden erkannt, da Beans ein bestimmtes Design Pattern verwenden, das im weiteren Verlauf dieses Kapitels erklärt wird.

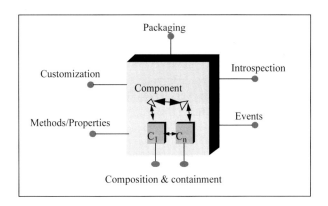

Abb. 9-1 Black-Box-Sicht eines Beans

Im Folgenden wird die Grundstruktur eines JavaBeans (siehe Abb. 9-1) erläutert:
- Eine Entwicklungsumgebung erkennt die Eigenschaften eines Beans mit Hilfe der *Introspektion* (Introspection). Diese definiert, wie die interne Struktur eines Beans, die als `public` deklariert ist, der Außenwelt bekannt gemacht werden kann. Die Erkennung dieser Schnittstelle wird auf zwei verschiedene Arten unterstützt:
  - *Reflexion*
    Die Reflexion stellt einen Mechanismus zur Abfrage der als `public` deklarierten Schnittstellen dar, damit eine Entwicklungsumgebung diese Schnittstelle zum Zugriff auf eine Komponente nutzen kann. Das Konzept der Reflexion wird dadurch unterstützt, dass Methoden, Eigenschaften und Events aufgrund von Namenskonventionen unterschieden werden (*Design Pattern*).
  - `BeanInfo`-*Klasse*
    Sollen weitere Informationen über eine Klasse zur Verfügung gestellt werden, als die Reflection-Schnittstelle liefern kann, so muss der Entwickler eine eigene `BeanInfo`-Klasse implementieren. Die Entwicklungsumgebung, in der eine JavaBean-Komponente bearbeitet wird, verwendet dann nicht mehr das einfache `Reflection`-Interface, sondern fragt die nötigen Informationen bei der `BeanInfo`-Klasse ab.
- *Eigenschaften (Properties)*
  Eigenschaften beschreiben das Aussehen und Verhalten eines Beans und können verändert werden. Zur externen Änderung des Status einer Komponente müssen deren Eigenschaften anderen Komponenten bekannt sein. Eigenschaften werden dementsprechend durch sog. *Setter-* und *Getter-Methoden* nach außen weitergegeben.
- *Unterstützung für Entwicklungsumgebungen* (*Customization*)
  Entwicklungsumgebungen benutzen das Konzept der Introspektion, um die Ei-

genschaften von Beans einlesen zu können. Durch die Methoden des `Customization`-Interfaces können diese Eigenschaften bearbeitet werden.

- *Event-Verarbeitung*
  Ein Bean kommuniziert mit der Außenwelt auch durch Ereignisse (*Events*), die bei internen Zustandsänderungen, aber auch bspw. durch Betätigung einer Taste oder durch Bewegen des Mauszeigers, erzeugt werden. Events werden von registrierten externen Programmteilen (*Event Listener*) verarbeitet. Ein Bean, das Events sendet, wird auch als *Source-Bean* bezeichnet.

- *Persistenz*
  Das Persistenzkonzept legt fest, wie ein Bean gespeichert und wieder hergestellt werden kann. Durch Persistenz wird der aktuelle Zustand einer Komponente in Bezug auf die Umgebung und auf andere Komponenten in einer permanenten Datei mit der Endung `.ser` gespeichert. Zum gespeicherten Zustand gehören üblicherweise alle als `public` deklarierten Eigenschaften. Verweise auf externe Beans einschließlich der Ereignisregistrierung werden im Gegenzug dazu nicht durch die Persistenz gespeichert. JavaBeans benutzen die Interfaces `java.io.Serializable` und `java.io.Externalizable`, um die Persistenz zu unterstützen.

- *Schutzmechanismen*
  Wie eine reguläre Java-Klasse kann auch eine JavaBean-Komponente verschiedene Zugriffsrechte für Methoden beinhalten. Als `private` gekennzeichnete Methoden sind bspw. nur innerhalb eines Beans zugänglich, während als `protected` deklarierte Methoden sowohl innerhalb des Beans als auch in abgeleiteten Beans zugänglich sind. Die Methoden mit der weitestgehenden Verfügbarkeit sind die als `public` deklarierten Methoden. Sie sind intern für abgeleitete Beans und extern für Anwendungen und andere Komponenten zugänglich. Dies impliziert, dass eine Anwendung jede als `public` deklarierte Methode aufrufen kann.

- *Packaging*
  Durch das *Packaging* können Teilkomponenten eines JavaBeans in einem Package zusammengefasst und komprimiert werden, wodurch die Datenmenge eines Beans verringert wird. Hieraus resultiert eine schnellere Übertragung der Daten über Netze.

- *Verteilungsaspekt*
  JavaBeans unterstützt die Kommunikation verteilt ablaufender Programme. Es ist dabei nicht von Belang, welcher Mechanismus für eine derartige Kommunikation verwendet wird (bspw. RMI oder CORBA).

9.1.2 Ziele von JavaBeans

Die JavaBeans-Technologie verfolgt die Ziele:

- Komponenten genau einmal zu implementieren
- Komponenten unabhängig von einer Umgebung ausführen zu können
- Komponenten so oft wie möglich wiederzuverwenden.

Implementierung

Das Ziel, Komponenten genau einmal zu implementieren, spart Entwicklungsressourcen, indem ein praktikables Mittel dafür angeboten wird, einen bereits existierenden Code funktionell zu erweitern oder zu verbessern, ohne den ursprünglichen Code neu bearbeiten zu müssen.

Lauffähigkeit

JavaBeans-Komponenten sollten in jeder beliebigen Umgebung ausgeführt werden können. Die JavaBeans-Technologie baut auf Java auf und weist somit auch die Eigenschaft auf, plattformunabhängig zu sein. Aspekte der Lauffähigkeit beziehen sich hierbei nicht nur darauf, dass JavaBeans-Komponenten auf verschiedenen Plattformen lauffähig sind, sondern auch darauf, dass sie in verteilten Netzwerkumgebungen ausgeführt werden können.

Wiederverwendbarkeit

Eigenschaften von JavaBeans-Komponenten sollten in vielen verschiedenen Szenarien verwendet werden können, bspw. in Anwendungen, Webseiten und Entwicklungsumgebungen. Dieses Ziel stimmt mit dem allgemeinen Entwurfsziel von Software-Komponenten überein, der Wiederverwendbarkeit von Code (siehe Kapitel 2).

9.1.3 Umsetzung der Ziele

Die oben erwähnten Ziele von JavaBeans werden durch folgende Eigenschaften realisiert:

- Ausnutzung der Stärken der Programmiersprache Java
- Portabilität
- Einfache und kompakte Erzeugung von Komponenten
- Unterstützung von Entwicklungsumgebungen
- Unterstützung verteilten Arbeitens

Stärken der Programmiersprache Java

Java bietet eine Reihe von Eigenschaften, die leicht auf Komponenten übertragen werden können. Eine dieser Eigenschaften ist die dynamische Klassenerkennung, die es ermöglicht, Objekte dynamisch während der Laufzeit miteinander interagieren zu lassen. Nutzt man diese Eigenschaft aus, so kann ein System entwickelt werden, in dem Objekte unabhängig von Ihrer Herkunft und Entwicklung integriert werden können. Ein Beispiel hierfür ist das dynamische Laden einer Sprachklasse, das im Folgenden angegeben ist.

```
if (ladeNeueKlasseZurLaufzeit){
   try {
   // Laden der gewuenschten Klasse durch Class.forName mit
   // newInstance, wird die geladene Klasse zur Laufzeit
   // instantiiert.
      gewuenschteInstance =
        Class.forName("KlassenName").newInstance();
   }
   catch (ClassNotFoundException cnfe1)
      {System.out.println("KlassenName.java: nicht
         gefunden");}
   catch (InstantiationException ie1)
      {System.out.println("Fehler bei der Instantiierung:" +
         ie1);}
   catch (IllegalAccessException iae1)
      {System.out.println("Zugriffsfehler: " + iae1);}
}
```

Die Persistenz, die es ermöglicht, den internen Zustand von Objekten zu speichern und zu einem späteren Zeitpunkt wieder herstellen zu können, ist eine der Eigenschaften, die JavaBeans von Java übernimmt und speziell ausnutzt. Die Persistenz wird von JavaBeans durch die Interfaces java.io.Serializable und java.io.Externalizable realisiert.

Portabilität

Die *Portabilität* von Programmen ist eines der wichtigsten Prinzipien der Sprache Java, um Software-Entwickler von der Notwendigkeit zu entbinden, die Verwendung plattformspezifischer Bibliotheken im Detail zu kennen. JavaBeans sind wiederverwendbare Komponenten, die auf einer Vielzahl von Plattformen lauffähig sind.

Kompaktheit

Kompaktheit ist ein Konzept, das speziell in verteilten Anwendungen sehr wichtig ist, da hierdurch der Transport von Daten in Netzwerken mit beschränkter Bandbreite unterstützt wird, eine unabdingbare Voraussetzung für akzeptable Übertragungszeiten. Diese Eigenschaft wird dadurch realisiert, dass Dateien in JAR-Archiven gepackt werden können.

Unterstützung von Entwicklungsumgebungen

Die Entwicklung von JavaBeans besteht in der Komponentenarchitektur von JavaBeans aus zwei Phasen: Der Designphase bzw. der Phase, in der Entwickler Anwendungen aufbauen, die aus bereits fertigen JavaBeans bestehen. Die JavaBeans-Technologie beinhaltet daher die Spezifikation der Designphase und Editiermechanismen, die das visuelle Bearbeiten von Beans erleichtern.

Unterstützung verteilten Arbeitens

Die JavaBeans-Technologie unterstützt verteilte Anwendungen durch die Einbindung externer Technologien. JavaBeans stellen dem Entwickler Mechanismen zum verteilten Arbeiten zur Verfügung, die je nach Bedarf eingesetzt werden können. Somit bleiben die JavaBeans-Komponenten kompakt und die Verteilung offen. Entwickler von JavaBeans-Komponenten haben die Möglichkeit, für ein verteiltes Arbeiten ein Verfahren ihrer Wahl zu wählen. Mit der *Remote Method Invocation* (RMI) bietet Java hierzu eine Möglichkeit. Andere Varianten sind CORBA und DCOM. In Kapitel 11 wird näher auf Aspekte des verteilten Arbeitens in Java eingegangen.

9.1.4 JavaBeans und Applets

Bevor der Unterschied zwischen einem Applet und einem Bean erklärt werden kann, muss zunächst der Unterschied zwischen einem Bean und einer Java-Klasse erläutert werden. Beide unterscheiden sich dadurch, dass ein Bean:

- eines der Interfaces `java.io.Serializable-` oder `java.io.Externalizable-` implementiert:

Syntax

```
public class SimpleBean extends Canvas implements Serializable{
   // Code
}
```

- einen Null-Konstruktor hat (Konstruktor ohne Argument). Der Grund hierfür liegt in der Verwendung von Beans in Entwicklungsumgebungen. Hierbei wählt der Benutzer eine Komponente und instantiiert sie in einer Entwicklungsumgebung. Zu diesem Zeitpunkt kann die Entwicklungsumgebung keine Vorhersage über den Zustand dieses Beans geben, weshalb ein Null-Konstruktor eingesetzt werden muss.

Syntax

```
public class SimpleBean extends Canvas implements Serializable{
   // Null-Konstruktor
   public SimpleBean() {
      // Konstruktor-Code
   }
   // weiterer Code
}
```

- keine als `public` deklarierten Variablen verwendet. Um den Wert einer Variablen zu ändern sind die sog. *Setter-* bzw. *Getter- Methoden* zu verwenden.
- das Konzept der *Introspektion* durch die Namenskonventionen (Design Pattern), durch die `BeanInfo`-Klasse oder durch beide unterstützt.

Syntax

```
public class SimpleBeanBeanInfo extends SimpleBeanInfo {
  // BeanInfo-Rumpf
}
```

Applets sind visuelle Komponenten, die innerhalb eines Browsers ausgeführt werden. Beans können aber auch nichtvisuell vorliegen und als Server-Anwendungen, bzw. als Applets arbeiten. Beans können weiterhin mit anderen Beans interagieren, aber auch mit deren Container.

Applets sind dahingegen eher *Container-zentriert*. Ein Bean ist wesentlich flexibler konfigurierbar als ein Applet, ohne dass dem Programmierer der Quellcode oder eine exakte Beschreibung der Methoden der verwendeten JavaBean-Komponenten vorliegen muss. Durch die als `public` deklarierten Schnittstellen einer Komponente kann eine Java-VM während der Laufzeit feststellen, welche Eigenschaften ein Bean hat und wie diese genutzt werden können. Bei der Programmierung (oder auch später) können so während der Programmausführung neue Komponenten, die dem Programm völlig unbekannt sind, mittels *Drag and Drop* hinzugefügt und sofort genutzt werden. Diese Leistung ist nicht nur auf die Spezifikation einiger Schnittstellen zurückzuführen, sondern auch konkret auf Eigenschaften der Programmiersprache Java und der Laufzeitumgebung.

9.1.5 Programmierung von JavaBeans

Die Entwicklung einer Anwendung mit JavaBeans kann durch die Nutzung vorhandener Software-Bausteine (Beans) verkürzt werden. Ist eine bestimmte Funktionalität bereits als Bean realisiert, so wird dieses übernommen, angepasst und in die Anwendung an der gewünschten Stelle integriert. Deckt kein Baustein die gewünschte Funktionalität ab, so wird eine Beschreibung für die benötigte Funktionalität erstellt. Das gewünschte Bean wird dann anschließend programmiert. Die so entwickelten Beans können in einem Repository abgelegt werden und stehen damit zur allgemeinen Nutzung zur Verfügung (siehe Abb. 9-2). Hierdurch lassen sich die folgenden beiden Typen von Bean-Programmierern unterscheiden:

- Programmierer, die JavaBeans-Komponenten in einer Entwicklungsumgebung zusammenfügen und
- Programmierer, die JavaBeans-Komponenten von Grund auf implementieren.

Komponentenprogrammierung

JavaBeans-Komponenten können auf zwei Arten zu Applikationen zusammengesetzt werden: Entweder in einer visuellen Entwicklungsumgebung (bspw. Visual Café, Visual Age, JBuilder oder Bean Development Kit) oder manuell. Hierbei werden lediglich vorgefertigte Komponenten zusammengesetzt, was den Entwicklungsprozess maßgeblich verkürzt. Die Verwendung von Komponenten-Software ist in Abb. 9-2 dargestellt.

Entwicklungsumgebungen stellen Editoren zur Bearbeitung von Eigenschaften bereit und erlauben weiterhin, Events verschiedener Komponenten miteinander zu verknüpfen. Ist eine Menge vorgefertigter Komponenten vorhanden, so ist es auch für Anwender ohne Programmierkenntnisse möglich, leistungsfähige Anwendungen aus einer Komponentenmenge in kurzer Zeit zusammenzustellen. Dieser Ansatz ermöglicht eine effiziente Arbeitsteilung bei der Entwicklung von Anwendungen. Während sich Programmierer mit der Erstellung von Komponenten beschäftigen, können branchenspezifische Anwendungen von Branchenexperten zusammengesetzt werden, die keine Programmierer sind.

Nachdem eine Anwendung in einer Entwicklungsumgebung fertig gestellt wurde, wird der Code zur Verbindung der Komponenten automatisch erzeugt und alle Komponenten werden zu einer Datei zusammengefasst (JAR-Datei, siehe Kapitel 9.7.2), die dann betriebssystemunabhängig ausgeführt werden kann.

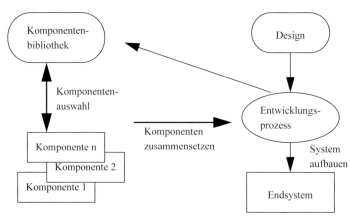

Abb. 9-2 Verwendung von Komponenten

Bei der Programmierung einer JavaBeans-Komponente wird wie folgt vorgegangen:

1. Erstellung der Komponentenklassen unter Berücksichtigung der entsprechenden Design Patterns.
2. Erstellung der *Design-Time*-Klassen, die zur Anpassung der Komponente in Entwicklungsumgebungen benötigt werden. Hierzu zählen vor allem die `BeanInfo`-Klasse sowie *Property-Editoren*, falls komplexe Eigenschaften verwendet werden. Diese Klassen werden nicht mehr benötigt, sobald eine Komponente angepasst ist und werden deswegen bei einer fertig gestellten Anwendung nicht mitgeliefert (siehe dazu Abb. 9-16 auf Seite 567).
3. Zusammenstellung aller benötigten Ressourcen, wie z. B. Bilder oder Audio.
4. Erstellung einer Dokumentation im HTML-Format.

5. Erstellung internationalisierter Ressourcen, falls die Komponente international genutzt werden soll.
6. Zusammenfassung aller Dateien in einem JAR-Archiv.

Hierbei müssen nicht immer alle Schritte durchgeführt werden. Zur Erstellung einfacher Komponenten genügen oft die Schritte 1 und 6. Bevor die Programmierung von JavaBeans-Komponenten im weiteren Verlauf dieses Kapitels näher betrachtet werden kann, muss zunächst auf das Komponentenmodell von JavaBeans und dessen Ziele eingegangen werden.

9.1.6 Package JavaBeans

Um die Funktionalität der JavaBeans zu realisieren, wurde das JDK um das Package `java.beans` erweitert. Dieses Package stellt eine Menge von Schnittstellen (Interfaces), Klassen und Exceptions zur Verfügung. Lediglich ein kleiner Teil dieser Klassen wird während der Laufzeit eines Beans benutzt. So wird bspw. die `Event`-Klasse von denjenigen Beans verwendet, die Instanzen der Klassen `PropertyChangeEvent` oder `VetoableChangeEvent` erzeugen. Der größte Teil des Packages wird allerdings von Entwicklungsumgebungen benutzt, um Beans zu analysieren und sie zusammenzubinden. Diese Klassen haben daher vor allem im Rahmen der Entstehung eines Customization-Interfaces unterstützende Funktion. So kann bspw. eine bestimmte Eigenschaft eines Beans durch das Interface `PropertyEditor` bearbeitet werden.

Interface	Bedeutung
`AppletInitializer`	Diese Schnittstelle stellt einen Mechanismus zur Verfügung, mit dem eine ordnungsgemäße Initialisierung von JavaBeans, die auch als Applets fungieren, während der Instantiierung mit Hilfe der Methode `java.beans.Beans.instantiate()` erfolgt.
`BeanInfo`	Allgemeine Schnittstelle für die Beschreibung eines Beans; die unten angegebene Klasse `SimpleBeanInfo` wird von diesem Interface abgeleitet.
`Customizer`	*Customizer* sind grafische Assistenten für die aufgabenbezogene Einstellung von Eigenschaften eines Beans.
`DesignMode`	Schnittstelle zur Abfrage des Status `designTime` eines Beans.
`PropertyChangeListener`	Listener-Interface für Events, die über die Änderungen einer Eigenschaft informieren (PropertyChangeEvent).
`PropertyEditor`	Schnittstelle für einfache Eingabemöglichkeiten zur Manipulation einer Eigenschaft in einem Property-Fenster.
`VetoableChangeListener`	Listener für beabsichtigte Änderungen von Constrained-Properties. Der Listener empfängt `VetoableChangeEvents` und kann eine Property-Änderung erlauben oder verbieten.
`Visibility`	Interface für Beans, die eine grafische Oberfläche besitzen; reine Funktions-Beans benötigen kein GUI (Graphical User Interface).

Tab. 9-1 Interfaces des JavaBeans-Packages

Klasse	Bedeutung
`BeanDescriptor`	Ein `BeanDescriptor`-Objekt stellt allgemeine Informationen über ein Bean bereit, z. B. den Klassennamen oder den dargestellten Namen in einer Entwicklungsumgebung.
`Beans`	Beinhaltet allgemeine Methoden zur Instantiierung und zur Verarbeitung von Beans.
`EventSetDescriptor`	Beschreibt eine Gruppe von Events, die ein Bean auslösen kann.
`FeatureDescriptor`	Super-Klasse für die anderen Descriptor-Klassen; stellt Informationen für die Introspektion bereit.
`IndexedPropertyDescriptor`	Beschreibt indizierte Eigenschaften.
`Introspector`	Stellt wichtige Methoden für die Introspektion von Objekten zur Verfügung.
`MethodDescriptor`	Beschreibt die Methoden eines Beans.
`ParameterDescriptor`	Beschreibt die Parameter eines Beans.
`PropertyChangeEvent`	Beans können diesen Event-Typ an registrierte `PropertyChangeListener`-Objekte senden, um über die Änderung einer Property zu informieren.
`PropertyChangeSupport`	Hilfsklasse für die Verwaltung von Änderungen bei Bound-Properties.
`PropertyDescriptor`	Beschreibt eine Eigenschaft und das zugehörige Zugriffsmethodenpaar von Lese- und Schreibfunktionen.
`PropertyEditorManager`	Verwaltet die Property-Editoren.
`PropertyEditorSupport`	Hilfsklasse für die Implementierung eines Property-Editors.
`SimpleBeanInfo`	Hilfsklasse mit einer einfachen Implementierung des Interfaces `BeanInfo`.
`VetoableChangeSupport`	Hilfsklasse für die Verwaltung von Änderungen bei Constrained-Properties.

Tab. 9-2 Klassen des JavaBeans-Packages

Exception	Bedeutung
`IntrospectionException`	Tritt bei Fehlern während der Introspektion eines Beans auf.
`PropertyVetoException`	Mit dieser Exception kann ein `PropertyChangeListener`-Objekt die beabsichtigte Änderung einer Constrained-Property verbieten.

Tab. 9-3 Exceptions des JavaBeans-Packages

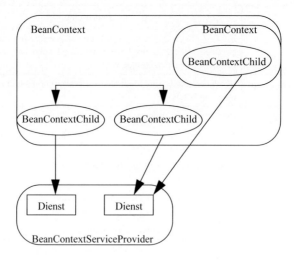

Abb. 9-3 JavaBeans-Komponentenkontext

Zusammenhängende Beans

Das Package `java.beans.beancontext` beinhaltet Klassen und Interfaces zur Umsetzung des Prinzips des Kontextes von *JavaBeans*. Der Komponentenkontext von JavaBeans stellt einen Container dar und definiert eine einheitliche, abgeschlossene Umgebung für die in ihm enthaltenen Beans. Mehrere Beans können in einem derartigen `Beancontext` enthalten sein. Java erlaubt die mehrstufige Verschachtelung von Containern und realisiert damit, dass ein Komponentenkontext einen anderen Komponentenkontext beinhalten kann.

Das Package beinhaltet auch die Definition von Events und Event-Listenern, um Beans beim Zufügen oder Entfernen in einen bzw. aus einem Komponentenkontext zu registrieren bzw. deregistrieren.

Ein Container ist nicht nur dafür verantwortlich, die Hierarchie bzw. die logische Struktur der Beans festzuhalten, sondern stellt den JavaBeans-Komponenten, die in ihm enthalten sind, auch Dienste zur Verfügung. Diese Dienste können unter anderem Komponenten zur Bearbeitung bestimmter Datenstrukturen oder bspw. ein Druck-dienst sein. Dienste sind in der Regel außerhalb des Komponentenkontextes realisiert und sind mit dem Kontext über Referenzen verbunden. Abb. 9-3 zeigt die Struktur einer Anwendung, die auf dem JavaBeans-Komponentenkontext basiert.

9.2 Design Patterns für JavaBeans

Die JavaBeans-Architektur spezifiziert standardisierte *Namenskonventionen*, die, basierend auf der jeweiligen Funktion, zur Definition von Bean-Methoden verwendet werden. Die Verwendung dieser Namenskonventionen hat ferner den Vorteil, dass kein Zusatzaufwand zur Unterstützung des Introspektionskonzepts erforderlich ist. Namenskonventionen beziehen sich sowohl auf Eigenschaften, Events als auch auf Methoden.

Eigenschaftsmuster (Property Design Patterns)

Durch *Eigenschaftsmuster* werden die als `public` deklarierten Eigenschaften eines Beans festgelegt. Eigenschaftsmuster hängen eng mit *Zugriffsmethoden* zusammen. Anhand der Zugriffsmethoden (Setter- und Getter-Methoden) stellt die automatische Introspektion fest, welche Eigenschaften ein Bean offenlegt. Für jede als `public` deklarierte Lese- oder Schreibmethode wird unterstellt, dass die betroffene Eigenschaft als `public` deklariert ist.

Eigenschaften müssen nicht immer die entsprechende Lese- und Schreibmethode beinhalten. Verfügt eine Eigenschaft nur über die Lesemethode, so wird daraus geschlossen, dass es sich hierbei um eine ausschließlich leseberechtigte Eigenschaft (Read-Only Property) handelt. Existiert andererseits nur eine Schreibmethode, so wird unterstellt, dass es sich um eine ausschließlich schreibberechtigte Eigenschaft (Write-Only Property) handelt. Eine Lese-Schreib-Eigenschaft (Read-Write Property) ist dadurch gekennzeichnet, dass sie sowohl das Lesen als auch das Schreiben ermöglichen. Die Eigenschaftsmuster variieren je nach Eigenschaftsart. In JavaBeans existieren folgende Eigenschaftsmuster:

- *Einfache Eigenschaften*
  Zu den einfachen Eigenschaften gehören alle Typen sowie Klassen und Schnittstellen der Sprache Java. Eigenschaften des Typs `int`, `long`, `float`, `Color`, `Font`, oder `boolean` sind Beispiele für einfache Eigenschaften. Nachfolgend sind die Muster für Zugriffsmethoden einfacher Eigenschaften dargestellt:

Syntax

```
public <propertyType> getTheProperty();
public void setTheProperty( <propertyType> derWert);
```

Für die Eigenschaft `anzahlDerSchiffe` vom Typ `int` werden dementsprechend folgende Zugriffsmethoden definiert:

Code

```
// Getter-Methode
public int getAnzahlDerSchiffe() {return anzahlDerSchiffe;}
// Setter-Methode
public void setAnzahlDerSchiffe(int n){anzahlDerSchiffe = n;}
```

Wenn die automatische Introspektion von JavaBeans auf eine derartige Methodendefinition stößt, so lokalisiert sie sowohl die Eigenschaft `anzahlDerSchiffe`, als auch die Zugriffsmethoden `getAnzahlDerSchiffe()` und `setAnzahlDerSchiffe()`, die den Wert dieser Eigenschaft lesen bzw. setzen.

- *Boole'sche Eigenschaften*
  Obwohl boole'sche Eigenschaften aus technischer Sicht einfache Eigenschaften sind, beinhalten sie ein optionales Muster für Lesemethoden, mit dem angezeigt werden kann, dass die Eigenschaft vom Typ `boolean` ist. Das Muster lautet:

Syntax

```
public boolean isTheProperty();
```

Der Unterschied zwischen diesem Muster und dem Muster einfacher Eigenschaften besteht darin, dass im Namen derartiger Eigenschaften das wort `is` anstelle des Worts `get` vorkommt. Existiert sowohl eine `get`-Methode als auch eine `is`-Methode für eine Eigenschaft, so verwendet die Introspektion die `is`-Methode.

- *Indizierte Eigenschaften*
  Eine indizierte Eigenschaft besteht aus einem Array mit einfachen Eigenschaften. Nachfolgend sind die Muster für die Lese- bzw. Schreibmethoden einzelner Elemente einer indizierten Eigenschaft aufgeführt:

Syntax

```
public <PropertyElement> getTheProperty(int i);
public void setPropertyName( int i , <PropertyElement>x);
```

Die Zugriffsmethoden zum Lesen und Schreiben des Eigenschaften-Arrays als Ganzes sind:

Syntax

```
public <PropertyElement>[] getTheProperty();
public void setPropertyName(<PropertyElement>[] x);
```

Das folgende Beispiel verdeutlicht die Verwendung dieser Syntax.

Code

```
// Lesen bzw. Schreiben der Eigenschaft des i-ten Elements
public Color getTheColorPalette(int i);
public void setTheColorPalette( int i , Color red);
// Lesen bzw. Schreiben der Eigenschaften des gesammten Arrays
public Color[] getTheColorPalette();
public void setTheColorPalette(Color[] c);
```

Event-Muster

Ändert sich der interne Zustand eines Beans, so ist es nötig, extern registrierte Komponenten über dieses Ereignis zu informieren. Beans können Nachrichten versenden, die andere Beans oder sonstige Komponenten über Änderungen benachrichtigen. Die Ereignisse (Events) werden an registrierte Event-Listener gesendet. Diese müssen ihre Anmeldung bzw. Abmeldung beim jeweiligen Bean selbst vornehmen.

Zur Registrierung bietet die Beans-Technologie geeignete Methoden an, die zur Anmeldung und zur Abmeldung jeweils paarweise vorliegen. Ein Methodenpaar ist hierbei zur Registrierung einer Komponente ausreichend. Aus diesem Grund verwendet die Introspektion von JavaBeans diese Methoden auch dazu, um herauszufinden, welche Events ein Bean senden kann. Da zwei Arten von Events existieren, Unicast-Events und Multicast-Events (Abb. 9.3.4 auf Seite 536), sind entsprechend zwei Arten von Event-Mustern vorhanden:

- *Unicast-Event-Sources*
  Unicast-Event-Sources sind Beans, die zu jedem Zeitpunkt nur ein EventListener-Objekt für Ereignisbenachrichtigungen zulassen. Wird der Versuch unternommen, ein weiteres EventListener-Objekt bei einem Unicast-Bean anzumelden, so wird die Exception TooManyListenerException ausgelöst. Das Muster für die Registrierung von Unicast-Event-Sources lautet wie folgt:

Syntax

```
public void add<EventListenerType> (<EventListenerTyp> e)
     throws TooManyListeners;
public void remove<EventListenerType> (<EventListenerTyp> e);
```

- *Multicast-Events*
  Multicast-Events werden benötigt, wenn die Registrierung von mehr als einem EventListener-Objekt zulässig ist. Multicast-Events verwenden die folgende Syntax:

Syntax

```
public void add<EventListenerType> (<EventListenerTyp> e);
public void remove<EventListenerType> (<EventListenerTyp> e);
```

Methodenmuster

Man kann auf jede JavaBeans-Methode zugreifen, wenn diese als `public` deklariert ist. Derartige Methoden haben allerdings weitreichendere Funktionen als bspw. nur das Lesen oder Schreiben einer Eigenschaft. Da die Namensgebung für die als `public` deklarierten Methoden den Beans-Entwicklern überlassen ist, gibt es keine spezifischen Methodenmuster. Als `public` deklarierte Methoden zeigen im Gegensatz zu den als `public` deklarierten Zugriffsmethoden der JavaBeans-Introspektion keine Eigenschaften von Beans an.

9.3 Event-Modell von JavaBeans

Events werden dazu verwendet, um Objekte über Zustandsänderungen anderer Objekte zu informieren. Für JavaBeans wurde ein besonderes Event-Modell benötigt, das eine erweiterbare Menge an Events beinhaltet und das Entwicklungsumgebungen sowie Skript-Sprachen unterstützt. Da dies mit dem Event-Modell von Java 1.0.2 nicht oder nur teilweise möglich war, wurde das Event-Modell von Java 1.0.2 grundlegend überarbeitet. Seit JDK in der Version 1.1 verfügbar ist, existiert ein Event-Modell, dessen Vorzüge und Verwendungsmöglichkeiten im Laufe dieses Kapitels herausgestellt werden sollen. Um die Unterschiede zwischen den Event-Modellen beurteilen zu können, wird in diesem Kapitel zunächst das in Java 1.0.2 verwendete Modell vorgestellt, bevor das Modell von Java 1.1 besprochen wird.

9.3.1 Events in Java 1.0.2

Es ist aus zwei Gründen notwendig, das Event-Modell von Java 1.0.2 näher zu betrachten. Einerseits werden dessen Funktionen immer noch automatisch verwendet, sofern keine Funktionen von Java 1.1 benutzt werden. Weiterhin unterstreichen die Probleme des 1.0-Modells die Motivation der Entwicklung und die Vorzüge des überarbeiteten 1.1-Modells.

Im Event-Modell von Java 1.0.2 existiert nur eine Klasse von Events, `java.awt.Event`, die direkt von der Klasse `java.lang.Object` abgeleitet ist.

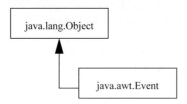

Abb. 9-4 Event-Modell in Java 1.0

Alle AWT-Komponenten im Package `java.awt` beinhalten die Methode:

Syntax

```
public boolean handleEvent(Event e){
   // Verarbeitung
}
```

Wenn ein Event ausgelöst wird (bspw. ein Mausklick), so wird die `handleEvent`-Methode der entsprechenden Klasse mit einem `Event`-Objekt als Parameter aufgerufen. Diese überprüft, ob der Event benötigt wird. Ist dies der Fall, so wird die entsprechende Bearbeitungsmethode aufgerufen und `handleEvent()` terminiert mit dem Rückgabewert `true`. Falls `handleEvent()` den Event nicht benötigt, so liefert es den Wert `false` zurück, d. h. der Event wurde nicht verarbeitet. Tritt dieser Fall ein, so wird der Event in der Container-Hierarchie nach oben weitergeleitet. Die Rückgabe des Werts `true` zeigt eine erfolgreiche Verarbeitung des Events an, so dass keine Weiterleitung erfolgen muss. Das Event-Modell von Java 1.0.2 arbeitet folglich nach dem Prinzip *Inheritance and Propagation* (Vererbung und Weiterleitung).

Probleme des Modells von Java 1.0.2

Das Modell von Java 1.0.2 ist einfach und für kleinere Projekte ausreichend. Es hat aber insbesondere im Hinblick auf umfangreichere Anwendungen mehrere entscheidende Nachteile:

- *Ableitungen*
  Das 1.0.2-Modell zwingt den Programmierer zum Ableiten von GUI-Klassen, ohne dass eine veränderte Funktionalität oder ein verändertes Aussehen dies tatsächlich rechtfertigen würde. Dieses Vorgehen führt schnell zur Unübersichtlichkeit. Aufgrund der Weiterleitung von Events in der Container-Hierarchie kann man sich zwar darauf beschränken, den obersten Container abzuleiten. In diesem Fall muss man aber dort eine mit zunehmender Anwendungsgröße komplexe Typabfrage implementieren, was wiederum schnell zur Unübersichtlichkeit führt.
- *Overhead*
  Events werden immer an den übergeordneten Container weitergeleitet, unabhängig davon, ob dieser den Event verarbeitet oder nicht. Oft müssen sich Komponenten mit Events befassen, die sie nicht verarbeiten können. Dies ist bspw. oft beim Event-Typ `MouseMovement` der Fall, da nur wenige Objekte daran interessiert sind, jede Mausbewegung auszuwerten. Diese Verlagerung kann zur Verlangsamung der Rechnergeschwindigkeit führen.
- *Unsaubere Implementierung*
  Die Behandlung von Events findet immer in GUI-Komponenten statt. Eine saubere Trennung von GUI und übrigem Programmcode ist nicht möglich. Weiterhin können nur sichtbare AWT-Objekte Events erzeugen.

9.3.2 Das neue Event-Modell

Das Event-Modell von Java 1.1 stützt sich auf einen sog. *Callback-Mechanismus*. Die Bezeichnung dieses Modells lautet *Delegation-Modell*. Jedes Objekt, das an einem bestimmten Event-Typ interessiert ist, meldet sich als sog. *Listener* bei der Komponente an, die diesen Event-Typ erzeugt. Wird ein Event ausgelöst, so werden alle registrierten Listener benachrichtigt. Events, für die keine Listener registriert sind, werden nicht ausgelöst. Jeder ausgelöste Event ruft direkt die dazu gehörenden Event-Handler auf. Dieses Vorgehen erspart unnötigen Aufwand bei der Programmierung von `handleEvent`-Methoden, die nicht benötigte Events herausfiltern. Die handleEvent-Methoden bleiben daher kurz und übersichtlich. Da ein Event sofort den passenden Event-Handler aufruft, kann der Event beliebige Daten an den Handler übergeben. Bei der Wahl der Schnittstelle zwischen Event und Listener sind im Gegensatz zum Event-Modell von Java 1.0.2, dessen Events alle von einer Klasse abstammen müssen, keine festen Grenzen gesetzt.

Durch das ab JDK 1.1 implementierte Event-Modell wird ein Event von einer Event-Quelle an einen Event-Listener weitergeleitet, indem die Event-Quelle eine Methode des Event-Listeners aufruft und ein Objekt vom zu erzeugenden Event-Typ übergibt. Zunächst werden die wichtigsten Teile des Event-Modells, das Event-Objekt (Event Object), der Event Listener und die Ereignisquelle (Event Source), erläutert.

Event-Objekt

Event-Objekte kapseln die Zustandsänderung einer Event-Quelle. Alle Event-Objekte werden von der Klasse `java.util.EventObject` abgeleitet. Der Name einer Event-Klasse muss die Endung `Event` haben, wodurch der allgemeine Typ eines Events bereits an seiner Klasse erkennbar wird. Man unterscheidet dabei Low-Level-Events, wie z. B. `MouseEvent` oder `FocusEvent` und High-Level-Events (semantische Events) wie z. B. `ActionEvent` (ausgelöst bspw. durch Betätigung eines Buttons oder durch Auswahl eines Listeneintrags). Reichen die vordefinierten Event-Objekte nicht aus, so muss ein neues Event-Objekt definiert werden. Dadurch, dass jede Event-Klasse von der Klasse `java.event.EventObject` abgeleitet wird, ist es für jeden Event möglich, eigene Daten und Methoden zu beinhalten.

Syntax

```
//Definition des eigenen Event-Typs
public class MyEvent extends java.util.EventObject {
    // Implementierung des eigenen Event-Objekts
}
```

Event-Listener

Jede Event-Klasse besitzt ein oder mehrere Listener-Interfaces, die passende Methoden bereithalten, um die Informationen des Events abzufragen. So beinhaltet die Event-Klasse `MouseEvent` bspw. die beiden Listener-Interfaces `MouseListener` und `MouseMotionListener`. Das Listener-Interface `MouseListener` dient bspw. dazu, `MouseClick`-Events zu übertragen. Dazu stellt es unter anderem Methoden zum Feststellen von `MouseUp`- und `MouseDown`-Events bereit. Das Interface `MouseMotionListener` stellt dahingegen andere Methoden bereit, da es sich mit der Auswertung von Mausbewegungen beschäftigt. Möchte sich ein Objekt für die Events eines bestimmten Typs registrieren, so muss es das entsprechende `EventListener`-Interface implementieren.

Bevor man einen Event-Listener mittels einer der Methoden `addXXXListener()` registrieren kann, muss man einen Listener implementieren. Alle Event-Listener werden von der Klasse `java.util.EventListener` abgeleitet. Ein XXXListener beinhaltet für jeden Event-Typ, den die entsprechende XXXEvent-Klasse repräsentieren kann, mindestens eine als `public` deklarierte Methode. Durch die Implementierung dieser Methoden kann man den Event abfangen. Das folgende Beispiel definiert zwei Methoden für die Klasse `myEvent`:

Syntax

```
//Definition eines eigenen Event-ListenerTyps
public interface MyListener extends java.util.EventListener {
   public abstract void machWas(MyEvent e);
   public abstract void machNochWas(MyEvent e);
}
```

Event-Quelle

Im Kontext dieses Kapitels werden Events stets von JavaBeans ausgelöst. Eine Event-Quelle stellt Events zur Verfügung, indem sie die Methoden zur Registrierung eines Event-Listeners (`addXXXListener(XXXListener l)`) und zum Löschen der Registrierung (`removeXXXListener()`) anbietet. Im folgenden Beispiel wird zuerst ein Vektor erzeugt, damit alle Objekte verfolgt werden können, die an einem Event interessiert sind. Anschließend werden die Methoden zum Anmelden und Abmelden des EventListener-Objektes implementiert.

Syntax

```
// Registrieren und entfernen von Event-Listenern
private vector myListeners = new Vector();

public synchronized void addMyListener (MyListener l){
   myListeners.addElement(l);
}
public synchronized void removeMyListener(MyListener l){
   myListeners.removeElement(l);
}
```

Kann ein EventListener-Interface nicht direkt implementiert werden, so wird auf das Konzept der *Event-Adapter* zurückgegriffen.

9.3.3 Event-Adapter

Bisher wurde stets angenommen, dass Events direkt zwischen den Event-Quellen und Event-Listenern ausgetauscht werden. Dies impliziert, dass die Event-Listener sich bei der Event-Quelle registrieren und anschließend die entsprechende Nachricht erhalten, wenn ein Event eintritt. Diese Vorgehensweise stellt den Normalfall dar. In manchen Fällen ist es allerdings notwendig, die Event-Quelle vom Event-Listener zu trennen. Um diese Trennung zu erreichen, werden *Adapter* benötigt. Sie werden zwischen der Event-Quelle und dem Event-Listener platziert und fungieren als Event-Listener für die Event-Quelle und als Event-Quelle für das `EventListener`-Objekt.

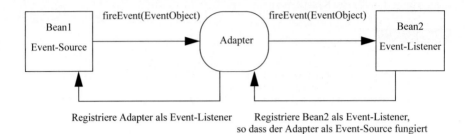

Abb. 9-5 Verwendung von Adaptern

Da Adapter häufig eingesetzt werden, werden im Folgenden einige Einsatzgebiete von Adaptern beschrieben.

Filter

Dieser Typ eines Event-Adapters empfängt die Events eines Beans, filtert sie entsprechend den Anforderungen des Programmierers und leitet die zu bearbeitenden Events anschließend weiter. Filteradapter werden bspw. benötigt, wenn nicht alle Events einer Komponente gesendet werden sollen, allerdings der Source-Code des Beans nicht vorliegt. Abb. 9-6 zeigt ein Beispiel eines solchen Adapters, der die Aufgabe hat, Mouse-Events zu ignorieren.

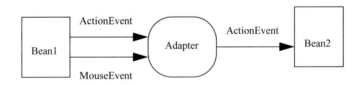

Abb. 9-6 Ereignisadapter als Filter für Mouse-Events

Warteschlangen

Eine mögliche weitere Aufgabe einer Adapterklasse ist der Aufbau einer Event-Warteschlange. Hierbei kann die Event-Quelle weiter ablaufen, ohne darauf warten zu müssen, dass ein Event beim Event-Listener abgearbeitet wurde. Diese Adapterart ist dann besonders sinnvoll, wenn Beans unterstützt werden sollen, die eventuell während der Auslösung eines Events noch nicht vorhanden sind.

Umhüllungsadapter

Diese Adapterart wird verwendet, wenn der Source-Code des Event-Listeners nicht modifizierbar ist. Hierbei registriert sich der Adapter bei der Event-Quelle. Wenn ein Event generiert wird, setzt der Adapter die entsprechende Methode beim Ziel-Bean ein.

Schaltungsadapter

Diese Adapterart wird bei vielen Entwicklungsumgebungen dazu verwendet, um Beans zu verbinden. Durch die Introspektion stellt die Entwicklungsumgebung fest, welche Events von welchem Bean ausgelöst werden können und verbindet diese mit dem Ziel-Bean.

Demultiplexer-Adapter

Diese Adapterart erlaubt es, mit demselben Event-Typ verschiedene Methoden beim Event-Listener aufzurufen. Dieser Fall kann z. B. dann eintreten, wenn ein Event-Listener das ActionListener-Interface implementiert hat, aber auf verschiedene Art und Weise reagieren soll, je nachdem, welcher Button betätigt wurde. So ist bei der Betätigung des OK-Buttons eine andere Methode aufzurufen als bei der Betätigung des Cancel-Buttons.

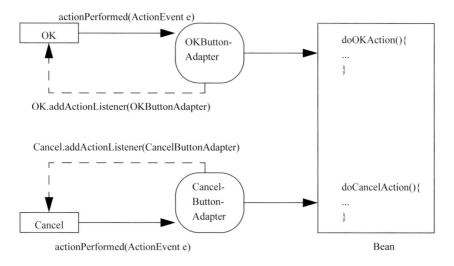

Abb. 9-7 Beispiel eines Demultiplexer-Adapters

In Abb. 9-7 verfügt jeder Buttons über einen Adapter, um `ActionEvent`-Objekte abzubilden. Der Adapter für den OK-Button sieht wie folgt aus:

Code

```java
// Adapter fuer OK-Button
class OKButtonAdapter implements ActionListener{
   public void actionPerformed (ActionEvent e){
      Bean.doOKAction();
   }
}
```

Ähnlich sieht der Adapter für den Cancel-Button aus:

Code

```java
// Adapter fuer den Cancel-Button
class CancelButtonAdapter implements ActionListener{
   public void actionPerformed (ActionEvent e){
      Bean.doCancelAction();
   }
}
```

Bei der Instantiierung der beiden Buttons muss dann jeweils der Adapter angemeldet werden.

Code

```java
// Anmeldung des OKButtonAdapter beim OK-Button
myOKButton = new Button("OK");
myOKAdapter = new OKButtonAdapter();
myOKButton.addActionListener(myOKAdapter);

// Anmeldung des CancelButtonAdapter beim Cancel-Button
myCancelButton= new Button("Cancel");
myCancelAdapter = new CancelButtonAdapter();
myCancelButton.addActionListener(myCancelAdapter);
```

9.3.4 Übertragung von Events

Die JavaBeans-Komponenten können über mehrere Event-Listener verfügen. Mehrere Event-Listener dürfen sich also bei einer einzigen Event-Quelle zur gleichen Zeit anmelden und somit von der Quelle Events empfangen. Diese Art, Events zu übertragen, wird als *Multicast-Übertragung* bezeichnet. Die Event-Quelle muss sich in diesem Fall für alle Event-Listener registrieren können, was man durch die Verwendung eines `java.util.Vector`-Objekts erreicht. Gleichzeitig unterstützt Java die Unicast-Übertragung von Events. Hierbei handelt es sich um einen einzigen Listener, der zu einem bestimmten Zeitpunkt verwendet wird.

Abb. 9-8 Unicast-Übertragung eines Ereignisses

Während in Abb. 9-8 die Unicast-Übertragung eines Events dargestellt ist, wird in Abb. 9-9 die Multicast-Übertragung eines Events betrachtet. Hieraus ist ersichtlich, dass mehrere an einem Event interessierte Event-Listener den Event gleichzeitig empfangen können.

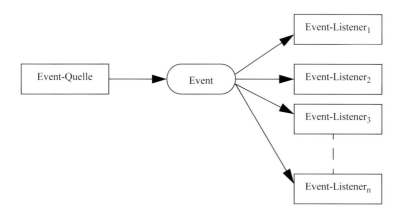

Abb. 9-9 Multicast-Übertragung eines Ereignisses

9.3.5 Zusammenfassung

In diesem Unterkapitel wurde das Grundkonzept der Event-Behandlung von Java-Beans beschrieben. Events ermöglichen die Interaktion mit und zwischen Java-Beans-Komponenten. Das Event-Modell von JavaBeans beruht auf dem Event-Modell, das auch bisher in Java verwendet wird. Dies führt zu einer einfachen Verarbeitung von Ereignissen und daher auch zu keinem neuen Aufwand beim Erlernen des Komponentenmodells von JavaBeans.

Es wurde weiterhin verdeutlicht, wie Event-Quellen und Event-Listener verwendet werden können, um den Event-Fluss zwischen Beans zu verwalten.

9.4 Properties (Eigenschaften)

Eigenschaften, sog. *Properties,* sind die wichtigsten Elemente einer JavaBeans-Komponente. Nach der JavaBeans-Spezifikation werden die Eigenschaften entweder als `private` oder als `protected` deklariert. Allerdings existieren zu jeder Eigenschaft, die nach außen hin sichtbar sein muss, die entsprechenden Getter- und Setter-Methoden. Der Grund hierfür liegt in der Kapselung (*Information Hiding*) eines Beans. Ein Bean soll der Außenwelt lediglich als einfache Black-Box erscheinen.

Eigenschaften dienen in erster Linie dazu, einem Bean interaktiv zur Laufzeit Parameter übergeben zu können. Da Properties aber als Methoden implementiert sind, stehen dem Entwickler zusätzliche Möglichkeiten zur Auswertung zur Verfügung. Die Methoden von Properties entsprechen in ihrer Bedeutung den als `public` deklarierten Methoden einer gewöhnlichen Java-Klasse. Durch die Veränderung von Eigenschaften können Anwendungsentwickler das Erscheinungsbild und das Verhalten eines JavaBeans beeinflussen. Innerhalb der schreibenden `set`-Methode kann vor einer Veränderung eines Wertes eine Prüfung des alten bzw. des zu setzenden neuen Wertes erfolgen, aus der weitere Aktionen resultieren können. Bei den Eigenschaften wird zwischen *Indexed-*, *Bound-*, und *Constrained-Properties* unterschieden. Eigenschaften können in zwei Kategorien klassifiziert werden: In *passive* Eigenschaften und *aktive* Eigenschaften.

9.4.1 Passive Eigenschaften

Passive Eigenschaften sind diejenigen Eigenschaften, die mit keinem `EventListener`-Objekt verbunden sind. Somit wirkt sich eine Änderung einer dieser Eigenschaften nur auf die entsprechende Eigenschaft, bzw. auf das Bean, das von dieser Eigenschaft abhängt, aus. Ein Beispiel hierfür ist das Ändern der Hintergrundfarbe eines Beans.

Zu den passiven Eigenschaften zählen sowohl *einfache* Eigenschaften als auch *indizierte* Eigenschaften (Indexed Properties). Bei indizierten Eigenschaften wird in der `get`/`set`-Methode ein `int`-Parameter als Index für das Datenfeld hinzugefügt:

Syntax

```
public setWertInFeld(int index, int wert);
public getWertInFeld(int index);
```

Einfache Eigenschaften

Einfache Eigenschaften repräsentieren einen einzelnen Wert. Sie sind typischerweise interne Variablen, die man durch Getter- und Setter-Methoden ansprechen kann.

Eine *Getter-Methode* beginnt immer mit einem `get`, gefolgt vom Namen der Eigenschaft. Der Wert einer Eigenschaft kann durch eine *Setter-Methode* geändert werden. Eine *Setter-Methode* beginnt mit einem `set`, gefolgt vom Namen einer Eigenschaft. Die Existenz der Getter- und Setter-Methode impliziert, dass die Eigenschaft les- und schreibbar ist. Wenn eine Variable innerhalb eines Beans nicht veränderbar sein darf, gibt es folglich auch keine Setter-Methode. Eine Eigenschaft kann auch nicht lesbar sein, wenn keine Getter-Methode existiert. Bei boole'schen Variablen kann die Getter-Methode durch eine `is`-Methode ersetzt werden. Eine `is`-Methode beginnt mit einem `is`, gefolgt vom Namen einer Eigenschaft. Nachfolgend ist ein Beispiel angeführt, das das Arbeiten mit einfachen Eigenschaften verdeutlicht. Hierbei handelt es sich um Schüler mit zwei Eigenschaften, *Alter* und *Familienstand* (ausgedrückt durch die boole'sche Variable *verheiratet*).

Code

```
public class Schueler implements Serializable{
   private int alter;
   private boolean verheiratet;
   // Null-Konstruktor
   Schueler(){
   }
   // Die Lesemethode der Eigenschaft Alter
   public int getAlter(){
      return alter;
   }
   // Die Schreibmethode der Eigenschaft Alter
   public void setAlter(int dasAlter){
      alter = dasAlter;
   }
   // Die Lesemethode der Eigenschaft verheiratet
   public boolean isVerheiratet(){
      return verheiratet;
   }
   // Die Schreibemethode der Eigenschaft verheiratet
   public setVerheiratet(boolean status){
      verheiratet = status;
   }
}
```

Indizierte Eigenschaften

Indizierte Eigenschaften (Indexed Properties) verwalten mehrere Eigenschaften, die denselben Datentyp haben. Mit den üblichen Getter- und Setter-Methoden wird die Menge der Eigenschaften in einem Schritt als Array zurückgegeben. Die Möglichkeit, die Eigenschaft eines einzelnen Elements dieser Menge zu verändern bzw. zu lesen, ist durch einen indizierten Array gegeben. Das folgende Beispiel, das eine Liste von Lehrern verwaltet, soll dieses Vorgehen verdeutlichen.

Code

```
public class MeineLehrer {
   private String lehrer[];
```

```
   // Konstruktor fuer die Klasse
   MeineLehrer(String[] lehrerListe){
      lehrer = lehrerListe;
   }

   // Die Lesemethode fuer einen Lehrer an einer bestimmten
   // Stelle der Liste.
   public Stirng getLehrer(int index){
      return lehrer[index];
   }

   // Die Schreibmethode fuer einen Lehrer an einer bestimmten
   // Stelle der Liste.
   public void setLehrer(int index, String lehrerX){
      lehrer[index] = lehrerX;
   }

   // Die Lesemethode der kompletten Liste
   public Stirng[] getLehrer(){
      return lehrer;
   }
}
```

Wenn Zugriffe auf Bereiche außerhalb der Grenzen eines indizierten Arrays von Eigenschaften erfolgen, meldet die entsprechende Zugriffsmethode die Exception ArrayIndexOutOfBoundsException. Dieses Verhalten stimmt mit dem regulären Verhalten von Java bei der Indizierung außerhalb von Array-Grenzen überein.

9.4.2 Aktive Eigenschaften

In diesem Abschnitt wird erläutert, wie eine einfache Eigenschaft erweitert werden kann, um Objekte über eine Zustandsänderung zu benachrichtigen. *Gebundene Eigenschaften* (Bound-Properties) eines Beans kombinieren die Verwaltung von Eigenschaften mit dem Event-Mechanismus. Beans informieren bspw. andere registrierte Komponenten über die Änderung einer ihrer Eigenschaften. Die registrierten Beans empfangen dann einen entsprechenden Event und können geeignet auf die Änderung reagieren.

Dieses Konzept wird durch *Constrained-Eigenschaften* (Constrained-Properties) noch erweitert. Diese ermöglichen es, eine beabsichtigte Wertänderung von einer anderen Komponente prüfen zu lassen. Die Änderung des Beans darf nur erfolgen, wenn keine externe Komponente die Änderung verhindert.

JavaBeans kommunizieren über Events miteinander. Die Klasse java.util.EventObject dient als Basisklasse für die versendeten Events. Die Implementierung verwendet hierbei das Event-Modell von JDK 1.1 mit Event-Quellen und Event-Listenern. Im Folgenden werden Bound- und Constrained-Eigenschaften detailliert betrachtet.

Bound-Properties

Gebundene Eigenschaften (Bound Properties) sind Eigenschaften, die einen Benachrichtigungsmechanismus beinhalten, der Änderungen anzeigt, die an Eigenschaften selbst durchgeführt werden. Externe Beans, Applets oder Anwendungen, die benachrichtigt werden wollen, wenn eine Änderung der Eigenschaft auftritt, registrieren sich bei der gebundenen Eigenschaft (Funktion als Event-Listener). Gebundene Eigenschaften informieren Event-Listener über Änderungen, indem sie einen PropertyChangeEvent auslösen. Ähnlich wie bei Events stellt ein Bean mit gebundenen Eigenschaften die folgenden Methoden für die Registrierung von Event-Listenern zur Verfügung:

Syntax

```
addPropertyChangeListener(PropertyChangeListener l);
removePropertyChangeListener(PropertyChangeListener l);
```

Wird ein Event ausgelöst, so generiert die Methode firePropertyChange() der Klasse PropertyChangeSupport einen Event vom Typ PropertyChangeEvent und leitet diesen an alle Listener weiter. Das Objekt PropertyChangeEvent enthält den Namen des Quell-Beans und den alten sowie den neu zu setzenden Wert der Eigenschaft. Abb. 9-10 veranschaulicht die Vorgehensweise bei der Änderung einer Bound-Property.

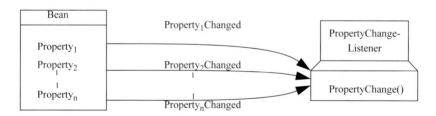

Abb. 9-10 Vorgehensweise bei der Änderung einer Bound-Eigenschaft

Constrained-Properties

Durch gebundene Eigenschaften (Bound Properties) werden registrierte Komponenten über Änderungen einer Eigenschaft benachrichtigt. Eine Erweiterung hierzu sind die eingeschränkten Eigenschaften (Constrained-Properties), Eigenschaften, die registrierte Komponenten über Änderungen benachrichtigen und es ihnen gleichzeitig ermöglichen, eine Änderung abzulehnen und diese somit rückgängig zu machen. Wird eine Änderung einer Eigenschaft rückgängig gemacht, so muss das Bean allen registrierten Komponenten nochmals eine Nachricht mit dem alten Wert der Eigenschaft senden. Der Mechanismus, eine eingeschränkte Eigenschaft mit den registrierten Komponenten zu verbinden, ähnelt dem von gebundenen Eigenschaften. Auch hier werden Methoden zur Registrierung benutzt, nur dass diese nicht das Interface `PropertyChangeListener` benutzen, sondern das Interface `VetoableChangeListener`.

Syntax

```
public void
   addVetoableChangeListener(VetoableChangeListener l);
public void
   removeVetoableChangeListener(VetoableChangeListener l);
```

Weiterhin sollte die Schreibmethode (`set`-Methode) dieser Eigenschaft eine `PropertyVetoException` auswerfen, wodurch erkannt werden kann, dass es sich bei dieser Eigenschaft um eine eingeschränkte Eigenschaft handelt.

Syntax

```
// Definition einer-Getter Methode fuer eine
// Constrained-Property
   public int getAlter(){
      return alter;
   }
// Definition einer-Setter Methode fuer eine
// Constrained-Property, die wirft ein
// PropertyVetoException auswirft
   public void setAlter(int dasAlter) throws
      PropertyVetoException
   {
      alter = dasAlter;
   }
```

Ähnlich wie bei gebundenen Eigenschaften veranschaulicht Abb. 9-11 die Vorgehensweise bei der Änderung einer Constrained-Property.

Wie bei gebundenen Eigenschaften sendet das betroffene Bean eine Benachrichtigung über eine Eigenschaftsänderung an ein `EventListener`-Objekt. Das `EventListener`-Objekt hat jedoch in diesem Fall die Möglichkeit, die Änderung der entsprechenden Eigenschaft abzulehnen, indem es die Ausnahmemeldung `PropertyVetoException` als Rückgabewert liefert. Wenn eine derartige Ausnahmemeldung erzeugt wird, muss das Bean derart fortfahren, dass der alte Wert der Eigenschaft wieder hergestellt wird und alle `EventListener`-Objekte davon in Kenntnis gesetzt werden. Die Methode für eingeschränkte Eigenschaften lautet `VetoableChangeEvent()`, die Benachrichtigung, die versendet wird, ist allerdings dieselbe (`PropertyChangeEvent`-Objekt).

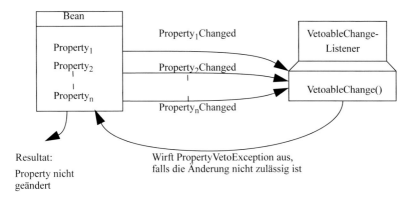

Abb. 9-11 Vorgehensweise bei der Änderung einer Constrained-Eigenschaft

Das folgende Beispiel verdeutlicht die Verwendung von gebundenen und von eingeschränkten Eigenschaften. Während das Attribut *Farbe* hierbei als gebundene Eigenschaft verwendet wird, ist das Attribut *Preis* eine eingeschränkte Eigenschaft. Im Beispiel werden Instanzen der Klassen PropertyChangeSupport- und VetoableChangeSupport verwendet, um aktuelle Ereignisse zu senden.

Code

```
import java.awt.*;
import java.beans.*;

public class myBean1 {

    private PropertyChangeSupport changes = new
      PropertyChangeSupport(this);
    private VetoableChangeSupport vetos = new
      VetoableChangeSupport(this);
    private Color farbe = Color.blue;
    private int preis = 2;

    public Color getFarbe() {
       return farbe;
    }
```

Die Setter-Methode löst einen PropertyChangeEvent aus, um die registrierten Komponenten zu benachrichtigen.

Code

```
    public void setFarbe(Color neueFarbe) {
       Color alteFarbe = farbe;
```

```
   farbe = neueFarbe;
   changes.firePropertyChange("farbe", alteFarbe,
     neueFarbe);
}

public int getPreis() {
   return preis;
}

public void setPreis(int neuerPreis) throws
  PropertyVetoException {
   int alterPreis = Preis;
```

Zuerst werden die registrierten Komponenten über die Änderung benachrichtigt, anschließend erfolgt das Schreiben des neuen Wertes.

Code

```
   vetos.fireVetoableChange("preis", new
     Integer(alterPreis),
   new Integer(neuerPreis));
   // Kein Veto zurückgekommen,
   // dann kann die Änderung erfolgen
   preis = neuerPreis;
   changes.firePropertyChange("preis", new
     Integer(alterPreis), new Integer(neuerPreis));
}
```

Die Methoden zum An- bzw. Abmelden der `EventListener`-Objekte sehen wie folgt aus.

Code

```
   public void
     addPropertyChangeListener(PropertyChangeListener l) {
      changes.addPropertyChangeListener(l);
   }
   public void
     removePropertyChangeListener(PropertyChangeListener l) {
      changes.removePropertyChangeListener(l);
   }
   public void
     addVetoableChangeListener(VetoableChangeListener l) {
      vetos.addVetoableChangeListener(l);
   }
   public void
     removeVetoableChangeListener(VetoableChangeListener l) {
      vetos.removeVetoableChangeListener(l);
   }
}
```

9.4.3 API-Unterstützung

Im Folgenden werden die wichtigsten Klassen und Methoden des Packages `java.beans` erläutert, die für Eigenschaften von Bedeutung sind.

Klasse PropertyChangeEvent

Syntax

```
public class java.beans.PropertyChangeEvent extends
   java.util.EventObject
```

Beans können diesen Event-Typ an registrierte `PropertyChangeListener` senden, um diese über die Änderung einer gebundenen (bound) oder eingeschränkten (constrained) Eigenschaft zu informieren. Der Event wird als Argument der Methoden `PropertyChangeListener` und `VetoableChangeListener` verwendet. `PropertyChangeEvent`-Objekte werden zusammen mit dem Namen der Eigenschaft, deren alten und deren neuen Wert gesendet. Diese Klasse verwendet den folgenden Konstruktor:

Syntax

```
public PropertyChangeEvent(Object source, String propertyName,
   Object oldValue, Object newValue)
```

Die Parameter haben hierbei die folgende Bedeutung:

- `source`: Quell-Bean
- `propertyName`: Name der Eigenschaft, die geändert wurde
- `oldValue`: Alter Wert der Eigenschaft
- `newValue`: Neuer Wert der Eigenschaft

Die Methoden, die Teil der Klasse `PropertyChangeEvent` sind, lauten:

- `Object getNewValue()` und `Object getOldValue()` liefern den neuen bzw. den alten Wert der Property als Objekt zurück. Dieser Wert kann null sein, wenn mehrere Eigenschaften geändert wurden.
- `String getPropertyName()` liefert den Namen der Eigenschaft zurück, die geändert wurde.

Interface PropertyChangeListener

Syntax

```
public interface java.beans.PropertyChangeListener extends
   java.util.EventListener
```

Ein `PropertyChange`-Event wird ausgelöst, wenn eine gebundene Eigenschaft eines Beans geändert wird. Diese Schnittstelle verwendet eine einzige Methode:

- `propertyChanged(PropertyChangeEvent evt)` wird aufgerufen, wenn eine Eigenschaft geändert wird. Als Parameter wird ein Objekt übergeben, das die Event-Quelle und die geänderte Eigenschaft beschreibt.

Klasse PropertyChangeSupport

Syntax

```
public class java.beans.PropertyChangeSupport extends
    java.lang.Object implements java.io.Serializable
```

Der Konstruktor dieser Klasse lautet wie folgt:

Syntax

```
public PropertyChangeSupport(Object sourceBean)
```

Folgende Methoden sind Teil dieser Klasse:

- `addPropertyChangeListener(PropertyChangeListener listener)` und `removePropertyChangeListener(PropertyChangeListener listener)`:
  Diese Methoden werden zum Hinzufügen eines `PropertyChangeListener`-Objektes bzw. zum Entfernen aus der `EventListener`-Liste verwendet.
- `firePropertyChange(String propertyName, Object oldValue, Object newValue)` löst einen Event aus, wenn sich eine gebundene Eigenschaft ändert. Falls der alte Wert der Eigenschaft dem neuen Wert entspricht, wird kein Event generiert.

Klasse PropertyVetoException

Syntax

```
public class java.beans.PropertyVetoException extends
    java.lang.Exception
```

Eine `PropertyVetoException` wird ausgelöst, wenn die Änderung einer Eigenschaft von einem `EventListener`-Objekt nicht akzeptiert wird. Der Konstruktor dieser Klasse lautet wie folgt:

Syntax

```
PropertyVetoException(String message, PropertyChangeEvent evt)
```

Diese Klasse verwendet die folgende Methode:

- `PropertyChangeEvent getPropertyChangeEvent()`
  liefert einen Event zurück

Interface VetoableChangeListener

Syntax

```
public interface java.beans.VetoableChangeListener extends
   java.util.EventListener
```

Ein `PropertyChangeEvent` wird ausgelöst, wenn eine eingeschränkte Eigenschaft eines Beans geändert wird. Diese Schnittstelle verwendet eine einzige Methode, die aufgerufen wird, wenn eine Eigenschaft geändert wird:

Syntax

```
public void vetoableChange(PropertyChangeEvent evt) throws
   PropertyVetoException
```

Klasse VetoableChangeSupport

Syntax

```
public class java.beans.VetoableChangeSupport extends
   java.lang.Object implements java.io.Serializable
```

Der Konstruktor dieser Klasse lautet wie folgt:

Syntax

```
public VetoableChangeSupport(Object sourceBean)
```

Folgende Methoden sind Teil dieser Klasse:

- `addVetoableChangeListener(VetoableChangeListener listener)` und `removeVetoableChangeListener(VetoableChangeListener listener)`
  Diese Methoden werden zum Hinzufügen eines `VetoableChangeListener`-Objektes bzw. zum Entfernen aus der `EventListener`-Liste verwendet.
- `fireVetoableChange(String propertyName, Object oldValue, Object newValue) throws PropertyVetoException`
  Diese Methode generiert einen Event, wenn sich eine eingeschränkte Eigenschaft ändert. Falls der alte Wert der Eigenschaft dem neuen Wert entspricht, wird kein Event ausgelöst.

9.4.4 Zusammenfassung

Eigenschaften sind mit gekapselten Daten innerhalb von Klassen vergleichbar. Eine von vielen Standardeigenschaften visueller Beans ist z. B. deren Hintergrundfarbe. Durch die Zuweisung eines neuen Wertes aus einem Programm heraus oder durch ein interaktives Fensters übernimmt das Bean die übergebene Einstellung und zeigt sie sofort an. Nachdem die passiven Eigenschaften (einfache Eigenschaften) erklärt wurden, wurde die komplexere Struktur der aktiven Eigenschaften (Bound- und Constrained-Properties) erläutert. Der Umgang mit diesen Eigenschaften sowie deren Nutzen wurde anschließend verdeutlicht.

9.5 Introspektion

Der *Introspektionsmechanismus* erlaubt es anderen Komponenten oder dem Container, in dem sich die JavaBeans-Komponente befindet, Einblick in den inneren Aufbau der Komponente zu erhalten. Dies ist besonders dann sinnvoll, wenn JavaBeans-Komponenten in einer visuellen Entwicklungsumgebung zusammengesetzt werden. Der Anwender muss dann nicht länger die Dokumentation des jeweiligen Beans zu Rate ziehen, da die Entwicklungsumgebung Informationen darüber zur Verfügung stellt, welche Eigenschaften, Events und Methoden die jeweilige JavaBeans-Komponente zur Verfügung stellt.

Das Introspektionskonzept ist aus diesem Grund ein Prozess, der es erlaubt, Informationen über Eigenschaften, Events und Methoden eines Beans automatisch abzuleiten. Ziel der Introspektion ist es, den Entwickler von einer Vielzahl von Informationen abzuschirmen. Aus diesem Grund und um es einer Entwicklungsumgebung zu ermöglichen, Beans zu analysieren, existiert eine Introspektionsklasse, die die Inspektion in Java ermöglicht. Hierzu werden ein Standard-Interface und verschiedene Design-Patterns dazu eingesetzt, um die Beans zu analysieren.

Introspektionsarten

In Java werden zwei Introspektionsarten verwendet: Die *implizite* und die *explizite* Introspektion. Die implizite Methode basiert auf einem einfachen Reflexionsmechanismus, der alle von der Klasse unterstützten Methoden als Ergebnis liefert. Mit Hilfe von Design-Patterns (siehe Kapitel 9.2) werden anschließend die Eigenschaften, Events und Methoden abgeleitet.

Der explizite Ansatz verwendet das Interface `BeanInfo`, das auf Anfrage `Deskriptor`-Objekte liefert, die die gewünschten Informationen enthalten. Da man ein Objekt, dass das `BeanInfo`-Interface implementiert, selbst implementieren kann, ist beim zweiten Ansatz die Wahl der Methodennamen der JavaBeans-Komponenten beliebig.

Introspektoren

Da die Ermittlung von Informationen über ein Bean auf einem vorgegebenen Algorithmus basieren muss, übernimmt diese Aufgabe eine besondere Klasse: Die Introspektionsklasse. Diese Klasse durchläuft die Vererbungshierarchie eines Beans und erfragt die notwendigen Informationen bei den verschiedenen BeanInfo-Objekten. Wenn kein Objekt gefunden wird, das das BeanInfo-Interface implementiert, verwendet die Introspektionsklasse die Technik der *Reflexion* und ermittelt aus den Methodensignaturen die fehlenden Informationen. Als Ergebnis liefert die Introspektionsklasse ein BeanInfo-Objekt, das über alle Informationen eines Beans verfügt.

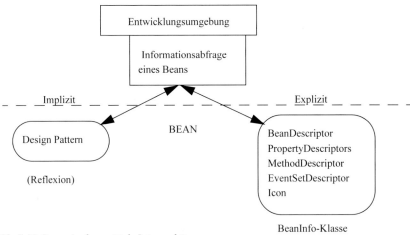

Abb. 9-12 Bean-Analyse mittels Introspektion

9.5.1 Implizite Introspektion durch Reflexion

Die implizite Introspektion basiert auf den in JavaBeans verwendeten Design-Patterns. Wie bereits bei der Namensvergabe von Eigenschaften erläutert wurde, können Informationen über Beans aus Methodennamen abgeleitet werden. Aus der Existenz der Methoden

Syntax

```
public <propertyType> getTheProperty();
public void setTheProperty( <propertyType> theValue);
```

kann auf die Schreib-/Lese-Eigenschaft theProperty vom Typ PropertyType geschlossen werden. Als Beispiel würde die automatische Introspektion von JavaBeans das Objekt anzahlDerSchiffe als *einfache Eigenschaft* vom Typ int identifizieren, wenn folgende Code-Zeilen im Bean vorkommen:

```
Code
public int getAnzahlDerSchiffe();
public void setAnzahlDerSchiffe(int n);
```

Diese Art der Kodierung von Informationen in Methodennamen besitzt Vor- und Nachteile. Als Nachteil gilt die Einschränkung der Namenswahl der Eigenschaftsmethoden. Zu den Vorteilen zählen unter anderem:

- leichtere Lesbarkeit von Code ermöglicht schnelleren Einsatz fremder Klassenbibliotheken
- kein Zusatzaufwand für die Introspektion.

9.5.2 Explizite Introspektion: BeanInfo-Klasse

Um die im letzten Absatz genannte Einschränkung der Namenswahl zu vermeiden bzw. um eine erweiterte Flexibilität bei der Definition von Eigenschaften von Java-Beans-Komponenten zu ermöglichen, steht eine zweite Art der Introspektion zur Verfügung, die explizite Introspektion, die mittels der Klasse `BeanInfo` realisiert ist. In Java können beliebige Objekte das `BeanInfo`-Interface implementieren und damit Methoden verwenden, die Informationsobjekte zu einzelnen Beans liefern. Darüber hinaus ist durch die Angabe eines Customization-Objekts (siehe Kapitel 9.6.2 auf Seite 557) eine dialoggesteuerte Anpassung eines Beans an seine Umgebung möglich.

Zu jedem Bean kann folglich die Metaklasse `BeanInfo` instantiiert werden, die durch den Namen, den Namen des Beans und die Endung `BeanInfo` charakterisiert ist. Für ein Bean-Objekt namens `Schiff.java` wäre bspw. die Klasse `SchiffBeanInfo.java` die komplementäre BeanInfo-Klasse.

Mittels der Klasse `BeanInfo` beschreibt der Entwickler explizit die wichtigsten Eigenschaften eines Beans. Im regulären Fall ist die `BeanInfo`-Klasse im gleichen Package wie die Bean-Klasse enthalten. Zur Verwendung muss die `BeanInfo`-Klasse das Interface `java.beans.BeanInfo` implementieren, das Methoden zur Analyse der als `public` deklarierten Informationen eines Beans bereitstellt. Die Klasse muss weiterhin eine Liste an Methoden, Events und Eigenschaften, die als `public` deklariert sind, zur Verfügung stellen. Stellt die `BeanInfo`-Klasse lediglich Teilinformationen zur Verfügung, bspw. nur Informationen über Events, oder ist keine derartige Klasse vorhanden, so fordert die Entwicklungsumgebung die notwendigen Informationen implizit über das Java-Reflection-API an.

Aus Gründen der Programmiereffizienz empfielt es sich, die `BeanInfo`-Klasse immer als Subtyp der Klasse `SimpleBeanInfo` aufzubauen. Die `SimpleBeanInfo`-Klasse enthält für alle erforderlichen Funktionen eine Standardimplementierung, die im Regelfall als Rückgabewert den Wert `null` zurückgibt. Der Wert `null` ist in diesem Fall nicht gleich der natürlichen Zahl `null`, sondern weist auf eine fehlende Definition hin. Das folgende Beispiel demonstriert eine mögliche Implementierung einer `BeanInfo`-Klasse für das oben eingeführte Bean `myBean1`. Diese Klasse legt fest, welches Icon das Bean repräsentieren soll. Alle weiteren Informationen werden durch die Reflexion gewonnen:

Code

```
import java.beans.*;

public class myBean1BeanInfo extends SimpleBeanInfo {

   public java.awt.Image getIcon(int iconKind) {
      if (iconKind == BeanInfo.ICON_COLOR_16x16) {
         java.awt.Image img = loadImage("myIcon16_16.gif");
         return img;
      }
      if (iconKind == BeanInfo.ICON_COLOR_32x32) {
         java.awt.Image img = loadImage("myIcon32_32.gif");
         return img;
      }

      return null;
   }
}
```

Wie Abb. 9-12 zu entnehmen ist, werden für die explizite Introspektion die im Folgenden beschriebenen Klassen benötigt.

Klasse FeatureDescriptor

Die Klasse `FeatureDescriptor` ist die Superklasse aller anderen Klassen, die in diesem Abschnitt beschrieben sind. Sie enthält allgemeine Informationen, die für alle Unterklassen gültig sind.

Klasse BeanDescriptor

Diese Klasse stellt allgemeine Informationen über eine JavaBeans-Komponente zur Verfügung, bspw. den Namen des Beans und den Bean-Customizer. Die Klasse enthält zwei Konstruktoren. Der erste Konstruktor enthält als Parameter den Namen des Beans:

Syntax

```
public BeanDescriptor getBeanDescriptor() {
   BeanDescriptor bd = new BeanDescriptor(beanClass);
   return bd;
}
```

Der zweite Konstruktor enthält zwei Parameter: Den Namen des Beans und dessen Customizer-Objekt:

Syntax

```
public BeanDescriptor getBeanDescriptor() {
   BeanDescriptor bd = new
     BeanDescriptor(beanClass,customizerClass);
   return bd;
}
```

Klasse PropertyDescriptor

Diese Klasse stellt allgemeine Informationen über die Eigenschaften eines Beans zur Verfügung. Die Funktion `getPropertyDescriptors` liefert einen Array zurück, der alle Eigenschaften eines Beans enthält. Hierbei existieren drei Verfahren, mit denen einer JavaBeans-Komponente explizit Eigenschaften zugeordnet werden können. Diese können über den Konstruktor dieser Klasse geregelt werden. Der erste Konstruktor enthält als Parameter den Namen der Eigenschaft und das zugehörige Bean:

Syntax

```
PropertyDescriptor(String propertyName, Class beanClass)
```

Der zweite Konstruktor enthält vier Parameter: Zusätzlich zum Namen der Eigenschaft und zum zugehörigen Bean werden hier auch Setter- und Getter-Methoden angegeben:

Syntax

```
PropertyDescriptor(String propertyName, Class beanClass,
   String getterMethodenName, String setterMethodenName)
```

Der dritte Konstruktor enthält nur den Namen der Eigenschaft und deren Setter- und Getter-Methoden. Dieser Konstruktor wird allerdings selten verwendet.

Syntax

```
  PropertyDescriptor(String propertyName, String
    getterMethodenName, String setterMethodenName)
```

Jeder der Konstruktoren erzeugt eine Exception vom Typ `IntrospectionException`, wenn ein Fehler auftritt. Eine mögliche Anwendung der Klasse `PropertyDescriptor` in einer `BeanInfo`-Klasse sieht wie folgt aus:

Code

```
import java.beans.*;

public class myBean1BeanInfo extends SimpleBeanInfo {
```

```
public PropertyDescriptor[] getPropertyDescriptors() {
   try{
      PropertyDescriptor farbe = new
        PropertyDescriptor("farbe", myBean1, "getFarbe",
        "setFarbe");
      PropertyDescriptor preis = new
        PropertyDescriptor("preis", myBean1, "getPreis",
        "setPreis");

      PropertyDescriptor[] pd = { farbe, preis };
      return pd;
   }
   catch (IntrospectionException e) {
      throw new Error(e.toString());
   }
  }
}
```

Diese Klasse kann aber nur für die normalen Eigenschaften verwendet werden. Handelt es sich bei einer Eigenschaft um eine indizierte Eigenschaft, so muss analog die Klasse `IndexedPropertyDescriptor` verwendet werden, die eine Erweiterung der Klasse `PropertyDescriptor` darstellt. Auch für diese Klasse existieren wiederum verschiedene Konstruktoren. Da die Verwendung dieser Klasse dem Umgang mit der `PropertyDescriptor`-Klasse sehr ähnlich ist, wird hier nur der ausführliche Konstruktor erläutert:

Syntax

```
public IndexedPropertyDescriptor(String propertyName,
   Class beanClass, String getterMethodenName,
   String setterMethodenName,
   String indexedGetterMethodenName, String
     indexedSetterMethodenName) throws IntrospectionException
```

Klasse MethodDescriptor

Das Komponentenmodell, das in JavaBeans verwendet wird, definiert alle als `public` deklarierten Methoden eines Beans als Komponentenmethoden. Die Zugriffsmethoden der Eigenschaften bzw. der Events gehören nicht zu dieser Kategorie. Der Zugriff auf diese Methoden ist daher wie bei einer regulären Java-Klasse jederzeit erlaubt. Derartige Methoden werden durch die Reflexionseigenschaft von Java in der visuellen Entwicklungsumgebung dargestellt. Möchte der Programmierer von Beans dem Entwickler, der JavaBeans in einer Entwicklungsumgebung einsetzt, allerdings Methoden vorenthalten, so empfiehlt es sich, diese Klasse einzusetzen. Im folgenden Beispiel sei angenommen, dass ein Bean zwei als `public` deklarierte Methoden beinhaltet, die Methoden `copy()` und `delete()`. Die Entwicklungsumgebung soll allerdings lediglich die Methode `delete()` anbieten. Zur Implementierung dieses Beispiels ist die folgende `BeanInfo`-Klasse notwendig:

Code

```
import java.beans.*;

public class myBean1BeanInfo extends SimpleBeanInfo {
   public MethodDescriptor[] getMethodDescriptors() {
      try{
         MethodDescriptor md1 = new
           MethodDescriptor(getMethod(myBean1.class,
           "delete"));

         MethodDescriptor[] md = { md1 };
         return md;
      }
      catch (IntrospectionException e) {
         throw new Error(e.toString());
      }
   }
}
```

Klasse EventSetDescriptor

Diese Klasse stellt allgemeine Informationen über Events, die ein Bean auslösen kann, zur Verfügung. Zur Unterscheidung der Events durch diese Klasse sind nicht die Events selbst wesentlich, sondern die Anzahl der verschiedenen `EventListener`-Objekte, die das JavaBean verwaltet. Die Spezifikation dieser Klasse ist ähnlich wie bei den anderen bisher erläuterten Deskriptoren, allerdings beinhaltet diese Klasse eine Vielzahl von Konstruktoren. Der einfache Konstruktor verlangt als Argument lediglich den Namen des Beans, das den Event auslöst, den Event-Namen, den Namen des Listener-Objekts und die Methode, die beim Event-Listener aufgerufen wird, wenn der Event eintritt.

Syntax

```
public EventSetDescriptor(Class sourceClass, String
   eventSetName, Class listenerType, String
     listenerMethodName) throws IntrospectionException
```

9.5.3 Zusammenfassung

Beans und Anwendungen tauschen mittels Events diverse vorab definierte Informationen und Zustandsänderungen aus. Sie verwenden dabei das flexible Ereignismodell des JDKs, um zur Laufzeit dynamisch den Ereignisfluss steuern zu können. Der Entwickler eines Beans kann hierbei alle Möglichkeiten von Java nutzen, die Sichtbarkeit (im Sinne der Aufrufbarkeit) von außen frei zu bestimmen. Der Endanwender kann ausschließlich die als `public` deklarierte Methoden eines Beans direkt aufrufen. Jede Funktionalität, die der Entwickler gekapselt hat, bleibt dem Benutzer verborgen. Über die optionale Klasse `BeanInfo` ist es darüber hinaus möglich, gezielt auf das äußere Erscheinungsbild eines Beans Einfluss zu nehmen. Dieser Einfluss kann mittels des Introspektionskonzepts erreicht werden.

In diesem Unterkapitel wurde auf die Introspektion und ihre Bedeutung für die Programmierung von JavaBeans-Komponenten eingegangen. Dabei wurde darauf hingewiesen, dass vorrangig die Klasse `SimpleBeanInfo` anstelle der Klasse `BeanInfo` zu implementieren ist, da der Programmierer hierbei auf Implementierung aufwendiger `BeanInfo`-Klassen verzichten kann, und da Entwicklungsumgebungen Gebrauch von den Reflexionseigenschaften machen. Sollen Informationen verborgen werden, so muss die Klasse `BeanInfo` implementiert werden. Beinhaltet diese Klasse nicht alle der in diesem Unterkapitel beschriebenen Deskriptorklassen (`PropertyDescriptor`, `EventSetDescriptor` und `MethodDescriptor`), so wird bei den fehlenden Deskriptorklassen auf das Prinzip der Reflexion zurückgegriffen. Zum Abschluss dieses Unterkapitels wurden die Klassen und Schnittstellen des JavaBeans-APIs beschrieben, die die Introspektion ermöglichen.

9.6 Customization

Nachdem im vorherigen Unterkapitel die Introspektion erklärt wurde, wird in diesem Teil des Kapitels erläutert, wie das Verhalten und das Aussehen eines Beans zur Designzeit, d. h. innerhalb einer Entwicklungsumgebung, angepasst werden kann. Die JavaBeans-Technologie beinhaltet zwei Möglichkeiten, um die Anpassung der Komponenten innerhalb einer Entwicklungsumgebung mit minimalem Aufwand betreiben zu können:

- *Verwendung eines Property-Editors*
  Jede Eigenschaft eines Beans verfügt über einen eigenen Property-Editor, mit dem Eigenschaften angepasst werden können. Eine Entwicklungsumgebung stellt eine Eigenschaft eines Beans in einem sog. *Property Sheet* dar. Jeder Property-Editor ist mit einer bestimmten Eigenschaft assoziiert.
- *Verwendung eines Customizers*
  Mit einem Customizer kann das gesamte Bean in einem Schritt editiert werden. Im Gegensatz zum Property-Editor ist ein Customizer nicht mit einer bestimmten Eigenschaft, sondern mit dem gesamten Bean assoziiert.

9.6.1 Property-Editor

Property-Editoren sind Werkzeuge zur visuellen Manipulation von Eigenschaften. Sie unterstützen den Anwender bei der Konfiguration der Eigenschaften einer JavaBeans-Komponente. JavaBeans bieten Property-Editoren lediglich für die Eingabe der vorab definierten Datentypen (bspw. `int`, `boolean` oder `Color`) an.

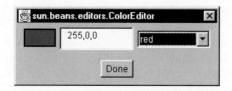

Abb. 9-13 Property-Editor für den Datentyp `Color`

Wird ein Datentyp verwendet, für den kein Property-Editor existiert, wie bspw. für den Datentyp `Date`, so muss der Programmierer dafür sorgen, dass die visuelle Manipulierbarkeit dieses Datentyps unterstützt wird, dass also ein eigener Property-Editor angeboten wird.

Ein Property-Editor kann entweder allgemein definiert werden, so dass Java für jede Eigenschaft dieser Art automatisch diesen Editor-Typ wählt, oder speziell für eine einzige Eigenschaft. Im zweiten Fall muss der Property-Editor mit Hilfe der Klasse `BeanInfo` mit der Eigenschaft assoziiert werden. Zur allgemeinen Definition muss der Property-Editor den folgenden Namen verwenden:

Syntax

```
<Datentyp>Editor,
```

Im oben angesprochenen Beispiel ist der Name folglich `DateEditor`.

Die Manipulation einer Eigenschaft findet immer im Kontext eines Beans statt. Somit beinhaltet das Editieren eines Beans den Umgang mit einer Gruppe von Property-Editoren, da ein Bean in der Regel mehrere Eigenschaften enthält. Das Editieren eines vollständigen Beans erfolgt, indem das *Property Sheet* verwendet wird. Ein Property Sheet enthält eine Auswahl verschiedener Property-Editoren für die spezifischen Eigenschaften eines Beans. Die Bindung eines Property-Editors an eine bestimmte Eigenschaft kann auf verschiedene Art und Weise erfolgen:

- *Explizite Assoziation*
  Die explizite Assoziation wird durch die explizite Angabe des Namens eines Property-Editors in der `BeanInfo`-Klasse realisiert:

Syntax

```
myPropertyDescriptor.setPropertyEditorClass
   (KlassenNameEditor.class);
```

- *Explizite Registrierung*
  Die explizite Registrierung wird durch die Methode `java.Beans.PropertyEditorManager.registerEditor` realisiert, die die folgenden zwei Argumente erwartet: Die Klasse des Datentyps, der editiert werden soll, und die Editor-Klasse, die mit diesem Typ verbunden ist.

- *Implizite Suche nach dem Property-Editor*
  Wird für einen Datentyp keine explizite Angabe des assoziierten Property-Editors vorgenommen, so sucht die Komponente `PropertyEditorManager` nach einem geeigneten Property-Editor für diesen Datentyp. Dies erfolgt, indem das Wort Editor zum gesamten Klassennamen hinzugefügt wird. So würde bspw. für die Klasse `java.beans.Date` der Property-Editor-Manager nach der Klasse `java.beans.DateEditor` suchen.

9.6.2 Customizer

Bei Komponenten größeren Umfangs kann es sinnvoll sein, die Eigenschaften in einer bestimmten Form zu gliedern, um zusammengehörige Eigenschaften auch im Dialogfenster zusammenhängend darzustellen. In diesem Fall definiert der Entwickler eine eigene *Customizer-Klasse*. Soll das JavaBean durch einen eigenen Customizer konfiguriert werden, so muss eine geeignete Beschreibung in der `BeanInfo`-Klasse erfolgen. Hierzu wird dem `BeanDescriptor`-Objekt zur Initialisierungszeit ein Customizer-Objekt übergeben. Die Entwicklungsumgebung fragt anschließend spätestens bei der Instantiierung eines JavaBeans das `BeanDescriptor`-Objekt nach dem jeweiligen Customizer-Objekt. Ist dieses vorhanden, so wird der Customizer anstelle des Standarddialogs angezeigt. Customizer werden vor allem dann benötigt, wenn die Property-Editoren nicht ausreichen, um ein Bean geeignet anzupassen. Jeder Customizer muss die folgenden Eigenschaften aufweisen:

- Direkte oder indirekte Ableitung von der Klasse `java.awt.Component`, damit er innerhalb eines `java.awt.Dialog`-Objekts oder innerhalb eines `java.awt.panel`-Objekts instantiiert werden kann.
- Implementierung des Interfaces `java.beans.Customizer`. Hierdurch erfolgt die Implementierung von Methoden zur Registrierung von `PropertyChangeListener`-Objekten und zur Generierung von `PropertyChange`-Events, wenn eine Änderung einer Eigenschaft stattfindet.
- Verwendung eines Null-Konstruktors.

Customizer werden von Beans-Entwicklern entworfen und implementiert. JavaBeans stellt zwar ein Interface zur Verfügung, das jedes Customizer-Objekt implementieren muss, aber keine weitere Implementierungsunterstützung. Hierdurch kann die Entwicklung eines Customizers sehr aufwendig sein.

9.6.3 API-Unterstützung

Im Folgenden werden die Klassen und Interfaces beschrieben, die die Anpassung eines Beans unterstützen.

Interface PropertyEditor

Durch dieses Interface werden Editoren für einzelne Eigenschaften eines gegebenen Datentyps definiert. Da die JavaBeans-Technologie Property-Editoren für vorab definierte Datentypen bereits zur Verfügung stellt, werden Property-Editoren nur für selbst definierte Datentypen, wie bspw. für komplexe Zahlen, entwickelt.

Klasse PropertyEditorSupport

Die Klasse `ProperyEditorSupport` ist eine Hilfsklasse, die das Interface `PropertyEditor` implementiert. Diese Klasse erleichtert vor allem die Programmierung eines selbst definierten Property-Editors. Diese Klasse enthält die folgenden Methoden:

- `addPropertyChangeListener(PropertyChangeListener)` und `removePropertyChangeListener(PropertyChangeListener)`
  Diese Methoden werden zum Hinzufügen bzw. Löschen eines `PropertyChangeListener`-Objektes zu bzw. aus der Liste der `EventListener`-Objekte verwendet. Ein `PropertyChange`-Event wird dann ausgelöst, wenn der Wert einer Eigenschaft verändert wird.
- `firePropertyChange()`
  Meldet registrierten Listenern eine Änderung.
- `getAsText()` und `setAsText(String)`
  Liefert bzw. setzt den Wert einer Eigenschaft auf den Datentyp `String`, damit der Wert gelesen werden kann.
- `getCustomEditor()`
  Erzeugt ein `java.awt.Component`-Objekt, um den Wert einer Eigenschaft editieren zu können.
- `supportsCustomEditor()`
  Liefert dann den Wert `true`, wenn ein Property-Editor zur Verfügung steht.
- `getJavaInitializationString()`
  Gibt den Java-Code zurück, der den Anfangswert der Eigenschaft darstellt. Ein Beispiel für eine Eigenschaft des Datentyps `Color` wären die folgenden Anweisungen: `new Color(255,0,0)` oder `Color.red`.
- `getValue()` und `setValue(Object)`
  Erfragt bzw. setzt den Wert einer geänderten Eigenschaft.
- `isPaintable()`
  Liefert dann den Wert `True`, falls die Methode `paintValue()` anwendbar ist.
- `paintValue(Graphics, Rectangle)`
  Generiert eine grafische Repräsentation des Werts einer Eigenschaft innerhalb eines Rechtecks.

Klasse PropertyEditorManager

Diese Klasse wird verwendet, um den Property-Editor für eine Eigenschaft eines bestimmten Datentyps zu lokalisieren. Durch diese Klasse können Eigenschaftstypen registriert werden, um entsprechende Editoren finden zu können. Ist der Eigenschaftstyp nicht registriert, so sucht ein PropertyEditorManager-Objekt nach einem Property-Editor, dessen Namen sich aus dem Namen der Eigenschaft, gefolgt von dem Wort Editor, zusammensetzt. Die Klasse beinhaltet die folgenden Methoden:

- findEditor(Datenype)
  Sucht nach einem Property-Editor für einen bestimmten Datentyp und gibt ihn zurück.
- registerEditor(DatenTyp, Editor)
  Registriert eine Editor-Klasse für den angegebenen Datentyp.
- getEditorSearchPath()
  Gibt eine Liste von Package-Namen zurück, die untersucht werden müssen, um Property-Editoren zu finden. Der Anfangswert lautet bspw. sun.beans.editors.
- setEditorSearchPath(String[])
  Setzt die Liste der Package-Namen, die untersucht werden müssen, um Property-Editoren zu finden.

Interface Customizer

Dieses Interface stellt ein GUI zur Verfügung, mit dessen Hilfe eine JavaBeans-Komponente angepasst werden kann. Die folgenden Methoden werden durch dieses Interface bereitgestellt:

- setObject (meinBean)
  Setzt das Bean-Objekt, das angepasst werden muss.
- addPropertyChangeListener(PropertyChangeListener) und removePropertyChangeListener(PropertyChangeListener)
  Diese Methoden werden zum Hinzufügen bzw. Löschen eines PropertyChangeListener-Objekts zu bzw. aus der Liste der EventListener-Objekte verwendet. Der Customizer erzeugt einen PropertyChange-Event, wenn eine Änderung einer Eigenschaft innerhalb eines Beans stattfindet.

Zusammenfassung

In diesem Unterkapitel wurde die Anpassung von JavaBeans-Komponenten erläutert, d. h. deren Unterstützung für Entwicklungsumgebungen erläutert. Grundsätzlich existieren zwei Möglichkeiten, um Entwicklungsumgebungen zu unterstützen. Der einfache Weg besteht in der Implementierung eines Property-Editors. Die Entwicklung eines Customizers stellt zwar bezüglich der Adaptivität eines Beans innerhalb einer Entwicklungsumgebung eine umfangreichere Lösung dar, erfordert aber eine aufwendige Programmierung. Es sei hier nochmals darauf hingewiesen, dass für vorab definierte Datentypen, wie bspw. `int`, `float` oder `Color`, kein Property-Editor implementiert werden muss, da in Java für diese Datentypen standardmäßig Property- Editoren zur Verfügung stehen.

9.7 Persistenz

Ein weiterer Mechanismus, der in der JavaBeans-Spezifikation festgelegt ist, ist das *Persistenzkonzept*. Unter *Persistenz* versteht man, dass eine Komponente ihren Inhalt durch Serialisierung persistent (dauerhaft) speichern kann. Zum Inhalt dieser Komponente gehören in diesem Zusammenhang die Eigenschaften und die übrigen durch die JavaBeans-Komponente repräsentierten Daten, wie bspw. Bilddaten oder Audiodateien. Durch die *Serialisierung* von Komponenten wird eine einheitliche Schnittstelle festgelegt, wodurch JavaBeans-Komponenten ihren Inhalt bspw. auf der Festplatte abspeichern können. Die Daten werden hierbei durch spezielle API-Klassen gesammelt und an Streams weitergegeben. Die Serialisierungsspezifikation von JavaBeans gewährleistet daher, dass der Inhalt einer JavaBeans-Komponente nach einem einheitlichen Verfahren abgespeichert wird und somit zu einem späteren Zeitpunkt wieder geladen werden kann.

Durch das Persistenzkonzept wird es möglich, dass der Zustand einer Komponente jederzeit wieder hergestellt werden kann

Zusätzlich existiert in Java der *Externalisierungs*mechanismus, mit dem der Entwickler das Format der Datenspeicherung einer Komponenten manipulieren kann. Hiermit wird erreicht, dass die Daten einer JavaBeans-Komponente in einem bestimmten Dateiformat gespeichert werden, das von anderen JavaBeans-Komponenten oder Programmen gelesen werden kann.

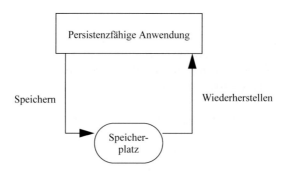

Abb. 9-14 Speicherung und Wiederherstellung von persistenten Komponenten

Um den Serialisierungsprozess fehlerfrei durchführen zu können, müssen folgende Regeln beachtet werden:

- Nur Objekte, die die Interfaces `java.io.Serializable`- oder `java.io.Externalizable` implementieren, können serialisiert werden.
- Alle Objekte eines Beans, das die `Serializable`-Schnittstelle implementiert, müssen serialisierbar sein, da ansonsten der Serialisierungsmechanismus eine Ausnahme vom Typ `NotSerializableException` erzeugt.
- Der Serialisierungsprozess durchläuft die Beans-Hierarchie von oben nach unten.
- Für die Klassen, die wieder hergestellt werden müssen, gelten die üblichen Sicherheitsbestimmungen, wie bspw. Code-Verifikation und Security-Management.
- Die statischen Variablen einer JavaBeans-Komponente unterliegen dem Serialisierungsprozess nicht.
- Soll ein bestimmter Datentyp nicht serialisiert werden, so muss er mit dem Schlüsselwort `transient` explizit angegeben werden. Im folgenden Beispiel wird die Eigenschaft `OperatingSystem` nicht serialisiert, da für sie das Schlüsselwort `transient` deklariert wird:

Syntax

```
String transient OperatingSystem= " "
```

Zur Serialisierung werden eine Reihe von Klassen verwendet. Die wichtigsten dieser Klassen sind hierbei `ObjectInputStream` zum Lesen von Daten aus einem `InputStream`-Objekt und `ObjectOutputStream` zum Schreiben der Daten in ein `OutputStream`-Objekt. Diese Klassen sind deshalb als *Streams* realisiert, um komplexe Objekte, und nicht lediglich einfache Datentypen wie `Byte` oder `int`, übermitteln zu können. Der Mechanismus der Persistenz von Objekten ist leicht implementierbar und erweiterbar, da hierzu lediglich die Schnittstelle `Serializable` zu implementieren ist. Hieraus ergibt sich keine Änderung des Programms, da keine Methoden implementiert werden müssen.

Die Klassen ObjectInputStream und ObjectOutputStream

Objekte können mit der Klasse `ObjectOutputStream` in ein `OutputStream`-Objekt geschrieben werden. Diese Objekte können dann wie gewöhnliche Streams bearbeitet werden. Objekte können folglich in eine Datei geschrieben oder über ein Netzwerk übertragen werden. Üblicherweise werden serialisierte Objekte mit der Methode `writeObject()` in eine Datei mit dem Suffix .ser gespeichert, eine Abkürzung für das Wort Serialisierung. Die Objekte müssen von einem `ObjectInputStream`-Objekt in der Reihenfolge gelesen werden, in der sie von der Methode `writeObject()` Methode geschrieben wurden. Der voreingestellte Serialisierungsmechanismus für ein Objekt speichert dann den Klassennamen, die Klassensignatur und alle nichttransient und nichtstatisch deklarierten Felder sowie Referenzen zu anderen Objekten. Mehrere Referenzen zu einem Objekt werden mit einem Mechanismus zum Referenz-Sharing geschrieben, so dass Objektgraphen wieder reproduziert werden können. Als Beispiel werden Instanzen der Klassen `java.awt.Button` und `java.io.FileOutputStream` erzeugt. Die zweite Instanz wird als `buch.ser` bezeichnet und dazu benutzt, um eine Instanz der Klasse `java.io.ObjectOutputStream` zu erzeugen. Im Anschluss wird die Methode `writeObject()` aufgerufen, um das `Button`-Objekt abzuspeichern. Die Methode `flush()` wird zum Schluss dazu eingesetzt, um den gesamten Stream in die gewünschte Datei zu schreiben:

Code

```java
// Beispiel SchreibeApplet.java
// Speichern eines Buttons in der Datei buch.ser
import java.awt.*;
import java.applet.*;
import java.io.*;
public class SchreibeApplet extends Applet {
    java.awt.Button button1;
    public void init()
    {
        setLayout(null);
        setSize(426,162);
        button1 = new java.awt.Button();
        button1.setLabel("OpenJava");
        button1.setBounds(24,48,156,40);
        button1.setBackground(new Color(12632256));
        add(button1);
        try{
            FileOutputStream fos = new
              FileOutputStream("buch.ser");
            ObjectOutputStream oos = new ObjectOutputStream(fos);
            oos.writeObject(button1);
            oos.flush();
        }
        catch (Exception e) {
        System.out.println("Exception: " + e);
        }
    }
}
```

Für das oben dargestellte Beispiel soll nun eine Lesemethode geschrieben werden, damit die in der Datei `buch.ser` enthaltenen Daten wieder hergestellt werden können. Hierzu wird eine Instanz der Klasse `java.io.FileInputStream` erzeugt und dazu benutzt, um eine Instanz der Klasse `java.io.ObjectInputStream` zu erzeugen. Die Methode `readObject()` wird anschließend aufgerufen, um das `Button`-Objekt einzulesen. Diese Methode liefert ein Objekt zurück, das in den `Button`-Typ umgewandelt wird (Casting), um das `Button`-Objekt wieder herstellen zu können.

Code

```
// Beispiel restoreApplet.java
// Wiederherstellung der oben gespeicherten Daten

import java.awt.*;
import java.applet.*;
import java.io.*;

public class restoreApplet extends Applet {
   public void init() {
      setLayout(null);
      setSize(426,266);
      try {
         FileInputStream fis = new FileInputStream("buch.ser");
         ObjectInputStream oos = new ObjectInputStream(fis);
         Button b = (Button)oos.readObject();
         add(b);
      } catch (Exception e) {
         System.out.println("Exception: " + e);
      }
   }
}
```

Die Serialisierung von Klassen bedeutet im Normalfall keinen großen Aufwand. Eine zu serialisierende Klasse muss lediglich eines der zwei folgenden Interfaces implementieren: Entweder das Interface `java.io.Serializable` oder das Interface `java.io.Externalizable`. Es sei hier darauf aufmerksam gemacht, dass beim Testen der oben genannten Beispiele Security-Exceptions auftreten können. Man sollte daher den Appletviewer mit den entsprechenden Sicherheitseinstellungen benutzen.

Interface Serializable

Das Interface `Serializable` beinhaltet keine Methoden, die implementiert werden müssen. Aufgabe des Interfaces ist es, die Daten der Klasse automatisch zu speichern bzw. wieder herzustellen. Das Interface beinhaltet lediglich ein Feld, `SerialVersionUID` (hierzu siehe Kapitel 9.7.1).

Interface Externalizable

Soll exakt festgelegt werden, welche Objekte abzuspeichern sind, so reicht das Interface `Serializable` nicht aus. Ein Bean muss dann das Interface `Externalizable` implementieren. Diese Schnittstelle erlaubt es dem Programmierer, festzulegen, *welche* Daten gespeichert werden. Hierzu müssen die folgenden zwei Methoden implementiert werden:

- `WriteExternal(ObjectOutput)` und
- `ReadExternal(ObjectInput)`

Diese zwei Methoden erlauben ein beliebiges Abspeichern der Formate sowie der Daten der JavaBeans-Komponente. Beide erzeugen dann eine IOException, wenn ein Fehler beim Lesen oder Schreiben der Daten auftritt. Die Methode WriteExternal() wird daher verwendet, wenn Daten einer JavaBeans-Komponente gespeichert werden müssen. Im Gegensatz dazu dient die Methode ReadExternal() zum Lesen der serialisierten Daten.

9.7.1 Versionshaltung

Bei der Speicherung eines Objekts in Java mit Hilfe des Interfaces Serialization werden die Dateninhalte, der Objekttyp und eine Versionsidentifikation in der .ser Datei gespeichert. Die Versionsidentifikation liegt in Form einer 64 bit langen Zeichenkette vor, die als Prüfsumme (Hash-Code) erzeugt wird. Sie enthält Informationen über die Klassenstruktur und deren Inhalt, über den Klassennamen, nichtstatische oder transiente Datenfelder und Methoden. Diese Information wird als *Stream Unique IDentifier* (SUID) bezeichnet. Jede Änderung der Struktur eines Beans resultiert folglich in einer neuen SUID, wodurch Kompatibilitätsprobleme entstehen können. Um die SUID eines Beans abzufragen, wird die folgende Syntax verwendet:

Syntax

```
serialver -show
```

Nach der Eingabe dieser Anweisung erscheint eine grafische Oberfläche, in der der Klassenname eingegeben werden muss. Als Resultat wird anschließend die SUID einer Klasse ausgegeben. In Abb. 9-15 ist die Oberfläche dargestellt, die beim Aufruf von serialver -show und bei der Angabe des gewünschten Klassennamens, der in diesem Fall die oben genannte Klasse SchreibeApplet ist, erscheint.

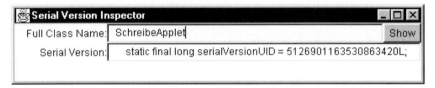

Abb. 9-15 Introspektion der Information „Serial Version"

Änderungen einer Klasse können hierbei zu großen Problemen führen. So kann es vorkommen, dass eine Klasse eine Datei lesen will, die aber in einer früheren Version geschrieben wurde. Dies kann zu einem Kompatibilitätsproblem führen. Im JDK sind einige Mechanismen aufgeführt, die diesbezügliche Änderungen zulassen. JavaBeans-Programmierer dürfen dementsprechend lediglich neu definierte Instanzvariablen und Interfaces einfügen, nicht aber existierenden Code-Fragmente ändern. Wenn bspw. die Variable preis, die im Beispiel MyBean1.java verwendet wurde, geändert und dementsprechend die Lese- und Schreibmethoden von `int` auf `float` geändert werden sollen und verhindert werden soll, dass der Datentyp umgesetzt wird, dann muss eine neue Variable des gewünschten Datentyps deklariert werden, anstatt die Variable umzuschreiben. Die Klasse enthält dann die folgenden Variablen mit den entsprechenden Methoden:

Code

```
import java.awt.*;
import java.beans.*;

public class myBean1 {
   //...
   private int preis = 2;
   private float preis2 = 2f;

   public int getPreis() {
      return preis;
   }

   public float getPreis() {
      return preis2;
   }
}
```

Diese Vorgehensweise garantiert, dass die neue Version des Beans mit serialisierten Dateien arbeiten kann, die auf einer alten Version basieren. Zusammengefasst weist der Serialisierungsmechanismus die folgenden Eigenschaften auf:

- Der Serialisierungsmechanismus unterstützt Objekte durch das Lesen bzw. das Schreiben von Streams, die von älteren Komponentenversionen von JavaBeans geschrieben wurden bzw. gelesen werden sollen.
- Der Serialisierungsmechanismus von Java unterstützt die Kommunikation zwischen verschiedenen Versionen eines Objektes, die in verschiedenen Java-VMs ausgeführt werden.
- Durch die Versionshaltung ist es möglich, Objekte zu identifizieren und diese, falls erforderlich, zu laden.

9.7.2 Beans und Java-Archive

Java-Archive wurden in JDK 1.1 eingeführt. Auf Binärebene entsprechen sie ZIP-Archiven. Das JAR-Format wurde vor allem deshalb eingeführt, um dem Anwender die Verpackung von JavaBeans zu erleichtern. Eine JavaBeans-Komponente besteht in der Regel aus mehreren Klassen mit ihren zugehörigen Ressource-Dateien, wie bspw. Bildern, Audiodateien und serialisierten Daten. Das Dateiformat *JAR* wird folglich dazu benutzt, um alle zu einer Komponente gehörenden Dateien zu einer einzigen Datei zusammenzufassen. Es ist sogar möglich, mehrere Komponenten in einer Datei zusammenzufassen und dadurch eine vollständige Komponentenanwendung in eine Datei zu packen. Hierdurch wird insbesondere eine effiziente Netzübertragung realisiert.

Die BeanBox (siehe Kapitel 9.8) bietet im File-Menü die Option an, ein ausgetestetes Bean sofort als JAR-Archiv abzuspeichern. In dieser Datei werden neben den Klassen bspw. auch Meta-Informationen gespeichert, die vom BDK erstellt worden sind. Im Verzeichnis der JAR-Datei wird zusätzlich eine HTML-Datei gespeichert, die den direkten Aufruf des Beans mit Hilfe des Appletviewers oder eines Browsers unterstützt.

Um aus einer Java-Klasse ein Bean zu erzeugen, muss eine Archivdatei erstellt werden. Diese Datei wird wie auch bei anderen Java-Anwendungen mit dem Befehl jar erzeugt. Auf den Befehl folgen der Name des Archivs, der Name einer *Manifest-Datei* und die Dateien, die zum Bean gehören.

Syntax

```
jar {ctx} {vfm0M} [JAR-Datei] [manifest-Datei] dateien
```

JAR benutzt zwei Kategorien von Optionen. Die Elemente der ersten Kategorie (c, t, und x) sind nicht kombinierbar, d. h. nur ein Element dieser Kategorie darf benutzt werden. Die Elemente der zweiten Kategorie (v, f, m, 0 und M) sind sowohl mit den Elementen der ersten Kategorie als auch untereinander kombinierbar. Die Beschreibung dieser Optionen findet sich in Tab. 9-4.

Option	Beschreibung
c	Erzeugen einer neuen Archivdatei.
t	Anzeige des Inhalts einer JAR-Datei.
x	Extraktion der angegebenen Dateien aus dem Archiv. Wenn keine Datei explizit angegeben ist, werden alle Dateien extrahiert.
v	Generiert ausführliche Ausgabeinformationen.
f	Spezifiziert den Dateinamen des Archivs.
m	Fügt Informationen aus der angegebenen Manifest-Datei an ein bestehendes Archiv an.
0	Null Kompression.
M	Es wird keine Manifest-Datei für das Archiv erzeugt.

Tab. 9-4 JAR-Kommandooptionen

Ein *Manifest* ist eine Textdatei, die zusätzliche Informationen zu den Klassen der Archivdatei enthält. So kann auf diese Weise bspw. festgelegt werden, welche Klassen im Archiv JavaBeans sind. Dies ist notwendig, da für ein Bean auch Hilfsklassen notwendig sein können, die selbst keine JavaBeans sind.

JavaBeans verfügen über zwei Ausführungsmodi. Zur Designzeit befindet sich eine JavaBeans-Komponente in einer Designoberfläche eines Entwicklungswerkzeuges. Hier kann die Klasse grafisch manipuliert werden. Für eine derartige Manipulation sind Informationen und Mechanismen notwendig, die zur Ausführungszeit der Anwendung nicht länger benötigt werden.

Zum Laden der Daten über das Internet muss beachtet werden, dass die Anzahl der zu übertragenden Daten-Bytes minimiert werden sollte. Es ist daher sinnvoll, bei der Erstellung der JAR-Datei anzugeben, welche Klassen im Archiv nur zur Designzeit benötigt werden, damit eine Übertragung während der Laufzeit verhindert wird.

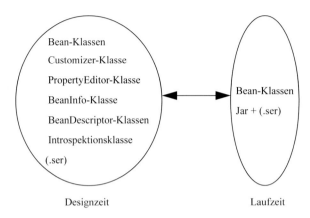

Abb. 9-16 Größenunterschied eines Beans zur Design- und zur Laufzeit

Ein Beispiel einer Manifest-Datei sieht wie folgt aus:

Code

```
Manifest-Version: 1.0

Name: myBean1.class
Java-Bean: True
```

9.7.3 Manifest-Dateien

Jedes JAR-Archiv kann eine Manifest-Datei beinhalten. Diese Datei beschreibt den Inhalt des Archivs. Eine JAR-Datei darf hierbei maximal *eine* Manifest-Datei beinhalten, die den folgenden Namen besitzen muss:

Code

```
META-INF/MANIFEST.MF
```

Ein JAR-Archiv kann auch eine *Signaturdatei* beinhalten. Diese besitzt die Form:

Code

```
META-INF/xxx.SF
```

xxx steht hierbei für einen beliebigen Namen, der aus maximal acht Zeichen bestehen darf. Alle Namen, also `META-INF`, `MANIFEST.MF` wie auch der Dateityp `.SF`, müssen in Großbuchstaben geschrieben werden. Die Manifest-Datei besteht aus einer Liste von Dateien, die innerhalb des JAR-Archivs vorhanden sind. Diese Liste beinhaltet zwingend alle Dateien, die signiert werden müssen; alle anderen Dateien müssen nicht unbedingt angegeben werden. Der erste Teil der Manifest-Datei besteht aus einer Zeile, die die folgende standardmäßige Versionsnummer enthält:

Code

```
Manifest-Version: 1.0
```

Einer Leerzeile folgt dann ein Eintrag in der Manifest-Datei nach dem Muster:

Syntax

```
Eintragsname: Eintragswert
```

Die wichtigsten Namen, die in Bezug auf JavaBeans definiert wurden, sind `Java-Bean`, `Depends-On` und `Design-Time-Only`. Diese Einträge werden im Folgenden betrachtet.

Eintrag Java-Bean

Der Name `Java-Bean` wird dazu benutzt, um JavaBeans-Komponenten zu identifizieren. Das folgende Beispiel definiert ein Bean mit dem Namen `Bean1.class` und eine Klasse, die einen Event-Adapter repräsentiert, die aber kein Bean ist:

Syntax

```
Name: Bean1.class
Java-Bean: True

Name: ClickButtonAdapter
Java-Bean: False
```

Eintrag Depends-On

Durch diesen Eintrag wird die Abhängigkeit eines Beans von anderen Dateien festgelegt. Das folgende Beispiel zeigt, dass das `Bean2` vom Vorkommen zweier Bilddateien (`OpenJava.gif` und `Pferd.gif`) und von einer weiteren Klasse (`Hallo.java`) abhängig ist:

Syntax

```
Name: Bean2.class
Java-Bean: True
Depends-On: OpenJava.gif Pferd.gif
Depends-On: Hallo.class
Depends-On:
```

Dem Beispiel ist weiterhin zu entnehmen, dass Einträge gleichen Formats durch ein Leerzeichen getrennt werden können. Ein Name ohne Wertzuweisung hat keinen Einfluss auf die Manifest-Datei, wie die letzte Zeile des Beispiels zeigt.

Eintrag Design-Time-Only

Dieser Eintrag einer Manifest-Datei spezifiziert, ob die angegebenen Dateien zur Laufzeit benötigt werden, oder ob sie nur in der Designphase gebraucht werden. Der Wert dieses Eintrags ist entweder True, falls die angegebene Datei nur zu Designzwecken benötigt wird, oder False, was bedeutet, dass der Eintrag auch für den Ablauf des Beans wichtig ist:

Syntax

```
Name: Bean1.class
Java-Bean: True

Name: Bean1BeanInfo
Design-Time-Only: True
```

Zusätzlich zu den oben erwähnten Einträgen in der Manifest-Datei ist der Name Digest-Algorithm wichtig. Dieser Eintrag gibt den Namen des Algorithmus an, anhand dessen eine Prüfsumme über die Datei berechnet werden kann. Hiermit wird festgestellt, ob die Datei bei der Übertragung beschädigt wurde oder nicht. Java unterstützt die Algorithmen SHA und MD5. Das folgende Beispiel zeigt die Verwendung dieses Eintrags.

Syntax

```
Name: Bean1.class
Java-Bean: True
Digest-Algorithm: SHA MD5
SHA-Digest: xxx(Base64)
MD5-Digest: yyy(Base64)
```

Diese Eingaben werden bei der Erzeugung des JAR-Archivs automatisch in die Manifest-Datei eingefügt. Dies erfolgt, indem eine Manifest-Datei geschrieben wird, die dem folgenden Beispiel ähnelt:

Syntax

```
Manifest-Version: 1

Name: SchreibeApplet.class
Java-Bean: False
```

Diese Manifest-Datei wird `manifest.mf` genannt. Anschließend wird eine Archivdatei mit folgender Eingabe in der Kommandozeile erzeugt:

Syntax

```
jar cfm persistent.jar manifest.mf *.class
```

Diese Zeile veranlasst, dass eine JAR-Datei mit dem Namen `persistent.jar` erzeugt wird, die auf der Datei `manifest.mf` aufbaut und die alle Klassen im Verzeichnis beinhaltet. Im Folgenden wird die von JAR erzeugte Manifest-Datei betrachtet. Hierzu wird folgende Kommandozeile verwendet:

Syntax

```
jar xf persistent.jar META_INF
```

Als Ergebnis wird ein Verzeichnis namens META_INF erzeugt, das wiederum eine Manifest-Datei beinhaltet. Diese Manifest-Datei erweitert die ursprüngliche Datei, indem sie Informationen über alle im Verzeichnis vorhandenen Klassen enthält. Dazu kommt der Eintrag des Digest-Algorithmus der jeweiligen Klasse mit dem folgenden Verschlüsselungscode:

Syntax

```
Manifest-Version: 1

Name: SchreibeApplet.class
Java-Bean: False
Digest-Algorithms: SHA MD5
SHA-Digest: QLnU2feKTJUJW1aDeZSYkA2RTWE=
MD5-Digest: RT8BhaIFp6vT5rUwLBhOgA==

Name: RestoreApplet.class
Digest-Algorithms: SHA MD5
SHA-Digest: tNLvFDzuqFDZcl/OMHMkPQLMIqk=
MD5-Digest: RWuQg95r8nWqCoNoq4tMNw==
```

9.7.4 Zusammenfassung

In diesem Unterkapitel wurde der Persistenzmechanismus von JavaBeans erläutert. Es wurde insbesondere darauf aufmerksam gemacht, dass Eigenschaften, Methoden und Events, die nicht serialisiert werden dürfen, mit dem Schlüsselwort `transient` versehen werden müssen. Die folgenden Klassen sind grundsätzlich nicht serialisierbar:

- Klassen des Packages `java.io`.
- Viele Klassen des Packages `java.net` dürfen nicht serialisiert werden, insbesondere Instanzen der folgende Klassen: `Socket`, `ServerSocket`, `MulticastSocket` und `DatagramSocket`.
- Die Klasse `Runtime` ist ebenfalls nicht serialisierbar, da sie eine Menge von systemabhängigen Funktionen kapselt.

Weiterhin wurde auf die Generierung einer JAR-Datei eingegangen. Dabei wurde explizit erwähnt, wie durch geeignete Einträge (bspw. `Design-Time-Only`) in der Manifest-Datei die Größe der JAR-Datei zur Laufzeit erheblich verkleinert werden kann, was eine geringere Ladezeit bei der Übertragung eines Beans über das Netz bedeutet.

9.8 JavaBeans Development Kit (BDK)

Das *JavaBeans Development Kit* (BDK) ist keine vollständige grafische Entwicklungsumgebung, wie bspw. die Produkte Visual Age (IBM), Visual Café (Symantec), JBuilder (Borland) oder VisualJ++ (Microsoft). Es ist vielmehr ein einfacher Container (auch als *BeanBox* bezeichnet), in dem Beans plattformunabhängig erstellt, miteinander verknüpft, getestet und verpackt werden können. Das BDK greift dabei auf die Design-Patterns von JavaBeans, bzw. auf die `BeanInfo`-Klasse zurück, um festzustellen, welche Fähigkeiten ein Bean besitzt und wie es angesprochen werden kann. So können im Prinzip komplexe Anwendungen im BDK zusammengestellt werden, ohne Code von Hand schreiben zu müssen. Die Firma Sun führt aber ausdrücklich an, dass das BDK nicht zur Entwicklung größerer Anwendungen eingesetzt werden sollte, sondern zum Erstellen und Testen einzelner (weniger) Komponenten. Die Spezifikation von Sun nennt zwei Szenarien für den Einsatz des BDKs: Die *Entwicklung* und das *Zusammenfügen* von Beans im Designmodus und die praktische Benutzung im Laufzeitmodus. Diese Unterscheidung ergibt sich aus der Rolle der Beans als wieder verwendbare Komponenten. Zuerst müssen Beans von Grund auf neu entwickelt und/oder aus bereits vorhandenen anderen Beans zusammengefügt werden. Dazu benötigen Entwickler weit mehr Informationen als für deren späteren Einsatz. Das BDK stellt auch keinen Standard zur Verfügung, wie eine JavaBeans-Entwicklungsumgebung auszusehen hat. Selbst das Layout der Komponentenanordnung kann von Umgebung zu Umgebung unterschiedlich sein. Auch mit einer geänderten und erweiterten Funktionalität ändert sich allerdings nichts Wesentliches an den allgemeinen Arbeitsweisen, wie sie die BeanBox vorstellt.

9.8.1 Installation des JavaBeans Development Kits

Nach dem Laden des kostenlosen Softwarepakets *JavaBeans Development Kit* (http://www.javasoft.com), installiert sich das BDK unter UNIX automatisch, wenn die folgende Befehlszeile ausgeführt wird:

Syntax

```
sh BDKJul98.bin
```

Unter Windows 95 bzw. 98 und unter Windows NT 4.0 erfolgt die Installation nach einem Doppelklick auf die Datei BDKJul98.exe.

9.8.2 Aufbau des BDKs

Das BDK ist in Java implementiert und erscheint nach dem Start unterteilt in drei Fenster (siehe Abb. 9-17):

- Die ToolBox, die Beispielkomponenten enthält und in die eigene Komponenten eingefügt werden können.
- Die BeanBox, ein Container-Panel, in dem Komponenten platziert und getestet werden können.
- Das Property Sheet, in dem alle Eigenschaften der angewählten Komponente angezeigt und geändert werden können.

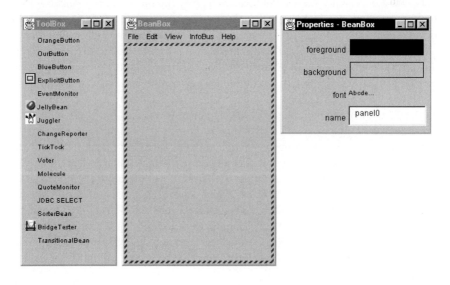

Abb. 9-17 Fenster des BDKs

Die *BeanBox* ist der wichtigste Teil des BDKs. Die BeanBox ist eine einfache grafische Oberfläche, in der Beans-Komponenten aus der ToolBox platziert werden, um ihre Funktionalität zu testen. Die Eigenschaften der Beans können hierbei verändert werden (Property Sheet) und Bindungen zwischen Ereignissen und Methoden anderer Beans hergestellt werden. Die ToolBox enthält ausschließlich Komponenten aus dem Verzeichnis bdk/jars/ (sofern das BDK derart installiert wurde). Eigene Komponenten können der ToolBox durch einfaches Kopieren von *.jar-Dateien in dieses Verzeichnis hinzugefügt werden.

9.8.3 Funktionen des BDKs

Die Bearbeitungsfunktionen der BeanBox sind:

- Beans mit Drag&Drop von der ToolBox in das Fenster der BeanBox zu ziehen,
- Beans zu verschieben und interaktiv ihre Größe zu ändern,
- Eigenschaften im Property-Fenster zu bearbeiten,
- eigene Customizer zur Konfiguration eines Beans aufzurufen,
- eine Event-Quelle mit einem Event-Handler zu kombinieren,
- Bound-Properties verschiedener Beans zu kombinieren,
- die verwendeten Beans aus dem BeanBox-Fenster zu speichern und wieder einzulesen,
- einen Introspektionsbericht eines Beans ausgeben zu lassen,
- neue Beans aus JAR-Archiven einzulesen,
- ein lauffähiges Applet zu erzeugen,
- die *InfoBus*-Unterstützung.

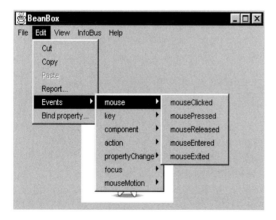

Abb. 9-18 Event-Menü der BeanBox

Die wesentlichen Funktionen, wie das Verknüpfen von Komponenten durch das Abrufen von Events, werden mit Hilfe des Menüs Edit der BeanBox ausgeführt. Eine genaue Beschreibung ist aufgrund der wenigen Funktionen, die hier zur Verfügung stehen, nicht erforderlich. Abb. 9-18 zeigt das Event-Menü der BeanBox.

Um das Arbeiten mit der BeanBox zu verdeutlichen, wird an dieser Stelle das animierte Juggler-Bean mit zwei OurButton-Beans verknüpfen. Der erste Button wird dazu benutzt, um die Animation zu starten, während der zweite benutzt wird, um sie zu stoppen. Die Entwicklung des Beispiels erfordert die folgenden Schritte:

- Auswahl des Juggler-Beans in der ToolBox (Mauszeiger wird zu einem Kreuz).
- Mit dem Kreuz an die gewünschte Stelle in der BeanBox klicken.
- Erzeugen zweier Instanzen von OurButton in der BeanBox.
- Ändern des Labels im Property-Editor auf Start bzw. Stop.
- Ändern der Hintergrundfarbe des Stop-Buttons auf rot, falls gewünscht.

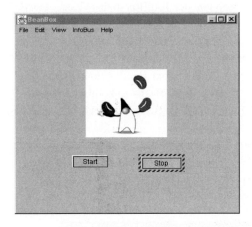

Abb. 9-19 BeanBox-Fenster des BDKs

Nachdem die drei Beans instantiiert wurden, werden sie im Folgenden verknüpft.

- Selektion des Start-Buttons.
- Auswahl von actionPerformed unter Menüpunkt Edit, Untermenü Events, anschließend action.
- Anzeige einer roten Linie, die vom Start-Button ausgeht.
- Auswahl des Juggler-Beans mittels der roten Linie.
- Es erscheint ein Fenster mit allen möglichen Methoden, die das Juggler-Bean bearbeiten kann.
- Auswahl der start-Methode aus dieser Liste.
- Betätigung des OK-Buttons.
- Wiederholung der Prozedur mit dem Stop-Button, hier allerdings Auswahl der Methode stop.

Das Testen von Beans ist allerdings nicht die einzige Einsatzmöglichkeit des BDKs. Das BDK kann auch dazu benutzt werden, um aus den verknüpften Beans ein Applet zu erzeugen. Die Erstellung eines Applets erfordert die folgenden Schritte:

- Auswahl des Menüpunkts File im Untermenü MakeApplet.
- Eingabe des JAR-Dateinamens und des Applet-Namens.

Abb. 9-20 Fenster zur Eingabe des Applet- und JAR-Dateinamens

Das entstandene Applet kann anschließend mit dem Appletviewer bzw. mit einem beliebigen Browser aufgerufen werden.

9.9 Standarderweiterungen von Beans

Im Folgenden werden kurz die wichtigsten Erweiterungen des Komponentenmodells von JavaBeans beschrieben.

Enterprise-JavaBeans

Bei *Enterprise-JavaBeans* handelt es sich um ein neues API, das auf JavaBeans aufbaut. Ziel ist die bessere Unterstützung von Server-seitigen Anwendungen, die mehrschichtig in Komponentenform aufgebaut sind. Hierzu wurde u. a. ein Transaktionsmechanismus integriert.

Java Activation Framework

Enthält eine Webseite eine Verknüpfung auf ein weiteres Dokument, so kann es in der Regel durch einen Doppelklick mit der Maus geöffnet werden. Handelt es sich dabei um ein MPEG-Video, ein HTML-, ein Excel- oder ein Word-Dokument, so öffnet sich automatisch die dazugehörige Anwendung. Dies ist vor allem deshalb möglich, da Anwendungen an bestimmte Dokumenttypen gebunden sind, was durch eine Registrierung der Anwendung sichergestellt wird. Eine entsprechende Funktionalität soll mit dem Java Activation Framework ermöglicht werden. Wenn der Anwender eine MPEG-Datei auswählt, soll anschließend automatisch ein JavaBean zur Anzeige des Videos gestartet werden. Funktionen, die man mit derartigen Datentypen durchführen kann, werden in der Terminologie des Java Activation Frameworks als *Kommando* (Commands) bezeichnet. Zu Kommandos gehören bspw. das Darstellen, Editieren, Drucken oder Kopieren von Dokumenten. Jedem Kommando ist ein JavaBean zugeordnet, das die entsprechende Funktionalität anbietet. Das Java Activation Framework bietet die folgenden Dienste an:

- Festlegung des Typs beliebiger Daten.
- Kapselung der Zugriffe auf diese Daten.
- Auffinden vorhandener Transaktionen jedes Datentyps.
- Instantiierung der JavaBeans-Komponente, die die Transaktion durchführen kann.

Um den Datentypen entsprechende Kommandos zuzuordnen, enthält die Bibliothek des Java Activation Frameworks (JAF) ein einfaches *Repository*, in dem entsprechende Kommandos den Datentypen zugeordnet sind. Eine Anwendung nutzt dieses Repository, um das JavaBean zu finden, das das gewünschte Kommando ausführen soll. Das Repository basiert auf dem Prinzip der MIME-Typen.

InfoBus

Die Firma Sun entwickelte gemeinsam mit der Firma Lotus eine neue Kommunikationstechnologie für JavaBeans. Diese *InfoBus*-Technologie soll das Zusammenfügen von JavaBeans zu vollständigen Anwendungen vereinfachen. Statt die einzelnen JavaBeans über ihre Events direkt zu verknüpfen, werden diese an den *InfoBus* angeschlossen.

Der InfoBus ist mit dem Systembus im Computer vergleichbar. Die einzelnen Komponenten versenden und empfangen Daten über diesen Bus. Die JavaBeans-Komponenten, die sich an einer InfoBus-Infrastruktur beteiligen können, werden in drei Gruppen eingeteilt:

- *Datenproduzenten*
  Datenproduzenten stellen Informationen auf dem InfoBus zur Verfügung und beantworten Anfragen von Datenkonsumenten.
- *Datenkonsumenten*
  Datenkonsumenten verbrauchen die von Datenproduzenten erzeugten Informationen.
- *Daten-Controller*
  Die InfoBus-Verkehrskontrolle ist eine optionale Komponente, die den Datenfluss zwischen den Datenproduzenten und den Datenkonsumenten regelt.

Als Beispiel wird eine Anwendung betrachtet, die aus drei JavaBeans besteht. Der Benutzer gibt zunächst im Eingabefeld der ersten Komponente die Nummer eines Artikels an. Das Bean stellt diese Nummer auf dem InfoBus zur Verfügung. Die zweite Komponente, ein JavaBean zur Datenbankabfrage, erstellt mit Hilfe dieser

Information eine SQL-Anweisung. Über JDBC werden anschließend die Umsätze dieses Artikels aus einer Datenbank abgefragt. Die Ergebnisse werden wiederum auf den InfoBus gestellt. Die dritte Komponente, eine Tabelle, liest diese Daten und zeigt sie an.

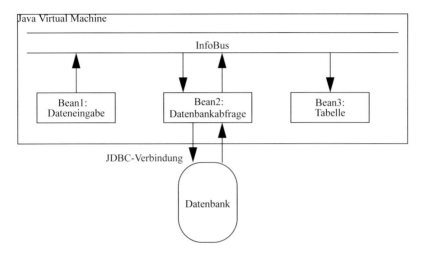

Abb. 9-21 Datenfluss bei der Verwendung von InfoBus

Zur Erfüllung dieses Mechanismus müssen die JavaBeans einige weitere Interfaces implementieren, die es den JavaBeans ermöglichen, mit dem InfoBus zu kommunizieren. Das Besondere gegenüber dem regulären Mechanismus des Event-Handlings ist, dass die JavaBeans unabhängig voneinander agieren, also keinerlei Kenntnisse über jeweils andere Beans haben. InfoBus ist, ebenso wie das JAF, eine Standarderweiterung des JDKs. In Abb. 9-21 ist der Datenfluss dargestellt, der bei der Verwendung der InfoBus-Technologie entsteht.

9.10 Anwendungsbeispiel

Zur praktischen Anwendung der vermittelten Kenntnisse wird in diesem Teil des Kapitels erläutert, wie die grafische Oberfläche des Spielers, die bereits in Kapitel 4.6 (AWT-Komponenten) und danach in Kapitel 8.8 (Swing-Komponenten) implementiert wurde, an die JavaBeans-Technologie angepasst werden kann. Auf die Erläuterung der Klassenhierarchie dieses Beispiels wird hierbei verzichtet, da sie mit der in Kapitel 4.6 beschriebenen Klassenhierarchie übereinstimmt. Es sei darauf hingewiesen, dass der Schwerpunkt dieser Darstellung auf der Verwendung der JavaBeans-Technologie im Hinblick auf die folgenden Klassenerläuterungen liegt. Zum einfachen Verständnis der Zusammenhänge wurden die Namen der Klassen dieses Beispiels, die an die JavaBeans-Spezifikation angepasst wurden, mit der Endung Bean versehen. Somit entspricht die Klasse GUISVUserBean der AWT-Klasse GUISVUser. bzw. der Swing-Klasse JGUISVUser. Weiterhin wurde für jedes entwikkelte Bean die entsprechende BeanInfo-Klasse implementiert und mit einem Beispiel-Applet getestet. Folglich kann an dieser Stelle auf die Erläuterung der Logik des Programmablaufs verzichtet und die Darstellung auf die Benutzung der Design Patterns von JavaBeans eingeschränkt werden.

Im ersten Teil dieses Beispiels wird untersucht, ob die Re-Implementierung der Klassen in Beans sinnvoll ist. Wie schon in der Einleitung verdeutlicht wurde, ist ein JavaBean als eine wiederverwendbare Software-Komponente definiert, die in einer Entwicklungsumgebung visuell bearbeitet werden kann. Wird das in diesem Buch beschriebene Beispiel *Schiffe versenken* betrachtet, so folgt, dass es vor allem sinnvoll ist, die Klassen Quadrate und SpielCanvas als Beans zu implementieren. Der Grund hierfür liegt in der Wiederverwendbarkeit der Beans.

9.10.1 Hauptprogramm

Aufgabe des Applets, das in der Klasse GUISVUserBean implementiert ist, ist die Steuerung der gesamten Client-Anwendung. Der Code des dementsprechenden AWT-Applets ändert sich hierbei, da sowohl die Quadrate-Klasse als auch die SpielCanvas-Klasse in Beans umgewandelt wurden. Setzt man die Code-Stücke wieder zusammen, so erhält man das übersetzungsfähige Applet.

Code

```
import java.applet.*;
import java.awt.*;
import java.awt.event.*;

public class GUISVUserBean extends Applet {

    SpielCanvasBean sc1;
    SpielCanvasBean sc2;

    Spielfeld spieler, computer;
    Button shoot;
    Button setship;
// Panel, in dem die zwei Buttons (shoot und setship) stehen
    Panel buttonPanel;
// auf diesem Panel wird das Spielfeld des Computers platziert
    Panel sc1Panel;
// im Zentrum dieses Panels wird das Spielfeld des Spielers
// platziert
    Panel sc2Panel;
    Label label1; // Bezeichnung des Spielfelds des Computers
    Label label2; // Bezeichnung des Spielfelds des Spielers
    Container c;

// Alle anderen Methoden und inneren Klassen dieses Applets
}
```

Zunächst werden die Komponenten der Packages `java.awt`, `java.awt.event` und `java.applet` importiert. Die Klasse `GUISVUserBean` ist ein Applet und wird durch die `init()`-Methode initialisiert.

Code

```java
public void init () {
    c = this;
    computer = new Spielfeld();
    spieler = new Spielfeld();
    setLayout(new GridLayout(1,3,5,0));
    setSize(650,266);
```

Im Anschluss daran werden die übrigen Komponenten dieses Applets initialisiert. Die Spielbereiche des Computers und des Spielers, ausgedrückt durch die Verwendung der Klasse `SpielCanvas`, werden ebenso wie die Buttons nicht direkt in das Applet eingebettet. Hierfür werden Hilfspanels benutzt. An dieser Stelle wird deutlich, wie die Parameter dieser Klasse durch Setter- und Getter-Methoden eingesetzt werden. Anschließend wird die Klasse für die jeweilige Aufgabe (Computer oder Spieler) initialisiert (Methode `initialisiere()`).

Code

```java
    //Spielfeld des Computers
    sc1Panel = new java.awt.Panel();
    sc1Panel.setLayout(new BorderLayout(0,0));
    sc1Panel.setBounds(142,0,142,266);
    sc1Panel.setBackground(new Color(16777215));
    sc1 = new SpielCanvasBean();
    sc1.setPosition1(true);
    sc1.setS(computer);
    sc1Panel.add("Center",sc1);
    sc1.initialisiere();
    label1 = new java.awt.Label("Spielfeld des Computers",
        Label.LEFT);
    label1.setBounds(0,133,142,133);
    sc1Panel.add("South",label1);
    add(sc1Panel);
```

Sowohl das Objekt `SpielCanvas` als auch dessen Beschriftung werden in das Hilfspanel eingefügt, das in das Applet eingebettet wird.

Code

```
//Spielfeld des Benutzers
sc2Panel = new java.awt.Panel();
sc2Panel.setLayout(new BorderLayout(0,0));
sc2Panel.setBounds(284,0,142,266);
sc2Panel.setBackground(new Color(16777215));
add(sc2Panel);
sc2 = new SpielCanvasBean();
sc2.setS(spieler);
sc2Panel.add("Center",sc2);
sc2.initialisiere();
label2 = new java.awt.Label("Spielfeld des Benutzers",
  Label.LEFT);
label2.setBounds(0,133,142,133);
sc2Panel.add("South",label2);
```

Die Buttons werden dem Objekt buttonPanel direkt hinzugefügt, das dann anschließend dem Applet-Objekt hinzugefügt wird. Jeder dieser Buttons wird mit einem ActionListener-Objekt versehen. Auf die Klasse ButtonListener wird an dieser Stelle nicht weiter eingegangen, da sie bereits in Kapitel 4.6 beschrieben wurde.

Code

```
buttonPanel = new java.awt.Panel();
buttonPanel.setLayout(new FlowLayout(FlowLayout.CENTER,5,5));
buttonPanel.setBounds(0,0,142,266);
buttonPanel.setBackground(new Color(16777215));
add(buttonPanel);
setship = new java.awt.Button();
setship.setLabel("neues Spiel");
setship.addActionListener(new ButtonListener(0));
setship.setBounds(31,5,80,23);
setship.setBackground(new Color(12632256));
buttonPanel.add(setship);
shoot = new Button("Schuss abgeben");
shoot.setEnabled(false);
shoot.addActionListener(new ButtonListener(1));
shoot.setBounds(17,33,108,23);
shoot.setBackground(new Color(12632256));
buttonPanel.add(shoot)
```

Im Vergleich zum AWT-Beispiel muss eine weitere Methode, getSchussKoordinaten, geändert werden, um sie an die JavaBeans-Spezifikation anzupassen. Diese Methode verwendet die Methoden getSchussPositionX() und getSchussPositionY() des Objekts SpielCanvasBean, das in Kapitel 9.10.4 erklärt wird.

Code

```
public void getSchussKoordinaten() {
   System.out.println("Schuss auf "+sc1.getSchussPositionX()+"
      "+sc1.getSchussPositionY());
}
```

Die Benutzeroberfläche dieses Applets ist identisch zu der in Kapitel 4.6 dargestellten.

9.10.2 Klasse SchiffFensterBean

In der Klasse `SchiffFensterBean` werden die Objekte für die Zuordnung der Schiffe und des gesamten Spielfelds deklariert. Diese Klasse entspricht der Klasse `SchiffFenster` (Kapitel 4.6) bis auf eine kleine Änderung, die im Folgenden erläutert wird. Im AWT-Beispiel wurde das Spielfeld des Benutzers mit folgendem Code im Konstruktor dieser Klasse definiert:

Code

```
//Spielfeld des Benutzers
sc1 = new SpielCanvasPos2(s, q);
centerPanel.add(sc1);
```

Um das Spielfeld des Benutzers zu initialisieren, wird folgender Code entsprechend der Bean-Spezifikation benötigt:

Code

```
//Spielfeld des Benutzers
sc1 = new SpielCanvasBean();
sc1.setPosition2(true);
sc1.setS(s);
sc1.setQ(q);
sc1.initialisiere();

centerPanel.add(sc1);
```

Es wird an dieser Stelle auf die Darstellung der Oberfläche verzichtet, da sie der in Kapitel 4.6 dargestellten Oberfläche gleicht.

9.10.3 Klasse QuadrateBean

Die Klasse `QuadrateBean` stellt ein Schiff im Spielfeld dar. Für dieses Bean sind drei Variablen nötig, die als `private` deklariert werden. Wie es die JavaBeans-Spezifikation vorschreibt, wird hier ein `Null`-Konstruktor verwendet.

Code

```java
import java.awt.*;
class QuadrateBean extends Canvas {
   private Color farbe;
   private int nummer;
   private Spielfeld s;

   // Null Konstruktor
   public QuadrateBean() {
   }
// Alle anderen Methoden und inneren Klassen dieses Applets
}
```

Für jede dieser Variablen werden die entsprechenden Setter- und Getter-Methoden definiert.

Code

```java
// Setter- und Getter-Methoden der verschiedenen Variablen
public void setS(Spielfeld s){
   this.s = s;
}
public Spielfeld getS(){
   return s;
}
public void setNummer(int i){
   this.nummer = i;
}
public int getNummer(){
   return nummer;
}
public void setFarbe(Color c){
   farbe = c;
   repaint();
}
public Color getFarbe (){
   return farbe;
}
```

Zum Schluss wird die `paint`-Methode dargestellt. Wird dieses Bean in Abhängigkeit von der speziellen Funktion eines Spielfelds verwendet, so wird es mit den Farben *Grün* und *Rot* visuell dargestellt. Wird das Bean in einem anderen Kontext verwendet, so kann die Farbe selbst definiert werden (Methode `setFarbe()`).

Code

```java
public void paint(Graphics screen) {
  screen.setColor(Color.black);
  // Erzeuge Quadrat
  screen.drawRect(0,0,15,15);
  screen.setColor(getFarbe());
  screen.fillRect(1,1,14,14);

  // Erzeuge Quadrat als Spielfeldbegrenzung
  if (s.schiff[nummer].p[0].x!=-1)
    screen.setColor(Color.green);
  else
    screen.setColor(Color.red);
  //(1,1,14,14) und nicht (0,0,15,15) damit
  // die Umrandung gesehen wird
  screen.fillRect(1,1,14,14);
}
```

Ein Beispiel-Applet für die Verwendung der Klasse QuadrateBean ist im Folgenden beschrieben.

Klasse QuadrateBeanBeanInfo

Ein Bean kann mittels der BeanInfo-Klasse inspiziert werden. Zu jedem Bean kann eine Metaklasse BeanInfo gehören, die durch ihren Namen und durch die Endung BeanInfo charakterisiert wird.

Über die BeanInfo-Klasse werden explizit die wichtigsten Eigenschaften des Beans beschrieben. In diesem Beispiel wurde die SimpleBeanInfo-Klasse verwendet. Aus Gründen der Programmiereffizienz ist es stets zu empfehlen, die BeanInfo-Klasse als Subtyp der Klasse SimpleBeanInfo aufzubauen. Die hier implementierte Klasse hat einen Null-Konstruktor und erzeugt kein Icon, das das Bean in einer Entwicklungsumgebung darstellen kann. Das Bean wird daher in der Entwicklungsumgebung standardmäßig mit dem Default-Icon repräsentiert. Diese spezielle BeanInfo-Klasse legt lediglich den Namen des entsprechenden Beans fest. Folglich werden alle Eigenschaften dieses Beans von den Entwicklungsumgebungen mittels der Reflexion bestimmt.

Code

```
import java.beans.*;

   public class QuadrateBeanBeanInfo extends
     java.beans.SimpleBeanInfo {

     // Null-Konstruktor
     public QuadrateBeanBeanInfo()
     { }
     public java.awt.Image getIcon(int nIconKind){
        java.awt.Image img = null;
        return img;
     }

     private final static Class beanClass = QuadrateBean.class
}
```

Klassse QuadrateApplet

Aufgabe dieser Klasse, die im Zusammenhang mit der Klasse QuadrateBean operiert, ist die Instantiierung der Klasse QuadrateBean und die Zuweisung der Farbe *Magenta*.

Code

```
import java.applet.*;
import java.awt.*;
import java.beans.*;

public class QuadrateApplet extends Applet {

   public void init () {
      QuadrateBean q = new QuadrateBean();
      setSize(400,200);
      setLayout(new BorderLayout());
      q.setFarbe(Color.magenta);
      add(q);
   }
}
```

Paket Quadrate.jar

In diesem Teil des Beispiels wird verdeutlicht, wie eine JAR-Datei erzeugt werden kann. Hierzu wird zunächst eine Manifest-Datei implementiert, die angibt, ob die Klassen in Form von Beans vorliegen, bzw. ob sie während der Laufzeit benötigt werden. Die Manifest-Datei sieht wie folgt aus:

Code

```
Manifest-Version: 1

Name: QuadrateApplet.class
Java-Bean: False

Name: QuadrateBean.class
Java-Bean: True

Name: QuadrateBeanBeanInfo.class
Java-Bean: False
Design-Time-Only: true

Name: Schiffe.class
Java-Bean: False

Name: SpielFeld.class
Java-Bean: False
```

Zur Erzeugung der Datei quadrate.jar *sind die folgenden* Zeilen notwendig:

Code

```
jar -cfm quadrate.jar Manifest.mf *.class
```

Nachdem die JAR-Datei erzeugt wurde, wird eine HTML-Datei implementiert, die die Verwendung dieser JAR-Datei darstellt:

Code

```
<HTML>
<BODY>
<h3> Quadrate-Bean innerhalb einer JAR-Datei <h3>
<APPLET CODE="QuadrateApplet.class" ARCHIVE="quadrate.jar">
</BODY>
</HTML>
```

Die Bildschirmausgabe dieses Beispiels ist in Abb. 9-22 dargestellt.

Abb. 9-22 Verwendung des Quadrate-Beans als Applet

9.10.4 Klasse SpielCanvasBean

Wie schon zu Beginn dieses Unterkapitels erwähnt, besteht das Ziel dieses Beispiels darin, Design Patterns von JavaBeans zu entwickeln und zu erklären, aber nicht darin, ein neues Beispiel zu erzeugen. Daher unterscheidet sich die Funktionalität der Klasse SpielCanvasBean von derjenigen, die in Kapitel 4.6.5 (AWT) dargestellt wurde. In diesem Beispiel wurden alle Variablen als private deklariert und mit den Setter- und Getter-Methoden versehen. Weiterhin wurde hier auf die Klassen SpielCanvasPos1 und SpielCanvasPos2 verzichtet, und deren Funktionalität durch Parametrisierung umgesetzt. Diese Funktionalität kann mit Hilfe der zwei boole'schen Variablen position1 und position2 realisiert werden.

Code

```
import java.awt.*;
import java.awt.event.*;

public class SpielCanvasBean extends Panel {
   private Spielfeld s;
   private QuadrateBean[] q;
   private SelectionAreaPos1 sa1;
   private SelectionAreaPos2 sa2;
   // zur Parametrisierung dieses Beans
   private boolean position1;
   private boolean position2;

   public  SpielCanvasBean () {
      sa1 = new SelectionAreaPos1();
      sa2 = new SelectionAreaPos2();
   }

   // Weitere Methoden
}
```

Im Folgenden werden die Setter- und Getter-Methoden der verschiedenen Variablen dieser Klasse definiert.

Code

```
   public void setS(Spielfeld s){
      this.s = s;
   }
   public Spielfeld getS(){
      return s;
   }
   public void setQ(QuadrateBean[] q){
      this.q = q;
   }
   public QuadrateBean[] getQ(){
      return q;
   }
   public SelectionAreaPos1 getSa1(){
      return sa1;
   }
   public void  setSa1(SelectionAreaPos1 sa1){
      this.sa1 = sa1;
   }
   public SelectionAreaPos2 getSa2(){
      return sa2;
   }
   public void setSa2(SelectionAreaPos2 sa2){
      this.sa2 = sa2;
   }
```

Die Parameter zur Feststellung bzw. Festlegung, ob es sich im konkreten Fall um einen Canvas der Position 1 oder der Position 2 handelt, werden mit Hilfe der boole'schen Setter- und Getter-Methoden angegeben. Es sei hier nochmals auf die Design Patterns der boole'schen Variablen hingewiesen, in denen die Getter-Methoden durch die Is-Methoden repräsentiert werden.

Code

```
public void setPosition1(boolean b){
   position1 = b;
}
public boolean isPosition1(){
   return position1;
}
public void setPosition2(boolean b){
   position2 = b;
}
public boolean isPosition2(){
   return position2;
}
```

Zur Angabe der Schussposition wurden zwei neue Methoden definiert.

Code

```
// Schuss-Koordinaten
public int getSchussPositionX(){
   return getSa1().tmp.x;
}

public int getSchussPositionY(){
   return getSa1().tmp.y;
}
```

Zum Abschluss der Klasse wurde eine Initialisierungsmethode implementiert, die diese Klasse so initialisiert, dass sie entweder dazu eingesetzt wird, nur eine Positionsangabe vornehmen zu können (Spielphase), oder aber so, dass zwei Positionen mit der Maus markiert werden können (Spielaufbauphase). Diese Methode wird aufgerufen, nachdem ein Objekt dieser Klasse erzeugt wurde und nachdem die verschiedenen Parameter dieser Klasse festgelegt wurden.

Code

```
// Initialisierungmethode
public void initialisiere(){

   if (isPosition1()) {
      setLayout(new GridLayout(1,0));
      sa1 = new SelectionAreaPos1(getS());
      add(sa1);
      validate();
   }
   else if (isPosition2()) {
      setLayout(new GridLayout(1,0));
      sa2 = new SelectionAreaPos2(getS(), getQ());
      add(sa2);
      validate();
   }
}
```

Die `paint`-Methode, die in Kapitel 4.6 (AWT) beschrieben wurde, wird für dieses Beispiel unverändert übernommen und daher nicht nochmals beschrieben.

9.10.5 Paket GUISVUserBean.jar

In diesem Teil des Beispiels wird verdeutlicht, wie das beschriebene Applet im Rahmen einer JAR-Datei verwendet werden muss. Dazu wird zuerst eine Manifest-Datei angelegt. In dieser Manifest-Datei werden allerdings nicht alle Klassen explizit angegeben:

Code

```
Manifest-Version: 1

Name: GUISVUserBean.class
Java-Bean: False
```

Zur Erzeugung der JAR-Datei muss folgendes Kommando verwendet werden:

Code

```
jar -cfm guiapplet.jar Manifest.mf *.class
```

Nachdem die JAR-Datei erzeugt wurde, wird eine HTML-Datei angelegt, die die JAR-Datei referenziert.

Code

```
<HTML>.. <BODY>...
<APPLET CODE="GUISVUserBean.class" ARCHIVE="guijar.jar">
</BODY></HTML>
```

Die Ausgabe und die visuelle Darstellung dieses Beispiels gleicht der Ausgabe, die sich ohne JAR ergibt.

9.11 Zusammenfassung

In diesem Kapitel wurde die JavaBeans-Technologie vorgestellt. Diese Technologie stellt eine erweiterte Funktionalität von Java dar, mit der wiederverwendbare Software-Komponenten in Java realisiert werden können. Der Leser sollte nach der Lektüre dieses Kapitels in der Lage sein, Komponenten-Software in Java zu schreiben.

Themenschwerpunkte des Kapitels sind die Beschreibung des Event-Modells von JavaBeans, die Bearbeitung von Eigenschaften, die Bereitstellung von Beans-Informationen, mit denen eine Verarbeitung in Entwicklungsumgebungen stattfindet, sowie die Vorgehensweise zur Abspeicherung des Zustand eines Beans. Die Bearbeitung von Beans innerhalb einer Entwicklungsumgebung wurde anhand des Bean Development Kits (BDK) verdeutlicht.

Den Abschluss des Kapitels bildet das Anwendungsbeispiel, in dem (aufbauend auf das im Laufe dieses Buches betrachtete Beispiel „Schiffe versenken") verdeutlicht wird, wie Beans verwendet werden.

Am Ende dieses Kapitels seien einige Richtlinien zur Programmierung von JavaBeans angegeben:

- Eine Java-Klasse muss mit einem Null-Konstruktor versehen werden, damit sie korrekt instantiiert werden kann.
- Ein visuelles Bean sollte seine Eigenschaften möglichst von der Klasse `java.awt.Component` oder von ihrer Subklasse `Canvas` erben. Diese Klassen bieten die Grundfunktionalität, die ein Bean einsetzen kann, u. a. das Event-Modell, die Internationalisierung oder auch Fonts.
- Die direkte Typumwandlung (Casting) bzw. die Verwendung des `instanceof`-Operators sollten nach Möglichkeit vermieden werden. Statt dessen sollten die Methoden `Beans.isInstanceOf` und `Beans.getInstanceOf` benutzt werden, um Typumwandlungen von Beans vorzunehmen.
- In Beans sollten Namenskonventionen für Events eingesetzt werden. Beans, die Events auslösen, sollten die Methoden `addListenerEventTyp` und `removeListenerEventType` beinhalten. Klassen, die sich für Events registrieren, sollten die Klasse `EventListenerType` implementieren. Eine Event-Klasse sollte die Endung `Event` verwenden.
- In Beans sollten Namenskonventionen für Eigenschaften eingesetzt werden, vor allem Getter- und Setter-Methoden. Diese Methoden werden direkt von der Beans-Introspektion erkannt.
- Für die Kommunikation von Beans werden Standardadapter benutzt.
- Beans, die persistent sein müssen, implementieren eines der Interfaces `Serialization` oder `Externalization`.
- Einfache Datentypen sind standardmäßig serialisiert. Alle Daten, die nicht gespeichert werden sollen, müssen mit dem Schlüsselwort `transient` ausgezeichnet werden.
- Event-Listener von Events, die von Beans generiert werden, dürfen nicht persistent sein. Aus diesem Grund sollte der Vektor-Listener als `transient` deklariert werden, wodurch Event-Listener nicht automatisch serialisiert werden.
- Zu jedem Bean gehört eine `BeanInfo`-Klasse, die durch die Introspektionsklasse inspiziert wird. Die `BeanInfo`-Klasse enthält u. a. einen Verweis auf das Icon, das ein Bean repräsentiert.
- Die Namen von Setter- und Getter-Methoden für Eigenschaften sollen eindeutig sein. Auch wenn Eigenschaften verschiedene Datentypen haben, ist es nicht zu empfehlen, die gleichen Methodennamen zu verwenden. Die Introspektion einer Entwicklungsumgebung kann zwei Setter- bzw. Getter-Methoden nicht erkennen, wenn diese denselben Namen aufweisen.
- Customizer sollten ihre Eigenschaften von der Klasse `java.awt.Component` oder von deren Subklasse `Canvas` erben, damit sie innerhalb eines AWT-Dialogs oder Panels instantiiert werden können.
- Customizer müssen, wie JavaBeans, einen Null-Konstruktor beinhalten.
- Ressourcen, die übersetzt werden sollen, sollten nicht im Quellcode enthalten sein, damit sie getrennt übersetzt werden können, ohne stets den gesamten Code neu kompilieren zu müssen.

- Quelldateien für internationalisierte Beans, bspw. Text-, Bild- und Audiodateien sollten Teil einer JAR-Datei sein, damit sie durch Dritte übersetzt werden können und das Bean in der Folge in einer anderen Umgebung ausgeführt werden kann.
- Bei internationalisierten Beans sollten die Icons, die Beans repräsentieren, keinen kulturabhängigen Text aufweisen.
- JAR-Dateien sollten dazu verwendet werden, um Beans abzuspeichern und über Netzwerke zu verteilen. Eine Manifest-Datei muss hierbei in jedem JAR-Archiv vorhanden sein.
- Beim Packen eines Beans, das durch die Kommandozeileneingabe gesteuert wird, kann die Option o dazu verwendet werden, dass die Daten nicht komprimiert werden, da einige Entwicklungsumgebungen komprimierte JAR-Dateien nicht lesen können.

Java und Datenbanken

In diesem Kapitel werden die in Java realisierten Techniken betrachtet, die den Zugriff auf eine Datenbank ermöglichen. Nach einer kurzen Einführung in die Datenbanktechnologie wird auf das Java-Database-Connectivity-Interface (JDBC) eingegangen, das dazu dient, Java-Programme mit SQL-Datenbanken zu verbinden. Die grundlegende Arbeitsweise der Java Database Connectivity (JDBC) wird dem Leser anschließend anhand eines Beispiels vertraut gemacht. Nach der Lektüre dieses Kapitels sollte der Leser in der Lage sein, zwischen den verschiedenen Treibertypen von Datenbanken zu unterscheiden und eine Datenbankanwendung in Java zu implementieren.

10.1 Einleitung

Java Database Connectivity (JDBC) ist eine Handelsmarke der Firma Sun Microsystems. Viele Anwender verstehen unter der Abkürzung JDBC allerdings auch allgemein das Konzept der Java Database Connectivity, ohne konkreten Bezug auf einen Markennamen. JDBC stellt ein Application Programming Interface (API) zur Verfügung, mit dessen Unterstützung SQL-Datenbankanfragen gestellt und ausgewertet werden können. JDBC fordert hierbei keine Voraussetzungen an die benutzte Datenbank. Somit können unabhängig von der verwendeten Datenbank Java-Anwendungen erstellt werden, die auf verschiedene Datenbanktypen zugreifen, ohne dass Änderungen im Code vorgenommen werden müssen. Das JDBC-API ist vollständig in Java implementiert. Aus diesem Grund sind alle weiteren Vorteile von Java, wie bspw. die Unabhängigkeit von der verwendeten Plattform oder die Verwendung im World Wide Web, ebenfalls verfügbar. Ein besonderes Anliegen der Firma Sun Microsystems war es, das API so einfach wie möglich zu halten. Hierdurch können sich Entwickler verstärkt auf die Datenbankfunktionalität konzentrieren, ohne von komplizierten Anfrageoperationen abgelenkt zu werden. Abb. 10-1 veranschaulicht den transparenten Datenzugriff einer in Java geschriebenen Anwendung auf verschiedene Datenbanktypen durch die JDBC-Schnittstelle.

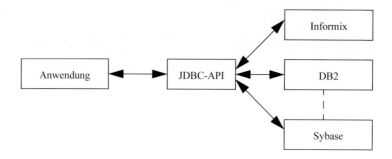

Abb. 10-1 Transparenter Datenzugriff in JDBC

Im Folgenden werden wichtige Begriffe der Datenbankwelt, die im weiteren Verlauf dieses Kapitels verwendet werden, erläutert.

10.1.1 Relationale Datenbanken

Eine *relationale Datenbank* ist eine Datenbank, bei der Daten in Form von Tabellen gespeichert werden. Diese Tabellen werden durch Operationen miteinander in Relation gebracht (daher der Name *relationale Datenbank*). Neben den Daten werden auch alle Verwaltungsinformationen, wie bspw. Verknüpfungen zwischen Tabellen, in Form von Tabellen gespeichert, die wiederum mit Operatoren verknüpft werden können. Folgende Voraussetzungen müssen alle Tabellen erfüllen, damit von einer relationalen Datenbanken gesprochen werden kann:

- Die Spalten einer Tabelle müssen voneinander verschieden sein. Es dürfen also keine zwei Spalten mit demselben Namen in der gleichen Tabelle vorkommen.
- Jeder Spalte ist ein Datentyp zugeordnet. Diverse Datentypen werden unterschieden. So ist neben den gängigen Zahlen- und Textdatentypen unter anderem auch der Datentyp `Binary` verwendbar, mit dem bspw. Bilder in einer relationalen Datenbank abgelegt werden können.
- Jede Zeile einer Tabelle muss eindeutig identifiziert werden können (es darf also keine doppelten Zeilen geben). Dazu wird aus einer oder mehreren Spalten ein eindeutiger Identifikator gebildet. Dieser Identifikator wird auch als *Primärschlüssel* bezeichnet.

Ein Beispiel für eine derartige Tabelle ist aus Tab. 10-1 ersichtlich. Diese Tabelle enthält vier verschiedene Spalten: *Spieler_Nr.*, *Nachname*, *Vorname* und *Gespielt*. Als Primärschlüssel dieser Tabelle kann die Nummer des Spielers verwendet werden, da jeder Spieler durch eine eindeutige Nummer identifiziert werden kann. Eine andere Identifikationsmöglichkeit wäre die Zusammensetzung der zwei Spalten *Vorname* und *Nachname* zu einem Primärschlüssel.

Spieler_Nr	Nachname	Vorname	Gespielt
1	ElSaddik	Abed	4
2	Fischer	Stephan	6
3	ElSaddik	Abutti	8
4	Frankfurter	Richard	2

Tab. 10-1 Definition einer Spielertabelle

10.1.2 Database Management System (DBMS)

Unter dem Begriff *Database Management System* versteht man eine Software, mit der Datenbanken erstellt und verwaltet werden können. Handelt es sich um relationale Datenbanken, so wird ein Database Management System (DBMS) auch als *Relational Database Management System* (RDBMS) bezeichnet. Die Datenbanken Access, DB2, Informix oder miniSQL sind Beispiele für DBMS.

10.1.3 Structured Query Language (SQL)

Die *Structured Query Language* (SQL) ist eine Sprache, mit der relationale Datenbanken erstellt, manipuliert und abgefragt werden können. SQL ist keine prozedurale Sprache, d. h. bei der Fragestellung wird kein Algorithmus zur Lösung der Frage vorgeschrieben. In prozeduralen Programmiersprachen, wie z. B. Pascal oder C muss der Algorithmus zum Auffinden der gesuchten Informationen angegeben werden.

SQL wurde definiert, um die Arbeit mit relationalen Datenbanken zu vereinfachen. Die Sprache bietet Grundanweisungen, die als Standard für alle RDBMS betrachtet werden können, darunter die folgenden Kommandos:

- *SELECT-Anweisung*
  Diese Anweisung wird auch als *Anfrage* (Query) bezeichnet und wählt aus einer Tabelle Zeilen aus, die einer bestimmten Bedingung genügen. Das folgende SQL-Statement liefert als Ergebnis alle Zeilen einer Tabelle zurück, die die angegebene Bedingung erfüllen.

Syntax

```
SELECT * FROM Spieler WHERE Nachname = 'ElSaddik'
```

Auf die `FROM`-Klausel folgt der Namen der Tabelle, aus der die Daten gelesen werden (hier Spieler). In der Ausgabe werden als Resultat alle Spalten angezeigt. Nach dem `SELECT`-Kommando werden die Spalten aufgelistet, die angezeigt werden sollen. Das Zeichen * steht für hierbei für alle Spalten, die die angegebene Bedingung `Nachname = 'ElSaddik'` erfüllen.

- *Projection (Projektion)*
  Diese Anweisungsart stellt eine Erweiterung von SELECT dar, bei der bestimmte Spalten einer Tabelle ausgewählt werden dürfen. Als Beispiel wird folgendes SQL-Statement betrachtet, das als Ergebnis die in Tab. 10-2 angegebenen Daten liefert.

Syntax

```
SELECT Nachname, Spieler_Nr FROM Spieler WHERE Gespielt > 5
```

Nachname	Spieler_Nr
Fischer	6
ElSaddik	8

Tab. 10-2 Ergebnis einer Projektionsabfrage

- *Join (Verbund)*
  Ein Join verbindet die Spalten zweier Tabellen. Um eine Verbindung einrichten zu können, müssen die zwei Tabellen eine Spalte gemeinsam haben, die eine reguläre Spalte der einen Tabelle darstellt, die aber zugleich Primärschlüssel der anderen Tabelle ist.
- *Transaction (Transaktion)*
  Immer dann, wenn mehrere Personen gleichzeitig auf eine Datenbank zugreifen und verschiedene Anweisungen auf denselben Daten ausführen, können sich Inkonsistenzen der Daten ergeben. DBMS benutzen *Transaktionen*, um die Konsistenz der Daten bei mehreren gleichzeitigen Zugriffen auf eine Datenbank gewährleisten zu können. Eine *Transaktion* bezeichnet die Zusammensetzung von mehreren SQL-Anweisungen, die allesamt gleichzeitig angewendet werden müssen. Eine Transaktion muss immer vollständig ausgeführt werden, anderenfalls werden alle Datenänderungen zurückgesetzt. Bei einem Abbruch während der Transaktion, z. B. durch einen Absturz des Servers, wird beim Wiederhochfahren des Servers im Zuge einer automatischen Rekonstruktion der Zustand vor der Transaktion wiederhergestellt.

Syntax

```
Beginne Transaktion
Statement1
Statement2
...
Commit Transaktion oder Rollback Transaktion
```

Eine Transaktion endet entweder mit commit, wodurch die Änderungen bestätigt werden, oder mit rollback, womit die gesamte Transaktion ungültig gemacht wird.

10.1.4 Weitere SQL-Anweisungen

SQL-Anweisungen können in zwei Kategorien eingeteilt werden: In Operationen der *Datenmanipulation* (Data Manipulating Language, kurz: DML) und in Operationen der *Datendefinition* (Data Definition Language, kurz: DDL). DML-Anweisungen werden benutzt, um Daten aufzufinden, zu manipulieren oder zu aktualisieren. Bei DDL-Anweisungen wird die Struktur einer Tabelle manipuliert. Nachfolgend ist eine Liste häufig benutzter DML-Anweisungen aufgeführt:

- `SELECT`: Auswahl bestimmter Zeilen einer Tabelle.
- `INSERT`: Hinzufügen einer oder mehrerer neuer Zeilen zu einer bestehenden Tabelle.
- `DELETE`: Löschen einer oder mehrerer Zeilen aus einer bestehenden Tabelle.
- `UPDATE`: Aktualisierung einer bestimmten Zelle in einer Tabelle.

Häufig eingesetzte DDL-Anweisungen sind:

- `CREATE TABLE`: Erzeugt eine Tabelle nach einer bestimmten Spezifikation.
- `DROP TABLE`: Veranlasst das Löschen aller Zeilen einer Tabelle und die Entfernung der Tabellen-Definition aus der Datenbank.
- `ALTER TABLE`: Hinzufügen oder Löschen einer bestimmten Spalte aus einer Tabelle.

Nachdem die wichtigsten Begriffe und Anweisungen relationaler Datenbanken erläutert wurden, wird im folgenden Abschnitt auf die JDBC-Architektur eingegangen.

10.2 JDBC-Architektur

Die Anbindung einer Anwendung an eine Datenbank kann auf unterschiedliche Art und Weise realisiert werden. Zwei Architekturen werden am häufigsten eingesetzt und dementsprechend im Rahmen dieses Buches kurz vorgestellt: Das Zwei-Schichten-Modell und das Drei-Schichten-Modell. Die Auswahl einer dieser Alternativen ist hierbei von der jeweiligen Anwendung abhängig. Weiterhin ist die Art des zur Verfügung stehenden Datenbanktreibers bei der Auswahlentscheidung maßgeblich. Dieses wird später noch genauer behandelt.

10.2.1 Zwei-Schichten Modell

Im Zwei-Schichten-Modell (Two Tier Model) erstellt ein Java-Applet oder eine Applikation direkt eine Verbindung zur Datenbank. Dazu wird ein JDBC-Treiber benötigt, der die Kommunikation mit dem DBMS gewährleistet. Dieser wird zuerst von der Applikation geladen und ist dann für den Datenaustausch mit der Datenbank verantwortlich. Die Funktionalität des Treibers steht anschließend der Applikation zur Verfügung.

Ein JDBC-Treiber (siehe auch Kapitel 10.2.3) muss weiterhin über eine Netzwerkfähigkeit verfügen, damit eine entfernte Datenquelle im Netz angesprochen werden kann. Diese Architektur, die im Wesentlichen der klassischen Client-Server-Architektur entspricht, ist in Abb. 10-2 dargestellt. Der Client lädt hierbei ein Java-Applet, das über ein DBMS-spezifisches Protokoll an die Datenbank angebunden wird, vom Server. Die Datenbank befindet sich hierbei auf der gleichen Maschine wie der Web-Server. Zu dieser Architektur ist Folgendes anzumerken:

- Sowohl der Web-Server als auch der Datenbank-Server befinden sich auf demselben Rechner. Dies setzt eine hohe Rechenleistung der jeweiligen Maschine voraus.
- Das Laden eines sog. *Pure-Java-Treibers* vom Web-Server vereinfacht zwar die Verteilbarkeit und die Portabilität der Software, führt allerdings zur Verlängerung der Ladezeit des Applets.
- Das Laden eines in native Code implementierten Treibers schränkt die Portabilität ein und setzt die Verwendung eines *Trusted Applets* voraus. Andererseits kann diese Art der Implementierung zu einer Verkürzung der Ladezeiten führen.
- Die Kommunikation zwischen Treiber und DBMS unterliegt den Besonderheiten eines DBMS-spezifischen Protokolls.

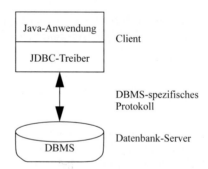

Abb. 10-2 Darstellung des Zwei-Schichten-Modells

10.2.2 Drei-Schichten-Modell

Die Architektur des Drei-Schichten-Modells (Three Tier Model) beinhaltet zusätzlich eine Applikation, deren Funktion der von Komponentenadaptern (siehe Beans-Komponentenadapter in Kapitel 9.2) ähnelt. Die Applikation fungiert hierbei als Datenbank-Server für den Client und als Client für den Datenbank-Server. Die Applikation nimmt die Client-Anfragen entgegen und sendet SQL-Anweisungen zum Datenbank-Server, der dann die Ergebnisse der Anfrage an die Applikation zurückgibt und diese anschließend an den Client weiterleitet.

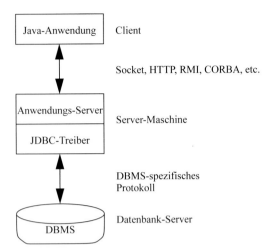

Abb. 10-3 Darstellung des Drei-Schichten-Modells

Die Applikation erhält hierbei SQL-Anfragen über eine Socket- oder RMI-Verbindung und leitet die Anfrage dann an einen lokalen JDBC-Treiber weiter, der mit der Datenbank kommuniziert. Somit kann eine entfernte Datenquelle angesprochen werden, ohne dass der Treiber über eine Netzwerkfähigkeit verfügen muss. Weiterhin ist durch die Applikation, die als mittlere Schicht fungiert, eine gewisse Kontrolle von Datenbankzugriffen gegeben. Die mittlere Schicht stellt eine Reihe von Datenbankoperationen zur Verfügung, die in Form eines komfortablen APIs genutzt werden können.

Wie Abb. 10-3 zu entnehmen ist, ist eine Anwendung, die aus drei Schichten besteht, dadurch gekennzeichnet, dass das System aus drei Komponenten besteht. Die erste Komponente ermöglicht eine einheitliche Datensicht (bspw. als Applet), der zweite Teil (mittlere Schicht) besteht aus einem universellen Server (z. B. HTTP, RMI oder CORBA) und der dritte Baustein wird durch das DBMS realisiert.

10.2.3 JDBC und ODBC

Die Open Database Connectivity (ODBC) ist ein weit verbreitetes und akzeptiertes Application Programming Interface (API) zum Zugriff auf relationale Datenbanken (RDBMS). Die Erstellung von Anwendungen, die ODBC nutzen, ist an keine bestimmte Programmiersprache gebunden. Die einzelnen Funktionen des ODBC-Interfaces werden von den Herstellern von DBMS in Form spezifischer Treiber bereitgestellt. Die jeweilige Anwendung ruft hierbei Treiberfunktionen unabhängig von der verwendeten Datenbank auf. Die Kommunikation zwischen Anwendungsprogramm und Datenbanktreiber wird durch einen Treiber-Manager geregelt.

Das ODBC-API wurde von der Firma Microsoft in der Programmiersprache C entwickelt. Da in Java allerdings das Zeigerkonzept nicht verwendet wird, stellt das ODBC-API keine geeignete Schnittstelle zwischen Java und Datenbanken dar. Es ist zwar möglich, C-Aufrufe in Java zu integrieren (siehe hierzu das in Kapitel 3.5 beschriebene Java Native Interface), mit der Verwendung von JNI sind aber immer auch Einschränkungen der Sicherheit, der Robustheit und der Portabilität der entwickelten Programme verbunden.

ODBC kann aber dennoch mit Hilfe des JDBC verwendet werden. Standardmäßig ist im JDBC-Paket eine JDBC-ODBC-Brücke vorhanden, ein spezieller Treiber, mit dem eine Abbildung von Java-Anfragen auf ODBC realisiert werden kann. Sowohl ODBC als auch JDBC verwenden die *Structured Query Language* (SQL) als Sprache für den Datenbankzugriff.

10.2.4 JDBC-Treibertypen

Die eigentliche Funktionalität der JDBC liegt im vorhandenen JDBC-Treiber. Ein JDBC-Treiber wird dabei über den JDBC-Treiber-Manager verwaltet. Der Manager beinhaltet Implementierungen der in Kapitel 10.3 erläuterten Interfaces. Kernstück ist hierbei das Interface `java.sql.Driver`, das für die eigentliche Datenbankfunktionalität verantwortlich ist. Dieses Interface greift bspw. auf die Interfaces `java.sql.Connection`, `java.sql.Statement` und `java.sql.ResultSet` zurück. Hiermit wird somit eine Verbindung mit einer Datenbank aufgebaut (`Connection`), eine SQL-Anfrage formuliert (`Statement`) und die Ergebnisse (`ResultSet`) zurückgegeben. Im SQL-Package ist ein JDBC-Treiber integriert, der eine Verbindung zum ODBC darstellt. Java-SQL-Aufrufe werden hierbei in ODBC-API-Aufrufe umgewandelt. Voraussetzung ist allerdings, dass ein ODBC-Treiber lokal installiert ist. Andere Treiber werden von den DBMS-Herstellern vertrieben oder mit Web-Servern ausgeliefert.

JDBC-Treiber lassen sich in vier verschiedene Treiberkategorien oder Treibertypen unterteilen (Typ-1, Typ-2, Typ-3 und Typ-4). Die Typen 1 und 2 stellen keine Netzwerkfähigkeiten zur Verfügung. Im Gegensatz dazu verwenden die Typen 3 und 4 ein Netzwerkprotokoll, mit dem entfernte Datenbanken angesprochen werden können. Die Architektur des jeweiligen Treibertyps wird im Folgenden erläutert.

Typ-1	Typ-2	Typ-3	Typ-4
JDBC-ODBC-Bridge und ODBC-Treiber	Native API und teilweise in Java implementierter Treiber	Datenbankunabhängiges Netzwerkprotokoll und reiner Java-Treiber	Natives Protokoll und reiner Java-Treiber

Tab. 10-3 JDBC-Treiberkategorien

Treiber Typ-1

Typ-1 ist eine JDBC-ODBC-Bridge zuzüglich eines ODBC-Treibers. Bei diesem Treibertyp wird für den Datenbankzugriff ein ODBC-Treiber, der in native Code implementiert ist (z. B. herstellerabhängiger, in C-geschriebener Treiber), verwendet, der lokal beim Client installiert werden muss und über die JDBC-ODBC-Bridge der Firma Sun angesteuert wird. Mittels dieses Treibertyps können lediglich lokale Datenquellen angesprochen werden. Zum Zugriff auf entfernte Daten muss auf die Drei-Schichten-Architektur zurückgegriffen werden.

Wie in Abb. 10-4 dargestellt ist, bindet eine Java-Applikation bzw. ein Applet den Treiber der JDBC-ODBC-Bridge über den *JDBC-Treiber-Manager* ein. Der Treiber kommuniziert über eine in native Code implementierte Schnittstellen (z. B. Windows-DLL) mit dem ODBC-Treiber-Manager und dementsprechend mit dem lokal installierten ODBC-Treiber. Er ist für die Datenbankanbindung zuständig.

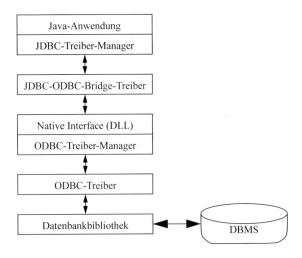

Abb. 10-4 Treiber vom Typ-1 in JDBC

Treiber Typ-2

Der Treiber vom Typ-2 wird auch als native API Partly Java Driver bezeichnet. Hierbei werden JDBC-Aufrufe des Clients in die entsprechenden Datenbank-API-Aufrufe umgesetzt, wodurch auf Client-Seite entsprechende APIs zur Verfügung stehen müssen. Dies impliziert, dass der Treiber lokal beim Client installiert werden muss, was in der Regel durch vorab geladene Treiber sichergestellt wird. Hier wird der in native Code implementierte ODBC-Treiber durch einen in native Code implementierten herstellerabhängigen Treiber (z. B. Informix-, DB2- oder Oracle-Treiber) ersetzt.

Die Java-Applikation bzw. ein Applet binden über den JDBC-Treiber-Manager einen in Java geschriebenen JDBC-Treiber ein, der über in native Code implementierte Schnittstellen (z. B. Windows DLLs) die Anbindung der Datenbank herstellt. Dieser Vorgang ist in Abb. 10-5 dargestellt.

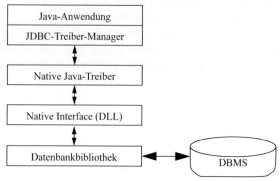

Abb. 10-5 Treiber vom Typ-2 in JDBC

Treiber Typ-3

Der Treiber vom Typ-3 wird auch als JDBC Net Pure Java Driver bezeichnet. Anfragen werden in ein datenbankunabhängiges Netzwerkprotokoll übersetzt, das vom Server in die entsprechenden Datenbankprotokolle transformiert wird. Dieser Ansatz bietet den Vorteil, dass beim Client keinerlei Installationen notwendig sind, da der universelle Treiber vom Server geladen werden kann und der tatsächlich notwendige Treiber auf dem Server ausgeführt wird. Hierbei müssen entsprechende Werkzeuge des Datenbankherstellers existieren, um die notwendige Konvertierung vornehmen zu können.

Wie in Abb. 10-6 dargestellt ist, bindet die Java-Applikation (bzw. ein Applet) einen universellen Java-JDBC-Treiber über den JDBC-Treiber-Manager ein, der die Aufrufe in ein DBMS-unabhängiges Protokoll (bspw. HTTP, CORBA oder RMI) übersetzt. Anschließend werden die Aufrufe an eine auf dem Server installierte Middleware-Applikation (bspw. in CORBA oder DCOM realisiert) gesendet. Diese wandelt die Aufrufe entsprechend wieder in datenbankspezifische Aufrufe um und realisiert damit die Datenbankanbindung.

Treiber Typ-4

Der Treiber vom Typ-4 wird auch als Native Protocol Pure Java Driver bezeichnet. Bei diesem Treibertyp werden Treiber verwendet, die ausschließlich in Java programmiert sind. Dementsprechend entfällt die Einbindung von native Code. Dieser Treibertyp muss vom Datenbankhersteller entwickelt werden, wodurch zusätzliche Kosten entstehen. Er wird aber als portabelste und effektivste Lösung betrachtet, da durch die fehlende Einbindung von native Code einerseits die Plattformunabhängigkeit von Java unterstützt und andererseits das Herunterladen der Treiber vom Web-Server auf den Client ermöglicht wird.

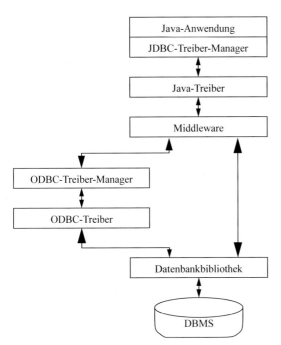

Abb. 10-6 Treiber vom Typ-3 in JDBC

Wie in Abb. 10-7 dargestellt ist, bindet die Java-Applikation (bzw. das Applet) einen DBMS-spezifischen Java-Treiber über den JDBC-Treiber-Manager ein, der nun auf direktem Weg die Datenbankanbindung herstellt.

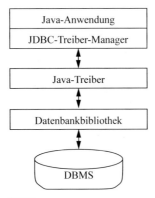

Abb. 10-7 Treiber vom Typ-4 in JDBC

Bemerkung

Nachdem alle JDBC-Treibertypen kurz erläutert wurden, sollte ersichtlich sein, dass die Treibertypen 3 und 4 eher zu empfehlen sind als die Typen 1 und 2, da durch die Netzwerkprotokolle, auf die die Treiber aufsetzen, ein Datenbankzugriff durch ein Applet über das Internet möglich wird. Diese Treibertypen weisen allerdings gegenüber dem Treibertyp 1 das Defizit auf, dass sie nicht für alle Datenbanken erhältlich sind. Der Treibertyp 1 ist der am einfachsten zu realisierende Treiber, da Java die JDBC-ODBC-Bridge direkt anbietet. Tab. 10-4 listet die wichtigsten Datenbanken mit den entsprechenden JDBC-Treiber-Typen auf (ab JDBC in der Version 2.0).

Firma	Treibertyp	DBMS
IBM	2, 3	IBM DB2 Universal Version 5.2, IBM-DB2 Connect Version 5.2
Imaginary	4	mSQL (Freeware)
Intersolv	3	DB2, Ingres, Informix, Oracle, Microsoft SQL Server, Sybase 10/11
KonaSoft Inc.	3	Oracle, MS SQL Server, Sybase, Informix, andere via ODBC

Tab. 10-4 Datenbanken mit entsprechenden Treibertypen

10.3 Package SQL

Das Package `java.sql` realisiert die eigentliche JDBC-Funktionalität in Java. Dieses Package ist standardmäßig Teil der Java-Bibliothek (seit JDK in der Version 1.1). Seit der Java-Version 2 (JDK 1.2) beinhaltet das Package 16 Schnittstellen, 6 allgemeine Klassen und 4 Klassen zur Ausnahmebehandlung (Exception Handling). Diese Komponenten werden in Tab. 10-5, Tab. 10-6 und Tab. 10-7 kurz beschrieben, um die Zusammenhänge besser verstehen zu können.

Um eine Verbindung zu einer Datenbank zu öffnen, SQL-Anfragen zu stellen und die Ergebnisse geeignet auszuwerten, müssen die Interfaces vorab implementiert werden. Die implementierten Klassen und Exceptions stellen somit die Rahmenfunktionalität des JDBC dar. Um den Aufwand hierfür zu verringern, stellen die JDBC-Treiber Klassen zur Verfügung, die die Interfaces in `java.sql` implementieren.

Interfaces	Bedeutung
`Array` (JDBC-Version 2)	Dieses Interface definiert die Darstellung des SQL-Datentyps `ARRAY` in Java.
`Blob` (JDBC-Version 2)	Dieses Interface definiert die Darstellung des SQL-Datentyps Binary Large Object (`BLOB`) in Java.

Tab. 10-5 Interfaces des Packages java.sql

`CallableStatement`	Dieses Interface definiert die Klasse, die alle SQL-Übergabeprozeduren enthält.
`Clob` (JDBC-Version 2)	Dieses Interface definiert die Darstellung des SQL-Datentyps Character Large Object (`CLOB`) in Java.
`Connection`	Das Interface `Connection` öffnet eine Verbindung zu einer Datenbank. Anfragen werden durchgeführt und Ergebnisse zurückgeliefert.
`DatabaseMetaData`	Über dieses Interface werden umfassende Informationen über die Datenbank, zu der eine Verbindung besteht, verfügbar gemacht.
`Driver`	Durch die Implementierung dieses Interfaces wird die eigentliche Datenbankfunktionalität zur Verfügung gestellt. Hiermit können SQL-Anfragen an die Datenbank realisiert werden. Jeder JDBC-Treibertyp muss dieses Interface implementieren.
`PreparedStatement`	Dieses Interface stellt ein vorübersetztes SQL-Anweisung-objekt dar, das benutzt wird, um den Ablauf des Datentransfers zu beschleunigen.
`Ref` (JDBC-Version 2)	Dieses Interface stellt eine Referenz zu einem Wert eines strukturierten SQL-Datentyps in der Datenbank her.
`ResultSet`	Dieses Interface beschreibt die datenbankspezifischen Rückgabewerte. Ergebnisse einer SQL-Anfrage befinden sich immer in einem `ResultSet`-Objekt.
`ResultSetMetaData`	Das Interface `ResultSetMetaData` enthält Informationen über die zurückgelieferten Anfrageergebnisse, damit eine entsprechende Bearbeitung möglich ist.
`SQLData` (JDBC-Version 2)	Dieses Interface definiert die Abbildung eines vom Benutzer definierten SQL-Datentyps in Java.
`SQLInput` (JDBC-Version 2)	Dieses Interface definiert einen Input-Stream, der Werte beinhaltet, die Instanzen von SQL-Datentypen sind.
`SQLOutput` (JDBC-Version 2)	Dieses Interface definiert einen Output-Stream, um Attribute von benutzerdefinierten Datentypen in die Datenbank zu schreiben.
`Statement`	`Statement` wird verwendet, um einfache SQL-Anfragen zu formulieren. Die Klassen `CallableStatement` und `PreparedStatement` werden für komplexere Anfragen benutzt. `CallableStatement` ruft Anfragemakros (sog. Stored Procedures) auf, während `PreparedStatement` wie `Statement` verwendet wird. Hierbei wird die Anfrage allerdings vorab vorbereitet und gespeichert. Es sind somit komplexere Anfragen möglich, die (aufgrund der Speicherung) auch zu verschiedenen Zeitpunkten ohne weitere Vorbereitung gestellt werden können.
`Struct` (JDBC-Version 2)	Dieses Interface stellt die Abbildung von strukturierten Datentypen in Java dar.

Tab. 10-5 Interfaces des Packages java.sql

Klasse	Bedeutung
Date	Diese Klasse entspricht dem SQL-Typ DATE.
DriverManager	Diese Klasse ist für die Verwaltung von verschiedenen JDBC-Treibern verantwortlich. Hierbei wird ein Treiber geladen und die Verbindung zu einer gegebenen URL mit einer Datenbank etabliert.
DriverPropertyInfo	Diese Klasse enthält JDBC-spezifische Daten über einen bestimmten Treiber. Die Klasse ist Programmierern vorbehalten, die direkt mit Treibern arbeiten wollen.
Time	Diese Klasse erweitert die Klasse Date um den SQL-Datentyp TIME.
Timestamp	Diese Klasse erweitert die Klasse Date dahingehend, dass genaue Zeitmarken definiert werden können. Zeitmarken werden für den Locking-Mechanismus einer relationalen Datenbank benutzt, damit bei gleichzeitigem Zugriff auf denselben Datensatz verhindert wird, dass mehrere Benutzern gleichzeitig schreiben dürfen.
Types	Diese Klasse definiert für SQL-Datentypen deren entsprechende Werte in Java.

Tab. 10-6 Klassen des Packages java.sql

Klasse	Bedeutung
BatchUpdateException (JDBC-Version 2)	Diese Klasse erweitert die Klasse SQLException. Ein Objekt dieser Klasse wird erzeugt, wenn ein Fehler während des Ausführens einer Batch-Operation auftritt.
DataTruncation	Diese Klasse erweitert die Klasse SQLWarning. Ein Objekt dieser Klasse wird erzeugt, wenn Daten, die in eine Datenbank eingefügt werden müssen, nicht vollständig vorliegen.
SQLException	Ein Objekt dieser Klasse wird erzeugt, wenn ein Fehler beim Zugriff auf die Datenbank aufgetreten ist. Die Fehlermeldungen der SQL-Anfragen werden in das Exception-System von Java umgewandelt.
SQLWarning	Diese Klasse erweitert die Klasse SQLException. Eine Ausnahme wird erzeugt, wenn eine Warnung beim Zugriff auf die Datenbank aufgetreten ist.

Tab. 10-7 Exceptions des Packages java.sql

10.3.1 SQL und Java-Datentypen

Obwohl SQL als Standard vorliegt, werden nicht alle in SQL definierten Datentypen von beliebigen Datenbanksystemen unterstützt. Teilweise unterscheiden sich Typen von Datenbank zu Datenbank hinsichtlich ihres Namens. Um einen einheitlichen Datenzugriff gewährleisten zu können, stellt JDBC Datentypen zur Verfügung, mit denen auf SQL-Datentypen zugegriffen werden kann, ohne den eigentlichen Namen der Typen zu kennen. Die Methoden setxxx(), getxx() sowie registerOutParameter() bilden Konvertierungsmechanismen, die beim Initialisieren und Lesen von

Ergebniswerten verwendet werden, um JDBC-Datentypen auf reguläre Java-Datentypen abzubilden. Besitzt eine Spalte eines Ergebnisses (`ResultSet`) den JDBC-Datentyp `FLOAT`, so kann dieser Wert mit der Methode `getDouble()` als Java-Datentyp `Double` gelesen werden. Die folgende Konvertierungstabelle stellt die Möglichkeiten dar, die zur Umwandlung von JDBC-Typen in Java-Typen existieren. In Tab. 10-8 sind die in Java vorhandenen Methoden zum Lesen von SQL-Datentypen angegeben.

SQL-Datentyp	Java-Methode
Beliebiger SQL-Datentyp	`getObject()`
`BIG INT`	`getLong()`
`BIT`	`getBoolean()`
`CHAR`	`getString()`
`DATE`	`getDate()`
`DECIMAL`	`getBignum()`
`FLOAT`	`getDouble()`
`INTEGER`	`getInt()`
`REAL`	`getFloat()`
`TIME`	`getTime()`
`TIME STAMP`	`getTimestamp()`
`VARCHAR`	`getString()`

Tab. 10-8 Java-Methoden zum Lesen von SQL-Datentypen

In Tab. 10-9 ist die Abbildung von Java-Datentypen auf JDBC-Datentypen angegeben.

Java-Datentyp	JDBC-Datentyp
`boolean`	`BIT`
`byte`	`TINYINT`
`byte`	`BINARY`, `VARBINARY` oder `LONGBINARY`
`double`	`DOUBLE`
`float`	`REAL`
`int`	`INTEGER`
`long`	`BIGINT`
`short`	`SMALLINT`
`String`	`CHAR`, `VARCHAR` oder `LONGVARCHAR`
`java.math.BigDecimal`	`NUMERIC`
`java.sql.Date`	`DATE`

Tab. 10-9 Abbildung von Java-Datentypen auf JDBC-Datentypen

java.sql.Time	TIME
java.sql.Timestamp	TIMESTAMP

Tab. 10-9 Abbildung von Java-Datentypen auf JDBC-Datentypen

Tab. 10-10 stellt die Abbildung von JDBC-Datentypen auf Java-Datentypen dar.

JDBC-Datentyp	Java-Datentyp
BIGINT	long
BINARY	byte[]
BIT	boolean
CHAR	String
DATE	java.sql.Date
DECIMAL	java.math.BigDecimal
DOUBLE	double
FLOAT	double
INTEGER	int
LONGBINARY	byte[]
LONGVARCHAR	String
NUMERIC	java.math.BigDecimal
REAL	float
SMALLINT	short
TIME	java.sql.Time
TIMESTAMP	java.sql.Timestamp
TINYINT	byte
VARBINARY	byte[]
VARCHAR	String

Tab. 10-10 Abbildung von JDBC-Datentypen auf Java-Datentypen

10.4 Erzeugen und Löschen von Tabellen

In diesem Abschnitt wird auf die Vorgehensweise bei der Generierung und beim Löschen von Tabellen eingegangen. Eine Tabelle wird in SQL mit der folgenden Syntax erzeugt:

Syntax

```
CREATE TABLE Tabellen_Name
```

Als Beispiel wird nun die Spieler-Tabelle, die in Kapitel 10.1 betrachtet wurde, unter Verwendung einer Java-Klasse erzeugt. In dieser Tabelle sind 4 Spalten enthalten:

- `Spieler_Nr` vom Typ `int`,
- `Name` und `Nachname` vom Typ `String` und
- `Gespielt` vom Typ `int`.

Der hierzu notwendige Code sieht wie folgt aus:

Code

```
// mein_con stellt eine Anbindung an die Datenbank dar.
// Eine Anweisung wird erzeugt
Statement mein_stmt = mein_con.createStatement();
// Anweisung ausfuehren, um eine Tabelle zu erzeugen
mein_stmt.execute(
   "CREATE TABLE Spieler(" +
      "Spieler_Nr integer,"+ "Nachname varchar (32)," +
         "Vorname varchar (32),"+ "Gespielt integer );"
);
```

Nachdem die Tabelle erzeugt wurde, können anschließend Datensätze hinzugefügt werden. Das Hinzufügen von Datensätzen erfolgt mit Hilfe der folgenden Syntax:

Syntax

```
INSERT INTO Tabellen_Name VALUES (Werte der Datensätze);
```

Somit ergibt sich für die oben angegebene Tabelle das folgende Code-Segment:

CODE

```
mein_stmt.executeUpdate ("INSERT INTO Spieler " + " VALUES (1,
'ElSaddik', 'Abed', 4)" );
mein_stmt.executeUpdate ("INSERT INTO Spieler " + " VALUES (2,
'Fischer', 'Stephan', 6)" );
mein_stmt.executeUpdate ("INSERT INTO Spieler " + " VALUES (3,
'ElSaddik', 'Abutti', 8)" );
mein_stmt.executeUpdate ("INSERT INTO Spieler " + " VALUES (4,
'Frankfurter', 'Richard', 2)" );
```

Das Löschen von Datensätzen einer Tabelle erfolgt in ähnlicher Art und Weise mit dem Schlüsselwort DELETE, das dann eine ganze Zeile löscht. Die Verwendung von DELETE erfolgt mit Hilfe der Syntax:

Syntax

```
DELETE FROM Tabellen_Name WHERE Bedingung
```

Das folgende Code-Segment führt zum Löschen der ersten und dritten Zeile der bereits verwendeten Tabelle Spieler:

CODE

```
mein_stmt.executeUpdate ("DELETE FROM Spieler
  WHERE Nachname = 'ElSaddik' ");
```

10.5 Tabellenmanipulation

JDBC stellt ein Standard-API zur Verfügung, mit dessen Hilfe Objekte und Methoden definiert werden können, die es dem Programmierer ermöglichen, in der Applikation den Zugriff auf die darunter liegende Datenbank zu realisieren. Der Zugriff erfolgt in der folgenden Art und Weise (siehe auch Abb. 10-8):

- Laden eines geeigneten JDBC-Treibers.
- Herstellung einer Datenbankanbindung über den entsprechenden JDBC-Treiber des verwendeten DBMS.
- Erstellung eines Anweisungsobjekts (sog. *Statement Object*) und Weitergabe der auszuführenden Anweisung über das Anweisungsobjekt an das darunter liegende DBMS.
- Rückgabe der Ergebnisse in Form von Ergebnisdatensätzen.
- Schließen der Verbindung zur Datenbank.

Eine Java-Applikation läuft hierbei typischerweise auf einem Client-Rechner, der eine Verbindung zu einer (oder mehreren) Datenbank(en) aufbaut, die sich auf einem Remote-Server befindet(en). Die Verwaltung der Datenbankverbindungen, die in Form von Java-Objekten erzeugt werden, wird vom JDBC-Treiber-Manager übernommen. Dieser kann mehrere Verbindungen zu unterschiedlichen Datenbanken gleichzeitig verwalten und ermöglicht somit auch den Zugriff auf verteilte Datenbanken.

Bevor der allgemeine Ablauf einer Datenbankanfrage über JDBC erläutert wird, muss darauf aufmerksam gemacht werden, dass eine JDBC-Anwendung alle für die Ausführung von JDBC notwendigen Klassen importieren muss. Diese Klassen sind Teil des Packages java.sql, das Bestandteil des JDKs seit der Version 1.1 ist.

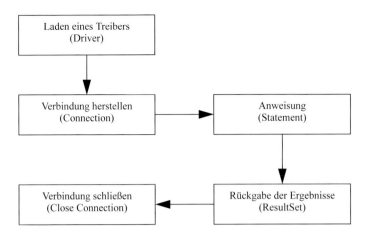

Abb. 10-8 Allgemeiner Ablauf einer JDBC-Anwendung

10.5.1 Laden eines JDBC-Treibers

Zur Ausführung von JDBC-Anweisungen muss ein Datenbanktreiber geladen werden, der Anweisungen in eine Form umsetzt, die vom speziellen Datenbanksystem verstanden werden. Ein derartiger Treiber kann, wie in Kapitel 10.2.4 erläutert, einer der insgesamt vier verschiedenen Typen sein. Hierbei kann es sich entweder um eine JDBC-ODBC-Bridge handeln, die eine ODBC-Datenbank ansprechen kann, oder um einen in native Code implementierten Treiber für ein spezielles DBMS (bspw. DB2-JDBC-Treiber oder Oracle-JDBC-Treiber). Der Treiber wird mit dem in Java verfügbaren Lademechanismus für Klassen (*Class Loader*) mit Hilfe der folgenden Methode geladen:

Code

```
class.forName("meinTreiber");
```

Somit lautet der Code für das Laden des standardmäßig verwendeten JDBC-ODBC-Bridge-Treibers:

Code

```
Class.forName("sun.jdbc.odbc.JdbcOdbcDriver");
```

Das Laden eines Treibers mit Hilfe der Anweisung `class.forName()` hat den Vorteil, dass eine Instanz des Treibers dynamisch erzeugt und automatisch beim `TreiberManager`-Objekt registriert wird (siehe auch Abb. 10-9).

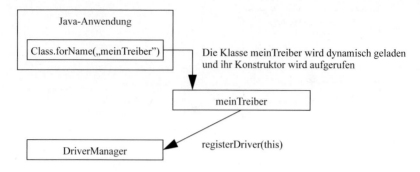

Abb. 10-9 Dynamisches Laden eines JDBC-Treibers

10.5.2 Verbindung zu Datenbanken

Bei der Erstellung einer Verbindung zu einer Datenbank wird die bereits erwähnte Komponente `java.sql.DriverManager` eingesetzt. Hierbei muss zunächst eine Verbindung zur Datenbank aufgebaut werden, bevor Anfragen an eine Datenquelle gestellt und verarbeitet werden können. Eine Datenbankanbindung kann auf die folgenden zwei Arten erstellt werden:

- Standardmäßig durch die Methode `GetConnection()` der Klasse `java.sql.DriverManager`.
- Explizit durch die Methode `Connect()` des Interfaces `java.sql.Driver`.

Der Konstruktor der Methode `java.sql.getConnection()` erwartet bis zu drei Parameter:

- `String db_url`
  Die URL der Datenbank, zu der die Verbindung aufgenommen werden soll.
- `String userID`
  Anmeldung des Benutzers in der Datenbank.
- `String passwd`
  Das entsprechende Passwort des Benutzers für die Datenbankanmeldung.

Die beiden letzten Parameter (`userID` und `passwd`) sind optional und können gegebenenfalls auch in Form einer Liste übergeben werden. Die Syntax für das Öffnen einer Verbindung lautet somit:

Code
```
Connection mein_con = DriverManager.getConnection(db_url,
   userID, passwd);
```

Die Struktur der angegebenen URL (`db_url`) ist von der Implementierung des Treibers abhängig. Im Fall der JDBC-ODBC-Bridge hat sie die Form:

Syntax

```
jdbc:odbc:datenQuelleName[;attributName= attributWert]*
```

Hierbei ist `datenQuelleName` der Name der Datenquelle. Die Datenquelle wird durch ein Semikolon von einer beliebigen Anzahl von Attributen getrennt. Ein Beispiel für die oben angegebene Syntax ist das folgende Code-Segment:

Code

```
jdbc:odbc:mein_jdbc_test
// oder bei Verwendung von zwei Attributen
jdbc:odbc:mein_jdbc_test;CacheSize=20;ExtensionCase=LOWER
```

Datenquellen werden in der Regel durch Benutzernamen und Passwort vor Missbrauch geschützt. Diese werden der Datenbank in Form der Parameter `userID` und `passwd` übermittelt. Die Klasse `java.sql.DriverManager` durchsucht bei diesem Aufruf eine Liste der registrierten Treiber und versucht, eine Verbindung zur Datenbank durch den impliziten Aufruf der Klasse `Driver.Connect` aufzubauen. Hierbei wird der erste passende Treiber verwendet und die Treibersuche damit abgeschlossen (siehe Abb. 10-10).

Die zweite Möglichkeit, eine Verbindung zu einer JDBC-Datenbank zu erstellen, ist die Verwendung der Methode `java.sql.Driver.Connect`, mit der der gewünschte Treibers explizit aufgerufen wird. Dieses Vorgehen ist dann nützlich, wenn ein bestimmter Treiber eingesetzt werden soll.

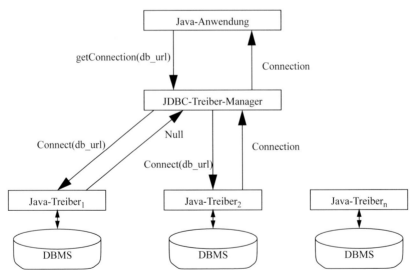

Abb. 10-10 Aufbau einer JDBC-Verbindung zu einem DBMS

10.5.3 Generierung und Ausführung von Anweisungen

Die Methode `createStatement()` der Klasse `java.sql.Connection` erzeugt ein JDBC-Anweisungsobjekt (`java.sql.Statement`). Ein `Statement`-Objekt kann hierbei nicht wie sonst üblich mit Hilfe des Kommandos `new` erzeugt werden, sondern wird beim entsprechenden `Connection`-Objekt angefordert. Diese Eigenschaft setzt voraus, dass eine Datenbankverbindung bereits besteht. Die Syntax hierfür lautet:

Syntax

```
Statement mein_stmnt = mein_con.createStatement();
```

Mit einem `Statement`-Objekt werden die Daten einer Datenbank verändert und gespeichert. Es existieren drei verschiedene `Statement`-Typen mit verschiedenen Aufgaben, um eine SQL-Anfrage an die verbundene Datenbank zu senden. Abhängig von der Anfrageart wird die Methode `createStatement()` der Klasse `java.sql.Statement`, die Methode `prepareStatement()` der Klasse `java.sql.PreparedStatement` oder die Methode `prepareCall()` der Klasse `java.sql.CallableStatement` aufgerufen, wodurch eine entsprechende Instanz entsteht.

Statement-Objekte

Ein *Statement* wird zur Datenmanipulation und zum Erzeugen von Ergebnissen benutzt. Eine Anfrage kann durch die Methoden `executeQuery()`, `executeUpdate()`, `executeBatch()` oder `execute()` ausgeführt werden. Die jeweilige Methode bezieht sich immer auf ein bestehendes Statement und erwartet als Eingabeparameter einen String für das auszuführende Statement. Der Rückgabewert der Ausführung der Methode `executeQuery()` ist vom Typ `ResultSet` (Ergebnistabelle bei Abfragen oder Auswertungen). Der Rückgabewert ist bei der Ausführung der Methoden `executeUpdate()` oder `executeBatch()` vom Typ `int` (z. B. Anzahl der geänderten Datensätze bei `Update`-Anweisungen). Die Methode `execute()` liefert den Datentyp `boolean` (`true` oder `false`) zurück. Die Syntax einer Abfrage lautet hier wie folgt:

Syntax

```
ResultSet mein_result = mein_stmt.executeQuery("SELECT * FROM
   Spieler");
```

Die Methode `executeUpdate()` wird für Veränderungen von Tabellen verwendet. Die SQL-Anfragen INSERT, UPDATE und DELETE verändern Spalten und Zeilen einer Tabelle. Der Rückgabewert entspricht dabei der Zahl veränderter Zeilen. CREATE TABLE und DROP TABLE liefern demnach als Rückgabewert immer den Wert 0.

Syntax

```
int update_result = my_stmt.executeUpdate("CREATE TABLE
   Tabelle_2");
```

Die Methode `execute()` wird verwendet, wenn mehrere Resultate zurückgeliefert werden sollen.

PreparedStatement-Objekte

Die Klasse `PreparedStatement` ist abgeleitet von der Klasse `java.sql.Statement`. Allerdings werden hier die oben aufgeführten Methoden `executeQuery()`, `executeUpdate()` und `execute()` verändert. Sie erhalten keinen Parameter, da die SQL-Anfrage bereits mit dem Konstruktor übergeben wird. Ein `PreparedStatement`-Objekt wird einmal erzeugt und übersetzt und anschließend zur Laufzeit mit aktuellen Parametern versehen. Dieses Vorgehen weist gegenüber einem einfachen `Statement`-Objekt eine besondere Effizienz auf. Ein `PreparedStatement`-Objekt wird mit der folgenden Syntax erzeugt:

Syntax

```
PreparedStatement mein_prstmnt =
   Connection.prepareStatement("UPDATE Spieler SET Gespielt=?
     WHERE Name=?");
```

Mit der dargestellten Syntax wird eine Anfrage vorbereitet, deren Werte `Gespielt` und `Name` zur Laufzeit gesetzt werden. Das Fragezeichen fungiert als Platzhalter. Werte in einem `PreparedStatement`-*Objekt* werden mit den Methoden `setxxx` gesetzt. Dadurch ist es möglich, eine SQL-Anfrage mit verschiedenen Parametern zu stellen, ohne bei jedem Aufruf eine Instanz der Klasse `Statement` erstellen zu müssen. Bevor die Anfrage gesendet wird, müssen die Parameter gesetzt werden. Die Methoden `setInt()`, `setShort()` und `setString()` setzen bspw. die Parameter. Hierbei muss die entsprechende Konvertierungssyntax beachtet werden:

Syntax

```
PreparedStatement.setxxx(position, derZuSetzendeWert);
```

Der erste Parameter der Methode `setxxx` gibt die Ordinalposition des Parameters in der SQL-Anfrage an. Der zweite Parameter entspricht dem Wert, den die Variable annehmen soll. Die nachfolgenden Beispiele demonstrieren dieses Vorgehen. Das erste Beispiel verwendet die Methode `executeUpdate` zur Bearbeitung einer Instanz der Klasse `Statement`. Das zweite Beispiel nutzt ein vorbereitetes `Statement`-Objekt (`PreparedStatement`).

Code

```java
// Benutzen der executeUpdate-Methode zur Bearbeitung
// einer Instanz der Statement-Klasse.
// Eine Verbindung wird etabliert

Statement mein_stmnt = mein_con.createStatement();

// Definition eines String-Objekts, um
// die Tabelle zu aktualisieren

String updateString = "UPDATE Spieler SET Gespielt=5 WHERE
   Name=ElSaddik";
// Tabelle aktualisieren

mein_stmnt.executeUpdate(updateString);

// Benutzen von PreparedStatement-Objekten:
// Eine Verbindung zur Tabelle wird hergestellt. Dazu wird
// ein PreparedStatement-Objekt definiert. Bei diesem Objekt
// werden zwei Variablen durch das Benutzen eines
// Fragezeichens "?" definiert

PreparedStatement mein_prstmnt =
   mein_con.prepareStatement("UPDATE Spieler SET Gespielt=?
     WHERE Nachname=?");

// Setzen der jeweiligen Variablen mit den entsprechenden
// setxxx-Methoden

mein_prstmnt.setInt(1, 5);
mein_prstmnt.setString(2, ElSaddik);

// Tabelle aktualisieren

mein_prstmnt.executeUpdate();
```

CallableStatement-Objekte

Die Klasse `java.sql.CallableStatement` stellt eine Erweiterung der Klasse `PreparedStatement` dar. Die Parameter eines `CallableStatement`-Objektes stellen nicht nur Eingabewerte, sondern auch Ausgabewerte dar. Die Ergebnisse werden dann dementsprechend mit Methoden der Form `getxxx` ermittelt. Die Platzhalter (Fragezeichen), die die Ausgabewerte enthalten, müssen initialisiert werden. Der Typ des Rückgabewertes wird mit Hilfe der folgenden Syntax angegeben:

Syntax

```
CallableStatement.registerOutParameter(position,
     java.sql.Types.DER_TYP);
```

Der erste Parameter der Registrierungsmethode gibt die Ordinalposition des Parameters in der SQL-Anfrage an. Der zweite Parameter entspricht dem Datentyp der Variablen (z. B. `TINYINT` oder `DECIMAL`).

Mit Hilfe dieser Klasse können sog. *Stored Procedures* aufgerufen werden, sofern das Datenbanksystem derartige Prozeduren zur Verfügung stellt. Anfragemakros (Stored Procedures) stellen eine gekapselte Menge von SQL-Anweisungen dar, die zu einem bestimmten Zeitpunkt aufgerufen werden können. Zur Veranschaulichung wird das folgende Beispiel verwendet:

Syntax

```
// Registriere den ersten Parameter als TINYINT-Wert
CallableStatement.registerOutParameter(1,
    java.sql.Types.TINYINT);

// Die Anfrage soll ausgefuehrt werden, wobei der Wert des
// ersten Parameters 1 ist. Ein SQL-TINYINT wird in Java auf int
// oder byte abgebildet.
CallableStatement.executeQuery();
byte x=CallableStatement.getByte(1);
```

10.5.4 Verarbeitung von Ergebnissen

Das Ergebnis einer Abfrage, das durch den Aufruf der Methode `executeQuery()` ermittelt wird, wird in Form einer Ergebnistabelle vom Typ `java.sql.ResultSet` zurückgeliefert. Dieses Interface bietet Methoden der Form `getxx`, mit denen die zurückgelieferten Ergebnisse ausgewertet werden können. In Abhängigkeit des Ergebnistyps muss die entsprechende `getxxx`-Methode gewählt werden. Der Zugriff auf Spaltenwerte erfolgt mit einer der folgenden Methoden:

Syntax

```
String mein_result = ResultSet.getString("SpaltenName");
String mein_result = ResultSet.getString("SpaltenNummer");
```

Der Aufruf der erste Methode erlaubt den Zugriff auf Spaltenwerte durch das Eingeben des Spaltenamens, wobei beim Aufruf der zweiten Methode die Spaltennummer eingegeben werden kann.

In der Regel liefern Anfragen eine Vielzahl von Ergebnissen. Mit der Methode `next()` kann der nächste Ergebniseintrag einer Spalte bearbeitet werden.

Syntax

```
ResultSet.next;
```

Mit der folgenden SQL-Abfrage werden sowohl ein numerischer Wert (Anzahl der gespielten Runden) sowie ein `String`-Objekt, das den Nachnamen des Spielers darstellt, zurückgeliefert.

Code

```
SELECT Gespielt, Nachname FROM Spieler;
```

Der entsprechende Java-Code verwendet die Methoden `getInt()` und `getString()`, um die Resultate zu bearbeiten:

Syntax

```
int anzahlSpiele = mein_result.getInt("Gespielt");
String name = mein_result.getString("Name");
```

Ist der Aufbau der zugrunde liegenden Datenbanktabelle nicht bekannt (bspw. bei der Anweisung "`SELECT * FROM Tabelle_1`"), so muss erst mittels der Methode `Connection.GetMetaData` die Struktur einer Tabelle für eine bestehende Verbindung ausgelesen und mit den entsprechenden Methoden ausgewertet werden. Eine ausführliche Beschreibung hierzu ist Teil des Anwendungsbeispiels (siehe Kapitel 10.8).

10.5.5 Schließen einer Verbindung

Das Schließen der Datenbankverbindung erfordert explizit die Abmeldung von der Datenbank. Dafür wird die entsprechende Methode `close()` der Klasse `java.sql.Connection` aufgerufen. Diese Methode wird für eine bestehende Verbindung ohne Parameter verwendet. Die Syntax für das Schließen einer Datenbankverbindung lautet:

Syntax

```
mein_con.close();
```

10.6 Stapeloperationen

Eine *Stapeloperation* (Batch Update) beinhaltet eine Menge von Anweisungen (Statements), die zur Aktualisierung an eine Datenbank gesendet werden, um sie anschließend sukzessive in Form eines Stapels abzuarbeiten. Bei der Manipulation großer Mengen von Datensätzen muss für jede Operation (bspw. `INSERT`, `DELETE` oder `UPDATE`) ein neues `Statement`-Objekt oder eine der erweiterten Klassen (`PreparedStatement` bzw. `CollableStatement`) ausgeführt werden. Diese Vorgehensweise des JDBC in der Version 1.0 hat sich jedoch als langsam erwiesen, da jedes Statement einzeln an das DBMS geschickt wird und die Antwort abgewartet werden muss, bevor das nächste Element verarbeitet werden kann.

Die JDBC-Version 2.0 löst dieses Problem, indem mehrere, zum Teil heterogene Anweisungen zusammengefasst und als Einheit zum DBMS gesendet werden. Diese Fähigkeit, eine zusammengesetzte Anweisungseinheit auf einmal zum DBMS zu schicken, wird als *Stapeloperation* (Batch Update) bezeichnet.

Die Vorgehensweise bei der Erzeugung einer Stapeloperation ähnelt der Erzeugung von Statements jeglicher Art (`Statement`, `PreparedStatement` oder `CollableStatement`) mit dem Unterschied, dass die Anweisungen nicht direkt mit der

Methode `executeUpdate()` ausgeführt werden, sondern mit der Methode `addBatch()` mittels der folgenden Syntax zu einer Operationsliste hinzugefügt werden:

Syntax

```
mein_stmnt.addBatch("Auszuführende Anweisung");
```

Eine Batch-Update-Anweisung wird erst ausgeführt, nachdem die Methode `executeBatch()` aufgerufen worden ist.

Syntax

```
mein_stmnt.executeBatch();
```

Im Folgenden wird nochmals auf die Tabelle `Spieler` eingegangen. Nun werden Daten anhand einer Stapeloperation aktualisiert, indem die Batch-Update-Vorgehensweise auf eine Instanz der `Statement`-Klasse angewendet wird:

Code

```
con.setAutoCommit(false);
Statement mein_stmnt = mein_con.createStatement();

mein_stmnt.addBatch("INSERT INTO Spieler" + " VALUES(5, 'Joe',
   'matson', 0)");
mein_stmnt.addBatch("INSERT INTO Spieler" + " VALUES(6,
   'Jannet', 'jacks', 1)");
mein_stmnt.addBatch("INSERT INTO Spieler" + " VALUES(7, 'Alex',
   'Groß', 1)");
int [] zaehleUpdate = mein_stmnt.executeBatch();
```

Im Folgenden wird der oben aufgeführte Code erläutert. Zuerst wird das automatische Senden der Transaktion an die Datenbank mit Hilfe der folgenden Zeile unterdrückt:

Code

```
con.setAutoCommit(false);
```

Dieses Vorgehen ist bei der Verwendung von Stapeloperationen obligatorisch, damit eventuell auftretende Fehler geeignet behandelt werden können. Die folgende Zeile erzeugt eine Instanz der `Statement`-Klasse.

Code

```
Statement mein_stmnt = mein_con.createStatement();
```

Zu dieser Instanz werden mehrere Anweisungen hinzugefügt, um neue Werte in die Tabelle einsetzen zu können. Diese Anweisungen fügen drei neue Spieler in die Tabelle ein, wozu die folgenden Zeilen notwendig sind:

Code

```
mein_stmnt.addBatch("INSERT INTO Spieler" + " VALUES(5, 'Joe',
    'matson', 0)");
mein_stmnt.addBatch("INSERT INTO Spieler" + " VALUES(6,
    'Jannet', 'jacks', 1)");
mein_stmnt.addBatch("INSERT INTO Spieler" + " VALUES(7, 'Alex',
    'Groß', 1)");
```

Die letzte Zeile sendet die drei oben aufgezählten SQL-Anweisungen als Einheit an das DBMS. Der Grund für die Verwendung der Methode executeBatch() anstelle der Methode executeUpdate() liegt darin, dass executeUpdate() nur jeweils eine Anweisung senden kann.

Code

```
int [] zaehleUpdate = mein_stmnt.executeBatch();
```

Mit der letzten Zeile führt das DBMS die Kommandos sukzessive in der Reihenfolge aus, wie sie in der Liste angegeben sind. Somit wird zuerst der Spieler „Joe" in die Tabelle eingesetzt, gefolgt von „Jannet" und „Alex".

Wenn die Aktualisierung der Daten erfolgreich abgeschlossen ist, besteht die Liste zaehleUpdate vom Typ int aus vier Elementen. Jedes dieser Elemente hat den Wert „1", da jedes Statement der Tabelle eine Zeile hinzugefügt hat. Analog zur Verwendung der Methode executeBatch() existiert die Methode clearBatch(), die veranlasst, dass die Liste auszuführender Anweisungen geleert wird.

Abschließend sei der Leser darauf aufmerksam gemacht, dass nur Anweisungen, die eine Aktualisierungszahl (zaehleUpdate) zurückliefern, mit der Stapeloperationsmethode executeBatch() ausgeführt werden können. Zu diesen SQL-Anweisungen gehören unter anderem die SQL-Kommandos INSERT, UPDATE, DELETE, CREATE TABLE, DROP TABLE und auch ALTER TABLE.

Exceptions in Stapeloperationen

Zwei mögliche Exception-Arten können während einer Stapeloperation auftreten: SQLException und deren Erweiterung BatchUpdateException.

Ein SQLException-Objekt wird von jeder Methode des JDBC-APIs erzeugt, wenn ein Fehler beim Zugriff auf die Datenbank aufgetreten ist. Wenn eine Anweisung durch die Stapeloperation nicht ausgeführt werden kann, wird ein BatchUpdateException-Objekt ausgeworfen. Zusätzlich zu den Informationen, die jedes Exception-Objekt mit sich trägt, beinhaltet ein BatchUpdateException-Objekt eine Liste (Datentyp Array) der Anweisungen, die korrekt ausgeführt wurden, bevor der Fehler aufgetreten ist. Dies ist unter anderem deshalb möglich, da eine Stapeloperation die Anweisungen in der Reihenfolge, in der sie angegeben wurden, ausführt. Der folgende Code erzeugt die SQL-Exceptions und die Ausnahmen bei der Berechnung der Aktualisierungszahl, die bei einer Stapeloperation entstehen können. Hierbei sollte beachtet werden, dass die BatchUpdateException-Klasse Ausnahmen der SQLException-Klasse auswerfen kann, da sie eine Erweiterung der Klasse SQLException darstellt. Da die Methode getUpdateCounts einen Array des Datentyps int zurückliefert, wird sie in einer for-Schleife abgearbeitet, um alle Werte ausgegeben zu können.

Code

```
try{
   con.setAutoCommit(false);
   Statement mein_stmnt = mein_con.createStatement();

   mein_stmnt.addBatch("INSERT INTO Spieler" + " VALUES(5,
      'Joe', 'matson', 0)");
   mein_stmnt.addBatch("INSERT INTO Spieler" + " VALUES(6,
      'Jannet', 'jacks', 1)");
   mein_stmnt.addBatch("INSERT INTO Spieler" + " VALUES(7,
      'Alex', 'Groß', 1)");
   int [] zaehleUpdate = mein_stmnt.executeBatch();
} catch(BatchUpdateException bue) {
   System.err.println("SQLException: " + bue.getMessage());
   System.err.println("SQLState:     " + bue.getSQLState());
   System.err.println("Message:      " + bue.getMessage());
   System.err.println("ErrorCode:    " + bue.getErrorCode());
   System.err.print("Update counts: ");
   int [] zaehleUpdate = bue.getUpdateCounts();
   for (int i = 0; i < zaehleUpdate.length; i++) {
      System.err.print(zaehleUpdate[i] + "   ");
   }
}
```

10.7 JDBC-Erweiterungen

Wie schon in Kapitel 10.3 erläutert wurde, beinhaltet das Package java.sql insgesamt 26 Klassen. Um diesen Kern von JDBC einfach und damit übersichtlich halten zu können, wurden Standarderweiterungen für JDBC in das sog. *Standard Extension API* ausgelagert. Die wichtigsten dieser Standarderweiterungen sind:

- Java Naming and Directory Interface
- Connection Pooling
- Distributed Transactions

Im Folgenden werden diese Erweiterungen kurz vorgestellt.

10.7.1 Java Naming and Directory Interface

Durch die explizite Angabe eines Treibers und einer URL zur Anbindung eines DBMS im Java-Code (siehe die folgenden Anweisungen) entsteht eine Abhängigkeit zwischen einem bestimmten Anbieter von Datenbanktreibern und dem Speicherort des DBMS in Form einer URL.

Syntax

```
class.forName("meinTreiberName")
Connection mein_con = DriverManager.getConnection(db_url,
   userID, passwd);
```

Bei Änderungen des Treibers oder der URL muss dann auch jedes Mal der Programm-Code geändert werden. Eine Unabhängigkeit von Treiber und URL sollte daher stets angestrebt werden.

Das Konzept des *Java Naming and Directory Interface* (JNDI) stellt einen einheitlichen Weg für Anwendungen zur Verfügung, um entfernte Dienste zu finden und darauf zuzugreifen. Das JNDI legt logische Namen sowohl für die zu verwendenden Datenbanken als auch für den jeweiligen Treiber fest, anstatt im Code eine spezielle Datenbank und einen bestimmten Treiber starr anzugeben.

Zur Umsetzung des Konzepts erhält eine Anwendung ein DataSource-Objekt, das ein Connection-Objekt erzeugen kann. Hierbei ist jedoch unbekannt, mit welchem DBMS die Anwendung verbunden ist. In JNDI können DataSource-Objekte ausgetauscht werden, so dass eine Applikation automatisch mit anderen DBMS verbunden wird, ohne dass der Code der Applikation geändert werden muss. JNDI stellt hierzu eine neues Interface zur Verfügung: DataSource. Ein DataSource-Objekt repräsentiert ein DBMS und ist für die Erzeugung von Verbindungen (sog. Connections) zuständig. Ein DataSource-Objekt wird an einer bestimmten Stelle im JNDI-Service-Provider (SP) mit Hilfe der folgenden Syntax abgelegt:

Syntax

```
SampleDataSource sds = new
   SampleDataSource("meinServer","meineDatenBank");
Context ctx = new InitialContext();
ctx.bind("jdbc/gewuenschteTabelle", sds);
```

Die Anwendung kann anschließend über JNDI auf das DataSource-Objekt, das in diesem Pfad gespeichert ist, zurückgreifen:

Syntax

```
Context ctx = new InitialContext();
DataSource ds = (DataSource)
   ctx.lookup("jdbc/gewünschteTabelle");
Connection con = ds.getConnection();
```

JNDI befindet sich noch in der Entwicklung. Für weitere Informationen sei auf die Webseiten der Firma Javasoft hingewiesen.

10.7.2 Connection Pooling

Das Konzept des *Verbindungszusammenschlusses* (sog. Connection Pooling) wird voraussichtlich Teil des momentan in der Entwicklung befindlichen Packages `javax.sql` werden. Ein Verbindungszusammenschluss verwaltet physikalische Verbindungen zum DBMS in einem Cache. Wenn eine Java-Anwendung eine Verbindung zum DBMS anfordert, sucht der Connection-Pooling-Algorithmus im Cache nach einem entsprechenden `PooledConnection`-Objekt. Ist kein gewünschtes `PooledConnection`-Objekt vorhanden, so wird eine neue physikalische Verbindung, eine Instanz von der Klasse `PooledConnection`, zum DBMS aufgebaut. Die Java-Anwendung erhält dann ein Objekt vom Typ `Connection`, das von einer entsprechenden `PooledConnection` erzeugt wurde. Die Erzeugung eines solchen Objektes erfolgt für die Java-Anwendung transparent. Hierbei wird eine virtuelle Verbindung verwendet, deren Anfragen an ein `PooledConnection`-Objekt weitergegeben werden. Durch JNDI wird dann eine vom Benutzer gewünschte JDBC-Implementierung bzw. eine JDBC-Implementierung mit Connection-Pooling an eine Java-Anwendung übergeben.

10.7.3 Distributed Transaction Support

Die Unterstützung von *verteilten Transaktionen* erlaubt es einer JDBC-Anwendung, einen Treiber zu verwenden, der seinerseits das standardmäßig verfügbare Two-Phase-Commit-Protokoll (TPC) des Java-Transaction-APIs (JTA) verwendet. Dadurch wird der Einsatz von JDBC im Kontext von Enterprise-JavaBeans vereinfacht.

Unter einer *Transaktion* versteht man die *Bündelung* mehrerer Datenbankoperationen, die in einem Mehrbenutzersystem als Einheit fehlerfrei auszuführen sind, wobei unerwünschte Einflüsse durch andere Transaktionen ausgeschlossen sind.

Wird durch das DBMS keine Fehlermeldung ausgegeben, so wird eine JDBC-Transaktion mit dem Schlüsselwort `commit` abgeschlossen. Tritt hingegen ein Fehler auf, so wird die JDBC-Transaktion zurückgesetzt, wofür die Schlüsselwörter `abort` oder `rollback` Verwendung finden.

Wie in Abb. 10-11 dargestellt ist, registrieren sich alle Verbindungen über einen *Ressource-Manager* beim Transaction-Manager. Hierbei werden eine Vielzahl von verschiedenen Anweisungen verschiedener DBMS vom Transaction-Manager zu einer einzigen Transaktion zusammengefasst. Durch die Verwendung dieses Konzepts wird dem Anwendungsentwickler daher das Transaktions-Management in verteilten Systemen erleichtert.

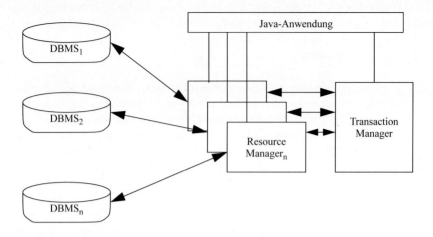

Abb. 10-11 JDBC-Unterstützung für verteilte Transaktionen

10.8 Anwendungsbeispiel

Zur praktischen Anwendung der Kenntnisse, die in diesem Kapitel vermittelt wurden, werden nun die Grundlagen der JDBC-Datenbanktechnik anhand eines Beispiels betrachtet. Es sei darauf hingewiesen, dass dieses Beispiel das DBMS *Access* der Firma Microsoft verwendet. Um andere Datenbanken zu verwenden, muss lediglich der JDBC-ODBC-Treiber in der folgenden Zeile auf den gewünschten Treibertyp umgestellt werden.

Code

```
Class.forName ("sun.jdbc.odbc.JdbcOdbcDriver");
```

Das hier betrachtete Beispiel ist eine Java-Anwendung, die lokal auf dem Rechner eines Clients ausgeführt wird. Im Einzelnen werden die folgenden Aufgaben wahrgenommen:

- Laden eines JDBC-Treibers und Herstellung einer Verbindung zur Datenbank.
- Löschen einer in der Datenbank vorhandenen Tabelle und anschließende Erzeugung einer neuen Tabelle.
- Hinzufügen von Datensätzen zur erzeugten Tabelle.
- Versenden einer Anfrage an die Datenbank, um den Inhalt der Tabelle zu ermitteln, bzw. um einige Datensätze zu löschen. Dabei wird sowohl von Statement-Objekten als auch von PreparedStatement-Objekten Gebrauch gemacht.
- Abfrage und Anzeige der verschiedenen Metadaten der Tabelle.
- Schließen der Datenbankverbindung.

Um das Beispiel fehlerfrei ausführen zu können, muss im ersten Schritt der JDBC-ODBC-Treiber für die Datenbank installiert werden. Das geschieht unter Windows, indem die folgenden Schritte durchgeführt werden:

- Anlegen eines Verzeichnisses für die Datenbank.
- Verwendung der Datenbank `openjava.mdb`, die Teil der CD ist, die dem Buch beiliegt.
- Doppelklicken des Icons `ODBC` (32-bit ODBC) in der Systemsteuerung. Hierdurch öffnet sich ein Fenster mit dem Titel `ODBC-Datenquellen-Administrator`.
- Auswahl des Buttons `Hinzufügen`, um einen Treiber für die gewünschte Datenbank auswählen zu können.
- Eingabe des Namens der Datenquelle, in diesem Beispiel `openjava`.
- Angabe der Datenbank, wobei das angelegte Verzeichnis ausgewählt werden muss.
- Auswahl des JDBC-ODBC-Treibers für die gewünschte Datenbank, indem der OK-Button betätigt wird.

Wie in allen weiteren Kapiteln dieses Buches auch wird der Java-Code dieses Beispiels im Folgenden Schritt für Schritt durchgegangen. Setzt man die Code-Segmente wieder zusammen, so erhält man das übersetzungsfähige Programm.

Code
```
import java.sql.*;
// Klassendefinition
class OpenJavaDB {
   static   String query_str; // fuer die Abfrage
   static   ResultSet mein_ergebnis; // Ergebnissatz
   static   Integer spieler_nummer; // fuer die Spielernummer
   static   String spieler_vorname; // fuer den Spielervornamen
   static   String spieler_name; // fuer den Spielernachnamen
   // Anzahl gespielter Runden
   static   Integer spieler_gespielt;
```

Zunächst werden die Komponenten des Packages `java.sql` importiert, zu denen die Klassen `Connection`, `DriverManager`, `Statement`, `PreparedStatement`, `ResultSet`, `DataBaseMetaData` und `SQLException` gehören, die im Laufe dieses Beispiels benötigt werden. Anschließend werden einige statische Variablen definiert, anhand derer Anfragen gesendet und Ergebnisse bearbeitet werden können.

Code
```
   public static void main(String args[]) {
      // Programminformationen ausgeben:
```

```
      System.out.println();
      System.out.println("--openjava----openjava----openjava--
         --openjava----openjava----openjava--");
      System.out.println("   ");
      System.out.println();
      System.out.println("Programm: OpenJavaDB ");
      System.out.println("Zweck: Erzeugt eine Tabelle für eine
         MS-Access-Datenbank ");
      System.out.println("Version: 1.0 ");
      System.out.println("Erstellt am: 06.04.99 ");
      System.out.println("   ");
      System.out.println();
      System.out.println("--openjava----openjava----openjava--
         --openjava----openjava----openjava--");
      System.out.println();
      System.out.println();
```

Die `main`-Methode wird ohne Argumente aufgerufen. Man könnte das Programm auch mit Argumenten aufrufen, um bspw. ein Passwort und eine Benutzeridentifikation zu übergeben. Zweck der oben dargestellten Zeilen ist es, Ausgabeinformationen anzuzeigen. Die formatierte Ausgabe der obigen Zeilen sieht bspw. wie folgt aus:

Ausgabe

```
--openjava----openjava----openjava----openjava----openjava----
openjava--

Programm:       erzeugeTabelle
Zweck:          Erzeugt eine Tabelle für eine MS-Access-Datenbank
Version:        1.0
Erstellt am:    06.04.99

--openjava----openjava----openjava----openjava----openjava----
openjava--
```

Anschließend wird der Treiber geladen und eine Datenbank-URL spezifiziert, woraufhin die Verbindung zur Datenbank geöffnet werden kann. Bei der Herstellung dieser Verbindung werden weder Benutzername noch Passwort verwendet. Die dazu vorgesehenen Felder bleiben dementsprechend leer.

Code

```
try {
  // Laden des JDBC-ODBC-Treibers
  Class.forName ("sun.jdbc.odbc.JdbcOdbcDriver");
  // Datenbank-URL spezifizieren. Die Datenbank heisst hier
  //openjava
  String db_url = "jdbc:odbc:openjava";
  // Eine Verbindung zur Datenbank herstellen
  Connection mein_con = DriverManager.getConnection(db_url,
     "", "");
```

```
        System.out.println("   ");
        System.out.println("INFO: Verbindung zur Datenbank
           erfolgreich hergestellt.");
        System.out.println("   ");
   // Weiterer Verlauf dieses Beispiels
   }
   // Benoetigtes Exception-Handling
   catch(SQLException sqlex) {
        System.out.println("ERROR: Datenbankfehler: " +
           sqlex.getMessage());
        System.out.println("--------------------");
        sqlex.printStackTrace();
   }
   catch(Exception exp) {
        System.out.println("ERROR: Sonstiger Fehler: " +
           exp.getMessage());
        exp.printStackTrace();
```

Die formatierte Ausgabe besteht hier lediglich aus der folgenden Zeile.

Ausgabe

```
INFO: Verbindung zur Datenbank erfolgreich hergestellt.
```

Anschließend wird ein Statement erzeugt, das im weiteren Verlauf dazu verwendet wird, um die Tabelle zu löschen. Das Code-Fragment befindet sich innerhalb einer `try-catch` Anweisung, damit das Programm nicht abstürzt, wenn keine Tabelle, die gelöscht werden kann, vorhanden ist. Eine andere Möglichkeit wäre, abzufragen, ob eine Tabelle vorhanden ist oder nicht. Wie diese Abfrage formuliert werden muss, wird im Folgenden durch die Metadaten-Abfrage näher erläutert. Nachdem die Tabelle gelöscht wurde, wird eine neue Tabelle erzeugt, die aus vier Spalten besteht. Hiermit kann demonstriert werden, wie die im Laufe dieses Kapitels besprochene Tabelle „Spieler" mit Java erzeugt werden kann. Das Löschen bzw. das Erzeugen der Tabelle ist nicht zwingend notwendig und wurde nur vorgenommen, um die in diesem Kapitel erläuterte Theorie anhand eines praktischen Beispiels zu zeigen.

Code

```
   // Statements erzeugen
   Statement mein_stmnt = mein_con.createStatement();
   // Loeschen der Spielertabelle, falls sie existiert
   try{
        mein_stmnt.execute("DROP TABLE Spieler" );
   } catch (Exception e){
        System.out.println(" Tabelle Spieler existiert nicht ");
   }
```

```
        // Neue Spielertabelle erzeugen
        mein_stmnt.execute("CREATE TABLE Spieler(" + "Spieler_Nr
           integer,"+ "Nachname varchar (32)," + "Vorname varchar
           (32),"+"Gespielt integer );" );
        System.out.println("   ");
        System.out.println("INFO: Tabelle erfolgreich erzeugt.");
        System.out.println("   ");
}
```

Nachdem die Tabelle erfolgreich kreiert wurde, wird die folgende Zeile ausgegeben:

Ausgabe

```
INFO: Tabelle erfolgreich erzeugt.
```

Die Datensätze, die im theoretischen Teil erläutert wurden, werden in die derart erzeugte Tabelle eingefügt. Dafür wurde der SQL-Befehl INSERT INTO innerhalb der Methode executeUpdate des Objekts Statement verwendet. Um feststellen zu können, ob die Angaben tatsächlich in die Datenbank eingefügt wurden, wird in der Folge eine Anfrage an die Datenbank gestellt. Diese Anfrage ruft alle in der Tabelle vorhandenen Datensätze ab, die anschließend mit Hilfe der Methode SchreibeErgebnis angezeigt werden.

Code

```
// Daten in der Tabelle Einfügen
    mein_stmnt.executeUpdate ("INSERT INTO Spieler " + " VALUES
       (1, 'ElSaddik', 'Abed', 4)" );
    mein_stmnt.executeUpdate ("INSERT INTO Spieler " + " VALUES
       (2, 'Fischer', 'Stephan', 6)" );
    mein_stmnt.executeUpdate ("INSERT INTO Spieler " + " VALUES
       (3, 'ElSaddik', 'Abutti', 8)" );
    mein_stmnt.executeUpdate ("INSERT INTO Spieler " + " VALUES
       (4, 'Frankfurter', 'Richard', 2)" );

    System.out.println("   ");
    System.out.println("INFO: Werte erfolgreich in die Tabelle
       eingegeben.");
    System.out.println("   ");
// Nun wird eine Anfrage an die Datenbank gestellt,
// um zu sehen, ob die Daten enthalten sind
    query_str = "SELECT Spieler_Nr, Nachname, Vorname, Gespielt
       FROM Spieler";
// Abfrage ausfuehren und Ergebnisse anschauen
    mein_ergebnis = mein_stmnt.executeQuery(query_str);
    System.out.println();
    System.out.println("--openjava----openjava----Zeige
       Tabellen Inhalt----openjava----openjava--");
    System.out.println();
    SchreibeErgebnis(mein_ergebnis);
```

Das formatierte Ergebnis dieser Transaktionen sieht wie folgt aus:

Ausgabe

```
INFO: Werte erfolgreich in die Tabelle eingegeben.

openjava----openjava----Zeige Tabellen Inhalt----openjava----
openjava--

Spieler_Nr:    Name           Vorname         Gespielt
1              ElSaddik       Abed            4
2              Fischer        Stephan         6
3              ElSaddik       Abutti          8
4              Frankfurter    Richard         2
```

Anschließend wird das Objekt PreparedStatement verwendet, um die Anzahl der gespielten Runden für die Spieler mit Nachnamen „ElSaddik" auf 44 zu setzen. Hierbei wurde explizit nicht die Spielernummer ausgewählt, um darzulegen, dass eine derartige Änderung alle Datensätze betrifft, wenn nicht mit einem eindeutigen Schlüssel gearbeitet wird. Die Anweisung PreparedStatement erwartet zwei Variablen: Die Anzahl der gespielten Runden und den Nachnamen des Spielers. Diese werden durch das Verwenden der zwei setxxx-Methoden (setInt() und setString()) auf die entsprechenden Werte gesetzt. Jede dieser Methoden akzeptiert wiederum zwei Argumente. Das erste Argument repräsentiert die Ordinalposition der einzusetzenden Variablen, das zweite Argument den Wert dieser Variablen.

Code

```
// Verwendung von PreparedStatement
   PreparedStatement mein_prstmnt =
      mein_con.prepareStatement("UPDATE Spieler SET Gespielt=?
      WHERE Nachname=?");
// Setzen der jeweiligen Variablen mit den entsprechenden
// setxxx-Methoden
   mein_prstmnt.setInt(1, 44);
   mein_prstmnt.setString(2, "ElSaddik");
// Tabelle Aktualisieren
   mein_prstmnt.executeUpdate();
```

Um das Ergebnis dieser Aktualisierung ansehen zu können, wird eine neue Anfrage an die Datenbank gesendet, woraufhin als Resultat die Ergebnisse angezeigt werden. Das Argument der Methode executeQuery kann hierbei entweder direkt oder durch die Definition einer String-Variablen (query_str) angegeben werden:

Code

```
// Neue Anfrage an Datenbank senden,
// um zu sehen, ob die Daten aktualisiert wurden
```

```
      query_str = "SELECT Spieler_Nr, Nachname, Vorname, Gespielt
        FROM Spieler WHERE Gespielt < 50";
   // Abfrage ausfuehren und Ergebnisse anschauen
      mein_ergebnis = mein_stmnt.executeQuery(query_str);
      System.out.println();
      System.out.println("--openjava----openjava----
        PreparedStatement Verwenden----openjava----openjava--");
      System.out.println();
      SchreibeErgebnis(mein_ergebnis);
```

Das formatierte Ergebnis ist im Folgenden angegeben. Hierbei erkennt man, dass die Datensätze beider Spieler mit dem Nachnamen „ElSaddik" aktualisiert worden sind.

Ausgabe

```
-openjava----openjava----PreparedStatement Verwenden----openjava-

Spieler_Nr:     Name            Vorname         Gespielt

1               ElSaddik        Abed            44
2               Fischer         Stephan         6
3               ElSaddik        Abutti          44
4               Frankfurter     Richard         2
```

Abschließend wird nochmals die Verwendung der Anweisung `PreparedStatement` betrachtet. Diese Klasse wird nun dazu eingesetzt, um Datensätze aus der Datenbank zu löschen. Dies muss erfolgen, indem ein `PreparedStatement`-Objekt definiert und anschließend zur Ausführung an die Datenbank gesendet wird. Hierbei wird nur eine Variable übergeben, in diesem Fall der Nachname eines Spielers. Deswegen muss nur eine der setxxx-Methoden verwendet werden, hier die Methode setString():

Code

```
// Benutzung von PreparedStatement,
// um Datensaetze aus der Datenbank zu loeschen
   PreparedStatement mein2_prstmnt =
     mein_con.prepareStatement("DELETE FROM Spieler Where
     Nachname=?");

// Setzen der jeweiligen Variablen mit der entsprechenden
// setxxx-Methode
   mein2_prstmnt.setString(1, "ElSaddik");
// Tabelle aktualisieren
   mein2_prstmnt.executeUpdate();
```

```
// Senden einer neuen Anfrage an die Datenbank,
// um festzustellen, ob die Daten aktualisiert wurden
   query_str = "SELECT Spieler_Nr, Nachname, Vorname, Gespielt
      FROM Spieler";
// Abfrage ausfuehren und Ergebnisse darstellen
   mein_ergebnis = mein_stmnt.executeQuery(query_str);
   System.out.println();
   System.out.println("--openjava----openjava----
      PreparedStatement zum Löschen verwenden----openjava----
      openjava--");
   System.out.println();
   SchreibeErgebnis(mein_ergebnis);
```

Das Ergebnis dieses Löschvorgangs ist im Folgenden angegeben.

Ausgabe

```
--openjava----openjava----PreparedStatement zum
Löschen verwenden----openjava----openjava--


Spieler_Nr:   Name          Vorname          Gespielt

2             Fischer       Stephan          6
4             Frankfurter   Richard          2
```

Bis zu dieser Stelle wurden das Erzeugen und das Löschen einer Tabelle bzw. verschiedene Manipulationsoperationen betrachtet. Im Folgenden wird das Beispiel um die Eigenschaft, JDBC-Metadaten der Datenbanken während der Laufzeit eines Java-Programms zu ermitteln, erweitert.

JDBC-Metadaten

Die Ermittlung von Metadaten einer Datenbank wird dadurch möglich, dass JDBC die Klasse `DatabaseMetaData` zur Verfügung stellt. Die Erzeugung einer Instanz dieser Klasse ähnelt der eines `Connection`-Objekts, das nicht mit Hilfe des Schlüsselwortes `new` erzeugt wird, sondern durch die Verwendung des bereits vorhandenen `Connection`-Objekts bzw. der Methode `getMetaData()`.

Code

```
// Erzeugen des Metadatenobjekts
DatabaseMetaData meine_metadata = mein_con.getMetaData();

if (meine_metadata == null) {
System.out.println ("Keine Datenbank-Metadaten vorhanden");
} else {
```

```
// Ausgeben der Informationen ueber das RDBMS
   System.out.println();
   System.out.println("--openjava----openjava----Datenbank
     Information----openjava----openjava--");
   System.out.println();
   System.out.println();
   System.out.println("Datenbank Produktname:     " +
     meine_metadata.getDatabaseProductName());
   System.out.println("Datenbankversion:          " +
     meine_metadata.getDatabaseProductVersion());
   System.out.println("JDBC-Treibername:          " +
     meine_metadata.getDriverName());
   System.out.println("Treiberversion:            " +
     meine_metadata.getDriverVersion());
   System.out.println("URL:                       " +
     meine_metadata.getURL());
   System.out.println("Benutzer:                  " +
     meine_metadata.getUserName());
   System.out.println();
   System.out.println();
// Weitere Abfragen, um Metadateninformationen der
// Datenbank abzufragen, die im Folgenden erlaeutert werden,
// sollen hier aufgezaehlt werden. So z.B.
// die Ausgabe von Informationen ueber unterstuetzte
// Eigenschaften
}
```

Die allgemeinen Metadaten der Datenbank dieses Beispieles sind im Folgenden angegeben. Wird eine andere Datenbank verwendet, so sehen die unten angegebenen Metadaten dementsprechend anders aus.

Code

```
--openjava----openjava----Datenbank Information----openjava---
openjava--


Datenbank Produktname:    ACCESS
Datenbankversion:         3.5 Jet
JDBC-Treibername:         JDBC-ODBC Bridge (ODBCJT32.DLL)
Treiberversion:           1.2001 (03.50.3428.00)
URL:                      jdbc:odbc:openjava
Benutzer:                 admin
```

Das folgende Code-Fragment wird benötigt, um den ANSI-Standard für die SQL-Version abzufragen, die durch die Datenbank unterstützt wird:

Code

```
if(meine_metadata.supportsANSI92FullSQL()) {
System.out.println("Ansi92 SQL:
  Voll unterstützt");
```

```
    }
    else {
      if(meine_metadata.supportsANSI92IntermediateSQL()) {
        System.out.println("Ansi92 SQL (1): Teilweise
           unterstützt");
      }
      else {
         if(meine_metadata.supportsANSI92EntryLevelSQL()) {
            System.out.println("Ansi92 SQL: Ansatzweise
               unterstützt");
         }
         else {
            System.out.println("Ansi92 SQL: wird nicht
               unterstützt");
         }
      }
    }
}
```

Das Ergebnis dieser Abfrage könnte wie im Folgenden dargestellt aussehen. Das Ergebnis kann aber von Benutzer zu Benutzer variieren, da es in großem Maße von der verwendeten Datenbank abhängig ist.

Ausgabe

```
Ansi92 SQL: Ansatzweise unterstützt
```

Diese Ausgabe bedeutet, dass nur SQL der Form ANSI92-EntryLevel unterstützt wird. Durch die Methode supportsStoredProcedures() wird festgestellt, ob die Datenbank gespeicherte Prozeduren unterstützen kann.

Code

```
if(meine_metadata.supportsStoredProcedures()) {
   System.out.println("Stored Procedures: werden
      unterstützt");
}
else {
   System.out.println("Stored Procedures: werden nicht
      unterstützt");
}
```

Die Datenbank dieses Beispiels unterstützt gespeicherte Prozeduren, weshalb sich die folgende Ausgabe ergibt:

Ausgabe

```
Stored Procedures: werden unterstützt
```

Das JDBC-API beinhaltet eine Vielzahl von Methoden, um Metadaten einer Datenbank abzufragen. Im Folgenden sind die Transaktionsmöglichkeiten der Datenbank, die in diesem Beispiel verwendet wird, aufgelistet.

Code

```
if(meine_metadata.supportsTransactions()) {
   System.out.println("Transaktionen: werden unterstützt");
}
else {
   System.out.println("Transaktionen: werden nicht
      unterstützt");
}
if(meine_metadata.supportsMultipleTransactions()) {
   System.out.println("Multiple Transaktionen: werden
      unterstützt");
}
else {
   System.out.println("Multiple Transaktionen: werden nicht
      unterstützt");
}

if(meine_metadata.supportsDataDefinitionAndDataManipulation
   Transactions()) {
   System.out.println("Datendefinitions- und
      Datenmanipulationstransaktionen: werden unterstützt");
}
else {
   System.out.println("Datendefinitions- und
      Datenmanipulationstransaktionen:  werden nicht
      unterstützt");
}
```

Das Ergebnis einer derartigen Abfrage könnte wie folgt aussehen:

Ausgabe

```
Transaktionen: werden unterstützt
Multiple Transaktionen: werden unterstützt
Datendefinitions- und Datenmanipulationstransaktionen:  werden
unterstützt
```

Im Folgenden wird aufgezeigt, wie anhand der Metadaten sowohl der Name der Tabelle als auch deren Struktur ausgelesen werden kann. Die Tabellen werden hierbei mit Hilfe der Methode `getTables()` abgefragt.

Code

```
// Ermittle die Tabellen sowie deren Aufbau
   String meine_Tabellen[] = { "TABLE" };
// Liste aller Tabellen ermitteln
   ResultSet meine_Tabellen_Ergebnisse =
      meine_metadata.getTables(null, null, "%", meine_Tabellen);
```

```
// Tabellen-Information ausgeben
  while(meine_Tabellen_Ergebnisse.next()) {
    String tabellen_name =
      meine_Tabellen_Ergebnisse.getString(3);
    System.out.println("Tabellenname:             "
      + tabellen_name);

  // Anfrage stellen, um Tabellenspalten und
  // Inhalt ermitteln zu können, wie unten angegeben ist.
  }
```

Da in der betrachteten Datenbank nur die Tabelle „Spieler" existiert, sieht das Ergebnis wie folgt aus:

Ausgabe

```
Tabellenname: Spieler
```

Anschließend wird eine Anfrage formuliert, um alle Spalten der Tabelle als Ergebnis zu erhalten.

Code

```
ResultSet meine_Spalten_Ergebnisse =
  mein_stmnt.executeQuery("SELECT * FROM "+ tabellen_name);
```

Nachdem durch die oben beschriebene Anfrage der Inhalt der Tabelle abgefragt wurde, wird die Anzahl der Spalten durch die Methode getColumnCount() ermittelt. Aus jeder Spalte können nun Informationen ausgelesen werden. Im folgenden Beispiel werden der Spaltenname, der Datentyp der Spalte und die Möglichkeit, Werte der Spalten zu überschreiben, abgefragt. Abschließend wird ermittelt, ob der Inhalt bezüglich der Groß- und Kleinschreibung unterschieden werden kann.

Code

```
ResultSetMetaData rsmd =
  meine_Spalten_Ergebnisse.getMetaData();
int anzahlDerSpalten = rsmd.getColumnCount();
for (int i=1; i<=anzahlDerSpalten; i++){

  String spaltenName = rsmd.getColumnName(i);
  String datenTyp = rsmd.getColumnTypeName(i);
  boolean schreibbar = rsmd.isWritable(i);
  boolean caseSens = rsmd.isCaseSensitive(i);
  System.out.println("Name der Spalte:           "
    + spaltenName);
  System.out.println("Verwendeter SQL-Datentyp:  "
    + datenTyp);
  System.out.println("Ist die Spalte schreibbar: "
    + schreibbar);
```

```
    System.out.println("Ist der Spaltename case-sensitive:
        " + caseSens);
}
```

Die Ergebnisse dieser Anfragen sieht wie folgt aus:

Ausgabe

```
Name der Spalte:                        Spieler_Nr
Verwendeter SQL-Datentyp:               LONG
Ist die Spalte schreibbar:              false
Ist der Spaltename case sensitive:      false
Name der Spalte:                        Nachname
Verwendeter SQL-Datentyp:               TEXT
Ist die Spalte schreibbar:              false
Ist der Spaltename case sensitive:      true
Name der Spalte:                        Vorname
Verwendeter SQL-Datentyp:               TEXT
Ist die Spalte schreibbar:              false
Ist der Spaltename case sensitive:      true
Name der Spalte:                        Gespielt
Verwendeter SQL-Datentyp:               LONG
Ist die Spalte schreibbar:              false
Ist der Spaltename case sensitive:      false
```

Mittels der Metadaten kann auch der Inhalt einer Tabelle gelesen werden. Dies wird im folgenden Beispiel verdeutlicht:

Code

```
while(meine_Spalten_Ergebnisse.next()) {
    System.out.println("         ");
    for (int i=1; i<=anzahlDerSpalten; i++){
        String derString =
            meine_Spalten_Ergebnisse.getString(i);
        System.out.print(derString + "        ");
    }
        System.out.println();
}
```

In der abgefragten Tabelle existieren daher zwei Zeilen, wodurch folgendes Ergebnis erscheint:

Ausgabe

```
2    Fischer        Stephan      6
4    Frankfurter    Richard      2
```

Abbau der Datenbankverbindung

Nach Beendigung der Arbeit mit der Datenbank muss die Verbindung zur Datenbank abgebaut werden. Hierzu ist der folgende Code notwendig.

Code

```
// Verbindung zur Datenbank beenden
mein_con.close();
System.out.println("  ");
System.out.println("INFO: Verbindung zur Datenbank
geschlossen.");
System.out.println();
```

Hilfsroutinen

Für das im Laufe dieses Teilkapitels betrachtete Beispiel wurden zwei Hilfsmethoden geschrieben, die Methoden FormatierteAusgabe und SchreibeErgebnis.

Die Methode FormatierteAusgabe dient dazu, die Ausgabe in eine lesbare Form zu bringen. Ein als Parameter übergebener String wird daher mit Leerzeichen bis zu einer angegebenen Länge aufgefüllt. Die Methode FormatierteAusgabe wurde wie folgt realisiert:

Code

```
private static String FormatierteAusgabe(String st, int i) {
   String  leereZeile = "                    ";
   if(st.length() < i)
      return st.concat(
         leereZeile.substring(0, ( i-st.length() ) )
      );
   else
      return st;
}
```

Die zweite Methode, SchreibeErgebnis, dient dazu, Texte auszugeben, die als Ausgabe der Methode FormatierteAusgabe() entstehen.

Code

```
public static void  SchreibeErgebnis(ResultSet rs) {
//Abfrageergebnis bearbeiten und ausgeben
   System.out.println();
   System.out.print(FormatierteAusgabe("Spieler_Nr:",17));
   System.out.print(FormatierteAusgabe("Name",17));
   System.out.print(FormatierteAusgabe("Vorname",17));
   System.out.print(FormatierteAusgabe("Gespielt",7));
   System.out.println();
   System.out.println("    ");
   try{
   // Solange die Tabelle Daten enthaelt,
   // werden diese ausgegeben
      while(rs.next()) {
```

```
            spieler_nummer = new Integer(rs.getInt("Spieler_Nr"));
            spieler_name = rs.getString("Nachname");
            spieler_vorname = rs.getString("Vorname");
            spieler_gespielt = new Integer(rs.getInt("Gespielt"));

            System.out.print(FormatierteAusgabe(spieler_nummer.to
               String(),17));
            System.out.print(FormatierteAusgabe(spieler_name,17))
               ;
            System.out.print(FormatierteAusgabe(spieler_vorname,1
               7);
            System.out.print(FormatierteAusgabe(spieler_gespielt.
               toString(),7));
            System.out.println();
         }
      } catch(SQLException sqlex) {
         System.out.println("ERROR: Datenbankfehler: " +
            sqlex.getMessage());
         System.out.println("-------------------");
         sqlex.printStackTrace();
      }
   }
}
```

10.9 Zusammenfassung

JDBC ist ein standardisiertes Interface, das auch direkt SQL-Anweisungen ausführen kann, um aus Java-Programmen heraus auf relationale Datenbanken zugreifen zu können. Die Datenbankanbindung mit JDBC weist einige Vorteile auf, die im Wesentlichen in den folgenden Punkten zusammengefasst werden können:

- *Plattformunabhängigkeit*
  Der Datenzugriff auf die Datenbank erfolgt unabhängig vom verwendeten DBMS. Somit können Java-Anwendungen einmal geschrieben werden, sind aber für verschiedene DBMS einsetzbar.
- *Einfache Portierbarkeit*
  DBMS-spezifische Details verbirgt der JDBC-Treiber vor dem Benutzer. Der Treiber wird üblicherweise vom Datenbankhersteller zur Verfügung gestellt.
- Einfache Programmierbarkeit
  - Die Anbindung einer Java-Applikation an ein DBMS über JDBC ist einfach.
  - Der Anwendungsentwickler kann sich aufgrund des Treiberkonzepts auf die Anwendungsentwicklung konzentrieren, ohne auf Details der Anbindung verschiedener DBMS achten zu müssen.
- *Erweiterbarkeit*
  Durch das offene Konzept von JDBC kann die fertige Anwendung nach der Fertigstellung erweitert werden (z. B. in Form von Standarderweiterungen).

Ein wesentlicher Nachteil des Einsatzes von JDBC liegt in der noch vergleichsweise schlechten Leistung der Datenbankzugriffe. Dies wirkt sich jedoch im Wesentlichen nur bei zeitkritischen Anwendungen aus. Durch ein gutes Datenbank-Design sowie durch eine entsprechende Hardware-Ausstattung der Server kann hier weiter Abhilfe geschaffen werden.

Stellt man die Vor- und Nachteile des Einsatzes von JDBC gegenüber, so ist es ersichtlich, dass die Integration von JDBC bereits heuzutage eingeplant werden sollte, da die wesentlichen Vorteile, die Plattformunabhängigkeit sowie die leichte Portierbarkeit der Datenbankzugriffe auf andere Datenbanksysteme, den Nachteil der mangelnden Performance überwiegen.

Nach Abschluss dieses Kapitels sollte der Leser in der Lage sein, eine SQL-Datenbank zu entwickeln, zwischen den verschiedenen Datenbank-Treibertypen zu unterscheiden, eine Datenbank mittels eines Java-Programms zu erstellen sowie mit den Daten dieser Datenbank arbeiten zu können. Dies kann entweder direkt erfolgen oder nachdem die Eigenschaften einer Datenbank mit Hilfe von Metadaten ausgelesen wurden.

Remote Java

Im Rahmen dieses Buches wurde bisher erläutert, wie eine Übertragung von Daten über Netzwerke vonstatten gehen kann. Hierzu muss jeweils eine Verbindung zwischen Sender und Empfänger aufgebaut werden. Ein Konzept, mit dem Clients sehr viel angenehmer arbeiten können, ist die *Remote Method Invocation* (RMI), mit der Methoden auf entfernten Rechnern direkt aufgerufen werden können, ohne sich um die notwendige Netzwerkkommunikation kümmern zu müssen. RMI ähnelt in der Konzeption dem *Remote Procedure Call* (RPC), der in der Programmiersprache C eine weite Verbreitung gefunden hat. Dieses Kapitel erläutert die Funktionsweise von RMI und erklärt anhand des Anwendungsbeispiels die Funktionsweise entfernter Aufrufe. Hierzu wird in das Anwendungsbeispiel eine Funktion integriert, die eine beim Server laufende Datenbank aktualisiert. Der Leser sollte nach Abschluss der Lektüre dieses Kapitels in der Lage sein, die Unterschiede zwischen der allgemeinen Netzwerkübertragung und RMI verstehen und auch umsetzen zu können.

11.1 Einleitung

RMI-Anwendungen bestehen meist aus einer Client-Server-Architektur. Ein Client fordert hierbei einen Dienst an, den er in transparenter Art und Weise auf einem Server ausführen kann. Hierbei erzeugt ein typischer Server eine Menge von entfernten Objekten und stellt sie dem Client über Referenzen zur Verfügung. Anschließend kann der Client auf diese Objekte zugreifen, indem er die Referenzen verwendet.

RMI realisiert die Mechanismen, mit denen der Client und der Server kommunizieren. Allgemein bezeichnet man das in RMI verfolgte Konzept auch als verteilte *Anwendung* bzw. *verteilte Systeme*. *Verteilte Objekte* weisen die folgenden Eigenschaften bzw. Anforderungen auf:

- *Lokalisierung verteilter Objekte*
  Grundsätzlich stehen Anwendungen zwei Mechanismen zur Verfügung, um Referenzen auf entfernte Objekte zu erhalten. Eine Anwendung kann sich für ein entferntes Objekt registrieren (*Rmiregistry*) bzw. kann Referenzen auf entfernte Objekte im normalen Operationsmodus austauschen.

- *Kommunikation mit entfernten Objekten*
  Details der Kommunikation zwischen entfernten Objekten werden grundsätzlich mittels RMI vor dem Anwender verborgen. Aufrufe entfernter Methoden erscheinen dem Anwender daher derart, als ob lokale Methoden aufgerufen werden würden.
- *Laden von Klassen verteilter Objekte*
  RMI erlaubt einer aufrufenden Anwendung, Java-Objekte an entfernte Objekte zu übergeben. Hierzu stellt RMI sowohl die notwendigen Mechanismen zum Laden von Objekt-Code zur Verfügung als auch die Übertragungsfunktionalität.

Das allgemeine Schema, das in RMI verwendet wird, ist in Abb. 11-1 dargestellt. Hierbei ruft ein Server die sog. *Registry* auf, um Referenzen auf entfernte Objekte zu erhalten. Bei diesem Aufruf wird ein logischer Name mit einem entfernten Objekt assoziiert. Anschließend erfragt ein Client ein entferntes Objekt, indem er den Namen verwendet, der in der Registry des Servers eingetragen ist. Mittels dieses Namens können dann Methodenaufrufe erfolgen. In RMI ist es weiterhin möglich, über einen Webserver Klassen-Bytecode verteilter Objekte vom Server zum Client zu transferieren und umgekehrt, wenn dies erforderlich ist.

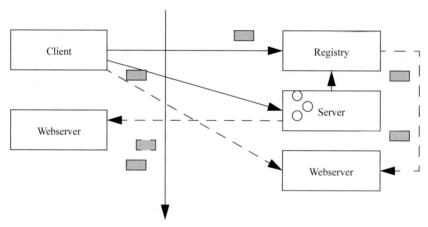

Abb. 11-1 Funktion von RMI

11.2 RMI-Architektur

Die Remote Method Invocation besteht aus drei Ebenen: Der Ebene der *Stubs/Skeletons*, der Ebene der *Remote References* und der *Transportebene*. Der Aufbau dieser Ebenen ist in Abb. 11-2 angegeben.

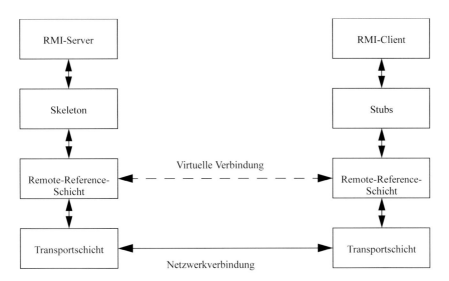

Abb. 11-2 Architektur von RMI

Ruft ein Client eine entfernte Methode auf, so beginnt die Abarbeitung des Aufrufs in den Stubs des Clients. Der Client verwendet hierbei einen Stub als Platzhalter für das entfernte Objekt. Dies impliziert, dass alle Schichten, die in der Abbildung unterhalb der Stubs angeordnet sind, für den Client unsichtbar sind. Stub-Code wird mittels des Compilers `rmic` erzeugt und verwendet die *Remote-Reference-Schicht* (RRL), um Methodenaufrufe an das Server-Objekt zu übergeben.

11.2.1 Skeleton-Komponente

Ein Skeleton ist auf Server-Seite die Komponente, die mit der RRL der Server-Seite interagiert. Hierbei erhält ein Skeleton Anforderungen von Methodenaufrufen von der RRL auf Client-Seite, zusammen mit den hierzu notwendigen Argumenten. Das Skeleton extrahiert diese Argumente und ruft die geeignete Methode beim Server auf. Nachdem eine Methode abgearbeitet ist, nimmt das Skeleton eventuelle Rückgabewerte der Methode entgegen und verpackt diese wieder.

11.2.2 Stub-Komponenten

Ein *Stub* ist ein Platzhalter beim Client, der ein entferntes Objekt repräsentiert. Stubs definieren hierzu die Interfaces, die zur Unterstützung der Implementierung des entfernten Objekts notwendig sind. Ein Stub wird wie jedes andere lokale Objekt referenziert, das auf der Maschine des Clients läuft. Aufgrund dieser Funktion ist ein Stub sowohl ein lokales Objekt, das beim Client läuft, als auch eine Verbindung zum Objekt, das beim Server ausgeführt wird. Die RRL auf Client-Seite gibt jeweils einen Strom aus Objekten und Argumenten an den Stub zurück. Ein derartiger Strom wird von der RRL benötigt, um mit der RRL auf der Server-Seite kommunizieren zu können. Zur Erzeugung eines Stroms serialisiert ein Stub Parameterdaten und übergibt diese an den Strom. Nachdem eine entfernte Methode abgearbeitet ist, gibt die RRL serialisierte Rückgabewerte an den Stub zurück, der in der Folge diese Objekte wieder deserialisieren muss.

11.2.3 Remote-Reference-Schicht

Die *Remote-Reference-Schicht* (RRL) stellt ein Referenzierungsprotokoll dar, das unabhängig von Stub- oder Skeleton-Modellen arbeitet. Aufgrund dieser Flexibilität ist es leicht möglich, die RRL zu verändern, ohne dass die anderen Schichten von der Änderung betroffen sind. Als Schnittstelle interagiert die RRL mit der Transportschicht und mit Stubs bzw. mit dem Skeleton.

Grundsätzlich werden RRLs auf der Server-Seite und auf der Client-Seite verwendet, die mit der Transportschicht kommunizieren. Die Client-Seite enthält hierbei Informationen, die für den entfernten Server spezifisch sind. Diese Information wird der RRL auf der Server-Seite übergeben und hängt daher ausschließlich von der RRL der Server-Seite ab. Diese RRL stellt die Referenzierungssemantik zur Verfügung und verarbeitet Daten nach dieser Semantik, bevor sie an das Skeleton übergeben werden, um eine Methode aufzurufen. Die Transportschicht verbindet zwei RRLs und regelt daher deren Kommunikation.

11.2.4 Transportschicht

Aufgabe der *Transportschicht* ist es, Verbindungen zwischen Client und Server zu verwalten. Die Transportschicht realisiert die folgenden Abstraktionen:

- *Endpunkt*
  Ein *Endpunkt* wird verwendet, um den Adressraum zu referenzieren, der eine VM enthält. In dieser Funktion ist ein Endpunkt eine Referenz zu einer spezifischen Transportinstanz.
- *Kanal*
  Ein *Kanal* ist eine Verbindung zwischen zwei Adressräumen. Ein Kanal ist für die Verwaltung jeder Verbindung zwischen Client und Server verantwortlich.
- *Verbindung*
  Eine *Verbindung* wird als Abstraktion für den Datentransfer zwischen Client und Server (Argumente und Rückgabewerte) verwendet.
- *Transport*
  Die Transportabstraktion regelt den Aufbau eines Kanals zwischen einem lokalen Adressraum und einem entfernten Endpunkt. Eine weitere Aufgabe besteht im Akzeptieren eingehender Verbindungsanforderungen zu dem Adressraum, der die Abstraktion enthält.

Die Transportschicht erstellt Verbindungen, verwaltet existierende Verbindungen und verarbeitet entfernte Objekte, die in ihrem Adressraum enthalten sind. Erhält die Transportschicht eine Anforderung von der RRL auf der Client-Seite, so wird eine Socket-Verbindung zum Server aufgebaut. Anschließend übergibt die Transportschicht die aufgebaute Verbindung an die RRL auf der Client-Seite und fügt eine Referenz auf ein entferntes Objekt einer intern verwalteten Tabelle hinzu. Zu diesem Zeitpunkt ist der Client mit dem Server verbunden.

Eine weitere Aufgabe der Transportschicht besteht darin, das Fortbestehen der Verbindung zu überwachen. Vergeht eine signifikante Zeitspanne, ohne dass Daten über die Verbindung übertragen werden, so veranlasst die Transportschicht den Abbau der Verbindung. Die Zeit, die hierbei verstreicht, ist standardmäßig auf 10 Minuten eingestellt.

11.3 Eigenschaften von RMI

Nachdem die grundlegende Funktion entfernter Objekte und Methoden sowie die Architektur von RMI erläutert wurde, werden im Folgenden wichtige Eigenschaften von RMI zusammengefasst.

11.3.1 Callback-Operationen

Bisher wurden vor allem Client-Server-Anwendungen betrachtet, die über einen Server Dienste für einen Client anbieten. Der Client kann hierbei die notwendigen Funktionen auf eine transparente Art und Weise aufrufen. Eine derartige Kommunikation ist allerdings immer auf den Server hin ausgerichtet.

RMI bietet auch die Möglichkeit, eine Zwei-Wege-Kommunikation zwischen Objekten zu realisieren. Zur Verwendung einer Objektreferenz, die von einem Rechner an einen anderen geschickt wird, muss hierzu lediglich die Objektklasse das Interface `Remote` implementieren. Das Objekt muss anschließend exportiert werden, um entfernte Methodenaufrufe empfangen zu können. Ein Objekt wird dann automatisch exportiert, wenn es das Objekt `UnicastObject` erweitert.

Wenn diese zwei Bedingungen erfüllt sind, kann in RMI ein entferntes Objekt von einem Client an einen Server geschickt werden, so dass der Server die entfernten Methoden des Client-Objekts aufrufen kann. Es sei deutlich darauf hingewiesen, dass diese Aufrufrichtung entgegen der regulären Richtung erfolgt. Durch ein derartiges Vorgehen können aber vollständige verteilte Anwendungen entwickelt werden, in denen keine Unterscheidung zwischen Server und Client (und somit zwischen der Richtung einer Dienstanforderung) erfolgt. Jede Anwendung verwendet dann den Dienst einer anderen Anwendung oder stellt diesen zur Verfügung. Ein Beispiel für eine derartige Anwendung bzw. für die Erweiterung, die hierdurch möglich wird, ist eine typische Banktransaktion. Im Client-Server-Modell sendet der Client eine Anfrage bezüglich des Kontostandes an den Server, der diese Anfrage beantwortet. In einem erweiterten Modell könnte der Client eine Anfrage an den Server stellen, der zunächst mit einer Gegenfrage, bspw. nach einem Passwort, antwortet. Die korrekte Angabe des Kontostandes wird in diesem Beispiel nur dann gegeben, wenn das Passwort eingegeben wird. Das Anwendungsbeispiel zum Schluss dieses Kapitels demonstriert die Anwendung derartiger Callback-Operationen.

11.3.2 Dynamisches Laden von Klassen

RMI wurde von Anfang an als System verteilter Java-zu-Java-Anwendungen entwickelt. Aufgrund dieser Eigenschaft unterscheidet sich RMI auch deutlich von anderen verteilten Systemen (bspw. von CORBA), da es möglich ist, vollständige Objekte von einem Adressraum in einen anderen zu übertragen.

Durch diese Möglichkeit können nicht nur (statische) Daten, sondern auch (dynamische) Verhaltensweisen übertragen werden. Mittels der Serialisierung und des *RMI-ClassLoaders* können vollständige Klassendefinitionen übertragen werden. In RMI ist es deshalb ohne weiteres möglich, vollständige Objektgraphen zu schicken, indem einfach ein Objekt als Argument eines Methodenaufrufs verwendet wird. Hierzu ist es allerdings erforderlich, dass das Objekt das Interface `Serializable` implementiert.

Indem Objekte von einem Adressraum in einen anderen verschoben werden, kann das Objekt Ressourcen eines anderen Rechners nutzen, bspw. die CPU, Dateien oder Datenbanken. Ist bspw. eine aufwendige Berechnung erforderlich, so kann es durchaus sinnvoll sein, wenn ein Objekt, das diese Berechnung durchführt, von einer langsamen auf eine schnellere Maschine verschoben wird. Hierbei wird der Aufwand für das Versenden eines Objekts vernachlässigt.

11.3.3 Entfernte Interfaces, Objekte und Methoden

Eine verteilte Anwendung, die mit RMI erstellt wird, besteht wie jede andere Java-Anwendung aus Interfaces und Klassen. Im Unterschied zu den bisher betrachteten Funktionen von Klassen und Interfaces kann es aber vorkommen, dass einige Implementierungen von Interfaces und Klassen sich in entfernten VMs befinden. Objekte, die Methoden beinhalten, die über VMs hinweg aufgerufen werden können, werden als *entfernte Objekte* bezeichnet. Ein Objekt wird dann zu einem entfernten Objekt, wenn es ein entferntes Interface implementiert, das die folgenden Eigenschaften aufweist:

- Das entfernte Interface erweitert das Interface `java.rmi.Remote`.
- Jede Methode des Interfaces beinhaltet zusätzlich zu anwendungsspezifischen Ausnahmen die Exception `java.rmi.RemoteException` in der `throws`-Klausel.

RMI verarbeitet entfernte Objekte anders als lokale Objekte, wenn ein derartiges Objekt von einer VM zu einer anderen übergeben wird. Anstatt eine Kopie der Implementierung in der empfangenden VM zu erzeugen, übergibt RMI ein entferntes Platzhalterobjekt zum Zugriff auf das entfernte Objekt (sog. *Stub*). Ein Stub agiert hierbei als lokale Repräsentation oder Proxy eines entfernten Objekts und entspricht daher weitestgehend der entfernten Referenz. Eine Anwendung ruft dann eine Methode des lokalen Stubs auf, die dafür verantwortlich ist, den Methodenaufruf des entfernten Objekts durchzuführen. Ein Stub eines entfernten Objekts implementiert daher dieselbe Menge entfernter Interfaces, die auch das entfernte Objekt implementiert. Hierdurch kann der Typ eines Stubs auf jedes Interface abgebildet werden, die das entfernte Objekt implementiert. Dies ist gleichbedeutend damit, dass nur die Methoden von der empfangenden VM aufgerufen werden können, die im entfernten Interface definiert sind.

11.3.4 Objektpersistenz

Ruft ein Java-Programm entfernte Methoden auf, so müssen Parameter an einen Server übermittelt bzw. Rückgabewerte zurückgesendet werden. Einfache Werte können hierbei Byte für Byte übertragen werden, nicht jedoch komplexe Objekte.

Instanzen entfernter Objekte benötigen den Zugriff auf den gesamten Objektgraphen, der von einem Parameter referenziert wird. Eine entfernte Methode könnte bspw. ein kompliziertes Objekt erstellen und zurückgeben, das wiederum Referenzen auf andere Objekte enthält. In diesem Fall muss die gesamte Konstruktionsinformation des Objekts zurückgegeben werden. Aus diesem Grund muss jedes Objekt, das an eine entfernte Methode übergeben wird bzw. von dieser zurückgegeben wird, eines der Interfaces `Serializable` oder `Externalizable` implementieren, um Objekte zu serialisieren. Die Verwendung dieser Interfaces wurde bereits in Kapitel 5.1.4 erläutert.

Argumente, die an Methoden übergeben oder von diesen zurückgegeben werden, können daher die folgende Form aufweisen:

- Einfacher Datentyp
- Entferntes Objekt
- Serialisierbares Objekt, das das Interface `java.io.Serializable` implementiert

Einige Objekttypen entsprechen allerdings keinem dieser Kriterien und können daher auch nicht als Argumente verwendet werden. Die meisten dieser Objekte (bspw. Dateideskriptoren) kapseln Informationen, die nur innerhalb eines bestimmten lokalen Adressraums sinnvoll sind. Viele Java-Klassen (bspw. die Klassen der Packages `java.lang` und `java.util`) implementieren allerdings das Interface `Serializable`.

Die Regeln, die demzufolge für die Übergabe von Argumenten und für die Rückgabe von Werten anzuwenden sind, lauten wie folgt:

- Entfernte Objekte werden üblicherweise per Referenz übergeben. Eine Referenz auf ein entferntes Objekt wird als Stub realisiert, also in Form eines Client-seitigen Proxies, der alle entfernten Interfaces implementiert, die das entfernte Objekt selbst auch implementiert.
- Lokale Objekte werden als Kopien übergeben, indem der Mechanismus der Objektserialisierung verwendet wird. Standardmäßig werden alle Felder außer denen, die als `static` oder `transient` markiert sind, kopiert. Dieses Verhalten kann allerdings auf Klassenbasis überschrieben werden.

Ein Objekt per Referenz zu übergeben bedeutet daher, dass alle Zustandsänderungen des Objekts, die durch entfernte Methodenaufrufe erfolgen, im entfernten Originalobjekt reflektiert werden. Wird ein entferntes Objekt übergeben, so stehen dem Empfänger nur die Interfaces zur Verfügung, die als entfernte Interfaces realisiert sind. Alle Methoden, die in der Implementierung der Klasse oder in nicht-entfernten Interfaces, die die Klasse implementiert, realisiert sind, stehen dem Empfänger nicht zur Verfügung.

In entfernten Methodenaufrufen werden alle Objekte, die selbst keine entfernten Objekte sind (Parameter, Rückgabewerte und Exceptions), als Wert übergeben. In diesem Fall wird daher eine Kopie eines Objekts in der empfangenden VM erzeugt. Jede Zustandsänderung eines Objekts beim Empfänger wird dann aber nur in der Kopie des Empfängers reflektiert, nicht in der Originalinstanz.

11.3.5 Objektaktivierung

Um eine Referenz auf ein entferntes Objekt zu erhalten, muss der Server, der die Instanz des Objekts generiert, üblicherweise in einer Java-VM ablaufen. Dieser Mechanismus reicht für die meisten Anwendungen aus. In großen Systemen, die eine Vielzahl von Objekten, die nicht gleichzeitig benötigt werden, verwenden, sollte ein erweiternder Mechanismus zur Verfügung stehen, der Objekte so lange deaktiviert, wie sie nicht benötigt werden.

Der Aktivierungsmechanismus in RMI übernimmt diese Funktionalität. Zunächst muss ein Objekt von der Registry mit einem Namen versehen werden. Die Aktivierung erfolgt dann zu einem späteren Zeitpunkt, indem das Objekt durch die Registry referenziert wird. Einer der großen Vorteile dieses Ansatzes ist, dass die Anwendung, die Instanzen eines entfernten Objekts erzeugt, terminieren kann, bevor das Objekt überhaupt benötigt wird. Die Möglichkeit, entfernte Objekte erst bei Bedarf zu aktivieren, erlaubt daher eine große Flexibilität bei der Entwicklung von Servern. Damit die Aktivierung erfolgen kann, wurde ein sog. *Dämon-Prozess*, der *RMI Activation System Daemon* (rmid), entwickelt. Die Aktivierung erfolgt stets in den folgenden Schritten:

1. Ein Client erfragt bei der Registry den Namen eines Objekts.
2. Die Registry antwortet mit einer entfernten Referenz, die den Aufruf der rmid veranlasst.
3. Der Client ruft eine entfernte Methode bei der rmid (nicht bei der Registry!) auf, indem die entfernte Referenz verwendet wird.
4. Die rmid leitet den Aufruf an die Instanz der Objektimplementierung weiter.

Zur Verwendung dieser Möglichkeit muss rmid im Hintergrund laufen, während andere Programme ausgeführt werden können. Hierzu muss rmid in der Kommandozeile mittels `start rmid` ausgeführt werden. Nach dem Aufruf läuft rmid unter der Port-Nummer 1098. Dies liegt unter anderem daran, dass die Registry standardmäßig unter der Port-Nummer 1099 gestartet wird. Soll hingegen für rmid eine andere Port-Nummer verwendet werden, so muss die folgende Syntax eingegeben werden:

Syntax

```
start rmid -port [Port-Nummer]
```

Um aktiviert werden zu können, muss ein Objekt anstelle der Klasse `UnicastObject` die Klasse `Activatable` erweitern. Wie `UnicastRemoteObject`-Klassen müssen auch Objekte, die diese Klasse erweitern, ein entferntes Interface implementieren und daraufhin exportiert werden, um eingehende Methodenaufrufe zu akzeptieren. Indem eine Klasse aber die Klasse `Activatable` erweitert, findet die Exportierung automatisch statt, wenn eine Instanz eines derartigen Objekts angelegt wird. Andere Klassen können ebenfalls exportiert werden, wenn die als `static` deklarierte Methode `Activatable.exportObject()` aufgerufen wird. Dies impliziert allerdings, dass das Interface `java.rmi.Remote` implementiert wird.

Die Behandlung derartiger Objekte auf der Server-Seite ist schwieriger. Um ein eingehendes Verständnis zu ermöglichen, wird diese Funktion im Anwendungsbeispiel anhand eines konkreten Programms erläutert.

11.4 Realisierung verteilter Anwendungen mit RMI

Wird RMI zur Entwicklung einer verteilten Anwendung verwendet, so werden immer die folgenden Schritte durchlaufen:

1. Entwicklung und Implementierung der Komponenten einer verteilten Anwendung
2. Übersetzen der Quelldateien und Generierung der Stubs
3. Herstellen der Netzwerkerreichbarkeit der Klassen
4. Aufruf der Anwendung

Diese vier Schritte werden im Folgenden detailliert betrachtet.

11.4.1 Entwicklung und Implementierung der Komponenten einer verteilten Anwendung

Zuerst muss die Architektur einer Anwendung festgelegt werden. Hierbei wird entschieden, welche Komponenten in Form von lokalen Objekten und welche in Form von entfernten Objekten realisiert werden. Dieser Schritt beinhaltet die folgenden Teilaspekte:

- Definition der entfernten Interfaces
- Implementierung der entfernten Objekte
- Implementierung der Clients

Ein entferntes Interface spezifiziert die Methoden, die von einem Client entfernt aufgerufen werden können. Hierbei beziehen sich Clients auf entfernte Interfaces, nicht auf die Implementierungsklassen dieser Interfaces. Ein Aspekt der Entwicklung derartiger Interfaces ist unter anderem, welche lokalen Objekte als Parameter verwendet werden sollen und wie die Rückgabewerte der Methoden aussehen. Existieren diese Interfaces oder Klassen noch nicht, so müssen sie ebenfalls definiert werden.

Entfernte Objekte müssen ein oder mehrere entfernte Interfaces implementieren. Die entfernte Objektklasse wiederum kann Implementierungen anderer (lokaler oder entfernter) Interfaces und andere Methoden, die nur lokal verfügbar sind, beinhalten. Wenn lokale Klassen als Parameter oder als Rückgabewerte dieser Methoden verwendet werden sollen, müssen sie ebenfalls implementiert werden.

Clients, die entfernte Objekte verwenden, können zu einem beliebigen Zeitpunkt nach der Definition der entfernten Interfaces implementiert werden. Dies impliziert, dass die Implementierung auch erst nach der Realisierung der Verfügbarkeit entfernter Objekte erfolgen kann.

11.4.2 Übersetzen der Quelldateien und Generierung der Stubs

Die Übersetzung der Quelldateien und die Generierung der Stubs muss in zwei Schritten erfolgen. Zuerst wird der Compiler *javac* zur Übersetzung der Quelldateien verwendet, die die Implementierung der entfernten Interfaces, die Server- und die Client-Klassen enthalten. Im anschließenden Schritt wird der Compiler *rmic* dazu verwendet, die Stubs für entfernte Objekte zu erzeugen. RMI verwendet in Clients die Objektklasse eines entfernten Stubs als Platzhalter, damit Clients mit einem speziellen entfernten Objekt kommunizieren können.

Der Compiler rmic erzeugt den Code für Stubs und für das Skeleton aus den Klassendefinitionen für das Interface und die Implementierung. Zum Aufruf von rmic muss die folgende Syntax verwendet werden:

Syntax

```
rmic [Optionen] Package.InterfaceImpl
```

Hierbei muss immer zuerst der Package-Name, der die Klassen enthält, und anschließend der Name der Implementierung angegeben werden.

11.4.3 Herstellen der Netzwerkerreichbarkeit der Klassen

Nach der Übersetzung der Quelldateien und der Generierung der Stubs werden die Java-Klassen, die mit entfernten Interfaces, Stubs und Klassen, die vom Client geladen werden müssen, assoziiert sind, mittels eines Webservers erreichbar gemacht.

11.4.4 Aufruf der Anwendung

Zur Ausführung der Anwendung muss zuerst die RMI-Registry entfernter Objekte gestartet werden. Anschließend muss zuerst der Server, dann der Client gestartet werden. Anwendungen laufen standardmäßig ohne Security-Manager. In RMI muss allerdings immer ein Security-Manager installiert werden.

Die RMI-Registry ist eine Anwendung, die Objektnamen auf Objekte abbilden kann und so externe Referenzen von Objekten auflöst. Es ist daher wichtig, die Registry vor den Programmen mittels der Anweisung `rmiregistry` zu starten.

11.4.5 Beispiel

Die RMI zugrunde liegenden Konzepte wurden bisher auf eine eher abstrakte Art und Weise betrachtet. Um die in diesem Unterkapitel vorgestellten Konzepte im praktischen Einsatz zu demonstrieren, wird im Folgenden die Implementierung einer Anwendung erläutert, die in folgenden Schritten abläuft:

- Ein Client ruft einen entfernten Dienst auf.
- Ein Server nimmt die Anfrage entgegen und bearbeitet den Dienst.
- Der Server gibt das Ergebnis an den aufrufenden Client zurück.

Um die Darstellung auf die Konzepte von RMI beschränken zu können, wird im Folgenden zwar ein Dienst aufgerufen, die Methode im Server erfüllt allerdings keine Aufgabe. Aus diesem Grund ist die Methode auch lediglich als Rumpf definiert und gibt sofort nach dem Aufruf einen Rückgabewert an den Client zurück. Im Rahmen des in Kapitel 11 betrachteten Anwendungsbeispiels wird diese Methode dann mit Inhalten gefüllt.

Das Beispielprogramm besteht neben der Client-Klasse aus einer Klasse, die beim Server gespeichert ist. Die Klasse `DatabaseUpdateImpl` beinhaltet die Funktionalität, eine Datenbank derart zu aktualisieren, dass vermerkt werden kann, ob ein bestimmter Spieler gewonnen oder verloren hat. Diese Klasse muss durch das Interface `DatabaseUpdate` beschrieben werden, die dann durch den Client-Stub implementiert wird. Die Stub-Klasse wird in einem späteren Schritt durch den rmic-Compiler erzeugt. rmic erfordert, dass das Interface als `public` deklariert wird und dass es das Interface `Remote` erweitert. Jede enthaltene Methode muss die Ausnahme `RemoteException` auswerfen. Stub- und Implementierungs-Code müssen sich in *einem* Package befinden.

Definition des Interfaces

Im Folgenden ist die Definition des Interfaces `DatabaseUpdate` angegeben.

Code

```
package server;
import java.rmi.*;
public interface DatabaseUpdate extends Remote {
   //Aktualisierung des Spielstands
   public int updateDatenbank(int spiel) throws
      RemoteException;
}
```

Nach der Definition des Interfaces muss die Implementierungsklasse erzeugt werden.

Implementierungsklassen

Die Implementierungsklasse wird beim Server gespeichert und implementiert das oben angegebene Interface. Die Klasse DatabaseUpdateImpl implementiert das Interface DatabaseUpdate. Diese Klasse muss alle Methoden implementieren, die im Interface deklariert sind. Weiterhin muss die Klasse die Klasse UnicastRemoteObject erweitern. Eine Unterstützung von Multicast-Objekten ist heutzutage noch nicht verfügbar.

Code

```
package server;
import java.rmi.*;
import java.rmi.server.*;
import java.io.Serializable;
public class DatabaseUpdateImpl extends UnicastRemoteObject
   implements DatabaseUpdate, Serializable {
   public DatabaseUpdateImpl () throws RemoteException {
   }
   public int updateDatenbank (int spiel) throws
     RemoteException {
     //Hier wird noch keine Funktion realisiert
     return spiel;
   }
}
```

Nach der Implementierung müssen alle Quelldateien übersetzt werden. Hierbei sollte mittels der Option -d [Verzeichnisname] ein Zielverzeichnis für die übersetzten Dateien angegeben werden. Innerhalb des Zielverzeichnisses legt der Compiler automatisch ein Unterverzeichnis an, dessen Name dem des Package-Namens entspricht, in dem alle Quelldateien enthalten sind. Alle übersetzten Dateien werden dann automatisch in diesem Verzeichnis abgelegt. Der Aufruf könnte daher wie folgt aussehen:

Code

```
javac -d . *.java
```

Erzeugung der Stub- und Skeleton-Klassen

Nach der Übersetzung der Implementierungsklassen müssen die Stub- und Skeleton-Klassen erzeugt werden, die auf die Implementierungsklassen zugreifen. Stub-Klassen werden dazu verwendet, um mit dem Skeleton-Code des Servers zu kommunizieren. Mit Hilfe des Compilers rmic werden die Stubs und Skeletons automatisch erstellt. Mittels der folgenden Anweisung wird die Übersetzung aufgerufen:

Code

```
rmic -d . server.DatabaseUpdateImpl
```

Nach der Übersetzung, die im zum Unterverzeichnis server übergeordneten Verzeichnis ausgeführt werden muss, befinden sich im Unterverzeichnis server die Dateien `DatabaseUpdateImpl_Skel.class` und `DatabaseUpdateImpl_Stub.class`.

Erzeugen und Übersetzen der Server-Anwendung

Nach der Erzeugung der Stub- und Skeleton-Klassen muss die Server-Anwendung erstellt werden, die diese Klassen den Clients für entfernte Aufrufe zur Verfügung stellt. Die Anwendung hat die Aufgabe, eine Instanz der Klasse `DatabaseUpdate` zu erzeugen. Die Anwendung sieht wie folgt aus:

Code

```java
package server;
import java.rmi.*;
import java.rmi.registry.*;

public class Datenbank {
   public static void main (String args[]) {
      if (args.length != 2) {
         System.err.println("Eingabe: java server.Datenbank
            <Server> <Port>");
         System.exit(1);
      }
      String server = args[0];
      int port = Integer.parseInt(args[1]);
      //Neuer Security Manager
      System.setSecurityManager(new RMISecurityManager());
      try {
         //Ort der Registry
         LocateRegistry.createRegistry(port);
         System.out.println("Registry definiert");
         //Instanz der Datenbankanwendung
         DatabaseUpdateImpl dui = new DatabaseUpdateImpl();
         //Binden der Objektinstanz an entfernte Registry
         String urlString="//"+server+":"+port+"/
           DatabaseUpdate";
```

```
      System.out.println("Namensbindung erfolgt");
      Naming.rebind(urlString, dui);
    }catch (Exception e) {
      System.out.println("Fehler aufgetreten");
      e.printStackTrace();
      System.out.println(e.getMessage());
    }
  }
}
```

Anwendungen laufen standardmäßig ohne Security-Manager ab. In RMI muss allerdings mittels der Methode `System.setSecurityManager` eine Instanz eines RMI-Security-Managers angelegt werden. Sobald dieser Security-Manager eingerichtet ist, wird jeglicher Code, der nicht in der Variablen CLASSPATH angegeben ist, als vertrauensunwürdig angesehen. Um das Beispiel ausführen zu können, muss das Verzeichnis, unter dem die Anwendung gespeichert ist, der Datei `java.policy` hinzugefügt werden. Der Eintrag, der dieser Datei hinzugefügt werden muss, sieht wie folgt aus:

Code

```
grant codeBase "file:<Verzeichnis>" {permission
  java.security.AllPermissions;
};
```

Hierbei gibt der Teil `<Verzeichnis>` das Verzeichnis an, in dem die Anwendung gespeichert ist.

Die RMI-Registry hört einen bestimmten Port ab, um Registrierungsinformationen und Dienstanforderungen zu empfangen. Dieser Port wird mit der Anweisung `LocateRegistry.createRegistry(port)` angegeben.

Der Server exportiert eine Objektinstanz, indem ein logischer Name an die Instanz des Objekts gebunden wird und dieser Name in der Registry registriert wird. In RMI stehen zwei Methoden zur Verfügung, mit denen eine Instanz gebunden und registriert werden kann:

- `public static void bind (String, Remote) throws AlreadyBoundException, MalformedException, UnknownHostException, RemoteException`
- `public static void rebind(String, Remote) throws MalformedException, UnknownHostException, RemoteException`

Beide Methoden verlangen den Namen der Objektreferenz und die Instanz des entfernten Objekts, das an den Namen gebunden werden soll. Der Name muss hierbei in Form einer URL angegeben werden, also in der Art `Protokoll://Host:port/BindeName`. Als Protokoll muss hierbei `rmi` angegeben werden. Als Standard-Port wird immer `1099` verwendet.

Die Methoden `bind` und `rebind` unterscheiden sich im Hinblick auf die Behandlung bereits vorhandener Namensbindungen. Bei der Methode `bind` wird eine `AlreadyBoundException`-Ausnahme erzeugt, wenn der Name bereits gebunden ist. Im

Gegensatz dazu hebt die Methode `rebind` die alte Bindung auf und erstellt eine neue, wenn eine Bindung bereits besteht.

Start der Registry und der Server-Anwendung

Nachdem die Server-Anwendung erstellt ist, muss vor deren Ausführung die Registry mittels der Anweisung `start rmiregistry` gestartet werden. Anschließend kann die Server-Anwendung ausgeführt werden. Nachdem beide Komponenten laufen, kann ein Client Referenzen eines entfernten Objekts von der Registry anfordern. Im Folgenden ist die Realisierung des Clients dargestellt.

Client-Programm

Um die Anwendung zu testen, wird eine Client-Anwendung entwickelt, die das entfernte Objekt aufruft. Auch die Client-Anwendung muss unter Angabe des Namens des Servers und des Ports gestartet werden. Wird die Anwendung auf einem Rechner ohne Netzanschluss ausgeführt, so muss hier der Parameter `localhost` angegeben werden. Hieraus wird dann wiederum eine URL generiert, die an die Methode `lookup()` der Klasse `Naming` übergeben wird. Diese Methode kommuniziert mit dem Server und gibt eine Referenz in Form eines Stubs auf das entfernte Objekt zurück, das im vorangegangenen Schritt erzeugt und instantiiert wurde.

Der Rückgabewert der Methode `lookup` ist ein Objekt vom Typ `Remote`, der Elternklasse aller Stub-Interfaces. Wird dieses Objekt in den Typ `DatabaseUpdate` umgewandelt (Casting), so können die Methoden der Klasse `DatabaseUpdate` aufgerufen werden.

Code

```
package server;
import java.rmi.*;
public class Klient {
   public static void main (String args[]) {
      DatabaseUpdate du = null;
      if (args.length != 2) {
         System.err.println("Eingabe: java server.Klient
           <Server> <Port>");
         System.exit(1);
      }
      String server = args[0];
      int port = Integer.parseInt(args[1]);
      //Neuer Security Manager
      System.setSecurityManager(new RMISecurityManager());
      try {
         //Binden der Objektinstanz an entfernte Registry
         String url="//"+server+":"+port+"/DatabaseUpdate";
         du = (DatabaseUpdate)Naming.lookup(url);
```

```
      } catch (Exception e) {
        System.err.println("Keine Verbindung"+e);
      }
      try {
        //Schicke 1, also Spieler hat gewonnen
        int spielAntwort = du.updateDatenbank(1);
        System.out.println("Rückgabewert des Servers:
          "+spielAntwort);
      } catch (Exception e) {
        System.err.println("Problem in Remote-Methode");
      }
    }
  }
}
```

Sicherlich ist die Funktionalität dieses Beispiels sehr eingeschränkt. Um allerdings auf einer Datenbank, die auf dem Server abläuft, navigieren zu können, muss die Verwendung von Servlets bekannt sein, die erst in einem späteren Kapitel erläutert wird. Der Leser sei daher auf Kapitel 14 vertröstet, in dem eine voll funktionsfähige Anwendung beschrieben wird.

11.5 Design Patterns

In Kapitel 2.3 wurden die Funktion und die Verwendung von Design Patterns betrachtet. In diesem Zusammenhang kann die Verwendung von RMI als Factory Design Pattern betrachtet werden. Eine *Factory* bezeichnet in diesem Kontext ein Software-Teilstück, das ein Factory Design Pattern implementiert. Eine Factory-Implementierung ist immer dann sinnvoll, wenn ein Objekt die Erzeugung und/oder die Zugriffe auf andere Objekte kontrollieren soll. Indem in RMI eine Factory verwendet wird, kann die Zahl der Objekte verringert werden, die in der Registry registriert werden müssen.

Zunächst soll die Anwendung von Factories anhand eines Beispiels dargestellt werden. Geht man in eine Bank, um Geld auf ein Konto einzuzahlen, so würde man - überspitzt formuliert - nicht an eine Schrankwand gehen, dort eine Schublade suchen und in dieser Schublade Geld deponieren. Stattdessen interagiert ein Kunde üblicherweise mit einem Bankangestellten und leistet Unterschriften. Die Funktion des Bankangestellten ist ein gutes Beispiel für eine Factory. Der Bankangestellte oder der Automat, der als Kontoverwalter agiert, kontrolliert die Erzeugung und/oder den Zugriff auf individuelle Konten.

In den meisten RMI-Programmen existieren eine Reihe grundlegender Komponenten: Ein Server, der ein oder mehrere entfernte Objekte erzeugt, von denen jedes ein entferntes Interface implementiert, ein Client, der den Namens-Server (Registry) dazu verwendet, um eine Referenz auf entfernte Objekte zu bekommen und die Registry, die den ersten Kontakt des Clients mit dem Server ermöglicht.

Im Folgenden sei angenommen, dass ein Client zwei entfernte Interfaces verwendet, Factory und Produkt. Die Klasse `FactoryImpl` implementiert das Interface `Factory`, die Klasse `ProduktImpl` das Interface `Produkt`. Zur Verwendung einer Factory sind dann die folgenden Schritte zu durchlaufen (siehe auch Abb. 11-3):

1. Die Klasse `FactoryImpl` registriert sich in der Registry.
2. Der Client fordert eine Referenz einer Factory an.
3. Die Registry liefert eine entfernte Referenz auf `FactoryImpl` zurück.
4. Der Client ruft eine entfernte Methode der Klasse `FactoryImpl` auf, um eine entfernte Referenz auf `ProduktImpl` zu erhalten.
5. Die Instanz der Klasse `FactoryImpl` liefert eine entfernte Referenz einer existierenden `ProduktImpl`-Instanz oder einer Instanz, die gerade erzeugt wurde, zurück. Dieser Vorgang basiert auf der Anforderung des Clients.
6. Der Client ruft eine entfernte Methode der Klasse `ProduktImpl` auf.

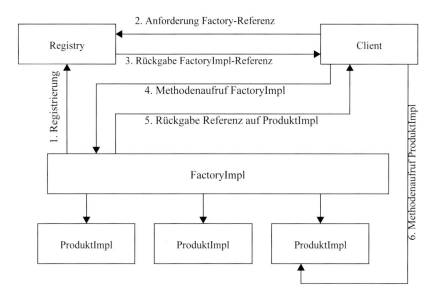

Abb. 11-3 Factory Design Pattern

In einem Programm wäre der Bankangestellte in Form eines entfernten Interfaces implementiert, das eine oder mehrere Methoden enthält. Diese Methoden würden Objekte zurückliefern, die ein zweites Konto-Interface implementieren. Auf eine analoge Art und Weise würde das Konto-Interface alle Operationen deklarieren, die eine Person für ein Konto durchführen könnte, bspw. Einzahlungen, Auszahlungen oder die Erstellung von Kontoauszügen. In RMI wäre dann nur die Instanz des Bankangestellten in der Registry registriert. Der Bankangestellte fungiert daher als Factory, die entfernte Referenzen auf Kontenimplementierungen (bspw. Girokonto oder Sparkonto) zurückliefert.

11.6 Socket Factory

Im Folgenden soll die Theorie der Factory-Design-Patterns anhand eines Beispiels umgesetzt werden, einer *RMI-Socket Factory*. Eine Socket Factory sollte immer dann verwendet werden, wenn

- Client und Server in RMI über Sockets kommunizieren sollen, die Daten verschlüsseln oder komprimieren und
- für verschiedene Verbindungen unterschiedliche Socket-Typen verwendet werden sollen.

Indem eine eigene Socket Factory in RMI installiert wird, kann die Transportschicht von RMI ein Protokoll über IP verwenden, das nicht zwangsläufig das in der Klasse `java.net.Socket` definierte TCP ist. Standardmäßig verwendet RMI allerdings TCP.

Bevor Java in der Version 1.2 verfügbar war, konnte man eine eigene `java.rmi.RMISocketFactory`-Subklasse schreiben, die einen Socket-Typ für den RMI-Transport erzeugte, der sich von dem in der Klasse `java.net.Socket` definierten Typ unterschied. Allerdings war es einer installierten Socket Factory unmöglich, auf einer Objekt-zu-Objekt-Basis verschiedene Socket-Arten zu erzeugen.

Seit Java in der Version 1.2 verfügbar ist, kann eine eigene Socket Factory in RMI implementiert werden, die die Art von Socket-Verbindung erstellt, die der Benutzer wünscht (auch auf einer Objekt-zu-Objekt-Basis, falls erforderlich).

Im Folgenden werden die Einsatzmöglichkeiten von Socket Factories betrachtet:

- Eine Socket Factory, die einen einzigen Socket-Typ erzeugt,
- Eine Socket Factory, die mehr als einen Socket-Typ erzeugen kann,
- Die Verwendung von Socket Factories in Anwendungen.

11.6.1 Einzelne Socket-Arten in der Socket Factory

Wenn eine Socket Factory in RMI erstellt werden soll, die einen einzelnen Socket-Typ erzeugt, sind die folgenden Schritte zu durchlaufen:

1. Festlegung des Socket-Typs, der erzeugt werden soll.
2. Schreiben einer Socket Factory auf Client-Seite, die das Interface `RMIClientSocketFactory` implementiert.
3. Implementierung der Methode `createSocket` der Klasse `RMIClientSocketFactory`.
4. Schreiben einer Socket Factory auf Server-Seite, die das Interface `RMIServerSocketFactory` implementiert.
5. Implementierung der Methode `createServerSocket` der Klasse `RMIServerSocketFactory`.

Der Socket-Typ, der entwickelt werden soll, hängt stark von der Art der Anwendung ab. Häufig verwendete Socket-Typen verschlüsseln Daten vor der Übertragung bzw. komprimieren Daten. Im Folgenden soll als Beispiel eine Socket Factory entwickelt werden, die Sockets erstellt, die Daten bei der Übertragung komprimieren. Zunächst muss der Socket-Typ implementiert werden.

Code

```
package server4;
import java.io.*;
import java.net.*;
class KompressionsSocket extends Socket {
   // Input-Stream, den der Socket verwendet
   private InputStream in;
   // Output-Stream, den der Socket verwendet
   private OutputStream out;
   public KompressionsSocket() {
      super();
   }
   public KompressionsSocket(String host, int port) throws
     IOException {
      super(host, port);
   }
   public InputStream getInputStream() throws IOException {
      if (in == null) {
         in = new
           KompressionInputStream(super.getInputStream());
      }
      return in;
   }
   public OutputStream getOutputStream() throws IOException {
      if (out == null)
         out = new
           KompressionOutputStream(super.getOutputStream());
      return out;
   }
   //Fluten des Kompressions-Output-Streams vor dem Schliessen
     des Sockets
   public synchronized void close() throws IOException {
      OutputStream out1 = getOutputStream();
      out1.flush();
      super.close();
   }
}
```

Diese Klasse verwendet zwei weitere Klassen (KompressionInputStream und KompressionOutputStream), die das Einlesen und die Ausgabe der Daten regeln. Zunächst soll die Klasse KompressionInputStream beschrieben werden.

Code

```
package server4;
import java.io.*;
import java.net.*;
```

```
class KompressionsInputStream extends FilterInputStream {
   int bufPos = 0;
   public KompressionsInputStream(InputStream in) {
      super(in);
   }
   // Puffer fuer letzte 4 gelesene Byte
   int buf[] = new char[4];
   public int read() throws IOException {
      int code;
      try {
         do {
            code = readCode();
         } while (code != -1);
         //Dekodierung der Zeichen muss hier eingefuegt werden
      } catch (EOFException e) {
         // Return Code fuer End of File (EOF)
         return -1;
      }
      return code;
   }
   private int readCode() throws IOException {
      int b = in.read();
      if (b < 0)
         throw new EOFException();
      return b;
   }
}
```

Daten können nun mit Hilfe des Input-Streams eingelesen werden. Zur Ausgabe der Daten dient die Klasse `KompressionOutputStream`.

Code

```
package server4;
import java.io.*;
class KompressionsOutputStream extends FilterOutputStream {
   public KompressionsOutputStream(OutputStream out) {
      super(out);
   }

   public void write(int b) throws IOException {
      //An dieser Stelle muss die Kompression der Daten erfolgen
      writeCode(b);
   }
   private void writeCode(int c) throws IOException {
      out.write(c);
   }
}
```

Nachdem der Socket-Typ definiert ist, kann die Implementierung der Socket Factory auf der Client-Seite erfolgen, indem das Interface `RMIClientSocketFactory` implementiert wird. Die Socket Factory dieses Beispiels wird im Folgenden als `KompressionsClientSocketFactory` bezeichnet.

Code

```
package server4;
import java.io.*;
import java.net.*;
import java.rmi.server.*;
public class KompressionsClientSocketFactory implements
   RMIClientSocketFactory, Serializable {
  public Socket createSocket(String host, int port) throws
    IOException {
      KompressionsSocket socket = new KompressionsSocket(host,
        port);
      return socket;
  }
}
```

Da die Funktion einer Socket Factory in RMI darin besteht, die RMI-Laufzeitumgebung mit Sockets zu versorgen, muss die Klasse `KompressionsClientSocketFactory` eine Implementierung der Methode `createSocket` des Interfaces `RMIClientSocketFactory` anbieten, mit der Sockets des korrekten Typs angelegt und zurückgegeben werden können (`KompressionsSocket`).

Im Anschluss daran muss die Implementierung der Socket Factory auf der Server-Seite vorgenommen werden, indem das Interface `RMIServerSocketFactory` implementiert wird. Die Socket Factory dieses Beispiels wird im Folgenden mit `KompressionsServerSocketFactory` bezeichnet.

Code

```
package server4;
import java.io.*;
import java.net.*;
import java.rmi.server.*;
public class KompressionsServerSocketFactory
   implements RMIServerSocketFactory, Serializable {
  public ServerSocket createServerSocket(int port) throws
    IOException {
      KompressionsServerSocket server = new
        KompressionsServerSocket(port);
      return server;
  }
}
```

Die Implementierung der Methode `createServerSocket` ist fast identisch mit der der Methode `createSocket` bis auf die Tatsache, dass die Methode `createServerSocket` ein Objekt vom Typ `KompressionsServerSocket` erzeugen muss.

Code

```
package server4;
import java.io.*;
import java.net.*;
```

```
class KompressionsServerSocket extends ServerSocket {
  public KompressionsServerSocket(int port) throws
    IOException {
      super(port);
  }
  public Socket accept() throws IOException {
    Socket s = new KompressionsSocket();
    implAccept(s);
    return s;
  }
}
```

Nachdem nun bekannt ist, wie eine Socket Factory für einen Socket-Typ anzulegen ist, wird im Folgenden beschrieben, wie Socket Factories entwickelt werden müssen, die mehr als einen Socket-Typ unterstützen.

11.6.2 Mehrere Socket-Arten in der Socket Factory

Um eine Socket Factory erstellen zu können, die mehr als eine Socket-Art unterstützt, werden grundsätzlich dieselben Schritte durchlaufen wie bei der Generierung einer Socket Factory, die nur einen Socket-Typ anbietet. Diese Schritte müssen allerdings um einen *Wrapper* für die verschiedenen Socket-Typen erweitert werden.

Im folgenden Beispiel wird die Socket Factory mit `MClientSocketFactory` bezeichnet, da mehrere Socket-Typen unterstützt werden. Jede der Socket Factories hat einen Konstruktor, der angibt, welches Protokoll für die jeweilige Instanz eines Objekts unterstützt werden soll.

Die folgende Socket Factory unterstützt zwei Socket-Arten: `KompressionsSokket`-Objekte und die standardmäßigen Objekte der Klasse `java.net.Socket`. Schritt 1 der Regeln (Festlegung des Socket-Typs) muss an dieser Stelle nicht wiederholt werden. Die Entwicklung der Klasse `KompressionsSocket` wurde bereits erläutert, Sockets stehen ohne weitere Implementierung direkt zur Verfügung.

Im Folgenden ist die Klasse `MClientSocketFactory` angegeben, die die Auswahl des Protokolls auf der Client-Seite realisiert.

Code

```
package server4;
import java.io.*;
import java.net.*;
import java.rmi.server.*;
public class MClientSocketFactory
    implements RMIClientSocketFactory, Serializable {
    //Standard-RMISocketFactory
    private static RMISocketFactory defaultFactory =
      RMISocketFactory.getDefaultSocketFactory();
    private String protokoll;
    private byte[] daten;
```

```
   public MClientSocketFactory(String protokoll) {
      this.protokoll = protokoll;
   }
   public Socket createSocket(String host, int port)throws
     IOException {
      if (protokoll.equals("Kompression"))
         return new KompressionsSocket(host, port);
      return defaultFactory.createSocket(host, port);
   }
}
```

Das Anlegen des geeigneten Socket-Typs ist hier unmittelbar ersichtlich. Im Anschluss ist die Implementierung der Socket Factory auf der Server-Seite angegeben.

Code

```
package server4;
import java.io.*;
import java.net.*;
import java.rmi.server.*;
public class MServerSocketFactory
   implements RMIServerSocketFactory, Serializable {
   //Standard-RMISocketFactory
   private static RMISocketFactory defaultFactory =
     RMISocketFactory.getDefaultSocketFactory();

   private String protokoll;
   private byte[] daten;
   public MServerSocketFactory(String protokoll) {
      this.protokoll = protokoll;
   }
   public ServerSocket createServerSocket(int port) throws
     IOException {
      if (protokoll.equals("Kompression"))
         return new KompressionsServerSocket(port);
      return defaultFactory.createServerSocket(port);
   }
}
```

Auch die Auswahl des Protokolls auf der Server-Seite sollte leicht zu verstehen sein. Nach Durchlauf dieser fünf Schritte steht ein Mechanismus zur Verfügung, mit dem ein beliebiger Socket-Typ realisiert und in einer Anwendung eingesetzt werden kann. Die Verwendung dieser Typen im Rahmen einer Anwendung wird im nächsten Abschnitt erläutert.

11.6.3 Verwendung der Socket Factory in Anwendungen

Soll eine Socket Factory für ein entferntes Objekt eingesetzt werden, so sind die folgenden zwei Schritte zu durchlaufen:

1. In der Implementierung des entfernten Objekts muss ein Konstruktor zur Verfügung stehen, der den Konstruktor der Klasse UnicastRemoteObject (oder der

Klasse `Activatable`) aufruft und der die Argumente `RMIClientSocketFactory` und `RMIServerSocketFactory` akzeptiert.
2. Weiterhin muss eine Datei `java.security.policy` entwickelt werden, die es einer Anwendung gestattet, Sockets zu erzeugen.

Auch in diesem Beispiel wird eine Policy-Datei verwendet, die jeder Anwendung globale Berechtigungen einräumt. Es sei nochmals darauf hingewiesen, dass die Verwendung einer derartigen Datei in einer realen Umgebung ein erhebliches Sicherheitsrisiko darstellt.

Wenn eine Socket Factory eingerichtet wird, so muss der RMI-Laufzeitumgebung mitgeteilt werden, welcher Socket-Typ verwendet werden soll. Angenommen, der Server erweitert die Klasse `UnicastRemoteObject`, so muss diese Benachrichtigung einhergehen mit der Generierung eines Konstruktors eines entfernten Objekts, der die folgende Version des `UnicastRemoteObject`-Konstruktors aufruft:

Code

```
protected UnicastRemoteObject(int port,
   RMIClientSocketFactory csf, RMIServerSocketFactory ssf)
```

Im Folgenden wird das Beispiel, das bereits zur allgemeinen Verwendung von RMI vorgestellt wurde, wieder aufgegriffen, hier allerdings unter Einbezug der Socket Factory. Zunächst wird die Client-Seite vorgestellt, die das entfernte Objekt aufruft.

Code

```
package server4;
import java.rmi.*;
public class Klient {
   public static void main (String args[]) {
      DatabaseUpdate du = null;
      if (args.length != 2) {
         System.err.println("Eingabe: java server.Klient
            <Server> <Port>");
         System.exit(1);
      }
      String server = args[0];
      int port = Integer.parseInt(args[1]);
      //Neuer Security Manager
      System.setSecurityManager(new RMISecurityManager());
      try {
         //Binden der Objektinstanz an entfernte Registry
         String url="//"+server+":"+port+"/DatabaseUpdate";
         du = (DatabaseUpdate)Naming.lookup(url);
```

```
      } catch (Exception e) {
        System.err.println("Keine Verbindung"+e);
      }
      try {
        //Schicke 1, also Spieler hat gewonnen
        int spielAntwort = du.updateDatenbank(1);
        System.out.println("Rückgabewert des Servers:
          "+spielAntwort);
      } catch (Exception e) {
        System.err.println("Problem in Remote-Methode");
      }
    }
  }
}
```

Das Interface, das anschließend implementiert werden muss, sieht wie folgt aus:

Code

```
package server4;
import java.rmi.*;
public interface DatabaseUpdate extends Remote {
   //Aktualisierung des Spielstands
   public int updateDatenbank(int spiel) throws
     RemoteException;
}
```

Während Client und Interface gleich bleiben, muss die Implementierung des Interfaces deutlich verändert werden. Die neue Implementierung sieht dann wie folgt aus:

Code

```
package server4;
import java.rmi.*;
import java.rmi.server.*;
import java.io.*;
public class DatabaseUpdateImpl extends UnicastRemoteObject
   implements DatabaseUpdate{
   public DatabaseUpdateImpl (String protokoll) throws
     RemoteException {
     super(0, new MClientSocketFactory(protokoll),new
       MServerSocketFactory(protokoll));
   }
   public int updateDatenbank (int spiel) throws
     RemoteException {
     //Hier wird noch keine Funktion realisiert
     return spiel;
   }
```

Im Konstruktor wird nun mittels `super` eine neue Instanz der Klasse `UnicastRemoteObject` erzeugt. Anschließend wird eine `main`-Methode dazu verwendet, das Protokoll auszuwählen.

Code

```
    public static void main(String args[]) {
      //Security Manager einrichten
      if (System.getSecurityManager() == null)
        System.setSecurityManager(new RMISecurityManager());
      try {
        DatabaseUpdateImpl obj = new
          DatabaseUpdateImpl("Kompression");
        Naming.rebind("/DatabaseServer", obj);
        System.out.println("Datenbank-Server in Registry");
      } catch (Exception e) {
        System.out.println("Fehler: " + e.getMessage());
        e.printStackTrace();
      }
    }
}
```

11.7 Anwendungsbeispiel

Um den praktischen Einsatz dieser Konzepte zu demonstrieren, wird nun ein Anwendungsbeispiel entwickelt, das die Aufgabe hat, die Kommunikation mit einer entfernten Datenbank zu realisieren. Um das Beispiel nicht zu überfrachten, wird hier lediglich die Kommunikationsfunktionalität realisiert, nicht aber der eigentliche Datenbankzugriff. Das vollständige Beispiel, inklusive der Datenbankanwendung, ist in Kapitel 14 dargestellt. In Erweiterung des Beispiels, das in Kapitel 11.4.5 vorgestellt wurde, wird die Anwendung nun unter Einbezug aktiver Objekte und des Callback-Mechanismus erweitert. Die Schritte, die bei der Ausführung der Anwendung durchlaufen werden, sind daher die folgenden:

- Ein Client ruft eine Methode zur Aktualisierung einer Datenbank beim Server über RMI auf. Ist das erforderliche Objekt nicht präsent, so wird es über rmid aktiviert.
- Der Server stellt eine Rückfrage, um mittels eines Passworts die Berechtigung des Clients feststellen zu können.
- Der Client beantwortet wiederum über RMI die Passwortanfrage.

11.7.1 Callback-Operationen

Im Folgenden wird zunächst die Funktionalität realisiert, dass der Server auf die Anfrage eines Clients mit einem Callback antworten kann, dass er also vor dem Datenbankzugriff ein Passwort verlangt. Hierzu sind dieselben Schritte zu durchlaufen, wie bei der Entwicklung der bisher betrachteten RMI-Anwendungen. Diese Schritte werden im Folgenden detailliert betrachtet.

Definition des Interfaces

Zur Abfrage eines Passworts muss zuerst ein zweites Interface definiert werden, das eine Methode enthält, um das Passwort vom Client anzufordern. Dieses Interface wird vom ersten Interface referenziert.

Code

```
package server2;
import java.rmi.*;
public interface Passwort2 extends Remote {
   //Anfordern des Passworts
   public String passwort() throws RemoteException;
}
```

Code

```
package server2;
import java.rmi.*;
public interface DatabaseUpdate2 extends Remote {
   //Aktualisierung des Spielstands
   public int updateDatenbank(int spiel, Passwort2 pwd) throws
     RemoteException;
}
```

Nach der Definition der Interfaces müssen wiederum die Implementierungsklassen erzeugt werden.

Implementierungsklassen

Die erste Implementierungsklasse wird nun beim Server gespeichert und implementiert das oben angegebene Interface `DatabaseUpdate2`. Die Klasse `DatabaseUpdateImpl2` implementiert das Interface `DatabaseUpdate2`, die Klasse `PasswortImpl2` implementiert das Interface `Passwort2`.

Code

```
package server2;
import java.rmi.*;
import java.rmi.server.*;
import java.io.Serializable;
public class DatabaseUpdateImpl2 extends UnicastRemoteObject
   implements DatabaseUpdate2, Serializable {
   public DatabaseUpdateImpl2 () throws RemoteException {
   }
   public int updateDatenbank (int spiel, Passwort2 pw) throws
     RemoteException {
     String clientPasswort=null;
```

```
      //Schlage Passwort in Datenbank nach
      if (pw.passwort().equals(clientPasswort)){
         System.out.println("Passwort OK");
         //Hier wird noch keine Funktion realisiert
         return spiel;
      }
      return -1;
   }
}
```

Code

```
package server2;
import java.rmi.*;
import java.rmi.server.*;
import java.io.Serializable;
public class PasswortImpl2 extends UnicastRemoteObject
   implements Passwort2, Serializable {
   private String obname, pwd;
   public PasswortImpl2 () throws RemoteException {
   }
   public String passwort() throws RemoteException{
      String passwort = null;
      //Hier muss ein Fenster zur Passwortangabe erscheinen
      return passwort;
   }
}
```

Es ist zu beachten, dass die Klasse DatabaseUpdateImpl2 auf die Klasse PasswortImpl2 zurückgreift, die aber beim Client ausgeführt wird.

Die Erzeugung der Stubs und des Skeletons, die Implementierung und Übersetzung des Server-Programms und der Start der Registry bzw. des Servers sind identisch mit denen des vorangegangenen Beispiels. Anders verhält sich dies bei der Implementierung des Clients. Hier muss eine Instanz der Klasse PasswortImpl2 erzeugt werden, die an den Server übergeben wird. Mittels dieser Instanz kann der Server dann die Methode passwort auf dem Client aufrufen.

Code

```
package server2;
import java.rmi.*;
public class Klient2 {
   public static void main (String args[]) {
      DatabaseUpdate2 du = null;
      Passwort2 pwd;
      if (args.length != 2) {
         System.err.println("Eingabe: java server.Klient2
           <Server> <Port>");
         System.exit(1);
      }
      String server = args[0];
      int port = Integer.parseInt(args[1]);
      //Neuer Security Manager
      System.setSecurityManager(new RMISecurityManager());
```

```
   try {
      //Binden der Objektinstanz an entfernte Registry
      String url="//"+server+":"+port+"/DatabaseUpdate2";
      du = (DatabaseUpdate2)Naming.lookup(url);
   } catch (Exception e) {
      System.err.println("Keine Verbindung"+e);
   }
   try {
      pwd = new PasswortImpl2();
      //Schicke 1, also Spieler hat gewonnen
      int spielAntwort = du.updateDatenbank(1,pwd);
   } catch (Exception e) {
      System.err.println("Problem in Remote-Methode");
   }
  }
 }
}
```

11.7.2 Objektaktivierung

Im Folgenden soll die Funktionalität der Objektaktivierung realisiert werden. Ein Objekt soll dann aktiv werden, wenn es benötigt wird. Im Beispiel wird daher die Passwortüberprüfung in zwei Teile aufgeteilt: Die erste Klasse erzeugt eine aktivierbare Instanz zur Eingabe von Passwörtern. Nach der Abarbeitung terminiert diese Klasse. Die zweite Klasse greift auf die aktivierbare Instanz zu und bewirkt beim Zugriff die tatsächliche Aktivierung.

Ebenso wie das vorangegangene Beispiel ist dieses Beispiel darauf angelegt, eine beidseitige Kommunikation umzusetzen. Aus diesem Grund muss wiederum ein Client-Objekt an den Server übergeben werden, der mittels dieses Objekts Methoden auf dem Client ausführen kann. Zunächst wird wieder das Interface des aktivierbaren Objekts definiert. Es ist zu beachten, dass nun das `Passwort3`-Objekt Teil der Client-Klasse ist.

Code

```
package server3;
import java.rmi.*;
public interface DatabaseUpdate3 extends Remote {
   //Aktualisierung des Spielstands
   public int updateDatenbank(int spiel, Passwort3 pwd) throws
     RemoteException;
}
```

Die Implementierung dieser Klasse unterscheidet sich nun von der vorangegangenen Implementierung. In diesem Fall wird nicht das Interface `UnicastRemoteObject`, sondern das Interface `Activatable` implementiert.

Code

```
package server3;
import java.rmi.*;
import java.rmi.activation.*;
public class DatabaseUpdateImpl3 extends Activatable
   implements DatabaseUpdate3 {
   public DatabaseUpdateImpl2 (ActivationID id,
      MarshalledObject daten) throws RemoteException {
      //Registrierung bei rmid und Export an anonymen Port
      super(id, 0);
   }
   public int updateDatenbank (int spiel, Passwort3 pw) throws
      RemoteException {
      String clientPasswort=null;
      //Schlage Passwort in Datenbank nach
      if (pw.passwort().equals(clientPasswort)){
         System.out.println("Passwort OK");
         //Hier wird noch keine Funktion realisiert
         return spiel;
      }
      return -1;
   }
}
```

Die Client-Seite dieses Beispiels ähnelt stark der Client-Seite des vorangegangenen Beispiels, da Client-Aufrufe eine entfernte Referenz erfordern und der Client daher nicht weiß, dass ein Objekt überhaupt aktivierbar ist. Die Server-Seite ist allerdings unterschiedlich, da der Server das aktivierbare Objekt registrieren muss, bevor er terminiert.

Zunächst wird ein Security-Manager eingerichtet. Mittels der Methode put, die Teil der Klasse Properties ist, wird eine Policy-Datei assoziiert, die in diesem Fall der Anwendung alle Rechte einräumt. Es sei aber darauf hingewiesen, dass dieses Vorgehen nur im Testfall sinnvoll ist. Real sollte eine Anwendung niemals mit allen Rechten ausgestattet werden.

Die Klasse, die zur Einrichtung des Objekts dient, ist komplexer als Klassen, die UnicastRemoteObject erweitern. Hierbei wird eine Textrepräsentation der URL verwendet, die den Speicherort der aktivierbaren Klasse DatabaseUpdateImpl3 angibt. Ein ActivationGroupID-Objekt wird an ein ActivationDesc-Objekt übergeben, das von rmid registriert wird. Jede neue VM, die mit rmid gestartet wird, wird dann nur Objekte einer einzelnen ActivationGroupID aktivieren. Läuft eine VM bereits, die mit der Klasse einer ActivationGroupID assoziiert ist, so wird das Objekt in der VM erzeugt, anstatt eine neue VM zu starten zu müssen. ActivationGroupID-Objekte ermöglichen daher eine genaue Kontrolle darüber, in welcher VM ein aktiviertes Objekt läuft.

In diesem Zusammenhang sei auch auf die Verwendung der Klasse MarshalledObject hingewiesen. Wird ein UnicastRemoteObject-Objekt verwendet, so können Kommandozeilenargumente ohne Probleme an die Implementierungsklasse übergeben werden, da das Server-Programm, das diese Argumente entgegennimmt, während der Lebenszeit der Implementierung des entfernten Objekts immer läuft. Bei aktivierbaren Objekten hingegen kann die einrichtende Klasse nach der Registrierung des Aktivierungsdeskriptors beim RMI-Dämon und nach der Registrierung des Stubs bei der Registry sofort terminieren. Die Klasse MarshalledObject bietet einen flexiblen Mechanismus zur persistenten Übergabe von Daten bzw. zur Initialisierung der Daten über ein ActivationDesc-Objekt, das über rmid registriert ist, an, anstatt Werte hart in der Implementierungsklasse einer Datei zu verdrahten.

Im weiteren Verlauf des Programms wird die Methode Activatable.register() aufgerufen, die das ActivationDesc-Objekt an rmid übergibt. Der Deskriptor der Aktivierungsgruppe beinhaltet alle Informationen, die rmid benötigt, um eine Instanz einer aktivierbaren Klasse zu erzeugen. Die Methode Activatable.register() liefert eine entfernte Referenz zurück, die zur Registrierung des aktivierbaren Objekts in der Registry verwendet wird.

Code

```
package server3;
import java.net.*;
import java.rmi.*;
import java.rmi.activation.*;
import java.security.*;
import java.util.*;
public class PasswortStart3 {
   public static void main (String args[]) {
      if (args.length != 3) {
         System.err.println("Eingabe: java server.Datenbank
            <Server> <Port><Pfad zu Klassendateien>");
         System.exit(1);
      }
      String server = args[0];
      int port = Integer.parseInt(args[1]);
      String dateiOrt=args[2];

      //Security Manager
      System.setSecurityManager(new RMISecurityManager());
      try {
         //Instanz des Objekts anlegen
         Properties env = new Properties();
         env.put("java.security.policy", "C:/home/fisch/
            private/Javabuch/buchcode/kapitel11/policy");
         ActivationGroupID groupID=
            ActivationGroup.getSystem().registerGroup(new
            ActivationGroupDesc(env, null));
         //Verwende verpacktes Objekt, um dem aktivierten Objekt
         //mitzuzeilen, wo seine persistenten Daten sind
         MarshalledObject kommandozeile=null;
         ActivationDesc ad = new ActivationDesc(groupID,
            "server.DatabaseUpdateImpl3", dateiOrt,
            kommandozeile);
         //Registrierung
         DatabaseUpdate3 du =
            (DatabaseUpdate3)Activatable.register(ad);
         System.out.println("rmid registriert");
```

```
         //Binden
         String url = "//"+server+":"+port+"/DatabaseUpdate3";
         Naming.rebind(url,du);
      }catch (Exception e) {
         e.printStackTrace();
         System.out.println(e.getMessage());
      }
      System.exit(0);
   }
}
```

Auf der Client-Seite wird ein `Passwort3`-Objekt an ein `DatabaseUpdate3`-Objekt übergeben. Die Klasse `Passwort3` ist sehr einfach.

Code

```
package server3;
import java.io.Serializable;
public class Passwort3 implements Serializable {
   private String pw;
   public Passwort3 () {
   }
   public String passwort() {
      String pwd = null;
      //Erfrage Passwort der Datenbank beim Client
      return pwd;
   }
}
```

Zum Abschluss des Beispiels muss die Klasse entwickelt werden, die das aktivierbare Objekt aufruft. Diese Klasse erzeugt eine Instanz eines `Passwort3`-Objekts und verlangt von der Registry eine Referenz auf ein `DatabaseUpdate3`-Objekt.

Code

```
package server3;
import java.rmi.*;
public class Klient3 {
   public static void main (String args[]) {
      DatabaseUpdate3 du = null;
      Passwort3 pw = null;
      if (args.length != 2) {
         System.err.println("Eingabe: java server.Klient3
            <Server> <Port>");
         System.exit(1);
      }
      String server = args[0];
      int port = Integer.parseInt(args[1]);
      //Neue Passwort3-Instanz
      pw = new Passwort3();
      //Neuer Security Manager
      System.setSecurityManager(new RMISecurityManager());
```

```
        try {
          //Binden der Objektinstanz an entfernte Registry
          String url="//"+server+":"+port+"/DatabaseUpdate2";
          du = (DatabaseUpdate3)Naming.lookup(url);

        } catch (Exception e) {
          System.err.println("Keine Verbindung"+e);
        }
        try {
          //Schicke 1, also Spieler hat gewonnen
          int spielAntwort = du.updateDatenbank(1,pw);
        } catch (Exception e) {
          System.err.println("Problem in Remote-Methode");
        }
      }
  }
}
```

Es sollte nicht vergessen werden, die Dateien in der richtigen Reihenfolge aufzurufen. Zuerst müssen `rmiregistry` und `rmid` gestartet werden und anschließend ein Passwortobjekt mittels der Anweisung `java server3.PasswortStart3 localhost <Port> <Verzeichnis>` angelegt werden. Erst im Anschluss kann auf das entfernte Objekt zugegriffen werden.

11.8 Zusammenfassung

In diesem Kapitel wurde die Remote Method Invocation (RMI) erläutert. Nach einer einleitenden Darstellung der Konzeption verteilter Objekte wurde anschließend die Architektur von RMI vorgestellt. Nach der Auflistung der Eigenschaften von RMI wurden detailliert die Verwendung von Factory-Design-Patterns bzw. die Definition von Socket Factories betrachtet. In einer Reihe von Anwendungsbeispielen wurde anschließend die Konzeption verteilter Anwendungen mit RMI erklärt. Im Anwendungsbeispiel wurden Programme entwickelt, die Callback-Operationen bzw. die Objektaktivierung umsetzen.

Der Leser sollte nach Abschluss dieses Kapitels in der Lage sein, verteilte Anwendungen mit RMI zu schreiben. Diese Anwendungen können einerseits Zugriffe ausführen, die stets vom Client ausgehen, andererseits auch solche, bei denen beide Kommunikationspartner auf die jeweilige Gegenseite zugreifen dürfen.

Java und CORBA

12.1 Einleitung

Die *Common Object Request Broker Architecture* (CORBA) ist ein Framework für verteilte Systeme, das speziell zur Unterstützung heterogener Architekturen entwickelt wurde. Hier liegt auch einer der Hauptunterschiede zwischen CORBA und RMI, da RMI für homogene Architekturen entwickelt wurde, bei denen beide Kommunikationspartner in Form von Java-Anwendungen realisiert sind. Die Heterogenität bezieht sich hier nicht nur auf die verwendete Hardware (bspw. CPU oder Dateisystem), sondern auch auf das Betriebssystem und die verwendete Programmiersprache. Java-IDL (Interface Definition Language) ist eine Implementierung der CORBA-Spezifikation 2.0.

CORBA wurde entwickelt, um ein Problem zu lösen, das vor allem in großen Firmen häufig vorzufinden ist: Das Management einer Menge verschiedener Systemressourcen, die unterschiedlichste Dienste erbringen. Oftmals finden sich bspw. neben UNIX-Workstations (bspw. Sun, IBM, HP oder SGI) auch Linux-PCs sowie Rechner, auf denen das Betriebssystem Windows installiert ist. Ein weiteres Problem besteht in der Verwendung von Netzwerken, die zur Verbindung von Rechnern und zum Austausch von Daten und Dateien eingesetzt werden. Aus technischer Sicht ist ein Netzwerk durchaus in der Lage, heterogene Systeme zu verbinden, da die hierzu notwendigen Protokolle (bspw. IP oder TCP) standardisiert wurden. Weiterhin besteht keine Abhängigkeit zwischen der Funktion eines Protokolls und der Realisierung auf einem Rechner (Hardware oder Betriebssystem). Der Datenaustausch zwischen verschiedenen Systemen ist jedoch schwierig und daher auch kostenintensiv. Programme können Daten nur dann gemeinsam verwenden, wenn diese geeignet für die Umgebung formatiert sind, in der die Daten verwendet werden. Üblicherweise sind die Datenformate allerdings nicht auf die Bedürfnisse der Kunden ausgerichtet, sondern auf die spezielle Hardware-Architektur eines bestimmten Rechnertyps.

Traditionelle Unternehmensanwendungen sind meist eigenständige monolithische Programme, die nur begrenzte Zugriffsmöglichkeiten auf Prozeduren und Daten anderer Programme gestatten. Diese Programme weisen üblicherweise hohe

Produktionskosten auf und sind auch wartungsintensiv, da selbst kleine Änderungen ein neues Übersetzen und neue Testläufe erfordern. Im Gegensatz dazu sind Objekte in verteilten Systemen (bspw. in CORBA) meist in Form einer mehrschichtigen Architektur aufgebaut, da hierdurch eine saubere Funktionstrennung erreicht werden kann. Die häufig verwendete dreischichtige Anwendung besteht bspw. aus einem GUI, einer Berechnungsschicht (manchmal auch als *Business-Logikschicht* bezeichnet) und einer Datenbankebene. Jede Interaktion der Schichten erfolgt in CORBA über die Interfaces, die alle CORBA-Objekte öffentlich zugänglich machen müssen.

Die GUI-Schicht verarbeitet Benutzerinteraktionen. Wichtige Aspekte dieser Schicht sind das Design des Interfaces und die Verfügbarkeit in einer Organisation. Die GUI-Schicht kann auf dem Desktop eines Benutzers gespeichert sein, in einem Intranet eines Unternehmens oder im World Wide Web (Internet). Oft können auch verschiedene Interface-Implementierungen verwendet werden, die auf denselben Server zugreifen. Die GUI-Schicht ruft normalerweise Methoden der Berechnungsschicht auf und fungiert daher gegenüber Servern der Berechnungsschicht als Client.

Die Berechnungs- oder Dienstschicht besteht aus Server-basiertem Code, der mit dem Client interagiert. Diese Schicht besteht aus Geschäftsobjekten, bspw. CORBA-Objekten, die logische Geschäftsfunktionen übernehmen, wie bspw. die Inventurkontrolle, die Budgetierung oder Abrechnungen. Diese Objekte rufen Methoden der Datenspeicherungsschicht auf.

Die Datenspeicherungsschicht besteht aus Objekten, die Datenbankfunktionen kapseln und damit direkt mit Datenbankprodukten interagieren. Ein Beispiel hierfür ist eine Methode, die mit geeigneten SQL-Ausdrücken auf eine relationale Datenbank zugreift.

Im Folgenden werden zunächst die Konzepte von CORBA in einer Einführung erläutert. Anschließend wird die Java-IDL betrachtet. Im Anwendungsbeispiel wird das in Kapitel 11.7.1 entwickelte Programm wieder aufgegriffen und so umgeschrieben, dass eine CORBA-Anwendung entsteht.

Nach Abschluss dieses Kapitels sollte der Leser in der Lage sein, die Konzepte von CORBA in Java praktisch umsetzen zu können. Durch die vergleichende Darstellung von IDL und RMI sollten weiterhin verschiedenartige Konzeptionen von verteilten Systemen erkennbar und damit auch einschätzbar sein. Es liegt auf der Hand, dass im Rahmen dieses Buches keine detaillierte Erklärung aller CORBA-Funktionen erfolgen kann. Der speziell an CORBA interessierte Leser sei hier auf die Fachliteratur verwiesen.

12.2 CORBA

In der *Object Management Group* (OMG) sind Ingenieure in einem Konsortium vereinigt, deren Ziel die Entwicklung einer Architektur ist, in der verschiedene Programmier- und Betriebssystemumgebungen transparent zusammenarbeiten können. Die OMG entwickelte hierzu eine ganze Reihe von Spezifikationen, die ein Framework wiederverwendbarer Komponenten definieren. Diese Dokumente beschreiben vor allem Architekturelemente, die notwendig sind, damit Hardware- und Software-Systeme miteinander kommunizieren können. Resultat der Arbeit der OMG ist die *Common Object Request Broker Architecture* (CORBA). CORBA liegt nicht in Form eines Produkts vor, sondern als Standard, der definiert, wie Firmen Implementierungen des Standards anzufertigen haben.

Seit 1989 beschäftigte sich die OMG mit der Spezifikation einer Architektur für einen offenen Software-Bus, dem sog. *Object Request Broker* (ORB), auf dem Objektkomponenten, die von verschiedenen Herstellern geschrieben wurden, über Netzwerke und Betriebssysteme hinweg zusammenarbeiten können. Durch diesen Standard können CORBA-Objekte andere Objekte aufrufen, ohne zu wissen, wo die aufgerufenen Objekte gespeichert sind oder in welcher Sprache sie implementiert sind. Die von der OMG spezifizierte *Interface Definition Language* (IDL) wird dazu verwendet, Interfaces zu CORBA-Objekten zu definieren.

CORBA-Objekte unterscheiden sich von Objekten anderer Programmiersprachen hinsichtlich der folgenden Aspekte:

- CORBA-Objekte können sich an beliebiger Stelle eines Netzwerks befinden.
- CORBA-Objekte können mit Objekten anderer Plattformen zusammenarbeiten.
- CORBA-Objekte können in einer beliebigen Programmiersprache geschrieben sein, für die eine Abbildung von der OMG-IDL auf die jeweilige Programmiersprache existiert. Beispiele hierfür sind Java, C++, C, Smalltalk, Cobol und ADA.

Im Folgenden werden zunächst die Komponenten von CORBA vorgestellt.

12.2.1 CORBA-Komponenten

Eine CORBA-Implementierung besteht aus mehreren Teilen, abhängig von der individuellen Anwendung des Standards durch den Hersteller. Üblicherweise werden die folgenden Komponenten ausgeliefert:

- Eine Implementierung des Object Request Brokers (ORB).
- Ein Compiler der Interface Definition Language (IDL).
- Eine Implementierung der Common Object Services (COS), die manchmal auch als *CORBAServices* bezeichnet werden.
- Anwendungsabhängige Umgebungen, die auch unter dem Namen *CORBAFacilities* bekannt sind.

Seit CORBA in der Version 2.0 verfügbat ist, ist auch das standardisierte *Internet-Inter-ORB-Protokoll* (IIOP) verfügbar, das angibt, wie ORBs über das Netzwerk kommunizieren.

Object Request Broker (ORB)

Aufgabe des Object Request Brokers (ORB) ist es, Objekte getrennter Adressräume miteinander zu verbinden. Ein ORB ist deshalb eine Art *Bus*. Möchten zwei CORBA-Systeme mit getrennten Adressräumen miteinander kommunizieren, so stellt der ORB sicher, dass unabhängig von der verwendeten Hardware bzw. vom verwendeten Betriebssystem und von der Programmiersprache Aufrufe entfernter Objekte erfolgreich sind (siehe auch Abb. 12-1).

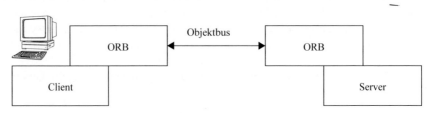

Abb. 12-1 Object Request Broker

Wie auch bereits bei RMI wird beim ORB die Technik des *Marshaling* dazu eingesetzt, Parameter, Rückgabewerte und Exceptions zu bündeln, damit sie in einer Einheit beim Aufruf entfernter Methoden zwischen Systemen ausgetauscht werden können. Allgemein werden beim Marshaling Daten von einem plattformspezifischen in ein plattformneutrales Netzwerkformat umgewandelt, bzw. beim Empfänger wieder von einer plattformneutralen Netzrepräsentation in das empfängerspezifische Datenformat. Beispiele für ORBs sind:

- *Residenter ORB in Client- und Objektimplementierung*
  ORB-Funktionen residieren in Client- und Objektimplementierung. Probleme ergeben sich hier aber mit „schwergewichtigen" Objekten bzw. mit der Transparenz
- *Server-basierter ORB*
  Hierbei kommunizieren Client- und Objektimplementierung mit Server(n). Server leiten also Requests von einer Client- zu einer Objektimplementierung und zurück.
- *System-basierter ORB*
  ORB-Funktionen sind Teil des verteilten Betriebssystems. Vorteile dieses Ansatzes sind ein besserer Schutz, eine große Robustheit und eine erweiterte Leistungsfähigkeit.
- *Laufzeitbibliothek-basierter ORB*
  Methoden und Daten befinden sich bei diesem Ansatz in einer gemeinsam benutzten Laufzeitbibliothek. Hierbei werden sog. *Lightweight*-Objekte verwendet, aber eine Synchronisation der Zugriffe ist erforderlich.

Common Object Services (COS)

Die *Common Object Services* (COS) unterstützen den ORB im Hinblick auf die folgende Funktionalität:

- *Namensdienst*
  Mittels des Namensdienstes können Clients und Server Objekte im Netzwerk finden. Ein Server registriert hierbei ein Objekt bei einem Namensdienst, indem eine hierarchische Repräsentation verwendet wird, die einer Darstellung aus einem Pfad und einem Dateinamen ähnelt. Clients können eine Objektreferenz anfordern, indem der Namensdienst nach dem Namen des Objekts gefragt wird. Eine ähnliche Funktion hat der Leser bereits mit der RMI-Registry kennengelernt.
- *Event-Dienst*
  Der Event-Dienst erlaubt es einem Client oder einem Server, eine Nachricht in Form eines Event-Objekts an einen oder mehrere Empfänger zu schicken. Objekte können das Abhören eines bestimmten Event-Kanals veranlassen. Der Event-Dienst benachrichtigt die Objekte dann, wenn ein Event auf einem derartigen Kanal aufgetreten ist. Der Event-Dienst ist weiterhin dafür zuständig, Events vor der Auslieferung zu speichern. Clients und Server müssen daher nicht permanent verbunden sein, um das Auftreten von Events zu überwachen.
- *Security-Dienst*
  Der Security-Dienst ermöglicht es, Nachrichten zu authentifizieren, den Objektzugriff zu autorisieren und damit eine sichere Kommunikation umzusetzen.

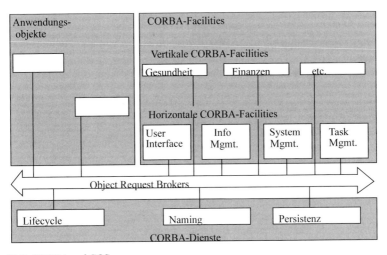

Abb. 12-2 *CORBA und COS*

- *Transaktionsdienst*
  Der Transaktionsdienst definiert eine Möglichkeit, Aktionen einer Datenbank oder eines vergleichbaren Subsystems beweisbar zu kontrollieren. Der Transakti-

onsdienst erlaubt es Clients und Servern, eine Transaktion zu beenden (*commit*) oder sie zurückzusetzen (*abort*), selbst wenn die Transaktion mehrere Datenbanken betrifft.

Insgesamt stehen eine Reihe von Diensten zur Verfügung, bspw. Dienste zur Verarbeitung persistenter Objekte, zur Parallelitätskontrolle, zur Verwaltung des Lebenszyklus von Objekten, zur Verarbeitung von Relationen, zur Externalisierung, zur Abfrage von Objekten, zur Lizenzierung, zur Feststellung von Objekteigenschaften, zur Verarbeitung von Timern, zur Verwendung von Objekt-Tradern und zur Verarbeitung von Objekt-Collections.

Neben den Common Object Services existieren weiterhin die *Common Facilities*, die anwendungsspezifische Dienste definieren. Common Facilities sind Sammlungen von Klassen und Objekten, die allgemein nützliche höherwertige Dienste für unterschiedliche Anwendungsarten enthalten. Sie müssen nicht in jedem OMG-konformen Produkt enthalten sein. Allgemein klassifiziert man die Common Facilities in horizontale (allgemein benutzte) und in vertikale (für spezielle Anwendungsdomänen, bspw. Business Objects) Dienste. Das Zusammenspiel dieser Dienste ist in Abb. 12-2 dargestellt.

Interface Definition Language (IDL)

Aufgabe der Interface Definition Language (IDL) ist es, eine gemeinsame Schnittstelle für ORB, COS und Common Facilities zu definieren. Schnittstellendefinitionen werden in CORBA mittels einer Menge von Sprachkonstrukten erzeugt, die durch die IDL beschrieben sind. IDL stellt eine Möglichkeit zur Verfügung, progammiersprachenneutral Dienstimplementierungen zu beschreiben. Die Konstrukte, aus denen IDL besteht, ähneln in der Syntax Java, können aber nicht direkt in ein Binärprogramm übersetzt werden. Anstelle dessen stellt IDL eine Zwischensprache dar, die die Interfaces definiert, die ein Client verwendet und die ein Server implementiert.

Ein Entwickler, der ein CORBA-System erarbeitet, modelliert ein System, indem er IDL zur Definition der Schnittstellen einsetzt, die ein System unterstützt. Das Modell ist hierbei eine abstrakte Repräsentation des aktuellen Systems. Hierbei werden sowohl einfache Datentypen (sog. *Basic Values*) als auch zusammengesetzte Datentypen (sog. *Constructed Values*) unterstützt. Beispiele für einfache Datentypen sind `Short`, `Long`, `UShort`, `ULong`, `Float`, `Double`, `Char`, `String`, `Boolean`, `Octet`, `Enum` und `Any`. Beispiele für zusammengesetzte Datentypen sind `Struct`, `Sequence`, `Union` und `Array`. In IDL werden alle Aufruf- und Rückgabeparameter mittels dieser Datentypen beschrieben. Objektreferenzen werden zur Bezugnahme auf Objekte verwendet. Eine IDL-Spezifikation sieht bspw. folgendermaßen aus:

Code

```
module demo {
   interface test {
      readonly attribute string message;
      long connect(in long id);
   };
};
```

Diese IDL-Spezifikation beschreibt ein Attribut und eine Funktion. Die Definition der Funktion ist abstrakt, da kein Code angegeben wird, der die Implementierung der Funktion näher angibt. Auch die Sprache, die zur Implementierung verwendet wird, wird hier nicht spezifiziert. Die IDL-Spezifikation wird anschließend übersetzt, indem Werkzeuge verwendet werden, die Code für das Betriebssystem und für die Programmiersprache generieren, die der Anwender benutzt. IDL-Dateien werden in diesem Zusammenhang aber nicht von einem Compiler übersetzt, sondern eher in generelle Konstrukte überführt, die die Abbildung auf eine Programmiersprache ermöglichen. Die übersetzten Dateien sind allerdings nicht vollständig, da der Entwickler hier noch Implementierungsdetails integrieren muss.

Internet-Inter-ORB-Protokoll

CORBA in der Version 1.0 macht keine Angaben über das vom ORB verwendete Transportprotokoll oder über das Protokollformat. Hiermit können zwar portable, aber keine interoperablen Lösungen realisiert werden. CORBA in der Version 2.0 schreibt die Unterstützung des Internet-Inter-ORB-Protokolls (IIOP) vor. Basisidee von IIOP ist die Bereitstellung von sog. *Universal Networked Objects* (UNO), die TCP/IP als Transportprotokoll zur Umsetzung des General-Inter-ORB-Protokolls (GIOP) verwenden. Das GIOP definiert, wie ORBs miteinander kommunizieren, also bspw. wie Nachrichten gesendet werden bzw. wie Parameter zum Aufruf entfernter Objekte verpackt werden (Marshaling).

UNOs verwenden ein interoperables Nachrichtenformat, die *Common Data Representation* (CDR). In CDR wird bspw. angegeben, wie IDL-Typen in ein Netzwerkformat überführt werden müssen und wie die Byte-Reihenfolge aussieht. Im Unterschied zur External Data Representation (XDR) besteht auch die Möglichkeit zur Kommunikation über die *„Variable Byte"-Anordnung* zwischen Systemen mit gleichem Wortformat. In anderen Systemen wird die Anordnung durch den Absender festgelegt und das verwendete Format über ein Flag mitgeteilt. Die eventuelle Konvertierung ist dann eine Aufgabe des Empfängers.

Durch IIOP können Objekte anderer ORBs gefunden und verwendet werden. IIOP ermöglicht weiterhin, in OSF-DCE-basierten Umgebungen das *DCE-Common-Inter-ORB-Protokoll* (DCE CIOP) zu verwenden.

Grundsätzlich ist es möglich, Client-Anwendungen zu entwickeln, die den ORB und den IDL-Compiler eines Herstellers verwenden, und gleichzeitig Server- oder Objektimplementierungen mit Hilfe des ORBs und des IDL-Compilers eines anderen Herstellers vorzunehmen. Die COS für Client und Server können hierbei theoretisch sogar mit dem ORB und dem IDL-Compiler eines dritten Herstellers erzeugt werden. Mittels IIOP können die Produkte der drei Hersteller miteinander kommunizieren, indem eine Standardmenge von Protokollsemantiken verwendet wird. Ein Spezialfall liegt dann vor, wenn alle Anwendungen (Client, Server und COS) in verschiedenen Programmiersprachen auf unterschiedlichen Hardware-Plattformen und Betriebssystemen geschrieben werden. Selbst dann können alle Programme mittels IIOP kommunizieren. Dieses Szenario beschreibt zudem hervorragend, in welchen Gebieten die Stärken von CORBA liegen. Abb. 12-3 illustriert das Zusammenspiel verschiedener Anwendungen mittels IIOP.

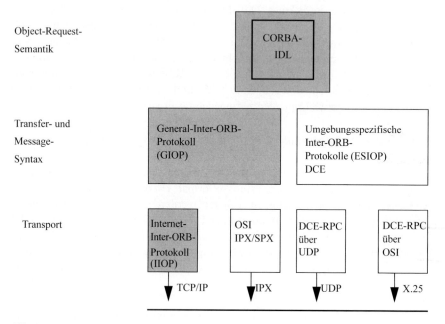

Abb. 12-3 *Verwendung von IIOP*

12.2.2 Funktionsweise von CORBA

Bevor ein CORBA-System implementiert werden kann, muss zuerst ein Design entwickelt werden, das festlegt, welche Funktionalität das System haben soll. Dieses Vorgehen wurde bereits im Zusammenhang mit der Remote Method Invocation (RMI) betrachtet. Das Design wird anschließend in Objekte übersetzt, die, mit IDL-Schnittstellen versehen, in Modulen gruppiert werden. Im Anschluss daran werden die IDL-Dateien übersetzt, um Stubs und Skeletons zu erzeugen. Stubs und Skeletons werden hier in derselben Art und Weise verwendet, wie in Kapitel 11.2 bereits erläutert wurde. Stubs sind daher die Schnittstellen, mit denen der Client kommuniziert, während Skeletons die Schnittstellen der Server zu Objekten bezeichnen.

Nachdem die Interface-Definitionen durch Aufruf des Compilers erzeugt wurden, müssen die Implementierungen erfolgen. Anschließend wird der Server gestartet, der Objektreferenzen mit Hilfe des Objektnamens über den sog. *Naming Service* im Netz bekannt macht. Diese Funktion ähnelt der Rmiregistry. Die Client-Anwendung erfragt nun eine Objektreferenz, indem der Name im Naming Service angefordert wird. Der Naming Service liefert anschließend eine Referenz auf ein generisches CORBA-Objekt zurück. Diese Objektreferenz entspricht der Stub-Repräsentation des entfernten Objekts. Der Aufbau eines derartigen Systems ist in Abb. 12-4 angegeben. Bisher noch nicht erläuterte Komponenten (bspw. dynamische Skeletons) werden in der Folge dieses Kapitels erklärt.

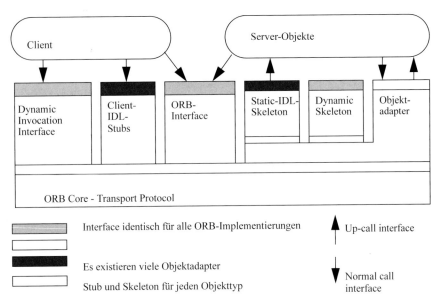

Abb. 12-4 CORBA-System

CORBA-Objekte

CORBA-Objekte werden zunächst in abstrakter Form in einer IDL-Datei beschrieben, die einen Objekttyp definiert. Ein Interface kann hierbei Funktionen von einem oder von mehreren anderen Interfaces erben. Die IDL-Syntax ähnelt der von Java oder C++. Eine IDL-Datei ähnelt daher auch in ihrer Funktionalität dem Analogon einer C++-Header-Datei, wenn auch in einer programmiersprachenunabhängigen Art. Ein IDL-Interface deklariert eine Menge von Operationen, Exceptions und Typattributen (Werte), die dem Client zugänglich sind. Jede Operation besteht aus einer Signatur, die ihren Namen, die Parameter, das Ergebnis und die Exceptions definiert.

Code

```
module OpenJavaApp {
  interface OJ{
    string gutenTag();
  };
};
```

Ein CORBA-Objekt wird oft auch als *Dienst* bezeichnet. CORBA-Dienste können Rückgabewerte erzeugen oder aber auch Aufgaben wahrnehmen, bei denen keine Rückgaben vorgesehen sind. Hierbei sind die IDL-Definitionen von Diensten vollständig objektorientiert, Daten werden also niemals direkt sichtbar, sondern können nur über Zugriffsmethoden abgefragt werden.

Jede IDL-Definition wird auf eine Programmiersprache abgebildet, um Zugang zu Objektschnittstellen der jeweiligen Sprache zu gewinnen. Mittels Java-IDL können IDL-Definitionen auf Java abgebildet werden, indem der Compiler *idltojava* verwendet wird. Dieser Compiler generiert für jede IDL-Schnittstelle ein Java-Interface und andere notwendige Dateien, wie bspw. Client-Stubs und das Server-Skeleton.

Stubs und Skeletons

Die Namen der Dateien, die der IDL-Compiler erzeugt, hängen von den Inhalten der IDL-Dateien und vom verwendeten Compiler ab. Übersetzt man die oben angegebene IDL-Datei, so wird ein Package mit Namen OpenJavaApp erzeugt, sowie eine Interface-Datei OJ.java im Verzeichnis OpenJavaApp. Die Interface-Datei enthält eine abstrakte Methodendeklaration der im Interface definierten Methode.

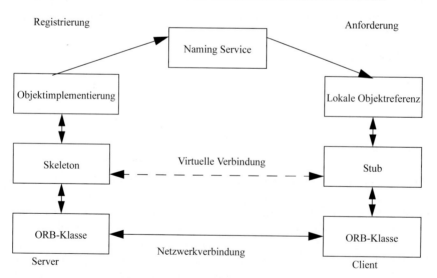

Abb. 12-5 Verwendung entfernter Objekte in CORBA

Üblicherweise werden Stub- und Skeleton-Dateien erzeugt. Stub-Dateien werden vom Client-Code zur Auflösung von Referenzen auf entfernte CORBA-Objekte verwendet. Skeleton-Dateien werden vom Server-Code, also von der Objektimplementierung, verwendet. Sowohl Stub als auch Skeleton erben von einer gemeinsamen ORB-Klasse, die die Kommunikation der Objekte ermöglicht. Weiterhin verwenden sowohl Client als auch Server den Naming Service, um Informationen über das entferne Objekt zur Verfügung zu stellen, das jeweils angefordert bzw. zurückgegeben wird. Abb. 12-5 stellt die Verwendung von Stubs und Skeletons grafisch dar. Es sei angemerkt, dass dieses Schaubild dem Bild ähnelt, das zur Verdeutlichung der Funktionsweise von RMI angeführt wurde. Wird ein Server gestartet, so erzeugt er ein Objekt (oder gibt dieses weiter), das referenziert werden soll. Das Objekt implementiert die Methoden, die in der IDL-Schnittstelle abstrakt angegeben sind. Der Server registriert die Referenz auf dieses Objekt anschließend beim Naming Service. Anschließend fordert ein Client eine Referenz auf ein entferntes Objekt an, indem er eine Abfrage des Naming Services ausführt. Die zurückgegebene Referenz wird über ein Stub-Objekt übergeben. Über die Stub-Referenz kann der Client nun Methoden aufrufen, als ob sich das Objekt in der lokalen Umgebung des Clients befinden würde. Der Stub reicht die Aufrufe an die Skeleton-Referenz weiter, die vom Naming Service zurückgegeben wurde.

CORBA-Client

Eine Client-Anwendung ruft Methoden von CORBA-Objekten auf. Hierzu muss der Client wissen, welche Methoden verfügbar sind und welche Argumente eine Methode erwartet. Ein Client kann mit *statischen* oder mit *dynamischen* Methodenaufrufen arbeiten.

Statische Methodenaufrufe werden zur Übersetzungszeit generiert und auf Typkonsistenz geprüft. Diese Art der Methodenaufrufe verwendet die Methoden, die in den Java-Interfaces deklariert sind, die aus den IDL-Definitionen erzeugt wurden.

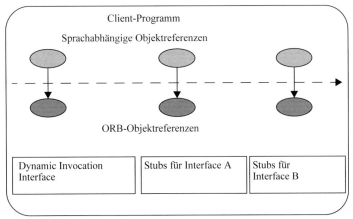

Abb. 12-6 Client in CORBA

Dynamische Methodenaufrufe sind flexibler, aber auch komplexer, da der Client hier die Objektdefinition zur Laufzeit feststellt. Diese Art der Methodenaufrufe führt keine Typprüfung der Argumente durch. Es liegt daher in der Verantwortung des Clients, sicherzustellen, dass die Argumente korrekt übergeben werden und konsistent sind. Die dynamische Form der Methodenaufrufe erfordert weiterhin, dass der Server ein sog. *Interface Repository* unterstützt. Ein Interface Repository wird verwendet, um dem Client Methodennamen, Typ- und Argumentlisten zur Verfügung zu stellen. Die Implementierung beim Client ist in Abb. 12-6 dargestellt.

CORBA-Server

Mit Hilfe des Naming Services können Referenzen auf CORBA-Objekte, die ein Server anbietet, zur Verfügung gestellt werden. Man unterscheidet hierbei zwischen *transienten* und zwischen *persistenten* Objekten.

Transiente Objekte haben grundsätzlich dieselbe Lebensdauer wie der Server, der sie erzeugte. Ein Objekt steht daher genau solange zur Verfügung, wie der Server läuft.

Persistente Objekte erfordern hingegen keinen laufenden Server. Wenn eine Anforderung an ein nicht verfügbares Objekt generiert wird, startet ein ORB-Dämon den geeigneten Server, der dann das Objekt erzeugt und eine Referenz zurückgibt. In Java-IDL stehen allerdings nur transiente Objekte zur Verfügung. Ein Zugriff auf persistente Objekte ist allerdings möglich, wenn diese mit Produkten anderer Hersteller realisiert wurden.

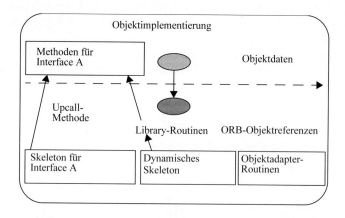

Abb. 12-7 Server in CORBA

CORBA-Server können eine Referenz auf eine Objektimplementierung entweder statisch oder dynamisch erzeugen. Statische Skeletons werden direkt aus der Interface-Deklaration der IDL abgeleitet. Diese Skeleton-Art kann leicht verwendet werden, da die Reihenfolge der Argumente und deren Typ bereits zur Übersetzungszeit bekannt ist. Dynamische Skeletons sind flexibler, da sie Methodenaufrufe eines Objekts gestatten, das dynamisch zur Laufzeit verarbeitet wird. Standardmäßig erzeugt der IDL-Compiler von Java Skeletons, die das *Dynamic Skeleton Interface* von Java-IDL verwenden.

Java-IDL verbindet die Skeleton-Interfaces mit der tatsächlichen Objektimplementierung auf die folgenden alternativen Arten:

1. Direkte Vererbung von Skeleton-Methoden, indem die vom IDL-Compiler erzeugte Skeleton-Klasse vererbt wird. Hierbei entspricht jede Methode des IDL-Interfaces direkt einer Skeleton-Methode. Wie bereits erläutert, kann eine Klasse in Java Eigenschaften nur von *einer* Superklasse erben. Oftmals ist es daher ein Nachteil, wenn die Vererbungsmöglichkeit durch das Skeleton bereits ausgeschöpft wird. Problematisch ist hierbei vor allem, dass die Klassen, auf die die Skeleton-Klassen abgebildet werden sollen, bereits existieren. In diesem Fall sollte die zweite Alternative verwendet werden.
2. Verwendung einer weiteren Klasse zwischen dem Skeleton und der Implementierung, die Methodenaufrufe an die korrekte Implementierungsklasse weiterleitet. Skeletons, die diese Art der Abbildung verwenden, bezeichnet man auch als *Tie-Skeletons*. Java-IDL enthält einen Mechanismus, um Tie-Implementierungen zu erzeugen, indem dem Compiler ein spezielles Flag übergeben wird.

Bei statischen und bei dynamischen Skeletons werden Anfragen von Clients nicht direkt zur Implementierung eines Objekts weitergeleitet, sondern über das Skeleton übergeben. Das Skeleton stellt Methoden zur Verfügung, mit deren Hilfe die Reihenfolge der Argumente, die für den Methodenaufruf des repräsentierten Objekts übergeben wurden, hergestellt werden können. Weiterhin können Resultate des Methodenaufrufs zur Weitergabe an den Stub gepackt werden (Marshaling).

Die Implementierung von Objekten mit dynamischen Methodenaufrufen beim Server ist in Abb. 12-7 dargestellt.

Objektadapter

Einige CORBA-Implementierungen unterstützen das Konzept eines *Objektadapters*. Ein Objekt-Adapter erzeugt Server-Objekte und gibt eine Objektreferenz-ID zurück. Ein Objekt-Adapter wird daher immer nur auf der Server-Seite verwendet. CORBA verlangt in der Spezifikation, dass mindestens ein Objekt-Adapter, der sog. *Basic Object Adapter* (BOA) unterstützt wird. Da die Spezifikation des BOAs allerdings eher ungenau ist, existieren derzeit Implementierungen, deren Semantik von Hersteller zu Hersteller variiert. Es ist offensichtlich, dass diese Unterschiede dazu führen, dass die Portierung von Server-seitigem Code Schwierigkeiten macht.

Um dieses Problem zu lösen, wurde von der Object Management Group (OMG) eine neue Spezifikation veröffentlicht, der sog. *Portable Object Adapter* (POA). Diese Spezifikation ist wesentlich präziser und ermöglicht daher auch die Portierung von Server-seitigem Code. Der POA ist in IDL beschrieben und wird als CORBA-Objekt instantiiert.

Zum jetzigen Zeitpunkt ist der POA noch kein Teil von Java-IDL. Aus diesem Grund werden derzeit in Java nur transiente Objekt-Server unterstützt. In der ORB-Klasse von Java steht allerdings ein vereinfachter Objekt-Adapter für transiente Objekte zur Verfügung.

In Abb. 12-8 ist abschließend das gesamte Zusammenspiel der CORBA-Komponenten dargestellt.

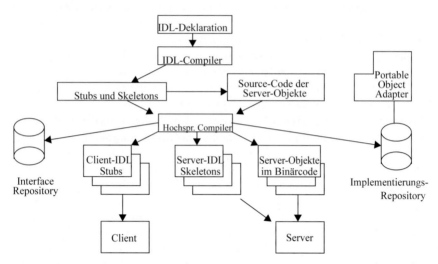

Abb. 12-8 Zusammenspiel der CORBA-Komponenten

12.3 Java-IDL

Um eigenständig IDL-Beschreibungen erstellen zu können, werden im Folgenden die Grundlagen von IDL bzw. die Abbildung auf Java erläutert. Die Programmierkonventionen von Java und von IDL ähneln sich sehr. Allerdings existieren auch einige kleinere Unterschiede. So fordert IDL nicht, dass die Namen von Modulen, Interfaces oder Operationen mit einem Großbuchstaben beginnen müssen. Weiterhin werden in IDL immer dann Underscore-Zeichen verwendet, wenn in Java eine Mischung aus Klein- und Großbuchstaben vorliegt. IDL verfolgt die folgenden weiteren Richtlinien:

- Eine IDL-Datei besteht aus Elementen, die zusammen einen *Namensraum* aufspannen.
- IDL-Bezeichner sind unabhängig von der Groß- oder Kleinschreibung (case insensitive) und können in einem Namensraum höchstens einmal verwendet werden.
- IDL unterstützt weder das Überladen noch das Überschreiben von Operationen, obgleich die (einfache und mehrfache) Vererbung zugelassen ist.

Im Folgenden sind die wichtigsten Sprachkonstrukte von IDL aufgeführt.

IDL-Module

Das IDL-Konstrukt `module` wird zur Definition einer Gruppe von IDL-Interfaces verwendet. Ein Modul kann ein oder mehrere Interfaces beinhalten und andere Modulkonstrukte schachteln. Jedes Modulkonstrukt wird in Java in einen eigenen Package-Namen übersetzt. Ein Beispiel für ein Modul wurde bereits erläutert:

Code

```
module OpenJavaApp {
   interface OJ{
      string gutenTag();
   };
};
```

Der Java-Code, der vom Compiler idltojava generiert wird, beinhaltet dann die Package-Definition `package OpenJavaApp`.

IDL-Interfaces

IDL-Interfaces können Attribute, Exceptions und Operationen enthalten. Ein Attribut definiert einen CORBA-Variablentyp, der von vorab definierten Methoden abgefragt werden kann. CORBA-Typen können entweder einfache Typen (siehe Tab. 12-1) oder weitere IDL-Interfaces sein.

IDL-Typ	Java-Typ
boolean	byte
char, wchar	char
double	double
enum, struct, union	class
float	float
long, unsigned long	int
long long, unsigned long long	long
octet	byte
short, unsigned short	short
string, wstring	java.lang.String
unsigned long	int
unsigned short	short

Tab. 12-1 IDL-Typen und Java-Typen

Das IDL-Konstrukt `interface` wird auf Java-Interfaces abgebildet. Der Compiler idltojava erzeugt die folgenden Java-Dateien aus einem IDL-Interface-Konstrukt:

- Eine Interface-Klasse mit demselben Namen wie der Interface-Bezeichner.
- Eine Implementierungsbasisklasse, die den Skeleton-Code enthält, der für die Anwendung auf der Server-Seite notwendig ist.
- Eine Stub-Klasse.
- Eine Helper-Klasse, mit der die Objektreferenz auf das Stub-Objekt, das der Client angefordert hat, eingeschränkt werden kann. Die Objektreferenz wird hierbei vom Naming Service zurückgegeben.
- Eine sog. *Holder*-Klasse, die eine Referenz zum IDL-Interface-Objekt aufnehmen kann, wenn das Interface als Argument übergeben wird.

Ein Attribut erzeugt jeweils eine Zugriffs- und eine Veränderungsmethode. Deklariert man bspw. das folgende Attribut, so ergibt sich der anschließend dargestellte Java-Code.

Code

```
attribute long zaehler;
```

Code

```
//Java-Code
int zaehler();
void zaehler(int arg);
```

Ein Attribut kann als `readonly` deklariert werden, um verändernde Zugriffe auszuschließen. In diesem Fall wird keine Veränderungsmethode erzeugt. Es sei darauf hingewiesen, dass der Compiler nie Variablen, sondern immer nur Methoden zum Variablenzugriff erzeugt.

IDL-Operationen werden jeweils auf Java-Methoden abgebildet. Jede Operation muss einen Rückgabewert deklarieren und kann entweder keinen oder eine bestimmte Anzahl an Argumenten verarbeiten. Die Operationsargumente definieren hierbei die *Aufrufsemantik* der einzelnen Argumente. Die Semantik wird festgelegt, indem einer der Bezeichner `in`, `out` oder `inout` definiert wird. `in`-Parameter werden als Call-by-Value übergeben, `out`-Parameter als Call-by-Reference. Da in Java das Konzept der Call-by-Reference-Parameter nicht unterstützt wird, werden solche Parameter auf die Klasse `<Java-Typ>Holder` abgebildet. Diese Klasse kapselt eine Datenvariable, die den Parameter enthält. Übergeben wird dann eine Klassenreferenz. Der `inout`-Parameter wird als Kombination aus Call-by-Value und Call-by-Reference übergeben. Auch dieser Parametertyp wird auf eine Holder-Klasse abgebildet.

Operationen können weiterhin angeben, dass eine Exception ausgelöst werden kann, indem der Bezeichner `raises` verwendet wird. Exceptions müssen allerdings deklariert werden, bevor sie verwendet werden können. Das folgende Beispiel verdeutlicht die Verwendung der Parameter und der Exceptions. In diesem Beispiel wird eine Methode zur Passwortabfrage angegeben, die ein Argument pwd erwartet und die eine Ausnahme vom Typ PwdException auslösen kann.

Code

```
//IDL-Code ....
interface passwort {
   void getPasswort (out string pwd)
      raises (PwdException)
};
```

IDL-Exceptions

IDL-Exceptions werden als Objektreferenzen übergeben, ähnlich wie auch in Java. Allerdings werden diese Referenzen nicht direkt auf Java-Exceptions abgebildet. IDL-Exceptions erweitern die Klasse org.omg.CORBA.UserException und können Daten enthalten, die als public deklarierte Teile einer Klasse sind. Die Übergabe der Daten erfolgt bei der Erzeugung der Exception. Definiert man bspw. eine Passwort-Exception wie im Folgenden angegeben, so ergibt sich der Java-Code, der anschließend aufgeführt ist.

Code

```
exception PwdException {
   string grund;
}
```

Code

```
/*
 * File: ./PWDEXCEPTION.JAVA
 * From: EXCEPTION.IDL
 * Date: Thu May 27 14:05:18 1999
 *   By: idltojava Java IDL 1.2 Aug 18 1998 16:25:34
 */
public final class PwdException extends
   org.omg.CORBA.UserException implements
   org.omg.CORBA.portable.IDLEntity {
   //instance variables
   public String grund;
   //constructors
   public PwdException() {
      super();
   }
   public PwdException(String __grund) {
      super();
      grund = __grund;
   }
}
```

IDL-struct

Die IDL-Anweisung `struct` ist eine Container-Klasse zur Datengruppierung, mittels derer eine Menge an Daten in einem Schritt übergeben werden kann. Ein IDL-struct wird auf eine Java-Klasse abgebildet, deren Elemente als `public` deklariert sind. Im Folgenden ist ein IDL-struct und die entsprechende Java-Klasse angegeben.

Code

```
struct Person {
   string pname;
   string email;
};
```

Code

```
/*
 * File: ./PERSON.JAVA
 * From: PERSON.IDL
 * Date: Thu May 27 14:14:52 1999
 *   By: idltojava Java IDL 1.2 Aug 18 1998 16:25:34
 */
public final class Person implements
   org.omg.CORBA.portable.IDLEntity {
   //instance variables
   public String pname;
   public String email;
   //constructors
   public Person() { }
   public Person(String __pname, String __email) {
      pname = __pname;
      email = __email;
   }
}
```

IDL-typedef

Um neue Typen in IDL definieren zu können, wird der Bezeichner `typedef` verwendet. Derartige Konstrukte werden nicht direkt auf Java abgebildet. Der IDL-Compiler ersetzt daher `typedef`-Vorkommen mit dem passenden IDL-Typ, bevor die IDL-Spezifikation übersetzt wird. Mittels `typedef` können IDL-Spezifikationen klarer gegliedert werden, insbesondere dann, wenn zusätzlich der im Folgenden erläuterte Bezeichner `sequence` verwendet wird. Im Folgenden ist ein Beispiel für die Verwendung dieses Bezeichners angegeben:

Code

```
typedef string Passwort;
```

IDL-sequence

Mittels des IDL-Bezeichners sequence werden eindimensionale Arrays definiert, die feste Grenzen haben, die aber auch nicht näher bezeichnete Intervalle umfassen können. Ein *begrenzter Array* definiert die Anzahl der Elemente einer Liste.

Wird ein Argument verpackt (Marshaling) und gesendet, so wird geprüft, ob die Begrenzung des Arrays eingehalten worden ist. Ist dies nicht der Fall, so wird eine MARSHAL-Ausnahme erzeugt. Sowohl begrenzte als auch unbegrenzte Sequenzen erzeugen eine Helper- und eine Holder-Klasse in Java für jede Sequenz. Ein Beispiel für dieses Konstrukt ist im Folgenden angegeben.

Code

```
typedef sequence <string, 10> passwoerter;
```

IDL-Arrays

Um einen Array mit einer festen Begrenzung zu erzeugen, wird eine Notation verwendet, die der in Java ähnelt (eckige Klammern). Array-Konstrukte werden auf dieselbe Art und Weise in Java umgewandelt, wie begrenzte Sequenzen, allerdings mit einer anderen Semantik. Das folgende Beispiel verdeutlicht die Verwendung von Arrays:

Code

```
typedef string passwoerter[10];
```

IDL-enum

Um eine Aufzählung zu verwenden, wird in IDL der Bezeichner enum verwendet. Dieses Konstrukt wird auf eine Java-Klasse abgebildet, die als final deklariert ist. Das folgende Beispiel definiert zuerst eine IDL-Aufzählung und zeigt anschließend die entsprechende Java-Klasse.

Code

```
enum PasswoerterListe {pwd1, pwd2, stephan, abed};
```

Code

```
/*
 * File: ./PASSWOERTERLISTE.JAVA
 * From: PWDLISTE.IDL
 * Date: Thu May 27 14:45:38 1999
 *   By: idltojava Java IDL 1.2 Aug 18 1998 16:25:34
 */
```

```
public final class PasswoerterListe implements
   org.omg.CORBA.portable.IDLEntity {
   public static final int _pwd1 = 0,_pwd2 = 1,_stephan = 2,
      _abed = 3;
   public static final PasswoerterListe pwd1 = new
      PasswoerterListe(_pwd1);
   public static final PasswoerterListe pwd2 = new
      PasswoerterListe(_pwd2);
   public static final PasswoerterListe stephan = new
      PasswoerterListe(_stephan);
   public static final PasswoerterListe abed = new
      PasswoerterListe(_abed);
   public int value() {
      return _value;
   }
   public static final PasswoerterListe from_int(int i)  throws
      org.omg.CORBA.BAD_PARAM {
      switch (i) {
         case _pwd1:
            return pwd1;
         case _pwd2:
            return pwd2;
         case _stephan:
            return stephan;
         case _abed:
            return abed;
         default:
            throw new org.omg.CORBA.BAD_PARAM();
      }
   }
   private PasswoerterListe(int _value){
      this._value = _value;
   }
   private int _value;
}
```

Nachdem nun die wichtigsten Konzepte von CORBA und IDL erklärt wurden, wird im Folgenden im Rahmen des Anwendungsbeispiels die Verwendung von CORBA anhand einer praktischen Implementierung erläutert.

12.4 Anwendungsbeispiel

Im Rahmen dieses Unterkapitels werden zwei Anwendungen entwickelt. Zunächst wird das Beispiel aus Kapitel 11.4 (einfache Kommunikation über RMI) in ein CORBA-Beispiel überführt. Anschließend wird erläutert, wie Callbacks in CORBA implementiert werden können.

12.4.1 Kommunikation in CORBA

Die grundlegenden Schritte bei der Entwicklung und Verwendung eines CORBA-Dienstes sehen wie folgt aus:

1. Erzeugen einer IDL-Datei, die das gewünschte Interface repräsentiert.
2. Übersetzen der IDL-Datei mit dem Compiler idltojava.
3. Übersetzen der generierten Java-Klassen mit dem Compiler javac.
4. Erzeugen der Implementierungsklasse(n).
5. Erzeugen des Implementierungs-Servers.
6. Erzeugen der Client-Anwendung.
7. Übersetzen der Implementierung, des Servers und des Clients.
8. Aufruf des Naming Services *tnameserv*.
9. Aufruf des Servers, der beim Naming Service registriert wird.
10. Aufruf des Clients.

Der wichtigste Schritt ist hierbei der erste, da hier das grundlegende Design des Dienstes implementiert wird. Im Folgenden werden die einzelnen Schritte im Detail erläutert.

Erzeugen einer IDL-Datei

Die im Folgenden erläuterte Anwendung dient der Aktualisierung einer Datenbank. Hierzu ruft der Client einen CORBA-Dienst auf und übergibt einen Parameter, der angibt, ob er das Spiel gewonnen oder verloren hat. Die IDL-Definition sieht dann wie folgt aus:

Code

```
module DatabaseUpdate {
   //Aktualisierung des Spielstands
   interface Functions {
      long updateDatenbank(in long spiel);
   };
};
```

Der Parameter wird hierbei als Call-by-Value übergeben.

Übersetzen der IDL-Datei

Will man die IDL-Datei, die in diesem Fall DatabaseUpdate.idl heißen könnte, übersetzen, so ist die folgende Anweisung anzugeben:

Code

```
idltojava -fno-cpp DatabaseUpdate.idl
```

Die Option -fno-cpp muss verwendet werden, um den C/C++-Präprozessor auszuschalten. Der IDL-Compiler überprüft die IDL-Datei und erzeugt die entsprechenden Verzeichnisse und Java-Dateien. Hierbei wird der Bezeichner module zur Angabe eines Packages verwendet, der Bezeichner `interface` zur Angabe der Java-Interfaces.

Übersetzen der generierten Java-Klassen

Anschließend müssen die erzeugten Java-Klassen übersetzt werden. Hierbei können keine Syntaxfehler auftreten, da der Code automatisch erzeugt wurde. Zur Übersetzung der Dateien muss die folgende Anweisung verwendet werden:

Code

```
javac DatabaseUpdate\*.java
```

Erzeugen der Implementierungsklasse(n)

Im nächsten Schritt muss eine Java-Klasse entwickelt werden, die das Interface implementiert, das vom IDL-Compiler erzeugt wurde. Hierbei empfiehlt es sich, zur Speicherung der neu entwickelten Dateien ein anderes Verzeichnis zu wählen als das der automatisch erzeugten Dateien.

Die Implementierung muss nun erfolgen, indem die Datei `_FunctionsImplBase.java` verwendet wird, die der IDL-Compiler angelegt hat. Diese Klasse ist abstrakt und erweitert die Klasse `org.omg.CORBA.portable.ObjectImpl`. Indem diese Klasse weiterentwickelt wird, können die geeigneten Skeleton-Methoden eingefügt werden, die für ORB-Aufrufe an die Implementierungsmethoden notwendig sind. Die Implementierungsklasse muss einen Rumpf für jede Methode zur Verfügung stellen, die im Interface beschrieben ist:

Code

```
/*
 * File: ./DATABASEUPDATE/FUNCTIONS.JAVA
 * From: DATABASEUPDATE.IDL
 * Date: Thu May 27 15:02:54 1999
 *   By: idltojava Java IDL 1.2 Aug 18 1998 16:25:34
 */
package DatabaseUpdate;
public interface Functions
    extends org.omg.CORBA.Object,
      org.omg.CORBA.portable.IDLEntity {
    int updateDatenbank(int spiel);
}
```

Die Implementierungsklasse muss daher die Methode `updateDatenbank` enthalten. Per Konvention fügt die Implementierungsklasse das Suffix `Impl` an den Namen des Interfaces an. Die Realisierung dieser Klasse ist im Folgenden angegeben.

Code

```
//Implementierung des Interfaces Functions.java
import DatabaseUpdate.*;
public class FunctionsImpl extends _FunctionsImplBase {
   public FunctionsImpl() {
   }
   public int updateDatenbank(int spiel){
      //Hier muss der Datenbankzugriff erfolgen
      return 0;
   }
}
```

Erzeugen des Implementierungs-Servers

Im nächsten Schritt muss die Server-Klasse erzeugt werden, die das implementierte Objekt beim ORB und beim Naming Service registriert und die die Verbindung zur Implementierungsklasse herstellt. Wie schon die Implementierungsklasse wird auch diese Klasse nicht vom Compiler idltojava erzeugt, sondern muss selbst implementiert werden.

Code

```
//Server-Klasse
import DatabaseUpdate.*;
import org.omg.CosNaming.*;
import org.omg.CosNaming.NamingContextPackage.*;
import org.omg.CORBA.*;
public class Server {
   public static void main (String args[]){
      try {
         //Erzeugen des Server-ORB
         ORB orb = ORB.init(args, null);
         //Implementierungsobjekt erstellen
         FunctionsImpl fimpl = new FunctionsImpl();
         orb.connect(fimpl);
         //Handle fuer Name Server erzeugen
         org.omg.CORBA.Object oref =
           orb.resolve_initial_references ("NameService");
         NamingContext nc = NamingContextHelper.narrow(oref);
         //Binden der Objektreferenz
         NameComponent nco = new NameComponent("DB", "");
         NameComponent pfad[]={nco};
         nc.rebind(pfad, fimpl);
         //Aufrufe des Clients erwarten
         java.lang.Object sync = new java.lang.Object();
         synchronized (sync) {
            sync.wait();
         }
      }catch (Exception e) {
         System.err.println("Fehler: "+e);
         e.printStackTrace();
      }
   }
}
```

Dieser Server ist ein Beispiel für einen transienten Objekt-Server, da die Objektreferenz und der ORB erfordern, dass die Server-Anwendung lauffähig bleibt, nachdem sie einmal gestartet wurde.

Erzeugen der Client-Anwendung

Die Client-Anwendung lokalisiert eine Referenz auf das `Functions`-Objekt, indem der Naming Service verwendet wird. Die zurückgegebene Objektreferenz ist eine CORBA-Referenz, die auf den richtigen Referenztyp eingeschränkt (Narrowing) werden muss. Der Server hat diesen Namen als DB veröffentlicht, so dass der Client in der Folge genau diesen Namen anfordern muss.

Code

```
//Client-Klasse
import DatabaseUpdate.*;
import org.omg.CosNaming.*;
import org.omg.CORBA.*;
public class Client {
   public static void main (String args[]){
      try {
         //Erzeugen des Client-ORB
         ORB orb = ORB.init(args, null);
         //Handle fuer Name Server erzeugen
         org.omg.CORBA.Object oref =
           orb.resolve_initial_references ("NameService");
         NamingContext nc = NamingContextHelper.narrow(oref);
         //Finden der Objektreferenz
         NameComponent nco = new NameComponent("DB", "");
         NameComponent pfad[]={nco};
         //Helper-Klasse verwenden, um Casting vorzunehmen.
         Functions fun =
           FunctionsHelper.narrow(nc.resolve(pfad));
         //Aufrufe ausfuehren, 0 heisst Spieler hat verloren
         int gewonnen = fun.updateDatenbank(0);

      }catch (Exception e) {
         System.err.println("Fehler: "+e);
         e.printStackTrace();
      }
   }
}
```

Der Aufruf des Naming Services liefert eine generelle CORBA-Referenz zurück, die in den geeigneten Typ umgewandelt werden muss, bevor Methodenaufrufe erfolgen können. Zusätzlich ruft der Client Methoden eines Stubs auf, der die Objektreferenz repräsentiert. Die automatisch erzeugte Helper-Klasse erleichtert diese Aufgabe, da die `narrow`-Methode dazu verwendet werden kann, eine Referenz auf den `Functions`-Stub zu erhalten. Mit dieser Referenz kann die Methode `updateDatenbank` aufgerufen werden.

Übersetzen der Java-Klassen

Nachdem alle Implementierungen erfolgt sind, müssen die Quelldateien übersetzt werden. Hierzu kann die folgende Anweisung verwendet werden:

Code

```
javac -d . FunctionsImpl.java Server.java Client.java
```

Aufruf des Naming Services tnameserv

Der Naming Service tnameserv ist Teil von Java 1.2. Dieser Dienst hört einer ab (standardmäßig den Port 900), um Anfragen nach Namen und nach Obje' dungen zu empfangen. Indem ein Argument übergeben wird, kann die Port mer verändert werden.

Code

```
tnameserv -ORBInitialPort 2000
```

Nach dem Aufruf gibt der Naming Service die sog. *Interoperable Object* (IOR) und die Port-Nummer zurück, die der Naming Service überwacht. String stellt eine weitere Möglichkeit zur Verfügung, CORBA-Objektrefe lokalisieren, da der String Informationen über den Speicherort eines Obje' unter anderem den Host-Namen und die IP-Adresse bzw. welche Dienste anbietet. Ein IOR kann daher bspw. dazu eingesetzt werden, um Objek zwischen zwei ORBs zu übergeben, ohne den Naming Service zur Loka ner Objektreferenz einzusetzen. Hierzu veröffentlicht der Server eine *fied-Objektreferenz*, also eine String-Repräsentation einer CORBA-Ob indem die Objektreferenz in einen String umgewandelt wird.

Aufruf des Servers

Anschließend muss der Server mit der Port-Nummer aufgerufen wer(unter der der Naming Service erreichbar ist.

Code

```
java Server -ORBInitialPort 2000
```

Aufruf des Clients

Auch der Client muss mit der Port-Nummer des Naming Service aufgerufen werden. Nach dem Start des Clients ruft dieser die Aktualisierungsfunktion der Datenbank beim Server auf und wird anschließend beendet. Implementiert man daher bspw. diese Funktionalität beim Server, so kann nach einem gewonnenen oder verlorenen Spiel durch Verwendung von CORBA-Objekten vermerkt werden, wie oft ein Spieler gewonnen oder verloren hat. Zum Aufruf des Clients ist die folgende Anweisung zu verwenden:

Code

```
java Client -ORBInitialPort 2000
```

12.4.2 Callbacks in CORBA

Nachdem die einfache Kommunikation über CORBA erläutert wurde, soll im Folgenden betrachtet werden, wie Callbacks in CORBA erfolgen. Auch hier wird das Passwort-Beispiel eingesetzt. Das vorangegangene Beispiel wird daher so erweitert, dass der Server vor dem Eintrag in die Datenbank eine Autorisierung verlangt. Hierzu verwendet er einen Callback. Auch diese Implementierung läuft in den bereits beschriebenen Schritten ab.

Erzeugen einer IDL-Datei

Die Erzeugung der IDL-Datei ähnelt dem ersten Beispiel. Wie auch schon in RMI muss nun aber die Menge der Eingabeparameter der Funktion `updateDatenbank` verändert werden. Hierzu wird zusätzlich eine Objektreferenz übergeben. Zusätzlich wird ein neues Interface definiert, das vom Client implementiert werden muss. Der Server kann anschließend mit dem Client kommunizieren, indem dieser die Methode beim Client aufruft.

Code

```
module DatabaseUpdate2 {
   //Client-Funktion
   interface ClientCallback {
      void callback(out string passwort);
   };
   //Aktualisierung des Spielstands
   interface Functions {
      long updateDatenbank(in ClientCallback objRef,in long
         spiel);
   };
};
```

Erzeugen der Implementierungsklasse(n)

Die nun folgende Implementierung des Interfaces `Functions.java` muss die geänderte Anzahl der Parameter umsetzen.

Code

```
import DatabaseUpdate2.*;
public class FunctionsImpl extends _FunctionsImplBase {

   public FunctionsImpl() {
   }
   public int updateDatenbank(ClientCallback objref, int
     spiel){
      String pwd = "PWDREQUEST";
      objref.callback(pwd);
      //Pruefe Passwort, das uebergeben wurde
      //Hier muss der Datenbankzugriff erfolgen
      return 0;
   }
}
```

Erzeugen des Implementierungs-Servers

Im nächsten Schritt muss die Server-Klasse erzeugt werden, die das implementierte Objekt beim ORB und beim Naming Service registriert und die die Verbindung zur Implementierungsklasse herstellt. Diese Klasse entspricht als Verwaltungsklasse genau der Klasse, die im vorherigen Beispiel definiert wurde.

Code

```
//Server-Klasse
import DatabaseUpdate2.*;
import org.omg.CosNaming.*;
import org.omg.CosNaming.NamingContextPackage.*;
import org.omg.CORBA.*;
public class Server {
   public static void main (String args[]){
      try {
         //Erzeugen des Server-ORB
         ORB orb = ORB.init(args, null);
         //Implementierungsobjekt erstellen
         FunctionsImpl fimpl = new FunctionsImpl();
         orb.connect(fimpl);
         //Handle fuer Name Server erzeugen
         org.omg.CORBA.Object oref =
           orb.resolve_initial_references ("NameService");
         NamingContext nc = NamingContextHelper.narrow(oref);
         //Binden der Objektreferenz
         NameComponent nco = new NameComponent("DB", "");
         NameComponent pfad[]={nco};
         nc.rebind(pfad, fimpl);
         //Aufrufe des Clients erwarten
         java.lang.Object sync = new java.lang.Object();
         synchronized (sync) {
            sync.wait();
         }
```

```
      }catch (Exception e) {
         System.err.println("Fehler: "+e);
         e.printStackTrace();
      }
   }
}
```

Erzeugen der Client-Anwendung

Die Client-Anwendung muss derart erweitert werden, dass das Callback-Interface implementiert wird. Im Folgenden ist die Realisierung in Form einer inneren Klasse angegeben. Hierbei sei auf die Verwendung der Holder-Klasse aufmerksam gemacht. Diese muss benutzt werden, da der Parameter mittels Call-by-Reference übergeben wird.

Code

```
//Client-Klasse
import DatabaseUpdate2.*;
import org.omg.CosNaming.*;
import org.omg.CORBA.*;
class ClientCallback extends _ClientCallbackImplBase{
   public void callback(org.omg.CORBA.StringHolder passwort){
      //weitere Verarbeitung, Passworteingabe ueber Fenster
      //nun Schreiben des Passworts in die Variable
   }
}

public class Client {
   public static void main (String args[]){
      try {
         //Erzeugen des Client-ORB
         ORB orb = ORB.init(args, null);
         //Handle fuer Name Server erzeugen
         org.omg.CORBA.Object oref =
            orb.resolve_initial_references ("NameService");
         NamingContext nc = NamingContextHelper.narrow(oref);
         //Finden der Objektreferenz
         NameComponent nco = new NameComponent("DB", "");
         NameComponent pfad[]={nco};
         //Helper-Klasse verwenden, um Casting vorzunehmen.
         Functions fun =
            FunctionsHelper.narrow(nc.resolve(pfad));
         //Objekt vorbereiten
         ClientCallback callbackRef = new ClientCallback();
         orb.connect(callbackRef);

         //Aufrufe ausfuehren, 0 heisst Spieler hat verloren
         //Jetzt wird auch das Callback-Objekt uebergeben
         int gewonnen = fun.updateDatenbank(callbackRef, 0);
```

```
      }catch (Exception e) {
         System.err.println("Fehler: "+e);
         e.printStackTrace();
      }
   }
}
```

Aufruf der Komponenten

Der Aufruf der Komponenten erfolgt in derselben Art und Weise wie beim ersten Beispiel.

12.5 Zusammenfassung

In diesem Kapitel wurde die Realisierung von verteilten Anwendungen mittels CORBA erläutert. Im Unterschied zu RMI ist es in CORBA nicht erforderlich, dass Objekte in Java implementiert sein müssen. Zur allgemeinen Beschreibung von Objekten verwendet man die Interface Definition Language IDL, die anschließend auf eine Programmiersprache abgebildet werden muss, bspw. auf Java. Die Registrierung der Objekte wird in CORBA über den Naming Service vorgenommen, der der Registry in RMI ähnelt.

Der Leser sollte nach der Lektüre dieses Kapitels die grundlegenden Unterschiede zwischen RMI und CORBA verstanden haben und in der Lage sein, einfache Anwendungen in CORBA zu realisieren. Die Entwicklung von CORBA-Diensten beginnt mit der Definition einer IDL und endet mit dem Aufruf des Naming Services, der Server-Anwendung und der Client-Anwendung.

Um die Darstellung einfach halten zu können, wurden im Kontext dieses Kapitels ausschließlich Kommunikationskonzepte betrachtet, also weder die Realisierung der Datenbankzugriffe noch die Anwendung von Servlets. Ein Beispiel, das alle diese Komponenten integriert, ist in Kapitel 14 beschrieben.

Java-Servlets

Die Programmiersprache Java kann aufgrund ihrer Netzwerkfähigkeit und aufgrund der Plattformunabhängigkeit nicht nur zur Entwicklung von Programmen verwendet werden, die auf der Client-Seite ausgeführt werden, sondern ebenso zur Entwicklung von Anwendungen, die auf der Server-Seite ablaufen. Java-Servlets sind in Java geschriebene Programme, die im Gegensatz zu Java-Applets auf der Server-Seite ausgeführt werden. Es gibt viele Möglichkeiten, Servlets in größere Anwendungen einzubinden. Um die Funktionsweise eines Servlets erläutern zu können, wird im Folgenden vor allem das Aufrufen eines Servlets durch einen Browser betrachtet. Um einen groben Überblick über den Umgang mit Servlets zu ermöglichen, werden in diesem Kapitel die Grundlagen und die Funktionsweise von Servlets erläutert. Des Weiteren wird der Unterschied zwischen Servlets und CGI-Programmen dargestellt. Der Umgang mit dem API der Java-Servlets wird durch ein Anwendungsbeispiel erläutert. Nach der Lektüre dieses Kapitel sollte der Leser in der Lage sein, eigene Servlet-Anwendungen zu programmieren und diese auf einem Servletfähigen Server zu installieren.

13.1 Einleitung

Eine wichtige Eigenschaft von Webseiten ist die Integration von interaktiven Komponenten. Web-Dokumente enthalten dadurch nicht nur statische, sondern auch dynamische Informationen. Diese Dynamik bezieht sich nicht nur auf das Layout, sondern auch auf die in Dokumenten enthaltene Information. CGI-Skripte und Java-Servlets sind Möglichkeiten, Web-Dokumente um dynamische Inhalte anzureichern. Sowohl CGI-Skripte als auch Java-Servlets nehmen Anfragen von Clients entgegen, bearbeiten sie, und liefern dynamisch erzeugte HTML-Dokumente als Ergebnis zurück.

13.1.1 Eigenschaften von Servlets

Die Funktionalität von Webservern kann mit Hilfe von Servlets erweitert werden. Servlets sind in Java geschriebene Server-Komponenten, die es ermöglichen, einen

Webserver dynamisch zu erweitern. *Dynamisch* bedeutet hierbei, dass während des Betriebs des Servers sowohl Dienste zur Funktionalität des Servers hinzugefügt als auch entfernt werden können. Servlets verfügen im Gegensatz zu Applets nicht über eine GUI-Komponente und werden daher auch als *faceless* bezeichnet.

Ebenso wie bei Applets, für die der Browser zur Ausführung eine Java-VM (JVM) zur Verfügung stellen muss, muss der Server über eine VM verfügen und das *Application Programming Interface* (API) von Servlets unterstützen, um diese ausführen zu können.

Servlets besitzen im Gegensatz zu Applets je nach Einsatzzweck Zugriffsmöglichkeiten auf Dateisysteme und Netzwerkressourcen. Ebenso wie das Swing-API stellt das Servlet-API eine Standarderweiterung des Java-APIs dar, das den Entwicklern Klassen und Schnittstellen zur Programmierung von Servlets zur Verfügung stellt.

Ein Servlet arbeitet nach dem Black-Box-Prinzip (siehe Abb. 13-1). Hierbei existieren fest definierte Ein- und Ausgabeströme, die beim Aufruf des Servlets angesprochen werden.

Abb. 13-1 Black-Box-Arbeitsweise eines Servlets

13.1.2 Einsatz von Servlets

Die Hauptnutzung von Servlets liegt im Empfang, in der Verarbeitung und in der Versendung von Daten. Servlets lassen sich grundsätzlich für Aufgaben einsetzen, die auf dem *Abfrage-Antwort-Paradigma* (Request Response Paradigm) beruhen. Servlets können sowohl auf Dateien und Datenbanken zugreifen, als auch mit den Java-Programmen auf der Client-Seite kommunizieren. Hierdurch wird es möglich, Netzwerkzugriffe, die durch Applets aufgrund von Sicherheitsmaßnahmen nicht durchführbar sind, mit Servlets zu realisieren. Des Weiteren können Servlets die Rückgabewerte von HTML-Formularen auswerten und dynamische HTML-Seiten generieren.

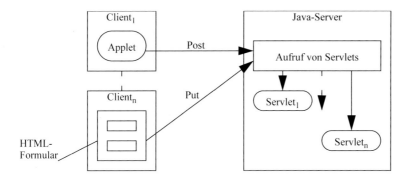

Abb. 13-2 Einsatzmöglichkeiten von Servlets

Die wichtigsten Verwendungsarten von Servlets sind im Folgenden dargestellt.

- Ein Servlet kann Daten verarbeiten, die über das *Secure Hypertext Transfer Protocol* (HTTP-S) übertragen werden, bspw. Kreditkarteninformation aus einem HTML-Formular.
- Da über Servlets mehrere Abfragen gleichzeitig bearbeitet werden können, ist es möglich, die Abfragen untereinander zu synchronisieren, bspw. zur Realisierung einer Online-Konferenz, an der mehrere Clients beteiligt sind.
- Servlets können miteinander kommunizieren, auch wenn sie sich auf verschiedenen Servern (und auch verschiedenen Plattformen) befinden.
- Zum Zweck der Aufgabenteilung kann eine Zusammenarbeit verschiedener Servlets definiert werden. Hierbei werden bei Überlastsituationen einzelner Rechner Abfragen an andere Server weitergeleitet, bspw. um die Belastung von untereinander gleichwertigen Servern auszugleichen oder um als zentraler Anlaufpunkt für verteilte Ressourcen zu dienen.
- Wenn einmal eine Verbindung zwischen einem Client und einem Server aufgebaut ist (bspw. durch das HTTP-Protokoll), können der Client und das Servlet über eine neue Verbindung mit einem frei wählbaren Protokoll miteinander kommunizieren.
- Eine Servlet-Implementierung aktiver Agenten (*Active Agents* oder *Roaming Agents*) kann realisiert werden, wenn der Server dynamische Code-Erweiterungen akzeptiert und Java-Bytecode während seiner Laufzeit laden kann. Aktive Agenten stellen ein Programmstück dar, das als Skript oder ausführbarer Code über ein Netzwerk auf einen entfernten Rechner geladen und dort ausgeführt wird.

Die Anwendungsmöglichkeiten von Servlets sind vielfältig und reichen von Online-Shopping und Datenbankzugriffen bis hin zu Online-Konferenzsystemen.

13.1.3 Einbindung von Servlets

Ein Applet wird durch das `Applet`-Tag in ein HTML-Dokument eingebunden. Die Einbindung von Servlets kann mittels einer der folgenden Methoden erfolgen:

- *Server Side Include* (SSI)
  Hierbei wird das Servlet in einer HTML-Seite mit dem `Servlet`-Tag aufgerufen. Es sei hier angemerkt, dass das Ergebnis mit der Methode `getOutputStream()` und nicht mit der Methode `getWriter()` gelesen werden muss.

Code

```
<servlet name=ServletName code=ServletCode.class>
   <param name=param1 value=Wert1>
   <param name=param2 value=Wert2>
   Ersatztext, Falls gewünscht
</servlet>
```

- Direkte Adressierung innerhalb eines Browsers über die URL in der Form:

Syntax

```
http://<JavaServer>/Servlets/<ServletKlassenName>
```

- Adressierung in einem Applet über eine HTTP-Verbindung durch die Verwendung der Klassen `java.net.URLConnection` und `java.net.URL`.
- Aufrufen eines Servlets innerhalb eines anderen Servlets, indem die folgenden Methodenaufrufe verwendet werden:

Code

```
getServletConfig().getServletContext().
   getServlet("ServletName");
```

13.1.4 Servlet-Engines

Ähnlich wie bei einem Applet, bei dem eine VM auf dem Client (Browser) installiert sein muss, um das Applet laufen lassen zu können, muss bei Servlets eine Server-seitige VM auf dem Server installiert werden, um dort Servlets starten zu können. Zusätzlich muss der Server das API der Java-Servlets (siehe Kapitel 13.3) unterstützen.

Das API der Java-Servlets ist als ein Standarderweiterungs-API (*Standard Extension API*) konzipiert und beinhaltet eine Menge an Klassen und Methoden, mittels derer Daten vom Server geladen, bzw. zum Server gesendet werden können. Meist wird dieses API den Herstellern von Webservern als Zusatz zum Server angeboten.

Neben dem Java-Webserver, der von der Firma Sun direkt angeboten wird, implementiert der Referenz-Server des W3-Konsortiums, *Jigsaw*, das Servlet-API.

Des Weiteren können viele der in der Praxis eingesetzten (nicht auf Java basierenden) HTTP-Server, insbesondere *Apache*, *Netscape Enterprise* und *Microsoft IIS*, inzwischen ebenfalls eine Implementierung von Java-Servlets vorweisen.

Anbieter	Implementierung	URL
Sun	Java-Webserver	http://www.sun.com/software/jwebserver/index.html
Sun	Sun-Webserver	http://www.sun.com/webserver
Apache	Apache-Webserver	http://java.apache.org
Acme	Acme-Server	http://www.acme.com/java/software/
IBM	VisualAge-WebRunner-Toolkit	http://www.software.ibm.com/ad/webrunner/
W3C	W3C Jigsaw	http://www.w3.org/Jigsaw/
Lotus	Domino-Go-Webserver	http://www.software.ibm.com/webservers/dgw/
Zeus	Zeus-Webserver	http://www.zeustech.net

Tab. 13-1 Auswahl von Webservern, die Servlets unterstützen

13.1.5 Übersetzung, Installation und Testen von Servlets

Das *Java Servlet Development Kit* (JSDK) beinhaltet eine sog. *Servlet-Engine*, um entwickelte Servlets testen zu können. Sowohl das Package `javax.servlet` als auch die entsprechende Spezifikation und Dokumentation können kostenlos vom Webserver der Firma JavaSoft bezogen werden (`http://java.sun.com/products/servlet/`). Nach der Installation des JSDK-Packages muss die Variable CLASSPATH derart modifiziert werden, dass der Eintrag `jsdk.jar` eingefügt wird. Die Übersetzung eines Servlets gleicht der einer Java-Anwendung bzw. der eines Applets und erfolgt durch den Aufruf:

Syntax

```
javac ServletName.java
```

Nachdem ein Servlet implementiert und erfolgreich übersetzt ist, kann es mit dem im JSDK-Package enthaltenen Programm `servletrunner` getestet werden. Das Dienstprogramm `servletrunner` ist ein Multithread-fähiger Prozess, der Anfragen an Servlets bearbeiten kann. Die Fähigkeit des *Multithreading* erlaubt es dem Programm, mehrere Servlets parallel ablaufen zu lassen, sowie den Aufruf eines Servlets innerhalb eines anderen Servlets durchzuführen. Es ist zu beachten, dass `servletrunner` eine neu verfügbare Version des zu testenden Servlets nicht automatisch lädt. Aus diesem Grund muss bei jeder Änderung im Programm-Code das getestete Servlet beendet und neu gestartet werden.

Aufruf von Servletrunner

servletrunner befindet sich im Verzeichnis <jsdk>/bin, wobei jsdk *das Hauptverzeichnis des Java Servlet Development Kits (JDK) bezeichnet.* Zum Starten des Programms muss die Variable PATH gesetzt werden:

Code

```
setenv PATH /usr/local/jsdk/bin: (für UNIX)
C> set PATH=C:\jsdk\bin;%PATH% (für Win32)
```

Um servletrunner benutzen zu können, kann man sich mit der Option -help die Möglichkeiten anzeigen lassen, die servletrunner bietet:

Syntax

```
servletrunner -help
```

Das Resultat dieses Aufrufs ist in Abb. 13-3 dargestellt.

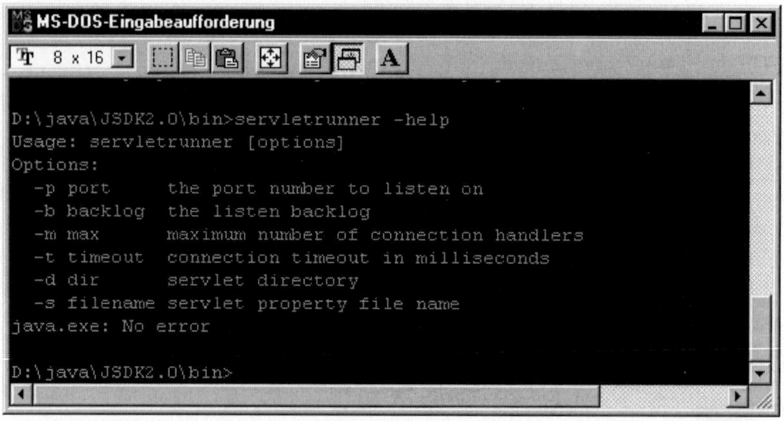

```
D:\java\JSDK2.0\bin>servletrunner -help
Usage: servletrunner [options]
Options:
  -p port      the port number to listen on
  -b backlog   the listen backlog
  -m max       maximum number of connection handlers
  -t timeout   connection timeout in milliseconds
  -d dir       servlet directory
  -s filename  servlet property file name
java.exe: No error

D:\java\JSDK2.0\bin>
```

Abb. 13-3 Ergebnis des Aufrufs von servletrunner -help

Die Standardwerte dieser Parameter erhält man, wenn man servletrunner ohne Argument aufruft. Für JSDK in der Version 2.0 unter Windows sind diese Werte in Abb. 13-4 dargestellt.

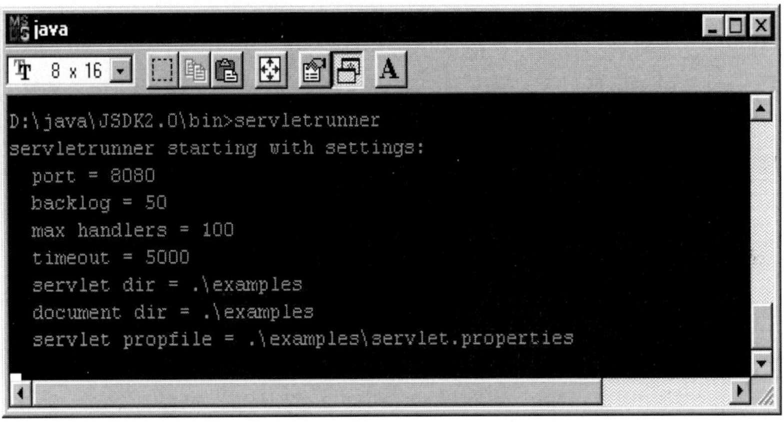

```
MS java                                              _ □ X
 T  8 x 16 ▼   ▢ ▤ ▦   ▨ ▩ A
D:\java\JSDK2.0\bin>servletrunner
servletrunner starting with settings:
  port = 8080
  backlog = 50
  max handlers = 100
  timeout = 5000
  servlet dir = .\examples
  document dir = .\examples
  servlet propfile = .\examples\servlet.properties
```

Abb. 13-4 Standardwerte des Programms servletrunner

13.1.6 Servlet-Properties

Das Programm `servletrunner` bietet eine einfache Möglichkeit, Servlets zu testen und der Allgemeinheit zur Verfügung zu stellen. Diese Möglichkeit wird durch sog. *Properties* (Eigenschaften) realisiert. Eigenschaften werden dazu verwendet, um ein Servlet zu initialisieren, zu konfigurieren und zu starten.

Servlet-Eigenschaften werden immer in Form von Wertepaaren angegeben, die aus dem Namen einer Eigenschaft und aus deren Wert bestehen. Ein Servlet wird durch maximal zwei Eigenschaftseinträge gekennzeichnet. Diese Einträge stellen den Code eines Servlets und dessen Anfangswerte dar:

Syntax

```
servlet.name.code
servlet.name.initargs
```

Code-Eigenschaft

Die Eigenschaft `code` legt ein Kürzel fest, durch das ein Servlet angesprochen werden kann. Als Wert dieser Eigenschaft wird der Aufrufname des Servlets mit vollständiger Angabe des Package-Namens verwendet. So stellt bspw. der folgende Aufruf eine Servlet-Eigenschaft dar, deren Code `meinServlet` und deren Wert `openjava.HalloServlet` ist:

Syntax

```
servlet.meinServlet.code = openjava.HalloServlet
```

Der Aufruf von `meinServlet` entspricht somit dem Aufruf von `openjava.HalloServlet`.

initArgs-Eigenschaft

Die Eigenschaft `initArgs` beinhaltet alle Parameter, die notwendig sind, um ein Servlet zu initialisieren. Die Syntax hierfür lautet wie folgt:

Syntax

```
servlet.meinServlet.initArgs =\
   resultsDir = servlets/tmp
```

Mehrere Eingaben werden durch eine Kombination aus Komma und Backslash (, \) getrennt:

Syntax

```
servlet.meinServlet.initArgs =\
   resultsDir = servlets/tmp,\
   password=mein_password,\
```

Property-Dateien

Die Eigenschaften eines Servlets werden in einer Textdatei abgespeichert. Diese Datei hat den Namen `servlet.properties` und wird beim Start von `servletrunner` automatisch eingelesen. Wie in Abb. 13-3 dargestellt wird, besteht auch die Möglichkeit, `servletrunner` mit einer anderen Property-Datei zu starten, indem die Option `-s` verwendet wird. Ein Beispiel einer Property-Datei ist nachfolgend angegeben:

Syntax

```
# Hier sind die Kommentare.
# Dies ist ein Beispiel.

# Festlegen des Servlets
servlet.meinServlet.code = openjava.HalloServlet

# Festlegen der Eigenschaften dieses Servlets
servlet.meinServlet.initArgs =\
   resultsDir = servlets/tmp,\
   password=mein_password,\
```

13.2 Servlets und CGI-Skripte

Die Speicherung von statischen Daten in Form von HTML-Seiten und die kontinuierliche Aktualisierung dieser Daten reicht heutzutage nicht mehr aus, um die vielfältigen Bedürfnisse der Web-Anwender zu befriedigen. Neben statischen Webseiten besteht ein enormer Bedarf an dynamischen Seiten, deren Inhalte dynamisch *on the fly* durch eine auf dem WWW-Server implementierte Anwendungslogik generiert werden.

Zur Erstellung derartiger dynamischer Seiten existieren verschiedene Techniken. Diese Techniken werden unter dem Begriff *Server-Side-Scripting* zusammengefasst. Der Grund dieser Bezeichnung liegt darin, dass viele Techniken zur Erzeugung dynamischer Seiten in Skriptsprachen (bspw. Perl oder Tcl) programmiert werden. Ein Skript unterscheidet sich von einem übersetzten Programm dadurch, dass es durch ein anderes Programm ausgeführt oder direkt interpretiert wird.

13.2.1 Common Gateway Interface (CGI)

Der Austausch dynamischer Inhalte war im Internet vor der Entwicklung von Servlets nur über die CGI-Schnittstelle möglich. Durch den Einsatz der Technologie des Common Gateway Interfaces (CGI) kann ein Entwickler ein Server-seitiges Programm, das eingelesene Daten verarbeitet, in Programmiersprachen wie Perl, C und C++ schreiben. CGI findet dort Anwendung, wo dynamische Webseiten benötigt werden. So sind bspw. Zugriffszähler weit verbreitet, die angeben, wie oft eine bestimmte Webseite angefordert wurde. Bei jedem Aufruf der Seite wird ein Programm auf dem Server über die CGI-Schnittstelle gestartet. Der Zähler wird um eins erhöht und der aktuelle Zählerstand in einer Datei auf dem Server abgelegt.

Einer der wichtigsten Anwendungsbereiche von CGI sind Datenbanken. Bei einer Datenbankabfrage hängt die resultierende HTML-Seite von den Suchbegriffen ab, die in ein Formular eingegeben wurden. CGI stellt eine Schnittstelle zu Programmen dar, die auf dem Server ausgeführt werden können, und erlaubt dem Benutzer weiterhin, mit einem Programm auf dem Server zu interagieren. Diese Interaktion beschränkt sich jedoch darauf, dass der Anwender ein Programm auf dem Server startet und auf eine mögliche Antwort des Servers wartet.

Ein Nachteil bei der Verwendung von CGI-Programmen besteht darin, dass CGI-Prozesse bei jeder Anfrage neu gestartet werden müssen. Des Weiteren müssen bei jeder Anfrage zusätzliche Parameter übermittelt werden. Diese Tatsache führt aber zu einer speicher- und zeitaufwendigen Ausführung, wodurch die Leistung der Client-Server-Kommunikation sinkt. Darüber hinaus ist die Kommunikation zwischen verschiedenen CGI-Programmen nur schwierig zu realisieren.

13.2.2 CGI versus Servlets

Im Folgenden werden Servlets und CGI bezüglich verschiedener Aspekte gegenübergestellt.

- *Leistung*
  - Servlets werden bereits bei der ersten Anfrage initialisiert und bleiben nach der Abarbeitung der Anfrage im Speicher des Servers erhalten, um weitere

Anfragen bearbeiten zu können. Dadurch entfällt bei weiteren Anfragen der Lade- und Initialisierungsvorgang.
- CGI-Prozesse werden bei jeder Anfrage neu gestartet.
- *Plattformunabhängigkeit*
  - Servlets sind Java-Klassen und somit auf jeder beliebigen Plattform, die Java unterstützt, ohne erneute Übersetzung lauffähig.
  - Perl-basierte CGI-Skripte sind von Plattform zu Plattform übertragbar. CGI-Erweiterungen des Servers, die in Hochsprachen wie C oder C++ geschrieben sind, sind nicht ohne weiteres portierbar.
- *Wiederverwendbarkeit und Modularität*
  - Servlets können als Klassen importiert werden und an anderer Stelle verwendet werden.
  - CGI-Skripte sind meist eigenständige isolierte Anwendungen.
- *Sicherheit*
  - Eine Speicherzugriffsverletzung ist mit Servlets nicht möglich, da der Security-Manager von Java den Ressourcenmissbrauch verhindert.
  - Eine derartige Funktion ist bei CGI nicht gegeben.
- *Netzwerkpflege*
  - Servlets erlauben eine Lastverteilung zwischen verschiedenen Servern.
  - Die Lastverteilung kann mit CGI nur mit extremem Aufwand realisiert werden.

Ein großer Vorteil von Servlets liegt insbesondere in der Verwendung der Programmiersprache Java. Java ist robust und objektorientiert. Spezialisierte Java-Bibliotheken, Entwicklungswerkzeuge und Datenbank-Managementsysteme werden immer gebräuchlicher und sind daher auch bei Servlets verwendbar.

13.3 Servlet-Architektur

Wie auch bei Swing-Komponenten handelt es sich beim Servlet-API um ein *Extension-API*, also um eine Erweiterung der Java-Klassenbibliothek. Dieses API ist allerdings im Gegensatz zum Swing-API kein Standardteil von JDK in der Version 1.2.

Servlets werden bei Bedarf, also während der Laufzeit des Webservers, als Java-Bytecode nachgeladen. Das einzige Bindeglied zwischen einem Servlet und einem Webserver besteht hierbei in einem speziellen API, dem Servlet-API. Dieses API ist allgemein gehalten und macht daher weder Annahmen über die Art und Weise, wie ein Servlet geladen wird, noch über die Server-Umgebung oder das Netzwerkprotokoll, mit dessen Hilfe Client und Server kommunizieren. Servlets sind daher auch nicht auf das Hypertext Transfer Protocol (HTTP) beschränkt, auch wenn dieses in den meisten Fällen zum Einsatz kommt. Beim Servlet-API handelt es sich um lediglich zwei Pakete:

- Package `javax.servlet`
  Dieses Paket enthält das von jedem Servlet zu implementierende `Servlet`-Interface und zusätzlich zwei Interfaces, die, um eine bessere Übersicht zu erhalten, den Datenaustausch zwischen Server und Servlet kapseln: Das Interface `ServletRequest` (für die Abfrage) und das Interface `ServletResponse` (für die Antwort). Da die Programmierung von Servlets nicht allein auf HTTP-Server beschränkt ist, sondern auch für andere Aufgabenbereiche einsetzbar ist, die auf dem Abfrage-Antwort-Paradigma bzw. auf der Client-Server-Architektur beruhen, ist das Package `javax.servlet` eher allgemein gehalten.
- Package `javax.servlet.http`
  Dieses Package enthält im Wesentlichen HTTP-Spezialisierungen des oben genannten Packages `javax.servlet`. Die wichtigste Klasse dieses Packages ist die Klasse `HttpServlet`, die eine Erweiterung der Klasse `GenericServlet` darstellt, die das Interface `Servlet` implementiert.

Jedes Servlet implementiert das Interface `javax.servlet.Servlet` entweder direkt oder durch Erweiterung der abstrakten Klassen `GenericServlet` oder `HTTPServlet`, die selbst dieses Interface implementieren.

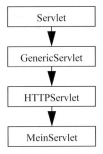

Abb. 13-5 Implementierungshierarchie eines Servlets

In Tab. 13-2, Tab. 13-3 und in Tab. 13-4 sind die Klassen und Interfaces des Packages `javax.servlet` dargestellt.

Interface	Bedeutung
Servlet	Das `Servlet`-Interface deklariert die Methoden `init()`, `service()` und `destroy()`. Diese Methoden werden auch als *Lebenszyklus* eines Servlets bezeichnet.
ServletConfig	Dieses Interface stellt Servlets Konfigurationsinformationen beim ersten Start zur Verfügung.
ServletContext	Das Interface `ServletContext` liefert dem Servlet Informationen über den Kontext (Umgebung), in dem es ausgeführt wird.

Tab. 13-2 Interfaces des Packages javax.servlet

ServletRequest	Dieses Interface definiert die Methoden, die zur Bearbeitung einer Abfrage notwendig sind.
ServletResponse	Dieses Interface definiert die Methoden, die zur Generierung einer Antwort gemäß der Definition der MIME-Datentypen an den Client notwendig sind. Das Interface `ServletResponse` erlaubt unter anderem den Zugriff auf einen Ausgabestrom, mit dessen Hilfe ein Servlet eine Antwort an einen Client schicken kann.
SingleThreadModel	Die Implementierung dieses Interface führt zu einem einzigen parallelen Ablauf eines Servlets. Folglich wird das Servlet seiteneffektfrei (Thread-Safe).

Tab. 13-2 Interfaces des Packages javax.servlet

Klasse	Bedeutung
GenericServlet	Diese Klasse stellt eine Implementierung des Interfaces `Servlet` dar. Wenn ein zu implementierendes Servlet eine andere Oberklasse benötigt, muss sie das Interface `Servlet` direkt implementieren. Wird diese Klasse erweitert, so muss die abstrakte Methode `service` überschrieben werden, die als Parameter sowohl ein Objekt der Klasse `ServletRequest` als auch ein Objekt der Klasse `ServletResponse` akzeptiert.
ServletInputStream	Diese Klasse erweitert die Klasse `InputStream` und stellt einen effizienten Weg zum Lesen von Datenströmen zur Verfügung.
ServletOutputStream	Diese Klasse erweitert die Klasse `OutputStream` und stellt einen effizienten Weg zum Schreiben von Datenströmen zur Verfügung.

Tab. 13-3 Klassen des Packages javax.servlet

Exception	Bedeutung
ServletException	Diese Ausnahme wird generiert, um ein Servlet-Problem anzuzeigen.
UnavailableException	Diese Ausnahme wird erzeugt, wenn das Servlet nicht vorhanden ist. Das Fehlen eines Servlets kann permanent aber auch temporär sein.

Tab. 13-4 Exceptions des Packages javax.servlet

13.3.1 Servlet-Lebenszyklus

Das im Folgenden angegebene Interface `Servlet` deklariert die Methoden `init()` zur Initialisierung eines Servlets, `service()` zur Bedienung von Anfragen von Clients und `destroy()` zur Beendigung von Servlets.

`Code`

```
public interface Servlet {
  public abstract void init(ServletConfig config) throws
    ServletException;
```

```
  public abstract void service(ServletRequest req,
    ServletResponse res)
  throws ServletException, IOException;
  public abstract void destroy();
  ...
}
```

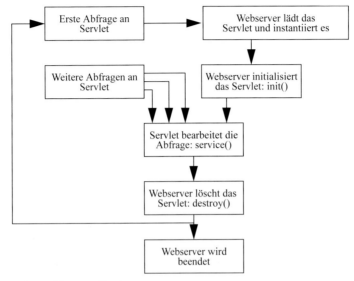

Abb. 13-6 Lebenszyklus eines Servlets

Diese Methoden, die zu verschiedenen Zeitpunkten der Lebensdauer eines Servlets aufgerufen werden, stellen den sog. *Lebenszyklus* eines Servlets dar. Abb. 13-6 veranschaulicht den Lebenszyklus eines Servlets.

Initialisierung von Servlets

Die init-Methode eines Servlets wird genau einmal aufgerufen, wenn der Bytecode des Servlets von einem Webserver geladen und eine Instanz des Servlets erzeugt wird. Dies geschieht spätestens dann, wenn die erste Abfrage eines Clients bezüglich des Servlets beim Server erfolgt. Innerhalb dieser Methode wird, wie auch bei einem Applet, die Initialisierung des Servlets vorgenommen. Eventuell benötigte Initialisierungsparameter können, analog zu der getParameter-Methode von Applets, mit der Methode getInitParameter eingelesen werden. Falls die Initialisierung aufgrund eines Fehlers nicht ordnungsgemäß durchgeführt werden kann, löst die init-Methode eine UnavailableException-Ausnahme aus. Ein Beispiel einer init-Methode ist im Folgenden angegeben.

Code

```
import javax.servlet.http.*;
import javax.servlet.*;
import java.io.*;
import java.util.*;

public class HeaderSnoop extends HttpServlet
{
   public void init(ServletConfig config) throws
     ServletException {
       super.init(config);
   }
}
```

Bearbeitungsphase des Servlets

Nachdem die Initialisierung abgeschlossen ist, kann ein Servlet beliebig viele Abfragen bearbeiten. Ein Servlet kann nun Anfragen von Clients entgegennehmen und sie in der service-Methode bearbeiten. Da die service-Methode bei jeder Anfrage in einem eigenen Prozess (Thread) ausgeführt wird, können mehrere service-Methoden zeitlich parallel ablaufen. Die Implementierung dieser Methode sollte möglichst frei von Seiteneffekten sein. Zugriffe auf eine gemeinsam benutze Ressource dürfen daher keine Seiteneffekte auf einen anderen, parallel ablaufenden Prozess verursachen. Aus diesem Grund ist es wichtig, Zugriffe auf gemeinsame Daten innerhalb der service-Methode zu *synchronisieren*. Falls die service-Methode aufgrund eines Fehlers nicht ordnungsgemäß durchgeführt werden kann, löst sie eine ServletException-Ausnahme oder eine IOException-Ausnahme aus. Ein Beispiel hierfür ist im Folgenden angegeben. In diesem Beispiel werden die Header-Informationen einer HTML-Seite geladen und in einer Tabelle dargestellt.

Code

```
   public void service(HttpServletRequest req,
     HttpServletResponse res) throws ServletException,
     IOException {
       res.setContentType("text/html");
       PrintWriter out = res.getWriter();
       out.println("<html><title>Header-Lesen</title>");
       out.println("Request Headers:");
       out.println("<br><br>");
       out.println("<table border=1 cellpadding=2
         cellspacing=2>");
       out.println("<tr>");
       out.println("<td><Center><b>Header Name</b></Center></
         td>");
       out.println("<td><Center><b>Wert</b></Center></td>");
       out.println("</tr>");
```

```
      Enumeration enum = req.getHeaderNames();
      while(enum.hasMoreElements()) {
         String name = (String)enum.nextElement();
         String value = req.getHeader(name);
         out.println("<tr>");
         out.println("<td>" +name+ "</td>");
         if(value != null)
            out.println("<td>" +value+ "</td>" );
         else
            out.println("<td><i>Kein Wert</i></td>" );
         out.println("</tr>");
      }
      out.println("</table>");
      out.println("</html>");
   }
```

Im Beispiel wird eine HTML-Seite dynamisch generiert. Diese Seite liest mit Hilfe der Methode `getHeaderNames()` alle Header-Informationen aus. Diese Informationen werden einer Tabelle hinzugefügt, die dann als Ergebnis der Abfrage an den Client zurückgesendet wird.

Beenden eines Servlets

Wenn ein Servlet initialisiert ist, läuft es auf dem Server und wartet so lange auf Client-Anfragen, bis es explizit beendet wird. Um ein Servlet zu beenden, muss der Webserver die `destroy`-Methode aufrufen. Das Beenden eines Servlets erfolgt bspw. dann, wenn der Server heruntergefahren wird oder wenn der Server explizit die Anweisung bekommen hat, das Servlet zu beenden. Beim Aufruf der `destroy`-Methode werden die bei der Initialisierung reservierten Ressourcen freigegeben und an die *Garbage Collection* übergeben. Das Servlet hat die Möglichkeit, seinen Zustand für einen erneuten Aufruf von `init()` zu speichern. Erfolgt nach dem Aufruf der `destroy`-Methode eine weitere Anfrage an das Servlet, so wird es erneut geladen und initialisiert.

Code

```
   public void destroy() {
      super.destroy();
   }
```

Servlet-Beschreibung

Zusätzlich zu den Aufgaben, die ein Servlet ausführen kann, kann es mit Hilfe der Methode `getServletInfo` Informationen über sich selbst als Ergebnis übergeben. Wird diese Methode nicht überschrieben, so liefert sie ein `null`-Objekt zurück. Die Servlet-Beschreibung wird als `String`-Objekt erzeugt, das bspw. den Autor und die Versionsnummer eines Servlets zurückliefern kann.

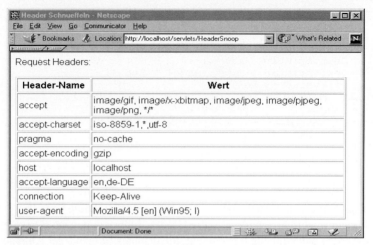

Abb. 13-7 Ausgabe des HeaderSnoop-Servlets

```
Code
```

```
    public String getServletInfo() {
        return "Header-Informationen abfragen (c) openjava
            1999.";
    }
}
```

Werden die Code-Teile, die zur Erläuterung des Lebenszyklus von Servlets benutzt wurden, zusammengefügt, übersetzt und anschließend das entstehende Servlet aufgerufen, so ergibt sich die in Abb. 13-7 dargestellte Ausgabe. Es ist zu beachten, dass die Header-Informationen, die hier gelesen werden, Browser-abhängig sind und daher von Browser zu Browser variieren können.

13.3.2 Konfiguration eines Servlets

Das Interface `ServletConfig` wird implementiert, um ein Servlet konfigurieren zu können, wenn es zum ersten Mal geladen wird. Die Klasse `GenericServlet` implementiert dieses Interface und dementsprechend die folgenden drei Methoden:

- `getInitParameter(String)`
  liefert ein `String`-Objekt mit den Namen der Initialisierungsparameter zurück. Falls es keine Parameter gibt, wird ein `null`-Objekt zurückgeliefert.
- `getInitParameterNames()`
  liefert den Namen der Initialisierungsparameter eines Servlets als `Enumaration`-Objekt zurück.
- `getServletContext()`
  liefert den Kontext des Servlets zurück.

13.3.3 Schnittstellen zur Servlet-Engine

Das Interface `ServletContext` erlaubt es einem Servlet, Informationen über dessen Laufzeitumgebung abzufragen und somit Ereignisse zu protokollieren. Servlets erzeugen ein `ServletContext`-Objekt durch Aufruf der `getServletContext`-Methode des Interfaces `ServletConfig`. Ein `ServletConfig`-Objekt steht dem Servlet zur Verfügung, sobald es initialisiert wird bzw. sobald es mittels der `getServletConfig`-Methode erzeugt wurde. Das Interface `ServletContext` stellt einige Methoden zur Verfügung, bspw. die im Folgenden aufgezählten:

- `getMimeType(String)`
  Diese Methode liefert den MIME-Typ der als Argument übergebenen Datei zurück.
- `getServerInfo()`
  Diese Methode liefert den Namen und die Version des Netzwerkdienstes (bspw. `HTTP/1.1`) zurück.
- `log(Exception, String)`
  Diese Methode protokolliert die als Argument übergebene Exception und die entsprechende Meldung in der Log-Datei des Servlets.
- `log(String)`
  Diese Methode schreibt eine Meldung in die Log-Datei des Servlets.

13.3.4 Interface ServletRequest

Dieses Interface wird dazu verwendet, um Informationen bzw. eine Anfrage vom Client zum Servlet zu senden. Ein `ServletRequest`-Objekt wird hierbei als Argument der `service`-Methode eines Servlets zurückgegeben. Daten, die ein `ServletRequest`-Objekt enthalten kann, sind bspw. die Namen von Servlet-Parametern und deren Werte. Unterklassen dieses Interfaces können zusätzliche Daten beinhalten, wie bspw. Daten, die spezifisch für das HTTP-Protokoll sind. Das Interface `HttpServletRequest`, das die Klasse `ServletRequest` erweitert, beinhaltet daher auch HTTP-spezifische Informationen. Zu den wichtigsten Methoden dieses Interfaces gehören unter anderem:

- `getContentLength()`
  Diese Methode liefert die Größe der angefragten Daten zurück.
- `getContentType()`
  Diese Methode liefert den MIME-Datentyp zurück.
- `getInputStream()`
  Diese Methode liefert ein `InputStream`-Objekt zurück, um binäre Daten der Anfrage lesen zu können.
- `getProtocol()`
  Diese Methode liefert das verwendete Protokoll und dessen Version als `String`-

Objekt zurück. Das Ergebnis hat die folgende Form: `<protocol>/<major version>.<minor version>`, bspw. `HTTP/1.0`.
- `getRemoteAddr()`
  Diese Methode liefert die IP-Adresse des Senders der Anfrage zurück.
- `getRemoteHost()`
  Diese Methode liefert den Namen des Senders der Anfrage zurück.
- `getScheme()`
  Diese Methode liefert das Schema des verwendeten Protokolls der Anfrage zurück. Beispiele hierfür sind die Werte `http`, `https` oder `ftp`.
- `getServerName()`
  Diese Methode liefert den Namen des Servers zurück.
- `getServerPort()`
  Diese Methode liefert die Port-Nummer des Servers zurück.

13.3.5 Interface ServletResponse

Dieses Interface wird implementiert, um MIME-Datentypen aus der `service`-Methode des Servlets an die Clients zu senden. Wie auch bei `ServletRequest` wird hier ein `ServletResponse`-Objekt als Argument der `service`-Methode zurückgegeben.

Um einen MIME-Inhalt aus binären Eingabedaten zu erzeugen, wird die `getOutputStream`-Methode verwendet, die ein `OutputStream`-Objekt liefert. Um dagegen einen MIME-Inhalt aus Textdaten zu erzeugen, wird die `getWriter`-Methode verwendet, die ein `PrintWriter`-Objekt liefert. Die gleichzeitige Verwendung beider Datentypen ist hierbei ohne weiteres möglich. Das Interface `ServletResponse` beinhaltet folgende Methoden:

- `getCharacterEncoding()`
  Diese Methode liefert die Zeichenkodierung (*Character Set Encoding*), die dem zurückgelieferten MIME-Typ der Daten entspricht, zurück bspw. `gzip` für mittels gzip komprimierte Dateien.
- `getOutputStream()`
  Diese Methode liefert ein `OutputStream`-Objekt zurück, um binäre Daten zu schreiben.
- `getWriter()`
  Diese Methode liefert ein `PrintWriter`-Objekt zurück, um Textdaten zu schreiben.
- `setContentLength(int)`
  Diese Methode setzt die Größe der zu sendenden Antwort.
- `setContentType(String)`
  Diese Methode setzt den MIME-Datentyp der zu sendenden Antwort.

13.3.6 Servlet-Ausnahmen

Die Servlet-Ausnahmebehandlung beinhaltet zwei Klassen: `javax.servlet.ServletException`, mittels derer allgemeine Aussagen über eine Exception eines Servlets getroffen werden können und `javax.servlet.UnavailableException`, die angezeigt wird, wenn ein Servlet nicht vorhanden ist. Das Fehlen eines Servlets kann permanent, aber auch lediglich temporär sein. Die Methoden dieser Klasse sind:

- `getUnavailableSeconds()`
  Diese Methode liefert die Zeit zurück, in der das Servlet unerreichbar bleiben wird.
- `isPermanent()`
  Diese Methode liefert den Wert `true`, falls das Servlet permanent unerreichbar ist, ansonsten den Wert `false`.

13.3.7 Synchronisation von Servlets

Es bestehen zwei Möglichkeiten, Servlets frei von Seiteneffekten ablaufen lassen zu können: Zum einen mit dem Interface `SingleThreadModel` (JSDK 2.0) und zum Anderen mit dem Schlüsselwort `synchronized` (JSDK 1.0).

Code

```
public class ThreadSafeServlet extends Servlet {
   protected synchronized void service(ServletRequest req,
     ServletResponse res) throws ServletException, IOException
   {
     // Diese Methode ist synchronisiert
     // und kann daher niemals parallel ablaufen.
   }
}
```

In JSDK 2.0 wird das Interface `javax.servlet.SingleThreadModel` von dem jeweiligen Servlet implementiert, das frei von Seiteneffekten ablaufen soll. Die Implementierung dieser Klasse, die keine Methoden und keine Konstruktoren beinhaltet, garantiert, dass die `service`-Methode des Servlets niemals parallel aufgerufen werden kann:

Code

```
public class ThreadSafeServlet extends Servlet implements
   SingleThreadModel {
   protected void service(ServletRequest req, ServletResponse
     res) throws ServletException, IOException {
     // Diese Methode ist automatisch durch die Implementierung
     // von SingleThreadModel frei von Seiteneffekten
     // und kann daher niemals parallel ablaufen.
   }
}
```

13.4 HTTP-spezifische Servlets

HTTP-spezische Eigenschaften eines Servlet sind in einem speziell dafür entworfene Package implementiert. In Tab. 13-5 und Tab. 13-6 sind die Interfaces und Klassen dieses Packages aufgelistet.

Interface	Bedeutung
HttpServletRequest	Das Interface HttpServletRequest erweitert das Interface ServletRequest und erlaubt darüber hinaus den Zugriff auf HTTP-spezifische Eigenschaften von Anfragen.
HttpServletResponse	Das Interface HttpServletResponse erweitert das Interface ServletResponse und erlaubt darüber hinaus den Zugriff auf HTTP-spezifische Eigenschaften der Antwort.
HttpSession	Das Interface HttpSession wird von Diensten implementiert, um eine dauerhafte Verbindung zwischen dem HTTP-Client und dem HTTP-Server zu erzeugen. Eine Session kann bspw. durch die Verwendung von Cookies aufrecht erhalten werden.
HttpSessionBindingListener	Dieses Interface wird von Objekten implementiert, die sich für ein HttpSessionBindingEvent-Objekt registrieren.
HttpSessionContext	Das Interface HttpSessionContext gruppiert eine Menge von HTTP-Sessions mit einer eindeutigen ID.

Tab. 13-5 Interfaces des Packages javax.servlet.http

Klasse	Bedeutung
Cookie	Diese Klasse repräsentiert ein Cookie.
HttpServlet	Diese Klasse stellt eine Erweiterung des Interfaces Servlet dar. Da die meisten Webserver HTTP benutzen, um mit ihren Clients zu kommunizieren, erweitern viele Servlets diese Klasse, die ein Grundgerüst für die Nutzung von HTTP zur Verfügung stellt.
HttpSessionBindingEvent	Dieses Ereignis wird ausgelöst, wenn ein Listener von einem HttpSession-Objekt gebunden oder gelöst wird. Ein HttpSession-Objekt stellt daher eine Event-Quelle dar. Das Binden erfolgt, wenn die Methode HttpSession.putValue() aufgerufen wird. Die Freigabe erfolgt, wenn die Methode HttpSession.removeValue aufgerufen wird.
HttpUtils	Diese Klasse beinhaltet eine Menge von Hilfsmethoden für HTTP-Servlets.

Tab. 13-6 Klassen des Packages javax.servlet.http

13.4.1 Klasse HTTPServlet

Viele Daten werden im Internet mit Hilfe des HTTP-Protokolls übertragen. Die Klasse javax.servlet.http.HttpServlet erweitert die Klasse javax.servlet.GenericServlet, damit HTTP-spezifische Anfragen bearbeitet werden können. Sie stellt damit eine Standardimplementierung des Interfaces javax.serv-

`let.Servlet` dar. Programmierer von Servlets müssen diese Klasse erweitern. Die Syntax für eine solche Erweiterung lautet:

Syntax

```
public class meinHTTPServlet extends HttpServlet
```

Die Standardimplementierung der Klasse `javax.servlet.http.HttpServlet` erkennt die Standardmethoden von HTTP/1.1 (bspw. GET, PUT oder POST) [rfc2068] und ruft die jeweils zugehörige do-Methode (`doGet()`, `doPut()` oder `doPost()`) auf. Die wichtigsten Methoden des HTTP-Protokolls sind in Tab. 13-7 aufgeführt..

Methode	Beschreibung
GET	Anforderung zum Lesen eines Web-Dokuments.
HEAD	Anforderung zum Lesen des Headers eines Web-Dokuments.
POST	Anfügen der Daten an eine Ressource (z. B. News).
PUT	Anforderung, ein neues Dokument auf dem Server zu speichern.
DELETE	Löscht ein angegebenes Dokument vom Server.

Tab. 13-7 Die wichtigsten HTTP-Methoden

So behandelt bspw. die `doGet`-Methode der Klasse `HTTPServlet` solche Anfragen, die mit Hilfe der HTTP-Methode GET gestellt werden. Die `doPost`-Methode muss überschrieben werden, wenn die HTTP-Anfrage POST bearbeitet werden soll. Ein HTTP-Servlet bearbeitet Client-Anfragen mit Hilfe der `service`-Methode. Diese Methode dient in der Regel nur als Kommando-Container und wird nur in Ausnahmefällen überschrieben. Sie leitet jede ankommende Anfrage gemäß der HTTP-Methode an die entsprechende `HttpServlet`-Spezialmethode weiter, also bspw. GET-Anfragen an die `doGet`-Methode und POST-Anfragen an die `doPost`-Methode. Im Folgenden sind die Methoden der Klasse `HttpServlet` aufgelistet, die von der `service`-Methode an die entsprechenden HTTP-Methoden weiterleitet werden.

- `doGet`, um GET-Anfragen, bedingte GET-Anfragen und HEAD-Anfragen zu bearbeiten.
- `doPost` zur Bearbeitung von POST-Anfragen.
- `doPut`, um PUT-Anfragen zu bearbeiten.
- `doDelete` zur Bearbeitung von DELETE-Anfragen.
- `doOptions` zur Bearbeitung von OPTION-Anfragen.
- `doTrace`, um TRACE-Anfragen zu bearbeiten.

Methoden, die nicht unterstützt werden, werden mit dem HTTP-Fehler `Bad Request` quittiert (im Browser durch die Zahl 400 repräsentiert).

Ist das Servlet initialisiert, so können HTTP-Anfragen beantwortet werden. Wie jede `service`-Methode akzeptieren alle do-Methoden zwei Parameter: Der erste Parameter ist ein Objekt der Klasse `HttpServletRequest`, der zweite Parameter stellt ein Objekt der Klasse `HttpServletResponse` dar. Als Unterklassen von `ServletRequest` bzw. `ServletResponse` repräsentieren die Klassen `HttpServletRequest` und `HttpServletResponse` die Anfrage eines Clients bzw. die Antwort eines Servlets. Darüber hinaus erlauben sie aber auch den Zugriff auf die HTTP-spezifischen Eigenschaften der Anfragen und Antworten

13.4.2 Interface HTTPServletRequest

Das Interface `HttpServletRequest` erweitert das Interface `ServletRequest` und erlaubt darüber hinaus den Zugriff auf die HTTP-spezifischen Eigenschaften von Anfragen eines Clients, die an einen Server gesendet werden. Klassen, die dieses Interface implementieren, können bspw. auf Client-Informationen zugreifen, wie bspw. auf die Bezeichnung der vom Client gesendeten Parameter, das vom Client verwendete Protokoll, den Namen der Client-Maschine oder den Namen des Servers, der die Anfrage empfängt. Der Zugriff auf eine Client-Anfrage kann folgendermaßen erfolgen:

- Durch die Verwendung der `getParameter`-Methode.
- Durch die Verwendung der `getQueryString`-Methode bei der HTTP-Anfrage GET. Die Methode liefert ein `String`-Objekt zurück, das verarbeitet werden muss, um die Parameter und deren Werte auslesen zu können.
- Durch die Verwendung der `getReader`-Methode bei den HTTP-Anfragen POST, PUT oder DELETE. Diese Methode liefert ein `BufferedReader`-Objekt zurück und wird verwendet, falls Textdaten empfangen werden sollen. Werden dagegen binäre Daten übertragen, so wird die `getInputStream`-Methode verwendet, die ein `ServletInputStream` zurückliefert.

Eine der Schlüsselmethoden der Klasse `HttpServletRequest`, die vom Interface `javax.servlet.ServletRequest` vererbt wird, ist die Methode `getParameter()`. Ein Aufruf dieser Methode liefert das Argument des entsprechenden Parameters zurück, bzw. falls dieser nicht existiert, eine Null-Referenz. Hierbei handelt es sich um einen Parameter, der bspw. von einem Browser bei der Betätigung des Absenden-Knopfs eines Formulars übergeben wird. Wenn nicht davon ausgegangen werden kann, dass nur *ein* Parameter übergeben wird (bspw. eine Aufzählung bei einem HTML-Formular mit einem <SELECT>-Feld), so wird anstelle der `getParameter()`-Methode die `getParameterValues()`-Methode aufgerufen. Diese Methode gibt ein Feld aller übergebenen Parameter zurück. Das Auslesen von dokumentspezifischen Parametern kann wie folgt realisiert werden:

Syntax

```
String parameter = request.getParameter(String name);
```

Dieser Aufruf liefert dann den Parameter zurück, der durch `name` gekennzeichnet ist. Derartige Parameter werden im HTML-Code festgelegt. Als Beispiel dient folgender Code:

Code

```
String  Nachname = request.getParameter ("name");
```

Eine Alternative dazu ist die Aufzählung sämtlicher Parameternamen:

Syntax

```
Enumeration names = request.getParameterNames();
```

Zum Auslesen von HTTP-Anfrageparametern stehen u. a. die folgenden Methoden der Klassen `javax.servlet.http.HttpServletRequest` und `javax.servlet.ServletRequest` zur Verfügung:

- `String  methode = request.getMethod();`
  Diese Methode übergibt die entsprechende HTTP-Methode, bspw. GET oder POST.
- `String uri = request.getRequestURI();`
  Hierbei wird der *Uniform Resource Identifier* (URI) des Senders zur Identifikation übergeben. Der URI wird durch das Lesen der ersten Zeile einer HTTP-Anfrage bestimmt. Eine HTTP-Anfrage besteht aus der verwendeten HTTP-Methode, gefolgt von der URI und der HTTP-Version.
- `GET /path/index.html HTTP/1.1.`
  Die Methode `getRequestURI()` liefert den Wert `/path/index.html`. Mittels der Anweisung `String pathInfo = request.getPathInfo();` wird die im Dokumentenpfad gespeicherte Information übergeben.
- `int length = request.getContentLength();` übergibt die Länge der Anfragedaten. Diese Methode ist gleichbedeutend mit der CGI-Variablen `CONTENT_LENGTH`.
- `String type = request.getContentType();` übergibt den Datentyp des verwendeten Mediums. Dieser Typ ist gleichbedeutend mit der CGI-Variablen `CONTENT_TYPE`.

Zum Interface `HTTPServletRequest` gehören unter anderem auch die folgenden Methoden:

- `getAuthType()`
  Diese Methode erfragt das Authentifizierungsschema der Anfrage.
- `getCookies()`
  Diese Methode erfragt der Liste der Cookies, die in dieser Anfrage enthalten sind.
- `getDateHeader(String)`
  Diese Methode erfragt den Wert des Datums des Headers.

- `getHeader(String)`
  Diese Methode erfragt die Header-Informationen einer Anfrage.
- `getHeaderNames()`
  Diese Methode erfragt die Namen der Header-Informationen.
- `getIntHeader(String)`
  Diese Methode erfragt den Wert des als Argument übergebenen Header-Feldes der Anfrage.
- `isRequestedSessionIdFromCookie()`
  Diese Methode erfragt, ob die Anfrage mit einem Cookie-Objekt empfangen wurde.

13.4.3 Interface HTTPServletResponse

Das Interface `javax.servlet.http.ServletResponse` erweitert das Interface `ServletResponse` und erlaubt darüber hinaus den Zugriff auf die HTTP-spezifischen Eigenschaften von Antworten, die von einem Server an einen Client gesendet werden. Klassen, die dieses Interface implementiert haben, können bspw. die Größe der gesendeten Antwort und deren MIME-Datentyp setzen.

Ein `HttpServletResponse`-Objekt bietet zwei Möglichkeiten, Daten an den Client zu senden:

- Die `getWriter`-Methode liefert ein `Writer`-Objekt und wird verwendet, falls es sich um eine textbasierte Antwort handelt.
- Die `getOutputStream`-Methode liefert ein `ServletOutputStream`-Objekt. Diese Methode wird dann verwendet, wenn es sich um eine Antwort handelt, die binäre Daten enthält.

Das Schließen des `Writer`-Objekts bzw. des `ServletOutputStream`-Objekts mit Hilfe der `close`-Methode nach dem Empfang der Antwort erlaubt es dem Server, festzustellen, ob die Antwort vollständig ist.

Code

```
public class EinfachesServlet extends HttpServlet {
    // Verwende die HTTP-Methode GET, um eine einfache Webseite
    // zu erzeugen.
    public void doGet (HttpServletRequest request,
      HttpServletResponse response) throws ServletException,
      IOException {
        PrintWriter out;
        String title = "Einfaches Servlet: Output";
        // lege den Datentyp des Inhalts der Antwort fest
        response.setContentType("text/html");
```

```
        // Schreibe die Antwort als Text
        out = response.getWriter();
        out.println("<HTML><HEAD><TITLE>");
        out.println(title);
        out.println("</TITLE></HEAD><BODY>");
        out.println("<H1>" + title + "</H1>");
        out.println("<P>Dies ist der Body-Teil dieser Seite.");
        out.println("</BODY></HTML>");
        // Schließen des Writer-Objekts, damit der Server
          erkennt,
        // dass das Ende der Antwort erreicht ist.
        out.close();
    }
    // Die doPost-Methode ruft die doGet-Methode auf
    public void doPost (HttpServletRequest request,
      HttpServletResponse response) throws ServletException,
      IOException {
        doGet(request, response)
    }
}
```

Eine einfache HTTP-Antwort beginnt im Unterschied zu einer HTTP-Anfrage mit der Version des unterstützten Protokolls, gefolgt von einem Status-Code und einem Kommentar zum Status-Code:

Syntax

`HTTP/Versionsnummer Status-Code Reason-Phrase`

Ein Beispiel für eine derartige Antwort ist im Folgenden angegeben.

Code

`HTTP/1.0 200 OK`

Die Versionsnummer gibt an, in welcher Version das HTTP-Protokoll läuft (Version 1.0 oder Version 1.1). Der *Status-Code* einer Antwort ist ein ganzzahliger Wert, der aus drei Ziffern besteht. Die erste Ziffer ist die wichtigste, da sie die Antwortkategorie identifiziert:

- `1xx`: Beschreibt eine Informationsnachricht.
- `2xx`: Zeigt eine erfolgreiche Ausführung an:
    - `200 OK`: Erfolgreiche Anfrage.
    - `201 OK`: Neue Ressource erzeugt (bei einer POST-Methode).
    - `204 OK`: Aber kein Inhalt.
- `3xx`: Leitet den Client zu einer anderen Adresse um.
- `4xx`: Zeigt einen Fehler beim Client an.
    - `400`: Falsche Anfrage.
    - `401`: Client hat sich nicht authentifiziert.
    - `403`: Verbotener Zugriff auf das Dokument.

- 404: Dokument wurde nicht gefunden.
- 5xx: Zeigt einen Fehler beim Server an.
  - 500: Interner Fehler (beim Server).

Der sog. *Reason*-Nachrichtsteil ist ein Beschreibungstext des Status-Codes. Für die Ausgabe der Ergebnisse (sog. *Response*) wird ein Outputstream-Objekt erzeugt:

Syntax

```
ServletOutputStream out = response.getOutputStream();
```

Alle Daten, die in diesen Stream geschrieben werden, werden automatisch an den Client weitergeleitet (bspw. HTML-Code). Aufgrund dieses Mechanismus kann das Ergebnisdokument dynamisch erzeugt werden.

Ein Servlet muss immer mit Hilfe der Methode setStatus() einen HTTP-Status-Code zurückgeben, um bspw. dem Client den Erfolg einer Abfrage mitzuteilen. Verläuft die Ausführung des Servlets ordnungsgemäß, kann man mit der response.setStatus(Statuscode)-Methode den Statuscode auf den Wert SC_OK setzen. Status-Codes sind in Tab. 13-8 aufgeführt.

Die Methode setStatus kann zusätzlich zum Status-Code eine Statusmeldung entsprechend der HTTP-Spezifikationen zurückliefern:

Code

```
setStatus(Statuscode, Statusmeldung)
```

Tab. 13-8 listet die wichtigsten Status-Code-Variablen der Klasse javax.servlet.http.ServletResponse auf.

Variablen der Klasse javax.servlet.http.HttpServletResponse	Bedeutung
SC_OK	Erfolgreiche Anfrage
SC_ACCEPTED	Erfolgreiche, aber unvollständige Anfrage
SC_FORBIDDEN	Erfolgreiche Anfrage, aber Server verweigert bspw. aus Sicherheitsgründen die Bearbeitung dieser Anfrage
SC_MULTIPLE_CHOICES	Client zu einer anderen Adresse weitergeleitet
SC_UNAUTHORIZED	Client konnte sich nicht authentifizieren
SC_NOT_FOUND	Angefragtes Dokument wurde nicht gefunden
SC_UNSUPPORTED_MEDIA_TYPE	Angefragter Medientyp kann nicht unterstützt werden

Tab. 13-8 Variablen von HTTP-Status-Codes

Zur Erläuterung und Auflistung weiterer HTTP-Status-Codes sei an dieser Stelle auf die Literatur verwiesen [rfc1945, rfc2068]. Zusätzlich zu den oben angegebenen Methoden enthält diese Klasse die folgenden Methoden:

- `addCookie(Cookie)`
  Diese Methode fügt der Antwort den angegebenen Cookie hinzu.
- `containsHeader(String)`
  Diese Methode liefert den Wert `true` zurück, falls das angegebene `String`-Objekt in der Antwort enthalten ist, ansonsten den Wert `false`.
- `sendError(int)`
  Diese Methode sendet eine Antwort, die den entsprechenden Status-Code beinhaltet, an den Client.
- `sendError(int, String)`
  Diese Methode sendet eine Antwort an den Client, die zusätzlich zum entsprechenden Status-Code eine Beschreibung des Status-Codes beinhaltet.
- `sendRedirect(String)`
  Diese Methode zeigt dem Client eine temporäre Umleitung mit einer temporären URL an. Diese URL muss in der absoluten Form `http://hostname/path/file.html` angegeben werden. Die Verwendung relativer URLs ist hierbei nicht erlaubt.
- `setHeader(String, String)`
  Diese Methode fügt der Antwort ein Datenfeld hinzu, das sowohl die Header-Bezeichnung als auch dessen Wert beinhaltet.
- `setIntHeader(String, int)`
  Diese Methode fügt der Antwort ein Datenfeld hinzu, das sowohl die Header-Bezeichnung als auch dessen `int`-Wert beinhaltet.

13.4.4 HTTP-Sessions

Ein Problem von HTTP ist, dass das Protokoll zustandslos ist. Hierdurch ist es schwierig, eine Kommunikation zu etablieren, die Anfragen und Antworten in mehreren Schritten ausführen. Mittels des sog. *Session Tracking* kann ein Servlet eine eingehende Anfrage mit einem Client assoziieren, wodurch sich eine Sitzung über mehrere Anfragen und Antworten hinaus ausdehnen kann. Die hierzu notwendigen Schritte sind:

- Erzeugung eines `HttpSession`-Objekts für einen Client.
- Abspeichern und Laden der Daten dieses `HttpSession`-Objekts.
- Beendigung des `HttpSession`-Objekts (optional).

Sitzungen können aufrechterhalten werden, indem Cookies verwendet werden, bzw. indem URLs weitergeleitet werden (*Rewriting URLs*). Die URL-Weiterleitung ist allerdings gegenüber Cookies unkomfortabel und bedeutet meist für den Programmierer von Servlets zusätzlichen Programmieraufwand. Die Weiterleitung wird daher nur verwendet, wenn Sitzungsinformationen notwendig sind und keine Cookies zur Verfügung stehen. Als Beispiel hierfür wird die Seite `<A HREF="nextpage.html">` auf die Seite `<A HREF="nextpage.html;$sessionid$=DSJFSDKFSLDFEEKOE">` umgelenkt. Cookies werden in Kapitel 13.4.5 ausführlich behandelt. Um festzustellen, ob der Client Cookies unterstützt, definiert die `HttpSession`-Klasse die Methode `isCookieSupportDetermined`. Um festzustellen, ob der Client Cookies tatsächlich verwendet, wird die Methode `isUsingCookies` zur Verfügung gestellt.

Das Interface `HttpSession`-Interface wird von Diensten implementiert, die eine dauerhafte Verbindung zwischen einem HTTP-Client und einem HTTP-Server aufrechterhalten wollen. Diese Verbindung wird über mehrere Anfragen und Antworten hinweg aufrechterhalten. Das folgende Beispiel stellt das Setzen und die Speicherung der Werte der Sitzung dar.

Code

```
// Erhalten des Session-Objekts.
// request repraesentiert das Request-Parameter des
// HTTPServlets
HttpSession session = request.getSession(true);
```

Eine `HttpSession`-Implementierung stellt den Server-Aspekt bezüglich der Session dar. Ein Server betrachtet eine Sitzung solange als neu, bis ein Client an der Session teilnimmt. Solange sich kein Client bei einer Session angemeldet hat, liefert die `isNew`-Methode den Wert `true`. Der Wert `true` ist daher wie folgt zu verstehen:

- Der Client kennt die Sitzung (noch) nicht.
- Die Sitzung hat noch nicht begonnen.
- Der Client nimmt (noch) nicht an der vorhandenen Sitzung teil. Dieser Fall tritt ein, wenn der Client bspw. keine Cookies akzeptiert. Eine andere Möglichkeit tritt dann ein, wenn der Server URLs umleitet (URL Rewriting).

Die Verarbeitung einer Sitzung ist eine Aufgabe des Programmierers. Der folgende Code leitet den Client zu einer neuen Adresse um, falls die Sitzung neu ist:

Code

```
//response repraesentiert das Response-Objekt des HTTPServlets
if (session.isNew()) {
   response.sendRedirect(URLderNeuenSeite);
}
```

Der Wert `URLderNeueSeite` bezeichnet hierbei die neue Adresse, zu der der Client automatisch umgeleitet wird, falls die Sitzung neu ist. Zu den Methoden des Interfaces `HTTPSession` gehören unter anderem:

- `getCreationTime()`
  Diese Methode liefert die Zeit in Millisekunden zurück, zu der eine Sitzung erzeugt wurde.

- `getId()`
  Diese Methode liefert die Identifikationsnummer einer Sitzung zurück.
- `getSessionContext()`
  Diese Methode liefert den Kontext einer Sitzung zurück.
- `invalidate()`
  Diese Methode annulliert die Sitzung und entfernt sie vom Kontext.
- `getValue(String)`
  Diese Methode liefert ein Objekt zurück, das durch ein `String`-Objekt repräsentiert wird, wie bspw. die Session-ID.
- `putValue(String, Object)`
  Diese Methode bindet das spezifizierte Objekt an das vorgegebene `String`-Objekt.

13.4.5 Cookies

Ein *Cookie* ist ein `String`-Objekt (im Falle eines Servlets stellt ein Cookie die ID einer Sitzung dar), das zu einem Client gesendet wird, um eine Sitzung zu starten. Wird die Sitzung fortgesetzt, so sendet der Client die Cookies mit den darauf folgenden Anfragen an den Server zurück. Die Verwendung von Cookies stellt die am weitesten verbreitete Methode dar, um Servlet-Sitzungen zu verfolgen.

Cookies [RFC 2109] sind Objekte, die Informationen beliebiger Art über den Client aufnehmen können und diese auf der lokalen Festplatte des Clients abspeichern. Wird dieselbe HTML-Seite bzw. das Servlet, für das ein Cookie-Objekt gespeichert wurde, nochmals aufgerufen, so wird das Cookie wieder an den Webserver zurückgeliefert und kann dort von einem CGI-Programm oder von einem Servlet ausgewertet werden. Durch dieses Konzept lassen sich benutzerspezifische Daten eines Clients abspeichern und beim erneuten Besuch einer Webseite wieder abrufen. Ein Cookie wird durch die Instantiierung der Klasse `javax.servlet.http.Cookie` erzeugt. Der Konstruktor dieser Klasse benötigt zwei Argumente, den Namen des Cookie-Objekts und dessen Wert.

Syntax

`public Cookie(String name, String wert)`

Nachdem ein Cookie-Objekt erzeugt wurde, können beliebige Parameter über die Methoden der Klasse `Cookie` festgelegt werden. Zu diesen Methoden gehören unter anderem:

- `setMaxAge(int)`
  Diese Methode legt fest, wie alt ein Cookie maximal werden darf, bevor es von der Festplatte gelöscht wird.
- `getMaxAge()`
  Diese Methode liefert die maximale Lebensdauer eines Cookie-Objekts beim Client zurück.

- `setComment(String)`
  Diese Methode legt die an den Benutzer zu sendende Nachricht fest, die beim Erzeugen eines Cookies erscheinen soll.
- `getComment()`
  Diese Methode liefert die Nachricht zurück, die beim Erzeugen eines Cookie erscheinen soll.
- `setVersion(int)`
  Diese Methode legt die Version des verwendeten Cookie-Protokolls fest.
- `getVersion()`
  Diese Methode liefert die Version des verwendeten Cookie-Protokolls zurück.
- `setSecure(boolean)`
  Diese Methode teilt dem User-Agent (Browser) mit, dass das Cookie-Objekt nur mit dem sicheren HTTP-Protokoll HTTP-S verwendet werden darf.
- `getSecure()`
  Diese Methode fragt das Sicherheits-Flag ab.
- `setDomain(String)`
  Diese Methode setzt die Domäne für das Cookie-Objekt. Nur Hosts, deren Domäne der gesetzten Domäne entspricht, dürfen ein Cookie-Objekt senden bzw. erhalten. Standardmäßig werden Cookies nur an den Server zurückgesendet, der sie erzeugt hat.
- `getDomain()`
  Diese Methode liefert die Domäne des Cookie-Objekts zurück.

Sind alle Eigenschaften der generierten Cookies festgelegt, so kann dieses durch Aufruf der `addCookie`-Methode des Interfaces `javax.servlet.http.HttpServletResponse` an den Browser gesendet werden. Durch Aufruf der `getCookies`-Methode des Interfaces `javax.servlet.http.HttpServletRequest` wird ein Array von allen Cookie-Objekten, die vom jeweiligen Servlet angelegt wurden, zurückgeliefert, die anschließend ausgewertet werden können. Der Cookie-Mechanismus funktioniert wie folgt:

- Der Browser sendet eine Anfrage (Request) ohne Cookie.
- Der Server erzeugt ein Sitzungsobjekt (Session-Objekt).
- Der Server sendet die Antwort mit einem Cookie.
- Nachfolgende Anfragen enthalten aufgrund des erzeugten Cookie-Objekts weniger Daten. Sie enthalten dazu die Session-ID.

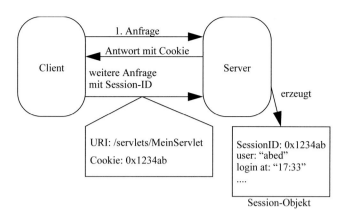

Abb. 13-8 Cookie-Mechanismus

Im Folgenden wird der Einsatz von Cookies anhand eines Beispiels verdeutlicht. Im ersten Schritt wird ein Cookie-Objekt mit dem Namen `DasCookie` und mit dem Wert `MeineID` erzeugt. Dafür wird folgender Code benötigt:

Code

```
Cookie meinCookie = new Cookie("DasCookie", MeineID);
```

Cookie-Attribute können anschließend eingefügt werden, bspw. ein Kommentar zum Cookie-Objekt bzw. das Setzen der Versionsnummer.

Code

```
meinCookie.setComment("Dies ist ein Beispiel");
meinCookie.setVersion(1);
```

Das Senden des Cookie-Objekts an den Client erfolgt durch das Anhängen dieses Objekts an die Antwort.

Code

```
response.addCookie(getBook);
```

Die Variable `response` stellt hier die Antwort des Servlets dar. Ein Cookie-Objekt kann mit Hilfe der `getCookies()`-Methode gelesen werden. Da im Voraus nicht bekannt ist, wie viele Cookies die Anfrage beinhaltet, muss hier ein Array verwendet werden.

Code

```
Cookie[] cookies = request.getCookies();
```

Werte von Cookies werden mit Hilfe der Methoden der Klasse `Cookie` gelesen. Das oben erzeugte `Cookie`-Objekt wird zunächst gesucht und gelöscht. Das Löschen eines Cookies erfolgt durch das Setzen seiner maximalen Lebensdauer auf den Wert 0.

Code

```
for(i=0; i < cookies.length; i++) {
   Cookie thisCookie = cookie[i];
   if (thisCookie.getName().equals("DasCookie") &&
      thisCookie.getValue().equals(MeineID)) {
   // Loesche das Cookie-Objekt
   thisCookie.setMaxAge(0);
   }
}
```

13.5 Anwendungsbeispiel

Im Folgenden wird anhand eines Anwendungsbeispiels demonstriert, wie mittels eines Servlets auf einer Datenbank navigiert werden kann. Die Anwendung beinhaltet die folgenden Schritte:

1. Ein Spieler ruft eine HTML-Seite auf und entscheidet, ob er eine Liste aller Spieler sehen will, oder ob er sich registrieren will.
2. Der Spieler ruft bspw. eine HTML-Seite auf, um sich zu registrieren.
3. Der Spieler kann alternativ die Liste der dem System bekannten Spieler einsehen.
4. Der Spieler kann weiterhin ein neues Spiel starten, nachdem er sich registriert hat.

Im Folgenden wird das Zusammenspiel der hierzu notwendigen Klassen erläutert. Zunächst wird der Aufbau der HTML-Seite vorgestellt, mittels derer der Spieler entscheiden kann, ob er sich beim System anmelden will, oder ob er eine Liste aller bekannten Spieler einsehen will.

```
Code
<HTML>
   <HEAD>
      <TITLE>Servlet-Verbindung Spielerdatenbank</TITLE>
   </HEAD>
   <BODY>
      <CENTER>
         <H1> Servlet-Verbindung Spielerdatenbank</H1></CENTER>
      <HR WIDTH="100%">
      <H2>Options</H2>
      <UL>
         <LI> <A
           HREF="SpielerRegistrierung.html">Spielerregistrierung
           Online!</A></LI>
         <LI> <A HREF="/servlets/SpielerDBServlet">Siehe
           Spielerliste</A></LI>
      </UL>
   </BODY>
</HTML>
```

In dieser Liste wird das Servlet ohne Parameter gestartet. An späterer Stelle wird ersichtlich, dass ein Aufruf ohne Parameter dazu führt, dass die Liste aller Spieler angezeigt wird. Die Ausgabe des Startfensters ist in Abb. 13-9 angegeben.

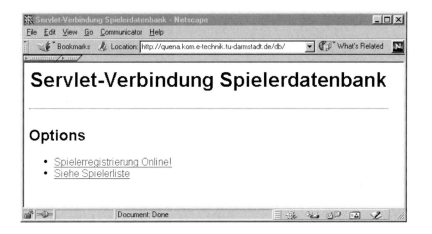

Abb. 13-9 Startseite der Anwendung

Möchte der Spieler sich beim System anmelden, so muss der entsprechende Link ausgewählt werden. Anschließend wird die im Folgenden beschriebene Webseite verwendet. Es sei darauf hingewiesen, dass im Folgenden der Aufruf des Servlets mit einem Parameter erfolgt. Mittels des Parameters kann das Servlet unterscheiden, in welchem Operationsmodus (Registrierung oder Anzeige) gearbeitet werden soll.

Code

```html
<HTML>
  <HEAD>
     <TITLE>Spielerregistrierung</TITLE>
  </HEAD>
  <BODY>
    <CENTER><H1>Spielerregistrierung</H1></CENTER>
    <HR>
    <H2>Anweisungen</H2>
    <OL>
       <LI>Bitte geben Sie die notwendige Information ein.</
         LI>
       <LI>Klicken Sie <B>Register</B>, um Ihre Daten an die
         Datenbank zu schicken.</LI>
    </OL>
    <FORM method="GET" action="/servlets/SpielerDBServlet">
       <CENTER><TABLE BORDER=0 CELLPADDING=5 WIDTH="95%" >
         <TR>
         <TD WIDTH="36%"><B>Vorname </B></TD>
         <TD WIDTH="50%"><INPUT type="text"
           name="Vorname"size="20"></TD>
         </TR>
         <TR>
         <TD WIDTH="43%"><B>Nachname</B></TD>
         <TD WIDTH="57%"><INPUT type="text"
           name="Nachname"size="20"></TD>
         </TR>
         <TR>
         <TD WIDTH="36%"><B>E-Mail </B></TD>
         <TD WIDTH="50%"><INPUT type="text"
           name="Email"size="20"></TD>
         </TR>
       </TABLE></CENTER>
       <CENTER><INPUT type="submit"
         value="Register"name="Register">
       <INPUT type="reset" value="Reset Form"name="B2"></
         CENTER>
    </FORM>
  </BODY>
</HTML>
```

In der HTML-Seite wird ein Formular aufgebaut, mit dessen Hilfe das Servlet gestartet werden kann (`/servlets/SpielerDBServlet`). Des Weiteren werden zwei Buttons angelegt, mit denen die Daten abgeschickt (`Register`) und zurückgesetzt (`Reset`) werden können. Die Ausgabe dieser Webseite ist in Abb. 13-10 angegeben.

Abb. 13-10 Anmeldung über eine Webseite

Die Implementierung des Servlets verwendet die zwei Klassen SpielerDBServlet und Spieler. Die eigentliche Funktionalität des Servlets ist in der Klasse SpielerDBServlet realisiert. Die Klasse Spieler dient der Formatierung der Webseiten, die als Ergebnis an den Spieler zurückgesendet werden. Zunächst wird die Implementierung der Klasse SpielerDBServlet vorgestellt.

Zu Beginn der Klasse werden zuerst die notwendigen Importierungen vorgenommen. Anschließend werden die Variablen definiert, die zum späteren Datenbankzugriff notwendig sind.

Code

```
import javax.servlet.*;
import javax.servlet.http.*;
import java.sql.*;
import java.io.*;
import java.util.*;
public class SpielerDBServlet extends HttpServlet {
```

```
// data members
protected Connection dbConnection;
protected PreparedStatement displayStatement;
protected PreparedStatement registerStatement;
protected String dbURL = "jdbc:odbc:SpielerDatabase";
protected String userID = "";
protected String passwd = "";
protected String CR = "\n";
protected final int FIRST_NAME_POSITION = 1;
protected final int LAST_NAME_POSITION  = 2;
protected final int EMAIL_POSITION      = 3;
```

Anschließend wird eine Variable angelegt, mit der später das Spiel gestartet werden kann, falls gewünscht. Die Funktion der init-Methode wurde im Rahmen dieses Kapitels bereits beschrieben.

Code

```
Server derSchiffeServer;
protected Thread myThread;
public String[] leer = {""};
public void init(ServletConfig config) throws
  ServletException {
    super.init(config);
}
```

Die nun folgende doGet-Methode realisiert den Datenbankzugriff und stellt die Namen der bereits enthaltenen Spieler fest bzw. regelt das Einfügen eines neuen Namens in die Datenbank.

Code

```
public void doGet(HttpServletRequest request,
  HttpServletResponse response) throws ServletException,
  IOException{
// Verbinden mit der Datenbank
  try {
     Class.forName("sun.jdbc.odbc.JdbcOdbcDriver");
     dbConnection = DriverManager.getConnection(dbURL,
       userID, passwd);
     displayStatement =
       dbConnection.prepareStatement("select * from
       SpielerDatabase");
     registerStatement =
       dbConnection.prepareStatement("insert into
       SpielerDatabase" + "(Vorname, Nachname, Email)" + "
       values (?, ?, ?)");
  } catch (Exception e){
     cleanUp();
     e.printStackTrace();
  }
```

In Abhängigkeit dessen, ob der Spieler den Parameter Register übergeben hat, wird nun anschließend der Spieler registriert und das Spiel gestartet oder die Liste aller Spieler ausgegeben.

Code

```
    String userOption = null;
    userOption = request.getParameter("Register");
    if (userOption != null) {
       // hidden form field "Register" was present
       registerSpieler(request, response);

       // Beim Registrieren wird der Server (Schiffe
         versenken) gestartet
       if(myThread == null) {
         myThread = new StartTheSchiffeServer();
         myThread.start();
       }
    } else {
       // simply display the Players
       displaySpieler(request, response);
    }
    // close database connectivity
    cleanUp();
}
```

Im Anschluss daran muss die Methode doPost implementiert werden. Da vorab unbekannt ist, ob doPost oder doGet verwendet werden, wird doPost auf doGet abgebildet.

Code

```
public void doPost(HttpServletRequest request,
  HttpServletResponse response) throws ServletException,
  IOException {
    doGet(request, response);
}
```

Hat der Spieler entschieden, sich die Namen und die Spielstände der anderen Spieler ausgeben zu lassen, so wird im Anschluss die Methode displaySpieler aufgerufen, die die Datenbankabfrage vornimmt und eine HTML-Datei erzeugt, die an den Spieler zurückgesendet wird.

Code

```
public void displaySpieler(HttpServletRequest request,
  HttpServletResponse response){
    Spieler aSpieler = null;
    try {
       response.setContentType("text/html");
       PrintWriter out = response.getWriter();
```

Zuerst wird eine Instanz der Klasse Spieler erstellt, mit der die Ausgabe formatiert werden kann. Anschließend wird der MIME-Datentyp auf text/html gesetzt und ein Ausgabestrom erzeugt, mit dessen Hilfe das Ergebnis an den Client zurückgegeben werden kann.

Code

```
// build the html page heading
String htmlHead = "<html><head><title>Liste aller
  Spieler</title></head>" + CR;
// build the html body
String htmlBody = "<body><center>" + CR;
htmlBody += "<h1>Liste aller Spieler</h1>" + CR;
htmlBody += "<hr></center><p>" + CR;
// build the table heading
String tableHead = "<center><table border width=100%
  cellpadding=5>" + CR;
tableHead += "<tr>" + CR;
tableHead += "<th> </th>" + CR;
tableHead += "<th>Name des Spielers</th>" + CR;
tableHead += "<th>E-mail</th>" + CR;
tableHead +="<th>Gespielt</th>" + CR;
tableHead +="<th>Gewonnen</th>" + CR;
tableHead += "</tr>" + CR;
// execute the query to get a list of the Players
ResultSet dataResultSet =
  displayStatement.executeQuery();
// build the table body
String tableBody = "";
int rowNumber = 1;
```

Zuerst werden die statischen HTML-Daten aufgebaut, die Informationen wie Gewonnen oder Gespielt enthalten. Anschließend wird die Datenbankanfrage ausgeführt. Die Ergebnisse der Datenbankanfrage werden im Folgenden in eine HTML-Tabelle eingefügt. Hierzu wird eine while-Schleife verwendet, in der jede Datenbankzeile mittels der Klasse Spieler formatiert wird. Nach dem Einsetzen der Daten kann die Verbindung zur Datenbank geschlossen werden.

Code

```
while (dataResultSet.next()){
   aSpieler = new Spieler(dataResultSet);
   tableBody +=  aSpieler.toTableString(rowNumber);
   rowNumber++;
}
dataResultSet.close();
// build the table bottom
String tableBottom = "</table></center>";
// build html page bottom
String htmlBottom = "</body></html>";
```

```
        // build complete html page
        htmlBody += tableHead + tableBody + tableBottom;
        htmlBody += "<p><hr>";
        // add the copyright statement
        htmlBody += "<p><i>" + this.getServletInfo() + "</i>";
        htmlBody += "</center>";
        String htmlPage = htmlHead + htmlBody + htmlBottom;
```

Den Abschluss dieser Methode bildet das Schreiben der nun fertigen HTML-Seite auf den Stream, der anschließend geschlossen werden kann. Eine Antwort, die von dieser Methode generiert wurde, ist in Abb. 13-11 angegeben.

Code

```
        // now let's send this dynamic data
        // back to the browser
        out.println(htmlPage);
    }
    catch (Exception e){
        cleanUp();
        e.printStackTrace();
    }
}
```

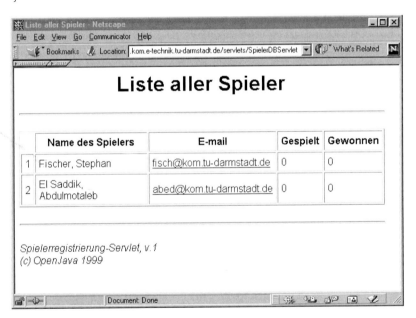

Abb. 13-11 Ausgabe einer Spielerliste

In der nun folgenden Registrierung müssen zuerst die Daten ausgewertet werden, die über das HTML-Formular an den Server geschickt wurden. Hierzu werden wiederum Funktionen der Klasse Spieler verwendet. Im Anschluss daran muss die HTML-Seite aufgebaut werden, die dem Client das Ergebnis der Operation anzeigt.

Generell ist die Funktionalität, mittels derer die HTML-Seite aufgebaut wird, der der Methode `displaySpieler` sehr ähnlich. Auch hier wird ein Stream erzeugt, in den die fertige HTML-Seite geschrieben wird.

Code

```java
public void registerSpieler(HttpServletRequest  request,
   HttpServletResponse  response) {
    try {
        response.setContentType("text/html");
        PrintWriter out = response.getWriter();
        // create a new Spieler based on the form data
        Spieler aSpieler = new Spieler(request);
        // set sql parameters
        registerStatement.setString(LAST_NAME_POSITION,
           aSpieler.getLastName());
        registerStatement.setString(FIRST_NAME_POSITION,
           aSpieler.getFirstName());
        registerStatement.setString(EMAIL_POSITION,
           aSpieler.getEmail());
        // execute sql
        registerStatement.executeUpdate();
        // build confirmation page
        String htmlPage =  "<html><head><title>Confirmation
           Page</title></head>";
        htmlPage += "<body>";
        htmlPage += "<center><h1>Confirmation  Page</h1></
           center><hr>";
        htmlPage += "Folgende Informationen wurden
           bearbeitet";
        htmlPage += aSpieler.toWebString();
        htmlPage += "<hr>";
        // add the copyright statement
        htmlPage += "<a href=/servlets/SpielerDBServlet>Siehe
           Liste aller Spieler</a>";
        htmlPage += "<p><i>" + this.getServletInfo() + "</i>";
        htmlPage += "</center></body></html>";
        // now let's send this dynamic data
        // back to the browser
        out.println(htmlPage);
    }
    catch (Exception e){
        cleanUp();
        e.printStackTrace();
    }
}
```

Die im Folgenden beschriebenen Methoden erfüllen Hilfsfunktionen, die bspw. die korrekte Beendigung der Aufrufe umsetzen.

Code

```java
public void cleanUp(){
```

```
   try {
      System.out.println("Closing database connection");
      dbConnection.close();
   }
   catch (SQLException e) {
      e.printStackTrace();
   }
}
public void destroy(){
   System.out.println("SpielerDBServlet: destroy");
   cleanUp();
   myThread.stop();
}
public String getServletInfo() {
   return "<i>Spielerregistrierung-Servlet, v.1 <br> (c)
     OpenJava 1999</i>";
}
```

Den Abschluss der Klasse bildet die innere Klasse StartTheSchiffeServer, mittels derer nach einer erfolgreichen Registrierung das Spiel gestartet werden kann. Nach erfolgreicher Registrierung ergibt sich die in Abb. 13-12 dargestellte Ausgabe.

Abb. 13-12 Erfolgreiche Registrierung

Code

```
// inner class to start the server
public class StartTheSchiffeServer extends Thread {
```

```
   public StartTheSchiffeServer(){
      super();
   }
   public void run() {
      try{
         derSchiffeServer = new Server();
         derSchiffeServer.main(leer);
         myThread.sleep(1000);
      } catch (Exception ie){}
   }
}
```

Aufgabe der im Folgenden beschriebenen Klasse Spieler ist die Auswertung der Formularinformation bzw. der Aufbau von HTML-Tabellen zur Darstellung des Ergebnisses. Zuerst wird die Klasse definiert bzw. Variablen deklariert.

Code

```
import java.sql.*;
import javax.servlet.http.*;
public class Spieler{
   // data members
   protected String lastName;
   protected String firstName;
   protected String email;
   protected int  gespielt;
   protected int gewonnen;
   protected int verloren;
   protected final String CR = "\n";      // carriage return
   // constructors
   public Spieler(){
   }
```

In den nun folgenden Konstruktoren wird in Abhängigkeit vom Argument eine Auswertung des Formulars bzw. der Datenbankantwort vorgenommen.

Code

```
   public Spieler(HttpServletRequest request){
      lastName = request.getParameter("Nachname");
      firstName = request.getParameter("Vorname");
      email = request.getParameter("Email");
   }
   public Spieler(ResultSet dataResultSet) {
      try {
         // assign data members
         lastName =  dataResultSet.getString("Nachname");
         firstName =  dataResultSet.getString("Vorname");
         email = dataResultSet.getString("Email");
         gespielt = dataResultSet.getInt("Gespielt");
         gewonnen = dataResultSet.getInt("Gewonnen");
         verloren = dataResultSet.getInt("Verloren");
```

```
      } catch (SQLException e){
         e.printStackTrace();
      }
   }
```

Anschließend folgen die Methoden, mit denen auf einzelne Variablen zugegriffen werden kann. Es wurde bereits mehrfach erläutert, dass geschützte Variablen nur mit Zugriffsmethoden ausgelesen werden können. Auch wenn diese Methoden sehr kurz sind, erfüllen sie dennoch einen wichtigen Zweck.

Code

```
   //  accessors
   public String getLastName() {
      return lastName;
   }
   public String getFirstName(){
      return firstName;
   }
   public String getEmail() {
      return email;
   }
   public int getGespielt() {
      return gespielt;
   }
   public int getGewonnen() {
      return gewonnen;
   }
   public int getVerloren() {
      return verloren;
   }
```

Den Abschluss der Klasse bilden Hilfsroutinen, die bspw. den Aufbau von Strings realisieren.

Code

```
   //  methods
   //  normal text string representation
   public String toString() {
      String replyString = "";
      replyString += "Name: " + lastName + ", " + firstName + CR;
      replyString += "E-mail: " + email + CR;
      replyString += "Gespielt: " + gespielt  + CR;
      replyString += "Gewonnen: " + gewonnen  + CR;
      replyString += "Verloren: " + verloren  + CR;
      replyString +=  CR+ CR;
      return replyString;
   }
   //  returns data as HTML formatted un-ordered list
   public String toWebString() {
      String replyString = "<ul>";
      replyString += "<li><B>Name:</B> " + lastName + ", " +
        firstName + CR;
```

```
        replyString += "<li><B>E-mail:</B> " + email + CR;
        replyString += "<li><B>Gespielt:</B> " + gespielt  +CR;
        replyString += "<li><B>Gewonnen:</B> " + gewonnen  +CR;
        replyString += "<li><B>Verloren:</B> " + verloren  +CR;
        replyString += "</ul>" + CR;
        return replyString;
    }
    // returns data formatted for an HTML table row
    public String toTableString(int rowNumber) {
        String replyString = "";
        String tdBegin = "<td>";
        String tdEnd = "</td>" + CR;
        replyString += "<tr>" + CR;
        replyString += tdBegin + rowNumber + tdEnd;
        replyString += tdBegin + lastName + ", " + firstName +
          tdEnd;
        replyString += tdBegin + "<a href=mailto:" + email + "> "
          + email + "</a>" + tdEnd;
        replyString += tdBegin + gespielt + tdEnd;
        replyString += tdBegin + gewonnen + tdEnd;
        replyString += "</tr>" + CR;
        return replyString;
    }
}
```

13.6 Zusammenfassung

In diesem Kapitel wurde die Client-Server-Kommunikation mittels Java-Servlets erläutert. Nach einer einleitenden Darstellung der Einsatzmöglichkeiten von Servlets wurden anschließend die Unterschiede zu CGI vorgestellt. Nach der Erläuterung der Servlet-Architektur, in der der Lebenszyklus eines Servlets verdeutlicht wurde, wurde auf HTTP-spezifische Servlets eingegangen. Im Anwendungsbeispiel wurden Programme entwickelt, die den Zugriff auf Datenbanken und die Erzeugung dynamischer HTML-Seiten umsetzen.

Der Leser sollte nach der Lektüre dieses Kapitels in der Lage sein, Servlet-basierte Anwendungen zu entwickeln, die auf Datenbanken zugreifen, Programme auf der Server-Seite starten und dynamische HTML-Seiten erzeugen können.

Java-Register

14.1 Einleitung

Den Abschluss des Buches bildet das zweite Anwendungsbeispiel, in dem wiederum eine Kombination der einzelnen Module erfolgt. Die bisher verfügbaren Einzelmodule sind:

- Das Client-Programm, mit dem der Spieler das Spiel bedient.
- Das Server-Programm, das gegen den Spieler spielt.
- Das Servlet zur Bedienung der Datenbank und zum Aufruf des Server-Programms.

Diese Module werden nun zu einer Gesamtanwendung integriert. Dabei erfolgt ein Aufruf der Datenbankaktualisierung, wenn der Spieler gewonnen oder verloren hat. Dieser Aufruf erfolgt aus dem Client-Programm heraus. Es werden im Folgenden zwei Alternativen betrachtet:

1. Der Client startet den Spiel-Server über das Servlet. Diese Funktion wurde bereits beschrieben.
2. Der Server wird als eigenständige Anwendung gestartet, mit der der Client kommuniziert.

Im Folgenden wird zudem eine wichtige Modifikation vorgenommen. Bisher wurde die Kommunikation ausschließlich zwischen Anwendungen beschrieben. In diesem Kapitel wird der Client als Applet realisiert. Dies impliziert, dass signierte JAR-Dateien verwendet werden müssen, wenn RMI-Aufrufe erfolgen. Der Grund hierfür liegt darin, dass der RMI-Security-Manager nur auf diese Art und Weise beim Client ablaufen kann. Der Aufbau der Anwendung ist in Abb. 14-1 dargestellt. Im Folgenden werden die einzelnen Komponenten der Anwendung erläutert.

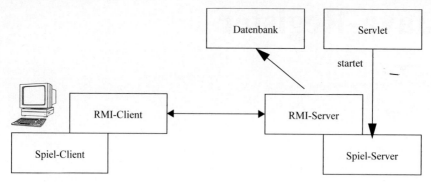

Abb. 14-1 Aufbau der Gesamtanwendung

14.2 Anwendungsbeispiel

14.2.1 Spiel-Client

Der Spiel-Client kann fast vollständig aus Kapitel 7 übernommen werden. Wurde allerdings festgestellt, dass ein Spiel gewonnen oder verloren ist, so muss der Spiel-Client (Klasse GUISVUser) den RMI-Client aufrufen. Hierzu wurde eine Variable gewonnen und eine innere Thread-Klasse StartRMIClient entwickelt. Diese Klasse ruft dann den RMI-Client server2.Klient2 auf. Zunächst müssen die Variablendefinitionen wie folgt verändert werden:

Code

```
// Daten für RMI-Client
public boolean gewonnen = false;
StartRMIClient srmi;
public String[]   mainString0 = {"localhost","1234","0"};
// Spiel ist verloren
public String[]   mainString1 = {"localhost","1234","1"};
// Spiel ist gewonnen
Thread myThread;
```

Die Methode actionPerformed muss nun um den Aufruf des RMI-Clients erweitert werden. Die veränderte Implementierung ist im Folgenden angegeben.

Code

```
public void actionPerformed(ActionEvent e) {
  Daten daten;
  Point p = null;
```

```
daten = new Daten();
if (val == 0){ //Schiffe setzen

   spieler.initialisieren();
   computer.initialisieren();
   try {
      netz = new SVClient((GUISVUser) c);
   } catch (IOException ioe){
      ausgabeFenster("Probleme beim Netzaufbau");
      return;
   }

   if (netz.SVSocket == null)
      return;
   SchiffFenster fenster = new SchiffFenster(spieler, c);
   fenster.setTitle("Schiffe setzen");
   fenster.pack();
   fenster.setVisible(true);
   fenster.setSize(600,350);
   shoot.setEnabled(true);
   repaint();
```

Die oben angegebenen Code-Zeilen sind noch identisch mit der bereits vorgestellten Implementierung. Nun muss aber der RMI-Thread gestoppt werden, falls dieser noch läuft:

Code

```
// Thread der Datenbank mittels RMI-Client stoppen
if (myThread != null){
   myThread.stop();
   myThread = null;
}
```

Die nun folgenden Teile sind wiederum identisch mit der bisherigen Implementierung.

Code

```
} else{
   //Schiessen
   getSchussKoordinaten();
   //Koordinaten bereits markiert?
   if (sc1.sa1.tmp.x == -1)
      return;
   daten.status=daten.SCHUSS;
   daten.p.x=sc1.sa1.tmp.x;
   daten.p.y=sc1.sa1.tmp.y;
   netz.sendData(daten);
   shoot.setEnabled(false);
   try {
      daten = netz.getData();
   }catch (IOException ioe) {}
```

```
        if (daten.status == daten.TREFFER) {
          //TREFFER
          System.out.println("Wir haben getroffen");
          //Einfaerben
          computer.spiel[sc1.sa1.tmp.x][sc1.sa1.tmp.y]=compu
            ter.VERSENKT;
          computer.schiffZahl--;
          if (computer.schiffZahl==0){
```

Nachdem der Rechner verloren hat, muss die Datenbank aktualisiert werden. Hierzu muss der folgende Aufruf verwendet werden:

Code

```
            // Anbinden an die Datenbank mittels RMI-Client, um
            //Ergebnis zu schreiben
            gewonnen = true;
            if (myThread == null){
            myThread = new StartRMIClient();
            myThread.start();
            }
```

Die restliche Implementierung der Methode ist wiederum identisch mit der bereits bekannten Version.

Code

```
            //Gewinnmeldung
            ausgabeFenster("Herzlichen Glückwunsch, Sie haben
              gewonnen!");
            try {
            netz.beenden();
            } catch (IOException ioe) {}

            //Neues Spiel anbieten
            shoot.setEnabled(false);
            return;
          }
          sc1.sa1.tmp.x = sc1.sa1.tmp.y = -1;
          sc1.sa1.repaint();
          repaint();
          shoot.setEnabled(true);
        } else {
          System.out.println("Wasser");
          computer.spiel[sc1.sa1.tmp.x][sc1.sa1.tmp.y]=computer
            .WASSER;
          sc1.sa1.tmp.x = sc1.sa1.tmp.y = -1;
          sc1.sa1.repaint();
          rechnerTrifft(daten);
          if (spieler.schiffZahl!=0)
            shoot.setEnabled(true);
          sc2.repaint();
          repaint();
          }
        }
```

```
      validate();
   }
```

Auch die Methode `rechnerTrifft` muss um einen derartigen Aufruf erweitert werden, der aber mit dem oben beschriebenen Aufruf identisch ist. Hierbei wird allerdings die Variable `gewonnen` auf den Wert `false` gesetzt. Im Folgenden ist die Realisierung der inneren Klasse `StartRMIClient` angegeben, die den RMI-Client startet.

Code

```
// Thread zum Starten des RMI-Clients, um den
//Datenbankeintrag zu aktualisieren
public class StartRMIClient extends Thread{

    public StartRMIClient(){
      super();
    }
    public void run() {
      try {
         server2.Klient2 kl2 = new server2.Klient2();
         if (gewonnen) {
           System.out.println("YAHOO Gewonnen!");
           kl2.main(mainString1);
         } else{
           System.out.println("Schade Verloren!");
           kl2.main(mainString0);
         }
         myThread.sleep(1000);
      }catch (Exception ex) {}
    }
}
```

14.2.2 RMI-Client

Die Steueranwendung des RMI-Clients wurde ebenfalls bereits erläutert. Sie sieht - inklusive einiger Erweiterungen - wie folgt aus:

Code

```
package server2;
import java.rmi.*;
public class Klient2   {
   static int spielAntwort;
   public Klient2(){ }
   public static void main (String args[]) {
      DatabaseUpdate2 du = null; Passwort2 pwd;
      if (args.length != 3) {
         System.err.println("Eingabe: java server.Klient2
            <Server> <Port> <0 oder 1>");
         System.exit(1);
      }
```

```
      String server = args[0];
      int port = Integer.parseInt(args[1]);
      int spielStatus = Integer.parseInt(args[2]);
      //Neuer Security Manager
      System.setSecurityManager(new RMISecurityManager());
      try {
         //Binden der Objektinstanz an entfernte Registry
         String url="//"+server+":"+port+"/DatabaseUpdate2";
         du = (DatabaseUpdate2)Naming.lookup(url);
         System.out.println("lookup erfolgsreich");
      } catch (Exception e) {
         System.err.println("Keine Verbindung"+e);
      }
      try {
         pwd = new PasswortImpl2();
         if (spielStatus == 1) {
            //Schicke 1, also Spieler hat gewonnen
            spielAntwort = du.updateDatenbank(1,pwd);
         } else {
            //Schicke 0, also Spieler hat verloren
            spielAntwort = du.updateDatenbank(0,pwd);
         }
         if (spielAntwort == 1)
            System.out.println("Eintrag erfolgsreich
               abgeschlossen.");
         else
            System.out.println("Eintrag wurde nicht
               bearbeitet.");
      }catch (Exception e4) {
         System.err.println("Problem in Remote-Methode des
            Clients ");
      }
   }// Main
} // Hauptklasse
```

Die Definition des Interfaces Passwort wurde dahingehend verändert, dass nun auch die User-ID eingegeben werden kann.

Code

```
package server2;

import java.rmi.*;
public interface Passwort2 extends Remote {
   //Anfordern des Passworts und des User IDs
   public String passwort() throws RemoteException;
   public String uid() throws RemoteException;
}
```

Die Implementierungsklasse ruft ein Fenster beim Client auf, wenn der Server dies initiiert. Hierzu wurde eine neue Klasse definiert, die im Folgenden beschrieben ist.

Code

```
package server2;
```

```java
import java.rmi.*;
import java.rmi.server.*;
import java.io.Serializable;
public class PasswortImpl2 extends UnicastRemoteObject
   implements Passwort2, Serializable {
   private String uid = "";
   private String pwd = "";
   public PasswortImpl2 () throws RemoteException {
      System.out.println("Innerhalb PWD-Konstruktor");
   }
   public void setUid(String u){
      this.uid = u;
   }
   public void setPwd(String p){
      this.pwd = p;
   }
   public String passwort() throws RemoteException{
      System.out.println("Aufruf der Passwort-Methode");
      return pwd;
   }
   public String uid() throws RemoteException{
      System.out.println("Aufruf der uid-Methode");
      EingabeFenster ef = new EingabeFenster(new
        java.awt.Frame(), "Eingabefenster!!");
      ef.setVisible(true);
      ef.setSize(300,300);
      ef.setModal(true);
      setUid( ef.getUid() );
      setPwd( ef.getPasswort() );
      return uid;
   }
}
```

Zur Eingabe des Passworts wurde die folgende Klasse entwickelt. Die Definition mag zwar lang erscheinen, beinhaltet allerdings fast ausschließlich die Funktionalität zur Erzeugung des Eingabefensters. Hierbei wird eine innere Klasse verwendet, die das Event-Handling übernimmt, sowie eine innere Klasse, die das Fenster wieder schließt.

Code

```java
package server2;
import java.awt.*;
import java.awt.event.*;
import java.util.Vector;
public class EingabeFenster extends Dialog{
   String uid = "";
   String passwort ="";
   EFWindowListener windowListener;
   public EingabeFenster(Frame dw, String title) {
      super(dw, title, true);
      //{{INIT_CONTROLS
      setLayout(null);
      setVisible(false);
```

```java
        setSize(300,200);
        label1 = new java.awt.Label("User ID:",Label.RIGHT);
        label1.setBounds(36,48,70,30);
        label1.setBackground(new Color(16777215));
        add(label1);
        textField4uid = new java.awt.TextField();
        textField4uid.setBounds(122,48,120,30);
        textField4uid.setBackground(new Color(16777215));
        add(textField4uid);
        label2 = new java.awt.Label("Passwort:",Label.RIGHT);
        label2.setBounds(36,91,70,30);
        label2.setBackground(new Color(16777215));
        add(label2);
        textField4pwd = new java.awt.TextField();
        textField4pwd.setEchoChar('*');
        textField4pwd.setBounds(122,91,120,30);
        textField4pwd.setBackground(new Color(16777215));
        add(textField4pwd);

        OKButton = new java.awt.Button();
        OKButton.setLabel("OK");
        OKButton.setBounds(75,135,100,40);
        OKButton.setBackground(new Color(12632256));
        add(OKButton);

        setTitle("Eingabefenster");
        //}}
        //{{INIT_MENUS
        //}}

        //{{REGISTER_LISTENERS
        windowListener = new EFWindowListener();
        addWindowListener(windowListener);
        SymAction lSymAction = new SymAction();
        OKButton.addActionListener(lSymAction);
        //}}
    }
    //{{DECLARE_CONTROLS
    java.awt.Label label1;
    java.awt.TextField textField4uid;
    java.awt.Label label2;
    java.awt.TextField textField4pwd;
    java.awt.Button OKButton;
    //}}

    public void setUid(java.lang.String uid){
        this.uid = uid;
        System.out.println("UID " +uid);
    }

    public java.lang.String getUid(){
        return this.uid;
    }

    public void setPasswort(java.lang.String passwort){
        this.passwort = passwort;
        System.out.println("PWD " +passwort);
    }
```

```
public java.lang.String getPasswort(){
   return this.passwort;
}
```

Die folgende Klasse fungiert als Windows-Adapter, um das Fenster wieder zu schließen.

Code

```
class EFWindowListener extends WindowAdapter {
public void windowClosing(WindowEvent e){
   dispose();
   System.exit(0);
}
public void WindowClosed(WindowEvent e){
   dispose();
   System.exit(0);
}
}
```

Die folgende Klasse fungiert als Event-Handler.

Code

```
class SymAction implements java.awt.event.ActionListener{
   public void actionPerformed(java.awt.event.ActionEvent
     event){
      Object object = event.getSource();
      if (object == OKButton)
         button1_ActionPerformed(event);
   }
   void button1_ActionPerformed(java.awt.event.ActionEvent
     event){
      setUid(textField4uid.getText());
      setPasswort(textField4pwd.getText());
      dispose();
   }
}
```

14.2.3 Spiel-Server

Ein großer Vorteil dieser Anwendung ist, dass der Spiel-Server nicht modifiziert werden muss. Der Aufbau dieser Klassen bleibt daher unverändert. Der Leser sei hierzu auf die Beschreibung in Kapitel 7 verwiesen.

14.2.4 RMI-Server

Aufgabe des RMI-Servers ist es, ein Objekt anzulegen, dessen Methoden der Client zur Datenbankaktualisierung aufrufen kann. Hierzu wird das in Kapitel 11.4 beschriebene Programm verwendet. Der Vollständigkeit halber ist im Folgenden die Realisierung der `main`-Methode angegeben.

Code

```java
package server2;

import java.rmi.*;
import java.rmi.registry.*;

public class Datenbank2 {
   public static void main (String args[]) {
      if (args.length != 2) {
         System.err.println("Eingabe: java server.Datenbank2
           <Server> <Port>");
         System.exit(1);
      }
      String server = args[0];
      int port = Integer.parseInt(args[1]);
      //Neuer Security Manager
      System.setSecurityManager(new RMISecurityManager());
      try {
         //Ort der Registry
         LocateRegistry.createRegistry(port);
         System.out.println("Registry definiert");
         //Instanz der Datenbankanwendung
         DatabaseUpdateImpl2 dui = new DatabaseUpdateImpl2();
         //Binden der Objektinstanz an entfernte Registry
         String urlString="//"+server+":"+port+"/
           DatabaseUpdate2";

         System.out.println("Namensbindung erfolgt");
         Naming.rebind(urlString, dui);
      }catch (Exception e) {
         System.out.println("Fehler aufgetreten");
         e.printStackTrace();
         System.out.println(e.getMessage());
      }
   }
}
```

Aufgabe dieser Klasse ist die Registrierung der Datenbankanbindung. Die Funktion wurde im Rahmen von Kapitel 11.4 bereits ausführlich erläutert.

Zur Implementierung der Funktionalität wird nun das (ebenfalls unveränderte) Interface angegeben.

Code

```java
package server2;

import java.rmi.*;

public interface DatabaseUpdate2 extends Remote {
   //Aktualisierung des Spielstands
```

```
    public int updateDatenbank(int spiel, Passwort2 pwd) throws
       RemoteException;
}
```

Die Implementierungsklasse `DatabaseUpdateImpl2` wurde um den Datenbankzugriff erweitert. Diese Klasse wird vom RMI-Client aufgerufen, wenn ein Spiel verloren oder gewonnen wurde. Nachdem die Verbindung zur Datenbank geöffnet wurde, startet diese Klasse die beim Client gespeicherte Klasse `PasswortImpl2`. Der Benutzer wird anschließend dazu aufgefordert, sein User-ID und ein Passwort einzugeben. Danach wird das Passwort mit dem in der Datenbank abgespeicherten Passwort verglichen. Im Anschluss daran erfolgt die Anfrage an die Datenbank (in diesem Fall der Eintrag in die Datenbank). Danach werden einige Informationen angezeigt (bspw. User-ID, Anzahl der Spiele, Anzahl gewonnener und verlorener Spiele). Zum Schluss wird die Datenbankverbindung geschlossen. Die Implementierungsklasse des Interfaces sieht wie folgt aus:

Code

```
package server2;

import java.rmi.*;
import java.rmi.server.*;
import java.io.Serializable;
import java.sql.*;
import java.io.*;

public class DatabaseUpdateImpl2 extends UnicastRemoteObject
     implements DatabaseUpdate2, Serializable {
     protected Connection dbConnection;
     protected String dbURL = "jdbc:odbc:SpielerDatabase";
     protected String userID = "";
     protected String passwd = "";
     protected String CR = "\n";

     int gewinnAnzahl;
     int verlustAnzahl;
     int spieleZahl;

     ResultSet   mein_ergebnis;
     ResultSet   mein_ergebnis2;

     public DatabaseUpdateImpl2 () throws RemoteException {    }

     public int updateDatenbank (int spiel, Passwort2 pw) throws
       RemoteException {
       String clientPasswort= "";
       String UserID = "";
       System.out.println("innerhalb updateDatenbank");
```

Zuerst werden neben der Signatur und den Methoden der Klassen die Klassenvariablen definiert. Der Parameter `spiel` gibt an, ob der Spieler gewonnen oder verloren hat. Der Parameter `pw` ermöglicht die Abfrage des Passworts beim Client. Im Anschluss daran erfolgt der Datenbankzugriff:

Code

```
        // Verbinden mit der Datenbank
        try {
          Class.forName("sun.jdbc.odbc.JdbcOdbcDriver");
          dbConnection = DriverManager.getConnection(dbURL,
            userID, passwd);
          PreparedStatement mein_prstmnt  =
            dbConnection.prepareStatement("SELECT * FROM
            SpielerDatabase WHERE UID=?" );
          PreparedStatement mein_prstmnt2  =
            dbConnection.prepareStatement("SELECT * FROM
            SpielerDatabase WHERE UID=?" );
          PreparedStatement gewinn_prstmnt =
            dbConnection.prepareStatement("UPDATE
            SpielerDatabase SET Gewonnen=Gewonnen+? WHERE UID=?"
            );
          PreparedStatement verlust_prstmnt =
            dbConnection.prepareStatement("UPDATE
            SpielerDatabase SET Verloren=Verloren+? WHERE UID=?"
            );
          PreparedStatement spiele_prstmnt =
            dbConnection.prepareStatement("UPDATE
            SpielerDatabase SET Gespielt=Gespielt+? WHERE UID=?"
            );
```

Nach der Definition der Datenbankzugriffe erfolgt die Rückfrage nach dem Passwort beim Client.

Code

```
          UserID = pw.uid();
          mein_prstmnt.setString(1, UserID);
          mein_ergebnis =mein_prstmnt.executeQuery();
```

Nach dem Datenbankzugriff werden die Informationen zunächst auf der Konsole ausgegeben.

Code

```
          System.out.println();
          System.out.println("--openjava----openjava----Zeige
            Tabelleninhalt----openjava----openjava--");
          System.out.println();
          while (mein_ergebnis.next() ){
          clientPasswort = mein_ergebnis.getString("Passwort");
          String s2 = mein_ergebnis.getString("UID");
          System.out.println("UID: " +s2);
          gewinnAnzahl =  mein_ergebnis.getInt("Gewonnen");
          verlustAnzahl = mein_ergebnis.getInt("Verloren");
          spieleZahl = mein_ergebnis.getInt("Gespielt");
          }
```

Das Ergebnis der Abfrage wird hier in Variablen eingelesen und anschließend weiter verarbeitet.

Code

```
if (pw.passwort().equals(clientPasswort)){
   System.out.println("Passwort OK");
   if (spiel == 1)  {
      gewinn_prstmnt.setInt(1,1);
      System.out.println(" Spiel: Gewonnen ");
      gewinn_prstmnt.setString(2, UserID);
      gewinn_prstmnt.executeUpdate();

      spiele_prstmnt.setInt(1,1);
      spiele_prstmnt.setString(2, UserID);
      spiele_prstmnt.executeUpdate();

   } // Spiel Verloren spiel = 0
```

Nach der Prüfung des Passworts (beim Client) erfolgt der Aktualisierungsaufruf der Datenbank. Im Anschluss daran wird verarbeitet, dass der Spieler verloren hat.

Code

```
else {
   System.out.println(" spiel: Verloren   ");
   verlust_prstmnt.setInt(1,1);
   verlust_prstmnt.setString(2, UserID);
   verlust_prstmnt.executeUpdate();
   spiele_prstmnt.setInt(1,1);
   spiele_prstmnt.setString(2, UserID);
   spiele_prstmnt.executeUpdate();
}
```

Nachdem die Datenbankaktualisierung erfolgt ist, werden die neuen Informationen aus der Datenbank ausgelesen.

Code

```
// Ausgabe der Ergebnisse aus der Datenbank
mein_prstmnt2.setString(1, UserID);
mein_ergebnis2 =mein_prstmnt2.executeQuery();
System.out.println();
System.out.println("--openjava----openjava----Zeige
  Tabelleninhalt----openjava----openjava--");
System.out.println();
while (mein_ergebnis2.next() ){
   gewinnAnzahl =  mein_ergebnis2.getInt("Gewonnen");
   verlustAnzahl = mein_ergebnis2.getInt("Verloren");
   spieleZahl = mein_ergebnis2.getInt("Gespielt");
   System.out.println("Gewonnen: " +gewinnAnzahl);
   System.out.println("Verloren: " +verlustAnzahl);
   System.out.println("Gespielt: " +spieleZahl);
}
```

Im Anschluss daran wird die Verbindung zur Datenbank geschlossen, woraufhin die Methode endet. Wurde allerdings ein falsches Passwort eingegeben, so liefert die Methode den Rückgabewert -1 an den Client zurück.

```
            // Schliesse Verbindung zur Datenbank
            cleanUp();
            return spiel;
         } // Passwort OK

      } catch (Exception e){
         cleanUp();
         e.printStackTrace();
      }

      cleanUp();
      System.out.println("Falsches Passwort und/oder UserId");
      return -1;
   }
   public void cleanUp(){
      try {
         System.out.println("Closing database connection");
         dbConnection.close();
      } catch (SQLException e) {
         e.printStackTrace();
      }
   }
}
```

Die Ausgabe dieses Programmteils ist in Abb. 14-2 dargestellt.

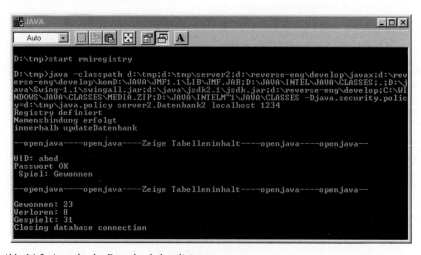

Abb. 14-2 Ausgabe der Datenbankaktualisierung

Das Übersetzen der Klassen erfolgt, wie bereits beschrieben, in den folgenden Schritten:

- Aufruf `javac -d . *.java`
- Aufruf `rmic -d . server2.PasswortImpl2`

- Aufruf `rmic -d . server2.DatabaseUpdateImpl2`

Zum Starten des RMI-Servers wurde eine Batch-Datei geschrieben, die die RMI-Registry aufruft, die CLASSPATH-Variable auf den Wert `server2` setzt und die Policy-Datei festlegt (`java.policy`). Hierbei muss aber der Wert des Verzeichnisses, in dem die Klassen gespeichert sind, geeignet angepasst werden.

Code

```
start rmiregistry
java -classpath d:\tmp;d:\tmp\server2;%CLASSPATH%
   -Djava.security.policy=d:\tmp\java.policy
      server2.Datenbank2 localhost 1234
```

14.2.5 Ablauf des Spiels

Da der Client als Applet ablaufen muss und aufgrund der Sicherheitseinschränkungen der RMI-Aufrufe, muss das Applet als signierte JAR-Datei geladen werden. Hierbei muss man sich verdeutlichen, dass aus dem Applet heraus Netzwerkzugriffe erfolgen, was eben nur erlaubt ist, wenn der Code signiert ist. Das Laden des Applets erfolgt in diesem Beispiel mit dem Java-Plug-In von JDK in der Version 1.2. Es wurde in der Einleitung bereits beschrieben, dass ein sicherer Betrieb der aktuellen Java-Version immer garantiert werden kann, wenn nicht die VM des Browsers, sondern ein Plug-In verwendet wird. Im Einzelnen werden die folgenden Schritte ausgeführt, um das Applet zu erzeugen bzw. aufzurufen.

Duplikation der server2-Klassen

Die Implementierungsklassen des Packages `server2` müssen sowohl auf dem Server als auch auf dem Client verfügbar sein, da der Callback-Mechanismus verwendet wird. Aus diesem Grund muss gewährleistet sein, dass die Dateien sowohl auf dem Server als auch auf dem Client zur Verfügung stehen.

Erzeugung der JAR-Datei

Der Client lädt das Applet in Form einer JAR-Datei. Um diese zu erzeugen, muss die folgende Anweisung ausgeführt werden:

Code

```
jar -cf0 client.jar *.class server2/*.class
```

Signatur der JAR-Datei

Nachdem die JAR-Datei erzeugt wurde, muss sie signiert werden. Hierzu wurde eine Batch-Datei entwickelt, die diese Aufgabe unterstützt. Diese Datei ist im Folgenden angegeben:

Code

```
keytool -genkey -alias openJ -dname "cn=Open_Java, ou=KOM,
   o=TUD, c=GERMANY"
keytool -export -alias openJ -file openjava.x509
jarsigner -signedjar sclient.jar client.jar openJ
```

Zuerst wird ein Keystore erzeugt, in dem ein Schlüssel angelegt wird, der als Passwort den Bezeichner `openjava` verwendet. In Abb. 14-3 ist der momentane Inhalt dieses Keystores dargestellt.

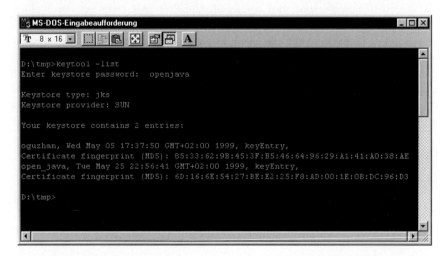

Abb. 14-3 Inhalt des Keystores

Anschließend wird dieser Schlüssel exportiert und hierzu in einer Datei `openjava.x509` abgelegt (Zertifikat). Zur Signatur der JAR-Datei wird dann das Tool *jarsigner* verwendet, das eine signierte Datei mit Namen `sclient.jar` erzeugt und hierzu den vorher definierten Schlüssel benutzt. Durch die Ausführung dieser Batch-Datei werden alle Klassen in der JAR-Datei signiert. Dieser Vorgang ist auch in Abb. 14-4 dargestellt.

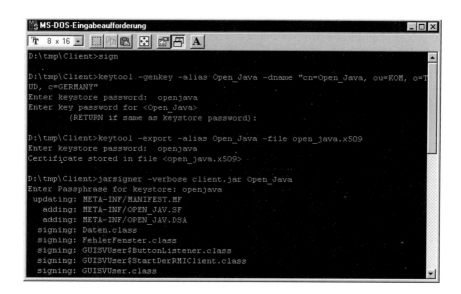

Abb. 14-4 Signatur der JAR-Datei

Resultat der Ausführung der Batch-Datei sind dann die Dateien sclient.jar und openjava.x509 (Signatur). Die Signatur muss jedem Benutzer zur Verfügung gestellt werden.

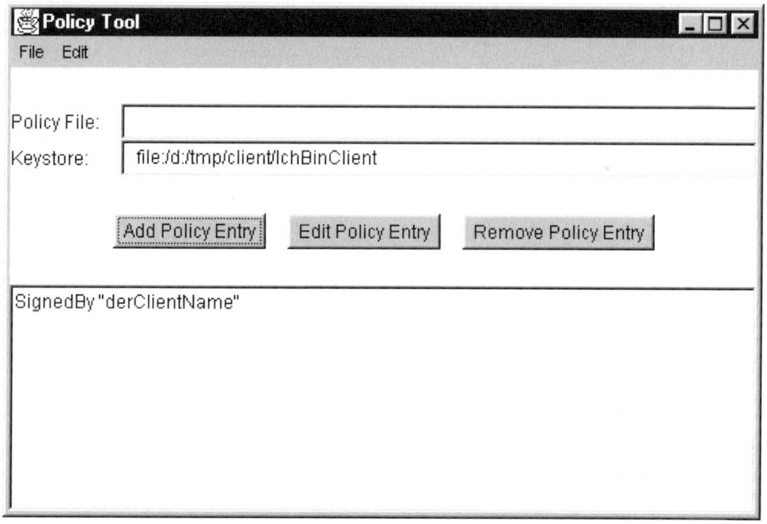

Abb. 14-5 Ausgabe des Policy-Tools

14.2. Anwendungsbeispiel ■ 765

Setzen der Berechtigungen

Im nächsten Schritt müssen die Berechtigungen beim Client gesetzt werden, die dem Code eines bestimmten Absenders eingeräumt werden sollen, der über den öffentlichen Schlüssel identifiziert wird. Hierzu wird das Policy-Tool verwendet. In diesem Beispiel werden dem Code mit dem Schlüssel `openJ` alle Rechte eingeräumt. Es sei darauf hingewiesen, dass dies nur der Einfachheit halber erfolgt und ein Sicherheitsrisiko darstellt. Anschließend werden die folgenden Schritte durchgeführt:

- Eingabe des Befehls `policytool`. Hieraus ergibt sich die in Abb. 14-5 dargestellte Ausgabe.
- Auswahl der Option `SignedBy` und Eingabe von `openJ`. Hierdurch wird angegeben, welcher Absender von Code vertrauenswürdig ist. Dieser Schritt ist in Abb. 14-6 dargestellt.

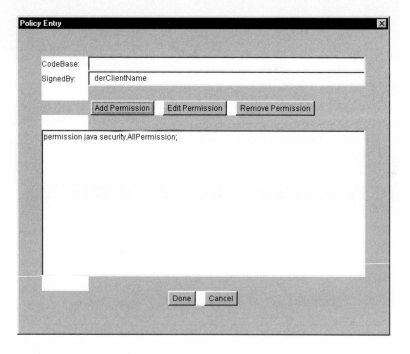

Abb. 14-6 Eintrag im Policy-Tool

- Die Abspeicherung der Dateien `.java.policy` und `.keystore` müssen bei der Verwendung des Java-Plug-Ins unter Windows 95 im Verzeichnis `c:\windows` liegen. Bei der Verwendung von Mehrbenutzerbetriebssystemen, wie bspw. Windows NT, werden dieser Dateien im Verzeichnis `profile` abgelegt.
- Es darf nicht vergessen werden, das Zertifikat des Senders zu importieren. Dieser Vorgang ist in Abb. 14-7 dargestellt.

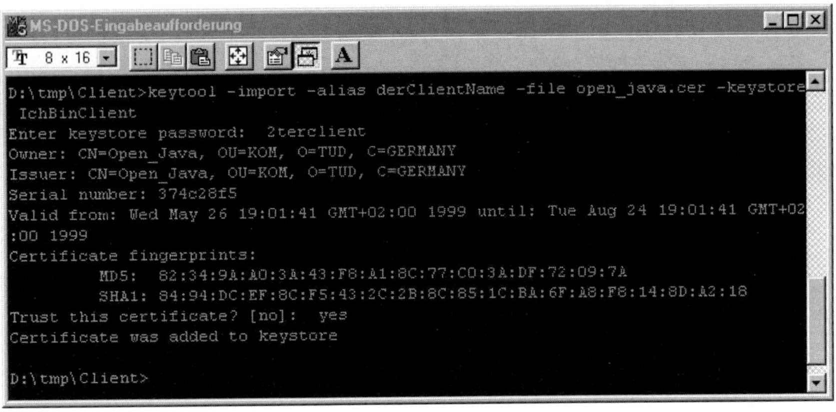

```
D:\tmp\Client>keytool -import -alias derClientName -file open_java.cer -keystore
 IchBinClient
Enter keystore password:  2terclient
Owner: CN=Open_Java, OU=KOM, O=TUD, C=GERMANY
Issuer: CN=Open_Java, OU=KOM, O=TUD, C=GERMANY
Serial number: 374c28f5
Valid from: Wed May 26 19:01:41 GMT+02:00 1999 until: Tue Aug 24 19:01:41 GMT+02
:00 1999
Certificate fingerprints:
         MD5:  82:34:9A:A0:3A:43:F8:A1:8C:77:C0:3A:DF:72:09:7A
         SHA1: 84:94:DC:EF:8C:F5:43:2C:2B:8C:85:1C:BA:6F:A8:F8:14:8D:A2:18
Trust this certificate? [no]:  yes
Certificate was added to keystore

D:\tmp\Client>
```

Abb. 14-7 Importierung des Zertifikats

Nachdem die Sicherheitsberechtigungen vorhanden sind, kann nach dem Start der Server die Anwendung ausgeführt werden. Hierzu müssen die jeweiligen HTML-Seiten beim Client im Browser geladen werden. Hierzu wurde die Datei index.html um den Link Starte das Applet erweitert. Wird dieser Link betätigt, so wird die Datei GUISVUserSJar.html aufgerufen, die das Applet im Plug-In startet. Diese HTML-Datei ist im Folgenden angegeben.

Code

```html
<html><head></head>
<body>
   <p>
      <h3 text="#ffff80" align=center>OpenJava-Applet</h3>
   </p>
   <OBJECT classid="clsid:8AD9C840-044E-11D1-B3E9-
     00805F499D93"
      WIDTH = 100 HEIGHT = 100
      codebase="http://java.sun.com/products/plugin/1.2/
        jinstall-12-win32.cab#Version=1,2,0,0">
   <PARAM NAME = CODE VALUE = "GUISVUser.class" >
   <PARAM NAME="type" VALUE="application/x-java-applet;
     version=1.2">
   <COMMENT>
      <EMBED type="application/x-java-applet;version=1.2"
        java_CODE = "GUISVUser.class"
        java_ARCHIVE="sclient.jar" WIDTH = 800 HEIGHT = 400
        pluginspage="http://java.sun.com/products/plugin/1.2/
        plugin-install.html"><NOEMBED></COMMENT>
      </NOEMBED></EMBED>
   </OBJECT>
</body>
</html>
```

Die Bildschirmdarstellung dieser Datei ist in Abb. 14-8 dargestellt. Wird das Plug-In ausgeführt, so startet das in Abb. 14-9 angegebene Fenster.

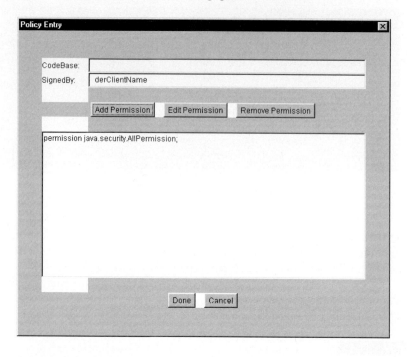

Abb. 14-8 Eintrag im Policy-Tool

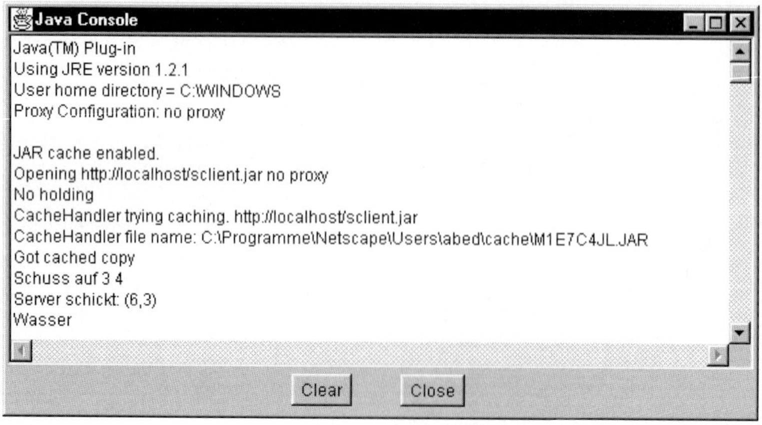

Abb. 14-9 Start des Plug-Ins

Nachdem der Spieler entweder gewonnen oder verloren hat, wird die Aktualisierung der Datenbank vorgenommen. Hierbei wird der Benutzer um die Eingabe einer User-ID und eines Passworts gebeten. Das dann erscheinende Fenster ist in Abb. 14-10 dargestellt.

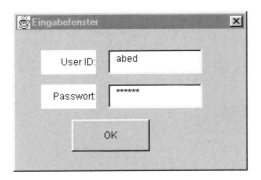

Abb. 14-10 Passwortabfrage

14.3 Zusammenfassung

Ziel dieses Kapitels ist die Darstellung, wie die im Rahmen dieses Buches entwikkelten einzelnen Module zusammenarbeiten können. Die hier erstellte Anwendung *Schiffe versenken* realisiert neben dem eigentlichen Spiel über Sockets auch das Update der Datenbank, die die Spielerdaten enthält. Zur Aktualisierung wird RMI verwendet. Es ist zu beachten, dass das in diesem Teil verwendete Applet Netzwerkzugriffe ausführen muss. Um diese Aufgabe zu ermöglichen müssen die entsprechenden Sicherheitsberechtigungen gesetzt werden, wie es in diesem Kapitel dargestellt wurde.

In einigen Aspekten mag das Beispiel konstruiert erscheinen. Dies lässt sich aber unter didaktischen Gesichtspunkten kaum vermeiden. Zur Übung sei dem Leser aber empfohlen, in ähnlicher Weise eine verteilte Anwendung zu schreiben, die bspw. eine Kontenverwaltung einer Bank realisiert.

Wem gebührt Dank?

Mein Dank gilt vor allem meiner Freundin Ines Oppermann. Dieses Buch entstand in zahllosen Nächten und Wochenenden. Ohne Ines permanente Hilfe und ohne ihren Rückhalt hätte ich niemals die Kraft gefunden, dieses Buch zu vollenden. Als Lektorin führte uns Ines um alle Klippen der (neuen) deutschen Rechtschreibung und hat weiterhin dazu beigetragen, den Schreibstil dieses Buchs entscheidend zu verbessern und Fehler zu entfernen. Eigentlich gebührt Ines daher ein Platz in der Autorenliste dieses Buches.

Weiterhin möchte ich mich bei Ralf Steinmetz bedanken, ohne dessen Rückhalt dieses Buch niemals hätte entstehen können. Prof. Steinmetz ermutigte uns Autoren ausdrücklich, dieses Buch zu schreiben und half manchmal auch mit dem notwendigen Nachdruck, den knappen Zeitplan einzuhalten. Die außerordentlich fruchtbare Arbeitsumgebung der Gruppe um Prof. Steinmetz in Darmstadt ist daher als Grundstein für das Entstehen des Buchs zu sehen.

Stephan Fischer

Für Ligia, Ikram und Yasmin.

Mein Dank gilt vor allem Herrn Prof.Dr.-Ing. Ralf Steinmetz (Lehrstuhl für Industrielle Prozess- und Systemkommunikation der technischen Universität Darmstadt) für seine hilfreichen Anregungen und für die Unterstützung. Besonderer Dank gebührt den Studenten unseres Lehrstuhls, die mit ihrer Arbeit und mit zahlreichen Kommentaren zum Entstehen dieses Buchs beigetragen haben. Mein herzlicher Dank gilt auch Frau Ines Oppermann, die mit viel Mühe und mit großem Engagement das Buch herrvorragend in diese Form gebracht hat. Nicht zuletzt gilt mein Dank auch Herrn Engesser vom Springer-Verlag Heidelberg für die ausgezeichnete Zusammenarbeit.

Abdulmotaleb El Saddik

Literaturverzeichnis

[BMRS+96] F. Buschmann, R. Meunier, H. Rohnert, P. Sommerlad und M. Stal: *Pattern-Oriented Software Architecture - A System of Patterns*, Wiley, 1996.

[Booc94] G. Booch: *Object-Oriented Analysis and Design*, Benjamin-Cummings, Redwood City, CA, 2. Auflage, 1994.

[Box97] D. Box: *Creating Components with DCOM and C++*. Addison-Wesley, Reading, MA. 1997.

[Bro95] K. Brockschmidt: *Inside OLE*. Microsoft Press, 2nd Edition, Redmond, WA. 1995.

[Cha96] D. Chapell: *Understanding ActiveX and OLE - A Guide for Developers & Managers*. Microsoft Press, Redmond, WA, 1996.

[Den97] *ActiveX Controls Inside Out - Harness the power of ActiveX controls*. Microsoft Press, 2nd. Edition, Redmond, WA. 1997.

[EhRe98] G. Ehmayer und S. Reich: *Java in der Anwendungsentwicklung. Objektorientierung, Verteilung, Datenbanken*. dpunkt-Verlag, Heidelberg, 1998.

[Eng97] R. Englander: *Developing JavaBeans*, O'Reilly, 1997.

[Fla97] D. Flanagan: *JAVA IN A NUTSHELL*, O'Reilly, 3.Auflage, 1997.

[FSBS98] S. Fischer, A. Steinacker, R. Bertram und R. Steinmetz: *Open Security*. Springer-Verlag, Heidelberg, 1998.

[GHJV97] E. Gamma, R. Helm, R. Johnson und J. Vlissides: *Design Patterns – Elements of Reusable Object-Oriented Software*. Addison Wesley, Reading, MA, 1997.

[GMc97] D. M. Gery und A. L. McClellan: *Graphic Java - Mastering the AWT*, Prentice Hall, 1997.

[Hunt98] J. Hunt: *Java and Object Orientation. An Introduction*. Springer-Verlag, Berlin, 1998.

[Java99] http://www.javasoft.com/

[Kla97]   L. Klander: *Hacker Proof*. Gulf Publishing Company, Houston, 1997.

[Lea97]   D. Lea: *Concurrent Programming in Java. Entwurfsprinzipien und Muster*. Addison-Wesley, Bonn, 1997.

[LePe97]   L. Lemay und C. Perkins: *JAVA in 21 days*. sams net, 2nd Edition, 1997.

[Lipo98]   C. Linnhoff-Popien: *CORBA. Kommunikation und Management*. Springer-Verlag, Berlin, 1998.

[Matt96]   M. Mattson: *Object-Oriented Frameworks: A Survey of methodological issues*. University of Karlskrona, Ronneby, Schweden, Technischer Bericht: LU-CS-TR:96-167.

[MiSi99]   S. Middendorf und R. Singer: *Java-Programmierhandbuch für die Java-2-Plattform*. dpunkt-Verlag, 1999.

[Mor97]   M. Morrison: *JavaBeans*, sams net, 1997.

[OAV97]   O'Niel, Annand und Valentin: *Java – plattformunabhängig programmieren*, bhv Verlag, 1997.

[Oest98]   B. Oestereich: *Objektorientierte Softwareentwicklung*. Oldenbourg, München, 1998.

[OHE98]   R. Orfali, D. Harkey und J. Edwards: *Instant CORBA. Führung durch die CORBA- Welt*, Addison-Wesley, Bonn, 1998.

[Omg99]   http://www.omg.org/

[Redl96]   J.-P. Redlich: *Corba 2.0. Praktische Einführung für C++ und Java*. Addison-Wesley, Bonn, 1996.

[rfc 1945]   Hypertext Transfer Protocol (HTTP/1.0) - Proposed Standard RFC 1945, http://www.w3.org/Protocols/rfc1945/rfc1945

[rfc 2045]   N. Borenstein und N. Freed: Multipurpose Internet Mail Extensions (MIME) Part One: Format of Internet Message Bodies. November 1996, http://www.tu-chemnitz.de/ftp-home/pub/documents/rfc/rfc2045.txt

[rfc 2046]   N. Freed und N. Borenstein: Multipurpose Internet Mail Extensions (MIME) Part Two: Media Types. November 1996, http://www.tu-chemnitz.de/ftp-home/pub/documents/rfc /rfc2046.txt

[rfc 2068]   Hypertext Transfer Protocol (HTTP/1.1) - Proposed Standard RFC 2068, http://www.w3.org/Protocols/rfc2068/rfc2068

[RoJo96] D. Roberts und R. Johnson: *Evolving Frameworks: A Pattern Language for Developing Object-Oriented Frameworks*, University of Illinois, http://st-www.cs.uiuc.edu/users/droberts/evolve.html.

[Rose98] J. Rosenberger: *CORBA in 14 Tagen*. Markt u. Technik, 1998.

[Say97] A. Sayegh: *Corba. Standard, Spezifikationen, Entwicklung*. OReilly/VVA, 1997.

[Stein98] R. Steinmetz: *Multimedia-Technologie*. Springer-Verlag, Heidelberg, 1998.

[Szyp97] C. Szyperski: *Component Software Beyond Object-Oriented Programming*. Addison-Wesley, 1997.

[WiHo97] J.-H. Wieken und T. Hoffmann: *Objektorientiertes Design ohne Geheimnis*. H. Heise Verlag, 1997.

[Zuk98] J. Zukowski: *Mastering Java 1.2*. Sybex-Verlag, 1998.

Index

A

abort	680
Abstract Windowing Toolkit	56, 206, 234
Abstraktion	36
Abtastrate	231
Access	595, 624
Accessibility	461, 468
Action-Listener	274, 492
Activatable	669
Activation System Daemon	648
ActivationDesc	670
ActivationGroupID	670
Active Agents	707
ActiveX	176, 180
Adapter	129, 270, 533
Adapterklasse	132, 271, 275, 458
Adjustment-Events	276
Agenten	707
Agents	
Active	707
Roaming	707
Aggregation	34
AIFF	231
Alias-Name	359
ALIGN-Parameter	180
Anfrage	595
Anfragemakros	605, 617
Animationen	227
ANSI-Standard	632
Antialiasing	223
Anweisungsobjekt	614
Apache	709
API	451, 599, 610, 706
Design	131
Applets	3, 175, 176, 206
Anhalten	178
Beenden	178
Initialisierung	177
paint	178
Starten von	177
Syntax	176
Appletviewer	175, 180, 253, 563, 566
Application	60, 175, 176, 206
Application Programming Interface	515, 599, 706
Arrays	149
ASCII	148
Attribute	34
AU	231
Audio	231
Audiodaten	
Laden von	231
Aufzählung	84
Ausdruck	62
Ausnahmen	136, 463
Auswahlliste	240, 249, 282, 481
Autoscrolling	468
AWT	206, 234
Peer-Technik	451

B

Bad Request	725
Basic Object Adapter	687
Basisklasse	65
Basistypen	59
Batch	606
Update	618
BDK	571, 572
BeanBox	572
Property Sheet	572
BDKToolBox	572
Bean	515
Customizer	551

Bean Development Kit	516, 522	Card-Layout	261
BeanBox	571, 573	CaretEvent	497
BeanInfo	557, 571	Casting	76, 340, 413, 562, 590, 655
Bedingungs		auf Interfaces	107
Abfragen	86	auf Klassen	107
Abläufe	86	CDR	681
Operator	87	Certificate Signing Request	359, 367, 368
Benutzeroberflächen	206		
Benutzerschnittstelle	235	Certification Authority	358
Bezeichner	58	CGI	713
Bezier-Spline	219	CGI-Skript	380, 705, 712
BIDI	495	ChangeEvent	497
Bilder	225	Character Large Object	605
Laden von	225	Character Set Encoding	722
Bildschirmbereich		Checkboxen	239, 282
sichtbarer	228	Class Loader	611
Binary Large Object	604	CLASSID	180
Black-Box	706	CLASSPATH	50, 53, 134, 654, 709
Komponenten	516	Client-Server-Architektur	598
BLOB	604	Clipping	221
Block		CLOB	605
Anweisungen	86	CODE	180
Ausdrücke	86	Code	
BOA	687	Landes-	404
boolean	76	Sprach-	404
Border	483	Varianten-	404
Border-Layout	257, 471	CodeBase	366
Bound -Properties	540, 541	Collator	402
BoxLayout	465	Collection	
Broadcast	390	geordnete	113
Browser	175	Hierarchie	110
Buttons	238, 464, 495	Collection Interface	110
Bytecode	707	Collections	94, 101, 111, 199
		Implementierungen	128
		Sammeloperationen	111
C		Collections Framework	101, 109, 131
		Vorteile	102
Cache	623	commit	596, 680
CAG	224	Common Data Representation	681
Callback	645, 666	Common Gateway Interface	713
Mechanismus	531	Common Object Request Broker	
Call-by-Reference	68, 147, 690	Architecture	677
Call-by-Value	68, 690	Common Object Services	677, 679
Canvas-Objekte	252	Common-Inter-ORB-Protokoll	681
Card	261, 486	Comparator	122

Compiler	52	Database Management System	595
Optionen	53	Relational	595
Component Oriented Programming	46	Datagramme	373, 387
ComponentEvent	497	Dateizeiger	345
Connection Pooling	621, 623	Daten	
Constrained-Properties	540, 541	Controller	576
Constructive Area Geometry	224	Definition	597
Container	235, 465, 522	Konsument	576
Events	279	Manipulation	597
Hierarchie	531	Produzent	576
Spezielle	466	Sicht	599
Top-Level-	465	Datenbanken	
Universelle	465	relationale	594, 595, 599
Controller	453, 456	Treiber	593
Cookie	728, 733	Datenbank-Server	598
Protokoll	734	Datenbanktreiber	597, 611
CORBA	518, 521, 599, 602, 675, 677	Datenmodell	453, 455
Naming Service	683	Datentypen	594, 606
CORBAFacilities	677	boolsche	59
CORBAServices	677	Datum	402
Core Collection Interfaces	109, 128	Datumsangaben	400, 413, 417
COS	677, 679	DB2	595, 601, 604
Event-Dienst	679	DBMS	597, 599
Namensdienst	679	DCE CIOP	681
Security-Dienst	679	DCOM	521, 602
Transaktionsdienst	679	DDL	597
CPU		Debugger	52, 53
Freigabe	191	Decorator Pattern	124
Zeit	189	Dekrement	63
CRC32	336	Delegation-Modell	531
CSR	367	Delegator	454
Cursor	245, 286, 289, 497	DELETE	597, 609, 614, 618, 725
Positionierung	114, 115	Design Pattern	33, 39, 517, 521, 549, 656
Symbol	497		
Customization	517, 518, 524, 550	Decorator Pattern	124
Customizer	524, 555	Factory	656
Klasse	557	Design-Time	523
		Dezimaltrennzeichen	415, 416
D		Dialog	244, 468, 493
		Fenster	246, 463, 464, 470
Darstellung		Distinguished Name	363
Eigenschaften	223	Distributed Transactions	621
Qualität	223	Support	623
Data Definition Language	597	Dithering	223
Data Manipulating Language	597	DLLs	601

DML	597	Komponenten-	273, 277
Anweisungen	597	komponentenspezifische	497
Doppelpufferung	227, 228, 229	Konzept	268
Drag and Drop	470, 522	Listener	269, 272, 518, 529
Dragging	287	Low-Level-	532
Drei-Schichten-Modell	598	Maus-	273
Dynamic Skeleton Interface	687	Mausbewegungs-	289
		Modell	268, 451
		MouseDown-	287

E

		MousePressed-	289
Editor	479, 480	MouseUp-	287
Eigenschaften	538, 711	Multicast-	529
Aktive	538, 540	Muster	529
Constraint	540	Quellen	269
Datei	399	Text-	273, 290
Einfache	538	Unicast-	529
Gebundene	540, 541	Window-	473
Indizierte	539	Exception	136, 463
Muster	527	Catch	140
Passive	538	Handler	136
Ellipsen	218	Handling	604
Endpunkt	644	Spezifikation	137
Enterprise-JavaBeans	575, 623	Try	139
Entwicklungsumgebungen	520, 523	Extension-API	714
Enumeration	83	External Data Representation	681
Erweiterbarkeit	453	Externalisierung	560
Events	177, 206, 268, 473, 491, 496,	Externalizable	342
	518, 523, 529, 530		

F

Adapter	533		
Adjustment-	276		
Aktions-	273	Factory	656
Anpassungs-	273	Farb	
Arten	272	Kombinationen	212
Container-	273, 279	Räume	211
Fenster-	273, 291	Fenster	
Focus-	280	Abhängigkeit	244
Fokus-	273	Events	291
Handler	269, 286, 531	final	66, 99
Handling	491	finalizer	75
High-Level-	532	Flimmereffekt	227
Item-	282	Flow-Layout	254
Key-	283	Focus-Events	280, 497
Key-pressed	283	Font	179, 213
Key-released	283	Formatierung	402, 413
Key-typed-	283	Symbole	415

Frames 244, 246, 248, 474
Framework 42, 101
FTP 372, 374, 377
Füllmuster 215
Füllstil 217

G

Garbage Collection 73, 75, 151, 154, 155, 158, 159, 178, 719
General-Inter-ORB-Protokoll 681
GET 725
getBundle 400
Getter-Methoden 516, 517, 521, 527, 538, 552, 579
GIF 225
GIOP 681
Grafiken 206
Grafikoperationen 215
Graphical User Interface 235, 451
GridBag-Layout 262
GridLayout 255
Gruppenseparator 416
GUI 235, 451

H

Hash
    Code 358, 564
    Map 118
    Tabelle 117
HEAD 725
Heavyweight 461, 503
Helper-Klasse 690, 698
Hierarchie 37
    is a 37
    Konzept 103
    part of 37
Hilfsklasse 98
Hintergrundbereich 213
Holder-Klasse 690
HSV 211
HTML 180, 767
    Seiten 180

HTTP 372, 374, 377, 379, 599, 602, 707, 714, 725
    Anfrage 725
    Antwort 729
    Sessions 731
HTTP-S 707, 734
Hypertext Transfer Protocol 372, 714

I

i18n 397
Icon 464, 475, 476
IDL 675, 677
    Interfaces 689
    Module 689
idltojava 684
IIOP 677, 681
Importprobleme 134
Indexed Properties 539
Inet-Adresse 388
InfoBus 573, 576
Information Hiding 538
Informix 601, 604
Ingres 604
Inkrement 63
Input-Stream 561, 605
INSERT 597, 614, 618
instanceof 78
Instanz
    Methoden 68, 98
    Variablen 66, 98, 272
Interface Definition Language 677
Interface Repository 686
Interfaces 94, 101, 102, 103, 268
    Hierarchie 103
Internationalisierung 397, 401, 468
Internet-Inter-ORB-Protokoll 677, 681
Interoperabilität 131
Interoperable Object Reference 699
Interpolation 223
Interpreter 53, 100
Introspektion 79, 517, 521, 525, 527
    Arten 548
    explizite 548

implizite	548	Java2D	215, 452
Mechanismus	548	JavaBeans	56, 80, 453, 456, 515
Introspektor	549	Development Kit	571
Invocation API	142	Enterprise-	623
IOR	699	Kontext	526
IP	373, 675, 681	javac	50, 55, 650
Adresse	373	javacg	52
ISO	371	javag	53
Modell	371	javah	143, 144, 146
ISO-3166	403	javap	153, 156
ISO-639	403	Flags	154
Item-Events	282	JavaSoft	176, 451, 454
Iterator	113	JBuilder	522
		jdb	52
		JDBC	593

J

		API	633
JAF	577	Application Programming	
JAR	205, 520, 523, 764	Interface	593
jar	205, 359, 360, 361, 367	Architektur	597
jarsigner 357, 359, 360, 361, 364, 368,		Datentypen	607
	369, 764	ODBC-Bridge	600, 611
Java		ODBC-Brücke	600
Accessibility	452	Treiber	597, 599, 601, 604, 610
Activation Framework	575	Treiber-Manager	601, 602
Archive	181, 205, 226	JDBC-Interface	593
Basisklassen	56	JDK	49, 515
Bytecode	52	JFC	452
Compiler	51	APIs	452
Database Connectivity	593	Jigsaw	708
Development Kit	49	JMF	234
Aufbau	55	JNDI	622
Foundation Classes	452	JNI	142, 204, 600
Interpreter	53	Header-Datei	144
Media Framework	234	Programmierung	143
Naming and Directory Interface		JNICALL	147
	621, 622	JNIEXPORT	147
Native Interface	142, 600	JPEG	225
Operatoren	63	JSDK	709
Runtime Environement	50	JTA	623
Sound-Engine	234	Just-in-Time-Compiler	514
Version	176		
VM	514, 522	## K	
java	50, 53		
Optionen	54	Kanal	644
Java Servlet Development Kit	709	Kapselung	36, 95, 96, 134, 538, 576

Key
- Events 283, 497
- Listener 290
- Key-pressed-Events 283
- Key-released-Events 283
- Keystore 354, 359, 764
- keytool 357, 358, 359, 360, 361, 365, 367
- Key-typed-Events 283
- Klasse 34, 59, 65, 104
  - abgeleitete 65
  - abstrakte 94, 101, 475
  - Bibliothek 55, 175
  - finale 99
  - Hierarchie 94
  - innere 97, 270
  - Konstruktor 72
  - Methoden 68, 98
  - Top-Level- 98
  - Variablen 66, 98
- Klassenhierarchie 100
- Knöpfe 238
- Kommando 576
- Kommandozeile 400
- Kommentare 65
- Kompaktheit 520
- Komponenten 235, 465, 515
  - Events 277
- Konditionaloperator 87
- Konstanten 66, 104
- Konstruktor 72, 101
  - Null- 521
  - Überladen 73
- Koordinatensystem 207, 215
  - affines 215
  - globales 215
  - kartesisches 215
- Kreis
  - Ausschnitte 218
  - Bögen 210
- Kritische Abschnitte 194
- Kuchendiagramme 210

L

- l10n 397
- Labels 92, 236, 284, 457, 461, 476, 495
- Landes-Code 400, 403, 410
- Late Linking 36
- Layout 254, 469, 471
  - Border- 254, 257
  - Card- 254, 261
  - Flow- 254
  - Grid- 254, 256
  - GridBag- 262
  - Gridbag- 254
  - Manager 235, 254, 258, 465, 471
  - Zuweisung 255
- LD_LIBRARY_PATH 146
- Library-Pfad 146
- Lightweight 460, 503
  - Prozeß 184
- Linien 207
  - Arten 215, 216
  - Zug 208
- Link-Libraries 147
- Liste 80, 81, 113
- Listener 269, 454, 455, 497, 531
  - Action- 274
  - Interface 269, 532
  - Maus- 286
- ListSelectionEvent 497
- Locale 397, 400, 402
  - Gültigkeitsbereich 405
  - sensitiv 400, 402
  - Setzen der 405
- Locking 606
- Log-Datei 409, 721
- Lokalisierung 397, 399
- Look and Feel 454, 462, 463
  - eigenes 462
  - pluggable 467

M

- Manifest 566
  - Datei 566, 567, 584

Map	109, 117, 130	protected	94, 96
Sammelansichten	119	public	94, 95, 104
synchronisierte	125	static	94, 98
Marshaling	678, 681, 687, 693	synchronized	94
Mausbewegungs-Events	289	volatile	94
Maus-Listener	286	Modifikationstasten	285, 288
MD5	569	Modularität	37
Mehrbenutzersystem	623	Monitorbereich	204
Mehrfach		Mono	231
Bedingungen	87	Mouse	
Vererbung	105	Events	497
Menüs	240, 248	MouseMotion	
MessagesBundle	399	Events	497
Metadaten	631	MousePressed-Event	289
Metal Look and Feel	454, 463	Multicast	390, 652
Methoden	66	Events	529
abstrakte	94, 101	Übertragung	536
Definition	66	Multimaps	120, 129, 130
finale	99	Multitasking	184
finalizer	75	Multithreading	37, 709
Instanz-	68	Muster	
Klassen-	68	erzeugende	39
Muster	529	String	415, 418
Rumpf	66	strukturelle	40
Signatur	66, 153	verhaltensbezogene	40
Überladen	68	MVC	502
überladene	147		
Überschreiben	73	**N**	
Methodenaufrufe			
dynamische	685	Namen	
statische	685	Anker	376
Microsoft IIS	709	Konflikte	106
Middleware	602	Konventionen	526
MIDI	231	Raum	688
MIME	576, 721, 722	Naming Service	683
miniSQL	595, 604	Native Code	142, 452
Mnemonics	461, 468, 475	Deklaration von Methoden	146
Model-Delegator-Architektur	454	Java-Arrays	149
Modell	455	Java-Aufrufe	148
Model-View-Controller	41, 452, 453, 455	Java-Methoden	152
		Java-Strings	148
Modifier	37, 94, 134	Java-Variablen	155
abstract	94, 101	Referenzen	158
final	94, 99	Threads	160, 203
private	94, 96, 100	Nebenläufigkeit	37

Netscape Enterprise	709
Networking	370
Netzwerkprotokoll	602
new	71
Null-Konstruktor	521

O

Object Management Group	676
Object Request Broker	677, 678
Objekt	
Graphen	561
Serialisierung	338
Objektadapter	687
Objekte	34, 59
aktive	38
Aktivierung	648
entfernte	646
persistente	686
transiente	686
Observer	58
ODBC	599
API	599
Interface	599
Treiber	600
OMG	676
Open Database Connectivity	599
Operatoren	63
Auswertungsreihenfolge	64
instanceof	78
new	71
Wichtigkeit	64
OPTION	725
Oracle	601, 604
ORB	677
OSI	371
Output-Stream	605
Ovale	209

P

Packages	37, 55, 94, 104, 132, 202
Packaging	518
Panels	253, 258, 261, 486
Tab	486

Parameter	93
PATH	50, 710
Peer	
Code	461
Technik	451
Persistenz	38, 339, 518, 520, 560
Konzept	560
Picture Element	207
Pixel	207
PL&F	460, 462
Plattformunabhängigkeit	3, 452
Pluggable	
Look and Feel	460, 467
Plug-In	20, 176, 234, 768
POA	687
Policy-Datei	352, 359, 670
Policy-Tool	352
policytool	361, 766
Polygone	208, 219
Polymorphie	35, 46, 102
Pop-Up	
Fenster	470
Menüs	287
Portabilität	520
Portable Object Adapter	687
Ports	373, 382
Nummern	382, 374
Well Known	374
POST	725
Postfix	63
Präemption	188
Präfix	63
Primärschlüssel	594, 596
Properties	538, 670, 711
Bound	538
Constrained	538
Indexed	538
Properties File	399, 400, 407, 408
Property	
Design Patterns	527
Editor	555
Sheet	556
Property Editor	555
Property-Dateien	712
PropertyEditorManager	557

Protokoll	385	Roaming Agents	707
Prüfsumme	564	Rollback	596
public	93	Round-Robin-Verfahren	188
Pure-Java-Treiber	598	RPC	641
		RRL	643, 644

Q

Query 595

S

R

Sandbox	11
Schachtelungsmechanismen	261
Schaltungsadapter	535
Scheduler	189
Scheduling	186, 187
feste Prioritäten	187
Schiebebalken	243, 249, 251
Schleifen	86, 88
do..while-	91
while-	90
Schlüssel	401, 407, 410, 412
Datenbanken	359
öffentlicher	358
privater	357
Schlüsselwort	223
class	94
extends	94
native	144, 146
public	93
static	68
super	74
this	68
ScrollBars	492
Scrollbars	251, 276
Scroll-Listen	249
Secure Hypertext Transfer Protocol	707
Security	202
API	357
Manager	199, 202, 345, 651, 654
Properties-Datei	355
SELECT	597
Serialisierung	338, 339, 560, 647
serialver	564
Server Side Include	708
Server-Side-Scripting	713
Service-Provider	622

RAD	453
Radiobuttons	239, 240
Random	72
Rapid Application Development	453
RDBMS	599
Reason	730
Rechtecke	208, 218, 221
Referenzen	158
globale	158, 203
lokale	158, 203
Reflexion	79, 517, 549, 550, 551, 555
Registrierung	269
Registry	642, 651
Rehashing	85
Remote Method Invocation	57, 338, 521, 641
Remote Procedure Call	641
Remote Reference	642
Schicht	643, 644
Rendering	223
Rendezvous	382
Repository	576
ResourceBundle	400, 407
Ressource-Manager	623
Rewriting URLs	731
RGB	211
RMF	231
RMI	338, 518, 521, 599, 602, 641
Activation System Daemon	648
Registry	651
rmic	643, 650
RMI-ClassLoader	646
rmid	648
Rmiregistry	641, 683

Servlet	705
API	706, 714
Ausnahmen	723
Eigenschaften	705
Einsatz	706
Engine	708, 709
Lebenszyklus	716
servletrunner	709, 712
Servlets API	714
Session Tracking	731
Set	112
Setter-Methoden	516, 517, 521, 527, 538, 552, 579
SHA	569
Shared Library	143, 144, 146
Sicherheitsberechtigungen	767
Signatur	68, 74, 95, 101, 137
Datei	567
digitale	357
SignedBy	366, 766
Skeleton	642, 685
dynamisches	686
statisches	686
Tie	687
Skript-Sprachen	530
Slider	268
Socket	57, 374, 382, 599
Binden	374
Factory	658
Typen	658
Software-Komponenten	46
Sonderzeichen	61
Sorted	
Maps	122
Sets	121
Sortierung	120
Operationen	120
Source-Bean	518
Spalte	594
Speicherfragmentierung	151
Sperrmechanismus	194
Spezialimplementierungen	126
Sprach-Code	399, 400, 403, 410
Sprache	
prozedurale	595
SQL	593, 595, 600
Anfragen	599
Grundanweisungen	595
Join	596
Package	600
Projection	596
SELECT-Anweisung	595
Transaction	596
Verbund	596
Version	632
SQL-Package	604
SSI	708
Standard Extension API	621
Standarderweiterungen	575
Stapeloperation	618, 620
Exceptions	620
Statement	614
Object	610
static	66, 68
Status-Code	729
Statusnachrichten	420
Stereo	231
Stored Procedures	605, 617
Stream	319, 561
Input-	605
Output-	605
Unique IDentifier	564
Streaming	234, 319, 348
Stringified-Objektreferenz	699
Strom	319
Structured Query Language	57, 595, 600
Stub	642, 643, 646, 685
Routinen	107
Sub-Interface	104, 107
Subklassen	73, 94
SUID	564
super	74
Super-Interface	104, 107
Superklasse	73, 94, 96
Swing	451, 706, 714
API	714
Border	483
JComboBox	481
JLabel	476

JList	482	Top-Level-Klasse	98
JTree	491	TRACE	725
Komponenten	453	Transaction	
switch	87	API	623
Synchronisation	193, 204, 718, 723	Manager	623
		Transaktion	596, 623
		Commit	596

T

		Management	623
		Mechanismus	575
Tabelle	594	Rollback	596
Spalte	594	verteilte	623
Zeile	594	Transformationen	220
Tag	180	Transparenz	222
Applet	708	Transport	372, 644
OBJECT	180	Control Protocol	372
Task	184	Ebene	642
Tastaturfokus	284, 291	Schicht	644
TCP	372, 675, 681	Tree	
Text		Map	119
Bereiche	243, 290	Model	491
Events	290	Nodes	491
Felder	290	Treiber	
Marken	236, 284	Kategorien	600
Textfelder	242	Manager	599
Textmarken	476	Typ-1	600
Textur	217	Typ-2	601
this	68, 69	Typ-3	602
Threads	94, 160, 184, 232, 291, 718	Typ-4	603
Gruppe	197	Typen	600
Gruppierung	197	Trusted	
Hierarchie	199	Applet	598
Neustarten	291	Certificate	359, 365, 369
Prioritäten	187	Two-Phase-Commit	623
Synchronisation	191	Typen	60
Unfaire	189	Basis-	59
Zustände	184	Casting	76
Three Tier Model	598	komplexe	59
throws	349		

U

Tie-Skeletons	687	Überladen	68
Timer-Bean	516	Überlappung	470
tnameserv	695, 699	Überschreiben	73, 74, 96
ToolBox	573	UDP	372, 373, 387
ToolTips	461, 470, 486, 514	Umhüllungsadapter	535

Unicast	
Events	529
Übertragung	536
UnicastRemoteObjekt	669
Unicode	58, 148, 149, 283, 284, 402
Uniform Resource Identifier	727
Uniform Resource Locator	57, 375
Universal Networked Objects	681
UNO	681
UPDATE	614
URI	727
URL	225, 375
absolute	376
Basis-	225
relative	376
URL Rewriting	732
User Datagram Protocol	372, 373
UTF	339
UTF-8	148
Strings	148

V

Variablen	58, 60
Definition	60
finale	99
globale	66
Gültigkeitsbereich	67
lokale	66
Wertzuweisung	61
Varianten-Code	403
Vektor	81
Verbindung	644
Verbundnachricht	402, 421
Vererbung	35, 46
Verhaltensweise	34
Verteilte	
Anwendung	641
Objekte	641
Systeme	641
Verteilung	38
Verzerrungsoperationen	220
View	453
Visual Age	522
Visual Cafe	522

VM	708
void	67
Vordergrundbereich	213

W

W3-Konsortium	708
Währungen	400, 402, 413, 415
Warteschlangen	534
WAV	231
Well-Known	
Ports	374
Services	374
Wertzuweisung	62
Wettkampfbedingungen	193
Wiederverwendbarkeit	55, 102, 453
Wiederverwendung	33
Winkelangaben	210
World Wide Web	225
Wrapper	123, 125, 662
Implementierungen	124
nichtmodifizierbare	125
Synchronisations-	124
Wrapper-Implementierungen	124

X

XDR	681

Y

YCrCb	211

Z

Zählschleifen	88
Zeichenkodierung	722
Zeiger	80, 82
Zeile	594
Zeit	
Angaben	417
Marken	606
Schlitze	189

Zertifikat	354, 358, 764	Zugriff	
Exportieren	368	wahlfreier	344
Owner	358	Zugriffsmethoden	97, 527
Subject	358	Zugriffsrechte	97
trusted	359	Klassen-	95

Druck (computer to plate): Mercedes-Druck, Berlin
Verarbeitung: Buchbinderei Lüderitz & Bauer, Berlin